Andreas Eckert

Herrschen
und
Verwalten

Studien zur Internationalen Geschichte

Herausgegeben von Wilfried Loth

und Eckart Conze, Anselm Doering-Manteuffel,
Jost Dülffer und Jürgen Osterhammel

Band 16

Andreas Eckert

Herrschen und Verwalten

Afrikanische Bürokraten, staatliche Ordnung und Politik
in Tanzania, 1920–1970

R. Oldenbourg Verlag München 2007

Gedruckt mit Unterstützung der Deutschen Forschungsgemeinschaft.

Bibliografische Information Der Deutschen Nationalbibliothek

Die Deutsche Nationalbibliothek verzeichnet diese Publikation in der Deutschen Nationalbibliographie; detaillierte bibliografische Daten sind im Internet über http://dnb.d-nb.de abrufbar.

© 2007 R. Oldenbourg Wissenschaftsverlag GmbH, München
Rosenheimer Straße 145, D-81671 München
Internet: www.oldenbourg.de

Umschlagbild: Chiefs des Federal Council in Sukumaland, 1950er Jahre (Quelle: Privatbesitz).
Gedruckt auf säurefreiem, alterungsbeständigem Papier (chlorfrei gebleicht).
Gestaltung und Satz: Kraus PrePrint, Landsberg am Lech.
Druck und Bindung: Druckhaus „Thomas Müntzer" GmbH, Bad Langensalza

ISBN 978-3-486-57906-2

Inhalt

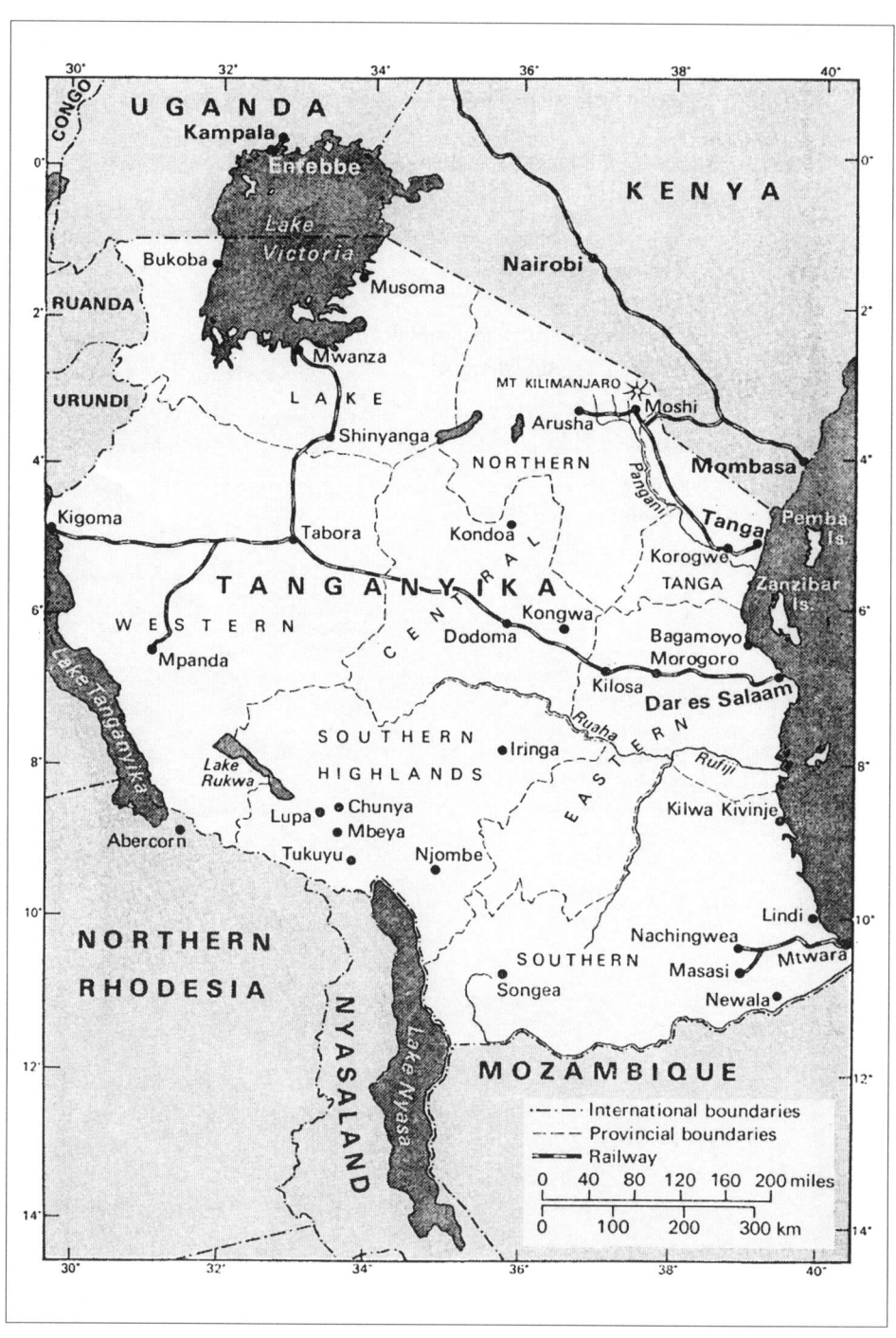

Karte 1: Tanganyika um 1960.
Aus: History of East Africa, Bd. 3, hg. von D. Anthony Low / Alison Smith, Oxford 1976, 156.

I. Einleitung:
Auf der Suche nach „Good Governance"

1. Das Thema

Der demokratisch verfasste Nationalstaat galt lange Zeit als der natürliche Garant für politische Stabilität. Inzwischen erscheint seine weitere Zukunft in vielerlei Hinsicht als ungewiss. Nicht zuletzt das gewaltige Aufflackern ethnischer Konflikte hat in den vergangenen Jahren entscheidend zur Unterminierung nationalstaatlicher Gefüge beigetragen. Die Ethnisierung von kollektiven Identitäten[1] und sozialen Konflikten stellt dabei keineswegs nur ein Problem für vermeintlich „unterentwickelte" Staaten im fernen Afrika, sondern ebenso etwa für größere Teile Europas dar. Der britische Historiker Anthony Hopkins hat in diesem Zusammenhang konstatiert: „[...] the unpredicted appearance of a virulent strain of assertive ethnicity has engulfed not just very different and very distant peoples but also societies whose proximity to our own is sufficiently close to suggest, not just that the barbarians are inside the walls, but that we are the barbarians."[2] Die unter dem Schlagwort „Globalisierung" geführte Diskussion über den Zustand und die Zukunft moderner Staatlichkeit und der internationalen Beziehungen sieht den Nationalstaat mehrheitlich ebenfalls als Auslaufmodell. So unterschiedlich die Bewertungen dieser Entwicklung, so einheitlich die Prognose: Die Epoche des Nationalstaates neigt sich dem Ende zu.[3]

---

[1] Zur Geschichte und Problematik dieses Begriffs sei hier nur verwiesen auf Lutz Niethammer, Kollektive Identität. Heimliche Quellen einer unheimlichen Konjunktur, Reinbek 2000; Jean-François Bayart, L'illusion identitaire, Paris 1996. Den Abschied vom Identitätsbegriff, ohne allerdings eine klare Alternative zu formulieren, fordern ebenfalls Rogers Brubaker / Frederick Cooper, Beyond „Identity", in: Theory and Society 29,1 (2000), 1–47. Vgl. hingegen Kwame Anthony Appiah, The Ethics of Identity, Princeton/Oxford 2005.

[2] Anthony G. Hopkins, Back to the Future. From National History to Imperial History, in: Past & Present 164 (1999), 198–243, hier: 201f. Die Literatur zu Ethnizität in Afrika ist inzwischen mächtig angeschwollen. Den noch immer besten Überblick liefert Carola Lentz, „Tribalismus" und Ethnizität in Afrika – ein Forschungsüberblick, in: Leviathan 23 (1995), 115–145. Vgl. als Überblicke ferner Andreas Eckert, Tradition – Ethnizität – Nationsbildung. Zur Konstruktion von politischen Identitäten in Afrika im 20. Jahrhundert, in: AfS 40 (2000), 1–27; Crawford Young, Nationalism, Ethnicity and Class in Africa: A Retrospective, in: CEA 26 (1986), 421–495. Zur Ethnisierung Europas vgl. u. a. Charles A. Kuper (Hg.), Nationalism and Nationalities in the New Europe, Ithaca 1995; Heinrich August Winkler / Hartmut Kaelble (Hg.), Nationalismus – Nationalitäten – Supranationalität, Stuttgart 1993; Jürgen Habermas, Die postnationale Konstellation, Frankfurt a.M. 1998; Dieter Langewiesche, Nation, Nationalismus, Nationalstaat in Deutschland und Europa, München 2000.

[3] Vgl. aus der Fülle der diesbezüglichen Literatur etwa Michael Mann (Hg.), The Rise and Decline of the Nation State, Oxford 1990; Crawford Young (Hg.), The Rising Tide of Cultural Pluralism: The Nation State at Bay?, Madison/Wisc. 1993; Trutz von Trotha, Ordnungsformen der Gewalt oder Aussichten auf ein Ende des staatlichen Gewaltmonopols, in: Birgitta Nedelmann (Hg.), Politische Institutionen im Wandel (= KZSS Sonderheft 35), Opladen 1995, 129–166; Susan Strange, The Retreat of the State: The Diffusion of Power in the World Economy, Cambridge 1996; Martin Albrow, Abschied vom Nationalstaat, Frankfurt a.M. 1998 (engl. The Global Age. State and Society Beyond Modernity, Cambridge 1996); Michael Zürn, Regieren jenseits des Nationalstaates. Globalisierung und Demokratisierung als Chance, Frankfurt a.M. 1998. Vgl. dagegen etwa Aihwa Ong,

Vor allem in Afrika scheint dem einst nicht zuletzt im Gefolge von Imperialismus und Kolonialismus aufgestiegenen europäischen „Exportschlager Nationalstaat"[4] bereits die Luft auszugehen. Kräfte von innen („Tribalismus") wie von außen (Globalisierung) sorgen offenbar für die rapide Erosion staatlicher Strukturen. Als Zeitungsleser oder Fernsehzuschauer bekommt man hierzulande von den Staaten Afrikas denn auch fast nur noch Bilder des Verfalls, der Bandenherrschaft, kämpfender *Warlords* und skrupelloser Bereicherung einiger Potentaten geliefert. In vielen medialen wie wissenschaftlichen Darstellungen erscheinen die Menschen in Afrika und die afrikanischen Kulturen in diesem Zusammenhang als ressourcenzerstörende und gewaltgeneigte „Andere", als besonders und eben ganz „anders" als die übrigen Regionen und Gesellschaften dieser Welt, als etwas, was Europa auf keinen Fall sein will. Der Staat kann zudem allem Anschein nach nicht einmal ein Mindestmaß an Leistungen und Sicherheit für seine Menschen bieten und dient allein als Mittel der privaten Bereicherung und Ausbeutung natürlicher Ressourcen. Die mit vielen Millionen Dollar gefüllten Schweizer Konten afrikanischer Diktatoren sind ein eindrücklicher und oft zitierter Beleg dafür. Demgegenüber sind staatliche Systeme sozialer Sicherung allerorten längst zusammengebrochen. In jüngster Zeit verdichten sich schließlich Hinweise, dass der Staat in Afrika zunehmend zu einem Vehikel organisierter krimineller Aktivitäten wird.[5] Der Kameruner Historiker Achille Mbembe sieht den Staat in Afrika konsequenterweise als „eine besondere Regierungsform des Todes und der Erfindung von Unordnung".[6] Die Bevölkerung versucht derweil in vielen Ländern die Überlebenssicherung fern aller staatlichen Organisationen in diversen lokal verwurzelten Netzwerken und Zweckbündnissen zu organisieren.[7] Parallel wächst die informelle Wirtschaft kontinuierlich.[8]

Die Krise der afrikanischen Staaten ist indes nicht neu. Sie zeichnete sich bereits wenige Jahre nach der Unabhängigkeit ab. Innere Kriege und Rebellionen prägten schon in den 1960er Jahren

Flexible Citizenship: The cultural logics of transnationality, Durham/London 1999, sowie den anregenden Essay von Frederick Cooper, What is the Concept of Globalization good for? An African Historian's perspective, in: African Affairs 100,399 (2001), 189–213. Beide Autoren bezeichnen die Todesnachrichten in Bezug auf National- und Wohlfahrtsstaat als äußerst übertrieben. Neuere Studien, welche den Prozess der Globalisierung in langfristiger Perspektive betrachten, neigen ebenfalls dazu, den postulierten Niedergang des Nationalstaates zu relativieren. Vgl. etwa Anthony G. Hopkins (Hg.), Globalization in World History, Cambridge 2002; Jürgen Osterhammel / Niels P. Peterson, Geschichte der Globalisierung. Dimensionen – Prozesse – Epochen, München 2003; Jean-François Bayart, Le gouvernement du monde. Une critique politique de la globalisation, Paris 2004; Shalini Randeria / Andreas Eckert (Hg.), Vom Imperialismus zum Empire. Nicht-westliche Perspektiven auf die Globalisierung, Frankfurt a. M. 2006.

[4] Wolfgang Reinhard, Einführung: Moderne Staatsbildung – eine ansteckende Krankheit, in: ders. (Hg.), Verstaatlichung der Welt? Europäische Staatsmodelle und außereuropäische Machtprozesse, München 1999, VII–XIV, hier: VII, hat ermittelt, dass es derzeit knapp 200 Staaten auf der Welt gibt, die alle den Anspruch erheben, souveräne Staaten, Nationalstaaten und moderne Staaten im europäischen Sinn zu sein. Vgl. ferner Bertrand Badie, L'Etat importé. Essai sur l'occidentalisation de l'ordre politique, Paris 1992; Jean-François Bayart, L'historicité de l'Etat importé, in: ders. (Hg.), La greffe de l'Etat, Paris 1996, 11–39. Eine umfassende vergleichende Analyse bietet Klaus Schlichte, Der Staat in der Weltgesellschaft. Politische Herrschaft in Asien, Afrika und Lateinamerika, Frankfurt/New York 2005.

[5] Vgl. dazu die provokante Studie von Jean-François Bayart / Stephen Ellis / Béatrice Hibou, The Criminalization of the State in Africa, Oxford 1999.

[6] Achille Mbembe, Désordres, résistances et productivité, in: Politique Africaine 42 (1991), 2–8, hier: 4. Für eine besonders düstere Perspektive auch ders., De la postcolonie. Essai sur l'imagination politique dans l'Afrique contemporaine, Paris 2000.

[7] Vgl. dazu etwa Thomas Bierschenk / Jean-Pierre Olivier de Sardan, Local Powers and a Distant State in Rural Central African Republic, in: JMAS 35,3 (1997), 441–468.

[8] Eine vorzügliche Fallstudie in diesem Kontext bietet Aili Mari Tripp, Changing the Rules. The Politics of Liberalization and the Urban Informal Economy in Tanzania, Berkeley 1997. Vgl. ferner Laurence Marfaing / Mariam Sow, Les opérateurs économiques au Sénégal. Entre le formel et l'informel (1930–1990), Paris 1999. Die Autorinnen machen sehr schön deutlich, dass sich formelle und informelle wirtschaftliche Strukturen nicht immer fein säuberlich trennen lassen.

die Situation etwa im Kongo, in Nigeria, im Sudan und im Tschad.[9] Der kolonial begründete Nationalstaat erwies sich in Afrika rasch als „Bürde des schwarzen Mannes" (wie Basil Davidson ironisch
eine zentrale Metapher des europäischen Imperialismus variierte), denn er ist weder in der lokalen
Moralökonomie verwurzelt noch wird er von seinen Bürgern in der Regel als Ausdruck eines Ge-
meinschaftswillens verstanden, sondern vor allem als künstliches Gebilde fremder Herkunft.[10] Es
wäre nun aber falsch, die Staatskrise oder den Zerfall mit der Vorstellung vom einem ewiggestrigen,
„traditionellen" Afrika zu verknüpfen, das einfach nicht die Segnungen der europäischen Moderne
aufzunehmen in der Lage ist. Vielmehr könne Afrika zu Beginn des 21. Jahrhunderts, schreibt Jean-
François Bayart, als Ort unvergleichlichen Wandels bezeichnet werden.[11] Die Staaten südlich der
Sahara seien, führt Trutz von Trotha aus, „zu einem Experimentierraum für neue Formen der Herrschaft geworden – zum Guten wie zum Schlechten. Sie reichen von einer Demokratisierung nach
den Grundzügen des britischen Vorbildes über die Konstitutionalisierung von Erbmonarchien, das
Beharren auf den nachkolonialen ‚Beuteregimen‘ neopatrimonialen Typs und die Herrschaft quasi-
theokratischer Bewegungen bis zu einem Staatszerfall, der in Gewaltmärkte oder im seltenen Fall
in neue Formen segmentärer Ordnung mündet."[12] Patrick Chabal und Jean-Pascal Deloz sprechen
gar von der „politischen Instrumentalisierung der Unordnung". Sie argumentieren, dass die Gesellschaften Afrikas nicht „rückständig" seien, sondern einen Modernisierungsprozess durchmachen, der
sich eben vom westlichen – oder auch asiatischen – Modell unterscheide. Afrika sei deswegen nicht
irrational, sondern habe sich lediglich den gegebenen Verhältnissen angepasst.[13]

So unterschiedliche Akzente die genannten Autoren im Einzelnen setzen, so einig sind sie sich
darin, dass wir in Afrika trotz aller evidenten, auch von hartnäckigen *Tiers-Mondisten* nicht zu leug-
nenden Kriege, Krisen und Gewalt Zeugen eines gesellschaftlichen Aufbruchs sind, in dessen Gefolge
sich ganze Gesellschaften neu erfinden. Wohin die Reise gehen wird, vermögen vielleicht Propheten,
nicht aber Historiker zu beantworten. Allerdings spricht einiges für die These, dass das, was in Afrika
vielerorts blutig zusammenbricht, vor allem die alte koloniale Ordnung ist, deren Träger stets besser
zu wissen glaubten, was für die Bevölkerung gut ist, als diese selbst und die folglich gern auf *top
down*-Strategien setzten, wenn es darum ging, Lösungen für alte und neue Probleme zu finden.[14] Das
Ende dieser Epoche, tritt es denn ein, muss aber keineswegs das Ende des Nationalstaates in Afrika
bedeuten. Alternativen zu diesem Ordnungsmodell sind kaum zu erkennen, allenfalls Varianten und
unterschiedliche Formen der inneren Ausgestaltung. Das Handeln der afrikanischen Politiker und
Militärs scheint weiterhin darauf gerichtet, die Kontrolle über die zentralen staatlichen Instanzen
zu erringen bzw. neue Zentren unter ihre Kontrolle zu bringen. Selbst die Demokratische Republik
Kongo – ein oft angeführtes Beispiel für „Staatszerfall" – will weiterhin ein Nationalstaat sein.[15] Im

---

[9] Vgl. Albert Wirz, Krieg in Afrika. Die nachkolonialen Konflikte in Nigeria, Sudan, Tschad und Kongo, Wiesbaden 1982; vgl. ferner Rolf Hofmeier / Volker Matthies (Hg.), Vergessene Kriege in Afrika, Göttingen 1992.

[10] Vgl. Basil Davidson, The Black Man's Burden. Africa and the Curse of the Nation-State, Oxford 1992; Albert
Wirz, Körper, Kopf und Bauch. Zum Problem des kolonialen Staates im subsaharischen Afrika, in: Reinhard,
Verstaatlichung der Welt, 253–271, hier: 254.

[11] Jean-François Bayart, Africa in the World: A History of Extraversion, in: African Affairs 99,395 (2000), 217–
267.

[12] Trutz von Trotha, Die Zukunft liegt in Afrika. Vom Zerfall des Staates, von der Vorherrschaft der konzentri-
schen Ordnung und vom Aufstieg der Parastaatlichkeit, in: Leviathan 28,2 (2000), 253–279, hier: 254. Den
Begriff der Gewaltmärkte hat geprägt Georg Elwert, Gewaltmärkte. Beobachtungen zur Zweckrationalität der
Gewalt, in: Trutz von Trotha (Hg.), Soziologie der Gewalt (= KZSS Sonderheft 37), Opladen 1997, 86–101.

[13] Patrick Chabal / Jean-Pascal Daloz, Africa Works. Disorder as Political Instrument, Oxford 1999.

[14] Vgl. Albert Wirz, Körper, Raum und Zeit der Herrschaft, in: ders. / Andreas Eckert / Katrin Bromber (Hg.),
Alles unter Kontrolle. Disziplinierungsprozesse im kolonialen Tanzania, Köln 2003, 5–34, hier: 7f.

[15] Vgl. ders., Körper, Kopf und Bauch, in: Reinhard, Verstaatlichung der Welt, 253–271, hier: 254; Gerhard
Hauck, Schwache Staaten? Überlegungen zu einer fragwürdigen entwicklungspolitischen Kategorie, in: Peripherie 96 (2004), 411–427.

Übrigen ist zu bedenken, dass die Rückbildung staatlicher Macht und der Aufstieg intermediärer Gewalten nicht automatisch gleichgesetzt werden darf mit dem Scheitern des Nationalstaates.[16]

Vor diesem Hintergrund erscheint die historische Untersuchung von Entstehung und Entwicklung des territorialen Nationalstaates in Afrika als besonders lohnende Aufgabe. Diese Studie unternimmt den Versuch, Herrschaftsstrategien, Verwaltungshandeln und Politik in staatlichen Bezügen exemplarisch zu analysieren und auf diese Weise einen historisch orientierten Beitrag zu den aktuellen Diskussionen um *Good Governance* und den vermeintlichen Staatszerfall südlich der Sahara zu leisten. Für die Kolonialzeit seit 1920 sowie die erste Dekade der Unabhängigkeit sollen dabei am Beispiel Tanzanias Institutionen und Träger staatlicher Ordnung in ihrem Wechselspiel betrachtet, strukturelle und Akteursperspektive also verbunden werden.[17] Denn der Nationalstaat ist mehr als ein Institutionengehäuse. Zu ihm gehört eine, wie Michel Foucault das nannte, Disziplinargesellschaft.[18] Sie hat ihre Orte und Instrumente wie Gerichte und Gefängnisse, Amtsstuben, Kirchen und Schulen. Und sie hat ihre Träger, zu denen etwa Lehrer, Verwaltungsangestellte und Kirchenleute gehörten. Foucault ging es um Praktiken, die sozusagen namenlos bleiben und bestenfalls konkret beschreibbar sind. Max Weber dagegen war es um die begriffliche Erfassung, abgelöst von konkreter Praxis, zu tun. Doch auch er bezeichnete den modernen Staat als „anstaltmäßigen Herrschaftsverband", in dem die „wirkliche Herrschaft, welche sich ja weder in parlamentarischen Reden, noch in Enunziationen von Monarchen, sondern in der Handhabung der Verwaltung im Alltagsleben auswirkt, notwendig und unvermeidlich in den Händen des Beamtentums, des militärischen wie des zivilen"[19] liegt. Die vorliegende Studie ist jedoch nicht vorrangig als Soziologie der Bürokratie und der Bürokraten in einer afrikanischen Kolonie konzipiert. Ihr Anliegen ist bescheidener und zugleich ehrgeiziger. Versucht werden soll hier – auf relativ knappem Raum und so quellennah wie möglich – eine politische Geschichte Tanzanias über einen Zeitraum von rund fünfzig Jahren, in deren Zentrum afrikanische Staatsdiener und (kolonial)staatliche Strukturen stehen. Es geht zudem darum, Debatten und Forschungsansätze der neueren afrikanischen und Kolonialismusgeschichte aufzugreifen, mit empirischem Material zu konfrontieren und überdies in eine allgemeine Geschichtswissenschaft zu integrieren. Die Untersuchung möchte dazu beitragen, Angebote und Probleme der Geschichtsschreibung zu Afrika beispielhaft aufzuzeigen und auf diese Weise verdeutlichen, dass die Afrika-Historiographie weder methodisch noch in ihren Inhalten exotisch ist, gleichwohl sie über

---

[16] Crawford Young, The End of the Post-Colonial State in Africa? Reflections on Changing African Political Dynamics, in: African Affairs 103,410 (2004), 23–49.

[17] Theoriebeiträge jüngerer deutscher Historiker sehen gerade in der Vermittlung dieser Perspektiven eine große Herausforderung der gegenwärtigen Geschichtsschreibung. Vgl. etwa Thomas Welskopp, Der Mensch und die Verhältnisse. „Handeln" und „Struktur" bei Max Weber und Anthony Giddens, in: ders./Thomas Mergel (Hg.), Geschichte zwischen Kultur und Gesellschaft. Beiträge zur Theoriedebatte, München 1997, 39–70. Allerdings scheint mir die hier unterstellte Dichotomie von Handlungs- und Strukturtheorie allzu gewollt. Nicht zuletzt Max Weber hat schon nach Interaktionen und Wechselwirkungen zwischen individuellem Handeln und gesellschaftlichen Strukturen gefragt. Vgl. aber Thomas Welskopp, Die Dualität von Struktur und Handeln. Anthony Giddens' Strukturierungstheorie als „praxeologischer" Ansatz in der Geschichtswissenschaft, in: Andreas Suter/Manfred Hettling (Hg.), Struktur und Ereignis, Göttingen 2001 (= GG Sonderheft 19), 99–119, wo der Autor Giddens *agency* und Bourdieus *Habitus* zu verbinden sucht.

[18] Foucault hat das Konzept der Disziplinargesellschaft in den siebziger Jahren entwickelt. Demnach erscheint die moderne Gesellschaft als polyzentrisches Geflecht von Disziplinarapparaten. „Die Menschheit", führt Foucault aus, „schreitet nicht langsam von Kampf zu Kampf bis zu einer universellen Gegenseitigkeit fort, worin die Regeln sich für immer dem Krieg substituieren; sie verankert alle ihre Gewaltsamkeit in Regelsystemen und bewegt sich so von Herrschaft zu Herrschaft." Michel Foucault, Von der Subversion des Wissens, München 1974, 95. Vgl. ferner Michel Foucault, Überwachen und Strafen. Die Geburt des Gefängnisses, Frankfurt a.M. 1976 (frz. Orig. 1975). Diese Theorie hat eine wahre Literaturflut ausgelöst. Einen ersten Überblick liefert Stefan Breuer, Die Gesellschaft des Verschwindens. Von der Selbstzerstörung der technischen Zivilisation, Hamburg 1995, 47–74.

[19] Max Weber, Wirtschaft und Gesellschaft. Grundriss der verstehenden Soziologie, 5. rev. Aufl., Tübingen 1976, 824f.

Spezifika verfügt. Diese Schrift versteht sich aber keineswegs als programmatisches Manifest, sondern als empirische Studie, die theoretisch-methodische Fragen gleichsam „mitschwingen" lässt.[20]

In diesem Sinne ist es auch nicht mein Anliegen, bestimmten theoretischen Ansätzen oder Kategorien zum Durchbruch zu verhelfen oder ihre Anwendbarkeit auf die afrikanische Geschichte der Kolonialperiode zu demonstrieren. Wenn in den folgenden Abschnitten knapp die für diese Arbeit konstitutiven Begriffe, Forschungsdiskussionen und Quellenbestände referiert werden, so geschieht dies zu dem Zweck, die Grundlagen und den historiographischen Kontext darzulegen, auf denen diese Arbeit fußt bzw. in dem sie sich bewegt. Das mag eklektizistisch erscheinen. Doch speist sich die vorliegende Studie aus einer Vielzahl von Impulsen, ohne dass diese sich zu einem eindeutig etikettierbaren Ansatz verdichten ließen; ein Problem, das in letzter Zeit ja nicht zuletzt im Zusammenhang mit der „historischen Sozialwissenschaft" diskutiert worden ist. Besonders drei Forschungsfelder sind für diese Arbeit relevant: Herrschaft und Bürokratie, kolonialer Staat und Kolonialismus, Akteure und Eliten.

---

[20] In diesem Zusammenhang sei vor allem auf die Debatten zur „transnationalen Gesellschaftsgeschichte" und zur Globalgeschichte verwiesen. Vgl. Jürgen Osterhammel, Transnationale Gesellschaftsgeschichte: Erweiterung oder Alternative?, in: GG 27,3 (2001), 464–479; Albert Wirz, Für eine transnationale Gesellschaftsgeschichte, in: ebd., 489–498; siehe ferner die zahlreichen Internet-Beiträge zum Thema „Transnationale Geschichte und Globalisierung", die Anfang 2005 auf dem Internet-Forum „geschichte.transnational" (http://geschichte-transnational.clio-online.net/forum) erschienen sind. Besonders prägnant ist der am 16.3.2005 erschienene Beitrag von Jochen Meissner, Die Tradition der *Area Studies* und die Perspektiven neuer Formen transnationaler, transkultureller, postkolonialer und globaler Geschichtsschreibung.
Große Bedeutung gewinnt auch die Perspektive, Verflechtungen und Vernetzungen unter dem Schlagwort der *entangled histories* in den Blick zu nehmen. Diese Stichworte rekurrieren auf die Einsicht, dass die Entstehung und Entwicklung der modernen Welt als „gemeinsame Geschichte" gedeutet werden kann, in der verschiedene Kulturen und Gesellschaften eine Reihe zentraler Erfahrungen teilten und durch ihre Interaktion und Interdependenz die moderne Welt gemeinsam konstituieren. Andererseits führten Interaktion und Interdependenz zugleich zu Abgrenzungen und dem Bedürfnis nach Partikularität. Das Paradigma der Interaktion darf freilich nicht dazu führen, Ungleichheit, Macht und Gewalt aus den Augen zu verlieren. Interaktionen etwa zwischen Europa und der außereuropäischen Welt waren häufig hierarchisch oder gar repressiv. Die häufig gebrauchten, betulich-freundlichen Begriffe „interkulturelle Beziehungen" und „Kulturkontakt" verdecken diese Hierarchien sowie die Tatsache, dass diese Beziehungen und Kontakte zumeist in einem imperialen Rahmen standen, mithin von Machtfragen nicht zu trennen sind. Vgl. dazu Sebastian Conrad/Shalini Randeria, Geteilte Geschichten – Europa in einer postkolonialen Welt, in: dies. (Hg.), Jenseits des Eurozentrismus, Postkoloniale Perspektiven in den Geschichts- und Kulturwissenschaften, Frankfurt/New York 2002, 9–49; Jürgen Osterhammel, Europamodelle und imperiale Kontakte, in: JMEH 2,2 (2004), 157–182. Auch über den Platz afrikanischer Geschichte in einer sich neu formierenden Internationalen Geschichte wäre genauer nachzudenken. Vgl. die Anregungen in: Jürgen Osterhammel, Internationale Geschichte, Globalisierung und die Pluralität der Kulturen, in: ders./Wilfried Loth (Hg.), Internationale Geschichte. Themen – Ergebnisse – Aussichten, München 2000, 387–408; Andreas Eckert, Europäische Geschichte und der Rest der Welt, in: Zeithistorische Forschungen 1,3 (2004), 416–421.

2. Herrschaft und Bürokratie

Herrschaft ist nach der berühmten Definition Max Webers die „Chance, für einen Befehl bestimmten Inhalts bei angebbaren Personen Gehorsam zu finden."[21] Dabei sei Herrschaft von bloßer Macht zu unterscheiden.[22] Während nämlich Macht die Willensdurchsetzung eines Individuums oder einer Gruppe mit allen Mitteln oder gegen alles Widerstreben bedeuten kann (nicht muss), ist Herrschaft „der Tatbestand, [...] dass ein bekundeter Wille das Handeln anderer beeinflussen will und tatsächlich in der Art beeinflusst, dass dies Handeln, in einem sozial relevanten Grade, so abläuft, als ob die Beherrschten den Inhalt des Befehls, um seiner selbst willen, zur Maxime ihres Handelns gemacht hätten (,Gehorsam')."[23] Herrschaft ist bei Weber ein „Sonderfall von Macht", der dann gegeben ist, wenn bestimmte Institutionalisierungskriterien vorliegen.[24] Herrschaft bezeichnet jedoch nicht nur Durchsetzung gegenüber anderen. Vielmehr steht sie für jene Übermächtigung, die von den Betroffenen als rechtmäßig anerkannt wird. Laut Weber sollen dabei allein Übermächtigungen, die an formale Autorität geknüpft sind, als Herrschaft gelten. Alle drei von Weber genannten Herrschaftstypen – die bürokratische, die patrimoniale und die charismatische – benötigen in der Regel einen Verwaltungsstab oder den Herrschaftsverband, der die Reichweite der Herrschaft bestimmt. Und erst wenn territoriale Herrschaft mit Hilfe eines Verwaltungsstabes monopolisiert ist, handelt es sich um einen Staat.

Heinrich Popitz hat die Institutionalisierung von Macht, die sich zu Herrschaft verfestigt, nachdrücklich als einen Prozess interpretiert und damit auch auf die Bedeutung historischer Transformationen hingewiesen.[25] In diesem Sinne ist Herrschaft „Machtausübung mit beträchtlichem Institutionalisierungsgrad"[26] und die Entstehung und der Zerfall von Staaten erscheinen als Verfestigungs- oder auch Lockerungsprozess der Machtbeziehungen und der daran beteiligten Institutionen. Drei Kriterien müssen demnach erfüllt sein, um von Herrschaft sprechen zu können: Erstens ist die Machtausübung des Herrschers bzw. der Herrschenden partiell entpersonalisiert. Eventuelle spezifische individuelle Qualitäten haben sich „sukzessive mit bestimmten Funktionen und Stellungen verbunden".[27] Zweitens müssen die Inhalte der Machtausübung formalisiert sein – der Zugriff der Herrschaft betrifft bestimmte Bereiche der Lebenswelt der Beherrschten. Drittens schließlich ist das Feld der Herrschaft durch geographische Räume (im Falle von Territorialherrschaft) oder eine bestimmte Personengruppe limitiert. Die Entstehung von Herrschaft darf jedoch nicht als evolutionistisches Schema gedacht werden, dass eine unidirektionale Linie von herrschaftsfreien, „primitiven" Gesellschaften zu entwickelter staatlicher Herrschaft unterstellt. Es gibt diesbezüglich keinen Automatismus, sondern Möglichkeiten der Veränderung von Gesellschaften in beide Richtungen.

Weber unterscheidet in seinem Herrschaftskonzept zwischen Befehlsgebern und Befehlsempfängern. Es ist, wie Alf Lüdtke bemerkt hat, fraglich, ob damit das gesamte vieldeutige Feld der ungleichen Beziehungen, aber auch die Wechselwirkungen zwischen „Herr" und „Knecht" erfasst werden. Vor allem übergeht diese Differenzierung jene vielfältigen Ensembles von verdeckten und

---

[21] Weber, Wirtschaft und Gesellschaft, 28.
[22] Die folgenden Ausführungen basieren vor allem auf Alf Lüdtke, Einleitung: Herrschaft als soziale Praxis, in: ders. (Hg.), Herrschaft als soziale Praxis. Historische und sozial-anthropologische Studien, Göttingen 1991, 9-63; Erdmute Alber, Im Gewand von Herrschaft. Modalitäten der Macht im Borgou (Nord-Benin) 1900-1995, Köln 2000, bes. 30-44; dies., Machttheorien, in: Sociologus 53,2 (2003), 143-165. Vgl. ferner die nützliche Aufsatzsammlung von Peter Imbusch (Hg.), Macht und Herrschaft. Sozialwissenschaftliche Konzeptionen und Theorien, Opladen 1998.
[23] Weber, Wirtschaft und Gesellschaft, 544.
[24] Ebd., 541.
[25] Vgl. Heinrich Popitz, Phänomene der Macht, Tübingen ²1992, 233.
[26] Alber, Im Gewand von Herrschaft, 32.
[27] Popitz, 233.

„sanften" Übermächtigungen, die nicht auf direkte Zugriffe beschränkt bleiben.[28] Des Weiteren setzt die Webersche Definition voraus, dass die Unterscheidung zwischen Herrschenden und Beherrschten eindeutig und auch dauerhaft sei. Damit finden wiederum jene Zwischenräume keine Beachtung, die Foucault mit dem Hinweis auf die „Allgegenwart der Macht" angedeutet hat. Versteht man Macht im Sinne Foucaults als „konzertierte Anordnung von Körpern, Oberflächen, Lichtern und Blicken", dann liegt sie nicht allein bei den „Herren". Vielmehr verweist die hier formulierte These von den „Kräfteverhältnissen" den Blick auf die Eigenaktivitäten der „Knechte" und lässt deren Eigenmacht sichtbar werden.[29]

In diesem Zusammenhang haben einige Autoren, deren Augenmerk der sozialen Praxis von Herrschaft gilt, die Metapher des „Kräftefeldes" geprägt.[30] Dort treten und stehen Akteure in Beziehung, indem sie miteinander umgehen, auch wenn sie einander auszuweichen oder zu ignorieren suchen. James C. Scott spricht seinerseits vom *Public Transcript*, das von so genannten *Hidden Transcripts* ergänzt wird. Er meint damit eine Vielzahl offener und versteckter, verbaler und nichtverbaler Interaktionsformen.[31] Die Figur des Kräftefeldes, in dem Macht durchgesetzt, Herrschaft begründet und bezweifelt wird, vermeidet eine einfache Polarisierung. Den „Herrschenden" stehen zwar „Beherrschte" gegenüber. Dennoch mögen sich die Herrschenden ihrerseits in Abhängigkeit finden, und dies namentlich von den Gruppen, die Mittlerfunktionen einnehmen – im kolonialen Afrika etwa von den Chiefs und den einheimischen Verwaltungsmitarbeitern. Aber auch die Beherrschten sind mehr als passive Adressaten der Regungen der Herrschenden, sondern in spezifische Netzwerke eingebunden. Vor allem aber zeigen sich Ungleichheiten und Widersprüche auch zwischen Herrschenden, ebenso wie zwischen Beherrschten.

Disziplin und Disziplinierung spielen sowohl bei Weber als auch bei Foucault eine wichtige Rolle.[32] In der deutschen Frühneuzeitforschung übt das im Anschluss an Weber erstmals von Gerhard Oestreich entfaltete Konzept der „Sozialdisziplinierung", das dort wiederum eng mit dem der Konfessionalisierung verknüpft ist, bis heute beträchtlichen Einfluss aus.[33] In unserem Zusammenhang ist dieser Aspekt insofern von Bedeutung, als dass auch im Kontext der kolonialen Staatsbildung nach den Wegen, das Einverständnis der Menschen zu ihrer eigenen Disziplinierung zu erhalten, zu fragen

[28] Pierre Bourdieu, Entwurf einer Theorie der Praxis auf der ethnologischen Grundlage der kabylischen Gesellschaft, Frankfurt a.M. 1979, 365ff., hat auf die Verknüpfung physisch-direkter wie „sanfter" Formen herrschaftlicher Gewalt aufmerksam gemacht und betont, dass erst diese Parallelität die Wirkung von Herrschaft ausmache. Vgl. dazu auch Lüdtke, 10; siehe ferner Pierre Bourdieu, Die verborgenen Mechanismen der Macht, Hamburg 1992.

[29] Vgl. Foucault, Überwachen und Strafen, 259f.; ders., Sexualität und Wahrheit, Bd. 1, Frankfurt a.M. 1977, 113ff. Aufgegriffen haben dies für den afrikanischen Kontext W. Arens / Ivan Karp (Hg.), Creativity of Power. Cosmology and Action in African Societies, Washington/London 1989. Vgl. ferner Andreas Eckert, Koloniale und administrative Eliten in Tanzania. Begriff, Konzept und methodische Probleme von Herrschaft und Alltag, in: Dietrich Reetz / Heike Liebau (Hg.), Globale Prozesse und „Akteure des Wandels". Quellen und Methoden ihrer Untersuchung, Berlin 1997, 35–60, hier: 37f.

[30] Vgl. Lüdtke, 12ff.

[31] Vgl. James C. Scott, Domination and the Arts of Resistance. Hidden Transcripts, New Haven/London 1990.

[32] Vgl. Stefan Breuer, Sozialdisziplinierung. Probleme und Problemverlagerungen eines Konzepts bei Max Weber, Gerhard Oestreich und Michel Foucault, in: Christoph Sachße / Florian Tennstedt (Hg.), Soziale Sicherheit und soziale Disziplinierung. Beiträge zu einer historischen Theorie der Sozialpolitik, Frankfurt a.M. 1986, 45–69.

[33] Vgl. Gerhard Oestreich, Geist und Gestalt des frühmodernen Staates, Berlin 1969, 179–197. Ein gutes Beispiel für diese Forschung ist Heinz Schilling, Sündenzucht und frühneuzeitliche Sozialdisziplinierung. Die calvinistische presbyteriale Kirchenzucht in Emden vom 16. bis 19. Jahrhundert, in: Georg Schmidt (Hg.), Stände und Gesellschaft im Alten Reich, Stuttgart 1989, 265–302. Als Überblick siehe Wolfgang Reinhard, Sozialdisziplinierung – Konfessionalisierung – Modernisierung. Ein historiographischer Diskurs, in: Nada Boškovska Leimgruber (Hg.), Die Frühe Neuzeit in der Geschichtswissenschaft. Forschungstendenzen und Forschungsergebnisse, Paderborn 1997, 39–55.

ist. Wolfgang Reinhard hat in Bezug auf den Prozess der Konfessionalisierung ein Raster erstellt,[34] das eine Reihe von Stichworten enthält, die auch für die Untersuchung des kolonialen Staates wichtige Anregungen geben (etwa: „Verbreitung und Durchsetzung neuer Normen"; Internalisierung der neuen Ordnung durch Bildung" oder „Einsatz von Riten"), ohne dass allzu vorschnell Parallelen konstruiert werden sollen.

Entstehung und Entwicklung des modernen Rechts- und Verwaltungsstaates in Europa seit dem 19. Jahrhundert sind dann eng mit dem Aufstieg der Bürokratie verknüpft.[35] Das offenbar unaufhaltsame Vordringen der bürokratischen Organisation lag in erster Linie, folgen wir wiederum Max Weber, in ihrer rein technischen Überlegenheit über andere Herrschaftsformen: Präzision, Schnelligkeit, Berechenbarkeit, Aktenkundigkeit, Kontinuierlichkeit, Diskretion, Arbeitsteilung, Effektivität, straffe Unterordnung.[36] Eine voll ausgebaute Bürokratie ist daher nach Weber nicht weniger als „das Kernstück des Machtsystems des modernen Staates schlechthin [und] gehört zugleich auch zu den am schwersten zu zertrümmernden Gebilden".[37] Der europäische Staat war im 19. Jahrhundert die ordnungspolitische Begleiterscheinung umfassender sozialer, politischer und nicht zuletzt wirtschaftlicher Mobilisierungsprozesse. Lutz Raphael unterstreicht in diesem Zusammenhang: „Gleich mit welchen Etiketten man diese tief greifenden Einschnitte in die längeren Entwicklungstrends der europäischen Geschichte versieht, ob man sie als Modernisierung, Moderne, Aufbruch in die kapitalistische Weltordnung oder sonstwie bezeichnet, immer bleiben die Leistungen und Funktionen der Bürokratie ein unverzichtbares Element dieses Übergangs und gehören zu den prägenden Grundlagen unserer Gegenwart."[38] Weber sprach gar von der „Unentrinnbarkeit" der bürokratischen Verwaltung. Alle kontinuierliche Arbeit erfolge durch Beamte in Büros. „Unser gesamtes Alltagsleben ist in diesen Rahmen eingespannt [...] Man hat nur die Wahl zwischen ‚Bürokratisierung' und ‚Dilettantisierung' der Verwaltung, und das große Mittel der Überlegenheit der bürokratischen Verwaltung ist: Fachwissen, dessen völlige Unentbehrlichkeit durch die moderne Technik und Ökonomik der Güterbeschaffung bedingt wird."[39]

Die technische Leistungsfähigkeit bürokratischer Verwaltung, ihre „Effizienz", beruht, so Weber weiter, letztlich auf den Prinzipien ihrer Arbeitsweise und ihrer inneren Organisation. Es gilt das

[34] Vgl. ders., Prolegomena zu einer Theorie des konfessionellen Zeitalters, in: ZHF 10 (1983), 257–277, hier: 263.

[35] Für eine weit angelegte Analyse vgl. Wolfgang Reinhard, Geschichte der Staatsgewalt. Eine vergleichende Verfassungsgeschichte Europas von den Anfängen bis zur Gegenwart, München 1999. Zur Entfaltung einer bürokratischen Eigenlogik vgl. etwa Pierre Bourdieu, De la maison du roi à la raison d'État. Un modèle de la genèse du champ bureaucratique, in: Actes de la Recherche en Sciences Sociales 118 (1997), 55–68.

[36] Im Übrigen sah schon Hegel die Bürokratie als Apparat von Beamten, der nach den Prinzipien der „Hierarchie und Verantwortlichkeit" organisiert sei. Er hielt Arbeitsteilung und Zentralisation für notwendig, um „Leichtigkeit, Schnelligkeit, Wirksamkeit für das, was für das allgemeine Staats-Interesse geschehen soll", zu erreichen. Georg Wilhelm Friedrich Hegel, Grundlinien der Philosophie des Rechts oder Naturrecht und Staatswissenschaft im Grundrisse, hg. von Bernard Lakebrink, Stuttgart 1970, 451 (§ 290), 468 (§ 295).

[37] Weber, Wirtschaft und Gesellschaft, 561 f., 569. Vgl. zu diesem Themenfeld u. a. Wolfgang Schluchter, Aspekte bürokratischer Herrschaft. Studien zur Interpretation der fortschreitenden Industriegesellschaft, Frankfurt a. M. ²1985; Andreas Anter, Max Webers Theorie des modernen Staates. Herkunft, Struktur und Bedeutung, Berlin 1995, bes. 172 ff.; Stefan Breuer, Bürokratie und Charisma. Zur politischen Soziologie Max Webers, Darmstadt 1994; Edith Hanke / Wolfgang J. Mommsen (Hg.), Max Webers Herrschaftssoziologie, Tübingen 2001. Es ist vielfach darauf hingewiesen worden, dass Webers Theorie der Bürokratisierung ein Echo des preußisch-deutschen Machtstaates darstellte. Vgl. dazu etwa Gerd Spittler, Abstraktes Wissen als Herrschaftsbasis. Zur Entstehungsgeschichte bürokratischer Herrschaft im Bauernstaat Preußen, in: KZSS 32 (1980), 574–604; Hans-Ulrich Wehler, Deutsche Gesellschaftsgeschichte Bd. 3: Von der Deutschen ‚Doppelrevolution' bis zum Beginn des Ersten Weltkrieges, 1849–1914, München 1998, 858. Klassisch dazu Otto Hintze, Beamtentum und Bürokratie, hg. von Kersten Krüger, Göttingen 1981.

[38] Lutz Raphael, Recht und Ordnung. Herrschaft durch Verwaltung im 19. Jahrhundert, Frankfurt a. M. 2000, 12.

[39] Weber, Wirtschaft und Gesellschaft, 128.

Prinzip der Über- und Unterordnung nach sachlich genau umrissenen Zuständigkeiten bzw. Amts-
kompetenzen. Die Amtsführung erfolgt nach abstrakten Regeln. Entscheidungen, Verfügungen und
Anordnungen sind schriftlich in Akten festgehalten. Einerseits handeln Bürokraten nur im Rahmen gegebener Vorschriften, andererseits üben sie Macht aus, weil sie als Fachleute über spezielles
Herrschaftswissen verfügen und dieses stellvertretend für den gesamten Apparat anwenden. Dies
kann Amtsanmaßung oder Amtsmissbrauch zur Folge haben oder auch nur Bürokratisierung, die
gegenüber der Verabsolutierung formaler Vorschriften den individuellen Fall vernachlässigt. Politisch
von größter Bedeutung ist, dass Bürokratien in einem schwer zu kontrollierenden Spannungsfeld
zwischen blinder Befehlsausübung und eigenmächtiger Ausdehnung ihrer Machtbefugnisse agieren.
Zudem, das hat die Geschichte des 20. Jahrhunderts mehrfach belegt, haben Diktaturen oft wenig
Mühe, die etablierten Verwaltungen ihrer Staaten zu unterwerfen, um mit Hilfe dieses Instruments
Macht und Willkür gegen einzelne und soziale Gruppen zu entfalten. Franz Kafka hat prägnante
Visionen einer undurchschaubaren Apparatur von Beamtenstäben entworfen, die optimistische Bilder einer modernen Leistungsverwaltung konterkarieren.[40] Aber auch nach Webers Anschauung ist
die moderne Welt eine paradoxe Welt, in der materieller Fortschritt nur um den Preis einer Ausbreitung der Bürokratie erlangt wird, die ihrerseits die Kreativität und Autonomie des Individuums zermalmt.[41] Inzwischen besteht, bei allem sichtbaren Weber-Kult gerade in der deutschen Geschichtswissenschaft, doch Einigkeit, dass Webers Bürokratiekonzeption „für die multizentrischen
und ‚heterarchischen' Gesellschaften der Gegenwart nur von begrenztem Nutzen" ist.[42] Gleichwohl
bewahrt sie für die historische Phase der Formierung rationaler Bürokratien ihre Gültigkeit. Und sie
stellt eine Reihe von Kategorien bereit, um die historisch-spezifische Ausprägung von Entwicklungs-
pfaden herauszuarbeiten.

---

[40] So lautete eine besonders eindrückliche Formulierung Kafkas (zit. nach Raphael, 10): „Die Fesseln der gekne-
belten Menschheit sind aus Kanzleipapier". Vgl. vor allem sein erstmals 1916 publiziertes Werk „Das Urteil.
Eine Geschichte".
[41] Darauf hat zuletzt noch einmal Anthony Giddens, Konsequenzen der Moderne, Frankfurt a.M. 1996, 16,
hingewiesen.
[42] Breuer, Bürokratie, 1.

3. Kolonialer Staat und Kolonialismus

Im Zuge des europäischen Imperialismus wurde das Modell des bürokratischen Verwaltungsstaates auch in die kolonisierten Gebiete getragen. In Afrika blieb das Ideal des rationalen Staates mit Gebietsherrschaft, Gewaltmonopol, Steuern und schriftlich fixierten Gesetzen indes in großen Teilen eine Herrschaftsutopie, die gleichwohl beträchtliche Wirkungsmacht entfaltete. Südlich der Sahara traf die koloniale Expansion auf eine große Diversität politischer Formen. Auf bürokratische Traditionen, derer sich das „europäische Modell" bedienen konnte, vermochte sie allerdings nur selten zurückzugreifen.[43] Für die Kolonialmächte ging es gemäß ihrem am Nationalstaat orientierten Staatskonzept in erster Linie darum, ihr Gewaltmonopol auf das gesamte, im Gefolge der Berliner Konferenz von 1884/85[44] mit Zirkel und Lineal auf der Landkarte abgegrenzte Gebiet der jeweiligen Kolonien auszudehnen und effektiv zu handhaben. Der Erfolg dieser Bemühungen blieb eher bescheiden. Die effektive Durchsetzung bürokratischer Herrschaft scheiterte schon am Zensus. Die Waffe der Mobilität war den Bauern nicht zu nehmen, solange Land im Überfluss vorhanden war. Produktionsziffern ließen sich kaum erheben, solange nur ein geringer Teil der Arbeitsprodukte bürokratisch kontrollierte Märkte erreichte.[45] Zudem blieb der eigentliche Verwaltungsapparat aus finanziellen Gründen in allen Kolonien viel zu klein, um im gesamten Territorium präsent sein zu können. Deshalb waren die Kolonialmächte überall gezwungen, außer auf Bürokratie auch auf Formen der „intermediären" und der „willkürlichen" bzw. „willkürlich-despotischen" Herrschaft zurückzugreifen.[46] Der Militär- und Polizeiapparat konnte zwar einzelne Maßnahmen an einzelnen Orten mittels Gewaltandrohung oder auch brutaler Gewaltanwendung recht effektiv umsetzen. Aber er konnte dies eben nicht jederzeit und an jedem Ort tun.[47] Die „Ökonomie der Gewaltanwendung" sorgte dafür, dass auch dieser Form despotischer Herrschaft stets, wie Gerd Spittler unterstreicht, „ein großer herrschaftsfreier Raum komplementär" blieb.[48] Trutz von Trotha seinerseits betont, dass

---

[43] Ivor Wilks etwa glaubt in seiner großen Untersuchung über das Ashantireich im 18./19. Jahrhundert (Asante in the Nineteenth Century. The Structure and Evolution of a Political Order, Cambridge [2]1989 [1975]) in der Herrschaft des Asantehene Osei Kwadwo eine rationale Bürokratie im Sinne Webers auszumachen. Zwar stand diese Studie im Kontext einer „nationalistischen" Geschichtsschreibung zu Afrika und versuchte daher nicht zuletzt zu zeigen, dass zahlreiche Elemente der westlichen Moderne bereits lange in Afrika zu finden waren, doch es wäre falsch, den Hinweis auf die fortgeschrittene bürokratische Struktur Ashantis deswegen pauschal als Irrweg abzutun (wie es Thomas McCaskie, Accumulation, Wealth and Belief in Asante History I: To the Close of the Nineteenth Century, in: Africa 52,1 [1983], 23–43, tut). Die Debatte über die Ashanti-Bürokratie fasst zusammen: Anthony G. Hopkins, Asante and the Victorians. Transition and Partition on the Gold Coast, in: Roy Bridges (Hg.), Imperialism, Decolonization and Africa. Studies Presented to John Hargreaves, London 1999, 25–64, hier: 39f. Insgesamt ist zu Staat und Staatlichkeit in Afrika immer noch grundlegend: John Lonsdale, States and Social Processes in Africa. A Historiographical Survey, in: ASR 24,2/3 (1981), 139–225.
[44] Zu dieser Konferenz vgl. Stig Förster/Wolfgang Mommsen/Ronald Robinson (Hg.), Bismarck, Europe, and Africa. The Berlin Africa Conference 1884–1885 and the Onset of Partition, Oxford 1988.
[45] Gerhard Hauck, Gesellschaft und Staat in Afrika, Frankfurt a.M. 2001, 23.
[46] Dazu ausführlich Gerd Spittler, Verwaltung in einem afrikanischen Bauernstaat. Das koloniale Französisch-Westafrika 1919-1939, Wiesbaden 1981; Trutz von Trotha, Koloniale Herrschaft. Zur soziologischen Theorie der Staatsentstehung am Beispiel des „Schutzgebietes Togo", Tübingen 1994; ders., Was war Kolonialismus? Einige zusammenfassende Befunde zur Soziologie und Geschichte des Kolonialismus und der Kolonialherrschaft, in: Saeculum 55,1 (2004), 49–95. Vgl. auch Gerhard Hauck, Staat und Gesellschaft in Afrika – Historische Kontinuitäten und Diskontinuitäten, in: Günter Best/Reinhart Kößler (Hg.), Subjekte und Systeme. Soziologische und anthropologische Annäherungen, Frankfurt a.M. 2000, 287–299, hier: 292f.; Henri Brunschwig, Noirs et Blancs dans l'Afrique Noire Française ou comment le colonisateur devient colonisé (1870–1914), Paris 1983.
[47] Vgl. David Anderson/David Killingray, Consent, Coercion and Colonial Control. Policing the Empire 1830–1940, in: dies. (Hg.), Policing the Empire. Government, Authority and Control, 1830–1940, Manchester/New York 1991, 1–15.
[48] Spittler, Verwaltung, 293.

„staatliche Herrschaft im Zusammenspiel und Gegeneinander von despotischer, intermediärer und bürokratischer Verwaltung" entstand.[49] Ihm zufolge sind die despotische Herrschaft, vor allem die ihr charakteristische Willkür und Gewalt, sowie die intermediäre Verwaltung, die sich auf koloniale Stationsleiter und ein administratives Häuptlingstum, auf Zwangsarbeit und Tribute stützt, die Hauptkennzeichen des kolonialen Staates. Dem Modell des modernen bürokratischen Verwaltungsstaates dagegen ähnelte der koloniale Staat wohl in der Ideologie – und in der Selbstdarstellung gegenüber dem Mutterland –, weniger aber in der afrikanischen Realität. Ziel dieser Arbeit ist es, das Zusammenspiel und Gegeneinander der Verwaltungsformen und des Verwaltungshandelns in einem historischen Längsschnitt einzufangen, wobei es nicht zuletzt darum gehen wird, den Platz des bürokratischen Verwaltungshandelns als zentralen Aspekt moderner Staatlichkeit in den Blick zu nehmen.

In diesem Zusammenhang ist hervorzuheben, dass die Staatsmodelle in den Köpfen der Kolonial-Administratoren die Realität Afrikas nachhaltig beeinflussten. Jener Prozess, der unter dem Label „Erfindung von Ethnizität" seit geraumer Zeit von den Afrikawissenschaften beschrieben und analysiert wird, nahm seinen Ausgang nicht zuletzt in dem Bestreben der Europäer, eindeutig abgrenzbare Verwaltungsbezirke einzurichten, an die man je eigene bürokratische, juristische und Haushaltskompetenzen delegieren konnte.[50] Die vielfältigen, gleichzeitig generationen- und familienübergreifenden Gruppierungen, die im vorkolonialen Afrika unterhalb und außerhalb der Staatsgebilde existiert hatten, wurden allesamt umgedeutet in „tribale" Einheiten, „Stämme", die man ihrerseits nach dem heimischen Muster des Nationalstaates als Sprach-, Kultur-, Abstammungs- und politische Gemeinschaften mit abgegrenzten Territorien interpretierte. Afrikanern konnte das recht sein – vor allem jenen, die im Amt bestätigt oder in eines berufen wurden, denn sie verfügten fortan trotz Verlust ihrer Souveränität und trotz schwindender Autorität über mehr Macht als je zuvor. Den Kolonialherren wiederum kam zupass, dass sich diese Konstellation, welche die „Stämme" in eine Situation der Konkurrenz um knappe Ressourcen brachte und auf diese Weise gegeneinander stellte, als wichtiges Element einer „Teile-und-Herrsche-Strategie" erweisen sollte. Es wäre in diesem Zusammenhang allerdings falsch, den Kolonialherren einen von Anfang an feststehenden Masterplan zu unterstellen.[51]

Tanzania wurde in der Zwischenkriegszeit zu einem Musterbeispiel indirekter Herrschaft, mit Beamten, die „Stämme" und „Häuptlinge" suchend übers Land fuhren, und Afrikanern, die Stämme schufen, um dazuzugehören. Administrative Bequemlichkeit war ein Grund für das intensive Bemühen, Afrikaner in das Gehege von „Stämmen" zu pferchen. Wichtiger war aber das Bestreben der Kolonialverwaltung, sich selbst zu überzeugen, der Grund für ihre Unfähigkeit, die afrikanischen

---

[49] Trotha, Koloniale Herrschaft, 443.

[50] Die „Erfindung von Tradition und Ethnizität" hat sich in den vergangenen zwei Dekaden zu einem zentralen Topos der Afrikawissenschaften entwickelt. Inzwischen ist es nahezu unmöglich geworden, von Tradition und Ethnizität zu sprechen, ohne auf ihren „erfundenen", „konstruierten" oder „imaginierten" Charakter hinzuweisen. Populär gemacht hat die Thematik der Aufsatz von Terence Ranger, The Invention of Tradition in Colonial Africa, in: Eric J. Hobsbawm / Terence Ranger, The Invention of Tradition, Cambridge 1983, 211-262; vgl. ferner ders., The Invention of Tradition Revisited: The Case of Colonial Africa, in: ders. / Olufemi Vaughan (Hg.), Legitimacy and the State in Twentieth-Century Africa, Basingstoke/London 1993, 62-111; Leroy Vail (Hg.), The Creation of Tribalism in Southern Africa, London/Berkeley 1989; John Lonsdale, The Moral Economy of Mau Mau. Wealth, Poverty and Civic Virtue in Kikuyu Political Thought, in: John Lonsdale / Bruce Berman, Unhappy Valley. Conflict in Kenya and Africa, Bd. 1, London 1992, 315-504. In ihrer wichtigen Studie „Die Konstruktion von Ethnizität. Eine politische Geschichte Nord-West-Ghanas 1870-1990" (Köln 1998) betont Carola Lentz, dass die historischen Kreativität bei diesen Konstruktionsprozessen Grenzen gesetzt sind. Diese knüpft an ältere Muster der Grenzziehung und Gemeinschaftsbildung an oder übernimmt solche von Nachbarn. In eine ähnliche Richtung argumentieren auch die Beiträge in Carola Lentz / Paul Nugent (Hg.), Ethnicity in Ghana. The Limits of Invention, New York 2000; ferner Thomas Spear, Neo-Traditionalism and the Limits of Invention in British Colonial Africa, in: JAH 44,1 (2003), 3-27.

[51] Hauck, Gesellschaft, 24.

Gesellschaften zu europäisieren, sei das genuin insulare Profil afrikanischer Kultur. Solche Bilder produzierten weitgehend die Realität, die sie abzubilden vorgaben. In der administrativen Praxis waren die „Häuptlinge" die Stützpfeiler einer vorwiegend intermediären Ordnung, während der Platz der Bürokratie in dieser Ordnung noch klein blieb und die kleine Gruppe der städtischen Eliten von aller Macht ausgeschlossen wurde.

Indessen erschienen verstärkte Demokratisierung und Aufbau parlamentarischer Institutionen unabdingbar für jene neuen kolonialen Utopien und Projekte, die im Kontext des Zweiten Weltkrieges an Bedeutung gewannen. Infolge des zügigen Zerfalls der Kolonialreiche in Asien erlangten die afrikanischen Besitzungen erstmals eine volkswirtschaftlich wichtige Stellung für die Metropolitanstaaten. Die vermehrte Ressourcenabschöpfung konnte jedoch, so die Überzeugung der Kolonialpolitiker, nur im Zuge einer grundlegenden Modernisierung der afrikanischen Gesellschaften gelingen. Der koloniale Verwaltungsstaat, dem in diesem Prozess die Leitfunktion zugedacht war, bekam einen demokratischen Mantel übergestülpt. Das autoritäre Gerüst blieb.[52] Und während im System der indirekten Herrschaft nahezu ausschließlich jene Afrikaner in intermediäre Verwaltungspositionen gelangten, die eine „tribale Legitimität" vorzuweisen vermochten, schwenkten die Kolonisierenden nun verstärkt, wenn auch keineswegs ausschließlich, auf eine Herrschaftsallianz mit städtischen Eliten um, zumal mit den Männern, welche koloniale Schulen besucht, sich europäisches Wissen angeeignet, bürgerliche Lebensmuster und Körperpraktiken übernommen hatten. Angesichts des Modells eines für alle Sorge tragenden interventionistischen Wohlfahrtsstaates mit wachsender Staatsquote, das in diesen Jahren von Europa nach Afrika getragen wurde, entwickelte sich eine Karriere im Staatsdienst in Afrika zu einem vorrangigen Ziel all jener, die weiterführende Schulen besucht hatten. Die Einbindung dieser Personengruppe in das koloniale Verwaltungssystem, so zögerlich sie vielerorts (und gerade in Tanzania) auch sein mochte, stellte die Kolonialmächte bald vor Probleme. Denn die „neuen Eliten"[53] verstanden sich als Bürger und wollten nicht länger Eingeborene sein. Ihre Vertreter verlangten ohne Umschweife politische Mitsprache. Bemerkenswert daran ist, wie strikt sie sich an den Werten der europäischen Moderne und an den kolonialen Strukturen orientierten. Das ist ein Hinweis darauf, dass die Kolonialherrschaft – trotz ihrer verhältnismäßig kurzen Dauer und vermeintlichen Oberflächlichkeit – Neues mit bleibender Wirkung geschaffen hatte.[54]

Die neue Generation afrikanischer Politiker lernte schnell. Sie spielten das Spiel der parlamentarischen Demokratie perfekt. Und sie verstanden es, die neuen Strukturen zu einer sukzessiven Ausdehnung der eigenen Machtbasis zu nutzen. Parallel verlor die koloniale Entwicklungsinitiative ihren Reformeifer. In den Verwaltungs- und Wirtschaftskreisen der Metropolen setzte sich die Erkenntnis durch, dass Afrika zukünftig für die wieder gesundende Ökonomie in Europa und der Welt insgesamt nur eine marginale Rolle spielen würde. Die hohen Kosten, die mit der Schaffung von Wohlfahrtsstaaten nach europäischem Muster verbunden waren und noch sein würden, erschienen den Administrationen in London, Paris, Dakar und Nairobi deshalb immer stärker als Fehlinvestition. So wurden etwa (oft noch in der Planung befindliche) Sozialprogramme zurückgenommen oder verschleppt.[55] Am Ende übernahmen die Afrikaner das Projekt „Entwicklung" zusammen mit dem von den Kolonialregimen aufgebauten Staatsapparat, und die sich zurückziehenden – oder, wie es

---

[52] Vgl. Albert Wirz, La décolonisation de l'Afrique noire: lorsque l'avenir paraissait ouvert, in: Relations Internationales 77 (1994), 37–51, hier: 50.

[53] „Neue Elite" war in den fünfziger und sechziger Jahren ein gängiges Signet zur Beschreibung von Afrikanern in politischen und ökonomischen Führungspositionen. Vgl. etwa Peter Lloyd (Hg.), The New Elites of Tropical Africa, New York 1966; Gordon M. Wilson, The African Elite, in: Stanley Diamond / Fred G. Burke (Hg.), The Transformation of East Africa. Studies in Political Anthropology, London/New York 1966, 431–461. Zur Problematik des Elitebegriffs vgl. weiter unten.

[54] Vgl. Wirz, Körper, Kopf und Bauch, 257.

[55] Vgl. dazu Frederick Cooper, Decolonization and African Society. The Labour Question in French and British Africa, Cambridge 1996, bes. Teil IV, 387ff.; ders., African since 1940. The past in the present, Cambridge 2002.

Basil Davidson treffend formulierte: herausstolpernden – Kolonialherren konnten sich einreden, dass ihre Nachfolger zwangsläufig den von den Europäern angelegten Pfaden folgen würden.

Die rasche Unabhängigkeit erwies sich retrospektiv gesehen in vielerlei Hinsicht als Pyrrhussieg. Niemand machte sich die Mühe oder glaubte Zeit zu haben, nach Alternativen zu den demokratischen Nationalstaaten metropolitanen Zuschnitts zu suchen. Der Zeitfaktor ist in diesem Zusammenhang von entscheidender Bedeutung. Reinhard unterstreicht zu Recht, dass „den Afrikanern der englischen und französischen Kolonien nur wenige Jahre zum Üben des aktiven Umgangs mit dem modernen Staat und den demokratischen Spielregeln gelassen wurden, von anderen Kolonialmächten ganz zu schweigen. Man bedenke, wie lange die Europäer und Amerikaner selbst dazu gebraucht haben!"[56] In den kolonial geschaffenen Staaten kam das allgemeine und gleiche Wahlrecht zur Anwendung, lange bevor die Schulbildung jene Breite erreicht hatte, die etwa in Europa für eine funktionierende Demokratie als unabdingbar angesehen worden war.[57] Die Masse der ländlichen Bevölkerung setzte die bewusste, mittlerweile seit Generationen erprobte Verweigerung gegenüber dem Staat und seinen Institutionen fort, praktizierte eher defensives Überlisten von Gewalthabern denn demokratische Partizipation. Die Eliten ihrerseits, das zeigt das Beispiel Tanzanias, hatten von ihren kolonialen Vorgängern das Bewusstsein übernommen, die legitime und einzig fähige herrschende Klasse zu sein, und sahen den Staat nicht zuletzt als Instrument privater Akkumulation an. Sie setzten weiterhin auf die Strategie des *social engineering* und damit auch auf eine durch Interventionismus, zensorische Attitüden und Kontrolle charakterisierte Politik. So haben die unabhängigen Staaten Afrikas beides geerbt: den Kolonialstaat, der keine Grundlage für Demokratie und Zivilgesellschaft gelegt hat, und die Ablehnung dieses Staates durch die Bevölkerung in vielfältigen, unsystematischen Formen, die wiederum nicht zur Herausbildung alternativer Strukturen oder Institutionen geführt haben.

Während der 1960er und frühen 70er Jahre galt die Erforschung von kolonialer Herrschaft, Verwaltung und Staat, wie sie in dieser Studie unternommen wird, als Rückfall in die alte Imperialismusgeschichte. In der von nationalistischem Elan und einem populistischen Mythos beflügelten afrikabezogenen Geschichtsschreibung standen Widerstand und vorkoloniale Geschichte für „genuine afrikanische Geschichte". In den vergangenen zwei Dekaden haben Afrika-Historiker jedoch zum einen den großen Enthusiasmus für das präkoloniale Afrika verloren, zum anderen den „Widerstands-Mythos" in seine Bestandteile zerlegt und differenziert.[58] Die im Anschluss an Edward Said

---

[56] Reinhard, Staatsgewalt, 505.

[57] Das Argument der „kurzen Übungszeit" ließe sich auch gegen jene Interpretation richten, die den kolonialen Staat als ein Gebilde *sui generis* betrachten. Autoren wie Ranajit Guha, Partha Chatterjee und John Comaroff haben argumentiert, dass der Unterschied zwischen kolonialem und europäischem Nationalstaat nicht zuletzt im rassistisch begründeten Prozess des kolonialen *othering* zu suchen sei, das im Rahmen des kolonial begründeten Territorialstaates die Einheimischen als rassisch erfindet, um sie dann in ihren Traditionen einzuschließen. Vgl. Ranajit Guha, Dominance without Hegemony. History and Power in Colonial India, Cambridge/Ma 1997; Partha Chatterjee, The Nation and its Fragments. Colonial and Post-Colonial Histories, Princeton 1993; John Comaroff, Reflections on the Colonial State in South Africa and Elsewhere. Factions, Fragments, Facts and Fictions, in: Social Identities 4,3 (1998), 321–361; ders., Governmentality, Materiality, Legality, Modernity. On the Colonial State in Africa, in: Jan-Georg Deutsch u. a. (Hg.), African Modernities. Entangled Meanings in Current Debates, Oxford 2002, 107–134. Doch auch die Schaffung europäischer Nationalstaaten und die Herausbildung formaler Gleichheit ging zunächst einher mit der Schaffung von Differenz, indem Bauern, Arbeiter und Frauen zu „Wilden" konstruiert wurden, denen man lange Zeit zahlreiche Rechte vorenthielt. Vgl. Wirz, Körper, Kopf und Bauch, 269f.

[58] Vgl. dazu die historiographischen Skizzen von Andreas Eckert, Widerstand, Protest, Nationalismus, in: Jan-Georg Deutsch / Albert Wirz (Hg.), Geschichte in Afrika. Einführung in Probleme und Debatten, Berlin 1997, 129–148; ders., Konflikte, Netzwerke, Interaktionen. Kolonialismus in Afrika, in: NPL 44,3 (1999), 446–480; Joseph C. Miller, History and Africa / Africa and History, in: AHR 104,1 (1999), 1–32; Frederick Cooper, Conflict and Connection. Rethinking African Colonial History, in: AHR 99,4 (1994), 1516–1545; ders., Africa's Pasts and Africa's Historians, in: African Sociological Review 3,2 (1999), 1–29; Peter Pels, The Anthro-

vornehmlich von den Literaturwissenschaften angeregte Postkolonialismusdebatte[59], gefolgt von den „Subaltern Studies",[60] lenkte die Aufmerksamkeit erneut auf die Kolonialperiode. Schließlich haben sich Afrika-Historiker und -Ethnologen selbst wieder intensiver dieser Phase zugewandt und verstärkt Impulse des Postkolonialismus, aber auch der sich methodisch und inhaltlich reformierenden „Imperial History" aufgenommen.[61] In diesem Zusammenhang sind Europa und die Europäer wieder in einem Maß ins Bild gerückt, das in den Aufbruchjahren der afrikanischen Geschichte undenkbar schien. Dabei hat das Bild der Kolonisierenden jedoch beträchtliche Revisionen erfahren. Ins Blickfeld gelangt ist die komplexe Identität der Europäer in Afrika (und anderen Kontinenten), hin- und hergerissen zwischen der Angst, von der Fremde verschlungen zu werden, und der Phantasie, sich alles untertan machen zu können.[62]

pology of Colonialism: Culture, History, and the Emergence of Western Governmentality, in: Annual Review of Anthropology 26 (1997), 163-183 (alle mit zahlreichen Literaturhinweisen).

[59] Was genau sich hinter dem schwer fassbaren Label „Postkolonialismus" verbirgt, ist nicht gradlinig zu beantworten. Jeder Definitionsversuch wird umstritten bleiben. Ato Quayson, Postcolonialism. Theory, Practice or Process?, Cambridge 2000, 2, hat einen, so denke ich, brauchbaren Vorschlag für eine Arbeitsdefinition gemacht: „[...] it involves a studied engagement with the experience of colonialism and its past and present effects, both at the level of ex-colonial societies as well as at the level of more global developments thought to be the after-effects of empire. Postcolonialism often also involves the discussion of experiences of various kinds, such as those of slavery, migration, suppression and resistance, difference, race, gender, place, and the responses to the discourses of imperial Europe such as history, philosophy, anthropology and linguistics." Die – wie Robert Young spöttelte – „heilige Dreifaltigkeit" der postkolonialen Theorie besteht aus Edward Said, Orientalism, London 1978; Gayatri Chakravorty Spivak, In Other Worlds: Essays in Cultural Politics, New York 1987, und Homi K. Bhabha, The Location of Culture, London 1994. Einführende Darstellungen bieten neben Quayson u. a. Robert Young, White Mythologies. Writing History and the West, London/New York 1990; ders., Postcolonialism. An Historical Introduction, London/New York 2001; Bart Moore-Gilbert, Postcolonial Theory. Contexts, Practices, Politics, London/New York 1997; Ania Loomba, Colonialism/Postcolonialism, London/New York 1998. Zur eher zögerlichen Rezeption postkolonialer Ansätze in den Afrikawissenschaften vgl. Megan Vaughan, Colonial Discourse Theory and African History, or has Postmodernism passed us by?, in: Social Dynamics 20,2 (1994), 1-23; Rita Abrahamsen, African Studies and the Postcolonial Challenge, in: African Affairs 102,407 (2003), 189-210.

[60] Hinter diesem Signet verbirgt sich eine durchaus heterogene Gruppe von Indienhistorikern, darunter viele Inder, die an indischen Universitäten lehren. Die „Subalternen" haben im Verlauf der 1980er und frühen 90er Jahre insgesamt sieben Sammelbände herausgebracht, in denen es den Autoren grosso modo darum ging, im Anschluss an Gramsci die Rolle der Kultur für Herrschaft und Widerstand herauszuarbeiten und demgegenüber soziostrukturelle Erklärungsmuster für die Motivationen der Armen und Unterdrückten zurückzustellen. Herausgekommen sind zahlreiche instruktive Studien über Leben und Kampf der Bauern, ländliche Arbeit und die Unterschichten in den Städten. Allerdings hatten die Subaltern-Historiker große Probleme, ihre Geschichten „von unten" in ein Bild zu integrieren, das historische Kontinuitäten und Wandel reflektiert. Ebenso offen blieb die Frage nach der Dominanz der herrschenden Eliten bzw. des imperialen Staates. Schließlich stießen unterschiedliche Ansätze innerhalb der Subaltern Studies zusammen, insofern als ein Teil der Arbeiten den antikolonialen Heroismus der subalternen Akteure zelebrierte und dazu neigte, deren Widerstand zu essenzialisieren oder gar zu romantisieren. Auf der anderen Seite hatte sich eine Richtung herausgeschält, die in enger Verknüpfung mit postkolonialen Ansätzen vor allem Reflektionen über Diskurse präferierte, und sich mehr oder weniger von der Vorstellung verabschiedete, man könne Geschichte schreiben bzw. die Vergangenheit rekonstruieren. Einen guten Querschnitt durch die Arbeiten der Subaltern Studies bieten Ranajit Guha / Gayatri Chakravorty Spivak (Hg.), Selected Subaltern Studies, New York 1988. Vgl. überdies Vinayak Chaturvedi (Hg.), Mapping Subaltern Studies and the Postcolonial, London 2000. Vgl. zur Rezeption der Subaltern Studies in der Afrika-Historiographie Mamadou Diouf (Hg.), L'historiographie indienne en débat. Colonialisme, nationalisme et sociétés postcoloniales, Paris/Amsterdam 1999.

[61] Für einige interessante Verknüpfungen von imperial history und postcolonial studies vgl. Stephen Howe, David Fieldhouse and ‚Imperialism': Some Historiographical Revisions, in: Peter Burroughs / Anthony J. Stockwell (Hg.), Managing the Business of Empire, London 1998, 213-232. Sehr gut auch ders., Empire. A very short introduction, Oxford 2002. Ferner: Andreas Eckert, Kolonialismus, Frankfurt a. M. 2006.

[62] Vgl. hierzu etwa Dane Kennedy, Islands of White. Settler Society and Culture in Kenya and Southern Rhodesia, 1890-1939, Durham/London 1987; Ann L. Stoler, Rethinking Colonial Categories. European Communities and the Boundaries of Rule, in: CSSH 31,1 (1989), 134-161; John L. Comaroff, Images of Empire,

Inzwischen konkurriert auf dem Markt des Wissens eine Fülle von unterschiedlichen Ansätzen, koloniale Herrschaft analytisch und empirisch zu erfassen. Für einige Autoren waren die Kolonien primär ein Ort der Ausbeutung, an dem europäische Mächte sich Land und Arbeit zu eigen machten und Produktionsweisen etablieren konnten, die politisch und ökonomisch in Europa selbst nicht mehr durchsetzbar waren.[63] Für andere Historiker stellten sich die Kolonien als ein Platz außerhalb der engen Grenzen der bürgerlichen Gesellschaft dar. In den Kolonien waren ungezügelte wirtschaftliche und sexuelle Betätigungen noch möglich, der maskulinen Selbstbestätigung waren keine Grenzen gesetzt.[64] Weitere Ansätze deuten Kolonien als Laboratorien der Moderne, in denen Missionare, Lehrer, Ärzte und Stadtplaner sich frei von diversen Eingrenzungen der europäischen Gesellschaftsordnung experimentell zu betätigen vermochten.[65] Schließlich hat die mit dem Schlagwort „Orientalismus" assoziierte Debatte in den Kolonien „das Andere" ausgemacht, welches als konstruiertes Gegenbild für die Schaffung einer europäischen Identität herhalten musste.[66] Frederick Cooper und Ann Stoler plädieren nachhaltig dafür, Kolonialismus nicht als Einbahnstraße zu deuten, auf der kolonisierte Gesellschaften lediglich auf europäische Initiativen reagierten oder bestenfalls kreativ mit ihnen umgingen. Erfahrungen in den Kolonien, so diese Autoren, prägten in unterschiedlichem Ausmaß die Entwicklung in den Metropolen selbst.[67] Sie variieren dabei eine bereits bekannte These, derzufolge die koloniale Expansion eine bedeutende Rolle bei der Rekonfiguration europäischer Kultur und Wissenschaften im 19. und 20. Jahrhundert spielte.[68] Neben diesen Bereichen entstammten jedoch, folgen wir Cooper und Stoler, auch die Formen sozialer Disziplin sowie die Diskurse über

---

Contests of Conscience: Models of Colonial Domination in South Africa, in: American Ethnologist 16,4 (1989), 661–685; Albert Wirz, Essen und Herrschen. Zur Ethnographie der kolonialen Küchen in Kamerun vor 1914, in: Genève-Afrique 22,2 (1984), 37–62; Terence O. Ranger, Europeans in Black Africa, in: Journal of World History 9,2 (1998), 255–268; programmatisch für Indien Christopher A. Bayly, Returning the British to South Asian History: The Limits of Colonial Hegemony, in: South Asia 17,2 (1994), 1–15.

[63] Klassisch dazu: Claude Meillassoux, Femmes, greniers et capitaux, Paris 1975.

[64] Vgl. Ronald Hyam, Empire and Sexuality. The British Experience, Manchester 1990; Robert Aldrich, Colonialism and Homosexuality, London/New York 2003; Anne McClintock, Imperial Leather. Race, Gender and Sexuality in the Colonial Contest, London/New York 1995; Ann L. Stoler, Race and the Education of Desire. Foucault's History of Sexuality and the Colonial Order of Things, Durham/London 1995; dies., Making Empire Respectable. The Politics of Race and Sexual Morality in 20th-Century Colonial Cultures, in: American Ethnologist 16,4 (1989), 634–660; Owen White, Children of the French Empire. Miscegenation and Colonial Society in French West Africa, 1895–1960, Oxford 1999.

[65] Vgl. etwa für den Bereich Architektur und Stadtplanung die vorzügliche Studie von Gwendolyn Wright, The Politics of Design in French Colonial Urbanism, Chicago/London 1989. Grundlegend zu Medizin und Missionaren Nancy Rose Hunt, A Colonial Lexicon. Of Birth, Medicalization, and Mobility in the Congo, Durham/London 1999. Zurückhaltender ist Andrew Porter, Religion versus Empire? British Protestant Missionaries and Overseas Expansion, 1700–1914, Manchester/New York 2004. Über die Möglichkeiten und Grenzen der Idee vom „Laboratorium der Moderne" vgl. Dirk van Laak, Kolonien als „Laboratorien der Moderne"?, in: Sebastian Conrad / Jürgen Osterhammel (Hg.), Das Kaiserreich transnational. Deutschland in der Welt 1871–1914, Göttingen 2004, 257–279.

[66] Grundlegend ist hier Said, Orientalism. Vgl. daneben etwa Ronald Inden, Imagining India, Oxford 1990; Valentin Mudimbe, The Invention of Africa. Gnosis, Philosophy, and the Order of Knowledge, London 1988; Kwame Anthony Appiah, In My Father's House. Africa in the Philosophy of Culture, London/New York 1992.

[67] Frederick Cooper / Ann L. Stoler, Between Metropole and Colony. Rethinking a Research Agenda, in: dies. (Hg.), Tensions of Empire. Colonial Cultures in a Bourgeois World, Berkeley 1997, 1–56.

[68] Vgl. z. B. Annie E. Combes, Reinventing Africa. Museums, Material Culture and Popular Imagination, New Haven/London 1994; Michael Adas, Machines as the Measure of Men. Science, Technology, and Ideologies of Western Dominance, Ithaca/London 1989; Roy MacLeod, Passages in Imperial Science. From Empire to Commonwealth, in: Journal of World History 4,1 (1993), 117–150; Daniel Headrick, The Tentacles of Progress. Technology Transfer in the Age of Imperialism, 1850–1940, Oxford 1988; John M. MacKenzie, The Popular Culture of Empire in Britain, in: Judith M. Brown / Wm. Roger Louis (Hg.), Oxford History of the British Empire, Bd. 4: The Twentieth Century, Oxford 1999, 212–231. In diesem Aufsatz fasst MacKenzie die Ergebnisse einer ganzen Reihe von Studien zu dieser Thematik zusammen; viele davon sind in der von ihm

Sexualität und Geschlechterverhältnisse in der europäischen bürgerlichen Ordnung jeweils Modellen und Inspirationen kolonialer Unternehmungen.[69] Die Kolonialgeschichte, so ihre Forderung, darf nicht länger in die Geschichte der Kolonisierten und die der Kolonisierenden aufgesplittet werden. Beide Stränge seien in ein gemeinsames analytisches Feld zu integrieren. Im Übrigen hatte der französische Soziologe Georges Balandier bereits 1951 in einem grundlegenden Aufsatz über die „koloniale Situation" explizit in diese Richtung argumentiert. Der Beitrag wurde zwar oft zitiert, die darin enthaltenen Forderungen aber nur selten umgesetzt.[70]

Das Denken in überkommenen Dichotomien hat lange Zeit auch die Analyse der Kolonialperiode, die Interpretation kolonialer Macht- und Herrschaftsbeziehungen in Afrika verzerrt und letztlich zu einer Mythologisierung der Kolonialzeit beigetragen. Denn im Grunde wurden hier koloniale Ideologien reproduziert, die sich aus der politisch konstruierten Gegenüberstellung von zivilisierten Kolonisierenden und primitiven Kolonisierten speisten. Historiker haben diese Dichotomie weitergeschrieben, einmal in Gestalt neuer Varianten (modern versus traditionell) oder durch Umkehrung, indem nun der destruktive Imperialist der leidenden Gemeinschaft der afrikanischen Opfer gegenüberstand.[71] Binäre Oppositionen charakterisierten lange Zeit auch Interpretationen des kolonialen Staates.

„Bringing the State Back In" lautete Mitte der 1980er Jahre die Forderung, die insgesamt unter Außereuropahistorikern eine nicht unbeträchtliche Resonanz erfuhr.[72] In gewisser Weise war damit eine Absetzbewegung zum Kulturalismus der *postcolonial studies* verknüpft. Im Afrikakontext fand diese „Rückkehr des Staates" zunächst besonders in politologischen und entwicklungssoziologischen Diskussionen über das Scheitern nachkolonialer Prosperitäts- und Demokratieträume ihren Niederschlag. Dominant war dabei ein statisches Modell, demgemäß „Staat" als eine autonome Einheit neben „Gesellschaft" konstruiert wurde.[73] Übertragen auf die afrikanischen Realitäten präsentierte sich dann das geläufige Bild afrikanischer Gesellschaften, denen ein – den historischen Wurzeln nach kolonialer – Staats-„Überbau" aufgestülpt worden ist, welcher sich die Ressourcen der beherrschten Menschen und Gebiete aneignete und innerhalb der so genannten „Staatsklassen" verteilte. Das Versagen der afrikanischen Staaten, für ökonomische Wachstumsprozesse zu sorgen oder essenzielle Staatsaufgaben (Gesundheit, Bildung, Infrastruktur) wahrzunehmen, wurde in dieser Perspektive zu einem gleichsam moralischen Versagen der parasitären Eliten dieser Staaten.[74] Als *deus ex machina* erschien dann die „Zivilgesellschaft", die mit ihren am US-amerikanischen Vorbild orientierten Strukturen und Institutionen als hoffnungsvoller „Modernisierungsagent" in den Blickpunkt der Wissenschaft und Entwicklungszusammenarbeit geriet.[75] Trotz der Prominenz der Zivilgesellschaft

---

herausgegebenen Reihe „Studies in Imperialism" erschienen. Kritik an dieser Richtung von Bernard Porter, The Absent-Minded Imperialists. Empire, Society and Culture in Britain, Oxford 2004.

[69] Vgl. Stoler, Race.

[70] Vgl. Georges Balandier, Die koloniale Situation. Ein theoretischer Ansatz, in: Rudolf von Albertini (Hg.), Moderne Kolonialgeschichte, Köln 1970, 105–124 (frz. Orig. 1951). Vgl. zum Kontext und zur Geschichte dieses Beitrags Jean Copans, La „Situation Coloniale" de Georges Balandier: Notion conjoncturelle ou modèle sociologique et historique, in: Cahiers Internationaux de Sociologie 110 (2001), 31–52.

[71] Zu diesem Argument vgl. ausführlich Cooper, Conflict and Connection, 1517ff.

[72] Peter B. Evans / Dietrich Rueschemeyer / Theda Skocpol (Hg.), Bringing the State Back In, Cambridge 1985. Vgl. dazu auch Jürgen Osterhammel, Außereuropäische Geschichte: Eine historische Problemskizze, in: GWU 46,5/6 (1995), 253–276, hier: 274f.

[73] Vgl. Timothy Mitchell, The Limits of the State. Beyond Static Approaches and their Critics, in: APSR 85,1 (1991), 77–96.

[74] Vgl. Ernst Hillebrand, Nachdenken über Zivilgesellschaft und Demokratie in Afrika, in: Internationale Politik und Gesellschaft 1,1 (1994), 57–71, hier: 71. Die folgenden Ausführungen verdanken diesem provokanten Aufsatz viel.

[75] Vgl. etwa René Lemarchand, Uncivil States and Civil Societies. How Illusion became Reality, in: JMAS 30,2 (1992), 177–191; John W. Harbeson / Donald Rothchild / Naomi Chazan (Hg.), Civil Society and the State in Africa, Boulder 1994; Robert Fatton Jr., Africa in the Age of Democratization. The Civic Limitations of Civil

und des Unbehagens an „staatszentrierten" Analysen weisen jüngere Studien immer wieder auf die – ungeachtet seiner Krisenhaftigkeit – weiterhin große Bedeutung des Staates als konzeptionellem Bezugsrahmen für Analysen der gegenwärtigen Probleme Afrikas hin.[76] In den Diskussionen um den postkolonialen Staat gewinnt schließlich der Versuch an Bedeutung, sich „weder in den teleologischen Fußangeln eines Modernisierungsdiskurses noch in denen der nicht einholbaren Singularität einer ‚alternité'" zu verfangen.[77]

Die Frage „what went wrong?" – also die Auseinandersetzung mit Gegenwartsproblemen – hat, daran besteht kein Zweifel, seit einiger Zeit die Diskussion um den kolonialen Staat in Afrika belebt. Jean-François Bayarts Studie „L'Etat en Afrique" spielte in diesem Zusammenhang eine maßgebliche Rolle.[78] Zum einen betonte der französische Politologe nachdrücklich, dass man die Geschehnisse in der Postkolonie nur verstehen könne, wenn man nach den historischen Wurzeln in der vorkolonialen und kolonialen Vergangenheit suche. Zum anderen vertrat er die Ansicht, in der afrikanischen Gegenwartspolitik sei eine besondere Form des Politischen am Werk, die er mit der Formel von der „Politik des Bauches" zu erfassen suchte. Damit meinte er, dass Macht in afrikanischen Gesellschaften in erster Linie die Fähigkeit bezeichne, zu konsumieren. Von zentraler Bedeutung ist Bayarts Ansatz nicht zuletzt deshalb, weil er sich von der Analyse der kolonial geschaffenen Institutionen radikal abwendet. Sein Fokus gilt unter Berufung auf Foucault statt dessen der sozialen Praxis von Herrschaft. Dieser Zugang hat auch auf die historisch orientierte Forschung beträchtliche Wirkung entfaltet.

Interpretationen des kolonialen Staates bewegten sich lange Zeit zwischen zwei Polen: Folgen wir einigen Autoren, gab es einen starken kolonialen Staat, eine Art „intelligenten Bulldozer", ein machtvolles Instrument politischer Herrschaft und struktureller Transformation. Zuletzt hat noch Crawford Young diese Sichtweise vertreten und dafür die aus dem ehemaligen Belgisch-Kongo stammende Metapher „Bula Matari" herangezogen, was soviel wie „Zermalmer der Steine" heißt und die, so Young, „unwiderstehliche Hegemonie" des kolonialen Staates in Afrika charakterisieren soll.[79] Andererseits etablierte sich eine Sichtweise, welche die Schwäche des kolonialen Staates betonte. Er sei mit mangelhaften Ressourcen ausgestattet gewesen, charakterisiert durch seine äußerst begrenzte Durchsetzungsfähigkeit, ständig lavierend zwischen massiver Bedrohung der lokalen Bevölkerung und Kooptations- und Kooperationsangeboten an einheimische Mittler.[80] Mahmood Mamdani

Society, in: ASR 39,3 (1996), 67–99; Maxwell Owusu, Domesticating Democracy: Culture, Civil Society and Constitutionalism in Africa, in: CSSH 39,1 (1997), 120–152. Einen guten Einblick in die Diskussionen über Zivilgesellschaft in Europa bieten Manfred Hildermeier / Jürgen Kocka / Christoph Conrad (Hg.), Europäische Zivilgesellschaft in Ost und West. Begriff, Geschichte, Chancen, Frankfurt/New York 2000.

[76] Vgl. etwa William Munro, Power, Peasants and Political Development: Reconsidering State Construction in Africa, in: CSSH 38,1 (1996), 112–148; Dickson Eyoh, From Economic Crisis to Political Liberalization. Pitfalls of the New Political Sociology for Africa, in: ASR 39,3 (1996), 43–80; Reinhart Kößler / Tilman Schiel, Auf dem Weg zu einer kritischen Theorie der Modernisierung, Frankfurt a.M. 1996; Chabal / Daloz, Africa works; Bayart / Ellis / Hibou, Criminalization; Jeffrey Herbst, States and Power in Africa. Comparative Lessons in Authority and Control, Princeton 2000.

[77] Trutz von Trotha, Gewalt, Staat und Basislegitimität. Notizen zum Problem der Macht in Afrika (und anderswo), in: Heidi Willer / Till Förster / Claudia Ortner-Buchberger (Hg.), Macht der Identität – Identität der Macht. Politische Prozesse und kultureller Wandel in Afrika, Hamburg/Münster 1995, 1–16, hier 1. In diese Richtung argumentiert auch Patrick Chabal, Power in Africa. An Essay in Political Interpretation, Basingstoke/ London 1992.

[78] Jean-François Bayart, L'Etat en Afrique. La Politique du Ventre, Paris 1989. Vgl. in diesem Zusammenhang bereits Patrick Chabal (Hg.), Political Domination in Africa. Reflections on the Limits of Power, Cambridge 1986; zu Bayart auch Tom Young, The State and Politics in Africa, in: JSAS 25,1 (1999), 149–154.

[79] Crawford Young, The African Colonial State in Comparative Perspective, New Haven/London 1994. Dazu kritisch Bruce J. Berman, The Perils of Bula Matari. Constraint and Power in the Colonial State, in: CJAS 31,3 (1997), 556–570.

[80] Vgl. etwa Bruce J. Berman, Control and Crisis in Colonial Kenya. The Dialectics of Domination, London 1990; Dagmar Engels / Shula Marks (Hg.), Contesting Colonial Hegemony. State and Society in Africa and India, London 1994. Zum kolonialen Staat insgesamt vgl. prägnant Jürgen Osterhammel, Kolonialismus.

schließlich hat die These von einem „gegabelten Staat" formuliert, der auf die Periode der indirekten Herrschaft vor dem Zweiten Weltkrieg zurückgeht, aber im unabhängigen Afrika bestehen blieb: Im städtischen Bereich gelten, so Mamdani, zumindest formal die *civil rights* und die Spielregeln der Zivilgesellschaft, über ländliche Regionen aber herrscht man mittels traditioneller Autoritäten. Die hätten sich jedoch mit der Staatsmacht im Rücken und ausgestattet mit dem Monopol der Auslegung und Anwendung des „Gewohnheitsrechts" generell zu wahren Despoten entwickelt. Ohne Demokratisierung dieses Feldes könne es auch gesamtgesellschaftlich keine Demokratie geben. Die „gemäßigten" Staaten haben, wie Mamdani zeigt, den Versuch dazu erst gar nicht unternommen. Sie kooptierten die Chiefs in ihre Partei- oder Staatsapparate und regierten durch einen „dezentralisierten Despotismus". Die „radikalen" Staaten wie Tanzania, schreibt Mamdani, haben es versucht, aber sozusagen „von oben", mittels eines zentralen Staatsapparates, der dabei immer autoritärer bzw. „despotischer" wurde.[81]

Die vorliegende Studie bricht nicht so rückhaltlos wie etwa Bayart mit der Betrachtung von Institutionen, analysiert den Kolonialstaat aber nicht mehr allein in seiner organisatorischen Struktur, sondern ebenso in seinem Zusammenspiel mit gesellschaftlichen Kräften. Indem staatliche und administrative Utopien, Verwaltungsprojekte und Verwaltungshandeln sowie die Rolle (afrikanischer) Bürokraten ins Zentrum der Betrachtung rücken, wird hier eine Sichtweise vorgeschlagen, welche die institutionelle Dimension in der Geschichte weiter ernst nimmt, ohne darüber sozial- und kulturhistorische Aspekte aus dem Blick zu verlieren. Schließlich soll auf diese Weise zu dem zunehmend differenzierten Bild von der Geschichte der Kolonialzeit beigetragen werden, die immer weniger als heroischer Widerstand gegen eine von außen aufgezwungene Tyrannei erscheint. Vielmehr ist es die Geschichte ebenso vielfältiger wie widersprüchlicher Kooperationen und Auseinandersetzungen, in denen Afrikaner alle nur verfügbaren Ressourcen zu nutzen suchten, welche die Präsenz von Europäern bot, von westlicher Erziehung über Märkte für Massengüter, aber auch Allianzen mit den Kolonialregimes. Dazu gehörten freilich auch blutige Auseinandersetzungen.[82] Die Anstrengungen von Afrikanern, eigene Lebensformen im und mit dem Kolonialismus durchzusetzen, zeigten sich wohl vor allem im Entwickeln von Verbindungen, im Knüpfen von Netzwerken, in Migrationen und Bewegungen im Raum, in kulturellen Aneignungen sowie in intellektueller Kreativität.[83] In diesem Sinne stellt diese Arbeit den Versuch dar, die Widersprüche und Ambivalenzen des Kolonialismus nicht zuzukleistern und das Leben der Kolonisierten als eine Form des Überlebens in schwieriger Zeit zu deuten.

.

Geschichte – Formen – Folgen, München 1995, Kap. V. Zur Frage, ob es auch einen spezifischen spätkolonialen Staat gab, vgl. die freilich noch unbefriedigenden Ausführungen von John Darwin, What was the Late Colonial State?, in: Itinerario. European Journal of Overseas History 23,3–4 (1999), 73–82.

[81] Vgl. Mahmood Mamdani, Citizen and Subject. Contemporary Africa and the Legacy of Late Colonialism, Princeton 1996. Zu einer Kritik an Mamdani, der z. B. die vielfältigen Verbindungen zwischen Stadt und Land klar unterschätzt, vgl. Eckert, Konflikte, 449–451; Hauck, Gesellschaft, 29. Vgl. ferner Kapitel II, 2.

[82] Dieser Hinweis ist wichtig, weil einige Vertreter der jüngeren Forschung vor lauter selbstverliebter Übertheoretisierung die handgreiflichen Realitäten kolonialer Herrschaft zu ignorieren scheinen. Ein Beispiel für diese Tendenz sind die ansonsten hochinnovativen Arbeiten der Comaroffs. Vgl. etwa Jean & John Comaroff, Ethnography and the Historical Imagination, Boulder 1992.

[83] Vgl. Frederick Cooper, Africa in a Capitalist World, in: Darlene Clark Hine / Jacqueline McLeod (Hg.), Crossing Boundaries. Comparative History of Black People in Diaspora, Bloomington 1999, 391–418.

4. Akteure und Eliten

Aus den bisherigen Ausführungen folgt, dass eine Geschichte der staatlichen Ordnung und des Verwaltungshandelns im Afrika des 20. Jahrhunderts jene Personen in den Blick nehmen sollte, die als Verwaltungsangestellte zu Trägern sowohl des Kolonialstaates wie des jungen Nationalstaates wurden. Die vorliegende Studie sucht exemplarisch die Aktivitäten, sozialen Strukturen und Mentalitäten dieser Gruppe im Kontext staatlicher Strukturen, Projekte und Praktiken zu analysieren. Als Untersuchungsregion dient dabei das tanzanische Festland,[84] welches durch eine komplexe interkulturelle Situation charakterisiert ist, die bislang gleichwohl nie zu massiven, ethnisch begründeten Auseinandersetzungen geführt hat.[85] Die nationalistische Bewegung und die Führung des unabhängigen Tanzania haben vergleichsweise stark auf „afrikanische Traditionen" rekurriert und doch viele Insignien des europäischen bürokratischen Staates übernommen. Nicht zuletzt aufgrund seiner marginalen Position im britischen Empire verfügte Tanzania lediglich über eine relativ kleine „bürokratische Elite" gut ausgebildeter Afrikaner, die sich in den Dienst der Kolonialverwaltung und ihrer Agenturen stellten. Ich bezeichne sie, einer Anregung Steven Feiermans folgend, als „afrikanische Bürokraten".[86] Dieser Terminus erscheint präziser als der in der englischsprachigen Literatur gängige Begriff der *educated elite*, zumal er auf die Funktion der Protagonisten innerhalb des kolonialen Staates bzw. Verwaltungssystems abhebt. Diese Funktion setzte wiederum einen gewissen Grad an formaler Schulbildung voraus. Freilich ist „Bürokrat" keine ideale Lösung, schon allein weil der Begriff in der populären Konnotation eher negativ besetzt ist und mithin für einen übertrieben pedantischen „Aktenhuber" steht.

Des Weiteren geht es hier vornehmlich um jene Afrikaner, die zumindest einen Abschluss in einer „Government Secondary School" vorweisen konnten – dem höchsten im Tanzania der Kolonialzeit möglichen Schulexamen.[87] Der von mir gewählte Zugang impliziert, dass Frauen als Akteure so gut wie keine Rolle spielen, denn die Welt der Kolonialadministration in Tanzania war (wie damals überall sonst in den Amtsstuben Afrikas und auch Europas) eine männlich dominierte Welt. Zumindest durch die Hintertür taucht der weibliche Teil der Bevölkerung jedoch wieder auf. Denn die Briten legten in ihren Doktrinen und Programmen Wert auf die Ausbildung von Frauen unter Hervorhebung ihrer Positionen als Hausfrauen und Mütter. Solide geschulte Frauen würden sicherstellen, „that clever boys, for whom higher education is expedient [could] look forward to educated mates".[88]

---

[84] Von 1885 bis 1918 bildete das Festland die Kolonie Deutsch-Ostafrika, die anschließend an den Ersten Weltkrieg unter dem Namen Tanganyika von Großbritannien als Mandatsgebiet des Völkerbundes und nach 1945 als Treuhandgebiet der UNO verwaltet wurde. Im Dezember 1961 wurde Tanganyika formal unabhängig. 1964 erfolgte der Zusammenschluss mit Zanzibar, das von 1890 bis 1963 ein britisches Protektorat gebildet hatte, zur Vereinigten Republik Tanzania. Im Folgenden verwende ich Tanganyika und Tanzania synonym.

[85] Auf Zanzibar und der ebenfalls zu Tanzania gehörigen Insel Pemba ist es in den vergangenen Jahren dagegen zu massiven ethnisch überformten Auseinandersetzungen gekommen. Vgl. zu den Konfliktkonstellationen John Campbell, Nationalism, Ethnicity and Religion. Fundamental Conflicts and the Politics of Identity in Tanzania, in: Nations and Nationalism 5,1 (1999), 105–125; Abdul Sheriff, Race and Class in the Politics of Zanzibar, in: Africa Spectrum 36,3 (2001), 301–318.

[86] Steven Feierman, Peasant Intellectuals. History and Anthropology in Tanzania, Madison/Wisc. 1990, Kap. 27. Alternativ ist der Begriff ‚afrikanische Angestellte' vorgeschlagen worden. Vgl. Emily L. Osborn, ‚Circle of Iron'. African Colonial Employees in French West Africa, in: JAH 44,1 (2003), 29–50; Benjamin N. Lawrance u. a. (Hg.), Intermediaries, Interpreters and Clerks. African Employees and the Making of Colonial Africa, Madison/Wisc. 2006.

[87] Potenziell bestand, vor allem nach dem Zweiten Weltkrieg, für Tanzanier die Möglichkeit höherer, auch universitärer Abschlüsse außerhalb Tanzanias, etwa am Makerere College in Uganda sowie in britischen Einrichtungen.

[88] Colonial Office, Education Policy in British Tropical Africa, London 1925, 8. Vgl. zu diesem Themenfeld etwa Nancy Rose Hunt u. a. (Hg.), Gendered Colonialisms in African History, Oxford 1997; Jean Allman u. a. (Hg.), Women in African Colonial Histories, Bloomington 2002.

Zum von den britischen Kolonialherren entworfenen Ideal eines afrikanischen Bürokraten gehörte
also die gebildete Frau an seiner Seite. Freilich gab es bis zum Ende der Kolonialzeit in der Praxis
wenig Möglichkeiten für Frauen, jenseits von Näh- und Haushaltskursen in den Genuss höherer
Bildung, geschweige denn administrativer Posten zu kommen.

Warum waren jene Personen, die Funktionen im kolonialen Staatsapparat ausübten, so wichtig?
Ihre Bedeutung rührt daher, dass sie, obschon eine kleine Gruppe, zu den Trägern der politischen
Modernisierung im Lande und später zu den wichtigsten Protagonisten des antikolonialen Nationalismus wurden, ehe sie mit der Unabhängigkeit 1961 das Erbe der Kolonisierenden an der Spitze
des Staates antraten. Die afrikanischen Bürokraten der Kolonialzeit gehörten mithin zu den ersten,
welche in kolonialen Schulen und am Arbeitsplatz mit den Werten der Kolonisierenden vertraut
gemacht wurden. In ihren neuen Funktionen haben sie das, was sie gelernt hatten, weitervermittelt.
Vor allem aber stand dieser Personenkreis im Zentrum der britischen Disziplinierungsanstrengungen
in Schule und Verwaltung, der Regulierung von Zeit, Raum, Kleidung und Nahrung, dem Charakter-Training, wie die Briten das nannten. Julius Nyerere (1922–1999), der erste und langjährige
Präsident des unabhängigen Tanzania, verkörpert paradigmatisch die Transformation der Verwaltungselite in eine Machtelite: Abschluss an der wichtigsten „Realschule" British-Tanganyikas in Tabora, weiteres Studium am Makerere College in Uganda sowie an der Universität Edinburgh, kurze
Tätigkeit als Lehrer, bevor er in die aktive Politik ging und die nationalistische Partei „Tanganyika
African National Union" (TANU) mitbegründete.[89]

Ein ähnliches Profil weisen im Übrigen viele Minister der ersten Regierungskabinette Nyereres
auf.[90] Sicher, in der Kolonialzeit war die Regierung per definitionem europäisch, ebenso die höheren
Ränge der Verwaltung. Wegen ihrer äußerst schwachen Präsenz, der *thin white line*,[91] waren die
Europäer jedoch auf eine ständig wachsende Zahl von einheimischen Mitarbeitern angewiesen, um
die koloniale Verwaltungsmaschinerie in Gang zu halten. Insbesondere nach dem Zweiten Weltkrieg
steigerte sich der Bedarf an lokalen Bürokraten beträchtlich. Angesichts seiner rapide zusammenge-
schmolzenen asiatischen Besitzungen lancierte Großbritannien (ebenso wie Frankreich) einen „Entwicklungskolonialismus", welcher der Metropole direkten (ökonomischen) Nutzen und Afrikanern
für die Unabhängigkeit die nötige „Reife" bescheren sollte. Öffentliche Investitionen größeren Ausmaßes wurden getätigt, die koloniale Bürokratie beträchtlich aufgebläht, neue Organe politischer
Mitbestimmung eingeführt, so dass für eine wachsende, wenngleich noch immer relativ bescheidene
Zahl von Tanzaniern administrative Betätigungsfelder offenstanden.[92]

Die afrikanischen Bürokraten im kolonialen Tanzania, so wird zu zeigen sein, konstituierten keineswegs eine homogene Gruppe; diese war vielmehr in sich gespalten und voller Widersprüche.
Einerseits waren ihre Vertreter europäischen bürokratischen Idealen wie Aufstieg via Bildung, Arbeitsteilung und Hierarchie verpflichtet, andererseits kamen sie nicht umhin, auf einheimische
Formen der Herrschaftsausübung zurückzugreifen. Sie manipulierten und wurden in den Dienst

---

[89] Zu Nyerere vgl. ausführlich Kap. IV, 3.

[90] Von den siebzehn Kabinettsmitgliedern 1963 waren z. B. fünf Personen Lehrer, vier Verwaltungsangestellte, drei Genossenschaftsfunktionäre, zwei Gewerkschaftsfunktionäre, zwei Farmer, ein Geschäftsmann. Vgl.
Who's Who in East Africa 1963-1964, Nairobi 1964; Joseph Nye Jr., Pan-Africanism and East African Integration, Cambridge/Ma. 1965, 32. Zur politisch-administrativen Elite nach 1961 vgl. ausführlicher Kap. V, 2
sowie die Liste „Tabora-Absolventen in höheren Staats- und Verwaltungspositionen 1963/64" im Anhang.

[91] Vgl. Kirk-Greene, Thin White Line.

[92] Nicht nur in Tanzania galt eine Karriere als Beamter als der höchste Preis, den ein Afrikaner gewinnen konnte.
Vgl. für Westafrika etwa Jonathan Derrick, The ‚Native Clerk' in Colonial West Africa, in: African Affairs
82, 326 (1983), 61–74; Amadou Hampâté Bâ, Oui, mon Commandant! In kolonialen Diensten, Wuppertal
1997; vgl. zudem Brunschwig, bes. 169ff. Auch Nelson Mandela, der spätere Präsident Südafrikas, hatte sich
als Jugendlicher in den 1930er Jahren in den Kopf gesetzt, Dolmetscher oder Clerk im Native Department zu
werden. Vgl. Nelson Mandela, Der lange Weg zur Freiheit. Autobiographie, Frankfurt/M. 1997 (engl. Orig.
1994), 68.

genommen. Sie drängten auf Disziplinierung, auf Bürokratisierung und auf Regimentalisierung und übernahmen doch Verhaltensmuster einheimischer Chiefs. Sie mussten zwischen außen und innen, zwischen Altem und Neuem moderieren. Und obschon sie sich durch Schule und Beruf aus ihrer Herkunftskultur lösten, blieben sie doch weiterhin darin verwurzelt. Es wäre allerdings falsch, ihre Position als Zerrissenheit zwischen Tradition und Moderne zu bezeichnen, wie es sowohl die Sozialwissenschaften der 1950er und 60er Jahre als auch zahlreiche Schriftsteller zu tun pflegten, die sich rasch einig waren, dass das eine mit dem anderen nicht kongruent sei. Die afrikanischen Staatsdiener, so lautet meine These, befanden sich eher in einem Austausch- und Aneignungsprozess, indem sie sozusagen immer wieder neu aushandelten, was traditionell und was modern, was das Eigene und was das Fremde, was richtig und was falsch war.[93] Diese Position intermediärer Ambivalenz war potenziell konfliktreich und zweifelsohne häufig der Anlass für existenzielle Sorgen und Nöte der Protagonisten. Doch es gilt, was Frederick Cooper in diesem Zusammenhang konstatierte: „[...] in between is as much a place to be home as any other."[94]

Eine der wichtigsten Aufgaben der afrikanischen Staatsdiener bestand ja gerade im Übersetzen und Vermitteln zwischen verschiedenen Welten. In diesem Sinne kann man sie als kulturelle Makler, als *cultural brokers* bezeichnen. Diese Mittlerfunktion eröffnete ihnen neue Handlungsspielräume und Möglichkeiten zur Einflussnahme, die weit über das hinausgingen, was die kolonialen Organigramme ihnen als Tätigkeitsfeld zuwiesen. In dem Zwischenraum voller Verwerfungen und Widersprüche, in dem sie sich bewegten, erhielten sie die Möglichkeit, mit verschiedenen kulturellen Registern und Repertoires zu spielen.[95]

Wie jeder Mensch bewegte sich auch der afrikanische Verwaltungsmitarbeiter in der Kolonialzeit mental in den Grenzen eines Gerüsts von Wahrnehmungsmustern, die er im Laufe seiner Sozialisation erlernte und verinnerlichte. Dieses Gerüst bildet eine Art „Grammatik" des sozialen Verhaltens und determiniert Wahrnehmungs- ebenso wie Verhaltensweisen.[96] Bourdieu zufolge schafft der Habitus (über Lern- und Imitationsprozesse) jenes kulturelle „Minimum an Übereinstimmungen", welches notwendig ist, um das Funktionieren sozialer Gemeinschaften und ihr Fortbestehen zu gewährleisten. Der Habitus ist keinesfalls statisch, sondern wandelt sich mit den lebensweltlichen Veränderungen. Er determiniert und begrenzt aber die „Wahrnehmungsmöglichkeiten" der Individuen und die Anzahl der ihnen in ihrer Selbstreflexion zur Verfügung stehenden Handlungsalternativen. Geht man von diesem Konzept aus, reflektiert die Praxis des kolonialen Staatsapparates – vermittelt durch die handelnden Akteure – die kulturellen Grundwerte der jeweiligen Gesellschaften. Die Grundwerte der bürokratischen Elite in Tanzania waren dabei aus vielerlei Quellen gespeist. Charakteristisch war ein Nebeneinander und eine Vermischung verschiedener kultureller Normen und Referenzen, eine komplex verwobene Identität, die Impulse aus verschiedenen lebensweltlichen Bereichen erhielt und Kooperations- und Loyalitätsnetze ganz unterschiedlicher Kriterien entstehen ließ.[97] Die Gruppe der afrikanischen Staatsdiener repräsentierte den kolonialen Staat und musste

---

[93] Vgl. auch Wirz, Körper, Raum und Zeit, 18.

[94] Cooper, Conflict and Connection, 1539. Biographien wichtiger afrikanischer Politiker, etwa Leopold Sédar Senghor, deuten die Komplexität dieses Zwischenraums an. Senghor war ein christlicher Politiker, dessen „politische Maschinerie" vorwiegend auf muslimischen Bruderschaften beruhte; er war ein Dichter, der seine Ideen über ein idealisiertes Afrika in französischer Sprache schrieb; er war ein Mann, der Afrika von einem Sitz in der französischen Nationalversammlung verteidigte. Trotz aller mit dieser Position verbundenen Schwierigkeiten gibt es keine Hinweise, dass er diese Position als intellektuell widersprüchlich oder gar bedrohlich für seine kulturelle Integrität ansah. Vgl. Janet G. Vaillant, Black, French, and African. A Life of Léopold Sedar Senghor, Cambridge/Ma. 1990.

[95] Vgl. Wirz, Körper, Raum und Zeit, 18.

[96] Vgl. Bourdieu, Entwurf einer Theorie, bes. 139–202. Dazu auch Hillebrand, 72f.

[97] Zu diesen Netzwerken vgl. die grundlegende Untersuchung von Jeremy Boissevain, Friends of Friends. Networks, Manipulators and Coalitions, New York 1974. Allerdings führt der Autor die Antriebsmomente der Akteure allzu reduktionistisch allein auf das Eigeninteresse und den zu erwartenden „Profit" zurück.

seinen Anspruch durchsetzen. Ihre Vertreter, so soll gezeigt werden, gingen dabei mehrfache Identitätsbindungen ein und agierten im Spannungsfeld von lokalen Herrschaftstraditionen und Normierungssystemen, islamischen und christlichen Doktrinen, westlichen Erziehungs-, Bürokratie- und Modernisierungskonzepten, der Errichtung und Ausgestaltung des kolonialen Staates sowie dem Streben nach nationaler Unabhängigkeit.

Während die Rolle lokaler Mittler sowie der administrativen und staatlichen Führungsgruppen in der Forschung über den nachkolonialen Staat eine zentrale Rolle einnimmt, erfährt die Untersuchung der afrikanischen Staatsdiener während der Kolonialzeit bislang nur wenig wissenschaftliche Aufmerksamkeit. Keineswegs mangelt es dagegen an allgemeinen Studien zu afrikanischen Eliten in der Kolonialzeit. Das Gros ist im Kontext der Dekolonisations- und Nationalismusforschung mit dem Entstehen der unabhängigen afrikanischen Staaten erarbeitet worden. In den fünfziger und sechziger Jahren genoss die Gruppe der *educated Africans*, das heißt der Absolventen von Regierungs- und Missionsschulen und später vereinzelt Universitäten, besondere Aufmerksamkeit.[98] Weitere Themenschwerpunkte waren der Konflikt zwischen „traditioneller" und „moderner" Elite, Studien zu bestimmten Berufsgruppen (etwa Anwälte oder Mediziner) und vor allem Biographien bedeutender afrikanischer Politiker.[99] Die generelle Kritik am Elitenfokus der nationalistisch orientierten Geschichtsschreibung in den siebziger und achtziger Jahren hat die Zahl entsprechender neuer Studien relativ stark reduziert. Hinzugekommen sind Arbeiten, die den Lebensstil vornehmlich urbaner Eliten stärker in den Mittelpunkt rücken und aufzuzeigen suchen, wie sich die Eliten von der Masse der Bevölkerung abgrenzten, welche Werte sie verbanden und welche Mittel, Statussymbole und Sprachcodes sie einsetzten.[100] Methodisch ausdifferenzierte prosopographische Analysen bürokratischer und/oder städtischer Eliten, wie sie etwa für die Geschichte Lateinamerikas vorgelegt wurden,[101] fehlen dagegen im afrikanischen Kontext weitgehend. Dies gilt nicht zuletzt für Tanzania.

---

[98] Vgl. etwa Jacob F. Ade Ajayi, Christian Missions in Nigeria, 1841–1891. The Making of a New Elite, London 1965.

[99] Vgl. zum Beispiel Emanuel A. Ayandele, Holy Johnson. Pioneer of African Nationalism, 1836–1917, London 1974.

[100] Für Afrika vgl. Abner Cohen, The Politics of Elite Culture. Explorations in the Dramaturgy of Power in a Modern African Society, Berkeley 1981; Kristin Mann, Marrying Well. Marriage, Status and Social Change among the Educated Elite in Colonial Lagos, Cambridge 1985; Phyllis Martin, Leisure and Society in Colonial Brazzaville, Cambridge 1995; Ali A. Mazrui, Political Values and the Educated Elite in Africa, London 1978. Allgemeiner zur Thematik: Pierre Bourdieu, Die feinen Unterschiede. Kritik der gesellschaftlichen Urteilskraft, Frankfurt a.M. 1982; Günter Endruweit, Elite und Entwicklung. Theorie und Empirie zum Einfluss von Eliten auf Entwicklungsprozesse, Frankfurt a.M. 1982.

[101] Vgl. Jochen Meissner, Eine Elite im Umbruch. Der Stadtrat von Mexiko zwischen kolonialer Ordnung und unabhängigem Staat, Stuttgart 1993.

5. Tanzania

Zur Geschichte und Zeitgeschichte Tanzanias liegt inzwischen eine Fülle wissenschaftlicher Arbeiten vor.[102] An dieser Stelle erfolgt jedoch kein umfassender Bericht über die äußerst heterogene Forschungslandschaft. Lediglich einige zentrale Arbeiten, die grundlegend für diese Studie sind, werden knapp vorgestellt, um den Platz der vorliegenden Untersuchung in der historischen Tanzanialiteratur zu verdeutlichen. Diese Literatur war lange Zeit sehr eng mit einer bestimmten historiographischen Schule verbunden und verstand sich darüber hinaus als Beitrag zur Nationsbildung. Die nach der Unabhängigkeit 1961 von der Regierung unter Präsident Julius Nyerere proklamierte Strategie des „afrikanischen Sozialismus" sowie das damit verknüpfte Plädoyer für das Vertrauen in die eigene Kraft (*self reliance*) zogen Scharen von (zumindest damals) linken Wissenschaftlern aus Europa und den USA in ihren Bann und nach Tanzania. Aus dieser Faszination entstand eine quantitativ äußerst umfangreiche Textproduktion, die mehrheitlich theoretisch ambitioniert und gegenwartsbezogen war. Die zumeist politologischen und soziologischen Studien setzten sich intensiv mit Fragen der Ideologie und politischen Praxis im Tanzania der sechziger Jahre auseinander und lieferten aller Theorielastigkeit zum Trotz wichtiges empirisches Material für die Dekade nach der Unabhängigkeit.[103] Parallel gründete sich jedoch die so genannte *School of Dar es Salaam*, eine illustre Schar von Historikern vorwiegend aus England und den Vereinigten Staaten, die bald zu den *big men* des Faches zählen sollten. Diese Gruppe forderte mit Nachdruck die „Wiederentdeckung der afrikanischen Initiativen" in der vorkolonialen und frühen Kolonialgeschichte. Widerstand gehörte zu ihren zentralen Themen, Aspekte wie koloniale Staatlichkeit, Bürokratie und Disziplinierung standen dagegen nicht auf der Agenda.[104]

John Iliffes 1979 publizierte grundlegende und detailreiche Monographie zur Geschichte Tanzanias vom frühen 19. Jahrhundert bis zur Unabhängigkeit ist ein spätes Produkt dieser Schule.[105] Denn Iliffe legt in seiner *histoire totale* großen Wert auf die vorkoloniale Geschichte, auf lokalen Widerstand und afrikanische Handlungskompetenz. Doch findet im Gegensatz zu vielen der damals entstandenen Arbeiten zur afrikanischen Geschichte die Gruppe der Kolonialherren, finden ihre Taten, Programme und Fantasien gebührende Berücksichtigung. Als einer der ersten Historiker überhaupt hat Iliffe zudem am Beispiel Tanganyikas der zwanziger Jahre die „Konstruktion von Ethnizität" und die Rolle der britischen Kolonialbeamten in diesem Prozess aufgezeigt. Besondere Aufmerksamkeit wird schließlich den antikolonialen Nationalisten und ihren Organisationen zuteil, deren verzweigte Geschichte Iliffe sorgfältig nachzeichnet. In diesem Zusammenhang liefert er nicht zuletzt wertvolles biographisches Material über die Gruppe der Staatsdiener, die im Mittelpunkt un-

---

[102] Einen guten Einblick bietet die inzwischen aber auch schon wieder veraltete kommentierte Bibliographie von Colin Darch, Tanzania, Oxford/Santa Barbara ²1996.

[103] Eine repräsentative Textsammlung ist Lionel Cliffe / John S. Saul (Hg.), Socialism in Tanzania. Bd. 1: Politics, Nairobi 1972; Bd. 2: Policies, Nairobi 1973. Vgl. dazu auch Kap. V.

[104] Zu den Historikern gehörten etwa Terence Ranger, John Lonsdale, John Iliffe und Walter Rodney. Ein knappes Portrait dieser „Schule" (mit weiterführenden Hinweisen) bei Andreas Eckert, Dekolonisierung der Geschichte? Die Institutionalisierung der Geschichtswissenschaft in Afrika nach dem Zweiten Weltkrieg, in: Matthias Middell / Gabriele Lingelbach / Frank Hadler (Hg.), Historische Institute im internationalen Vergleich, Leipzig 2001, 451–476, hier: 466–468; John Lonsdale, Agency in Tight Corners. Narrative and Initiative in African History, in: JACS 13,1 (2000), 5–16. Das wichtigste kollektive Produkt der Dar es Salaam-Schule ist Isario N. Kimambo / Arnold J. Temu, A History of Tanzania, Nairobi 1969.

[105] John Iliffe, A Modern History of Tanzania, Cambridge 1979. Iliffe hatte bereits eine wichtige Studie zur deutschen Herrschaft in Tanganyika vorgelegt: Tangayika under German Rule 1905–1912, Cambridge 1969. Ende der siebziger Jahre, als Iliffes Wälzer erschien, war die „School of Dar es Salaam" bereits mehr oder weniger moribund.

serer Untersuchung steht.[106] Steven Feiermans 1990 erschienene Studie zu den *Peasant Intellectuals*[107] im Nordosten Tanzanias ergänzt Iliffe insofern, als sie aufzeigt, wie im Verlauf der Kolonialzeit erst Chiefs und dann Bürokraten die einzigen Afrikaner mit substanziellem Einfluss in der politischen Arena waren, während Bauern und Händler systematisch der Zugang zu politischer Verantwortung verwehrt wurde. Zudem weist Feierman wiederholt auf die Bürokratisierung der Politik im kolonialen und nachkolonialen Tanzania hin.

Cranford Pratts „The Critical Phase in Tanzania, 1945-1968" aus dem Jahre 1976 ist bislang die gründlichste Arbeit über die Dekolonisationsperiode nach dem Zweiten Weltkrieg und die ersten Jahre nach der Unabhängigkeit.[108] Der Autor, Politologe und in den frühen sechziger Jahren der erste Rektor des neu gegründeten *University College* in Dar es Salaam, arbeitet vor allem die zentrale Rolle Nyereres im antikolonialen Nationalismus und bei der Gestaltung des jungen Nationalstaats heraus. Allerdings zeichnet er Nyerere etwas unkritisch als weitsichtigen Politiker und Denker, der nahezu fehlerlos agierte.[109] Daneben liefert Pratt aber wichtige Einsichten in die Widersprüchlichkeit der spätkolonialen britischen Politik und Verwaltung in Tanganyika sowie in die enge Verknüpfung von Politik, Staat und Einheitspartei nach dem Ende der Kolonialherrschaft.

Es sind vorrangig die drei genannten Monographien, welche – mit unterschiedlichen Akzentsetzungen, auf unterschiedliche Weise und mit unterschiedlich dichtem empirischem Fundament – die uns hier interessierende Thematik in den Blick nehmen: Sie fragen nach staatlicher Ordnung, administrativer Ideologie und Praxis, nach der politischen Entwicklung und der Rolle afrikanischer Bürokraten in Tanganyika in verschiedenen Perioden seit dem Ersten Weltkrieg. Daneben spricht eine Reihe weiterer Studien wichtige Teilaspekte an. Für die Periode der indirekten Herrschaft hat etwa Ralph Austen am Beispiel Nordwest-Tanzanias schon früh auf die inhärenten Widersprüche der britischen Verwaltungspraxis hingewiesen.[110] Peter Pels analysiert die Paradoxien der *indirect rule-*

---

[106] Nahezu völlig ausgeblendet hat Iliffe jedoch die wichtige Rolle von Frauen in der nationalistischen Bewegung. Vgl. dazu jetzt die Studien von Susan Geiger, Women in Nationalist Struggle. TANU Activists in Dar es Salaam, in: IJAHS 20,1 (987), 1-26; dies., Tanganyikan Nationalism as ‚Women's Work'. Life Histories, Collective Biography and Changing Historiography, in: JAH 37,3 (1996), 465-478; dies., TANU Women. Gender and Culture in the Making of Tanganyikan Nationalism, 1955-1965, Oxford 1997, dies., Engendering and Gendering African Nationalism. The Case of Tanganyika (Tanzania), in: Gregory Maddox / James L. Giblin (Hg.), In Search of a Nation. Histories of Authorities and Dissidence in Tanzania, Oxford 2005, 278-289.

[107] Feierman, Peasant Intellectuals.

[108] Cranford Pratt, The Critical Phase in Tanzania, 1945-1968. Nyerere and the Emergence of a Socialist Strategy, Cambridge 1976. Pratt hatte u.a. direkten Zugang zu vielen wichtigen Persönlichkeiten und zu damals noch nicht klassifizierten und heute nicht mehr auffindbaren Akten. Ähnliches gilt für das Buch von Judith Listowel, The Making of Tanganyika, London 1965, das auf zahlreichen, Anfang der sechziger Jahre geführten Interviews mit tanzanischen und britischen Politikern beruht.

[109] Leider zeichnen sich alle biographischen Studien zu Nyerere durch einen hagiographischen Ton aus. Vgl. William R. Duggan / John R. Civille, Tanzania and Nyerere. A Study of Ujamaa and Nationhood, Maryknoll / New York 1976; John Hatch, Two African Statesmen. Kaunda of Zambia and Nyerere of Tanzania, London 1976; William Edgett Smith, Nyerere of Tanzania, London 1973; Colin Legum / Geoffrey Mmari (Hg.), Mwalimu. The Influence of Nyerere, London 1995; Britain-Tanzania Society (Hg.), The Nyerere Years. Some Personal Impressions by his Friends, London 1985; zuletzt Cranford Pratt, Nyerere. Reflections on the Legacy of his Socialism, in: CJAS 33,1 (1999), 137-152; Viktoria Stöger-Eising, Ujamaa Revisited. Indigenous and European Influences in Nyerere's Social and Political Thought, in: Africa 70,1 (2000), 118-143. Vgl. aber Leander Schneider, Freedom and Unfreedom in Rural Development. Julius Nyerere, Ujamaa, Vijijini, and Villagization, in: CJAS 38,2 (2004), 344-393. Ein ausführliches, vornehmlich biographisches Interview mit Nyerere bieten David Gakunzi / Ad' Obe Obe, Rencontres avec Julius K. Nyerere, Paris 1995. Leider gibt es bislang keine biographischen Untersuchungen zu anderen wichtigen tanzanischen Persönlichkeiten der Dekolonisationsperiode. Der Sammelband von John Iliffe (Hg.), Modern Tanzanias. A Volume of Biographies, Nairobi 1973, der vor allem Personen aus der Zeit vor dem Zweiten Weltkrieg behandelt, ist das einzige Projekt dieser Art geblieben.

[110] Vgl. Ralph A. Austen, Northwest Tanzania under German and British Rule. Colonial Policy and Tribal Politics, 1889-1939, New Haven / London 1968.

Ideologie, beschreibt das ethnographische Element in der administrativen Praxis und beleuchtet die Strategien lokaler Herrscher im Umgang mit der neuen Verwaltungsordnung.[111] In einer Fallstudie zu Muheza kann Justin Willis zeigen, wie stark der jeweilige lokale Kontext die Implementierung indirekter Herrschaft und die „Erfindung" von Chiefs und Stämmen beeinflusste.[112] Lene Bucherts Untersuchung zum Bildungs- und Erziehungswesen in Tanzania seit 1919 liefert wichtige Zahlen und Fakten, ohne jedoch genauer auf Unterrichtsinhalte und den eng mit der Schule verknüpften Aspekt der Disziplinierung einzugehen.[113]

Erstaunlicherweise sind neuere Arbeiten zur Dekolonisationsperiode, zu den vierziger und fünfziger Jahren, noch rar.[114] John Iliffe zeichnet die Politik des Londoner Kolonialministeriums gegenüber der wichtigsten nationalistischen Gruppierung *Tanganyika National African Union* (TANU) auf der Grundlage der nun zugänglichen Akten des *Colonial Office* nach.[115] Einige Aufsätze analysieren die vielfältigen Facetten des Nationalismus auf lokaler Ebene.[116] Die lange ignorierte Frage nach der Rolle von Muslimen in der tanzanischen Politik nach 1945 ist von Mohamed Said wieder auf die Agenda gesetzt worden. Der Autor liefert interessantes biographisches Material, verzettelt sich jedoch in Verschwörungstheorien und bezichtigt Nyerere, ohne dafür Belege beizubringen, der systematischen Ausgrenzung muslimischer Politiker nach der Unabhängigkeit.[117] Neuere Studien zu Dar es Salaam bieten wichtige Einsichten in den Zusammenhang von spätkolonialer Urbanisierung und sozialer und politischer Transformation.[118] Dorothy Hodgson schließlich untersucht den komplexen Zusammenhang von staatlicher Kontrolle, ethnischer Identität und Entwicklungspolitik am Beispiel des *Masai Development Plan*. Sie zeigt auf, wie dieses vermeintlich rein technische Projekt mit kolonialen Strategien des Ordnens und der Kontrolle sowie mit spezifischen Fortschrittsideologien verbunden war.[119] Ihre Studie ist ein gutes Beispiel für einige jüngere Forschungen zum kolonialen Tanzania, die mit Hilfe von Archivquellen und Interviews eine koloniale Situation analysieren, in der Kolonisierende wie Kolonisierte gleichermaßen wichtige Akteure sind. Diesem Ansatz fühlt sich auch die vorliegende Untersuchung verpflichtet.

---

[111] Vgl. Peter Pels, The Pidginization of Luguru Politics. Administrative Ethnography and the Paradoxes of Indirect Rule, in: American Ethnologist 23,4 (1996), 738-761.

[112] Vgl. Justin Willis, The Administration of Bonde, 1920-60. A Study of the Implementation of Indirect Rule in Tanganyika, in: African Affairs 92, 366 (1993), 53-67.

[113] Vgl. Lene Buchert, Education in the Development of Tanzania 1919-1990, London 1994.

[114] Ältere Darstellungen umfassen Hugh W. Stephens, The Political Transformation of Tanganyika, 1920-67, New York 1968; J. Clagnett Taylor, The Political Development of Tanganyika, Stanford 1963. Eine Reihe von Studien, insbesondere aus der Feder nordamerikanischer Historiker, ist allerdings zur Zeit in Vorbereitung.

[115] Vgl. John Iliffe, TANU and Colonial Office, in: Tanzania Zamani 3,2 (1997), 1-62 (wieder abgedruckt in: Maddox/Giblin, 168-197).

[116] Vgl. Peter Pels, Creolisation in Secret. The Birth of Nationalism in Late Colonial Uluguru, Tanzania, in: Africa 72,1 (2002), 1-27; Jamie Monson, The Tribal Past and the Politics of Nationalism in Mahenge District; Marcia Wright, Local, Regional and National. South Rukwa in the 1950s, beide in: Maddox/Giblin, 103-113; 149-166. Vgl. in diesem Zusammenhang auch die vorzügliche Studie von James L. Giblin, A History of the Excluded. Making Family a Refuge from State in Twentieth-Century Tanzania, Oxford 2005.

[117] Vgl. Mohamed Said, The Life and Times of Abdulwahid Sykes (1924-1968). The Untold Story of the Muslim Struggle against British Colonialism in Tanganyika, London 1998. Vgl. ferner August Nimtz, Islam and Politics in East Africa. The Sufi Order in Tanzania, Minneapolis 1980.

[118] Andrew Burton, African Underclass. Urbanisation, Crime and Colonial Order in Dar es Salaam, Oxford 2005; James Brennan, Nation, Race and Urbanization in Dar es Salaam, Tanzania, 1916-1976, unveröffentl. Ph.D. Thesis, Evanston 2002.

[119] Vgl. Dorothy L. Hodgson, Taking Stock. State Control, Ethnic Identity and Pastoral Development in Tanganyika, 1948-1958, in: JAH 41,1 (2000), 55-78. Oder auch Andrew Burton, Townsmen in the Making. Social Engineering and Citizenship in Dar es Salaam, c. 1945-1960, in: IJAHS 36,3 (2003), 331-365.

6. Die Quellen

„Here, there, and everywhere", dieser Titel der Beatles kommt einem zunächst in den Sinn, wenn man die Quellenlage zur Geschichte Tanzanias auf den Punkt zu bringen versucht. Wie für viele afrikanische Länder gilt auch in diesem Fall, dass die relevanten ungedruckten und gedruckten Quellen (und leider auch die Sekundärliteratur) über Archive, Dokumentationszentren und Bibliotheken in mehreren Kontinenten verstreut sind.[120] Hinzu kommt ein Problem, das in vielen Teilen Afrikas die Zeitgeschichtsforschung berührt: Die Akten der Ministerien und Verwaltungseinheiten der unabhängigen Länder sind nur selten oder auf höchst unsystematische Weise archiviert worden. Für die sechziger Jahre konnte diese Studie neben Zeitungen und Interviews lediglich auf einige zufällig gefundene Dokumente, in der Regel Memoranden, zurückgreifen. Viele zeitgenössische sozialwissenschaftliche Studien beruhen partiell auf der Auswertung staatlicher, heute nicht mehr zugänglicher Papiere und waren für die Interpretation bestimmter Zusammenhänge sehr nützlich, ohne dass sie die eigene Quellenarbeit hätten vollständig ersetzen können.

Doch auch die Quellen zur Kolonialzeit haben ihre Lücken und Tücken. Die britischen Kolonisierenden produzierten großartige Programme und kühne Verlautbarungen, sie hinterließen zahllose Verordnungen und diverse Statistiktorsos. In diesem Sinne, schreibt Wirz, „ist das koloniale Archiv ein Denkmal sowohl für die Brüchigkeit der bürokratischen Utopie als auch für ihre Ausrichtung an einem zeitfernen Morgen".[121] Entsprechend türmen sich in unseren Bibliotheken die Studien über koloniale Herrschaftsdoktrinen zu Bergen. Das alltägliche Verwaltungshandeln hingegen ist aus den überlieferten Dokumenten nur sehr schwer herauszulesen und folglich in der Literatur nur wenig gewürdigt. Denn im Alltag vertrauten die Briten, ob aus Not oder aus Neigung, eher der Mündlichkeit als dem geschriebenen Wort. Zudem waren sie Meister im Verdrängen dessen, was sie nicht sehen wollten. Schließlich vernichteten die Beamten, bevor sie Tanzania verließen, zahlreiche Akten; andere gingen im Laufe der Jahre verloren, vergammelten oder wurden gestohlen. Dennoch konnte mit Hilfe von zum Teil neu erschlossenen Archivmaterialien eine Reihe von Fragen beantwortet werden. Das betraf neben dem Verwaltungshandeln auch grundlegende, in der Forschungsliteratur bisher nicht adäquat bearbeitete Aspekte wie die Etappen der politischen Neuordnung nach 1945, die Struktur der Lokalverwaltung, die Rolle von Chiefs oder die Organisation der sozialen Wohlfahrt.

Was die afrikanischen Mitarbeiter in der Kolonialverwaltung betrifft, blieben die Quellenfunde in den Archiven begrenzt. Es erwies sich beispielsweise als sehr schwierig, den jeweiligen sozialen Hintergrund der afrikanischen Staatsdiener zu bestimmen. Woher kamen sie? Wohin gingen sie nach ihrer Tätigkeit in der Kolonialadministration? Folglich überrascht es nicht, dass nur sehr begrenzt Aussagen über das Selbstverständnis der betreffenden Personen möglich sind. Wie sah das berufliche Ethos der afrikanischen Bürokraten aus, ihr Verständnis von Autorität und Macht, ihr Auftreten nach außen, ihr Umgang mit den Menschen? Welcher Symbole haben sie sich bedient? Wie haben andere Afrikaner sie gesehen?[122] Die Verwaltungsquellen und Selbstzeugnisse der Europäer enthalten allerdings zahlreiche Äußerungen über die afrikanischen Mitarbeiter der Kolonialverwaltung. In vielen dieser Darstellungen spiegelt sich die ambivalente Position der afrikanischen Bürokraten als Schüler, Helfer und Konkurrenten der Europäer, denn letztere neigten dazu, die Afrikaner als korrupt und bestenfalls halbgebildet zu charakterisieren. Die Wahrnehmung der afrikanischen Staatsdiener durch andere Afrikaner hat sich dagegen kaum in schriftlichen Äußerungen niedergeschlagen, sondern primär in Nachahmung, Übernahme und Ablehnung in Tänzen, theatralischen Auseinandersetzungen und Spottversen.

---

[120] Vgl. zu den Details die Angaben im Anhang.
[121] Wirz, Körper, Raum und Zeit, 30.
[122] Zur Problematik der „schweigenden Kolonialarchive" vgl. die Ausführungen von Luise White, Speaking with Vampires. Rumor and History in Colonial Africa, Berkeley 2000, 3ff.

Die größte Schwierigkeit bestand also darin, zum einen ausreichend lebensgeschichtliches Material über eine größere Zahl von afrikanischen Bürokraten aus den verfügbaren Quellen zu ziehen, zum anderen die Eigensicht dieser Personen nachzuvollziehen. Nur wenige Bürokraten haben Memoiren und autobiographische Zeugnisse hinterlassen.[123] Lediglich eine Auswahl der Schriften und Reden Julius Nyereres liegt vor.[124] Mit knapp vierzig ehemaligen tanzanischen Staatsdienern (sowie drei britischen Ex-Kolonialbeamten) konnten zum Teil ausführliche Interviews geführt werden,[125] die eine vielleicht nicht repräsentative, aber doch perspektivreiche Sicht auf die Erfahrungen, Vorstellungen sowie die bürokratische Praxis dieses Personenkreises ermöglichten. Die Interviews wurden an drei Orten geführt: in Dar es Salaam, Moshi sowie Tanga/Muheza. Den Gesprächen lag eine Liste von Fragen zugrunde, die die Unterhaltung strukturierten, aber nicht in jedem Fall Punkt für Punkt abgearbeitet wurden.

Schließlich findet sich in den konsultierten staatlichen Archiven – wenn auch wiederum sehr verstreut – eine beträchtliche Anzahl von Dokumenten, die Informationen über und von den zentralen Protagonisten dieser Studie enthalten, etwa Verwaltungskorrespondenz und Bewerbungsschreiben für eine Stelle oder ein Stipendium.[126] Vergleichsweise dicht sind die Informationen über jene Personen, die sich politisch exponierten, denn über sie berichteten die Zeitungen,[127] und die britische Verwaltung stellte zum Teil umfangreiche Dossiers zusammen. Letztlich gilt für diese Studie wie für viele Arbeiten zur Geschichte Afrikas auch der neueren Zeit das Prinzip, das der amerikanische Historiker David Sabean für die Erforschung des frühneuzeitlichen Deutschland formuliert hat: „We cannot get the peasant except through the lord."[128]

---

[123] Zu den Ausnahmen gehört Erasto A. M. Mang'enya, Discipline and Tears. Reminiscences of an African Civil Servant on Colonial Tanganyika, Dar es Salaam 1984.

[124] Teile von Nyereres Nachlass sollen in Kürze in der Universitätsbibliothek Dar es Salaam der Forschung zur Verfügung gestellt werden.

[125] Vgl. die Liste im Anhang.

[126] Drei Archive waren zentral für diese Arbeit. Im tanzanischen Nationalarchiv in Dar es Salaam wurden die Secretariat Files sowie die erhaltenen Akten der District und Provincial Offices durchgearbeitet. Im britischen Public Record Office konnten die Bestände des Kolonialministeriums, CO 691 (Tanganyika. Original Correspondence) sowie CO 822 (East Africa Department), besonderes Interesse beanspruchen. Die Rhodes House Library in Oxford verwaltet circa 250 (Teil-)Nachlässe von britischen Verwaltungsmitarbeitern, die zumindest einen Abschnitt ihrer Karriere in Tanzania verbracht haben. Neben zahlreichen privaten Papieren enthält eine Reihe von Dossiers Kopien von offiziellen Verwaltungsschriftstücken, die in den Nationalarchiven nicht mehr aufzufinden sind oder nie den Weg dorthin gefunden haben. Vgl. für Details auch den Anhang. Zu den Beständen im Nationalarchiv Dar es Salaam vgl. Leander Schneider, The Tanzania National Archives, in: History in Africa 30 (2003), 447–454.

[127] Für diese Arbeit wurden folgende Zeitungen komplett durchgearbeitet: Tanganyika Herald 1930–1948; Tanganyika Opinion 1930–1947; Tanganyika Standard, 1930–1961. Nur der Standard erwies sich als ertragreiche Quelle. Für die Zeit nach der Unabhängigkeit sind – nicht systematisch – einzelne Jahrgänge des „Nationalist", des „Standard" sowie von „Mwafrika" durchgesehen worden. Die Zeitungen wurden in der British Library, Newspaper Collection, London-Colindale, sowie in der Bibliothek der School of Oriental and African Studies, London eingesehen. Dabei bin ich häufig den Hinweisen von Jim Brennan gefolgt.

[128] David Sabean, Power in the Blood. Popular Culture and Village Discourse in Early Modern Germany, Cambridge 1984, 3.

7. Aufbau der Arbeit

Die im Wesentlichen chronologisch angelegte Untersuchung gliedert sich in vier umfangreiche Kapitel, in denen Institutionen und Träger staatlicher Ordnung in Tanzania zwischen 1920 und 1970 in ihrem Wechselspiel und vor dem Hintergrund der politischen Entwicklung untersucht werden. Zwei in diesem Territorium (wie in Britisch-Afrika insgesamt) aufeinander folgende koloniale Ordnungsmodelle geben die Gliederung vor: das in der Zwischenkriegszeit dominante System der indirekten Herrschaft sowie das für die Dekolonisationsperiode charakteristische Konzept des *colonial development*, welches die langfristige Vorbereitung für die Unabhängigkeit der kolonialen Besitzungen in Afrika implizierte. Im Anschluss soll zudem die erste Dekade des unabhängigen Tanzania in den Blick genommen werden, um Kontinuitäten und Brüche des Verwaltungshandelns und der politisch-staatlichen Ordnung nach dem formalen Ende der Kolonialherrschaft besser erfassen zu können.

In dem der Einleitung folgenden zweiten Kapitel, das den Zeitraum von 1920 bis 1940 abdeckt, werden – nach einem kurzen Überblick über die deutsche Kolonialperiode in Ostafrika – zunächst ausführlich Doktrin und Praxis der indirekten Herrschaft vorgestellt. Der Versuch der Briten, territorial begrenzte administrative Inseln zu schaffen, die wirtschaftlich autonom und kulturell homogen, das heißt von einem distinkten „Stamm" mit einem „Chief" an der Spitze bewohnt sein sollten, um sie besser verwalten zu können, kollidierte u. a. mit dem Anliegen, das Territorium ökonomisch effektiv zu nutzen. Städtische Unterschichten und ländliche Kapitalisten, wie sie sich in der Zwischenkriegszeit herausbildeten, passten so gar nicht zu dem Modell einer „tribalen Ordnung", die den Kern der *indirect rule*-Ideologie ausmachte. Auch die soziale Disziplinierung der Kolonisierten gehörte zu den zentralen Aufgaben im Rahmen der kolonialen Staatsbildung. Wie in diesem Kapitel weiter gezeigt wird, hielt sich der Erfolg entsprechender Bemühungen bis zum Zweiten Weltkrieg jedoch in Grenzen. Nur eine kleine Gruppe von jungen Afrikanern gelangte überhaupt in Bildungseinrichtungen wie die Regierungsschule Tabora, die sich dem Charakter-Training künftiger afrikanischer Verwaltungsmitarbeiter verschrieb und darauf abzielte, die Schüler aus ihrem sozialen Umfeld herauszulösen und sie in eine neue Werteordnung einzuführen. Der Drill und die anderen schulischen Körperexerzitien inklusive Sauberkeitserziehung und Anleitung zur Feldarbeit nach europäischem Vorbild waren dabei, so scheint es, wichtiger als die Wissensvermittlung. Ebenfalls klein blieb die Zahl jener, welche Teil des bürokratischen kolonialen Verwaltungsapparates und damit Träger der neuen Werte wurden. Der Gruppe der afrikanischen Staatsdiener, vornehmlich ihren politischen und gesellschaftlichen Betätigungen, ist der letzte Teil der Kapitels gewidmet. Es wird abgeschlossen durch ein Portrait Martin Kayambas, der in den dreißiger Jahren den höchsten für Afrikaner zugänglichen Verwaltungsposten in Tanzania einnahm. Kayamba agierte mit beträchtlichem Erfolg als Mittler zwischen verschiedenen Welten. Diese Position eröffnete ihm Möglichkeiten der Einflussnahme, die zumindest phasenweise über das hinausgingen, was die kolonialen Organigramme ihm zugedachten.

Das dritte Kapitel führt in die Periode der Dekolonisation und kolonialer Entwicklungsinitiativen, in die beiden Jahrzehnte zwischen 1940 und 1960. Nach einem Abschnitt über den Platz der britischen Afrikakolonien in der mit dem Zweiten Weltkrieg beginnenden neuen internationalen Ordnung wird das neue „Design" britischer Kolonialpolitik südlich der Sahara skizziert. Es war geprägt durch den Glauben der Verantwortlichen im *Colonial Office*, dass der interventionistische Wohlfahrtsstaat mit wachsender Staatsquote das Modell der Zukunft auch in den Kolonien sei. Die Frustrationen über das Konzept der indirekten Herrschaft machten einer Rhetorik von „Wohlfahrt" und „Entwicklung" Platz. Neue administrative Bereiche entstanden, Expertenwissen und Technokratie hielten Einzug. Der kommunalen Selbstverwaltung kam im Rahmen der neuen Strategien besondere Bedeutung zu. Sie sollte fortan als eine Art „Trainingslager" für künftige Demokraten dienen, angemessene politische Werte vermitteln sowie Wähler und Politiker mit wichtigen Erfahrungen im Umgang mit demokratischen Institutionen ausstatten. Wie der dann folgende Abschnitt zeigt, gelang es in Tanzania jedoch nur sehr bedingt, diese Visionen umzusetzen. Die britische Politik blieb durch ständige Experimente und beträchtliche Orientierungslosigkeit gekennzeichnet. Im Grunde war die zögerlich implementierte Verwaltungsreform nicht mehr als indirekte Herrschaft im repräsentativen Gewande, was durch die weiterhin zentrale Stellung der Chiefs in diesem System unterstrichen wird. Auch auf der Ebene der Zentralregierung kam es, wie im Anschluss dargelegt wird, zu Neuerungen, etwa zur Umgestaltung des *Legislative Council*, in den der Gouverneur zunächst ausgewählte Chiefs berief. Dieser Versuch, tribale Strukturen nun auch im Zentrum der Kolonialverwaltung zur Grundlage der Repräsentation afrikanischer Interessen zu machen, war jedoch nur kurzlebig. Bereits 1958 fanden die ersten Wahlen zum *Legislative Council* statt, bei denen die nationalistische Partei *Tanganyika African National Union* (TANU) trotz einer geringen Zahl von afrikanischen Wahlberechtigten und eines Wahlsystems, das getrennte Kandidatenlisten für Afrikaner, Inder und Europäer vorschrieb, einen überwältigenden Wahlsieg errang, der den Weg zur raschen Unabhängigkeit bahnte.

Der dann folgende Abschnitt befasst sich mit der Organisation des Sozialen. Er zeichnet zum einen den bruchstückhaft gebliebenen Ausbau sozialer Sicherungssysteme nach, von dem nicht zuletzt die afrikanischen Staatsdiener profitierten. Zum anderen geht es um das freilich diffuse und weite Feld der „sozialen Wohlfahrt", welches zu den zentralen Bereichen kolonialer Entwicklungspolitik gehörte. Im Mittelpunkt der Ausführungen stehen Einrichtung und mangelnde Akzeptanz der „Community Welfare Centres". In der Konzeption dieser Zentren, so wird argumentiert, spiegelte sich der fortdauernde britische Paternalismus, der sich auf lokale Strukturen und Bedürfnisse kaum einließ und an einer echten Partizipation lokaler Eliten (und das waren häufig afrikanische Bürokraten) wenig Interesse hatte. Den Abschluss des Kapitels bildet die Darstellung des Bildungs- und Erziehungswesens. Die nach dem Zweiten Weltkrieg propagierte Ideologie des „Education for Development" blieb in Tanzania weitgehend Makulatur, weil politische und nicht zuletzt wirtschaftliche Gründe eine Umsetzung der hehren Pläne in die Realität verhinderten. Höhere und Erwachsenenbildung spielten weiterhin eine geringe Rolle. Zudem war der Bildungssektor strikt nach „Rassen" aufgeteilt, wobei der „europäische" und der „asiatische" Sektor proportional zur Anzahl der Schüler unverhältnismäßig hohe finanzielle Zuwendungen erhielten. Der Unterricht selbst war aller neuen technokratischen Rhetorik zum Trotz weiterhin stark durch das Konzept des Charakter-Trainings bestimmt. Der Grundwiderspruch britischer Disziplinierungsanstrengungen blieb jedoch darin begründet, dass einerseits effektive Bürokraten nach britischem Vorbild herangezogen werden sollten, andererseits stets die kulturelle Distanz zwischen Europäern und Afrikanern betont werden musste.

Das vierte Kapitel ist vornehmlich den Lebensgeschichten einiger afrikanischer Bürokraten der späten Kolonialzeit gewidmet, die sich auf verschiedene Weise auch politisch exponierten. Thomas Marealle, Julius Nyerere, Rachidi Kawawa und Paul Bomani waren entweder Absolventen der Regierungsschule in Tabora oder entsprechender Einrichtungen. Sie gehörten damit zu jenen, denen eine neue Zeit- und Körperdisziplin nahegebracht wurde. Alle vier verbrachten zudem unterschiedlich lange Zeit zur Weiter- und Fortbildung in England und pflegten enge Kontakte zu britischen Politikern und Institutionen wie dem *Fabian Colonial Bureau*. Sie arbeiteten wenigstens kurzzeitig in der Administration oder als Lehrer. Im Spektrum der staatlichen Ordnung Tanzanias nahmen sie bald unterschiedliche Positionen ein: Nyerere, der Lehrer, wurde Vorsitzender der TANU und einer der ersten Vollzeitpolitiker des Territoriums, bald auch auf internationalem Terrain zwischen London und der UNO in New York zu Hause. Marealle gehörte zu den von den Briten geförderten „modernen Chiefs", die die Aufrechterhaltung der „tribalen Ordnung" mit moderner Verwaltung verknüpfen sollten und wollten. Kawawa und Bomani spielten eine zentrale Rolle in den entstehenden Gewerkbzw. Genossenschaften. Im Zentrum der Ausführungen steht die Frage, welche Werte sich diese Personen als Schüler und im Verwaltungs- bzw. Schuldienst aneigneten, wie sie das neue Wissen und die neuen Verhaltensnormen den eigenen Bedürfnissen anpassten und auf welche Weise sie sich einen Platz in der sich abzeichnenden neuen Ordnung zu sichern suchten. In den letzten beiden Dekaden der Kolonialperiode blieb die Zahl der afrikanischen Verwaltungsmitarbeiter, vor allem auf höheren

Verwaltungsstufen, im Übrigen weiterhin klein. Der Umgang der britischen Kolonialoffiziere gegenüber ihren afrikanischen Mitarbeitern war wie vor dem Krieg oft durch Paternalismus und Arroganz gekennzeichnet. Trotz der nun weit verbreiteten Schlagworte Entwicklung, Demokratisierung und Partizipation definierte das Gros der Kolonialbeamten die neu zu schaffende Ordnung weiterhin als Unterwerfung unter ihre moralische Autorität und als Ausbau ihrer politischen Kontrolle.

Das fünfte und letzte Kapitel der Arbeit gibt zunächst einen Einblick in den Platz des jungen Nationalstaats Tanzania in der durch den Kalten Krieg und Systemkonkurrenz geprägten internationalen Ordnung. Sodann werden einige zentrale ideologische und politische Projekte der neuen Regierenden vorgestellt und analysiert, die sich mit Schlagworten wie „Ujamaa", „Arusha-Deklaration" und „Einpartei-Demokratie" verbinden. Der folgende Abschnitt entwirft ein Profil der Staats- und Verwaltungselite, das zum einen die immer enger werdende Verknüpfung von Regierung, Partei und Verwaltung nachzeichnet, zum anderen die Heterogenität der neuen Herrschenden aufzuzeigen versucht. An den Beispielen Lokalverwaltung und Genossenschaften wird dann die Kontinuität zwischen britischer Kolonialpolitik und der Politik der Nyerere-Administration demonstriert. Trotz einer Rhetorik, die Partizipation der Massen und Dezentralisierung verhieß, verfolgte die Regierung des unabhängigen Tanzania wie ihre britische Vorgängerin eine Praxis der Zentralisierung und des bürokratischen Autoritarismus und Paternalismus. Das koloniale Erbe zeigte sich des Weiteren in der fortdauernden Präferenz für Top-Down-Strategien und der Überzeugung der tanzanischen Politiker, allen voran Nyerere, es stets besser zu wissen als die Masse der Bevölkerung. Diese Haltung offenbarte sich besonders drastisch in der „Dorfbildungspolitik", welcher der abschließende Abschnitt des Kapitels gewidmet ist.

II. Indirekte Herrschaft, 1920–1940

1. Das „deutsche Erbe". Aspekte der deutschen Herrschaft in Ostafrika

Die deutsche Herrschaft in der Region, die heute das Festland von Tanzania ausmacht, dauerte nur etwa drei Jahrzehnte. So kurz diese Periode war, leitete sie doch, und hier liegt wohl die wichtigste Neuerung, die Schaffung eines völkerrechtlich abgesicherten Territorialstaates mit dem Anspruch auf ein staatliches Gewaltmonopol und klaren, festen Grenzen ein. Dies vollzog sich auf einem Gebiet, das vordem durch unpräzise, sich stetig wandelnde Grenzen und eine Vielfalt politischer Ordnungen mit sehr unterschiedlichen Graden der Zentralisierung charakterisiert war. Die Deutschen begründeten also nicht weniger als ein völlig neues politisches Organisationsprinzip, das in der Folge von den britischen Kolonialherren verfestigt wurde. Die Zahl jener Afrikaner, welche vor dem Ersten Weltkrieg Teil des bürokratischen kolonialen Verwaltungsapparates wurden, blieb insgesamt noch sehr klein. Zudem bestand in weiten Teilen der Kolonien die koloniale Herrschaft nur aus Inseln der Kontrolle und Machtausübung. Viele abgelegene Gebiete blieben ohne jede direkte kolonialstaatliche Präsenz. Schließlich kamen die Deutschen nicht umhin, eine Allianz mit dem islamischen Establishment einzugehen, welches die Kolonisierenden seinerseits als manipulierbare Ressource ansah.

Wie die meisten modernen afrikanischen Staaten ist Tanzania eine koloniale Gründung. Die Kolonisierenden fügten sich jedoch in eine zerklüftete historische Landschaft mit vielfältigen Traditionen politischer Herrschaft ein. Diese Landschaft war im Gebiet, das zunächst die Kolonie Deutsch-Ostafrika werden sollte, durch ein vielfach gebrochenes Neben-, Mit- und Gegeneinander dezentralisierter und zentralisierter Gesellschaften, von Ackerbauern, Händlern, Stadtbewohnern und Viehhirten geprägt.[1] Hinzu kam als weiteres Element der Einfluss des Islam und die Macht der Sultane von Zanzibar, die sich im 19. Jahrhundert von der Küste her ins Hinterland ausgreifend ein weitgefächertes Imperium aufbauten.[2] Der Handel mit Elfenbein und Sklaven florierte.[3] In vielen Teilen des Landes und insbesondere in den Plantagenregionen an der Küste konstituierte die

---

[1] Vgl. als Überblick zum vorkolonialen Tanzania Andrew Roberts (Hg.), Tanzania before 1900, Nairobi 1968. In übergreifender Perspektive siehe ferner Marcia Wright, East Africa 1870-1905, in: Cambridge History of Africa, Bd. 6: from 1870 to 1905, hg. von Roland Oliver / G. N. Sanderson, Cambridge 1985, 539-591. Zudem liegen zahlreiche regional orientierte Studien zur präkolonialen Zeit vor. Vgl. etwa Steven Feierman, The Shambaa Kingdom. A History, Madison/Wisc. 1974. Einen – kontrovers diskutierten – Überblick zu vorkolonialen „Entwicklungspotenzialen" auf dem tanzanischen Festland im 19. Jahrhundert hat vorgelegt: Juhani Koponen, People and Production in Late Pre-Colonial Tanzania. History and Structures, Uppsala 1988.

[2] Vgl. Abdul Sheriff, Slaves, Spices and Ivory in Zanzibar. Integration of an East African Commercial Empire into the World Economy, 1770-1873, London 1987.

[3] Vgl. Edward A. Alpers, Ivory and Slaves. Changing Pattern of International Trade in East Central Africa to the Later Nineteenth Century, Berkeley 1975; Norman R. Bennett, Arab versus European. Diplomacy and War in Nineteenth-Century East Central Africa, New York 1986. Dem bekanntesten afrikanischen Händler im 19. Jahrhundert, Tippu Tip (Hamed bin Muhammed el-Murjebi), sind zahlreiche Biographien gewidmet, darunter Leda Farrant, Tippu Tip and the East African Slave Trade, New York 1975.

Sklaverei einen wesentlichen Bestandteil der gesellschaftlichen und wirtschaftlichen Ordnung.[4] Die Deutschen waren hier also nicht die ersten Herrscher. Sie traten zumindest in den Küstenregionen vielmehr in die Fußstapfen eines afrikanischen Reiches mit Ansätzen einer territorialen Verwaltung. Und obschon sie als Neuerer und Modernisierer auftraten, die im Einklang mit den Gesetzen der Evolution oder doch der Menschheitsgeschichte zu handeln glaubten, kamen sie nicht umhin, zur Sicherung der eigenen Herrschaft die Kooperation einheimischer Autoritäten zu suchen oder zumindest deren Stillhalten zu erzwingen.[5]

Deutsch-Ostafrika galt im Rahmen des deutschen Kolonialreiches als wichtigster Besitz. Es war in erster Linie eine Handelskolonie, wobei sich in den Usambara-Bergen und an den Hängen des Kilimanjaro auch zahlreiche deutsche Siedler sowie einige Buren niederließen.[6] Hier und in der benachbarten Meru-Region kam es bereits vor dem Ersten Weltkrieg zu Landkonflikten und partieller Landknappheit, besonders in für den Anbau von Cash-Crops günstigen Gebieten.[7] Ein wesentliches Merkmal des deutschen Kolonialismus in Ostafrika bestand in der verstärkten Abschöpfung von Ressourcen. Die Produktion von export- oder zumindest marktfähigen Gütern besaß höchste Priorität. Sie blieb allerdings bis zum Ersten Weltkrieg relativ bescheiden. 1913 wurden 20 834 Tonnen Sisal, 1 367 Tonnen Gummi, 2 192 Tonnen Baumwolle, 18 862 Tonnen Ölfrüchte sowie 1 000 Tonnen Kaffee ausgeführt; rund vier Siebtel aller Exportprodukte kamen von europäischen Plantagen.[8] In Teilen der Kolonie entwickelten sich jedoch bedeutende Ansätze des Cash-Crop-Anbaus durch afrikanische „ländliche Unternehmer".[9] Inder, oft als Agenten größerer deutscher Handelshäuser wie Hansing oder O'Swald tätig, dominierten weitgehend den Handel innerhalb des „Schutzgebietes", eine Position, die sie trotz massiver Anfeindungen durch Teile der Verwaltung und der Siedlerschaft behaupten konnten.[10] Sie profitierten nicht zuletzt vom intensivierten Ausbau der Verkehrsinfrastruktur nach der Jahrhundertwende. Zwischen 1905 und dem Ausbruch des Ersten Weltkrieges entstanden fast 1 500 km Schienenwege, die Dar es Salaam mit Kigoma am Tanganyikasee und Tanga mit Moshi verbanden.[11] Zu den drängendsten Problemen der Kolonialherren in Deutsch-Ostafrika

---

[4] Vgl. Frederick Cooper, Plantation Slavery on the East Coast of Africa, New Haven/London 1977; Jonathan Glassman, Feasts and Riots. Revelry, Rebellion and Popular Consciousness on the Swahili Coast, 1865–1888, London 1995.

[5] Dazu detailliert Michael Pesek, Koloniale Herrschaft in Deutsch-Ostafrika. Expedition, Militär und Verwaltung seit 1880, Frankfurt/New York 2005.

[6] 1913 gab es in Deutsch-Ostafrika insgesamt 707 Farmen mit einer Gesamtfläche von etwas mehr als einer halben Million Hektar im Besitz von Europäern. Vgl. Juhani Koponen, Development for Exploitation. German Colonial Policies in Mainland Tanzania, 1884–1914, Hamburg/Helsinki 1995, 607. Zwischen 1904 und 1913 stieg die Zahl der Europäer von 1 390 auf 4 998 Personen. Vgl. Iliffe, Modern History, 141f.; etwas höhere Zahlen nennt Detlef Bald, Deutsch-Ostafrika 1900–1914. Eine Studie über Verwaltung, Interessengruppen und wirtschaftliche Erschließung, München 1970, 39. Allgemein zu den europäischen Siedlern Iliffe, German Rule, Kap. 4–6.

[7] Vgl. Sally Falk Moore, Social Facts and Fabrications. ‚Customary Law' on Kilimanjaro 1880–1980, Cambridge 1986, 95ff.; Thomas Spear, Mountain Farmers. Moral Economies of Land and Agricultural Development in Arusha and Meru, Oxford 1997, Kap. 2. Siehe ferner Koponen, Development, 290ff.; 626ff.

[8] Zahlen nach Koponen, Development, 605f. Vgl. auch Rainer Tetzlaff, Koloniale Entwicklung und Ausbeutung. Wirtschafts- und Sozialgeschichte Deutsch-Ostafrikas 1885–1914, Berlin 1970, 177f. Es sei allerdings hinzugefügt, dass sich die Exportziffern unter britischer Mandatsherrschaft zunächst nicht signifikant erhöhten.

[9] Vgl. dazu zusammenfassend Iliffe, Modern History, 151ff.

[10] Vgl. Koponen, Development, 293–297.

[11] Zum Eisenbahnbau vgl. u. a. Christiane Reichart-Burikukiye, Gari la Moshi. Modernität und Mobilität. Das Leben mit der Eisenbahn in Deutsch-Ostafrika, Münster 2005. Iliffe, Modern History, 135ff.; Tetzlaff, Koloniale Entwicklung, 63ff. Interessante Informationen bietet auch eine Biographie über Clement Gillman, einen Ingenieur und Geographen, der über 30 Jahre für die Eisenbahn in Deutsch-Ostafrika und später Tanganyika tätig war. Vgl. Brian S. Hoyle, Gillman of Tanganyika 1882–1946. The Life and Work of a Pioneer Geographer, Aldershot 1987.

gehörte schließlich von Beginn an die Suche nach afrikanischen Arbeitskräften. „Wie erzieht man am besten den Neger zur Plantagen-Arbeit?" lautete bereits im August 1885 das Thema einer Preisaufgabe, mit der die Deutsch-Ostafrikanische Gesellschaft (DOAG) an die interessierte deutsche Öffentlichkeit trat.[12] Die Sklaverei wurde im Übrigen von den Deutschen trotz anderslautender Rhetorik zunächst weiterhin geduldet.[13] Die Verwaltung fürchtete, dass die Abolition ihre unmittelbaren politischen und ökonomischen Ziele gefährden könnte, weil sie die Säulen der alten vorkolonialen Wirtschaft wie des neuen politischen Systems auf lokaler Ebene zu zerstören drohte – eben den Besitz von Sklaven.[14] Erst im Verlauf der Kolonialzeit, mit dem graduellen Wachstum der kolonialen Ökonomie und des Lohnarbeitssektors, ging die wirtschaftliche Bedeutung der Sklaverei zurück. Parallel glaubte die Administration, sich mit der Verfestigung des kolonialen Verwaltungs- und Herrschaftssystems allmählich auch ihrer einstigen lokalen Alliierten entledigen zu können.

Der Umgang mit der Sklaverei deutet bereits an, dass die Deutschen trotz ihrer technologischen Übermacht keineswegs auf intermediäre Gewalten verzichten konnten und sich an das historisch Gewachsene anpassen mussten. Folglich blieben die Einheimischen trotz militärischer Unterwerfung allerorten Mitgestalter der eigenen Geschichte. Dieser Befund zeigt sich nachdrücklich im Aufbau der kolonialen Verwaltung. In Ostafrika fielen die deutschen Kolonisatoren keineswegs mit unwiderstehlicher Übermacht ein. Vielmehr lassen sich auch hier im Prinzip die drei Phasen ausmachen, welche Trutz von Trotha am Beispiel Togos für die Staatsentstehung im kolonialen Kontext benannt hat: punktueller Terror in Form von Massakern, „Sesshaftwerdung" der Macht, schließlich Entfaltung der bürokratischen Herrschaft.[15] Deutsch-Ostafrika war ein politisches Gebilde, dessen Existenz und ursprüngliche geographische Ausdehnung auf einer Reihe zweifelhafter Verträge zwischen einem privaten Unternehmen (der DOAG) und einheimischen Oberen (vermeintliche Sultane) beruhte.[16] In der Frühphase (1885–1890) übte die DOAG als Inhaberin des Kaiserlichen Schutzbriefes vom 27. Februar 1885 nur geringfügige hoheitliche Funktionen aus. Die Gesellschaft etablierte lediglich eine Reihe von Handelsstationen, die zumeist jedoch nur kurze Zeit bestanden. Von der tatsächlichen Errichtung einer staatlichen Verwaltung kann recht eigentlich erst nach der Übernahme des „Schutzgebietes" durch das Deutsche Reich 1890/91 gesprochen werden.[17] Die dann folgende erste Phase war von militärischer Eroberung geprägt. Sie dauerte bis 1898 und umfasste nicht weniger als

[12] Vgl. Harald Sippel, „Wie erzieht man am besten den Neger zur Plantagen-Arbeit?" Die Ideologie der Arbeitserziehung und ihre rechtliche Umsetzung in der Kolonie Deutsch-Ostafrika, in: Kurt Beck / Gerd Spittler (Hg.), Arbeit in Afrika, Hamburg 1996, 311–333; Anton Markmiller, „Die Erziehung des Negers zur Arbeit". Wie die koloniale Pädagogik afrikanische Gesellschaften in die Abhängigkeit führte, Berlin 1995. Zur Frage der „Arbeitskräftebeschaffung" in Deutsch-Ostafrika und den diversen in diesem Zusammenhang von der Administration und den Siedlern verfolgten Strategien vgl. ausführlich Koponen, Development, Kap. 6. Eine instruktive Fallstudie bietet Thaddeus Sunseri, Peasants and the Struggle for Labor in Cotton Regimes of the Rufiji Basin, Tanzania (1890–1918), in: Allen Isaacman / Richard Roberts (Hg.), Cotton, Colonialism, and Social History in Sub-Saharan Africa, London 1995, 180–199; ferner ders., Vilimani. Labour Migration and Rural Change in Early Colonial Tanzania, Portsmouth 2002.

[13] Vgl. Klaus J. Bade, Antisklavereibewegung in Deutschland und Kolonialkrieg in Deutsch-Ostafrika, 1888–1890, in: GG 3,1 (1977), 31–58; detailliert Jan-Georg Deutsch, The End of Slavery in German East Africa, unveröffentl. Habilitationsschrift, HU Berlin 2000.

[14] Zu Details vgl. ebd.

[15] Vgl. Trotha, Koloniale Herrschaft, zusammenfassend 442ff., Pesek, Koloniale Herrschaft.

[16] Die in den Verträgen beanspruchten Gebiete sind nachfolgend durch einen kaiserlichen Schutzbrief sowie durch bilaterale Abkommen zwischen dem Deutschen Reich und anderen europäischen Kolonialmächten (Großbritannien, Frankreich, Belgien, Portugal) bestätigt und ausgedehnt worden. Vgl. dazu zusammenfassend Koponen, Development, 45ff.

[17] Zu den Aktivitäten der DOAG vgl. u. a. Fritz Ferdinand Müller, Deutschland-Zanzibar-Ostafrika, Geschichte einer deutschen Kolonialeroberung, Berlin 1959; Harald Sippel, Recht und Herrschaft in kolonialer Frühzeit. Die Rechtsverhältnisse in den Schutzgebieten der Deutsch-Ostafrikanischen Gesellschaft (1885–1890), in: Peter Heine / Ulrich van der Heyden (Hg.), Studien zur Geschichte des deutschen Kolonialismus in Afrika, Pfaffenweiler 1995, 466–494; Jutta Bückendorf, „Schwarz-Weiss-Rot über Ostafrika!". Deutsche Kolonial-

61 größere „Strafexpeditionen" und Unterwerfungsfeldzüge.[18] Die Kolonialmacht drang langsam von der Küste her entlang der alten Karawanenstraßen vor und errichtete an strategischen Punkten Militärstationen, an deren Spitze ein Bezirksleiter stand. Anführer lokaler Widerstandsbewegungen wurden in der Regel verfolgt und hingerichtet.[19]

Daran schloss sich eine zweite Phase an, in der die Militärstationen in zivile Verwaltungsbezirke umgewandelt wurden.[20] Die kartographischen Grenzen dieser Einheiten orientierten sich dabei weniger an demographischen oder politischen Gegebenheiten, sondern vornehmlich an administrativen, strategischen, wirtschaftlichen und ökologischen Erfordernissen. Auf vorkoloniale, „traditionell" begründete Formen lokaler Herrschaftsausübung nahmen die Deutschen in der Regel wenig Rücksicht. Selbst dort, wo die Verwaltung einheimische „Oberhäuptlinge" und „Sultane" einsetzte, basierte diese Position mehr auf geschickter Taktik als auf legitimen Ansprüchen.[21] Die unterste Ebene der sukzessive aufgebauten Lokalverwaltungen bestand aus afrikanischen Mitarbeitern, die die eigentliche Verbindung zwischen der zivilen Kolonialmacht und der Bevölkerung konstituieren sollten. Dort, wo lokale Führer entmachtet, militärisch unterworfen oder gar hingerichtet worden waren, traten ortsfremde afrikanische Verwaltungsangestellte, so genannte Akiden, an ihre Stelle. In Städten setzten die Deutschen zudem „arabische" Notabeln als „Liwali" ein, die höchste für Nicht-Deutsche zugängliche Verwaltungsposition. Die Kolonialadministration glaubte auf diese Weise das vorkoloniale sansibarische Herrschaftssystem auf Teile des Festlands zu übertragen. Zwar stimmten die Bezeichnungen überein, die kolonialen Funktionen differierten jedoch erheblich.[22] Die Aufgabe der Akiden lag darin, für die zivilen deutschen Bezirksverwaltungen Steuern, Arbeitsleistungen und Abgaben einzutreiben. Zudem waren sie zuständig für die Einhaltung von „Ruhe und Ordnung", partiell auch für die lokale Rechtssprechung und Landzuteilung. Um den Akiden auf lokaler Ebene ein erhöhtes Prestige zu verschaffen, statteten die Deutschen sie mit allerlei Ehrenzeichen wie Flaggen, Abzeichen und Tüchern aus. Allerdings beruhte die Legitimität dieser Mittler zuvorderst auf den Zwangsmitteln des kolonialen Staates, insbesondere den lokalen afrikanischen Polizeitruppen. Die funktionalen Schwächen dieses Systems offenbarten sich dann, als sich die Anforderungen an die lokale Bevölkerung etwa in Gestalt von Arbeitszwang, nachhaltiger Steuereintreibung oder dem Anbauzwang bestimmter Agrarprodukte erhöhten. Der verstärkte Einsatz staatlicher Machtmittel implizierte immer auch das Risiko, Widerstand zu provozieren. Der von deutscher Seite bald mit nahezu genozidärem Vernichtungswillen geführte Maji-Maji-Krieg (1905–1907) begann als Revolte

---

pläne und afrikanische Realität, Münster 1997, 194ff.; 290ff.; Koponen, Development, 69ff.; Iliffe, Modern History, 88ff.

[18] Vgl. Horst Gründer, Geschichte der deutschen Kolonien, Paderborn ³1995, 154.

[19] Besonders hartnäckig wehrten sich die Hehe im Süden der Kolonie. Vgl. Iliffe, Modern History, 107–116.

[20] Allerdings unterstanden im Jahr 1903 noch 13 der 23 Verwaltungsbezirke einer Militärverwaltung, 1914 immerhin noch zwei. Vgl. Jan-Georg Deutsch, Vom Bezirksamtmann zum Mehrparteiensystem. Transformationen politischer Herrschaft im kolonialen und nachkolonialen Tanzania, in: Ulrich van der Heyden / Achim von Oppen (Hg.), Tanzania. Koloniale Vergangenheit und neuer Aufbruch, Münster 1996, 21–46, hier: 25; Koponen, Development, 115.

[21] Ein gutes Beispiel ist Marealle Melyari von Marangu, der von den Deutschen zum „Oberhäuptling" für das gesamte Kilimanjaro-Gebiet ernannt wurde, obwohl er lediglich für einen Teil der Region legitime Herrschaftsansprüche stellen konnte. Vgl. Moore, Social Facts, 96 sowie ausführlich Kathleen M. Stahl, The History of the Chagga People of Kilimanjaro, The Hague 1964, 308ff.

[22] Vgl. zusammenfassend Koponen, Development, 118ff.; Glassman, 201ff. Ein Liwali war ursprünglich eine Art Gouverneur bzw. Statthalter des Sultans von Oman an den wichtigen Orten der ostafrikanischen Küste. Akida meint eigentlich den höchsten Rang in der lokalen Tanzgesellschaft. Das System der Liwali und Akiden fand keineswegs in der gesamten Kolonie Anwendung. Es blieb im Wesentlichen auf die Küste und einige Plantagenregionen (Usambara; Morogoro-Kilosa) begrenzt, wobei die Deutschen in Dar es Salaam das Amt des Liwali durch das des Khadi ersetzten, dessen Autorität sich auf das islamische Recht beschränkte.

gegen die Zwangskultivierung von Baumwolle und wurde später auch von offizieller deutscher Seite unter anderem auf die verfehlt konzipierte „Eingeborenenpolitik" zurückgeführt.[23]

Dieser koloniale Krieg in Ostafrika war Teil einer schweren Krise des deutschen kolonialen Projekts, welche den Zentrumspolitiker Matthias Erzberger gar vom „Zusammenbruch der deutschen Kolonialpolitik" sprechen ließ.[24] Mit dem 1906 ernannten neuen Leiter der Kolonialabteilung, Bernhard Dernburg, und in Tanzania selbst mit dem frisch bestallten Gouverneur Albrecht von Rechenberg hielt dann jedoch eine so genannte „rationale" oder „wissenschaftliche" Kolonialpolitik Einzug, die statt wie bisher mit „Zerstörungsmitteln" fortan mit „Erhaltungsmitteln" arbeiten wollte. Freilich handelte es sich keineswegs um einen radikalen Bruch, denn auch für Dernburg hieß Kolonisation im Wesentlichen die Nutzbarmachung der kolonialen Ressourcen zugunsten der kolonisierenden Nation.[25] Rechenberg seinerseits unternahm gegen den zuweilen erbitterten Widerstand der europäischen Siedler sowie ihrer Lobby im Reich eine Reihe von Reformen im wirtschaftlichen und politischen Bereich.[26] Bezüglich der lokalen Administration schlug er einen pragmatischen Kurs ein. Er verwehrte sich etwa dagegen, das System der Akiden aufzugeben, wie es sein Vorgänger in der ersten Panik nach Ausbruch des Maji-Maji-Krieges gefordert hatte. In einigen Regionen im Hinterland wurden nun aber verstärkt lokale Notabeln zu Akiden ernannt, immer häufiger auch Absolventen der Regierungs- oder Missionsschulen.[27] Bei den deutschen Distriktbeamten legte man fortan mehr Wert auf praktische Erfahrung, Kenntnisse des Swahili sowie eine möglichst lange Tätigkeitsdauer im Distrikt. Die angestrebte administrative Formation bestand aus einem deutschen Kolonialbeamten mit detailliertem Wissen über „seine" Region, der mit einem kleinen aber wach-

---

[23] Die Phasen dieser antikolonialen Erhebung hat John Iliffe luzide zusammengefasst: „Maji Maji, as a mass movement, originated in peasant grievances, was then sanctified and extended by prophetic religion, and finally crumbled as crisis compelled reliance on fundamental loyalties to kin and tribe." John Iliffe, The Organisation of the Maji Maji Rebellion, in: JAH 8,3 (1967), 495–512, hier: 495. Neuere Ansätze zum Ausbruch des Maji-Maji-Krieges u. a. bei Marcia Wright, Maji Maji. Prophecy and Historiography, in: David Anderson / Douglas Johnson (Hg.), Revealing Prophets. Prophecy in Eastern African History, London 1995, 124–142; Thaddeus Sunseri, Famine and Wild Pigs. Gender Struggles and the Outbreak of Majimaji War in Uzaramo (Tanzania), in: JAH 38,2 (1997), 235–259.

[24] Erzberger in einer Reichstagsrede vom 14. Dezember 1905. Sten.Ber. RT, IX. Lp. II. Sess., 1905/06, Bd. 214, 320. Parallel zum Maji-Maji-Krieg tobte in Südwestafrika der so genannte Hererokrieg, der in einen Genozid mündete; in Südostkamerun kam es ebenfalls zu regelmäßigen Widerstandsaktionen gegen die deutschen Kolonialherren.

[25] Zu den Dernburgschen Reformen vgl. knapp Albert Wirz, Die deutschen Kolonien in Afrika, in: Rudolf von Albertini (in Verbindung mit Albert Wirz), Europäische Kolonialherrschaft 1880–1940, Stuttgart ²1985, 318. Koponen, Development, 242, betont, dass die Kolonialpolitik in Deutsch-Ostafrika nach 1906 kaum radikale Neuerungen enthielt. Pascal Grosse, Kolonialismus, Eugenik und bürgerliche Gesellschaft in Deutschland 1850–1918, Frankfurt/New York 2000, 22ff., plädiert zu Recht dafür, sich bei der Periodisierung der deutschen Kolonialgeschichte nicht zu sehr von den „großen Männern" wie Dernburg leiten zu lassen, entwickelt allerdings keine klaren Alternativen.

[26] Für Details zu Rechenbergs Ägide vgl. Iliffe, German Rule; Bald, 75ff. Zu Konflikten zwischen Verwaltung und Siedlern kam es regelmäßig. Für eine instruktive Fallstudie vgl. Norbert Aas / Harald Sippel, Koloniale Konflikte im Alltag. Eine rechtshistorische Untersuchung der Auseinandersetzungen des Siedlers Heinrich Langkopp mit der Kolonialverwaltung in Deutsch-Ostafrika und dem Reichsentschädigungsamt in Berlin (1910–1929), Bayreuth ²1997.

[27] Die Aufgaben dieser Akiden werden etwa in einem Bericht des Bagamoyo-Distrikts beschrieben: „The akidas are chiefly engaged in tax collection. Further, in general administrative matters they act as intermediaries between the district office and the natives of their akidat. Lastly, it is their duty to adjudicate simple cases of voluntary and contentious jurisdiction. Their civil competence extends to disputes up to a value of fifty rupees, and in criminal cases up to fourteen days rigorous imprisonment, ten lashes, and fines up to five rupees." TNA 3753: Gordon an Chief Secretary, 11. 9. 1924, der einen Bericht aus dem Jahre 1909 zitiert.

senden bürokratischen Stab von afrikanischen Mitarbeitern oder „fortschrittswilligen" Häuptlingen zusammenarbeitete.[28]

In den Jahren nach dem Maji-Maji-Krieg entwickelte die koloniale Herrschaft sukzessive einen bürokratischen Charakter, trat sozusagen in ihre dritte Phase ein, wobei freilich das despotische Machtmittel gewaltsamer Repression weiterhin regelmäßig zur Anwendung kam: Das gesamte Verwaltungshandeln stand immer noch im Schatten von Willkür und Gewalt, der rationale Territorialstaat war noch ein fernes Ziel.[29] Insgesamt stärkten die Reformen die Position des Distriktbeamten gegenüber der administrativen Zentrale in Dar es Salaam. Seine Autonomie war schon allein durch die langen und komplizierten Kommunikationswege bedingt. Zwar besaß der Gouverneur theoretisch das Vetorecht bei von Distriktoffiziellen verabschiedeten Dekreten; in der Regel erfuhr er von der Existenz solcher Erlasse aber nur, wenn daraus massive Streitigkeiten resultierten. Trotha hat die vergleichsweise große Unabhängigkeit der lokalen Verwaltungsbeamten von der Herrschaftszentrale als „Binnenintermediarität" charakterisiert.[30] Auf dieser Grundlage konnten die Distriktbeamten zu „wahren Chefs des Imperiums" aufsteigen.[31] Für Deutsch-Ostafrika muss allerdings einschränkend angeführt werden, dass in einigen Regionen europäische Siedler beträchtlichen Druck auf die Kolonialbeamten vor Ort zu entfalten vermochten.[32] Die deutsche koloniale Herrschaft blieb zudem vermittelte Herrschaft und unterschied sich, folgen wir Trothas Begrifflichkeiten, von bürokratischer Herrschaft ferner durch ihre „Außenintermediarität". Das heißt, die Verwaltung verfügte weiterhin über keinen direkten Zugang auf die Beherrschten und war auf verschiedene Arten von Mittlern angewiesen, die wiederum diesen Zugang hatten oder herstellen konnten.

Nun suchte der koloniale Staat neben dem Monopol der Gewalt zunehmend aber auch ein Monopol des Wissens zu erlangen. Diese Anstrengungen manifestierten sich etwa in der verstärkten Einführung von Bildungseinrichtungen, Schriftlichkeit und Statistik. Gerade die angestrebte Akkumulation von Wissen über die Kolonisierten verdient besondere Aufmerksamkeit, zumal den Kolonialherren nur zu bewusst war, dass Daten zwar Waffen nicht zu ersetzen, wohl aber deren Wirksamkeit zu steigern vermochten. Ein Beispiel dafür war der groß angelegte, 1911/12 durchgeführte Versuch, das „Gewohnheitsrecht" in Deutsch-Ostafrika (sowie in Südwest-Afrika und Kamerun) zu ergründen.[33] Die Verwaltung intensivierte des Weiteren die kartographische Erfassung der Kolonie. Das Anlegen von Karten diente militärischen Zwecken ebenso wie der Steuereintreibung und schuf wichtige Basisinformationen für den Straßen- und Bahnbau. Viele dieser Karten wurden im Übrigen noch in den 1950er Jahren benutzt.[34] Die so genannte „Mekka-Brief-Affäre" und die in einigen

---

[28] Koponen, Development, 285. Vgl. auch Andreas Eckert / Michael Pesek, Bürokratische Ordnung und koloniale Praxis. Herrschaft und Verwaltung in Preußen und Afrika, in: Conrad / Osterhammel, 87–106.

[29] Dieser Befund zeigt sich auch in der fortgeführten Anwendung der Prügelstrafe, die sogar – nach einem Zwischentief 1908/1909 (3746 registrierte Strafen) – im Jahr 1912/13 wieder auf 8057 Strafen anstieg. 1905/06 hatte es 6322 Strafen gegeben. Zahlen nach Fritz-Ferdinand Müller, Kolonien unter der Peitsche. Eine Dokumentation, Berlin 1962, Dok. 49. Vgl. auch Gründer, 164.

[30] Vgl. Trotha, Koloniale Herrschaft. Diese vergleichsweise große Autonomie wird an jeweils konkreten Beispielen detailliert beschrieben von Austen, Northwest Tanzania, Kap. 6; Norbert Aas, Koloniale Entwicklung im Bezirksamt Lindi (Deutsch-Ostafrika). Deutsche Erwartungen und regionale Wirklichkeit, Bayreuth 1989.

[31] Die Formulierung prägte der französische Kolonialbeamte Robert Delavignette mit seinem einflussreichen Buch „Les vrais chefs de l'Empire" (Paris 1939).

[32] Vgl. Koponen, Development, 285f.

[33] Vgl. dazu Harald Sippel, Der Deutsche Reichstag und das „Eingeborenenrecht". Die Erforschung der Rechtsverhältnisse der autochthonen Völker in den deutschen Kolonien, in: Rabels Zeitschrift für ausländisches und internationales Privatrecht 61 (1997), 714–738. Leider liegt weder für Tanzania noch für andere Teile Afrikas eine ähnlich substanzielle Studie über „imperiales Wissen" vor, wie sie Christopher A. Bayly für Indien vorgelegt hat. Vgl. sein „Empire and Information. Intelligence Gathering and Social Communication in India, 1780–1870" (Cambridge 1996).

[34] Vgl. Andrew Coulson, Tanzania. A Political Economy, Oxford 1982, 41. Die Rolle der Kartographie ist inzwischen zu einem wichtigen Thema innerhalb der Kolonialismusforschung geworden. Vgl. wiederum am Beispiel

kolonialistischen Kreisen darauf folgende Paranoia über eine „islamische Gefahr" brachten die Administration schließlich dazu, von ihren Stationsleitern und Distriktbeamten ausführliche Berichte über
den Islam im „Schutzgebiet" einzufordern. Das in den zum Teil umfangreichen Rapports produzierte
„Herrschaftswissen" basierte häufig jedoch auf der äußerst selektiven, oft zufälligen Heranziehung
von Informanten, deren Ausführungen dann in die bürokratische Sprache der Verwaltung übersetzt
wurden.[35]

Die Absolventen der Regierungsschulen, die sich in den Jahren vor dem Ersten Weltkrieg zunehmend unter den lokal rekrutierten Verwaltungsmitarbeitern fanden, waren größtenteils Moslems.
Auf Druck der in Deutsch-Ostafrika tätigen Missionen wurde zwar 1913 im Reichstag eine Resolution verabschiedet, die den Kolonialbehörden die vermehrte Einstellung christlicher Afrikaner
in Regierungsdiensten empfahl. Diese Aufforderung blieb jedoch ohne Resonanz.[36] Der Konflikt
zwischen Regierungs- und Missionsschulen – letztere stellten einen wesentlich größeren Anteil am
Gesamtschulwesen dar – zog sich wie ein roter Faden durch die knapp dreißigjährige deutsche Herrschaft in Ostafrika.[37] Die Kolonialadministration griff von Beginn an ungern auf Missionszöglinge
zurück. Begründet wurde dies zunächst unter anderem mit dem Argument, dass es sich bei den
Missionsschülern meist um befreite Sklaven handelte, die vor allem bei der lokalen Aristokratie keine
Autorität besitzen würden.[38] Später kritisierte das Gouvernment, dass in den Missionsschulen nicht
so sehr die Vermittlung von Lesen und Schreiben, sondern die Bekehrung zum christlichen Glauben
im Vordergrund stehe. Im islamischen Bildungswesen, das an der ostafrikanischen Küste bereits in
vorkolonialer Zeit eine wichtige Rolle spielte,[39] fanden die Deutschen dagegen eine wichtige administrative Ressource. Dies nicht zuletzt deshalb, weil die Koranschulen neben der reinen Wissensvermittlung eine Disziplinarpädagogik pflegten, die mit den Ordnungsvorstellungen der neuen
Kolonialherren durchaus kongruent ging.[40] Bald schon besetzten Moslems nicht nur Positionen in
der noch rudimentären Verwaltungsmaschinerie; auch zahlreiche Regierungsschulen waren fest in
der Hand muslimischer Lehrer. Die kontinuierliche Ausbreitung der deutschen Herrschaft von der
Küste her ins Inland ebenso wie die – umstrittene – Entscheidung, die „Sprache der Küste", Swahili,

---

Indien Matthew H. Edney, Mapping an Empire. The Geographical Construction of British India 1765–1843,
   Chicago/London 1997.

[35] Zu diesem Aspekt vgl. ausführlich Michael Pesek, Islam und Politik in Deutsch-Ostafrika, in: Wirz/Eckert/
   Bromber, 99–140. Hinter der „Mekka-Brief-Affäre" 1908 verbarg sich die zum Teil paranoide Reaktion der
   deutschen Kolonialverwaltung auf einen Brief aus Mekka, der vermeintlich alle Moslems zu Aggressionen gegen Europäer und Missionen aufrief.

[36] Vgl. ebd.

[37] 1910 wurden über 95 Prozent der in Deutsch-Ostafrika statistisch erfassten Schüler in Missionsschulen un-
   terrichtet. Zu Details vgl. Jürgen Becher, Die deutsche evangelische Mission als Erziehungs- und Disziplinierungsinstanz in Deutsch-Ostafrika, in: Wirz/Eckert/Bromber, 141–169. Zu den Aktivitäten der Missionen
   im Schulbereich vgl. u. a. Johanna Eggert, Missionsschule und sozialer Wandel in Ostafrika. Der Beitrag der
   deutschen evangelischen Missionsgesellschaften zur Entwicklung des Schulwesens in Tanganyika 1891–1939,
   Bielefeld 1970; Marcia Wright, German Missions in Tanganyika 1891–1941. Lutherans and Moravians in the
   Southern Highlands, Oxford 1971. Zur Schulpolitik siehe Franz Ansprenger, Schulpolitik in Deutsch-Ostafrika, in: Heine/van der Heyden, 59–93.

[38] Vgl. dazu Jürgen Becher/Katrin Bromber/Andreas Eckert, Erziehung und Disziplinierung in Tanzania 1880–
   1940, in: Dietmar Rothermund (Hg.), Aneignung und Selbstbehauptung. Antworten auf die europäische
   Expansion, München 1999, 299–316, hier: 306f.

[39] Vgl. dazu u. a. B. G. Martin, Muslim Brotherhoods in Nineteenth Century Africa, Cambridge 1976; John
   Middleton, The World of the Swahili. An African Mercantile Civilization, New Haven/London 1992; Nimtz,
   Kap. 2; Randal L. Pouwels, Horn and Crescent. Cultural Change and Traditional Islam on the East African
   Coast, 800–1900, Cambridge 1987.

[40] Vgl. Katrin Bromber, Disziplinierung – eine europäische Erfindung?, in: Wirz/Eckert/Bromber, Alles unter
   Kontrolle, 37–53.

als Schul- und Verwaltungssprache zu etablieren,[41] förderten bis 1914 weiter die Dominanz von Muslimen im administrativen Apparat.

Ob sich diese Dominanz in der britischen Mandatszeit fortsetzte, ist quellenmäßig kaum nachzuvollziehen. In jedem Fall glaubte die neue europäische Macht in Tanganyika, die von den Deutschen errichtete Verwaltungsstruktur komplett umgestalten zu müssen, indem sie mit großem ideologischem Aufwand unter dem Signet der „indirekten Herrschaft" nun jenen Personen einen zentralen Platz als Mittler in der kolonialen Administration zuwies, die vermeintlich oder tatsächlich über „traditionelle Autorität" verfügten. Im Übrigen finden wir im Tanganyika der Zwischenkriegszeit weiterhin jene für den kolonialen Staat charakteristische Gleichzeitigkeit von despotischem, intermediärem und bürokratischem Verwaltungshandeln, wobei der Platz, den das bürokratische Ideal in der Doktrin der indirekten Herrschaft einnahm, noch notwendigerweise klein blieb. Intermediarität wurde dagegen zum zentralen Element dieser Doktrin.

---

[41] Zu den Kontroversen um die Förderung des Swahili als Lingua Franca vgl. Ann Brumfit, The Rise and Development of Language Policy in German East Africa, in: SUGA 2 (1980), 219–331; Marcia Wright, Swahili Language Policy, 1890–1940, in: Swahili 35 (1965), 40–48.

2. Die Verwaltung der „imperialen Provinz"

a) Die Doktrin der indirekten Herrschaft

Der Erste Weltkrieg beendete nach verlustreichen Kämpfen die deutsche Kolonialherrschaft in Ostafrika.[42] In globaler Perspektive markierte dieser Krieg sowohl die Kulmination des europäischen Imperialismus als auch den Beginn seines Niedergangs.[43] Der vom Kommandanten der Schutztruppe Paul Lettow-Vorbeck geführte Feldzug war aus militärisch-strategischer Sicht offenbar brillant – in erster Linie aber handelte es sich um ein ausgesprochen rücksichtsloses Unternehmen, bei dem eine kleine, gut bewaffnete militärische Einheit Unterstützung aus Zivilisten presste, für die sie keine Verantwortung empfand. Für Teile der Zivilbevölkerung bedeuteten die Kampfhandlungen vor allem Vertreibung und Hunger.[44] Unmittelbar nach dem Krieg forderte die Spanische Influenza zwischen 50000 und 80000 Opfer.[45] In den meisten Regionen übernahmen die Briten spätestens 1916 die Verwaltung.[46] Nur selten wurden sie als Befreier begrüßt. Ihr rascher und großer Bedarf an Trägern und Vorräten verhinderte dies.[47] Der Herrschaftswechsel erfolgte ohne allzu große Schwierigkeiten, bedingte aber doch Loyalitätskonflikte und Umstellungen. Stellenweise wurden die von den Deutschen ernannten Chiefs von der Bevölkerung kurzerhand abgesetzt.[48] Es gelang den neuen Herren aber von Beginn an und offenbar ohne Probleme, Steuern einzutreiben.[49]

Großbritannien schien ursprünglich von der vollständigen Integration Deutsch-Ostafrikas in sein Empire ausgegangen zu sein. Erst der Eintritt der USA in den Weltkrieg und die Einflussnahme des amerikanischen Präsidenten Woodrow Wilson auf die Versailler Friedensverhandlungen im Januar 1919 führten zur Errichtung eines Völkerbundmandates, das den Briten schließlich 1922 für die ehemalige deutsche Kolonie (abzüglich Ruanda und Burundi, die an Belgien gingen) übertragen

---

[42] Zum Verlauf des Krieges vgl. Iliffe, Modern History, 240–247 (dort auch ausführliche Hinweise zu zeitgenössischen Quellen). Vgl. ferner Brian Digre, Imperialism's New Clothes – The Repartition of Tropical Africa, 1914–1919, New York 1990; Ross Anderson, The Forgotten Front. The East African Campaign, 1914–1918, Stroud/Gloucestershire 2004. Eher anekdotisch ist Brian Gardner, German East. The Story of the First World War in East Africa, London 1963. Eine originelle literarische Verarbeitung bietet William Boyd, An Ice-Cream War, London 1982. Zur Rolle der Schutztruppe im Krieg siehe ferner Kirsten Zirkel, Military Power and German Colonial Policy. The Schutztruppen and their Leaders in East and South-West Africa, 1888–1918, in: David Killingray/David Omissi (Hg.), Guardians of Empire. The Armed Forces of the Colonial Powers, c.1700–1964, Manchester/New York 1999, 91–113, hier: 104–107.

[43] Seit Rudolf von Albertini, Dekolonisation. Die Diskussion über die Verwaltung und Zukunft der Kolonien, Köln/Opladen 1966, hat sich als Konsens herausgebildet, die Anfänge der afro-asiatischen Dekolonisation bis zum Ende des Ersten Weltkrieges zurückzuverfolgen.

[44] Vgl. für eine Fallstudie Gregory H. Maddox, Mtunya. Famine in Central Tanzania, 1917–1920, in: JAH 31,2 (1990), 181–198.

[45] Die Spanische Influenza 1918–20 wird heute als eine exzeptionelle Pandemie betrachtet. Zwischen einem Viertel und der Hälfte der Weltbevölkerung erkrankten an ihr, und mit mehr als 25 Millionen Opfern wurde die Zahl der Kriegstoten deutlich überschritten. Vgl. Howard Phillips/David Killingray (Hg.), The Spanish Influenza Pandemic of 1918–1919: New Perspectives, London 2001; K. David Patterson/G. F. Pyle, The Geography and Mortality of the 1918 Influenza Pandemic, in: Bulletin of the History of Medicine 65,1 (1991), 4–21; Sandra M. Tomkins, Colonial Administration in British Africa during the Influenza Pandemic of 1918–19, in: CJAS 28,1 (1994), 60–83.

[46] Vgl. PRO CO 691/3: Secretary of State for the Colonies to Horace Byatt, 12.9.1916.

[47] Die Rekrutierung von Trägern brachte die Bevölkerung in einigen Gebieten gar „an den Rand des offenen Widerstands". Vgl. PRO CO 691/14: Byatt an Long, 22.3.1918.

[48] Vgl. etwa für die Region am Viktoriasee Austen, Northwest Tanzania, Kap.7.

[49] Vgl. Iliffe, Modern History, 255.

wurde.[50] Der Völkerbund definierte im Mandatsvertrag mit Großbritannien dessen Aufgaben u. a. wie folgt: „The Mandatory shall be responsible for the peace, order and good government of the territory, and shall undertake to promote to the utmost the material and well-being and the social progress of its inhabitants. The Mandatory shall have full powers of legislation and administration."[51] Dieser Entwicklungsauftrag unterlag der Kontrolle der Ständigen Kommission des Völkerbundes, die jedoch in der Regel wenig Einfluss auf die britische Politik zu nehmen vermochte. Blieb noch, einen Namen für das Territorium zu finden, eine Aufgabe, die dem *Colonial Office* offenbar beträchtliche Freude bereitete. Bereits 1919 hatte Horace Byatt, der die britische Verwaltung im besetzten Deutsch-Ostafrika leitete, eine lange Vorschlagsliste nach London geschickt, die Namen wie „Azania", „New Maryland", „Bantuland", „Victoria Province", „Windsorland" und, besonders skurril, „Lululand" enthielt.[52] Der Kolonialminister bevorzugte jedoch einen lokalen Namen, der eindeutig mit dem Territorium assoziiert werden konnte und nach einigem Hin und Her fiel die Entscheidung zugunsten von „Tanganyika Territory", das 1920 nach der Ratifizierung der Vertrags von Versailles Teil des britischen Empire wurde.[53]

Gouverneur Byatt, Iliffe zufolge ein nur begrenzt kompetenter, phantasieloser, unbeliebter und sich ständig unwohl fühlender Mann,[54] versuchte die von den Deutschen hinterlassene Verwaltungsmaschinerie zunächst mit Rekruten aus den benachbarten Kolonien und britischen Militärs zu bestücken. Die geerbte administrative Struktur behielt er weitgehend bei.[55] Das *Secretariat* unter Leitung des *Chief Secretary* in Dar es Salaam bildete das territoriale Verwaltungszentrum, in dem alle Fäden zusammenliefen und dem 22 Distriktbeamte direkt unterstanden. Dem Gouverneur zur Seite stand der *Executive Council*, bestehend aus dem Chief Secretary sowie den Leitern der einzelnen administrativen Abteilungen wie Justiz, Gesundheit, Erziehung und Finanzen. Innerhalb der Distrikte konnten die verantwortlichen britischen Offiziellen durchaus ihre eigene Politik betreiben. In Kigoma etwa wurden Akiden, die es dort vor dem Krieg noch gar nicht gegeben hatte, neu eingeführt. In Tabora unternahm es der zuständige Kolonialbeamte, kleinere Häuptlingstümer „wieder" zu einer größeren Einheit zusammenzuführen.[56] Auf Distriktebene agierten entweder Akiden oder Chiefs als lokale Mittler, deren zentrale Aufgabe darin bestand, Steuern einzutreiben. Zaghafte Versuche, beispielsweise im Bereich der Justiz oder des Schulwesens für das gesamte Territorium geltende Reformen einzuleiten, scheiterten zunächst an den Einwänden von Verwaltungsmitarbeitern und Mis-

---

[50] Vgl. zu diesem Komplex detailliert Wm. Roger Louis, Great Britain and Germany's Lost Colonies 1914–1919, Oxford 1967; Peter A. Dumbuya, Tanganyika under International Mandate, 1919–1946, Lanham/London 1995, bes. 1–84; Michael D. Callahan, Mandates and Empire. The League of Nations and Africa, 1914–1931, Brighton/Portland 1999; Peter J. Yearwood, Great Britain and the Repartition of Africa, 1914–1919, in: JICH 18,3 (1991), 314–341. Der genaue Ursprung des „Mandatssystems" ist in der historischen Forschung weiterhin umstritten. Die meisten Arbeiten führen diese Idee auf George Louis Beer zurück, den damals wichtigsten nordamerikanischen Afrikaexperten und Mitglied der US-Delegation bei der Versailler Friedenskonferenz 1919. Vgl. Wm. Roger Louis, The United States and the African Peace Settlement of 1919. The Pilgrimage of George Louis Beer, in: JAH 4 (1963), 413–433; Arthur Walworth, Wilson and his Peacemakers. American Diplomacy at the Paris Peace Conference, 1919, New York 1986; Alan Sharp, The Versailles Settlement. Peacemaking in Paris 1919, Basingstoke/London 1991. Allgemeiner Überblick auch bei Jürgen Zimmerer, Von der Bevormundung zur Selbstbestimmung. Die Pariser Friedenskonferenz und ihre Auswirkungen auf die britische Kolonialherrschaft im südlichen Afrika, in: Gerd Krumeich (Hg.), Versailles 1919. Ziele – Wirkung – Wahrnehmung, Essen 2001, 145–158.

[51] Der Mandatsvertrag ist abgedruckt in Vincent Harlow/Elizabeth M. Chilver (Hg.), History of East Africa, Bd. 2, Oxford 1965, 690–695, hier: 692.

[52] Vgl. PRO CO 691/29: Memorandum Byatt: „New Name for German East Africa", 21.1.1919.

[53] Vgl. Iliffe, Modern History, 247.

[54] Ebd., 262. Für ausführliche Informationen zu Byatt, der von 1916 bis 1924 die Verwaltung in Tanganyika leitete, vgl. Margaret Bates, Tanganyika under British Administration, 1920–1955, unveröffentl. D. Phil. Thesis, Oxford 1957, Kap. 3.

[55] Vgl. Walter Morris-Hale, British Administration in Tanganyika from 1920 to 1945, Genf 1969, 36ff.

[56] Vgl. Iliffe, Modern History, 319.

sionaren.[57] 1924 massierten sich angesichts der Überlastung des *Secretariats* Forderungen nach einer stärkeren Dezentralisierung und der Schaffung von Provinzen. Ende desselben Jahres verabschiedete eine Versammlung der britischen Kolonialbeamten einstimmig eine Resolution, in der die administrative Neuordnung angemahnt wurde. Weitere Forderungen betrafen die Umwandlung der Tribute, die in einigen Distrikten noch an Häuptlinge gezahlt wurden, in Steuern sowie die Einrichtung von autonomen einheimischen Verwaltungseinheiten auf lokaler Ebene mit eigener Gesetzgebung, Finanzverwaltung und begrenzten Vollmachten.[58]

Anfang 1925 kam Donald Cameron mit der Erfahrung von 17 Jahren Kolonialdienst in Nigeria als neuer Gouverneur nach Tanganyika. Sogleich suchte er ein System der indirekten Herrschaft zu formalisieren und zu implementieren.[59] *Indirect rule* gilt gemeinhin als die spezifisch britische Variante kolonialer Herrschaftstechnik, die etwa gegen die „direkte" französische Version abgegrenzt wird.[60] Als ihr Erfinder im afrikanischen Kontext wird Frederick (später Lord) Lugard angesehen, der diese Form auf der Basis seiner Gouverneurstätigkeit in Nordnigeria theoretisch begründete und auch zu praktizieren versuchte.[61] Lugard zufolge werden bei dieser Ordnung lokale politische Systeme komplett in die koloniale Verwaltung integriert, so dass es nicht zwei Gruppen von Herrschern – Einheimische und Briten – gibt, die entweder getrennt oder in Kooperation agieren, sondern eine einzige Regierung.[62] Es lässt sich jedoch mit guten Gründen argumentieren, dass koloniale Herrschaft per se indirekte Herrschaft ist, zumal sich überall in Afrika und Asien andere, direktere Formen wegen des damit verbundenen Ausbaus des Verwaltungsapparates schon allein aus finanziellen Erwägungen verbaten.[63] So problematisch es also ist, in der kolonialen Praxis nationale Stile gegeneinander zu stellen, so können doch unterschiedliche Verwaltungskonzeptionen ausgemacht werden, von denen sich die jeweiligen Kolonialadministrationen bei der Beurteilung afrikanischer Herrschaftsverhältnisse und deren Nutzen für die lokale Kolonialpolitik leiten ließen. Dieses Argument läuft auf die These hinaus, dass die europäischen Administrationen etwa in Afrika jene Herrschaftsverhältnisse zu reproduzieren suchten, die ihren eigenen Traditionen vermeintlich am nächsten kamen.[64] In diesem

---

[57] Vgl. Ralph A. Austen, The Official Mind of Indirect Rule: British Policy in Tanganyika, 1916–1939, in: Prosser Gifford/Wm. Roger Louis (Hg.), Britain and Germany in Africa. Imperial Rivalry and Colonial Rule, New Haven/London 1967, 577–606, hier: 582.

[58] TNA 3513/1: Minutes of the meeting of the Administrative Officers' Conference held from October 27th to November 7th 1924, 10, 12. „The administrative system in force in Tanganyika Territory differs from all other British possessions in Tropical Africa in that it is organised on a District basis in lieu of the usual Provincial basis. No co-ordinated policy or liaison exists between districts. Some officers favour economic development, others the reverse, some native courts, others autocratic rule. Road, financial, and game policies likewise differ. It is, therefore, the unanimous opinion of this Conference that Provinces under the charge of Provincial Commissioners should be established at the earliest moment possible."

[59] Die wichtigsten publizierten Dokumente zur *indirect rule*-Politik in Tanganyika sind Tanganyika Government, Native Authority Ordinance, Dar es Salaam 1926; Native Administration Memoranda, Dar es Salaam 1930. Vgl. auch Donald Cameron, My Tanganyika Service, and some Nigeria, London 1939; Harry A. Gailey, Sir Donald Cameron. Colonial Governor, Stanford 1974.

[60] Vgl. hierzu etwa die berühmte Debatte zwischen Crowder und Deschamps: Michael Crowder, Indirect rule. French and British style, in: Africa 34,3 (1964), 197–205; Hubert Deschamps, Et maintenant, Lord Lugard?, in: Africa 34,4 (1964), 293–305.

[61] Lugard dienten dabei eine Reihe von Beispielen aus dem britischen Weltreich als Anregung, nicht zuletzt die administrative Organisation in Indien. Vgl. dazu etwa Michael Fisher, Indirect Rule in India: Residents and the Residency System, 1764–1858, Dehli 1991. Vgl. ferner John W. Cell, Who ran the British Empire, in: Wm. Roger Louis (Hg.), More Adventures with Britannia. Personalities, Politics and Culture in Britain, Austin 1998, 303–317.

[62] Die wichtigsten Überlegungen Lugards zur indirekten Herrschaft finden sich in Anthony H. M. Kirk-Greene (Hg.), The Principles of Native Administration in Nigeria. Selected Documents, 1900–1947, London 1965.

[63] Vgl. zusammenfassend Andreas Eckert, Colonial European Administrations. Comparative Survey, in: Kevin Shillington (Hg.), Encyclopedia of African History, Bd. 1, New York/London 2005, 256–258.

[64] Vgl. in diesem Sinne etwa Henrika Kuklick, Tribal Exemplars. Images of Political Authority in British Anthropology, 1885–1945, in: George W. Stocking (Hg.), Functionalism Historicized. Essays on British Social An-

Sinne orientierten sich die britischen Kolonialbeamten tendenziell an einem „aristokratischen" Herrschaftssystem, welches die hierarchische politische Ordnung als „natürlich" ansah. Folglich suchten
sie die Rechtmäßigkeit ihrer Herrschaft eher im Konsens der Beherrschten, in der angeblichen Legitimität ihrer unteren lokalen Verwaltungschargen, und weniger durch staatliche Machtmittel zu
stützen.[65]

Damit eng verknüpft war, zumindest bei Cameron, die Vorstellung, man solle afrikanische Traditionen so weit wie möglich bewahren und vor dem verderblichen westlichen Einfluss schützen. „It is
our duty", schrieb er kurz nach seiner Ankunft in Dar es Salaam,

„to do everything in our power to develop the native on lines which will not Westernize him and turn him into
a bad imitation of a European [...] We want to make him a good African [...] We must not destroy the African
atmosphere, the African mind, the whole foundation of his race, and we shall certainly do this if we sweep away
all his tribal organisations."[66]

Neben den ideologischen Hintergründen und Begründungen gab es jedoch auch handfeste politische
Motive für die Einführung der indirekten Herrschaft. Zum einen sollten auf diese Weise (proto-)na-
tionalistische Ansprüche der lokalen, zumeist christlichen Eliten auf Beteiligung an der Macht und
Mitsprache in der Politik abgewehrt werden. Angesichts massiver nationalistischer Bewegungen im
Empire, darunter in Irland, Indien und Ägypten, warnte Cameron: „If we set up merely a European
form of administration, the day will come when the people of the Territory will demand that the British form of administration shall pass into their hands – we have India at our doors as an object les-
son." Es sei jedoch möglich, eine solche Entwicklung durch die angemessene Anwendung indirekter
Verwaltung zu verhindern. Diese müsse auf den Traditionen der Menschen beruhen und habe deren
eigene „tribale" Organisationen ebenso zu bewahren wie lokale Sitten und rechtliche Gebräuche.
Dann, so der Gouverneur,

„we shall be building an edifice with some foundation to it, capable of standing the shock which will inevitably
come when the educated native seeks to gain possession of the machinery of Government and to run it on Western lines [...] If we treat them properly, moreover, we shall have the members of the Native Administration on
our side."[67]

Philip Mitchell, in der Kolonialregierung verantwortlich für „afrikanische Angelegenheiten" und neben Cameron der wichtigste Architekt der neuen Ordnung in Tanganyika, war ebenfalls überzeugt,
dass *indirect rule* der einzige Weg sei, einen „engstirnigen Nationalismus" der Afrikaner zu vermeiden
und sie zudem in die Lage versetzen würde, „anderen Rassen ins Gesicht zu sehen".[68]

Zum anderen war das System der indirekten Herrschaft auch als Mittel gegen massive Siedlerinteressen konzipiert. Schon unmittelbar nach dem Krieg hatte das *Colonial Office* dafür votiert, die Zahl

---

thropology, Madison/Wisc. 1984, 59–82; Terence O. Ranger, Making Northern Rhodesia Imperial. Variations
on a Royal Theme, in: African Affairs 79,316 (1980), 349–373. Vgl. ferner Deutsch, Bezirksamtmann, 29.
[65] Vgl. dazu David Cannadine, Ornamentalism. How the British saw their Empire, London 2001.
[66] TNA 7777/20: Memo Cameron: Native Administration, 16.7.1925. Vgl. auch Iliffe, Modern History, 321.
[67] TNA 7777/3: Minute Cameron, 24.4.1925. Austen, Official Mind, 593f., hat in diesem Sinne indirekte
Herrschaft treffend als „a safely non-nationalist basis for African political development" bezeichnet. Vgl. ferner
Iliffe, Modern History, 321f. Cooper, Africa in a Capitalist World, 401, sieht in der Ideologie der indirekten
Herrschaft auch eine Art „Schutzbehauptung" der Briten, indem sie die Fehlschläge, die sie bei den Versuchen,
Afrika umzubauen, zu verzeichnen hatten, nun als Erfolg ihrer Politik verkauften. Nach dem Ersten Weltkrieg
behaupteten die Briten nun einfach, es sei doch schon immer ihre Politik gewesen, afrikanische Kultur zu bewahren und diese allmählich – im Rahmen der den Afrikanern zugestandenen Möglichkeiten – zu verändern.
Vgl. dazu auch Christopher Joon Hi-Lee, The „Native" Undefined. Colonial Categories, Anglo-African Status
and the Politics of Kinship in British Central Africa, 1929–1938, in: JAH 46,3 (2005), 455–478.
[68] Zit. nach C. S. L. Chachage, British Rule and African Civilization in Tanganyika, in: Journal of Historical Sociology 1,2 (1988), 199–223, hier: 208.

der europäischen Siedler in Tanganyika deutlich zu begrenzen und dem Modell der „Westküste", vor allem Nigerias zu folgen, welches auf die Leistungen der einheimischen Bauern als Exportproduzenten setzte.[69] In den 1920er Jahren forderten Siedler in Ostafrika mit beträchtlicher Unterstützung metropolitaner Kreise in Großbritannien die Verschmelzung von Kenia, Uganda und Tanganyika zu einer „Closer Union" unter ihrer weitgehenden Kontrolle. Ihnen schwebte in Analogie zur südafrikanischen Union ein ostafrikanisches Dominion als Teil des britischen Empire vor. Dieses Anliegen scheiterte zu Beginn der 1930er Jahre letztlich an juristischen Erwägungen. Die damals amtierende Labour-Regierung musste konzedieren, dass jede Form politischer Fusion unter Einschluss des Mandatsgebietes Tanganyika einen Verstoß gegen britisches und internationales Recht bedeutet hätte.[70] Cameron selbst sprach sich mehrfach gegen die Pläne einer „Closer Union" aus, einmal, weil sie seine eigene Machtposition bedroht, aber auch, weil sie seiner Meinung nach die Afrikaner in zu hohem Maße europäischen Interessen untergeordnet hätten. Indirekte Herrschaft dagegen würde Räume für die begrenzte Selbstverwaltung der Afrikaner außerhalb des Siedlereinflusses und gleichsam „Trainingsmöglichkeiten" für ihre künftige politische Partizipation schaffen.[71]

Freilich war diese Partizipation auf eine ferne Zukunft verwiesen, was sich etwa an der Zusammensetzung des 1926 gegründeten *Legislative Council* ablesen lässt. Die Aufgabe des Rates sei es, betonte Cameron auf der ersten Sitzung, nicht nur beratend zu wirken, sondern einen Teil der Verantwortung für die Administration des Territoriums zu übernehmen.[72] Neben den „offiziellen" Mitgliedern (der Gouverneur sowie die Leiter der einzelnen Ressorts) gehörten dem Gremium auch „inoffizielle" Vertreter „gesellschaftlich relevanter Gruppen" wie die europäischen Siedler sowie zwei Repräsentanten der großen „asiatischen" Bevölkerungsgruppe an. Die Verwaltung betonte allerdings wenig überzeugend, dass die Nominierung der inoffiziellen Mitglieder ohne Rücksicht auf rassische Herkunft und spezifische Interessen erfolgte.[73] Gerade die Berücksichtigung der Siedler war jedoch ein Versuch Camerons, seine gespannten Beziehungen zu ihnen zu verbessern.[74] Afrikaner hatten dagegen keinen Platz im Council. „The native community", begründete Cameron diese Entscheidung,

---

[69] In diese Richtung hatte Sir Charles Strachey, ein Kolonialpolitiker mit großer Westafrika-Erfahrung, den Kolonialminister gedrängt und überzeugt. Diese Option sei nicht allein wegen der für Siedler ungünstigen Landverhältnisse zu bevorzugen, sondern auch wegen „the Mandatory Conditions, the Indian problem, the scarcity of labour, the experience of the Germans, and the difficulties which have arisen in Kenya". PRO CO 691/45/166: Minute Strachey, 5. 8. 1921.

[70] Vgl. Michael D. Callahan, The Failure of ‚Closer Union' in British East Africa, 1929–31, in: JICH 25,2 (1997), 267–293. Ältere Werke zu dieser Problematik umfassen Robert G. Gregory, Sidney Webb and East Africa. Labour's Experiment with the Doctrine of Native Paramountcy, Berkeley 1962; B. T. G. Chidzero, Tanganyika and International Trusteeship, London 1961, bes. 61–88; Goswin Baumhögger, Dominanz oder Kooperation. Die Entwicklung der regionalen Integration in Ostafrika, Hamburg 1978, bes. Kap. 4.

[71] Vgl. Iliffe, Modern History, 321; Austen, Official Mind, 590ff.

[72] Tanganyika Territory, Proceedings of the Tanganyika Legislative Council 1926/27, 1st Session, 1.

[73] Vgl. dazu Dennis M. P. McCarthy, Colonial Bureaucracy and Creating Underdevelopment. Tanganyika, 1919– 1940, Ames/Iowa 1982, 8, 117. Die Auswahl der inoffiziellen Mitglieder führte zu diversen Protesten. M. P. Chitale, Vorsitzender der Tanga Asian Association, beklagte etwa, dass die zwei indischen Vertreter erstens beide aus Dar es Salaam kämen und zweitens als Anwalt bzw. Großhändler nicht repräsentativ für die vielfältigen Aktivitäten der *Indian community* seien: „We are not merely traders but are also planters and the trading communities of Tanganyika have different and distinct interests in three areas viz., in Tanga and hinterland mainly sisal, Mwanza and surrounding districts trading in native products and interested in cotton cultivation and cotton ginning; Dar es Salaam mainly interested in wholesale trading". TNA 7339/1: Chitale an Chief Secretary, 1. 10. 1926. In seiner Antwort (ebd.) vom 26. 10. betonte der Chief Secretary: „[...] the whole argument of the Association is based on the principle of representation whereas, as already explained, there is no representation as such on the Council".

[74] Vgl. Iliffe, Modern History, 321. Die europäischen Siedler beklagten sich immer wieder bitter über die in ihren Augen bedrohlichen Folgen des Systems der indirekten Herrschaft. Vgl. z. B. PRO CO 691/104/11: European Association: Memorandum an Cameron, 28. 4. 1929: „The Association feels that the thrusting upon the native of the wide powers of authority which has been done in recent years has had the effect of weakening (if not of eliminating) that respect with which the White formerly was regarded by him." Vgl. auch den ausführlichen

„cannot be directly represented because for the present a native cannot be found with sufficient command of the English language to take part in the debates of the Council – indeed to understand what is being said. I speak now, of course, of natives of standing who could speak on behalf of the various tribes of the country. But I do not, by any means regard the large body of natives as being altogether unrepresented on the Council. Their interests are directly in the hands of the Secretary of Native Affairs, the Chief Secretary, and the Governor himself."[75]

Auf den Sitzungen der Mandatskommission des Völkerbundes war die Nichtberufung von Afrikanern in das Gremium regelmäßig Thema und durchaus Gegenstand von Kritik seitens einiger Kommissionsmitglieder, ohne dass die britische Regierung von ihrer paternalistischen Haltung abgewichen wäre.[76] Erst 1945 sollten die ersten beiden afrikanischen Mitglieder in den Legislative Council berufen werden.

Die Politik der indirekten Herrschaft in Tanganyika bestand im Kern darin, sukzessive ein viergliedriges Verwaltungssystem aufzubauen. Es setzte sich schließlich aus der Zentralverwaltung in Dar es Salaam, acht Provinzen, 47 Distrikten sowie 671 so genannten *Native Authorities* zusammen, denen in beschränktem Umfang Verwaltungsaufgaben und politische Rechte auf lokaler Ebene übertragen wurden.[77] Entsprechend installierte die britische Administration *Native Treasuries* zur lokalen Steuererhebung sowie *Native Courts* für die Rechtsprechung und die Wahrnehmung polizeilicher Aufgaben. Lokale Häuptlinge oder alternativ *Native Councils* traten an die Spitze der *Native Authorities* und ersetzten die häufig ortsfremden Akiden. „The office of a Native Authority", heißt es in der entsprechenden Verordnung, „normally consists of a hereditary tribal chief, almost invariably in association with certain elders and other persons who occupy positions of dignity and responsibility".[78] Allerdings kam es durchaus nicht überall zu einem Personalwechsel.[79] Und den Chiefs wurde keineswegs souveräne Machtausübung konzediert, ihnen war vielmehr die Rolle von einflussreichen Mittlern zugedacht, deren Entscheidungen die britischen Provinz- oder Distriktleiter jederzeit revidieren konnten.[80] Cameron sah den Schlüssel zur indirekten Herrschaft in der Monarchenverehrung ohne königliche Macht, wobei ihm offenbar das Modell der Tudors vorschwebte:

„The keynote of Tudor Government had been King-Worship, not despotism. Monarchs without an army at the centre or a paid bureaucracy in the countryside were not despots, for they could not compel their subjects by force [...] The power of the Tudors, in short, was not material but metaphysical. They appealed sometimes to the love and always to the loyalty and ‚free awe' of their subjects."[81]

Artikel in East Africa, 21. 2. 1929, der unter dem Titel „Undue Haste in Tanganyika?" die Vorbehalte der europäischen Siedler zusammenfasst (eine Kopie befindet sich in TNA 11601).

[75] Procceding LegCo 1926/27, 1st Session, 6f. Vgl. auch PRO CO 691/99/12: Minute Speech Cameron at Legislative Council, 7. 12. 1926.

[76] Vgl. Morris-Hale, 284ff.

[77] Die folgende Skizze basiert auf Iliffe, Modern History, 325ff.; Deutsch, Bezirksamtmann, 30ff.; Austen, Official mind; James D. Graham, Indirect Rule. The Establishment of „Chiefs" and „Tribes" in Cameron's Tanganyika, in: TNR 77/78 (1976), 1-9.

[78] Native Authority Ordinance, 15. In seinen Memoiren konstatierte Cameron rückblickend und mit dem charakteristischen Paternalismus der (britischen) Kolonialherren, das zentrale Problem der Verwaltung sei es gewesen, Mittel für die Kommunikation mit primitiven und ignoranten Menschen zu finden. „We must in fact ‚administer the people' whereas in the United Kingdom [...] it is [...] sufficient to administer the law." Daher habe sich die Administration via Chiefs angeboten, „whose positions had foundations in the hearts and minds and thoughts of the people". Vgl. Cameron, My Tanganyika Service, 77, 94.

[79] Vgl. Willis, Administration, für die Region um Muheza im Nordosten Tanganyikas.

[80] Die Chiefs in Tanganyika spielten also nicht die Rolle von einheimischen Prinzen wie die Chiefs in Buganda. Dort waren die Beziehungen zwischen Briten und afrikanischen Oberen durch einen Vertrag geregelt, die afrikanischen Staaten wurden nicht in die britische Verwaltungsstruktur integriert. Vgl. David E. Apter, The Political Kingdom in Buganda. A Study of Bureaucratic Nationalism, Princeton ²1967; Michael Twaddle, Kakunzulu and the Creation of Uganda, 1868-1928, London 1993.

[81] Cameron, My Tanganyika Service, 109. Vgl. dazu auch Ornulf Gulbrandsen, The King is the King by the Grace of the People. The Exercise and Control of Power in Subject-Ruler Relations, in: CSSH 37,3 (1995), 415–444, hier: 430f. Offenbar basierten Camerons Auslassungen auf seiner Lektüre von G. M. Trevelyan. Vgl.

Camerons Sichtweise schreibt sich in den Prozess der „Invention of Tradition" ein, in welchem die Kolonialherren den Afrikanern rezent erfundene europäische monarchische Traditionen aufzwangen und gleichzeitig für ihre afrikanischen Untertanen afrikanische monarchische Traditionen erfanden. Die den Chiefs zugedachte Rolle war dabei metaphysisch und bürokratisch zugleich. Der koloniale Staat suchte die von der Loyalität ihrer Untertanen getragene Position der Chiefs administrativ zu nutzen.

Eng damit verknüpft waren britische Ansichten über die „tribalen Institutionen". Cameron und seine Mitstreiter glaubten, es existiere ein Set von Normen und Prinzipien, das von allen Mitgliedern eines „Stammes" geteilt werde.[82] Den Nachfolgeregelungen kam in dieser Perspektive besonders große Bedeutung zu. Herrschaftspositionen waren erblich und folglich würde die tribale Organisation zerstört werden, falls man Afrikanern ihre legitimen, erblichen Oberen vorenthielte. Jede Verbesserung, welche die Administration in den Gesellschaften durchsetzen wollte, hing daher von der Qualität der Chiefs ab. Daraus ergaben sich zunächst zwei praktische Konsequenzen: Die Häuptlingssöhne sollten eine gute Ausbildung bekommen, um die einheimischen Gesellschaften modernisieren zu können. Und „außertribale" Organisationsformen, wie sie etwa von Missionaren geschaffen wurden, bedurften der sorgfältigen Überwachung, damit sie nicht in politische Bewegungen mündeten.[83] Darüber hinaus musste Cameron seine Verwaltungsmitarbeiter jedoch anweisen, nicht auf „höchste britische Standards" zu bestehen, weil durch entsprechende Maßnahmen wiederum die „tribale Ordnung" leiden würde. Die „Repräsentation" der Mehrheit könnte zum Beispiel nicht als Resultat von Wahlen nach europäischem Muster entstehen – das würde lediglich Raum für Agitatoren schaffen. Vielmehr müsste der Chief sein Volk repräsentieren auf der Grundlage, dass die Menschen seine erbliche Autorität anerkennen.[84] Für die Ernennung eines Chiefs galten drei Grundsätze: persönliche Fähigkeiten, „traditionelle", erbliche Ansprüche und der Wille des Volkes. Das erste Kriterium musste jedoch oft ignoriert werden, zumal, so Cameron, „[...] nothing short of republican government will ensure that a ruler is always a capable man".[85] Chiefs wegen Unfähigkeit abzusetzen, hieße die Basis der tribalen Ordnung zu unterminieren und die Häuptlinge zu einfachen Regierungsdienern herabzustufen: „Therefore rejection on this score must be based on stronger grounds than mere inferiority of intellect and character not amounting to absolute incapacity [...] hereditary and traditional right substantiates personal claim and warrant the assumption that the people approve."[86] Die Bedeutung erblicher, traditioneller Rechte war im Übrigen kein unbekanntes Element der britischen Politik und manifestierte sich etwa im aristokratischen Diskurs und der Figur des Gentleman. Und die Fusion legislativer, exekutiver und judikativer Regierungsfunktionen im Amt des Chief konstituierte einen Aspekt kolonialer Herrschaft, der zuvor bereits in Indien getestet worden war und damals gleichsam als Vor-Montesquieu-Phase politischer Evolution galt.[87]

Die Implementierung der *Native Authorities* durch die britischen Verwaltungsbeamten erfolgte nach detaillierten Vorgaben. Viele der Feinheiten in Camerons Vision der indirekten Herrschaft

---

Feierman, Peasant Intellectuals, 135. Zu Trevelyan, dem populärsten britischen Historiker in der ersten Hälfte des 20. Jahrhunderts vgl. David Cannadine, G. M. Trevelyan. A Life in History, London 1992.

[82] Vgl. Tanganyika Government, Native Administration Memorandum N° II: Native Courts, Dar es Salaam ²1930, 1, wo es heißt: „Tribes [...] are possessing a common language, a single social system, and an established customary law." Vgl. zudem etwa TNA 7777: Secretary of State for the Colonies an Cameron, 16. 9. 1925; Chief Secretary an alle Senior Commissioners und Administrative Officers, 26. 11. 1925. Für die folgenden Ausführungen vgl. Pels, Pidginization, 742ff.; ferner ders., The Construction of Ethnographic Occasions in Late Colonial Uluguru, in: History and Anthropology 8,1–4 (1994), 321–351.

[83] Vgl. zu den Missionen knapp Kap. II, 3.

[84] Vgl. TNA 7777: Confidential Circular on Native Administration, 16. 7. 1925.

[85] Ebd., Minute Cameron, 25. 6. 1925.

[86] TNA 7790: Charles Dundas, Draft Circular N° 50, 9. 7. 1925.

[87] Vgl. zu entsprechenden Praktiken und Diskursen in Bezug auf Indien etwa Thomas R. Metcalf, Ideologies of the Raj, Cambridge 1995.

gingen jedoch in der Praxis rasch verloren. So lautete zum Beispiel eine Anordnung des *Provincial Commissioners* vom 1. Februar 1926 an die Distriktverwalter im Südwesten Tanganyikas:

„Each tribe must be considered as a distinct unit [...] Each tribe must be entirely within the borders of a district. Tribal boundaries must be settled. Each tribe must be under a chief [...] Remember always that a chief is a native, with a native's partially developed sense of right and wrong, passions and temptations. Remember that he is your principal weapon in your work and that if he breaks you will have to make another [...] Chiefs must be made to understand that we are increasing their power and paying them salaries [...] they must collect their own taxes [...] They must provide us with labour [...] Chiefs and their subordinates must be held responsible for law and order in their areas."[88]

Die hier offenkundigen kriegerischen Analogien, die Demonstration europäischer Überlegenheit sowie die Betonung, Chiefs seien weniger traditionelle, von der Erbfolge her legitimierte Repräsentanten ihrer Gesellschaft als vielmehr zuvorderst Mitarbeiter der Administration, all diese Aspekte verdeutlichen, dass es in der Praxis zwischen Chiefs und Akiden häufig keine allzu großen Unterschiede gab.

Von ihrer eigenen Propaganda überzeugt, gingen die Briten jedoch davon aus, dass während der knapp dreißigjährigen Herrschaft durch die Deutschen die vorkolonialen sozialen und politischen Systeme nahezu vollständig der Zerstörung anheim gefallen waren.[89] So galt es nun, jene Institutionen zu rekonstruieren, die vor den Verheerungen der deutschen Zeit vermeintlich existiert hatten. Was folgte, waren jene Prozesse, die die Historiker inzwischen mit dem Etikett „Erfindung von Tradition und Ethnizität" versehen haben:[90] Kolonialbeamte, Missionare und andere Europäer suchten afrikanische Gesellschaften durch Institutionen ethnischer Identität zu kategorisieren, zu ordnen und zu regulieren und erfanden oder zumindest verstärkten auf diese Weise tribale Grenzziehungen. Damit einher ging die Festschreibung vormals flexibler und ambivalenter Traditionen, wobei die Kodifizierung des so genannten Gewohnheitsrechts besonders nachhaltige Wirkung entfaltete. Diese Prozesse waren im Tanganyika der Zwischenkriegszeit in der administrativen Praxis u. a. durch drei Faktoren gekennzeichnet: Zeitdruck, die Praxis der Safari sowie den „territorialen Imperativ". Angesichts des erwähnten Fokus auf traditionelle Legitimität ging es zunächst einmal darum, die verschiedenen lokalen, häufig im Widerstreit liegenden Herrschaftsansprüche zu prüfen. Also zogen die Kolonialbeamten aus und sammelten „Stammesgeschichten", bestehend aus Genealogien der Häuptlingsabstammung. Dabei standen sie unter einem großen, vom Gouverneur vorgegebenen Zeitdruck, der die komplexen Überlegungen Camerons zur Rolle der traditionellen Autoritäten in der Praxis auf ein „Findet den Häuptling" reduzierte. Die Briten tendierten dazu, jene Personen für Autoritätspositionen auszuwählen, die sich selbst am überzeugendsten als traditionell berechtigte Herrscher zu präsentieren vermochten, indem sie die erwünschte Sprache (Swahili) sowie die Rhetorik der Herkunft effizient beherrschten.

Diese Präferenz war eng verknüpft mit der Praxis der „Safari", der Tournee durch die Provinz oder den Distrikt. Sie galt als *sine qua non* für den Erwerb ausreichender Kenntnisse der lokalen Gebräuche und Etikette.[91] Im Zentrum der Safari stand das Ratstreffen oder *Baraza*, eine koloniale

---

[88] Zit. nach Graham, 4. Vgl. auch Deutsch, Bezirksamtmann, 31.

[89] Vgl. etwa PRO CO 691/5/306: Byatt an Long, 7. 6. 1917; Iliffe, Modern History, 322.

[90] Grundlegend: Leroy Vail (Hg.), The Creation of Tribalism in Southern Africa, London 1989; Terence Ranger, The Invention of Tradition in Colonial Africa, in: ders. / Eric J. Hobsbawm (Hg.), The Invention of Tradition, Cambridge 1983, 211-262; ders., The Invention of Tradition Revisited. The Case of Colonial Africa, in: ders. / Olufemi Vaughan (Hg.), Legitimacy and the State in Twentieth Century Africa, Basingstoke/London 1993, 62-111. Für eine Fallstudie zu Tanganyika siehe ferner ders., European Attitudes and African Realities. The Rise and Fall of the Matola Chiefs of South-East Tanzania, in: JAH 20,1 (1979), 63-82, bes. 78ff. Für das Folgende vgl. Pels, Pidginization.

[91] Vgl. ebd., 91. In ihren Memoiren und Erinnerungen neigten viele Kolonialbeamte dazu, die Safaris retrospektiv zu romantisieren. Vgl. z. B. Charles Dundas, African Crossroads, Westport/Conn. ²1976 (1955); RH MSS

Transformation des einheimischen Palavers. Üblicherweise sprach dabei der Distriktbeamte, und eine ausgewählte Gruppe von Afrikanern (Häuptling, Unterhäuptlinge, Headmen) stellte Fragen oder signalisierte Zustimmung. Die administrative Ethnographie der indirekten Herrschaft drehte diese Praxis jedoch um. Nun war es der britische Kolonialbeamte, der Fragen stellte und zustimmend nickte, wenn die Antworten das ergaben, was er erfahren wollte. Die *Barazas* fanden prinzipiell in Swahili, nicht in einer anderen lokalen Sprache statt, so dass sich die Beherrschung des Swahili zu einem grundsätzlichen, von den Briten explizit aber nur selten erwähnten Kriterium für eine Position in der *Native Authority* entwickelte.[92] Daraus ergab sich die Konsequenz, dass nicht selten ehemalige Köche, Boys oder andere Angestellte von Europäern bei der Vergabe der neuen Regierungsämter privilegiert wurden, während die tatsächlich traditionell legitimierten Herrscher leer ausgingen.[93] Hinzu kam, dass auf den *Barazas* üblicherweise Herrschaftsträger*innen* sowie Personen, die eher religiöse Autoritätspositionen innehatten, außen vor blieben. Und schließlich verlangten moderne Vorstellungen von Effizienz ein weiteres Selektionsprinzip: die Territorialität. Eindeutig unterscheidbare räumliche Einheiten schienen für eine ordentliche und effektive Verwaltung Tanganyikas unabdingbar. Aufgrund dieser Überzeugung sowie der Furcht vor „führungslosen und unkontrollierten" Einheimischen wurden die frisch anerkannten Chiefs dazu aufgefordert, als ersten Amtsakt die Grenzen ihres „Stammesgebietes" festzulegen sowie grenzüberschreitende Reisen genau zu beobachten. Die durch die *indirect rule* installierte Herrschaftsweise betonte also vornehmlich lokale, kleinräumige Identitäten, sie erfand gleichsam Stämme, um sie dann innerhalb ihrer territorialen Grenzen anzusiedeln.[94]

Mit besonders großen Verwaltungsproblemen sahen sich die Briten entsprechend in den urbanen Zentren, vor allem in Dar es Salaam konfrontiert.[95] Bereits 1924 beschwerte sich der dort verantwortliche District Commissioner, Orde-Brown, dass der kosmopolitische Charakter der Küstenstadt aus administrativer Sicht enorme Probleme bereite.[96] Nachdem in weiten Teilen Tanganyikas die Implementierung der indirekten Herrschaft im Gange war, plädierte Philip Mitchell, der zustän-

---

Afr. s. 2080: Interview John Tawney mit Michael John Davies, 4. 6. 1971; RH MSS Afr. s. 1144: Alec Ernst Haarer, Memories Covering Twenty-Two Years of Kenya, Uganda, and Tanganyika Territory, unveröffentl. Manuskript, o. D.; RH MSS Afr. s. 1887: Peter H. Johnston, Draft Memoirs of Colonial Service in Tanganyika, 1938–1965, unveröffentl. Manuskript, o. D.; RH MSS Afr. s. 2156: Geoffrey Douglas Popplewell, Random Recollections of a District Commissioner, unveröffentl. Manuskript, Mai 1990.

[92] Vgl. aber TNA 11601: Provincial Commissioner Tabora an Chief Secretary, 4. 5. 1929.

[93] Vgl. etwa TNA 54/3: Dar es Salaam Annual Report 1929; TNA 61/161/I: The district of Dar es Salaam handing-over report 1935; Iliffe, Modern History, 324; Interview mit Israel Saul Tarimo, Moshi, 16. 8. 1999. Vgl. auch Pels, Pidginization, 743, für entsprechende Entwicklungen in Uluguru.

[94] Diese administrative Strategie der Lokalisierung des „Stammes" korrespondiert auf interessante Weise mit der Notwendigkeit für akademische Ethnologen, „ihr Feld" zu demarkieren. Es gibt in der Tat augenfällige Parallelen zwischen dem System der indirekten Herrschaft und der funktionalistischen Variante, die in der Zwischenkriegszeit die (britische) Ethnologie dominierte. Deutlich wird zum einen eine Konvergenz von Annahmen zwischen den Ethnologen, die jede lokale Gesellschaft gleichsam als distinktes wissenschaftliches Objekt ansahen, und Kolonialbeamten, die unauffällige administrative Einheiten mit jeweils eigener politischer Ideologie bevorzugten. Zum anderen sind Überschneidungen im Bereich der Methoden „im Feld" unübersehbar. Vgl. zu diesem Aspekt ausführlich Peter Pels, Localizing Science. Tanganyika Anthropology as Public and Secret Service, 1925–1961, unveröffentl. Manuskript; ders. / Oscar Salemink, Locating the Colonial Subjects of Anthropology, In: dies. (Hg.), Colonial Subjects. Essays on the Practical History of Anthropology, Ann Arbor 2002, 1–52. Vgl. ferner Henrika Kuklick, The Savage Within. The Social History of British Anthropology, 1885–1945, Cambridge 1991; George W. Stocking, After Tylor. British Social Anthropology, 1888–1951, Madison/Wisc. 1995, Kap. 8; James Urry, Before Social Anthropology. Essays on the History of Social Anthropology, Reading/Chur 1993, Kap. 5.

[95] Vgl. Andrew Burton, Adjutants, Agents, Intermediaries. The Native Administration in Dar es Salaam Township, 1919–61, in: ders. (Hg.), The Urban Experience in Eastern Africa c. 1750–2000, Nairobi 2002, 98–118.

[96] Vgl. TNA 54: Dar es Salaam Annual Report 1924, 4: „An astonishing number of nationalities may be involved in any question which arises. Township Regulations have to be framed so as to suit the needs and idiosyncrasies of British, Belgian, Portuguese and Greek communities, living among the numerous Asiatic population which

dige *Secretary of Native Affairs*, nachdrücklich dafür, den städtischen Bewohnern trotz der großen Zahl von „Nicht-Einheimischen" und „gemischten" Einheimischen ebenfalls die Segnungen lokaler Selbstverwaltung angedeihen zu lassen. Mitchell bemühte eine etwas akrobatische Argumentation, um zu begründen, dass in den Städten lebende Afrikaner unter die Rubrik „Einheimische" subsumiert werden könnten, obwohl die urbane Bevölkerung kosmopolitisch und nicht tribal sei:

„It is advisable to remember that the term ‚native' is one which is hardly suitable when we are speaking of the towns people, since they include not only Africans but many of other races, Arabs of several kinds, certain of the poorer Indians, and the great number of persons of mixed African and Oriental descent; and also Somalis, who have been declared by law to be natives and by the High Court not to be Somalis. I would, therefore, wish to be understood as including in the convenient term ‚native' all those who live according to native standards in what we call the native quarters of the towns."[97]

Mitchell argumentierte weiter, dass „einheimische" Städter zwar nicht gemeinsam mit Europäern administrative Verantwortung übernehmen könnten, da sie in naher Zukunft nicht „ausreichend europäisiert" sein würden; aber sie sollten entweder durch die „orientalische Praxis der Aufteilung nach Handwerk oder Handel" oder vielleicht durch traditionelle Nachbargemeinschaften, die europäischen Stadtbezirken ähnelten, in der städtischen Verwaltung repräsentiert werden. Am Ende wurden seine Anregungen jedoch nicht aufgegriffen, zum Teil, weil die behaupteten urbanen Traditionen „einheimischer" Organisationen zu amorph waren. Bis zum Zweiten Weltkrieg fiel die administrative Repräsentation von Afrikanern weitgehend in das Aufgabenfeld des europäischen Distriktbeamten.[98]

Die Verwaltung Dar es Salaams unterlag in dieser Periode permanenter Improvisation. Zwischen 1919 und 1925 praktizierten die Briten das von ihren Vorgängern übernommene Akiden-System. Die *Native Administration* bestand aus einem Liwali, der rechtliche Angelegenheiten, Heiraten und Scheidungen sowie das islamische Recht betreffende Fragen betreute; einem Akida, der für das Eintreiben von Steuern und die „Kontrolle" der städtischen Bevölkerung verantwortlich zeichnete; schließlich fünf Majumbe, die dem Akida zuarbeiteten. Der Akida wiederum war dem Distriktbeamten untergeordnet und konnte seine Position nicht vererben.[99] 1925 wurden zwei lokale Beamte eingesetzt, um sich um die gerichtliche Schlichtung von Streitigkeiten sowie die Steuererhebungen zu kümmern – ein „arabischer" Liwali war für den Stadtkern zuständig, während ein „afrikanischer" Mwenyemzi die Außenbezirke betreute. Den Posten des Mwenyemzi nahm Yusuf Kirumbi ein, ein fähiger Regierungsangestellter, der jedoch keine erbliche Legitimität beanspruchen konnte und daher von zahlreichen Älteren als Außenseiter ohne Autorität abgelehnt wurde. 1930 beschloss daher die Regierung, die Position des Mwenyemzi komplett abzuschaffen und die damit verbundenen Kompetenzen auf den Liwali zu verlagern, der damit zum alleinigen Oberen der „einheimischen Verwaltung" in Dar es Salaam und zum am besten bezahlten Regierungsangestellten wurde.[100] An Posten und Person des Liwali entzündeten sich in der Folgezeit immer wieder Debatten über Autorität und

---

is divided rather by religion than nationality, while the whole is imposed upon the original inhabitants who vary from aristocratic and cultured Arabs, to primitive ex-slaves from the Congo."

[97] TNA 13723/2: Memorandum Mitchell: „Native administration in townships", 13.7.1929; Brennan, Nation, Kap.2.

[98] Vgl. TNA 61/207/II: E.C. Baker: Proposals for the re-organization of Dar es Salaam Township and District, 29.4.1940.

[99] Vgl. TNA 1733/7: Dar es Salaam Annual Report 1921; 1733/26: Dar es Salaam Annual Report 1923.

[100] Vgl. TNA 26150: Fryer an Province Commissioner Eastern Province, 25.11.1930; TNA 61/207/I: Ronayne an PC Eastern, 6.1.1934. 1937 betrug das Salär des Liwali 180£ *per annum*, das war die zehnfache Summe dessen, was ein mit der Steuereintreibung beschäftigter Jumbe erhielt. Vgl. TNA 61/207/I: Huggins, „Memorandum on the Administration of Dar es Salaam Township in relation to Dar es Salaam District", 22.2.1937.

Identität.[101] Die britischen Distriktbeamten ernannten auf diese Position ausnahmslos „Araber", was unter der afrikanischen Bevölkerung großen Unmut hervorrief. Wiederholt gab es Vorwürfe der Korruption und Veruntreuung von Steuern, zudem fühlten sich zahlreiche Individuen und Gruppen vom Liwali nicht adäquat repräsentiert. Ein Kolonialbeamter resümierte diese Problematik 1934 wie folgt: „The Liwali sits alone in his court and he applies to all who appear before him the strict letter of the religious law of the Koran unmindful of any tribal or other kind of common usage which the litigants or an accused person might look upon as justice."[102] Experimente mit einem Ältestenrat, dessen Mitglieder kurzzeitig sogar ein kleines Salär erhielten, wurden vom Provincial Officer wieder beendet, um die als potenziell gefährlich eingestufte Praxis der politischen Repräsentation zu begrenzen.[103] Insgesamt förderte die Unentschlossenheit der Verwaltung, Afrikaner formal in das administrative System einzubeziehen, in den späten 1930er Jahren die Gründung zahlreicher ethnischer Assoziationen.[104] Erst ab Mitte der 1940er Jahre kam es zu einer stärkeren Berücksichtigung afrikanischer Repräsentanten in urbanen Gremien und Positionen.[105]

Die Einführung und der Ausbau der indirekten Herrschaft gründeten sich nicht allein auf europäische Phantasien über afrikanische Sozialverhältnisse und auf dem Pragmatismus britischer Verwaltungspraxis. Ebenso bedeutsam in diesem Prozess waren afrikanische Interessen, wie Iliffe in seiner prägnanten Formulierung herausstellt: „Europeans believed Africans belonged to tribes; Africans built tribes to belong to."[106] Die „progressiven Chiefs", wie Iliffe sie nennt, wurden in dieser Hinsicht zu Schlüsselfiguren. Ob das neue System einen einzelnen Chief stärkte oder schwächte, hing dabei in sehr starkem Maße davon ab, wie effektiv er es zu nutzen wusste. Dank des Anteils, den sie vom lokalen Steueraufkommen erhielten, waren die meisten kolonialen Chiefs sehr viel wohlhabender als die lokale Bevölkerung. In der Regel verblieben 25 bis 30 Prozent der Abgaben zur Finanzierung lokaler Projekte bei der *Native Authority*, der Rest musste an die Regierung in Dar es Salaam weitergeleitet werden. In den Jahren vor dem Zweiten Weltkrieg beschränkten sich die lokal getätigten Ausgaben wiederum weitgehend auf die Gehälter der Chiefs und ihrer Mitarbeiter, nur äußerst geringe Summen flossen in Dienstleistungen.[107] In Shambaai etwa verzeichnete das Budget der *Usambara District Native Treasury* für das Jahr 1936, dass zwölf Prozent der lokal getätigten Ausgaben für medizinische Dienste, einen Tierfänger, einige Förster sowie landwirtschaftliche Ausbilder verwendet wurden, 88 Prozent dagegen auf die Gehälter von Angestellten, Chiefs, Headmen und ihre Boten gingen.[108] Mit Hilfe ihrer Einnahmen vermochten sich die Chiefs eine lokale Klientel aufzubauen, was die Durchsetzung ihrer Herrschaftsansprüche erheblich erleichterte, ja oft überhaupt erst ermöglichte. Parallel zur Stärkung der Chiefs erfuhren auch andere Gruppen in afrikanischen Gesellschaften eine Aufwertung und konnten einen Teil der Macht wiedererlangen oder festigen, die durch den sozialen Wandel der frühen Kolonialzeit bedroht schien. Ältere Männer und Familienoberhäupter sahen sich etwa durch das im Prozess der Kodifizierung einseitig ausgelegte so genannte Gewohnheitsrecht wieder verstärkt in der Lage, Kontrolle über die jungen Männer und über die Frauen auszuüben.[109]

Aber nicht nur in Dar es Salaam und anderen Städten, auch in zahlreichen ländlichen Gebieten verlief die Einführung der indirekten Herrschaft keineswegs problemlos. In Bonde gelang es den Distriktbeamten sogar, die Implementierung von *Native Authorities* und die Einführung bzw. Erfindung

---

[101] Vgl. dazu ausführlich Brennan, Nation, Kap. 2. Die folgenden Ausführungen zu Dar es Salaam orientieren sich an diesem Kapitel von Brennan.

[102] TNA 61/207/I: Ronanye an PC Eastern, 6.1.1934.

[103] Ebd.: Hartnoll an Municipal Secretary, 12.1.1937.

[104] Die Entstehung ethnischer Assoziation in Dar es Salaam bestätigt klassische Parameter der Ethnizitätsforschung. Vgl. Lentz, „Tribalismus". Zu Details in Dar es Salaam vgl. Brennan, Nation, Kap. 2.

[105] Vgl. dazu Kap. III, 2.

[106] Iliffe, Modern History, 324.

[107] Vgl. McCarthy, Colonial Bureaucracy, 18.

[108] Vgl. Feierman, Peasant Intellectuals, 135.

[109] Vgl. dazu am Beispiel der Kilimanjaro-Region Moore, Social Facts; Deutsch, Vom Bezirksamtmann.

eines Chiefs bis Mitte der 1940er Jahre zu verhindern, weil sie diese Maßnahmen für wenig effektiv, ja sinnlos hielten.[110] Einige britische Beamte, allen voran Charles Dundas, teilten mit Cameron zwar den Glauben an die Notwendigkeit dieses Systems, waren aber keineswegs von der durch den Gouverneur propagierten Allgegenwart von Chiefs überzeugt.[111] Eine Reihe von Kolonialbeamten, und zwar sowohl *old hands* als auch frisch rekrutierte Oxbridge-Absolventen, vermochten den ausführlichen, oft mit großem theoretischem Aufwand formulierten Direktiven Camerons nur wenig abzugewinnen.[112] Schließlich stellte der Versuch, Häuptlingsgenealogien in Gegenden zu rekonstruieren, die in vorkolonialer Zeit keine zentralpolitischen, geschweige denn hierarchischen Herrschaftsverhältnisse kannten, die damit befassten und unter Zugzwang stehenden Distriktoffiziere vor immense Schwierigkeiten.[113] Während der Weltwirtschaftskrise traten die Widersprüche des Systems erstmals deutlich zutage. Sie lagen nicht zuletzt darin, dass die *Native Authorities* einerseits die lokalen Strukturen aufrechterhalten sollten, es andererseits aber den kolonialen Autoritäten zu ermöglichen hatten, eben diese Strukturen für die europäischen Interessen zu formen und auszubeuten.

Indirekte Herrschaft entwickelte sich weniger zu einem Mittel sozialen Fortschritts als zu einem Instrument sozialer Kontrolle. Mit Hilfe der *Native Authorities* setzten die Briten Zwangsumsiedlungen durch, um Erosionsschutzmaßnahmen durchzuführen; Herden wurden gegen den Willen der Besitzer im Interesse ausgeglichener Viehbestände zwangsdezimiert, Bauern gezwungen, Kaffeebäume aus dem Boden zu reißen, um statt *Cash Crops* mehr Nahrungsmittel zu produzieren. Diese in den ökonomischen Krisenjahren vor dem Zweiten Weltkrieg praktizierten Maßnahmen sollten das System der indirekten Herrschaft jedoch entscheidend schwächen. Zudem setzte sich die Einsicht durch, dass die von den Kolonialherren als bedrohlich interpretierten Phänomene wie Wanderarbeit und Urbanisierung mit Hilfe von *Native Authorities* dauerhaft kaum kontrolliert werden könnten. Hinzu kamen schließlich sowohl „interner" Druck seitens (proto)nationalistischer Kreise als auch „externe" Reformbestrebungen durch Kolonialpolitiker in Großbritannien und verstärkt auch internationale Agenturen. Auf den folgenden Seiten soll an einigen Beispielen gezeigt werden, wie sich die Politik der indirekten Herrschaft in der ländlichen Ökonomie und städtischen Ordnung auswirkte. Dabei werden drei Aspekte deutlich, die sich gleichsam wie ein roter Faden durch die britische Kolonialzeit ziehen: die beständige administrative Bevormundung der Bauern durch die Kolonialherren; der Versuch, einheimische zivilgesellschaftliche bzw. politische Initiativen einzudämmen; schließlich die Ansicht, dass Städte „unafrikanisch" seien. Alle drei Aspekte verknüpften sich zu einer Politik der *self-fulfilling prophecy*, bei der die Briten versuchten, die Realität ihrer Sicht von Afrika und den Afrikanern anzupassen. Dahinter stand auch ein kolonialer Erziehungsanspruch: Die Afrikaner mussten nach dieser Sichtweise langsam, und wenn nötig auch mit Zwang, an die Zivilisation herangeführt werden, ohne vorerst ihre vermeintliche traditionelle Ordnung aufzugeben.

---

[110] Vgl. dazu ausführlich Willis, Administration.

[111] Die daraus resultierenden Animositäten zwischen Cameron und Dundas musste letzterer mit einigen Karriereschäden bezahlen, während die uneingeschränkte Unterstützung Camerons der Karriere – wie im Falle Philip Mitchells – nur förderlich sein konnte. Vgl. Graham, 5; Gailey, 138ff. Zu Dundas vgl. auch weiter unten, Kap. II, 2.

[112] Vgl. RH MSS Afr. s. 1466: Interview John Tawney mit Margery Perham, 13.9.1972; RH MSS Afr. s. 953: Interview John Tawney mit Eric A. H. Leakey, 12.10.1966.

[113] Manche Distriktbeamten wollten schier verzweifeln, weil sie der Zentralverwaltung in Dar es Salaam keinen auch nur halbwegs glaubwürdigen Chief präsentieren konnten. Vgl. Deutsch, Vom Bezirksamtmann, unter Bezugnahme auf RH Micr.Afr. 472 R.13: Dar es Salaam District Book, Note, 30.3.1930.

b) Koloniale Bürokratie und sozio-ökonomischer Wandel

Zu den Kernannahmen der *indirect rule*-Ideologie gehörte, dass jeder vorkoloniale „Stamm" auch eine eigenständige ökonomische Entität darstellte.[114] „Intertribale" wirtschaftliche Beziehungen sollten im Interesse der politischen Stabilität vermieden werden. Die Verwaltung war vielmehr der Meinung, dass ökonomische Relationen über die Stammesgrenzen hinweg administrativ überwachten kolonialen Märkten zugewiesen werden sollten. Die Begrenzung unkontrollierten Handels würde, so glaubten die Briten, die Produktivität der Bauern erhöhen, weil diese ihre Zeit damit verbringen müssten, ihre Äcker zu bestellen, anstatt kommerziellen Interessen nachzugehen. Zudem sei auf diese Weise sichergestellt, dass allzu sorglose Landwirte nicht ihre Nahrungsreserven verkauften. Eine kolonieweite, distriktübergreifende Nahrungsmittelversorgung würde dagegen zur Differenzierung des ländlichen Raumes führen, einige Afrikaner von ihrem Land vertreiben und sie von ihren „Stämmen" trennen. Dadurch erodierten ferner Ehrfurcht vor und metaphysische Bindung an einen Chief.[115] Entsprechend belegte die Kolonialverwaltung den Handel mit einer Reihe von Einschränkungen. So wurden erstens die Möglichkeiten für Afrikaner, offiziell Kredite von Banken oder Händlern zu erlangen, drastisch eingeschränkt, die entsprechenden Dekrete vor allem als Schutz der Afrikaner vor sich selbst deklariert.[116] Allerdings kam es hinter dem Rücken der Distriktbeamten immer wieder zu Kreditgeschäften.[117] Zweitens hatten umherziehende Händler Steuern zu entrichten sowie Lizenzen zu erwerben.[118] Weitere in den frühen 1920er Jahren erlassene Regularien verlangten von den Haushalten, ausreichend Nahrung für den Eigenbedarf zu produzieren, und ermöglichten es der Verwaltung, ein Embargo für den Handel mit Nahrungsmitteln innerhalb und zwischen Distrikten zu errichten.[119] Der kolonialen Administration gelang es zwar nicht, alle Wege des Austausches und insbesondere den Handel mit geringen Mengen über kurze Distanzen zu unterbinden; Verwaltungsbeamte und Polizisten verfügten jedoch über die rechtlichen Grundlagen, kommerzielle Aktivitäten nahezu überall und jederzeit verbieten zu können. Den interregionalen Handel dominierten – wie bereits in der deutschen Zeit – Asiaten, der Überseehandel wurde von Europäern bestimmt.[120]

Hintergrund dieser Politik war zum einen der Wille, die Selbstversorgung von „Stamm", Dorf und Haushalt aufrechtzuerhalten, um die koloniale Verwaltung nicht durch Aufwendungen zu belasten, die mit Versorgungskrisen verbunden wären. Allerdings erreichten die Briten mit ihrer Politik zuweilen das Gegenteil, indem sie Formen des transregionalen Austausches unterdrückten, die vorher

---

[114] Diese Sichtweise findet sich bis in die jüngste Zeit noch in wissenschaftlichen Darstellungen. Vgl. etwa Deborah F. Bryceson, Food Insecurity and the Social Division of Labour in Tanzania, 1919-1985, London 1990, 38: „Before colonial rule [...] Tanzania was a collection of local tribal agrarian economies."

[115] Vgl. dazu Feierman, Peasant Intellectuals, 136f.; James L. Giblin, The Politics of Environmental Control in Northeastern Tanzania, 1840-1940, Philadelphia 1992, 141f.; Dennis M. McCarthy, Organizing Underdevelopment from the Inside. The Bureaucratic Economy in Tanganyika, 1919-1940, in: IJAHS 10,3 (1977), 575-595.

[116] Vgl. dazu ausführlich McCarthy, Colonial Bureaucracy, Kap. 4. Als größte Bedrohung für das wirtschaftliche „Wohlergehen" der Einheimischen galt im Übrigen der Verkauf von Land. Dahinter stand die Furcht, die Landlosen würden dann in die Städte ziehen und das urbane Subproletariat vergrößern.

[117] M. P. Chitale erwähnte etwa auf einer Sitzung des Legislative Council im Februar 1930: „We all know that in spite of that Ordinance a great deal of credit is given to natives without the sanction of the District Officer." Vgl. Tanganyika Government, Proceedings of the Legislative Council, 4th Session, 1929/30, 11.2.1930, Dar es Salaam 1931, 156.

[118] Vgl. McCarthy, Colonial Bureaucracy, Kap. 3. Vgl. zu diesem Aspekt auch die Fallstudie von Laird Jones, Commercial Politics and the Overstocking Crisis in Mwanza Province, Tanganyika, 1926-1935, in: AEH 23 (1995), 129-142.

[119] Vgl. McCarthy, Colonial Bureaucracy, 77f.

[120] Zum Handel vgl. Iliffe, Modern History.

für ökologisch verwundbare Gebiete unabdingbar zur Versorgung in Krisenzeiten waren.[121] Zum anderen entsprach diese Wirtschaftspolitik aber auch bürokratischer Zweckmäßigkeit: Für die *Native Authorities* war es wesentlich einfacher, Steuern auf einer begrenzten Anzahl von Distriktmärkten und bei einer überschaubaren Gruppe von Steuerpflichtigen einzutreiben. Bauern konnten ihre Anbauprodukte lokal verkaufen und von den Erlösen lokale Steuern zahlen. Auf diese Weise verstärkte sich zudem bei der ländlichen Bevölkerung der Eindruck, dass Wohlstand von einheimischen Kräften abhängig sei; die Entstehung afrikanischer Netzwerke über die Distriktgrenzen hinweg wurde so vielerorts – jedenfalls für eine Zeit lang – verhindert.[122] Der Wille der britischen Kolonialregierung, „Stämme“, Siedlungen und Haushalte müssten sich selbst versorgen, kollidierte im Übrigen mit dem Anspruch, alle Distrikte an der Produktion für den Export zu beteiligen, sei es in Form von *cash crops* oder in Gestalt von Lohnarbeit. Wanderarbeit wurde insbesondere bei der Sisalproduktion zu einem wichtigen Phänomen. Die rasch wachsende Arbeiterschaft auf den Plantagen im Nordosten Tanganyikas bestand wesentlich aus Migranten aus den ärmsten Regionen des Mandatsgebietes. Die Sisalbarone hatten mit Erfolg beim *Agricultural Department* durchgesetzt, dass in diesen Gebieten keine kommerziellen *crops* eingeführt wurden.[123] Die Sisalindustrie zeigt beispielhaft die für die Zeit vor dem Zweiten Weltkrieg charakteristischen Konzeptionen, die koloniale Herrscher von afrikanischen Gesellschaften hatten. Für die Aufrechterhaltung von Ordnung und die Sicherstellung des Profits erschien die „Re-Afrikanisierung“ der afrikanischen Arbeiterschaft notwendig. Arbeiter sollten lediglich für relativ begrenzte Zeiträume aus dem Dorf entfernt werden, um nach getaner Arbeit wieder in die angeblich dörfliche Ruhe zurückzukehren. Das Dorfleben, in das die Kolonialbehörden oder europäischen Unternehmer die Arbeiter in regelmäßigen Abständen zurückschickten, war oft pure Phantasie – der Mythos von einem unveränderbaren und konfliktfreien Afrika, das in dieser Form nie existiert hatte.[124] Auch die Arbeiter auf den Sisalplantagen waren gehalten, in periodischen Abständen in ihre Dörfer zurückzukehren und „tribale“ Loyalitäten aufrechtzuerhalten, um gewissermaßen ihre Zugehörigkeit zu den vermeintlich unbeweglichen Gesellschaften, aus denen sie emigriert waren, unter Beweis zu stellen. Hier offenbarte sich einer der frappanten Widersprüche der indirekten Herrschaft. Ihre Architekten versuchten den Eindruck einer unveränderlichen ländlichen Gesellschaft aufrechtzuerhalten, doch gerade in äußerlich statischen Distrikten wie den Herkunftsgebieten der Sisal-Migranten kam es zu tiefgreifenden Wandlungsprozessen.[125]

Mit der Weltwirtschaftskrise endete der autokratische Paternalismus der späten 1920er Jahre. Die Administration verfolgte nun zunehmend eine durch Zwangsmaßnahmen und Drohungen charakterisierte Politik, die sich etwa in der „Plant More Crops“-Kampagne manifestierte.[126] „Whatever the price, a tonnage for export is to be aimed at as a duty“, lautete die Aufforderung des *Secretariats* an die *Provincial Commissioners*.[127] Besonders nachhaltig wurde dieses Anliegen in Sukumaland, ei-

[121] Zu Hungersnöten in der Zwischenkriegszeit vgl. Gregory H. Maddox, Njaa. Food Shortages and Famines in Tanzania between the Wars, in: IJAHS 19,1 (1986), 17–34. Am Beispiel Sukumaland: Marilyn Little, Colonial Policy and Subsistence in Tanganyika 1925–1945, in: Geographical Review 81,4 (1991), 375–388.

[122] Vgl. Feierman, Peasant Intellectuals, 137.

[123] Vgl. dazu ausführlich Walter Rodney / Kapepwa Tambila / Laurent Sago, Migrant Labour in Tanzania during the Colonial Period. Case Studies of Recruitment and Conditions of Labour in the Sisal Industry, Hamburg 1983. Ferner Iliffe, Modern History, 301 ff.

[124] Hier folge ich Frederick Cooper, On the African Waterfront. Urban Disorder and the Transformation of Work in Colonial Mombasa, New Haven/London 1987, Kap. 1.

[125] Vgl. Feierman, Peasant Intellectuals, 137.

[126] Zu dieser Kampagne ausführlich McCarthy, Colonial Bureaucracy, Kap. 6; E. A. Brett, Colonialism and Underdevelopment in East Africa. The Politics of Economic Change 1919–1939, London 1973, 217 ff.

[127] Vgl. TNA 215/155: Chief Secretary an alle Provincial Commissioners, 14. 10. 1931. 1926 hatte Cameron noch verlauten lassen: „[...] to save a native community from famine is more important than the export of many bales of cotton.“ Sir Donald Cameron, Sessional Paper N° 2: Instructions to Administrative Officers in regard to Native Labour and the Production of Economic Crops, Dar es Salaam 1926.

ner der wichtigen Baumwollregionen, erfüllt. Zwischen 1932 und 1936 verfünffachte sich dort die Produktion dieser Pflanze.[128] Die Versuche, die im Gefolge der Großen Depression zusammengebrochenen Preise für Exportfrüchte durch eine drastische Erhöhung der Produktion aufzufangen, führten jedoch insgesamt in den bekannten Teufelskreis von Preisverfall und Überproduktion. Die Verwaltung, insbesondere das zuständige *Department of Agriculture*, hatte zudem nur unklare Vorstellungen über die Gestalt der Kampagne. Die mikroökonomischen Ziele, das heißt welche Produktionserhöhungen für welche Anbauprodukte in welchen Lokalitäten anzustreben waren, blieben verschwommen. Die Bauern selbst erreichte lediglich die Direktive, mehr und mehr in der kürzest möglichen Zeit anzupflanzen. In ihren offiziellen Stellungnahmen benutzten Kolonialbeamte in diesem Zusammenhang Begriffe wie „Beaufsichtigung", „Ermutigung" und „Ermahnung". Dahinter stand jedoch administrativer Druck auf die Bauern, der sich in eine Mischung aus unpersönlichen Verordnungen, persönlichen Direktiven und Sanktionen durch die lokalen Gerichte kleidete.[129] Wie weit die einzelnen Kolonialbeamten gehen konnten und sollten, war nicht eindeutig geregelt. Die Mehrheit nutzte das gesamte Arsenal von „Überzeugungstechniken", um die ländliche Bevölkerung zu erhöhter Produktion zu bewegen.

Kritik an der Kampagne kam von europäischen Plantagenbesitzern, die sich über den damit verbundenen Rückgang an Arbeitskräften für ihre Unternehmungen beklagten.[130] Aber auch innerhalb der Administration war die Meinung über die „Plant More Crops"-Forderung sehr uneinheitlich. Einige Offizielle wie die *Provincial Commissioners* von Dodoma und Lindi sahen darin eine eklatante Ausbeutung von Afrikanern.[131] Andere, wie der Chefingenieur der Bahnverwaltung und führende Ökologe des Mandatsgebietes Clement Gillman, fürchteten die Zunahme von Bodenerosion.[132] Probleme der Bodenerosion und des Wasserhaushaltes standen während der 1930er Jahre in Tanganyika im Mittelpunkt einer intensiven Debatte unter Experten und Administratoren.[133] Allerdings ist es eher unwahrscheinlich, dass gerade in dieser Periode die realen Erosionsprobleme besonders dringlich waren. Über ähnliche Degradationserscheinungen berichten bereits Quellen aus der vor- und frühkolonialen Zeit. Die *Native Authorities* unternahmen zwar in einigen Regionen Erosionsschutzmaßnahmen, doch insgesamt blieben entsprechende Versuche vor dem Zweiten Weltkrieg Stückwerk. Sowohl die Chiefs selbst als auch die Bauern zeigten sich vielerorts wenig kooperationswillig.[134]

---

[128] Vgl. Austen, Northwestern Tanzania, 240f.

[129] Vgl. Dennis M. P. McCarthy, Language Manipulation in Colonial Tanganyika, 1919–40, in: JAS 6,1 (1979), 9–16.

[130] Besonders laut riefen die Sisalbarone. Vgl. Nicholas D. Westcott, The East African Sisal Industry, 1929–45. The marketing of a Colonial Commodity During Depression and War, in: JAH 25,4 (1984), 445–461, hier: 457.

[131] Vgl. Iliffe, Modern History, 349.

[132] Am 9. 5. 1935 notierte Gillman eine beißende Kritik an der „Plant More Crops"-Kampagne in sein Tagebuch: „As so often before, I was mediating and preaching again the ‚Plant more crops policy', our Director of Agriculture's pet, accepted blindly and forstered by Government. To my mind, and of course to everybody's mind (as long as that mind is exercised!) Agricultural Production is based on *Land plus Labour* and one simply can not merely increase the latter to leave out of consideration the increased stress on the former! But that is exactly what the ‚Plant more crops and destroy your Land Policy' does. I am not led by sentimentality towards the native and I fully agree with the Harrisons and Maxwells and Symeses that more labour will not do any harm to the native peasant. But I insist that this extra labour should be employed for something more lasting and more solid than a temporary increase of Revenue through taxation and railway traffic, at the cost of an inretrievable deteriorating of soil and water." RH MSS Afr. s. 900 (1): Diaries of C. Gillman, Bd. 12.

[133] In der Dekade nach der Weltwirtschaftskrise, vielerorts bereits in den 1920er Jahren, begann nahezu überall in den Afrika-Kolonien eine ausgedehnte Debatte über Bodenerosion, als deren Ursache nur allzu oft die mangelhaften „Agrartechniken" der afrikanischen Bauern ausgemacht wurden. Vgl. den grundlegenden Aufsatz von William Beinart, Soil Erosion, Conservationism and Ideas about Development: A Southern African Exploration, 1900–1960, in: JSAS 11,1 (1984), 52–83.

[134] Vgl. dazu Achim von Oppen, Matatu. Landkonflikte, Ökologie und Entwicklung in der Geschichte Tanzanias, in: van der Heyden / von Oppen, 47–84, hier: 60ff.

Im Gegensatz zum Baumwollanbau bedurften einheimische Kaffeepflanzungen kaum der administrativen Ermutigung. Kaffee war sogar explizit von der „Plant More Crops"-Kampagne ausgenommen. Es war der Verwaltung im Gegenteil eher darum zu tun, den Anbau dieser Exportpflanze zu kontrollieren und wenn nötig einzudämmen.[135] Neben dem Bukoba Distrikt[136] westlich des Viktoriasees gehörte vor allem die Kilimanjaro-Region zum bevorzugten Kaffeeanbaugebiet. Die gesamte Periode britischer Herrschaft war hier durch die Versuche der Verwaltung gekennzeichnet, sich in Auseinandersetzungen mit einheimischen Gruppen die Kontrolle über Kaffeeangelegenheiten zu sichern. Die Kaffeeproduktion am Kilimanjaro wird ein wenig ausführlicher dargelegt, weil sich an diesem Beispiel eine Reihe von Aspekten noch einmal vertiefen lassen: der Widerspruch zwischen dem Modell einer tribalen Ordnung und der Steigerung der wirtschaftlichen Produktion; die prekäre Rolle von Chiefs als Exekutoren administrativer Vorgaben; vor allem aber entwickelten sich im Kontext des Kaffeeanbaus erste zivilgesellschaftliche Strukturen in Gestalt von Genossenschaften, die den dort Aktiven Möglichkeiten zur Einübung politischer, aber auch administrativer Strategien eröffneten.[137]

Die aus dem Kaffeeanbau resultierenden Steuereinnahmen waren trotz diverser Schwankungen über die Jahre erheblich und ließen die öffentlichen Kassen des Kilimanjaro-Distrikts beträchtlich anschwellen. Ein Großteil des Geldes wurde lokal in öffentliche Einrichtungen und Arbeiten investiert, so dass die Region infrastrukturell rasch sehr viel weiter ausgebaut war als der Rest des Landes. Die Vermarktung und Produktion von Kaffee stand im Mittelpunkt unzähliger rechtlicher, administrativer und politischer Maßnahmen. Auf welche Weise genau die Pflanze am Kilimanjaro Verbreitung fand, ist unklar. Um 1900 scheinen sowohl Missionare als auch einige deutsche Individuen wie der Siedler und Händler E. Th. Förster Sämlinge vornehmlich an Chiefs und Akiden verteilt zu haben.[138] Während der deutschen Herrschaft blieb Kaffee indes weitgehend eine „Häuptlingskultur", obwohl auch zunehmend andere Chagga sich dem Anbau dieses *cash crops* widmeten.[139] Spätere britische Schätzungen über die Gesamtzahl der am Ende der deutschen Kolonialzeit gepflanzten Kaffeebäume

---

[135] Einige Aspekte der folgenden Abschnitte habe ich bereits diskutiert in Andreas Eckert, Comparing Coffee Production in Cameroon and Tanzania, c. 1900 to 1960s. Land, Labour and Politics, in: William G. Clarence-Smith / Steven Topik (Hg.), The Global Coffee Economy in Africa, Asia, and Latin America, 1500 to 1989, New York 2003, 286–311.

[136] Zur Kaffeeproduktion in der Bukoba-Region vgl. Kenneth R. Curtis, Capitalism Fettered: State, Merchant and Peasant in Northwestern Tanzania, 1917–1960, unveröffentl. Ph.D. Thesis, Madison/Wisc. 1989; ders., Cooperation and Cooptation: The Struggle for Market Control in the Bukoba District of Colonial Tanganyika, in: IJAHS 25,3 (1992), 505–538; ders., Smaller is Better. A Consensus of Peasants and Bureaucrats in Colonial Tanganyika, in: Clarence-Smith / Topik, 312–334.

[137] Das Beispiel der Chagga differenziert im Übrigen den Ansatz von Mamdani, Citizen and Subject, der im kolonialen Afrika zwischen urbaner „bügerlicher" Freiheit und Despotismus auf dem Lande unterscheidet. Die Kilimanjaroregion ist nur ein Beispiel für eine ländliche Region, in der sich Widerstände gegen die Verwaltung durch relativ reiche Bauern entfalteten, viele von ihnen des Lesens und Schreibens kundig, eingebunden in ein Netz von Assoziationen und ausgestattet mit beträchtlicher lokaler Macht. Es fällt schwer, diese Personen nicht als aktive Mitglieder der Zivilgesellschaft anzusehen, zumal Afrikanern in den Städten entsprechende Freiheiten oft erst später zugestanden wurden.

[138] Vgl. dazu John A. P. Kieran, The Origins of Commercial Arabica Coffee Production in East Africa, in: AHS 2 (1969), 51–67; Iliffe, Modern History; Koponen, Development.

[139] Die in der Kolonialzeit als „Chagga" bezeichneten Personen waren im 19. Jahrhundert in zahlreichen kleinen, autonomen Häuptlingstümern organisiert. Die Namen dieser Chefferien wurden in der Folge zu geographischen Namen für die verschiedenen Gebiete am Kilimanjaro. Zwischen den östlichen, zentralen und westlichen Teilen der Region bestehen beträchtliche, den Dialekt betreffende Unterschiede. Die Chagga sind zudem verschiedentlich bezeichnet worden: Chaga, Waschagga, Jagga, Dschagga, Wa-caga. Wachagga und Mchagga sind die von den Chagga selbst benutzten Formen. In der englischsprachigen Literatur wird der Prefix in der Regel weggelassen. Vgl. dazu Moore, Social Facts; dies. / Paul Purritt, The Chagga and the Meru of Tanzania, London 1977. Für linguistische Aspekte ferner Derek Nurse, Classification of the Chaga Dialects, Hamburg 1979.

variierten zwischen 14 000 und über 88 000.[140] Die rasche Entwicklung der lokalen Kaffeeindustrie nach Ende des Ersten Weltkriegs war das Resultat sowohl einheimischer Initiativen als auch der administrativen Ermutigung, Exportfrüchte anzubauen. Der damalige *District Commissioner* Charles Dundas spielte zwischen 1922 und 1925 eine wichtige Rolle als Geburtshelfer der Chagga-Kaffee-industrie.[141] Vom diesbezüglichen Engagement zahlreicher Einheimischer ohnehin sehr angetan, gelangte er zu der Überzeugung, dass Kaffee der ideale *cash crop* für die Region war, weil er im Schatten der Bananenpflanzen (der wichtigsten Nahrungspflanze am Berg) angebaut werden konnte. In seinem Jahresbericht 1922 betonte er den „bemerkenswerten Eifer" der Chagga-Bauern und hob hervor, dass der von ihnen angebaute Kaffee den von Europäern gepflanzten Produkten oft gleichwertig, wenn nicht überlegen sei. Dundas sah keinen Grund, warum die Chagga nicht in Zukunft bis zu 36 Millionen Bäume kultivieren könnten, eine Zahl, die der gesamten Kaffeeindustrie Kenias entsprach.[142] Gut zehn Jahre später ermittelte die Verwaltung immerhin bereits ein Sechstel der von Dundas erträumten Anzahl von Kaffeebäumen.

Mit der Unterstützung von Dundas pflanzten und schnitten die Bauern ihren Kaffee für den Exportmarkt. Die Erkenntnis, dass die Kaffeeindustrie der Chagga mehr war als ein vorübergehendes Experiment im *cash crop*-Anbau, rief die europäischen Siedler auf den Plan.[143] Sie empfanden die hier erwachsende Konkurrenz rasch als Bedrohung eigener Interessen. Die 1923 gegründete *Kilimanjaro Planters Association* (KPA) verschaffte den Siedlern am Kilimanjaro ein Forum für den Meinungsaustausch und die Planung politischer Aktivitäten. Ihre Agitation gegen den Kaffeeanbau der Chagga fand rasch ein Echo in der europäischen Presse Ostafrikas sowie bei Siedlersympathisanten in Kenia und London.[144] Eine wichtige Zielscheibe war Dundas, dem die Siedler unbotmäßige Unterstützung der Afrikaner, ja Verrat an der eigenen Rasse vorwarfen.[145] Den Chagga-Bauern unterstellten sie trotz offensichtlicher Beweise des Gegenteils, unfähig zum Anbau der exportfähigen Arabica-Variante zu sein. Die Pflanzungen der Afrikaner seien zudem voller Schädlinge und Krankheiten, die auf die europäischen Kaffeebäume übergreifen würden.[146] Der eigentliche Streitpunkt war jedoch der Zugang zu Arbeitskräften. Der Anbau von Kaffee verringerte beträchtlich die Bereitschaft der Chagga, sich auf europäischen Farmen zu verdingen.[147] Die Verwaltung ihrerseits sorgte sich vor allem um die zunehmende Landknappheit. 1929 wurde ein Distriktbeamter aus Bukoba, A.W.M. Griffiths, beauftragt, einen ausführlichen Bericht über die Landsituation am Berg zu erstellen und die Möglichkeit von offiziellen Grundstücksregistrierungen zu erkunden. Seine Recherchen ergaben, dass vor allem Chiefs ihre traditionell legitimierte Verfügungsgewalt über den Boden nutzten, um sich Flächen für den Kaffeeanbau zu sichern.[148] Landdispute vor den lokalen Gerichten nahmen beträchtlich zu.[149]

---

[140] Für die höhere – und wohl tendenziell richtige – Zahl vgl. Annual Report League of Nations 1925, 53. Für andere Einschätzungen vgl. Koponen, Development, 436.

[141] Dundas selbst hat seine Rolle – das überrascht nicht – in ein helles Licht gestellt. Vgl. Charles Dundas, African Crossroads, London 1955. Für eine ausgewogene Darstellung vgl. Susan Geiger Rogers, The Search for Political Focus on Kilimanjaro. A History of Chagga Politics, 1916–1952, unveröffentl. Ph.D. Thesis, Dar es Salaam 1972. Diese Arbeit ist auch grundlegend für die weiteren Ausführungen. Vgl. ferner Iliffe, Modern History, 274ff.

[142] Vgl. TNA 1733: Annual Report Moshi District 1922, 17f.

[143] Neben Briten lebten nach 1925 vor allem deutsche Siedler am Kilimanjaro. Vgl. Iliffe, Modern History, 303.

[144] Vgl. dazu ausführlich Geiger Rogers, Political Focus, 252ff.

[145] Vgl. TNA 3864/2: Dundas an Chief Secretary, re. Letter from the Kilimanjaro Planters Association (KPA) to the Secretary of State for the Colonies, 12. 6. 1924.

[146] Vgl. TNA 13060/203: A.L. Pennington, Report on the KNPA, Febr. 1931, 4.

[147] Vgl. TNA 19475: Report Pennington: The Political Tendencies of the Wachagga, Jan. 1930, 7. Vgl. ferner Moore, Social Facts, 122.

[148] Vgl. RH MSS Afr. s. 1001: A.W.M. Griffith, Chagga land tenure report 1930.

[149] Vgl. Moore, Social Facts, 153f. In seinem Jahresbericht 1939 notierte der *Provincial Commissioner* diesbezüglich: „One interesting feature of the Court work of the Moshi District is the great number of suits con-

Was die Verwaltung des Weiteren beunruhigte, war das Entstehen eines afrikanischen ländlichen Kapitalismus (mit einigen Chiefs als wichtigen Protagonisten), der nicht nur als sozial und politisch gefährlich eingestuft, sondern darüber hinaus als für Afrikaner irgendwie unpassend empfunden wurde.[150] Selbst Dundas schwebte eher eine Art volkskapitalistisches Modell vor, bei dem jede Kleinfamilie ohne externe Arbeitskräfte eine kleine Kaffeepflanzung unterhalten würde.[151] Der Aufstieg ländlicher Kapitalisten stand quer zur Ideologie der indirekten Herrschaft, welche besagte, dass die fragile Kohäsion der „Stämme" durch wachsende soziale Differenzierung zerstört würde. Akkumulation als Ursache von Differenzierung sei daher zu vermeiden. In diesem Zusammenhang versuchte die Administration sicherzustellen, dass die Chiefs reine, von ihrem Gehalt abhängige Regierungsangestellte blieben. Die Politik war Teil einer größeren Anstrengung, ländliche Differenzierungsprozesse zu unterbinden.[152] In der Kilimanjaro-Region gelang dies nur unzureichend.

Dort baute lediglich ein Drittel der Chagga-Familien Kaffee an. 96 Prozent von ihnen besaßen weniger als 1 000 Bäume. Der Rest, ungefähr 500 Männer, nannten dagegen wenigstens ein Hektar oder mehr mit Kaffee bebaute Fläche ihr Eigen, die sie häufig mit Lohnarbeitern unterhielten. Diese „entstehenden Kapitalisten" (Iliffe) können in zwei Gruppen unterschieden werden. Auf der einen Seite handelte es sich um Chiefs, die sich die Verfügungsgewalt über größere Landstücke sichern konnten und leichter Arbeitskräfte zu mobilisieren vermochten, indem sie auf traditionelle Tributsverpflichtungen zurückgriffen. In ihrer Funktion als Angestellte der Kolonialverwaltung verfügten sie über regelmäßige (und vergleichsweise hohe) Gehälter. So gehörte etwa Shangali Ndeseru, der Chief von Machame, 1932 mit 12 682 Kaffeebäumen zu den größten Pflanzern am Kilimanjaro.[153] Auf der anderen Seite stiegen nun verstärkt gut ausgebildete Christen in den Kaffeeanbau ein.[154] Sie besaßen Zugang zu europäischer Unterstützung (etwa durch Missionen) und waren offen für ökonomische Experimente. Neben den Chiefs gehörten ihnen die größten Kaffeekulturen und gewöhnlich verfügten sie auch noch über ein zusätzliches Einkommen aus einer nichtagrarischen Tätigkeit, sei es als Angestellte auf Plantagen oder im Staatsdienst oder als kleinere und größere Unternehmer. Der wichtigste Vertreter dieser Gruppe, Josefu Merinyo, galt als „Kaffee-Pionier" und pflegte engen Kontakt zu Dundas, den er in seiner Funktion als Übersetzer des *District Office* in den frühen 1920er Jahren auf Tournee durch die Kilimanjaro-Region begleitet hatte. 1922 bat er mit Erfolg um Erlaubnis, ein System von einheimischen Kaffeeinstrukteuren einzurichten, um interessierte Bauern mit Setzlingen

nected with claims for land. Prior to the introduction of coffee, the issues in regard to such claims were fairly clear cut, but the establishment of this valuable economic crop has resulted in considerable complications." TNA 19415: Draft Annual Report Northern Province 1939, 6. Die Landfrage sollte die Verwaltungsbeamten der Nordprovinz bis zum Ende der Kolonialzeit (und danach) permanent beschäftigen.

[150] John Iliffe, The Emergence of African Capitalism, London/Basingstoke 1983, 37, hat dafür wie üblich eine prägnante Formulierung gefunden: „European governments were uniformly hostile to African rural capitalism, seeing it not only as socially and politically dangerous but as somehow improper for Africans, like guitars or three-piece suits."

[151] „The aim has been to promote coffee growing as a peasant cultivation, each one working his plot by his own industry with the help of his women and children, so that a class of native employers is not eveolved, or at any rate is restricted to a small number comprising only prominent persons. A plantation of 500 trees may with careful attention to their cultivation give from 250s up to 500s p.a. which is as much as the ordinary native can make proper use of." PRO CO 691/70/379: Native Coffee Cultivation on Kilimanjaro, 12. 5. 1924.

[152] Vgl. McCarthy, Colonial Bureaucracy, 42f.

[153] Vgl. Iliffe, Modern History, 275.

[154] Die große Bedeutung von (zumeist in Missionsschulen) ausgebildeten Personen für die Einführung von *cash crops* ist vor allem für Westafrika detailliert aufgezeigt worden. Grundlegend dazu Anthony G. Hopkins, Innovation in a Colonial Context. African Origins of the Nigerian Cocoa-Farming Industry, 1880–1920, in: ders. / Clive Dewey (Hg.), The Imperial Impact. Studies in the Economic History of Africa and India, London 1978, 83–96; Sara Berry, No Condition is Permanent. The Social Dynamics of Agrarian Change in Sub-Saharan Africa, Madison/Wisc. 1993.

zu versorgen und in den richtigen Anbaumethoden zu unterweisen. Dieser Schritt erhöhte enorm sein Prestige bei vielen Chagga.[155]

Im Januar 1925 gründeten fünfzehn Chagga, darunter Merinyo, die *Kilimanjaro Native Planters' Association* (KNPA) mit dem Ziel, „die Interessen der einheimischen Kaffeepflanzer am Berg zu schützen und zu fördern".[156] Obwohl sympathisierende britische Distriktbeamte bei der Etablierung der Vereinigung Pate standen, beruhte sie nahezu allein auf lokaler afrikanischer Initiative. Knapp zwei Jahre später waren unter den rund 10 000 Kaffeebauern der Chagga bereits über 7 000 Mitglieder der KNPA. Die Assoziation, die mit einigem Recht als erstes modernes genossenschaftsähnliches Organ in der Geschichte Tanzanias bezeichnet werden kann, war einheitlich, übergreifend und zentralisiert organisiert. Bereits die fünfzehn Gründungsmitglieder stammten aus zwölf der 20 Häuptlingstümer der Chagga. Damit transzendierte die KNPA die für das System der indirekten Herrschaft konstitutive Einheit des *Chiefdoms*. Die Gründer und Führer der KNPA gehörten alle jener kleinen Schicht bäuerlicher Unternehmer an, die eine Missionserziehung, oft noch eine weitere Ausbildung genossen hatten, und die unter den ersten waren, die Kaffee anpflanzten. Neben Merinyo, der erster Präsident der Vereinigung wurde, gehörten zu dieser Gruppe etwa Stefano Lema, einer der wenigen Besitzer eines Lastwagens und als Händler und Spediteur tätig, Nathanael Mtui, der im Verwaltungsdienst als Übersetzer arbeitete und Joseph Maliti, der als Lehrer an einer Missionsschule beschäftigt war. Alle anderen Komitee-Mitglieder arbeiteten ebenfalls als Lehrer, Bürokräfte oder landwirtschaftliche Assistenten in der Kolonialadministration.

Die Geschichte der KNPA ist inzwischen in einer Reihe von Veröffentlichungen detailliert dargelegt worden, so dass hier eine knappe Skizze genügen mag.[157] In dem Maße, in dem die KNPA wohlhabender wurde und immer mehr Mitglieder vereinte, sahen die Chiefs in der Assoziation einen politischen Konkurrenten, aber auch eine Quelle des Reichtums, die sie zu kontrollieren trachteten. Die Verwaltung suchte ihrerseits die KNPA unter administrative Beaufsichtigung zu bringen. Das Ende der 1920er Jahre war durch intensive Auseinandersetzungen und Debatten gekennzeichnet. Lokale Beamte, allen voran der neue *District Commissioner* Hallier, betrachteten die Vereinigung als „politische Gefahr", durchsetzt von jungen Chagga-Pflanzern, die sich gegen die bestehenden Autoritäten auflehnten und so viel Land wie möglich unter den Nagel rissen.[158] Er verlangte ihre Auflösung; Aufgaben und Vermögen sollten der *Native Authority*, ergo den Chiefs übertragen werden. Die Regierung in Dar es Salaam lehnte dieses Ansinnen jedoch ab. Gouverneur Cameron war darauf bedacht, die Chiefs aus der Vermarktung von Kaffee herauszuhalten und die KNPA weiter zur Bekämpfung von Schädlingen und Siedlerattacken zu nutzen.[159]

Die KNPA überlebte diesen politischen Erfolg über die *Chiefs* und die lokale Administration indes nicht lange. Die 1929 erlassenen widersprüchlichen Verordnungen der *Native Coffee Plantation Rules* brachten die Vereinigung um einen erheblichen Teil ihrer regelmäßigen Einkünfte. Auf der einen Seite begründeten die neuen Vorschriften eine Zwangsmitgliedschaft aller Kaffeebauern in der KNPA; auf der anderen Seite wurde die frühere Mitgliederverpflichtung, ihren Kaffee ausschließlich

---

[155] Vgl. Geiger Rogers, Political Focus, 235ff. Merinyo hatte bereits vor dem Ersten Weltkrieg auf einer Kaffeeplantage als Vorarbeiter und Bürokraft sowie auch im Laden des Siedlers E. Th. Förster als Verkäufer gearbeitet. Förster nahm ihn 1907 auf eine Deutschlandreise mit. Noch vor dem Ersten Weltkrieg besaß Merinyo selbst ein eigenes Geschäft und baute Kaffee an.

[156] Vgl. TNA 20378: Memorandum of Association, o. D.; R. J. M. Swynnerton / A. L. B. Bennett, All about ‚KNUC' Coffee, Moshi 1948, 11.

[157] Vgl. etwa Susan Geiger Rogers, The Kilimanjaro Native Planters Association. Administrative Responses to Chagga Initiatives in the 1920s, in: TJH 4 (1974), 94–114; dies., Political Focus, 252ff.; Gero Erdmann, Jenseits des Mythos. Genossenschaften zwischen Mittelklasse und Staatsverwaltung in Tanzania und Kenia, Freiburg i.Br. 1996, 72ff.; Matthias A Ogutu, The Cultivation of Coffee among the Chagga of Tanzania, in: KHR 2,2 (1974), 285–295; Iliffe, Modern History, 274ff.

[158] Vgl. TNA 12809/22: Hallier an Provincial Commissioner Northern Province, 10. 10. 1928.

[159] Vgl. Iliffe, Modern History, 278.

an die Assoziation zu verkaufen, aufgehoben.[160] Hinzu kam der unvermittelte Verfall der Kaffeepreise während der Weltwirtschaftskrise. Zwischen 1929 und 1931 fiel der Kaffeepreis um mehr als
die Hälfte von 70 £ auf 29 £ je Tonne. In der Krise zeigten viele Bauern zudem wenig Solidarität mit
der KNPA und verkauften ihren Kaffee wieder vermehrt an private asiatische und Chagga-Händler.
Der britische *Provincial Commissioner* nutzte die Gunst der Stunde, um Merinyo bei den Bauern zu
diskreditieren und mit Hilfe der Chiefs und wenigen Kollaborateuren aus der KNPA-Führung ein
neues „Zentralkomitee" zu lancieren.[161] Während Merinyo aufgrund – nie erwiesener – Veruntreu-
ungsvorwürfe für einige Monate ins Gefängnis wanderte, erfolgte die so genannte „Reorganisation"
der KNPA, die faktisch jedoch ihr Ende bedeutete. An ihre Stelle trat 1932 die *Kilimanjaro Native
Co-operative Union* (KNCU), die formal erste Genossenschaft Tanzanias, für die auch gleich, nach
ceylonesischem Vorbild, eine *Co-operative Societies Ordinance of Tanganyika* verabschiedet wurde.[162]

Die KNCU war eine koloniale Gründung, welche ganz den Vorstellungen der *indirect rule*-Ideo-
logen entsprach, die Genossenschaften lediglich als „Erweiterung des ‚indirekten' Prinzips von der
Verwaltung zur Landwirtschaft"[163] betrachteten – oder wie es Lord Lugard grundsätzlich formulierte: „The fundamental principle of the (co-operative) system is identical with that of ‚Indirect Rule'-
which could be better named ‚Co-operative Rule'."[164] Die KNCU entwickelte sich rasch zu einer
Domäne der Chiefs unter kolonialstaatlicher Kontrolle, die von vielen Bauern als Regierungsinstitu-
tion betrachtet wurde. Ihre formal dezentrale Organisation in Einzelgenossenschaften (*primary societies*) – alle wichtigen Entscheidungen lagen allerdings beim europäischen Manager im Hauptquartier
in Moshi – eröffnete auf der lokalen Ebene sowohl viele neue Führungspositionen in den Gremien
der Genossenschaften als auch Arbeitsplätze. Damit multiplizierten sich die Möglichkeiten für eine
weitverzweigte Patronage und Klientelpolitik. Bezeichnenderweise waren viele der Verantwortlichen
in den Einzelgenossenschaften Angestellte der *Native Administration*, die von den Chiefs kontrolliert
wurde, und die Chiefs selbst saßen als Delegierte in der KNCU.[165] Besonders Chief Abdiel Shangali
von Machame tat sich in der Genossenschaft und bei der „Aufsicht" der Chagga-Kapitalisten hervor.
Er war von der britischen Verwaltung sogar als möglicher „Oberhäuptling" aller Chagga auserkoren
worden, doch stieß diese Wahl bei den anderen Chiefs auf Gegenwehr, so dass der Vorschlag zunächst
vertagt wurde.[166]

[160] Zu Details vgl. Geiger Rogers, Kilimanjaro, 193ff.; Erdmann, 79. Vgl. ferner den Beschwerdebrief von Meri-
    nyo an den Provincial Commissioner Northern Province, 14.10.1929 (TNA 11908/I).
[161] Vgl. TNA 20378: District Officer Moshi an Provincial Commissioner Northern Province, 14.9.1931. Vgl.
    ferner TNA 26034: Provincial Commissioner Northern Province an Chief Secretary, 25.8.1931, wo es ex-
    plizit heißt: „[...] it was essential at once to discredit Joseph Merinyo in the eyes of the Chagga." Vgl. auch
    McCarthy, Colonial Bureaucracy, 94ff.; Erdmann, 97; Coulson, Tanzania, 61f.; Iliffe, Modern History, 278f.
[162] Die Idee afrikanischer Genossenschaften genoss Unterstützung von höchster Stelle, nicht zuletzt durch den
    Kolonialminister Sydney Webb (Lord Passfield), ein Mitglied der Fabian Society. 1931 besuchte ein Berater
    des *Colonial Office*, C. F. Strickland, Tanganyika und erklärte, dass sich Genossenschaften in Indien und Cey-
    lon als sehr nützlich erwiesen hatten. Im gleichen Jahr ernannte die Regierung in Dar es Salaam einen jungen
    Kolonialoffizier, R. C. Northcote, zum Verwaltungsbeamten für Genossenschaften. Doch bis zum Zweiten
    Weltkrieg wurden neben der KNCU lediglich zwei weitere, kleinere Vereinigungen unter dem Genossen-
    schaftsgesetz zugelassen. Die Kolonialadministration hielt sich zunächst mit eigenen Initiativen zurück und
    blieb restriktiv gegenüber entsprechenden einheimischen Organisationsbemühungen. Vgl. Erdmann, 86ff.;
    Patrick Redmond, The NMCMU and Tobacco Production in Songea, in: TNR 79/80 (1976), 65–98.
[163] Philip Mitchell, zit. nach Austen, Northwestern Tanzania, 209.
[164] Zit. nach Erdman, 79.
[165] Vgl. Geiger Rogers, Political Focus, 509ff.; Erdmann, 80f.; Swynnerton / Bennett; RH MSS Afr. s. 1047: Lio-
    nel A. W. Vickers-Haviland, Note on the KNUC and its organisation, 31.3.1937.
[166] Vgl. Iliffe, Modern History, 279; McCarthy, Colonial Bureaucracy, 136, FN 44; Kathleen M. Stahl, The
    Chagga, in: P. H. Gulliver (Hg.), Tradition and Transition in East Africa. Studies of the Tribal Element in the
    Modern Era, London 1969, 202–229, hier: 214. Aus den Töpfen der *Native Treasury* erhielt Abdiel Shan-
    gali beträchtliche Zuschüsse für den Erwerb und Unterhalt eines Autos, das ihm u. a. die vielen Reisen am
    Kilimanjaro und zu den Kaffeebauern ermöglichte. Kraftfahrzeuge waren wichtige Herrschaftsinsignien des

Zwischen 1932 und 1934 erholten sich die Kaffeepreise. Dieser Umstand begünstigte zweifelsohne, dass die Bauern die neuen Genossenschaften mehr oder weniger akzeptierten und zunächst mit ihnen kooperierten. Aber bereits 1934 sah sich die *Native Authority* veranlasst, neben der Zwangsmitgliedschaft auch ein Vermarktungsmonopol für die KNCU zu verabschieden. Noch im gleichen Jahr wurde zudem die Vermarktungsprovision von zwei auf fünf Prozent erhöht. Der nun wieder einsetzende drastische Preisverfall löste eine neue Krise aus. Die Einkommen der Kaffeebauern erreichten einen nie gekannten Tiefstand. Viele Pflanzer machten die KNCU dafür verantwortlich, der Mismanagement, Korruption und Verschwendung vorgeworfen wurden. Die sich gegen die Genossenschaft formierende Opposition setzte sich vornehmlich aus dem Kern der zerschlagenen KNPA, also aus relativ wohlhabenden bäuerlichen Unternehmern mit größeren Kaffeepflanzungen sowie einem nicht aus landwirtschaftlicher Tätigkeit stammenden Einkommen als Lehrer, Handwerker, Ladenbesitzer und Transportunternehmer zusammen. Insbesondere die beiden letztgenannten Gruppen sahen ihre wirtschaftlichen Interessen durch die KNCU gefährdet, zumal diese unter der neuen Führung der Chiefs ihre Transportaufträge nun an asiatische Händler vergab.[167] Ihre Agitation gipfelte in der Forderung, das Monopol der staatlich verordneten Genossenschaft aufzuheben. Auf Anraten Merinyos nahmen sich die „Dissidenten" einen Anwalt und zogen vor den Obersten Gerichtshof Tanganyikas. Derweil begannen Regierung und Chiefs, einige der kritischen Pflanzer wegen des Verstoßes gegen das Versammlungsverbot zu inhaftieren oder zu deportieren. Im September 1937 lehnte der *High Court* die Klage gegen das Vermarktungsmonopol der KNCU mit der technischen Begründung ab, die Kläger seien zu einer gerichtlichen Intervention nicht berechtigt. Daraufhin kam es zur Zerstörung von Verwaltungsgebäuden. Die Regierung drohte offen mit militärischen Aktionen, erhöhte das Polizeiaufgebot und ließ sogar zwei Royal Air Force Flugzeuge aus Nairobi kommen, um kolonialstaatliche Macht zu demonstrieren. Die „Anführer" der Protestaktionen wurden gnadenlos verfolgt, noch im Oktober 13 von ihnen deportiert.[168]

Die administrative Antwort auf die „Unruhen" bestand im November 1937 in der Etablierung eines *Native Coffee Board* im Moshi Distrikt. Auf diese Weise entwirrten die Briten ihre verschiedenen Typen indirekter Herrschaft, die fortan politisch durch die *Native Authorities*, wirtschaftlich durch die Genossenschaften ausgeübt werden sollte. Die neu geschaffene Kammer designierte auf ihrer ersten Sitzung die KNCU als ihren Vermarktungsagenten, was bedeutete, dass alle einheimischen Produzenten im Distrikt ihren Kaffee wieder ausschließlich an diese Kooperative verkaufen

---

indirect *rule*-Systems und gleichzeitig wichtige Voraussetzung für eine effektive Kontrolle. Vgl. TNA 21627/I: Chief Abdiel Shangali an District Officer Moshi, 25.7.1938; District Officer Moshi an Provincial Commissioner Northern Province, 7.8.1938. Zum Konnex von Motorisierung und kolonialer Herrschaft vgl. am Beispiel Dahomeys Erdmute Alber, Automobilismus und Kolonialherrschaft. Zur Bedeutung des Autoverkehrs für die Herrschaftsstrukturen in der westafrikanischen Kolonie Dahomey, in: Paideuma 46 (2000), 279–299.

[167] Vgl. CO 691/159/9: Report on the Kilimanjaro Native Co-operative Union, Dar es Salaam 1937. Vgl. ferner Iliffe, Modern History, 280; Erdmann, 81; McCarthy, Colonial Bureaucracy, 105ff. Insgesamt war es den Chagga jedoch gelungen, die asiatischen Kleinhändler weitgehend vom Kilimanjaro zu verdrängen. Mitte der 1930er Jahre soll es – wohl einmalig in Ostafrika – kaum noch einen *duka* (Laden) gegeben haben, der sich im Besitz eines Asiaten befand. Vgl. Geiger Rogers, Political Focus, 302f., 517; Erdmann, 82.

[168] Vgl. u. a. CO 691/159/9: A Memorandum on the Recent Disturbances in the Moshi District of the Northern Province, Tanganyika Territory, Dar es Salaam 1937; ebd., Acting Governor an Secretary of State for the Colonies, 27.10.1937; CO 691/168/4: Mr. Lambert's Memorandum, 8.3.1939; CO 691/174: Memorandum J.H. Vaughan, Solicitor General, an Chief Secretary, 15.12.1938; Geiger Rogers, Political Focus, 580ff. Der amtierende Gouverneur hatte bereits im Vorfeld deutlich gemacht, dass die Regierung keine „politische Agitation" durch Einheimische dulden würde. „We feel that the real interests of the progressive and politically minded Chagga will best be served if no consideration is shown to those who attempt to foment trouble behind closed doors and we hope to check with every means at our disposal the intrusion of European ideas in so far as these encourage the formation of political or semi-political associations." CO 691/156: Acting Governor an Bottomley, 15.4.1937.

konnten.[169] Weitere Konflikte wurden zwar durch den nun erneut einsetzenden rapiden Preisanstieg verhindert. Doch gaben die Proteste der Kolonialverwaltung gleichwohl zu denken. Obwohl ihre Vertreter offiziell Umfang und Bedeutung herunterspielten und bei der Bevölkerung um Vertrauen warben,[170] wird in einigen Berichten Unbehagen an der Tatsache deutlich, dass es nicht gelungen war, jene zu kooptieren, die, in den Worten eines Beamten des *Colonial Office*, „über einige Bildung verfügten."[171] Die 13 deportierten „Anführer" und ihre Unterstützer bildeten darüber hinaus eine Koalition mit diversen Hintergründen und vielfältigen Beschwerden, die das enge Stammesschema der *indirect rule*-Ideologie sprengten.[172] Offenkundig wurde schließlich die prekäre politische Rolle der Chiefs, die *Provincial Commissioner* Hallier wie folgt charakterisierte: „[...] all chiefs who are recognized by Government of Tanganyika are the agents of Government, the mouthpieces of Government, but they are not part of the body of Government."[173] Hallier wollte mit diesem Satz vor allem die juristische Position der Chiefs im Verwaltungsapparat klarstellen, doch deutete er bereits ein Problem an, das vor allem nach dem Zweiten Weltkrieg virulent werden sollte: Ihre Funktion als „Sprachrohr" der Regierung und damit auch als Überbringer schlechter Nachrichten und gegebenenfalls als Erfüllungsgehilfen unpopulärer kolonialer Direktiven brachte die Chiefs zunehmend in Gegensatz zu gewichtigen lokalen Gruppen.[174]

Zu den großen sozio-ökonomischen Herausforderungen der indirekten Herrschaft gehörte neben Wanderarbeit und afrikanischem Kapitalismus schließlich der urbane Wandel. In seinem Begleitbrief zu einem Memorandum formulierte Gouverneur Cameron 1926 einen Gemeinplatz kolonialer Weisheit, als er schrieb: „[...] the native in a town, even when employed, is exposed to many temptations and is liable to take to evil ways."[175] In Tanganyika, wie überall in Afrika, boten die bislang beispiellose Dichte und Diversität der städtischen Bevölkerungen Anlass zu großer Sorge, ja Angst seitens der Kolonialherren.[176] Die wahre und eigentliche Heimat des Afrikaners wurde, wie weiter oben skizziert, in den ländlichen Regionen verortet, wo die Stammesgesellschaft nicht nur für seine emotionalen, kulturellen, sozialen und ökonomischen Bedürfnisse Sorge trug, sondern darüber hinaus einen geeigneten Rahmen schuf, in dem er verwaltet werden konnte. In den Städten dagegen war der Einheimische, so die gängige Furcht, der korrumpierenden Macht fremder kultureller Einflüsse gleichsam schutzlos ausgeliefert, zumal der vermeintlich disziplinierende Einfluss der tribalen Ordnung in der kosmopolitischen urbanen Umgebung nicht mehr greifen würde. Die Kombination von Disziplinverlust und Unvertrautheit mit der Dynamik des städtischen Lebens müsse, folgerten die Kolonialbeamten, nahezu unweigerlich einen desaströsen Einfluss auf den „afrikanischen Charakter" entfalten.

---

[169] Vgl. TNA 19938/II: Protokoll 1st Meeting of the Moshi Native Coffee Board, 23. 11. 1937.

[170] Frank Hallier, der Provincial Commissioner Northern Province, forderte die Chagga in einer Rede auf, der Regierung mit folgender Begründung zu trauen: „We know what is good for you because we are 1000 years old in experience." Zit. nach McCarthy, Colonial Bureaucracy, 135, FN 36.

[171] CO 691/168: Minute G. Bushe, 10. 3. 1939.

[172] Die Anwaltskanzlei, die die Chagga-Kläger vertrat, sandte eine Petition an den Kolonialminister, um eine unabhängige Untersuchung der Ereignisse und der rechtlich diffusen Grundlagen für die Deportation zu fordern. Ihrem Anliegen wurde nicht stattgegeben, doch ihrer Korrespondenz verdanken wir detaillierte Informationen über die „Rädelsführer", die in der Tat sehr unterschiedliche soziale Lagen und politisch-ökonomische Interessen verkörperten. Vgl. CO 691/168: Petition von Atkinson / Brown / Morrison / Ainsley an Secretary of State for the Colonies, o. D. Ausführlich dazu McCarthy, Colonial Bureaucracy, 105ff.

[173] Zit. nach ebd., 136.

[174] Vgl. dazu Kap. III, 2 sowie IV, 2.

[175] PRO CO 691/83: Begleitbrief Cameron zu dem Bericht „Labour conditions in Tanganyika Territory" an Colonial Office, o. D. [1926].

[176] Die bisher detaillierteste Darstellung zu dieser Thematik (am Beispiel Dar es Salaam) bietet Andrew Burton, Wahuni (The Undesirables). African Urbanisation, Crime and Colonial Order in Dar es Salaam, 1919–1961, unveröffentl. Ph.D. Thesis, London (SOAS) 2000. Vgl. ders., African Underclass. Die folgenden Abschnitte orientieren sich an Burtons grundlegenden Untersuchungen sowie an Brennan, Nation, Kap. 2.

Den Kolonialbeamten in der Hauptstadt Dar es Salaam trieben vor allem die zahlreichen „unehrbaren" ökonomischen Aktivitäten Sorgenfalten auf die Stirn. Im Jahresbericht des Dar es Salaam-Distrikts für 1924 hieß es entsprechend: „[It is] fatally easy for a native who finds it difficult to earn what he considers a satisfactory wage, to turn to the profits that he can readily secure from such sources as gambling, liquor and prostitution."[177] Diebstahl war in den Augen der Verwaltung eine verlockende Einkommensquelle für jene, die keine passende Beschäftigung fanden oder schlicht keine Lust zum Arbeiten verspürten.[178] Selbst in der Freizeit lauerten diverse Gefahren:

„The amusements and relaxation provided for the African in the town must all be classed as unedifying to the extreme; the possible exception being the cinema theatres which are censored, and probably do not much harm, if very little good [...] Education, mission efforts, and closer supervision and control may, it is hoped, work an improvement; but the present effect of town life on the average African is indubitably most demoralising."[179]

Zudem kam es vor allem aus den Nachbarregionen Dar es Salaams wiederholt zu Klagen über den störenden Einfluss von zurückkehrenden Arbeitsmigranten.[180]

Obwohl in den offiziellen Berichten zumeist generell von der afrikanischen Stadtbevölkerung die Rede war, galt jenen Afrikanern, die am Rande der urbanen Ökonomie und der administrativen Strukturen existierten, die besondere Aufmerksamkeit der Kolonialbehörden: Gelegenheitsarbeiter, gerade eingetroffene Migranten, die bei Verwandten Unterschlupf fanden; einheimische Zaramo aus einem benachbarten Dorf, die die potenziellen Einkommensmöglichkeiten der Stadt für sich zu nutzen hofften; Kontraktarbeiter nach Beendigung ihres Arbeitsverhältnisses – sie alle wurden mit dem Label „detribalisiert" versehen und als zentrale Widersacher im Kampf um die Kontrolle der städtischen Arena betrachtet.[181] Das *Labour Department* sah nur einen Ausweg: die verstärkte Kontrolle jener Männer, denen es an ausreichender „Charakterstärke" fehlte.[182] In ihren Berichten

---

[177] TNA 53/4: Annual Report Dar es Salaam District for 1924, 4.

[178] Vgl. TNA 53/4: Annual Report Dar es Salaam District for 1921, 8.

[179] TNA 53/4: Annual Report Dar es Salaam District for 1924, 6, 10.

[180] Der District Officer von Kisarawe beschwerte sich 1936: „There is no doubt that the situation of the Territory's capital within the District does act as a disturbing influence on the tribal life of the Wazaramo, particularly in the case of those Native Authorities bordering the township, and it is not uncommon to hear native elders complain of a lack of obedience amongst their sons who have become acquainted with the diversions and detribalised life of the township. Furthermore a township dhobi or duka menial is apt to exaggerate his importance when passing amongst brethen of the hoe, and minor clashes, resulting in credit to the Native Authorities, have not been infrequent." TNA 53/4: Annual Report Kisarawe District for 1936, 1. Vgl. Brennan, Nation, Kap. 2.

[181] Im Jahresbericht der Polizei für 1926 werden sie etwa als „the real culprit against peace and good order" bezeichnet. PRO CO 736/5: Annual Report of the Tanganyika Police for 1926, 57. Der folgende Auszug aus dem Memorandum von Granville St. John Orde-Brown über „Labour Conditions in Tanganyika Territory" (PRO CO 691/83, 56) von 1926 ist charakteristisch für britische Vorstellungen von der Transformation des *uncontaminated native* in einen *urbanised unemployable*: „[...] there is a large floating population in all the large towns of natives [...] living under demoralising and undesirable conditions; having originally left their homes to seek work, in all probability, they remain in some town after they have been paid off at their original place of employment. There they find some sort of casual work, but probably fail to get steady employment; intervals of idleness between jobs tend to increase, until the individual drifts gradually into the class of unemployable loafer, from which stage it is fatally easy to join the definitely criminal class. It is only then that he attracts the attention of the police, and is sent back to his home. But by this time he is too much addicted to the attractions of the unrestricted town life to be able to return to the village conditions and he finds tribal discipline and custom most irksome. So at the first opportunity he makes his way back to a town and becomes a unit in the large and growing class of detribalised natives who have fallen away from African social organisation without having qualified themselves to take a place in the Europeanised community. This is the more deplorable since in the first instance it is usually the intelligent and enterprising native who is attracted by the novelties of the town; this is borne out by the percentage of prisoners in the jails who have some knowledge of reading and writing." Dazu auch Burton, African Underclass, Kap. 3.

[182] Vgl. PRO CO 736/6: Annual Report of the Labour Department for 1927, 8.

beschworen die Kolonialbeamten immer wieder die Notwendigkeit, die „Nichtstuer" im Auge zu behalten, betonten im gleichen Atemzug jedoch die Komplexität dieser Aufgabe. Denn jedes System der Registrierung oder Kontrolle würde sich in der Praxis als repressiv für die „unschuldigen und einfachen Einheimischen" erweisen, während jene, auf die es eigentlich zielte, sich entsprechenden" Maßnahmen nur allzuleicht entziehen könnten.[183] Bis in die späten 1930er Jahre räsonnierten die Offiziellen in ihren jährlichen Berichten wenig variantenreich über die demoralisierenden Auswirkungen des Stadtlebens auf die Afrikaner. Zunehmend mischten sich jedoch Stimmen in die administrative Debatte, die einen dauerhaften – und künftig stetig wachsenden – „detribalisierten" afrikanischen Bevölkerungsanteil in Dar es Salaam als unabänderliche Tatsache ansahen und nach neuen Initiativen riefen.[184]

Diese geforderten Initiativen betrafen vor allem zwei Problemfelder. Erstens ging es um die prekären Lebensumstände, unter denen die Mehrheit der städtischen Bevölkerung in Dar es Salaam lebte.[185] Zweitens musste die Verwaltung versuchen, die sich nun massiv andeutenden sozialen Auseinandersetzungen in den Griff zu bekommen. Mitte der 1930er Jahre begann im anglophonen ebenso wie im frankophonen Afrika – vornehmlich in den Städten und Minenregionen – eine Periode von Streiks und Arbeitskämpfen, die bis weit in die 1950er Jahre reichen sollte.[186] Dar es Salaam selbst blieb bis zum Zweiten Weltkrieg von Arbeitskämpfen weitgehend verschont.[187] Hafenarbeiter bildeten die wichtigste proletarische Gruppe in der Stadt. Der Hafen war allerdings in der Zwischenkriegszeit noch vergleichsweise klein, unbedeutend und technisch schlecht ausgestattet. Statistiken vom Dezember 1939 verzeichnen 307 permanent beschäftigte Lohnempfänger auf Zwei-Wochen- oder Monatsbasis, 306 registrierte sowie eine fluktuierende Zahl von nichtregistrierten Gelegenheitsarbeitern. Einige Monate zuvor war es zu einem ersten, insgesamt achttägigen Streik der registrierten Gelegenheitsarbeiter gekommen, die – erfolglos – einen etwas höheren Lohn sowie Kompensationen im Falle von Krankheit und Unfall gefordert hatten. Kurz darauf traten Werftarbeiter in Tanga kurzzeitig in den Ausstand, gefolgt von Sisalarbeitern der benachbarten Amboni-Plantage.[188] Auch diese Aktionen zeitigten keine positiven Resultate für die Streikenden. Aber sie läuteten eine Phase intensiver Konflikte ein, die zu beantworten die Instrumentarien der Indirekten Herrschaft nicht mehr auszureichen schienen. „Entwicklung" und „Wohlfahrt" lauteten die Konzepte, mit denen die Kolonialverwaltungen fortan die soziale und politische Ordnung stabilzuhalten suchten.

---

[183] Vgl. ebd.: Annual Report of the Labour Department for 1928, 10.

[184] In seiner einflussreichen „offiziellen" Studie „An African Survey" (London 1938) schrieb Lord Hailey in diesem Zusammenhang von der „expansion of a class which will eventually become in the full sense detached from tribal life". Er machte den Vorschlag, eine Politik zu etablieren, „directed to building up an organic social life of a type of which Africa itself offers little experience" (544). Vgl. auch Burton, Wahuni, 37f.

[185] Vgl. TNA 18950/II: Report on Native Affairs in Dar es Salaam Township, 5.6.1939.

[186] Vgl. Cooper, Decolonization.

[187] Für die folgenden Ausführungen vgl. John Iliffe, The Creation of Group Consciousness Among the Dockworkers of Dar es Salaam 1929–50, in: Richard Sandbrook/Robin Cohen (Hg.), The Development of an African Working Class. Studies in Class Formation and Action, London 1975, 49–72, hier: 50–58; ders., Wage Labour and Urbanisation, in: Martin H. Y. Kaniki (Hg.), Tanzania under Colonial Rule, London 1980, 276–306, hier: 285–294.

[188] Vgl. Iliffe, Modern History, 310; Jürgen Herzog, Geschichte Tanzanias. Vom Beginn des 19. Jahrhunderts bis zur Gegenwart, Berlin/O. 1986, 92–94.

3. „Education for Adaptation".
Koloniale Ordnungsvorstellungen und -strategien

a) Das Erziehungswesen

Foucault sah in Schulen und Amtsstuben wesentliche Orte, Instrumente und Ausdruck der disziplinierten Gesellschaft, die für ihn unabdingbar zum modernen Staat gehört. Man mag die Totalität des Foucault'schen Entwurfs beklagen. Doch sein Hinweis auf die Schule als Hort der Disziplinierung liefert wichtige Anregungen zum Verständnis des kolonialen Projekts in Tanganyika und anderswo. Die Strategen und Praktiker der indirekten Herrschaft wussten sehr wohl um die fundamentale Bedeutung sozialer Disziplinierungsprozesse. Und als hätten sie Foucault gelesen, zielten sie darauf ab, (kolonial)staatliche Macht in die Körper der Kolonisierten einzuschreiben. Dabei verzichteten sie nicht auf Willkür, Gewalt und Terror.[189] Wichtiger noch, zumal in Bezug auf die uns hier besonders interessierende Gruppe (künftiger) Staatsdiener, waren jedoch Versuche, die Körper zu überwachen, zu dressieren und zu normieren. Die Schule schien der geeignete Ort für die Schaffung disziplinierter und effektiver Untertanen. Allerdings ist ein Blick auf die tatsächliche Zahl der Schulen und Schüler dazu angetan, die geringe Reichweite kolonialer Disziplinierung zu betonen. Nur wenige Tanzanier kamen in der Zwischenkriegszeit überhaupt in den „Genuss" einer längeren schulischen Ausbildung. Kolonialen Allmachtsphantasien waren nicht zuletzt finanzielle und organisatorische Grenzen gesetzt.

Die Bildungs- und Erziehungspolitik gehörte dennoch zu den wichtigsten Instrumenten der *indirect rule*-Ideologie. Deren erklärtes Ziel lässt sich einem umfangreichen, 1925 veröffentlichten Memorandum des *Colonial Office Advisory Council* entnehmen. Das Erziehungswesen muss an „das afrikanische Leben" angepasst werden, lautete die zentrale These dieser Schrift, das hieß: Anpassung an die „Mentalität, Gewohnheiten, Betätigungen und Traditionen der verschiedenen Völker", wobei jeweils alle „soliden und gesunden Elemente ihres Gesellschaftsgefüges" erhalten werden sollten. Die behutsame Adaptation an veränderte Umstände und progressive Ideen sei, wo immer notwendig, durchzuführen. Weiter wurde gefordert:

„[...] to promote the advancement of the community as a whole through the improvement of agriculture, the development of native industries, the improvement of health, the training of the people in the management of their own affairs, and the inculcation of true ideals of citizenship and service [...] The first task of education is to raise the standard alike of character and efficiency of the bulk of the people, but provision is also to be made for the training of those who are required to fill posts in the administrative and technical services, as well as of those who as chiefs would occupy positions of exceptional trust and responsibility. As resources permit, the door of advancement through higher education [...] must be increasingly openend for those who by character, ability and temperament show themselves fitter to profit by such education."[190]

---

[189] So war die Prügelstrafe bis in die 1950er Jahre hinein gängige Praxis. 1945 etwa verhängten die *Native Courts* rund 500 Prügelstrafen. Vgl. TRAT TA 4,14JI/15: Circular Letter Chief Secretary an alle Provincial Commissioners. 31.12.1946. Vgl. ferner Government of Tanganyika, Corporal Punishment Report, Dar es Salaam 1953.

[190] Colonial Office, Education Policy in British Tropical Africa, London 1925, 4. Vgl. auch Buchert, 17. Der Schrift des Colonial Office (verfasst von Joseph H. Oldham, dem einflussreichen Generalsekretär des Internationalen Missionsrates und von Frederick Lugard, dem Theoretiker der indirekten Herrschaft) vorausgegangen war ein umfangreicher Bericht der amerikanischen Phelps-Stokes Stiftung, die Anfang 1924 die Schulverhältnisse in Ostafrika erkundet hatte und deren wesentliche Forderungen das britische Kolonialministerium in seinem Memorandum dann übernahm. Vgl. Jesse Jones, Education in East Africa. Report of the Phelps-Stokes Commission, London 1924; dazu Roland Oliver, The Missionary Factor in East Africa, London ²1965 [1952], 263–271. Zu den Aktivitäten der Phelps-Stokes-Stiftung und ihren ideologischen Prämissen vgl. Kenneth J. King, Pan-Africanism and Education. A Study of Race Philanthropy and Education in the Southern States of America and East Africa, Oxford 1971.

Das künftige Wohlergehen einer Kolonie war demnach ebenso vom „Charakter" der Einheimischen wie von der gezielten Förderung ihrer intellektuellen, technischen und sozialen Fähigkeiten abhängig. Religion und moralische Unterweisungen standen gleichberechtigt neben säkularen Fächern wie „the formation of habits of industry, of truthfulness, of manliness, of readiness for social service and of disciplined co-operation", die alle als Merkmale der zu formenden Charaktere angesehen wurden. Der Bericht betonte ebenfalls die Bedeutung, Frauen auszubilden, wobei es in diesem Zusammenhang vor allem um die Optimierung ihrer Rollen als Hausfrauen und Mütter ging. Ihre intensivere Ausbildung würde zudem die Kindersterblichkeit reduzieren und allgemein Hygiene- und Gesundheitsverhältnisse im häuslichen und öffentlichen Sektor zu verbessern helfen.[191]

Die Verwaltung in Tanganyika machte sich diese ideologischen Vorgaben einer „Education for Adaptation" formal zu Eigen,[192] setzte aber aus politischen, wirtschaftlichen und nicht zuletzt aus pragmatischen Erwägungen eigene Akzente. Das Erziehungswesen der Zwischenkriegszeit war vornehmlich durch vier Elemente charakterisiert: die nicht immer konfliktfreie Kooperation zwischen staatlichen und Missionsschulen auf der Grundlage einiger von der Kolonialverwaltung festgelegten Richtlinien, wobei die Missionen den mit Abstand größten Teil der Schulversorgung gewährleisteten; die nach „rassischen" Kriterien vorgenommene Dreiteilung und strikte Trennung in einen afrikanischen, einen asiatischen und einen europäischen Bereich; die Betonung von Primarbildung unter Hervorhebung agrarischer und handwerklicher Fertigkeiten für die afrikanische Bevölkerungsmehrheit; schließlich die permanente, sich im Zuge der Weltwirtschaftskrise noch verstärkende Unterfinanzierung.[193] Zumindest partiell schwangen bei britischen Kolonialbeamten zudem noch deutlich rassistisch-biologistische Denkweisen mit, die „dem Afrikaner" aufgrund seiner mentalen und physischen Disposition letztlich nur begrenzte Intelligenz zumaßen. Diese Haltung manifestiert sich etwa in der folgenden Bemerkung von Albert Isherwood: „My experience is that the African youth of Tanganyika is as bright and quick as any European youth up to the age of puberty. He then slows down and evidence for racial backwardness in mentality begins."[194] Und auf der Tagung des *Advisory Committee on African Education* wurde 1934 überlegt, einen Fragebogen zu entwerfen, um die „mentale Disposition der einheimischen Rassen in Ostafrika" für den Verwaltungsdienst zu erkunden.[195]

---

[191] Vgl. Colonial Office, Education Policy, 5, 8. Vgl. dazu auch Seppo Sivonen, White-Collar or Hoe-Handle? African Education under British Colonial Policy 1920-1945, Helsinki 1995.

[192] Vgl. Government of Tanganyika, Report of the Tanganyika Education Conference of 1925, Dar es Salaam 1925, für entsprechende Diskussionen. Unter den rund fünfzig Teilnehmern der Tagung waren nur zwei Afrikaner: Samuel Chiponde, ein Übersetzer am Obersten Gerichtshof in Dar es Salaam, und Leslie Matola, ein Lehrer. Vgl. zu dieser Konferenz ferner ausführlich Morris-Hale, 48-59; sowie Kap. II, 4.

[193] Eine fundierte Geschichte des Erziehungswesens im kolonialen Tanzania steht noch aus. Die folgenden Ausführungen basieren auf Buchert, 20-34; Marjorie J. Mbilinyi, African Education during the British Colonial Period 1919-61, in: Kaniki, 236-275, hier: 239-263; A. R. Thompson, Ideas underlying British Colonial Education Policy in Tanganyika, in: Idrian N. Resnick (Hg.), Tanzania. Revolution by Education, Arusha 1968, 15-32; Iliffe, Modern History, 338-341; Morris-Hale. Den Konflikten zwischen Verwaltung und Missionen in Bildungsfragen soll im Folgenden nicht systematisch nachgegangen werden. Einen Eindruck von den Konfliktebenen vermittelt die Kritik von Albert Isherwood, dem *Director of Education*, an den „didaktischen" Konzepten vieler Missionsschulen: „The medieval, repressive and rigidly dogmatic methods of teaching, where applied to the African, do at times deserve to be stigmatised as cruel. One has only to see, for instance, the repressed and unnaturally timid outlook of pupils in certain mission schools and compare them with the cheerful appearance and demeanour of those in many of the government schools to realize that there is something wrong in the methods employed by educational agencies with whom formalism and uniformity in action and thought are fundamentally tenets." (TNA 22506: Isherwood an Sir Harold [?], 27.10.1934).

[194] Ebd.

[195] PRO CO 691/145/6: Proceedings of the Advisory Committee on African Education, 10th meeting, 22.-23.10.1934. Das Protokoll zitiert auch die Argumente von Martin Kayamba, dem afrikanischen Komitee-Mitglied, der sich gegen eine derartige Umfrage aussprach, weil sie ohnehin, wie in den USA, nur dazu diene, die bestehenden Vorurteile von der intellektuellen Unterlegenheit der Afrikaner zu bestätigen.

Die Beziehungen zwischen Regierung und Missionen im Feld der kolonialen Erziehung wurden zunächst von protestantischen Initiativen geprägt. Insbesondere Oldham schmiedete die Verbindung von *Colonial Office* und Missionsgesellschaften, indem er für beide Seiten die jeweiligen Vorteile dieser Zweckehe herausstellte – die einen bekamen ein kostengünstiges Bildungssystem, die anderen dringend benötigte Regierungszuschüsse.[196] Der Zentralverwaltung in Dar es Salaam oblag es, die Grundlinien der Erziehungspolitik festzulegen und alle Bildungseinrichtungen im Land zu überwachen. Staatliche Beihilfen wurden für jene Missionsschulen gewährt, die bestimmte Standards erfüllten. Dazu gehörten Swahili als Unterrichtssprache, Ausgewogenheit von religiösen und säkularen Ausbildungsinhalten, genügend gut qualifizierte Lehrer sowie eine ausreichende Zahl von Schülern. Trotz diverser Kontroversen in diesen Fragen waren sich beide Seiten darüber einig, was sie nicht wollten: „[...] a half-educated African who considered himself quite as good as, if not better than, the white man who governed him."[197]

Der Schwerpunkt sollte eindeutig auf der Vermittlung agrarisch relevanter Kenntnisse liegen. Zum einen galt die Landwirtschaft in der Ideologie der indirekten Herrschaft als das eigentliche, gleichsam natürliche Betätigungsfeld der afrikanischen Bevölkerung; zum anderen glaubten die Verantwortlichen auf diese Weise dem Schreckgespenst einer „Überproduktion" von gut ausgebildeten Kräften, für die es dann keine adäquaten Arbeitsmöglichkeiten geben würde, beikommen zu können.[198] Besonders während der Weltwirtschaftskrise kam es dann aber doch wiederholt zu Klagen in administrativen Berichten, dass gut ausgebildete Schulabgänger keine angemessene Beschäftigung finden würden.[199] 1926 wurde nach metropolitanem Vorbild ein *Advisory Committee on African Education* (ACAE) eingerichtet, in dem Missionare, aber auch Vertreter der Handelskammer sowie der europäischen Pflanzervereinigungen ein gewichtiges Wort mitsprachen. Zwei vom Gouverneur ernannte Afrikaner gehörten dem Gremium ebenfalls an. Auf Provinzebene kam es zur Gründung regionaler Bildungskomitees, in denen in der Regel auch Chiefs mitwirkten.[200] Diese Einrichtungen

---

[196] Vgl. George Bennett, Paramountcy to Partnership. J. H. Oldham and Africa, in: Africa 30,3 (1960), 356–360, hier: 357; Oliver, Missionary Factor, 261ff. Die katholischen Missionen waren bezüglich der Kooperation mit der Regierung in der Regel sehr viel zurückhaltender, in bestimmten Regionen erwiesen sie sich jedoch geradezu als Vorreiter einer intensiven Bildungsarbeit, etwa mit der Einrichtung der *Teacher Training School* in Morogoro durch die *Pères du St. Esprit* im Dezember 1926. Vgl. Peter Pels, A Politics of Presence. Contacts between Missionaries and Waluguru in Late Colonial Tanganyika, Amsterdam 1999, 200ff. Zur Haltung der katholischen Missionen vgl. ferner TNA 12818: Points for the Information of the Director of Education from the Conference of Heads of Roman Catholic Missions of Tanganyika Territory, 6.–9. August 1928.

[197] Tanganyika Chief Secretary John Scott 1925, zit. nach Morris-Hale, 268.

[198] Vgl. Government of Tanganyika, Report Tanganyika Education Conference 1925, 5f., wo die Produktion von gut ausgebildeten Arbeitslosen gar als „the source of most of the world's social ills" bezeichnet wurde. Insbesondere Erfahrungen in Indien und Ceylon hatten die Kolonialadministratoren für diese Problematik sensibilisiert. Dem *Director of Education* schwebte gar eine planwirtschaftliche Ordnung im Erziehungswesen vor: „Probably the greatest pittfall [...] is overproduction [...] saddling an unsuspecting posterity with a top heavy social system [...] In fact the ideal for a system of African education would be that based on an employment census and a careful forecast of economic development; educational activities, other than village schools having a definite agricultural bias, should be rigidly limited in output to the estimated capacity of the country's power of absorption." Vgl. Tanganyika Territory, Education Department, Annual Report for the Year 1926, Dar es Salaam 1927, 1. Vgl. auch Thompson, 25.

[199] Vgl. etwa PRO CO 691/129/2: Director of Education (A. A. M. Isherwood): Memorandum on African Education, o. D. [Januar 1933]. Gleichzeitig beschwerten sich jedoch verschiedene Bereiche der Verwaltung über den Mangel an ausgebildeten Fachkräften. Vgl. weiter unten.

[200] Vgl. TNA 18875: Director of Education (Rivers-Smith) an Chief Secretary, 29.8.1930. Einer der beiden afrikanischen Vertreter im ACAE war ab 1929 Martin Kayamba, der in den 1930er Jahren den höchsten für Afrikaner zugänglichen Posten in der Kolonialverwaltung innehatte. Zu Kayamba und seiner Rolle in diesem Gremium vgl. ausführlich Kap. II.,4.

arbeiteten die praktischen Details der Kooperation zwischen Regierung und Missionen für die jeweiligen Orte aus.[201]

Das wohl radikalste Experiment der „Anpassung" an vermeintliche Traditionen stellte die allerdings kurzlebige, in den späten 1920er Jahren von William Bryant Mumford initiierte und geleitete *tribal school* in Malangali im Iringa Distrikt dar. Mumford, ein in Cambridge ausgebildeter Anthropologe, hatte als *Education Officer* in Bukoba gearbeitet und war dann mit Hilfe eines Stipendiums der Rockefeller Stiftung zwei Jahre durch England, die USA und Kanada gereist, um mit Pädagogen, Psychologen und Anthropologen Probleme der Erziehung in Afrika zu diskutieren. In Malangali versuchte er das, was er als positive traditionelle Elemente der Hehe ansah, für die schulische Ordnung nutzbar zu machen, um die einheimischen Schüler behutsam auf den Kontakt mit den Europäern vorzubereiten.[202] So fungierten Ältere als moralische Tutoren der Schüler, die ihrerseits „traditionelle" Kleidung trugen, in mit lokalen Materialien gebauten Hütten (*tombes*) lebten, zur körperlichen Ertüchtigung Speerwerfen und „Stammestänze" praktizierten anstatt Fußball zu spielen und ausführliche Unterweisungen in der Lokalgeschichte und in einheimischen Handwerken erhielten, bevor sie Lesen und Schreiben lernten. Europäisches Mobiliar war in der Schule ebenfalls verpönt, galt sogar als gefährlich: „Teaching boys to sit on chairs or at desks, where sitting on chairs is reserved for chiefs and old men gives the boys an undesirable conceit of themselves."[203]

Mumford selbst nannte mehrere Motive für dieses Projekt. Einmal war es ihm, so schrieb er, darum zu tun, den Menschen den Glauben an sich selbst zu geben und ihnen das Gefühl zu vermitteln, dass ihre Vorfahren stolz auf sie sein könnten. Daneben sollte ein solches Schulmodell aber auch die Abwanderung in die Städte bremsen und das Entstehen eines *over-dressed and self-opiniated clerical type* verhindern.[204] Während der *Director of Education*, Rivers-Smith, das Projekt von Beginn an stützte, fühlte sich Gouverneur Cameron sogleich missinterpretiert: „We aim at making a good African and not a cheap imitation of a European, but in saying that I do not think that I have ever intended that we wanted the native to continue to *think*, for the greater part, as an African."[205] Im Laufe der Jahre nahm Kritik am Malangali-Experiment zu,[206] und nach Mumfords Abschied aus dem Kolonialdienst 1934 erklärte das zuständige *Education Department* sein Konzept für gescheitert; die Schule wurde als *Native Administration School* mit geringer finanzieller Ausstattung weitergeführt.

Auch in Malangali stand die Verbesserung landwirtschaftlicher Methoden ganz oben auf der Prioritätenliste. Dort wie in den meisten anderen Schulen bestand allerdings eine beträchtliche Kluft zwischen dem Bekenntnis zur agrarischen Ausrichtung und der konkreten Unterrichtspraxis.[207] Kaum ein europäischer Lehrer wusste etwas über Landwirtschaft, kaum einer hatte genaue Vorstellungen, wie man diesen Bereich ins Curriculum integrieren könnte. Die entsprechenden Kenntnisse afrikanischer Lehrer waren fundierter, aber mehr als die Eltern ihrer Schüler verstanden sie auch nicht davon; zudem waren sie nicht gewillt, Teilzeitbauern zu werden. Das *Agricultural Department* wiederum verfügte zwar über ein beträchtliches Know-how, aber es fehlte an Zeit und Personal, um Kinder zu unterrichten. Im Übrigen herrschte aller anderslautenden Rhetorik zum Trotz bei den meisten Lehrern die Meinung, Landwirtschaft sei etwas für schlechte Schüler. Und schließlich konterkarierte die Karriere- und Einkommensstruktur der kolonialen Ökonomie das administrative Loblied auf die

---

[201] Vgl. für das Beispiel Bukoba: Austen, Northwestern Tanzania, 177.

[202] Vgl. TNA 19390/II: William B. Mumford, Memorandum on Education and the Social Adjustment of Primitive Peoples of Africa to European Culture, 1927 (Auszüge aus dem Memorandum finden sich in Annual Report League 1928, 47ff.); Mumford, Malangali School, in: Africa 3,2 (1930), 265–292. Zu Mumford und der *tribal school* in Malangali vgl. ferner Morris-Hale, 88ff.; Thompson, 27; Iliffe, Modern History, 339.

[203] Mumford, Memorandum, 26.

[204] Ebd., 6, 28.

[205] TNA 19390/II: Note by His Excellency the Governor on the Memorandum [...] by Mumford, 24. 12. 1927, 2 [Hervorhebung im Orig.].

[206] Vgl. dazu detailliert Morris-Hale, 96ff.

[207] Vgl. für den folgenden Absatz Iliffe, Modern History, 340.

Feldarbeit. So strebten afrikanische Schüler lieber danach, Lesen und Schreiben zu lernen, weil ihnen diese Fertigkeiten wichtiger erschienen für den Zugang zu höheren Löhnen und zu den Ressourcen des kolonialen Staates als vertiefte Kenntnisse des Ackerbaus. Martin Kayamba, ein afrikanischer Regierungsangestellter, fasste diese Haltung zusammen:

„The Africans think that without literary education their present rate of progress will be very slow indeed and unnecessarily slow [...] Those who think that literary education is unsuitable for Africans ignore the fact of its importance and indispensability to any sort of education, and therefore deny the Africans the very means of progress."[208]

Im Tanganyika der Zwischenkriegszeit bestanden indes nur geringe Bildungsmöglichkeiten für ehrgeizige junge Afrikaner. Das Gros der Schüler besuchte dörfliche Grundschulen (*Primary Village Schools*), die in vier Kategorien unterteilt waren: *Government Village Schools* mit staatlich anerkanntem Lehrpersonal; *Native Administration Schools*, die in der Regel von den *Native Councils* geführt und finanziert wurden, an denen aber vom *Education Department* akzeptierte Lehrer unterrichteten; *Assisted Mission Schools*, die staatliche Unterstützung empfingen, sich entsprechend an die Curricula-Vorgaben der Regierung hielten sowie staatlich legitimierte Lehrkräfte beschäftigten;[209] schließlich *Unassisted Mission Schools*, die keine Unterstützung seitens der Regierung bekamen und in denen Lehrer ohne Zertifikat sich weitgehend auf religiöse Unterweisungen in lokalen Sprachen konzentrierten. In der letztgenannten Kategorie fanden sich mit Abstand die meisten Schüler.[210] Der Unterricht in den *Primary Village Schools* wurde in Swahili abgehalten und beschränkte sich auf vier Jahre. Auf dem Stundenplan standen in der Regel Rechnen, Schreiben, Lesen, christliche Religion, Geographie, Biologie, Geschichte des britischen Empire und Landwirtschaft.[211] Zwischen den Missionen und *Native Authorities* herrschte in diesem Bereich durchaus Konkurrenz um staatliche Mittel und Einflussnahme, insbesondere am Kilimanjaro, wo sich die lokalen Chiefs eifrig um die Einrichtung von Schulen bemüht zeigten, und wo der lokalen *Treasury* dank der Einnahmen aus der Kaffeeproduktion vergleichsweise üppige Mittel zur Verfügung standen.[212]

---

[208] Perham, Ten Africans, 248.

[209] Ein wichtiges Kriterium für die staatliche Anerkennung eines Lehrers bestand im Übrigen im Nachweis seiner Ehe. Vgl. TNA 11790/I: Director of Education an Chief Secretary, 9. 11. 1928: „The first condition is that the teacher must be married and the wife must be literate. The man must have proved himself as a teacher and be of good character."

[210] 1930 registrierte die Verwaltung zum Beispiel 2825 *Unassisted Village Schools* mit insgesamt 106807 Schülern. 127 *Assisted Village Schools* wurden in diesem Jahr von 9826 Kindern besucht. Dagegen gab es nur 47 *Government Village Schools* mit 2821 Schülern sowie 35 *Native Administration Schools* mit 2385 Schülern. Vgl. Annual Report League 1930, 59.

[211] Vgl. PRO CO 691/90/7: Tanganyika Gazette vom 25. 2. 1927 mit ausführlichen Hinweisen zu den Unterrichtsfächern in den verschiedenen Schulformen.

[212] Chief Petro Marealle etwa beschwerte sich vehement über den wachsenden Einfluss der Missionen im Primarschulbereich: „Gigantic allocation of funds has been proposed for the Missions whilst only a negligible amount has been granted to the Native Administrations [...] The inordinate influence of the missions [...] overshadows the very real needs and requests made by Africans [...] These are usually brushed aside and their protagonists humiliated and cowed down by a clerical and proclerical influential majority. The new District Education Advisory Committees with their influential European missionary representatives constantly advise against the opening of Native Administration Schools and whenever they hear of an application by a section of the tribe to have an N. A. school, they often try to open a Bush School and then apply for its registration, which then precludes the application for an N. A. school." Zit. nach Terence Ranger, African Attempts to Control Education in East and Central Africa, 1900-1939, in: Past & Present 32 (1965), 57-85, hier: 77. Vgl. ferner Zachary E. Lawuo, Education and Social Change in a Rural Community. A Study of Colonial Education and Local Response among the Chagga between 1920 and 1945, Dar es Salaam 1984, bes. Kap. 4 u. 5. Vgl. zu dieser Frage auch TNA 18875: „Native Education". Report of Local Authorities Sub-Committee, Dezember 1932. Zum Problem der Finanzierung von *Native Authority Schools* vgl. ferner TNA 26372: Provincial Commissioner Northern Province an Chief Secretary, 11. 11. 1939.

Nach Abschluss der vier Schuljahre teilte sich das System. Für Schüler bestand die Möglichkeit, entweder zwei weitere Jahre Unterricht in Swahili zu absolvieren, um im Anschluss als Dorfschullehrer oder aber im handwerklichen Bereich ausgebildet zu werden,[213] oder mit englischsprachigen Kursen fortzufahren, die eventuell zum Besuch einer Realschule und des Makerere College in Uganda führen konnten. Von den insgesamt sechs Regierungsschulen boten Dar es Salaam, Tanga und Tabora Unterricht in Englisch an, während in Moshi, Mwanza und Malangali Swahili Kurssprache blieb. Doch lediglich rund drei Prozent aller Schüler gelang der Sprung über den Primarschulsektor hinweg in eine weiterführende Schule.[214] Die Regierungsschule Tabora nahm im Schulwesen Tanganyikas eine besondere Rolle ein. Die 1925 als *Boys Central Government Secondary School* gegründete Einrichtung war als eine Art Kaderschmiede für künftige Verwaltungsmitarbeiter konzipiert und stand daher zu Beginn lediglich Mitgliedern von Chief-Familien offen.[215] *Tabora School* war nach den Grundsätzen einer englischen *Public School* organisiert. Auf dem Stundenplan der angehenden Administratoren standen:

„Typewriting (touch typing and Pitman's gramophone course); book-keeping; correspondence; précis and indexing; office routine; English and mathematics [...] Practical instruction in office routine was given when possible also the leeping of ration ledgers, store ledgers and the keeping of meteorological records. Accuracy in typewriting and tidiness was insisted upon both in office and classroom. Official modes of address and abbreviations are taught under the subject of correspondence. Emphasis is laid upon the correct spacing of typing."[216]

Mitte der 1930er Jahre wurde eine kompetitive Eingangsprüfung eingeführt, so dass fortan die familiären Bande zu einem Chief nicht mehr Voraussetzung für den Schulbesuch in Tabora waren.[217] Bis zur Unabhängigkeit bewahrte die Schule ihren guten Ruf als „Eton of Tanganyika".[218]

Pläne für ein University College in Tanganyika verwarf die Regierung in Dar es Salaam. „It is necessary to emphazise", hieß es in einem Memorandum vom November 1935,

„that the natives of Tanganyika, with the rarest exceptions, have not only not yet reached the educational and social standard requiring an university education but that they are generally so poor that they cannot contem-

---

[213] Die Lehrerausbildung war zunächst in zwei Stufen aufgeteilt: Eine relativ kleine Gruppe wurde an einigen ausgewählten staatlichen und Missionsschulen zu *Grade I*-Lehrern ausgebildet, um später in englischer Sprache zu unterrichten. Eine wesentlich größere Zahl von Schülern erhielt eine Ausbildung als *Grade II*-Lehrer, um danach im Primarschulsektor Unterricht zu erteilen. 1932 schaffte die Regierung die Ausbildung zum *Grade I*-Lehrer nicht zuletzt aus finanziellen Gründen ab, um fortan Absolventen des Makerere College anzustellen. Des Weiteren bewarben sich verstärkt bereits im Schuldienst Tätige für das *Grade I*-Examen. Vgl. Annual Report League 1931, 68f.; Annual Report League 1935, 107. Vgl. ferner Morris-Hale, 65ff.

[214] Vgl. Buchert, 27.

[215] Allerdings besuchten von Beginn an auch Söhne von *commoners* diese Schule. Drei der von Katrin Bromber und mir interviewten Tabora-Absolventen der frühen 1930er Jahre (Chande Othman; Jakobo Yohanna; Charles Hisis) gehörten beispielsweise keiner Chief-Familie an. Und bereits 1930 finden sich in offiziellen Berichten sehr kritische Töne über das Modell, lediglich Söhne von Chiefs zu berücksichtigen: „The sons of Chiefs originally selected are rapidly passing out, and successors of the same type are not forthcoming, nor does it seem consonant with the ultimate destiny of the school that accomodation in an institution of this nature should be occupied by sub-standard pupils." Vgl. Government of Tanganyika, Tanganyika Education Annual Report for 1930, 12. Die Söhne einiger wichtiger Chiefs mussten auf Geheiß der Verwaltung in Dar es Salaam „durchgeschleppt" werden, obwohl sie offenkundig nicht die erforderlichen Leistungen brachten. Vgl. TNA 13658: Director of Education an Secretary Native Affairs, 19. 10. 1932; P.C. Lake Province an Chief Secretary, 10. 11. 1932.

[216] RH MSS Brit. Emp. s. 322: Annual Report of the Education Department 1936: Appendix B: Report by the Headmaster of Government School Tabora, 20.

[217] Vgl. Listowel, 93.

[218] RH MSS Afr. s. 767: Muriel-Francis Pelham-Johnson, A Tour of Tanganyika, Kenya and Uganda, February to June 1945, 4.

plate the cost even though the expenses of courses at a local university college were appreciably less than those at universities in Europe."[219]

Für Tanzanier, die eine höhere Bildungsstufe anstrebten, blieb lange Zeit lediglich das 1922 gegründete Makerere College in Kampala, Uganda.[220] Die Verwaltung in Dar es Salaam zögerte anfänglich, tanzanische Studenten dorthin zu schicken. Man fürchtete, sie würden dort zu politischen Agitatoren werden.[221] Ab 1934 jedoch gingen regelmäßig sechs oder sieben junge Tanzanier nach Makerere, so dass 1939 insgesamt knapp fünfzig Studenten aus Tanganyika, zumeist mit einem schmalen Regierungsstipendium ausgestattet, das College durchlaufen hatten.[222] Das stark auf „Assimilation", auf die Vermittlung westlicher Werte und akademischer Tugenden ausgerichtete Lehrprogramm in Makerere war allerdings immer wieder der Kritik von Seiten der *indirect rule*-Ideologen ausgesetzt. Auf einer Inspektionsreise 1936 bedauerten die *Directors of Education* der britischen Ostafrika-Kolonien „the almost entire absence of anything African within the whole range of student activities".[223] Während des Zweiten Weltkriegs ging die Zahl der tanzanischen Makerere-Studenten drastisch zurück. 1945 erreichte niemand die entsprechende Qualifikation, 1946 begannen lediglich zwei Personen aus Tanganyika ihr Studium in Kampala. Das Kolonialministerium in London hatte dafür eine simple Erklärung: „[...] the Tanganyika Territory Education Department is rotten bad."[224] Kaum ein Tanzanier schaffte es in dieser Periode, ein Studium in Europa oder den USA zu absolvieren, während bereits eine beträchtliche Zahl von Westafrikanern die amerikanischen und britischen Universitäten besuchte.[225] Lediglich einer Handvoll junger Männer aus Tanganyika, die sich auf ihren Beruf als Pastor vorbereiteten, gelang der Sprung an eine theologische Hochschule in Übersee.[226]

Und die Mädchenbildung? Die verantwortlichen britischen Administratoren reproduzierten zunächst mehr oder weniger die im *Education Policy*-Memorandum des *Colonial Office* (vgl. weiter oben) formulierten Aussagen über die Notwendigkeit, Frauen schulisch auszubilden, auf dass sie

---

[219] TNA 13658: Higher Education of Africans. Memorandum by the Government of Tanganyika, 22. 11. 1935.

[220] Zur Geschichte dieser Institution vgl. etwa J. E. Goldthorpe, An African Elite. Makerere College Students, 1922–1960, Nairobi 1965; Margaret MacPherson, The Built for the Future. A Chronicle of Makerere University College 1922–1962, Cambridge 1964; Carol Sicherman, Becoming an African University. Makerere 1922–2000, Trenton/NJ 2005; Appolos O. Nwauwa, Imperialism, Academe and Nationalism. Britain and University Education for Africans 1860–1960, London 1997, Kap. 3.

[221] Vgl. TNA 13658: Isherwood an Chief Secretary, 15. 4. 1932. Vgl. dazu ferner Nizar A. Motani, Makerere College 1922–1940. A Study in Colonial Rule and Educational Retardation, in: African Affairs 78,312 (1979), 357–369.

[222] Vgl. TNA 25103: Director of Education and Chief Secretary, 20. 6. 1941. Das Gros der tanzanischen Studenten in Makerere war in der Lehrerausbildung und in der medizinischen Fakultät eingeschrieben. Vgl. RH MSS Brit. Emp. s. 322: Annual Report Education Department 1936, 5.

[223] Vgl. TNA 23820: Report on the Inspection of Makerere College, Febr. 1936. Vgl. auch Iliffe, Modern History, 341.

[224] Zit. nach Iliffe, Modern History, 356.

[225] Vgl. für Großbritannien Hakim Adi, West Africans in Britain 1900–1960. Nationalism, Pan-Africanism and Communism, London 1998, bes. 6–88. Überblick bei Andreas Eckert, Universitäten und die Politik des Exils. Afrikanische Studenten und antikoloniale Politik in Europa, 1900–1960, in: Jahrbuch für Universitätsgeschichte 7 (2004), 129–145.

[226] Vgl. TNA 19413/II: Chief Secretary an Director of Education, 24. 10. 1935: „At the present time the only students from this country who ever go to Europe for further education are certain Mission students who are sent under the aegis of their Missionary Society and nearly alway for the purpose of taking a divinity course at one of the theological colleges. I do not anticipate that any African students other than a few Missionary ones will go to Europe for further education for many years to come from this Territory." Einige Interessenten wurden trotz wichtiger Fürsprecher abgewiesen. Paolo Mwinyipembe, der mit Unterstützung von Canon Broomfield (University Mission for Central Africa) nach seinem Abschluss in Makerere das Studium in Oxford fortsetzen wollte, erhielt keine Erlaubnis. Vgl. TNA 23140/I: Director of Education an Chief Secretary, 11. 12. 1935; Canon Broomfield an Director of Education 29. 10. 1935, 15. 11. 1935; Iliffe, Modern History, 396.

als angemessene Partnerinnen der männlichen Schulabgänger fungieren könnten.[227] In diese Ordnung der Geschlechter fügte sich ein, dass der Bereich der Mädchenbildung nicht zuletzt dank der ehrenamtlichen Tätigkeit von Ehegattinnen einiger Kolonialbeamten funktionierte.[228] Die große Mehrheit der afrikanischen Schülerinnen besuchte allerdings Missionsschulen, und nur eine kleine Schar setzte ihre Ausbildung nach vier Jahren Grundschule fort. Der weibliche Anteil an der Gesamtschülerzahl blieb in der Zwischenkriegszeit immer unter zehn Prozent.[229] Zu den wenigen staatlichen Mädchenschulen gehörte das 1929 gegründete Internat in Tabora. Folgt man den Beschreibungen der Örtlichkeit durch die britische Publizistin Judith Listowel, hatte die Schule eher Gefängnischarakter: „Inside a ten-foot-high, enormously thick wall, three classrooms and four dormitories were erected, housing thirty girls and four teachers. At night, two watchmen locked the outside gate, all the doors, and patrolled the grounds."[230] Dieses Bild fasst gewissermaßen im Kleinen das System der indirekten Herrschaft zusammen, den Versuch, übersichtliche, begrenzte und undurchlässige Räume zu schaffen und dort Ordnung zu halten. Der Unterricht richtete sich vornehmlich auf die Vermittlung häuslicher Fertigkeiten aus – Fächer wie Kochen, Hauswirtschaft, Kindererziehung hatten auf dem Lehrplan Priorität. Die Ausbildung lokaler weiblicher Lehrkräfte ging indes bis zum Zweiten Weltkrieg nur schleppend voran und bot wiederum einen Vorwand, den Ausbau staatlicher Mädchenschulen zu begrenzen.[231]

Der Hinweis auf finanzielle Restriktionen diente, vor allem nach Beginn der Weltwirtschaftskrise, als Hauptargument für die äußerst zögerliche Förderung der Bildungsmöglichkeiten für Afrikaner. Ein vom Londoner Kolonialministerium entsandter Finanzexperte notierte in seinem 1932 publizierten Bericht, die gesamte Verwaltungsmaschinerie in Tanganyika sei zu aufwändig und zu teuer, insbesondere das Erziehungswesen.[232] Es folgten Schulschließungen, Personalabbau sowie geringere Zuwendungen für die einzelnen Schultypen. Zwischen 1931 und 1935 reduzierten sich die Zulagen für den Posten „African Education" um nahezu ein Drittel.[233] Obwohl sich die wirtschaftliche Lage ab Mitte der 1930er Jahre wieder besserte, hielt sich die Regierung in Dar es Salaam mit der Aufstockung der Bildungsausgaben weiterhin sichtbar zurück. Dies führte nicht nur zu massiver Kritik seitens der Mandatskommission des Völkerbundes;[234] selbst das *Colonial Office* sah sich veranlasst, beim Gouverneur von Tanganyika mehr Mittel für das Erziehungswesen anzumahnen.[235] Was einige Mitglieder der Völkerbundskommission besonders erzürnte, war die Tatsache, dass der kontinuierlichen Ausgabenreduktion für die Ausbildung von Afrikanern eine substanzielle Anhebung der

---

[227] So hieß es im Tanganyika Education Annual Report for 1925, 42: „There is a very great need for female education on broad comprehensive lines, in order to provide suitable mates for our boys leaving school, that they may help them to carry the traditions and enlightened outlook which they have gained here to their own homes. As it is, the boys are only too likely to forget what they have learnt and leave the running of their homes to superstitious and ignorant wives."

[228] Im Annual Report League 1933, 67f. ist zu lesen: „The success of these schools [Government girls' schools in Dar es Salaam, Tanga, Tabora und Malangali] has been largely due to the work of the wives of Education Officers who have been appointed mistresses in charge."

[229] Vgl. Buchert, 26.

[230] Listowel, 98.

[231] Vgl. TNA 301/EDA/754: Headmistress African Girls' School Tanga an Director of Education, 9. 12. 1937; TNA 27881: Director of Education an Chief Secretary, Jan. 1940.

[232] Vgl. Colonial Office, Report of Sir Sydney Armitage-Smith on a Financial Mission to Tanganyika, London 1932. Vgl. ferner Morris-Hale, 114f.

[233] Vgl. Buchert, 23.

[234] Vgl. zur Kritik der Mandatskommission ausführlich Morris-Hale, 147ff.

[235] Vgl. etwa TNA 18680/III: Brief Sir Cecil Bottomley an Gouverneur MacMichael, 7. 5. 1937, wo es u. a. heißt: „He [Secretary of State for the Colonies] has been struck by the relatively low proportion which expenditure [on education] bears, in some cases at any rate, to the total budgets of the African dependencies [...] now that more prosperous conditions are generally prevailing he is anxious that the practicability of making more liberal provision for education may be most careful examined in connection with the preparation of next year's estimates." Vgl. ferner TNA 27881: Colonial Office an Gouverneur Tanganyika, 30. 11. 1939.

staatlichen Zuschüsse für die so genannte *non-African education* gegenüberstand. Das mag folgende statistische Berechnung illustrieren: Während in der ersten Hälfte der 1930er Jahre im Bildungsbereich die Ausgaben für die afrikanische Bevölkerung von rund 0,04 Shilling auf unter 0,03 Shilling pro Kopf sanken, stiegen die Pro-Kopf-Zuwendungen für die Europäer von circa 17 Shilling auf über 25 Shilling, für die Asiaten von gut 9 Shilling auf fast 11 Shilling.[236]

Die strenge Aufgliederung nach „rassischen" Kriterien gehörte zu den wesentlichen Charakteristika des kolonialen Erziehungswesens in Tanganyika. Anfänglich hatte es sogar Bestrebungen gegeben, aus ökonomischen Gründen Schulen für Afrikaner und Asiaten zu integrieren, doch sprachen politische Überlegungen gegen eine solche Lösung. Wie Rivers-Smith in einem ausführlichen Brief an den *Chief Secretary* darlegte, war das Risiko einer politischen Koalition der beiden „Rassen" zu groß. Dieses Schriftstück bietet einen vorzüglichen Einblick in die Überlegungen der *indirect rule*-Strategen und verdient daher, ausführlich zitiert zu werden. Denn es verdeutlicht am Beispiel des Erziehungswesens die charakteristische Mischung aus ideologischen, politischen und ökonomischen Erwägungen:

> „Co-education in theory should tend to the better understanding between the two races, and as there can be no doubt that the African must develop in close relationship with the Asiatic, it would appear that the greater the degree of understanding the better it will be for the economic progress of the territory [...] The principle of co-education should not hinder the advancement of the African, as presumably there will still be appointments open to him which will not be given to his Indian school fellow just because the latter happened to take a higher place in the qualifying examination [...] But, and I think it is a rather large ‚but‘ and one which should not be lightly passed over because it does not affect the present generation of the Administration, there is the political aspect which in all schemes of education should be kept constantly in view. With the knowledge of political development during the last few years in India, we cannot afford to ignore the possibility of an unfortunate African political repercussion in future years as a result of the development of a closer liaison between the two races which might be a result of co-education. At present we have a healthy rivalry and a growing race-consciousness amongst the Africans and a certain feeling of resentment that the Asiatics get so many of the ‚plums‘. In my opinion co-education might conceivably weaken this healthy and natural rivalry and eventually lead to making common cause for political end."[237]

Ab 1929 existierte ein Förderungsprogramm für einige „asiatische" bzw. „indische" Schulen, die sich bestimmten Regularien unterwarfen, etwa Unterricht in Gujarati oder Urdu in der Grundstufe sowie Kurse in englischer Sprache nach spätestens vier Jahren. 1932 erhielten elf von 32 Einrichtungen staatliche Unterstützung, die *Indian Central School* in Dar es Salaam führte ihre Schüler sogar zum Immatrikulationsstandard der Universität London.[238] Neben Tätigkeiten im Handel und im Plantagensektor waren es vor allem Positionen in der kolonialen Verwaltung, die von asiatischen Schulabgängern eingenommen wurden. Die asiatischen *clerks* entwickelten sich somit rasch zu Konkurrenten der kleinen Gruppe von afrikanischen Absolventen der Mittelschulen, die ebenfalls ihren Platz in der Verwaltungshierarchie Tanganyikas suchten. Bevor jedoch ein Profil dieser afrikanischen Bürokraten in der Zwischenkriegszeit entworfen wird, soll noch genauer nach jenen Werten und Ordnungsvorstellungen gefragt werden, die ihnen die Kolonialherren in der Schule zu vermitteln bzw. in die Körper einzuschreiben versuchten.

---

[236] Vgl. Morris-Hale, 149. Hinzugefügt sei, dass die statistische Basis für derartige Berechnungen äußerst problematisch ist.

[237] TNA 7017: Vertraulicher Brief Rivers-Smith an Chief Secretary, 24. 7. 1925. Vgl. ferner Mbilinyi, 242f.

[238] Vgl. Annual Report League 1931, 68f. Die Schulen der insgesamt weit über 10 000 Mitglieder zählenden ismaïlitischen Gemeinden fielen zum Teil ebenfalls unter das britische Förderungsschema, profitierten daneben aber von großzügigen Zuwendungen des Aga Khan. Vgl. dazu im Detail Paul J. Kaiser, Culture, Transnationalism, and Civil Society. Aga Khan Social Service Initiatives in Tanzania, Westport/London 1996, 23ff.

b) Disziplinierung und Charakter-Training

Die mit dem Erziehungswesen betrauten britischen Kolonialbeamten dachten zuallererst an Disziplin und Disziplinierung, wenn sie über koloniale Erziehung und Bildung diskutierten. Entsprechende Maßnahmen wurden unter die Rubrik „character training and development" subsumiert. Die Beamten versuchten ihr Ziel zu erreichen, indem sie einfache Tugenden, die Entwicklung korrekter Umgangsformen und Gewohnheiten einzuimpfen suchten, und zwar gerade jenen, die nicht mehr der vermeintlich „tribalen Disziplin" unterlagen. „Employment under Government [...] required character training", heißt es in einem Memorandum vom September 1945. Und weiter: „We are apt to forget that the home training of the African child lacks a great deal, more particularly in the towns, where tribal sections no longer exercise restraint and discipline."[239] Der stellvertretende Distriktoffizier Page-Jones betonte 1934 in einer Denkschrift über die Praktiken der Steuereintreibung durch die *Native Authorities*:

> „[...] discipline is lawabidingness, without which no state can prosper. The British race is probably the best disciplined in the world. Throughout, the object is to assist headmen rather than to coerce them, and penalties where spoken out are not in any sense to be regarded as general: but lack of penalties of any kind is bad for anyone. A penalty wisely and conveniently imposed may be of the very greatest value."[240]

Die mit dem Charakter-Training verbundene Disziplinierung der Körper musste auf mehreren Ebenen erfolgen, denn: „The value of daily washing parades is greatly diminished if clean bodies are covered by tattered and dirty garments."[241] Sauberkeit und Hygiene, die Kleidung und ihre Codes, das Essen, die Bewegungsformen und Normen konstituierten weitere wichtige Aspekte der kolonialen Lektion. Allerdings führten selbst britische Lehrer, Distriktbeamte und Mitarbeiter des *Education Department* regelmäßig Klage über die schlechte Finanzierung des Bildungssektors und die Kurzsichtigkeit der allgemeinen Verwaltung, die Schulen und Charakter-Training als Luxus betrachtete: „This Department", schrieb etwa John Blumer, Lehrer an der Tabora School, „has always recognised the necessity of character training as part of its work, but it has seldom been given the wherewithal to carry out that side of its work."[242]

Bevor die Praxis der schulischen Disziplinierung betrachtet wird, jedoch ein Blick auf die Praktiker. Was wissen wir über jene britischen Kolonialbeamten, die beständig ein Loblied auf Disziplinierung und Charakter-Training sangen? Eine standardisierte Verwaltung, so John Iliffe, bedurfte standardisierter Verwalter.[243] Die Rekrutierungsmethoden für den britischen kolonialen Verwaltungsdienst in Afrika erfuhren nach dem Ersten Weltkrieg eine deutliche Revision.[244] Während zuvor die Kandidaten vorwiegend einen militärischen Hintergrund hatten und in der Regel über Patronage, aber ohne spezielle Ausbildung zu ihren Posten kamen, griff das *Colonial Office* ab Mitte der 1920er Jahre verstärkt auf Absolventen aus Oxford und Cambridge zurück. Aufgrund der Initiative von Sir Ralph Furse, zwischen 1919 und 1948 in Kooperation mit zwei engen Mitarbeitern für die Auswahl

---

[239] TNA 22608: Memorandum G.W. Hatchell, Education and Training for Africans, 8.9.1945.

[240] TNA 13074: Memorandum F.H. Page-Jones, ADO Nzasa: Collection of Hut and Poll Tax, o.D. [Mai 1934].

[241] TNA 21218: Director of Education an Chief Secretary, 9.5.1944.

[242] RH MSS Afr. s. 1755/33: Blumer an Director of Education, 14.8.1947.

[243] Vgl. Iliffe, Modern History, 325.

[244] Für die Geschichte der britischen Kolonialverwaltung und Verwalter grundlegend sind: Anthony Kirk-Greene, A Biographical Dictionary of the British Colonial Service, 1939–1966, London 1991; ders., On Crown Service. A History of HM Colonial and Overseas Civil Services, 1837–1997, London/New York 1999; ders., Britain's Imperial Administrators, 1858–1966, London/New York 2000; Robert Heussler, Yesterday's Rulers. The Making of the British Colonial Service, New York 1963. Eine der wenigen Fallstudien an einem afrikanischen Beispiel bietet Henrika Kuklick, The Imperial Bureaucrat. The Colonial Administrative Service in the Gold Coast, 1920–1939, Stanford 1979.

der Kolonialbeamten verantwortlich, wurden an diesen beiden renommiertesten britischen Universitäten zudem mehrmonatige Ausbildungskurse eingerichtet, die stärker auch theoretische Aspekte der Kolonialherrschaft ins Curriculum einschlossen. Furses Familie gehörte zu jenen „gentlemanly capitalists", die, folgen wir Peter Cain und Anthony Hopkins, seit dem 17. Jahrhundert die eigentliche Trägerschicht des Empire ausmachten.[245] Er entstammte einer alten und gut vernetzten Gentry-Familie, besuchte das Elite-Internat Eton und studierte in Oxford, bevor er 1910 beim *Colonial Office* anheuerte. Kirk-Greene hat Furses Selektionsstrategie treffend als *reference-cum-interview method* charakterisiert. Er pflegte enge Kontakte zu Oxbridge Dons, die ihm wiederum als Talentspäher dienten und wussten, wo sie geeignete Kandidaten für den Kolonialdienst zu suchen hatten – und zwar eher in den Sportmannschaften der Colleges als unter den Klassenbesten.[246] Furses Hingabe und Integrität paarten sich mit einem Pflichtgefühl, das ebenso unerschütterlich wie unkritisch war. Sein Glaube an Englands imperiale Mission war mit Verhaltensregeln verknüpft, die auf den disziplinierenden Aspekten des militärischen Lebens sowie einiger Mannschaftssportarten, insbesondere Cricket, basierten. Wenig überraschend, rekrutierte sich die große Majorität der Kolonialbeamten aus genau jener Schicht, der auch Furse angehörte: der urbanen Gentry aus dem Süden Englands. Sie brachte jene Qualitäten des Charakters und der Persönlichkeit mit, die Furse als unabdingbar für den Umgang mit „Eingeborenen" ansah.[247]

Was genau aber waren diese Qualitäten? Die jüngere Forschung zum britischen Imperialismus hat auf die große Bedeutung hingewiesen, die das Idealbild eines zum heroischen Führer berufenen christlichen Gentleman erlangte. Die höchsten Werte der britischen Kolonialherrschaft fanden demnach Ausdruck in der prosperohaften Figur des einsamen *District Officer*, der kraft seines Charismas die Kolonisierten in seinem Bann hielt. Koloniale Herrschaft basierte, so verhieß das *gentlemanly ethos*, auf diskreter Drohung, punktueller Intervention, nicht zuletzt jedoch auf der, so Jürgen Osterhammel, „zähmenden Magie britischen Herrentums".[248] Die Formierung imperialer Persönlichkeiten durch gesellschaftliche Sozialisationsinstanzen spielt in diesem Zusammenhang eine wichtige Rolle. Neben den in den *Public Schools* vermittelten Werten wie Disziplin, Pünktlichkeit, Sauberkeit, Ordnung, Maskulinität, Verantwortungsbewusstsein und Gelassenheit kam vor allem dem Sport im Selbstbild wie dann auch in der kolonialen Praxis eine beträchtliche Signifikanz zu.[249]

---

[245] Peter J. Cain / Anthony G. Hopkins, British Imperialism. Bd. 1: Innovation and Expansion 1688–1914; Bd. 2: Crisis and Deconstruction 1914–1990, London/New York 1993. Zu Furse vgl. ebd., Bd. 2, 25f.; 209f.; Heussler, Yesterday's Rulers.

[246] Kirk-Greene, Administrators, 139; 130. Furse selbst behauptete von sich, er habe sich den Blick bewahrt „for the merits of that admirable class of persons whom university examiners consider worthy only of third-class honours." Sir Ralph Furse, Aucuparius. Recollections of a Recruiting Officer, London 1962, 9. Für die wichtige Rolle der Universität Oxford vgl. Richard Symonds, Oxford and Empire. The Last Lost Cause?, London 1986.

[247] Ebd., 122. Vgl. Cain / Hopkins, Bd. 2, 209, und die dort genannte Literatur. Zur Einordnung dieser Gentry-Klasse in das britische Gesellschaftsgefüge nach dem Ersten Weltkrieg vgl. u. a. Ross McKibben, Classes and Cultures. England 1918–1951, Oxford 1998; David Cannadine, Class in Britain, London/New Haven 1998, Kap. 4.

[248] Ausgezeichnet hierzu Kathryn Tidrick, Empire and the English Character, London 1992. Vgl. zusammenfassend Jürgen Osterhammel, Gentleman-Kapitalismus und Gentleman-Charakter, in: NPL 39,1 (1994), 5–13, hier: 10f. Zeitgenossen haben diese „zähmende Magie" in diversen Variationen immer wieder beschworen. So schrieb etwa Sir Theodore Cook 1927 in „Character and Sportsmanship": „[...] the constitution of the British Empire, unexpressed and inexpressible, does not depend on force and cannot by the sword alone be guarded. It is the visible, intangible impersonation of spiritual sympathies and associations. It lives because the blood that is its life is pulsing from its heart in England through every tissue of the body politic in every quarter of the globe." Zit. nach: James A. Mangan, Britain's Chief Spiritual Export. Imperial Sport as Moral Metaphor, Political Symbol and Cultural Bond, in: ders. (Hg.); The Cultural Bond. Sport, Empire, Society, London 1992, 1–10, hier: 5.

[249] Vgl. zu diesem Komplex die zahlreichen Studien von James A. Mangan wie: Athleticism in the Victorian and Edwardian Public School. The Emergence and Consolidation of an Educational Ideology, Cambridge 1981;

Bei der konkreten Auswahl glaubte das Trio um Furse den *high character* der Kandidaten für den Kolonialdienst indes vornehmlich an physischen Eigenschaften, Manierismen und Körpersprache erkennen zu können. Wie etwa der Historiker Robert Heussler hervorhebt, wimmelt es in den Interviewakten von entsprechenden Bemerkungen. Einige Kostproben: „A weak and selfish mouth"; „His appearance seemed to me to be a good gauge of his character"; „He has a strong face, inclined towards selfishness, and might incline to short temper with fools or uneducated primitive peoples."[250] Noch expliziter wird dieser Vorrang des Körperlichen in einem vertraulichen *Appointments Handbook* des Kolonialministeriums:

„His physical appearance will, of course, have been noted at once; the cut of his face and the extent, if any, to which he has the indefinable quality of ‚presence'. Colouring, build, movement, poise will have to come under review, and even such superficialities as style of dress and hair, health of skin and fingers. But your scrutiny will be directed chiefly to eyes and mouth, for they, whether in repose or in action – combined with speech and gesture, may tell you much. You will have in mind the truism that weakness of various kinds may lurk in a flabby lip or in averted eyes, just as singlemindedness and purpose are commonly reflected in a steady gaze and firm set of mouth and jaw. If need be you will search for any sights of nervous disorder, in the knowledge that an even temperament counts at least equally with a sound physique as a bulwark against the strains of a tropical or solitary existence."[251]

Die Verantwortlichen des *Colonial Office* nahmen das Äußere als Index für innere Werte, und die von ihnen erwählten Kolonialbeamten taten es ihnen nach, indem sie bei der Ausbildung und Anleitung ihrer (künftigen) lokalen Mitarbeiter auf Drill und Körperexerzitien setzten und eine Disziplinarpädagogik entfalteten, die bestimmte Charakterwerte in die Körper der Kolonisierten einzupflanzen helfen sollte.

Die im Tanganyika der Zwischenkriegszeit tätigen britischen Kolonialbeamten bildeten keineswegs eine homogene Einheit. Einige, vor allem in höheren Positionen, kamen noch aus der eher militärisch geprägten Generation vor 1914, andere waren unmittelbar nach dem Krieg aus Südafrika kommend in den Dienst der tanzanischen Kolonialverwaltung getreten, viele jüngere Distriktoffiziere waren Vertreter der neuen Oxbridge-Absolventen. Es gab zwischen ihnen diverse Konflikte über Detail- und Grundsatzfragen.[252] Doch die große Mehrheit war den auf den *Public Schools* vermittelten Idealen verbunden. Sie besaßen ähnliche Kenntnisse in alten Sprachen und Mathematik, hatten alle jahrelang morgens kalt geduscht und beherrschten die *stiff upper lips*. Sie glaubten gelernt zu haben, wie man gehorcht, bestraft und herrscht. Und sie teilten weitgehend die Überzeugung, dass den afrikanischen *Government clerks* in spe die ihnen vermeintlich unbekannte Disziplin in die Körper eingeschrieben werden musste, die Körper mussten kontrolliert und diszipliniert werden,

---

ders., The Games Ethic and Imperialism: Aspects of the Diffusion of an Ideal, London ²1998; ders. (Hg.), „Benefits Bestowed"? Education and British Imperialism, Manchester/New York 1988; ders. (Hg.), Making Imperial Mentalities. Socialisation and British Imperialism, Manchester/New York 1990. Für ein Beispiel aus dem kolonialen Tanganyika vgl. die Rede des britischen Distriktbeamten Lionel A.W. Vickers-Haviland anlässlich der Eröffnung eines Clubhauses in Moshi, 12.12.1936: „The opening of this Club House is to me a particularly welcome event as any step forward in the cause of sport and sportsmanship has always appealed to me as being worthy of our most ungrudging efforts. One of the essentials of the health and happiness of a community is the provision of adequate facilities for sport and bodily and mental relaxation. While, although I can say without fear of contradiction, that Moshi is noted for the happy relations existing between its communities, I have always felt that a club of this nature would further cement these relationships in the common bond of ‚Sport'" (RH MSS Afr. s. 1407).

[250] Zit. nach Heussler, Yesterday's Rulers, 75. Siehe ferner Kirk-Greene, Administrators, 140.
[251] Zit. nach ebd., 140f.
[252] Vgl. Heussler, British Tanganyika, 40ff. Die Distriktbeamten, vor allem jene in entlegenen Regionen, neigten dazu, die Kolonialbeamten in den Regierungsdepartments in Dar es Salaam als realitätsferne Bürokraten anzusehen, die vor allem unnütze Papiere produzierten.

Abb. 1: Tabora School.
Quelle: Privatbesitz Andreas Eckert.

wobei eine Mischung aus militärischem Drill,[253] (körperlichen) Strafen und der immer wiederkeh-
renden, täglichen Disziplineinübung als probates Mittel erschien.
Ein Journalist der Wochenzeitschrift *East Africa* pries diesbezüglich den vorbildlichen Stil der Tabora
School:

> „The school catches the sons of Native chiefs as young as possible. They are not treated harshly, but they are
> subjected to refreshing common-sense and no frills. The first thing they learn is personal cleanliness. Self-respect
> follows. Their minds are kept fully occupied, and their bodies kept fit by exercise and work. They are learning the
> dignity of manual labour, agriculture, and animal husbandry in a practical fashion by field work."[254]

Die *boarding schools* schienen der beste Garant für eine vollkommene Erziehung nach britischem
Vorbild zu sein. Die Zuweisung eines jeden Schülers an einen bestimmten Platz sollte dabei eine umfassende Kontrolle garantieren. Die Jungen wurden auf der Basis ihrer Herkunftsdistrikte in verschiedene Gruppen bzw. Häuser eingeteilt. Jede Gruppe wählte aus ihren Reihen dann einen *Head-Chief*
sowie einen weiteren oder mehrere Mitschüler als *Sub-Chiefs*. Erlasse der Schule wurden dem gewählten Oberhaupt mitgeteilt, das es an seine Gruppe weiterzugeben hatte und für die Einhaltung oder
Durchführung verantwortlich zeichnete. Die Einführung dieses Hierarchie begründenden Präfek-
tensystems bildete ein wesentliches Element im Rahmen des *character training*. Von Katrin Bromber
und mir interviewte Absolventen der Regierungsschulen in Tanga und Tabora strichen wiederholt die
Rolle der Präfekten bei der Einhaltung alltäglicher Ordnungs- und Sauberkeitsrituale hervor. Mzee
Karlo Mwalimu aus Muheza, Ehemaliger der Tabora School, bemerkte in einem Interview: „Erstens

---

[253] An den meisten Schulen gab es einen *Drill Officer*. Jahresberichte verschiedener Schulen unterstreichen immer
wieder dessen Wichtigkeit für die Disziplinierung der Schüler. Im Bericht des Education Office Songea heißt
es z. B.: „The appointment of an ex-Police askari as Drill Instructor at the Peramiko Central and Teachers'
School has led to a decided improvement in drill and smartness in this institution [...]" (TNA 19409: Education Office Songea. Quarterly Report for April-June 1931).
[254] East Africa, 21. 2. 1929. Eine Kopie dieser Ausgabe findet sich in TNA 11601.

hatten wir unsere Präfekten. Diese Kontrolleure waren Afrikaner, gleichfalls Kinder. Doch wenn Du als Präfekt ausgewählt wurdest, musstest Du Deine Mitschüler im Auge behalten. Morgens nach dem Aufstehen wurde festgelegt, wer ausfegt und wer das Geschirr abwäscht."[255] Im Übrigen waren Widerständigkeiten der Schüler gegen das Disziplinarsystem offenbar rar. Der ehemalige Lehrer John Blumer erinnert sich: „Discipline was never a problem. The only rule which had to be enforced from time to time was the rule against smoking. If caught, the offender got six with the cane. There was no ill feeling on either side and no stygma was attached to it. Offenses against discipline were rare."[256]

Der gesamte Tagesablauf wurde gemäß einer genauen Planung und einer strengen Zeiteinteilung gestaltet, die wenig Raum für individuelle Alternativen der afrikanischen Schüler ließ. Klingeln, Glocken und Pfeifen signalisierten die Aufforderung, bestimmte Tätigkeiten auszuführen oder zu unterlassen. Unpünktlichkeit galt als unverzeihliches Vergehen. Die Freizeit der Schüler war ebenfalls nach britischem Vorbild organisiert. Der Samstag war in der Tabora School dem Reinemachen, Sportveranstaltungen, Musik oder der Gartenarbeit vorbehalten. Der Sonntag diente dem Kirchgang und der Vorbereitung auf die kommende Woche. Die Briten betonten vor allem die Mannschafts-sportarten, insbesondere Fußball, gleichwohl waren auch individuelle Disziplinen wie zum Beispiel das Boxen von großer Bedeutung.[257] Die Ausbildung des *team spirit* stand im Vordergrund. Fußball-turniere mit anderen Schulen gehörten an den *boys schools* zu den Höhepunkten. Schließlich sollte auch das gemeinsame Musizieren in der *Tabora School Band* die Schaffung einer, heute würde man sagen, *corporate identity* fördern.[258]

In vielen Bereichen des alltäglichen Lebens wurde auf Uniformität gesetzt – in der Ausgestaltung des Schlafplatzes, beim Essen, auf dem Exerzierplatz und besonders bei der Kleidung. Kleidung schafft Distanz, Kleidung symbolisiert Herrschaftsverhältnisse. Sowohl Europäer als auch Afrikaner waren sich dieser Tatsache sehr bewusst.[259] Für Lehrer an der *Tabora School* galt eine strikte Kleider-ordnung: „Ein afrikanischer Lehrer," erinnerte sich Mzee Karlo Mwalimu, „musste einen *kanzu* tragen. Ein Lehrer durfte kein Hemd wie dieses karierte Hemd hier tragen, wenn er Kinder unterrich-tete. Er musste mit einem *kanzu* bekleidet sein. Die (afrikanischen) Lehrer durften Schuhe tragen. Die Europäer mussten in Anzügen erscheinen, Jackett, Hose und Krawatte. Unbedingt. Wenn er die Klasse betrat, um zu unterrichten, hatte er eine Krawatte zu tragen."[260] Die Kleiderordnung in der Schule kann gewissermaßen auch als Vorbereitung der Schüler auf den äußerst differenzierten *Dress Code* gesehen werden, der im gesamten Verwaltungsbereich (inklusive Polizei und Militär) herrschte

---

[255] Interview mit Mzee Karlo Mwalimu, Muheza, 12.3.1996.
[256] RH MSS Afr. s. 1755/33: John A. C. Blumer: Memorandum on Education in Tanganyika 1928–1959, o. D. [ca. 1982]. Diese Aussage bestätigten auch ehemalige Tabora Schüler. Vgl. Interviews mit Hamisi Akida, Dar es Salaam, 15.9.1997; Charles Hisis, Muheza, 11.3.1996; Thomas Marealle, 20.8.1999; Elias Peter Ngowa, 18.8.1999. 1930 war es allerdings zu einem kleinen Skandal gekommen, als mehrere Schüler des regelmä-ßigen und ungezügelten Konsums von *pombe* verdächtigt wurden. Es blieb jedoch bei Verwarnungen. Vgl. diverse Korrespondenz in TNA 26169.
[257] Der Boxsport gehört seit Beginn des 20. Jahrhunderts unter afrikanischen Männern zu den beliebtesten Sport-arten, vornehmlich im urbanen Raum. Vertreter der Kolonialmacht sahen diese Aktivitäten mit gemischten Gefühlen, da sie fürchteten, der Boxsport könne speziell die afrikanischen Arbeiter verrohen, deren Agressi-vität steigern und nicht zuletzt ihre Gesundheit und damit ihre Arbeitskraft beeinträchtigen. Zur Geschichte des Boxens in Tanzania liegen meines Wissens keine Untersuchungen vor. Vgl. insgesamt für Afrika einige Beiträge in William J. Baker / John A. Mangan (Hg.), Sport in Africa. Essays in Social History, New York/Lon-don 1987; Andreas Eckert, Sport und Kolonialismus in Afrika, in: Geschichte in Wissenschaft und Unterricht 56,10 (2005), 565–579.
[258] Vgl. TNA 23049: Government School Tabora. Presentation to School Band, April 1935.
[259] Terence Ranger, Dance and Society in Eastern Africa, 1890–1970. The Beni Ngoma, London 1975, 6, hat in diesem Zusammenhang betont: „Whether one likes or dislikes the fact, the question of what Africans should wear was an issue of importance to both black and whites." Vgl. auch die Beiträge in Hildi Hendrickson (Hg.), Clothing and Difference. Embodied Identities in Colonial and Post-Colonial Africa, Durham/London 1996; Jean Allman (Hg.), Fashioning Africa. Power and Politics of Dress, Bloomington 2005.
[260] Interview mit Mzee Karlo Mwalimu, Muheza, 12.3.1996.

und jeweils deutlich unterstrich, dass sich Hierarchien in der Verwaltung auch in der Kleidung wi-
derzuspiegeln hatten.[261] Kleinste Rangunterschiede wurden in den Kleidern und damit am Körperäußeren sichtbar gemacht. Der Zusammenhang zwischen Autorität und Uniform verdeutlicht sich
beispielsweise an den Diskussionen über das *Hot Weather Dress* der britischen Kolonialbamten. Als
sich die Kolonialverwaltung 1941 „aus klimatischen und ökonomischen" Gründen dazu entschloss,
eine leichte Baumwolluniform als Dienstkleidung für die europäischen Beamten einzuführen, betonte sie, dass dadurch keineswegs ein Verlust von Autorität und Würde zu fürchten sei.[262] Und
große Unsicherheit befiel die Kolonialherren, sobald die etablierte Konfektionsordnung ins Wanken
zu geraten drohte. Als etwa die ismaïlitischen Gemeinden anlässlich des Tanganyika-Besuchs des Aga
Khan im Februar 1937 Uniformen tragen wollten, erließ die Verwaltung rigide Auflagen, um jegliche
Ähnlichkeit mit der Kleidung von kolonialer Polizei und Militär zu verhindern.[263]

Der folgende ausführliche Auszug aus dem offiziellen Stundenplan fasst die Prinzipien und Praktiken der Tabora School noch einmal zusammen.[264] Er unterstreicht recht eindrucksvoll die Verknüpfung von britischen Raum-, Zeit- und Körpervorstellungen bei dem Versuch, die Schüler aus
ihrem sozialen Umfeld herauszulösen und sie in eine neue Werteordnung einzuführen. Bis ins letzte
Detail und nahezu für jede Minute sollte der Tag der Schüler geregelt und geordnet werden. Von
den Lehrinhalten war bezeichnenderweise nicht die Rede, dafür umso mehr von Pünktlichkeit, Sauberkeit, körperlicher Ertüchtigung und Kontrolle. Kreiert wurde gleichsam ein neues Ritual von
Körperpraktiken und Disziplin:

TIMETABLE

6.30 a.m. *Reveille.* – All boys to get up, tidy kit, spread out blankets, sweep room, wash themselves. All windows
to remain open. Any sick boy to take his blankets, bowls, etc., and go to the sick-room.
7.00 a.m. *Parade.* – In school courtyard by houses. Khaki is worn. Head boy marches the school to the football
field for physical drill. All boys must do physical drill except: (i) sick boys; (ii) tribe on sweeping duties for the
week; (iii) buglers who practise during this period. The house on sweeping duty for the week must weed all the
precints, kitchen yard, etc. It is its duty to see that all drains are kept clear and that water is not allowed to collect.
The boy in charge of the food-store weighs out food. If he needs assistants they must be drawn from the house
on duty.
7.30 a.m. *Breakfast.* – This is eaten outside in the kitchen yard except during the rains when it is eaten indoors.
Food must on no account be taken into bedrooms or classrooms. As soon as breakfast is over the dining room
benches and tables are scoured with sand. Bowls and basins are put ready for lunch; any tribe with a dirty table
may lose a house mark. Prefects sit at the head of tables. The benches and tables must also be cleaned after every
meal by the boys; the floor is swept later by a sweeper. Finishing touches are put to kit in the dormitories and
passages and classrooms swept by the boys on duty. Quinine and sick parade; all boys wash and brush up and put
on white jumpers.
8.30 a.m. *Parade.* – All boys fall in in two ranks in the courtyard, sick boys fall in to the right at the rear. Drum
and fife band to the right front. Parade taken by the European officer on duty. After inspection boys march off
to classrooms.

---

[261] In regelmäßigen Abständen wurden neue Dress Codes für die verschiedenen Verwaltungsbereiche erlassen.
Vgl. etwa PRO CO 691/100/7: Dress regulations Tanganyika Police; CO 691/125/10: Amendments to Dress
Regulations. Tanganyika Police, o. D. [Juli 1932]; CO 691/130/7: Dress regulations of Tanganyika Police,
1933. Wie wichtig die Regularien genommen wurden, bezeugt ein Brief des Gouverneurs von Tanganyika
an den Kolonialminister vom 17. 7. 1940, in dem in aller Ausführlichkeit über die überarbeiteten „Dress
Regulations for the Prisons Service" berichtet wird. Ein Mitarbeiter des *Colonial Office* konnte nicht umhin,
handschriftlich auf dem Dokument zu vermerken: „Tanganyika Territory clearly does not intend to allow the
War to divert their attention from really important things" (PRO CO 691/180/4).
[262] Vgl. TNA 30118: Acting Chief Secretary an All Heads of Department and Provincial Commissioners,
3. 11. 1941.
[263] Vgl. TNA 21042: Commissioner of Police an Chief Secretary, 19. 12. 1936; Rundschreiben Chief Secretary
an alle Provincial Commissioners, 5. 1. 1937.
[264] Der folgende Auszug ist entnommen aus RH MSS. Brit.Emp.s. 322: Annual Report of the Education Department 1937, Appendix D. Report by the Headmaster Tabora School, 37.

8.40–9.25 a.m. *First Period Classroom Work.* – Attendances entered up and daily roll sheet for the morning made out by the dresser. Head boy or band sergeant sounds the bell for changes of periods. Ten minutes break.

9.35–10.20 a.m. *Second Period.* – Fifteen minutes break.

10.35–11.20 a.m. *Third Period.* – Ten minutes break.

11.30–12.15 p.m. *Fourth Period.*

12.30 p.m. *Dinner.* – At the first bugle four orderlies from each tribe divide out the food, the bowls, basins, mugs, spoons and forks already laid out. Each mug is filled with water from a bucket placed on the floor by each table. No one except these orderlies and prefects is allowed in the dining-room until the second bugle. Boys then enter in a quiet and orderly manner and each sits down and waits until the prefect is satisfied that all are present before commencing to eat.

1.15 p.m. Milk issue to all boys if supply is adequate. Smallest boys first.

1.45–2.45 p.m. *Hobbies.* – These have been introduced at this hour since it became obvious that classroom work between 2 p.m. and 3 p.m. had little value and only handwork could keep everyone awake. Boys having chosen a hobby must keep it for a year. The following have been or are about to be introduced: – Band, carpentry, tailoring, drawing, basket-work, practical botany, care of chickens, rabbits and guinea pigs, collecting pictures, white-washing, cement washing walls, stool making, printing, painting wood and ironwork such as fencing, goal posts, and the polishing of desks, doors and windows. A European is in charge of several hobbies while an African teacher is in charge of each.

3.00–3.30. p.m. *Fifth Period.*

3.35–4.05 p.m. *Sixth Period.*

4.00–5.00 p.m. *Free.*

5.00 p.m. *Parade for all Boys.* – Football, hockey and fives. Athletics. Boys to provide referees and linesmen. Remainder go out into the gardens under the agricultural instructor who attends parade. Any other games such as boxing, deck tennis, rounders, as arranged by the European officer on duty. Prefects are put in charge of groups of boys in the gardens but must work themselves with their group.

6.45 p.m. *Wash and Change from Games Clothes.*

7.00 p.m. *Parade and Roll Call.* – Sounding of retreat while the flag is lowered: all boys stand at attention and face the flag. Full retreat drums and bugles sounded on Sundays. The roll call is called by the teacher on duty in the school yard. Boys walk up, house by house, and answer their names. Orderlies are called first.

7.15 p.m. *Supper.* – All boys eat in the dining-hall.

7.45–8.30 p.m. *Preparation Ends.* – Boys may not leave their classrooms except standards V, VIa and VIb who put away their books, go up to dormitories and are in bed by 8.45 p.m.

8.45 p.m. Standards VII and VIII leave their classrooms and go up to dormitories and are in bed by 9.00 p.m.

9.00 p.m. Silence in dormitories. Standards IX and X leave their classrooms and go up to dormitories.

9.15 p.m. *Lights Out.*

Between 9.30 p.m. and 12.00 midnight. The European officer on duty does his rounds and checks list which has been left in the Staff Room.

Saturdays

6.30 a.m. *Reveille.*

6.30–8.00 a.m. Clean up the entire school and courtyards, school gardens.

8.00 a.m. *Breakfast.*

8.30–9.45 a.m. *School Gardens and Band.* – Teachers check books in their charge and send in check slips. Rations ledgers and food store checked. Boys wash, lay out kit and prepare for inspection.

9.45 a.m. *Dormitory Inspection.* – By Headmaster and orderly officer. Marks awarded for smart turnput. Marks go towards the House Efficiency Shield.

10.00 a.m. *Inspection of whole School.* – Houses drawn up with drum and fife and brass bands. March past. Headmaster inspects and takes salute. Boys march straight into baraza. Band put away instruments and double into baraza.

Baraza. – House marks for the week announced. Punishments given and notices given out. School dismisses. Library opens. Pocket money is distributed. Permits for town leave issued. Personal shauri made.

Stores. – Issue of uniforms, books, etc., by European officer in charge of store.

5.00 p.m. *Games* and garden work as usual except that prefects have leave to go to the town.

8.30 p.m. *Cinema Shows, Sing-Songs, Concerts, Plays* or „*Ngomas*"; practices for singing competitions or reading in classrooms.

9.45 p.m. *Lights Out.*

Wednesdays

2.15 p.m. *Staff Meeting.* – Followed by issue of books or materials by European officer in charge of store. Boys wash clothes.

3.30 p.m. *Baraza*. – African staff only and boys. Hearing of cases.
5.00 p.m. *Games* and garden work as usual. Rest of the day as usual.

Die britischen Disziplinierungsanstrengungen setzten sich in den Amtsstuben fort. Korrekte Kleidung, Pünktlichkeit und Sauberkeit bildeten auch hier wichtige Parameter. Gerade Auseinandersetzungen über die Zeit sind in den Quellen immer wieder dokumentiert. Die Uhr wurde zu einem Symbol der Fortschritts- und Rationalitätsideologie.[265] Pünktlichkeit war ein wichtiger Faktor für das berufliche Fortkommen und Anlass für ein Lob der Kolonialherren.[266] Regelmäßig finden sich in den Memoiren britischer Kolonialbeamten Klagen über afrikanische Verwaltungsmitarbeiter, die zu spät kamen oder unter fadenscheinigen Erklärungen der Arbeit fern blieben.[267] In den Konflikten um Zeit im administrativen Alltag zeigen sich Herrschafts- und Disziplinierungsstrategien sowie Strategien der Verweigerung.[268] Die Zeit konnte Machtquelle für die „herrschenden" Kolonialherren ebenso wie für die „beherrschten" Kolonisierten sein. Wenn die „Zeit" unmittelbar Gegenstand des Konfliktes war, ging es etwa um die Länge der „Dienst-Zeit" und der „Frei-Zeit". Eine Strategie der tanzanischen *government clerks*, Sand in das Getriebe der kolonialen Disziplinierungsbemühungen zu bringen, bestand etwa darin, dass sie nicht im Zeitbudget blieben, welches ihnen die Kolonialbeamten zugeteilt hatten. Sie hielten sich nicht an Bürozeiten oder kamen an bestimmten Tagen, etwa an den nichtchristlichen religiösen Feiertagen, nicht zur Arbeit.[269]

Für beide Gruppen eröffneten die Auseinandersetzungen über die Zeitordnung Spielräume, keine Partei hatte letztlich ein Interesse, dieses Dilemma aufzulösen. Auf Seiten der Kolonialherren fügte sich die Strategie in ein übergeordnetes Konzept ein: Man setzte bestimmte Maßstäbe beziehungsweise Kriterien für Modernität, Fortschritt und Zivilisation wie eben Pünktlichkeit und eine spezifische Zeitdisziplin und konnte dann konstatieren, dass die meisten Afrikaner trotz aller Disziplinierungsanstrengungen noch lange nicht diesen Stand der Zivilisation erreichen würden. Auf Seiten der afrikanischen Bürokraten ermöglichte die Durchsetzung eigener, von kolonialer Seite als „rückständig" charakterisierter Zeitordnungen die Möglichkeit, Macht oder zumindest Widerständigkeit, also Spielräume im kolonialen Herrschaftsapparat zu demonstrieren.

---

[265] Einige interviewte Staatsdiener glaubten sich zu erinnern, sich bald nach Dienstbeginn eine Uhr angeschafft zu haben. Vgl. Interview Valentin Mtema, Mkuzi, 12. 3. 1996; Chande Othman, Tanga, 6. 3. 1996; Israel Saul Tarimo, Moshi, 16. 8. 1999.

[266] Vgl. etwa TNA 13597: Certificate of Service: Mohamed Rashid Lemki, 1. 6. 1931; Certificate of Service: John S. Chambe, 2. 4. 1932.

[267] Vgl. z. B. J. C. Cairns, Bush and Boma, London 1959.

[268] Vgl. zu diesem Aspekt die grundlegenden Überlegungen bei Trotha, Koloniale Herrschaft, 422ff.

[269] Vgl. TNA 21746: Provincial Commissioner Arusha an Chief Secretary, 4. 2. 1939.

4. Afrikanische Bürokraten

a) Auf der Suche nach der Zivilisation. Zum Profil der tanzanischen Staatsdiener

Die Erziehungsmethoden und -praktiken in Tabora können als Beispiel für ein zentrales Projekt des europäischen Kolonialismus gelesen werden: die Körper der Kolonisierten zu erobern und neu zu ordnen, bevor man ihnen intellektuelle Fähigkeiten einimpfen konnte.[270] Die Frage bleibt, ob und in welchem Maße diese Eroberung gelungen ist. Was wissen wir überhaupt von jenen Afrikanern, die in der Zwischenkriegszeit in der Verwaltung Dienst taten? Nicht viel! Das Bild der afrikanischen Staatsdiener muss äußerst provisorisch bleiben. Soviel ist immerhin sicher: Insgesamt blieb der Anteil gut ausgebildeter Afrikaner im administrativen Apparat Tanganyikas bis Mitte der 1940er Jahre sehr gering.[271] Ihre Tätigkeitsbereiche fanden sich sowohl in den verschiedenen Regierungsdepartments in Dar es Salaam als auch in den diversen *District* und *Provincial Offices*. Einige arbeiteten als Übersetzer, vor allem bei Gerichtsverhandlungen.[272] Das Gros versah jedoch Bürodienste, erledigte die Korrespondenz und Ablage, besaß hingegen nicht die geringste Entscheidungsbefugnis. Über ihren Verwaltungsalltag, über Konflikte, Distanzierungen und Annäherungen, auch über ihr Verhältnis zu Chiefs ist so gut wie nichts bekannt. Allein mit Hilfe ihrer überlieferten politischen Äußerungen und Versuchen der Organisationsbildung lässt sich ein erstes vorsichtiges Profil dieser Akteursgruppe erstellen.

Nach dem Ersten Weltkrieg stand die neue britische Verwaltung vor dem Dilemma, ausgebildete *clerks* zu benötigen, die jedoch möglichst wenig kosten sollten. Zunächst gab es die Tendenz, rasch Afrikaner für Verwaltungspositionen auszubilden, zumal dies auch dem Geist des Mandatsvertrages entsprach. Ein Komitee unter Leitung des Eisenbahndirektors Major G. A. P. Maxwell wurde beauftragt, das gesamte Territorium betreffende Standards für den administrativen Dienst auszuarbeiten. Es gelangte in seinem abschließenden Bericht zu der Auffassung, dass in allen unteren Bereichen der Verwaltung künftig Afrikaner gegenüber Asiaten zu bevorzugen seien. Bis 1932 sollte diesbezüglich die Afrikanisierung abgeschlossen sein.[273] Doch der dringende Bedarf an qualifizierten Mitarbeitern konterkarierte rasch diese Vision von einer afrikanischen Verwaltung. Nur wenige Monate nach

---

[270] Dieses Projekt wurde bereits Mitte der 1840er Jahre eindrucksvoll von einem französischen Militäroffizier in Algerien skizziert: „In effect the essential thing is to gather into groups this people which is everywhere and nowhere; the essential thing is to make them something we can seize hold of. When we have them in our hands, we will then be able to do many things which are quite impossible for us today and which will perhaps allow us to capture their minds after we have captured their bodies." Zit. nach Timothy Mitchell, Colonizing Egypt, Cambridge 1988, 95.

[271] Es war allerdings unmöglich, auch nur annähernde statistische Angaben über die Zahl der Regierungsangestellten zu ermitteln.

[272] Vgl. TNA 18363: Provincial Commissioner Central Province an Chief Secretary, 29. 1. 1930; Provincial Commissioner Mwanza Province an Chief Secretary, 24. 3. 1930.

[273] Vgl. PRO CO 691/54/477: Final Report Maxwell committee, 10. 12. 1921. Das *Colonial Office* unterstützte den Vorschlag zur Afrikanisierung nicht nur aus Kostengründen. „It is necessary to deprive, without creating any legitimate grievance, the Asiatics of the predominance which they have managed to obtain in the local administrations. It would be premature to go into details at present, but as soon as we have Africans qualified for the jobs, we shall be able to eliminate the Asiatics by offering salaries which only Africans could accept." PRO CO 691/58/447: Memorandum Charles Strachey: Tanganyika: Education of native Africans for Government Service (clerical and other), 9. 2. 1923. Die Argumente von Gouverneur Byatt waren vornehmlich ökonomischer Natur: „I believe that it is wise to give the native a due share in the administration and the prosperity of his own country, but chiefly because the employment of subordinates who are content with a far smaller wage, who are inured to the climate, and who do not require long periods of leave with an expensive oversea journey, will effect very large economies in the expenditure of the country." PRO CO 691/58/439: Byatt an Devonshire, 22. 11. 1922.

dem Maxwell-Bericht bat der amtierende Gouverneur das Kolonialministerium um Erlaubnis, mehr asiatische *clerks* einzustellen, um die Effizienz der Administration zu gewährleisten.[274] In der Folge konnte sich die Regierung nie zu konsequenten Schritten für die verstärkte Berücksichtigung von Afrikanern in der Administration durchringen. Ausbildungs- und Qualifizierungsmöglichkeiten für Afrikaner blieben relativ rar gesät, potenzielle Karrierewege wurden sowohl von britischen Distrikt-beamten als auch von Chiefs blockiert. Vereinzelte Versuche, die Integration von Schulabgängern in den Verwaltungsdienst zu systematisieren, zeitigten keine nennenswerten Folgen.[275] Um die notwen-dige Rekrutierung zu gewährleisten, fehlten – so das Standardargument – ohnehin die finanziellen Mittel.[276]

Quantitative Angaben zum Verwaltungsbereich liegen für die Zwischenkriegszeit allerdings kaum vor. Eine Statistik aus dem Jahre 1936 listet 21 ehemalige Tabora-Schüler auf, die in der Kolonial-administration einen Platz gefunden hatten, doch es gibt weder Angaben über die Gesamtzahl der Absolventen noch über den genauen Platz der Afrikaner in der Verwaltungshierarchie.[277] Die bri-tische Politik blieb widersprüchlich. Einerseits beklagten die Kolonialbeamten permanent den Man-gel an qualifiziertem afrikanischem Verwaltungspersonal und forderten etwa: „[...] getting rid of the uneducated and inefficient natives with whom at first we had to be content, and replacing them with those for whose education and training we have paid."[278] Andererseits betonte man immer wieder die begrenzten Fähigkeiten der afrikanischen Verwaltungsmitarbeiter: „Whilst reasonably efficient under supervision, none is sufficiently capable of carrying out the duties performed by the best Asi-atic clerks. The conclusion is that the African clerk, except in particular cases, has not yet reached the standard which fits him for higher clerical duties."[279]

Es war nicht zuletzt die Existenz und vermeintliche Bedrohung durch asiatische *Clerks*, die seit den 1920er Jahren zu einer langsamen politischen Mobilisierung zahlreicher afrikanischer Verwaltungs-mitarbeiter führte.[280] Viele Asiaten konnten zunächst in der Tat von der Errichtung des britischen Mandats profitieren. Der massive Einsatz asiatischer Truppen während des Ersten Weltkrieges hatte einen hochrangigen Vertreter des *India Office* sogar die Idee formulieren lassen, Deutsch-Ostafrika zu einer indischen Kolonie zu machen. Wichtige politische Führer des indischen Subkontinents wie Aga Khan erhoben ebenfalls diese Forderung. Doch Gandhi sprach sich gegen dieses Projekt mit dem Argument aus, imperiale Träume seien für Inder unangemessen und es müsse zunächst

---

[274] Vgl. PRO CO 691/54/517: Hollis an Churchill, 1.3.1922. Das positive Bild von Südasiaten als effizienten Verwaltungsmitarbeitern beruhte vor allem auf den zu Recht gerühmten Leistungen des *Indian Colonial Ser-vice*. Vgl. dazu David C. Potter, India's Political Administrators 1919–1983, Oxford 1986.

[275] In regelmäßigen Abständen mahnte das *Education Department* die einzelnen Abteilungen der Zentralver-waltung, ihren Bedarf an afrikanischen Mitarbeitern zu melden und vor allem – nach Rücksprache mit den Schulleitern – auf qualifizierte Schulabgänger zurückzugreifen. Vgl. etwa TNA 471/P3/5: Director of Educa-tion an alle Heads of Departments und Provincial Commissioners, 25.8.1934; ders. an dies., o.D. [Februar 1938]. In diesem Zusammenhang wurde immer wieder auch das Loblied auf den britischen Verwaltungs-dienst gesungen. So zitierte der Acting Director of Education in einem Brief an den Chief Secretary vom 22.7.1935 (TNA 21079) Sir William Beveridge, den Leiter der London School of Economics: „What has made the British Civil Service one of the best things in Britain is that entry to it is adapted to the Educational system." Die Übertragung des gepriesenen Prinzips auf Tanganyika wollte jedoch nicht recht gelingen. Vgl. den resignierten Hinweis des Acting Chief Secretary in seinem Rundschreiben an alle Provincial Commissio-ners, 18.4.1939 (TNA 471/P3/5).

[276] Vgl. etwa PRO CO 691/175: Governor an Secretary of State for the Colonies, 7.1.1939.

[277] Vgl. TNA 21079: Liste „Tabora School Boys in Government Service in 1.10.1936". Über die Tätigkeiten der kleinen Schar von Makerere-Absolventen waren mir für die Zwischenkriegszeit überhaupt keine statistischen Angaben zugänglich.

[278] Ebd.: Provincial Commissioner Western Province an District Officer Tabora, 18.6.1934. Vgl. auch RH MSS Afr. s. 1369: Commissioner of Police an Chief Secretary, 7.6.1935.

[279] TNA 22068: Memorandum Department of Agriculture: The Employment of African Staff and their Training, o.J. [1934], 1.

[280] Die folgenden Ausführungen basieren wesentlich auf Brennan, Nation, Kap. 2, 125ff.

darum gehen, die Verhältnisse im eigenen Land zu verbessern. Auch in Kreisen des *Colonial Office* wollte man von derartigen Vorschlägen nichts wissen.[281] Doch setzte dank liberaler Einwanderungsgesetze eine massive Immigration aus Südasien ein und ließ die Zahl der Inder in Tanganyika von rund 10 000 im Jahre 1921 auf über 25 000 zu Beginn der 1930er Jahre ansteigen.[282] Die ökonomischen Möglichkeiten gestalteten sich zunächst günstig. Inder vermochten viele vordem im Besitz von Deutschen befindliche Plantagen und städtische Grundstücke zu erstehen und dominierten bald in großen Teilen des Territoriums den Handel.[283] Zudem wurden sie rasch zu begehrten Mitarbeitern der Kolonialverwaltung, weil sie zumeist über eine bessere Ausbildung als Afrikaner verfügten, aber wesentlich billiger als Europäer waren.[284]

Die Ungleichheit zwischen asiatischen und europäischen *government clerks* bezüglich Gehältern, Wohngeld, Aufstiegsmöglichkeiten und Pensionsansprüchen gab früh Anlass zu organisierten politischen Aktivitäten. 1922 gründeten asiatische Verwaltungsmitarbeiter die *Tanganyika Asian Civil Service Association* (TACSA), die sogleich begann, in regelmäßiger Folge Petitionen an die Regierung in Dar es Salaam oder gar an den Kolonialminister zu schicken.[285] Zentrale Forderung war die Angleichung an die Privilegien der europäischen Staatsdiener, Kernargument die höhere Effizienz asiatischer Bürokraten, denen allein aufgrund eines ungerechten, nach Rassenkriterien geordneten Systems selbst minderqualifizierte Europäer vor die Nase gesetzt würden. Die Weltwirtschaftskrise verschärfte die Diskrepanz zwischen europäischen und asiatischen *clerks* und intensivierte bei letzteren das Gefühl, ungerecht behandelt zu werden.[286] Zunehmend kritisch beobachteten die Inder aber auch die Versuche der Regierung, verstärkt afrikanische Schulabgänger in der Administration unterzubringen.[287] Sie behaupteten aufgrund ihrer Herkunft eine größere Nähe zu den Europäern und waren überzeugt, auf einer höheren Stufe der Zivilisation zu stehen als die lokale afrikanische Bevölkerung.

Die afrikanischen Verwaltungsmitarbeiter beklagten ihrerseits von Beginn der britischen Herrschaft an die Benachteiligung gegenüber Asiaten. Demgegenüber trat direkte oder indirekte Kritik

---

[281] Vgl. Robert G. Gregory, India and East Africa. A history of race relations within the British Empire, 1890–1939, Oxford 1971, 156–176; Martha Honey, A History of Indian Merchant Capital and Class Formation in Tanganyika, c. 1840–1940, unveröffentl. Ph.D. Thesis, Dar es Salaam 1982, 240–244; Iliffe, Modern History, 263f.

[282] Vgl. Robert G. Gregory, Quest for Equality. Asian politics in East Africa, 1900–1967, London 1993, 4.

[283] Vgl. David Himbara, The ‚Asian Question‘ in East Africa. The Continuing Controversy on the Role of Indian Capitalists in Accumulation and Development in Kenya, Uganda and Tanzania, in: African Studies 56,1 (1997), 1–18, hier: 9.

[284] Vgl. Robert G. Gregory, South Asians in East Africa. An Economic and Social History, 1890–1980, Boulder 1993, 185f.; Carmen Voigt-Graf, Asian Communities in Tanzania. A Journey Through Past and Present Times, Hamburg 1998, 102f.

[285] Dazu grundlegend Brennan, Nation, Kap. 2.

[286] Vgl. u. a. TNA 3236: TACSA an Chief Secretary, 6. 3. 1922; TACSA an Secretary of State for the Colonies, 28. 12. 1922; PRO CO 691/135/11: ders. an dens., 20. 3. 1934; CO 691/163: ders. an dens., 17. 11. 1937. Auch im Tanganyika Opinion, der 1923 gegründeten wichtigsten Zeitung für die indische Gemeinschaft in Tanganyika, kam diese Thematik immer wieder zur Sprache. Vgl. etwa Anonym, The Suffering Officials of Tanganyika, in: Tanganyika Opinion, 8. 5. 1931; Anonym, Some Political Considerations, ebd., 27. 4. 1934; Letter from D. R. Roy, ebd., 24. 4. 1931.

[287] So hieß es in einem anonymen, wahrscheinlich vom Herausgeber Patel verfassten Leitartikel des Tanganyika Opinion vom 25. 8. 1936: „While we unreservedly admit that the increasing association of Africans in the services of the Territory is a legitimate ideal to be aimed at and attained, it is the Indian section of the Service which is being primarily hit and which will in future affected in proportion to the replacement caused by the policy. Although we do not wish the Indian youth to stand in the way of the Africans, we do claim at the same time due place for the Indians in civil services of the country. With the advancement of the Africans in the clerical and lower grades of the services the chances for the Indians are bound to be proportionately reduced; we, therefore, commend to the notice of the Government to make suitable provision for them in the higher grades of the services." Dazu auch Brennan, Nation, Kap. 2.

an der europäischen Fremdherrschaft zurück, die sich während und unmittelbar nach dem Ersten Weltkrieg noch manifestiert hatte. In dieser Zeit fand eine symbolische Auseinandersetzung mit europäischer Bürokratie und Disziplin durch die maßgeblich von tanzanischen *clerks* getragenen „Beni-Ngoma" Tanz-Assoziationen statt. Diese erlebten vor allem während der deutschen Herrschaft ihre Blüte, sind aber in einigen Regionen Ost- und Zentralafrikas bis heute existent.[288] Häufig waren die einzelnen Assoziationen nach Berufsgruppen organisiert.[289] Die jeweiligen Tanzaufführungen variierten in Details beträchtlich, thematisierten aber u. a. bürokratische Hierarchien, Kleidung und Drill der Europäer. Europäer, die diesen Tänzen beiwohnten, waren sich nicht sicher, ob sich die Afrikaner über sie lustig machten oder ihre Bewunderung ausdrückten. Letztendlich war beides der Fall, denn einerseits verhieß die koloniale Ordnung für die *Clerks* ja eine neue Welt, mit der sie sich durchaus arrangieren wollten; andererseits fanden sie bestimmte Auswüchse der neuen Ordnung brutal, unverständlich oder schlicht lächerlich. Den Briten waren diese Praktiken nicht geheuer, zumal sie gelegentlich eine gewisse Bewunderung für den deutschen Drill zu erkennen glaubten. Aber auch von Seiten gebildeter Afrikaner erfuhren die in den *dance societies* aktiven Personen zum Teil heftige Kritik an ihrer Extravaganz und ihrer sozialen Verantwortungslosigkeit. Besonders vernichtend fiel ein (anonymer) Artikel in der vom *Department of Education* herausgegebenen Swahili-Zeitschrift Mambo Leo vom März 1928 aus:

„But among those who fested at the dance, how many have denied their children food so as to appear seemingly great? Among those who wore such stupid and dandified clothes, how many have left their wives and children to go in rags? [...] Among those who danced under the light of pressure-lamps, how many haven't even a single cent to buy a candle-stick or paraffin with which to illuminate their houses? Many brag, saying: ‚Wau! Last night is worth remembering; even Europeans came to watch our dancing!' Yes true, but what were the Europeans thinking when they were watching the dancing? Come on, gentlemen abandon these nonsensical bankrupting dances. The far-sighted people of the world are laughing at you and looking at you with scorn because of your folly."[290]

Als dieser Beitrag erschien, hatten sich die meisten Verwaltungsmitarbeiter bereits aus den Tanzgesellschaften zurückgezogen und begonnen, neue Formen gesellschaftlicher Organisationen auszubilden. Federführend dabei war zunächst eine kleine Schar von Absolventen britischer Missionsschulen (insbesondere des St. Andrew's College in Kiungani, Zanzibar), die nach Tanganyika reisten, um der Mandatsregierung ihre Dienste anzubieten. Dazu gehörte Samwil Chiponde, der, aus dem Priesteramt verstoßen, Zanzibar verließ, um Übersetzer am Obersten Gerichtshof in Dar es Salaam zu werden. Seine beiden Brüder, Leslie und Cecil Matola, kamen aus Pemba bzw. Kenia nach Tanganyika und arbeiteten als Lehrer der Regierungsschule in Dar es Salaam. Am dortigen *District Office* wurde der auf Zanzibar ausgebildete Benedict Madalito oberster afrikanischer Verwaltungsmitarbeiter. Eine wichtige Rolle spielten auch ehemalige Schüler der *Church Missionary Society School* in Mombasa, vor allem Edwin Brenn, Angestellter im *Education Department*, sowie Rawson Watts, der für das

---

[288] Grundlegend dazu Ranger, Dance. Vgl. auch Pesek, Islam und Politik.

[289] Das galt auch noch zu Beginn der 1930er Jahre, als der britische Kolonialbeamte E. C. Baker in Dar es Salaam beobachtete: „Ngoma are generally tending to regroup society into guilds rather than tribes, as when the transport drivers clubbed together and held their annual ball which was modelled on European lines and was in no respect tribal." SOAS Archives: E. C. Baker, Memorandum on the social conditions in Dar es Salaam, 1931, 73f.

[290] Zit. nach Ranger, Dance, 97f. Mambo Leo erschien ab 1923 in Dar es Salaam auf Initiative der britischen Kolonialregierung. Neben diversen Textformen wie Auslandsberichten, agrarkundlichen Aufsätzen, Meldungen aus den verschiedenen Provinzen Tanganyikas, Gedichten und Kurzgeschichten enthielt die Zeitschrift auch eine Reihe von ethnographischen Texten, oft aus der Feder von Chiefs, die auf diese Weise wohl auch ihre Herrschaftslegitimation festzuschreiben suchten. Dieser Zusammenhang mit der Politik der indirekten Herrschaft ist aber noch nicht systematisch untersucht worden. Zu Mambo Leo vgl. u. a. Thomas Geider, Swahilisprachige Ethnographien (ca.1890 - heute). Produktionsbedingungen und Autoreninteressen, in: ders. / Heike Behrend (Hg.), Afrikaner schreiben zurück. Texte und Bilder afrikanischer Ethnographen, Köln 1998, 41–79, hier: 53–57; Martin Sturmer, Sprachpolitik und Pressegeschichte in Tanzania, Wien 1995, 43–45, 77.

Secretariat arbeitete. Der vielleicht wichtigste Vertreter dieser Gruppe, Martin Kayamba, hatte seit 1906 auf verschiedenen Posten für die britische Kolonialverwaltung in Kenia und Uganda gearbeitet. Im Januar 1915 geriet er in Tanga in deutsche Kriegsgefangenschaft. Nach seiner Befreiung durch die englische Armee bekam er rasch – auch dank seiner exzellenten Englischkenntnisse – einen Posten als *government clerk* in Tanga.

1926 nahmen außerhalb Tanganyikas geborene Männer 31 der 45 höchsten Positionen im afrikanischen Verwaltungsdienst ein.[291] Was diese Personen einte, war der tiefe Glaube an ein Afrika, das durch gemeinsame Anstrengungen von Europäern und Afrikanern modernisiert werden würde. Ihr Vorbild war eindeutig. „People can say what they want", erklärte Chiponde auf der Bildungskonferenz in Dar es Salaam 1925, „but to the African mind, to imitate Europeans is civilization."[292] Die relativ unkritische Bewunderung Großbritanniens war jedoch nicht selten gepaart mit einer durchaus positiven Einschätzung lokaler Kulturen. Ein gutes Beispiel dafür bietet Francis Lwamugira aus Bukoba, der bereits der deutschen Verwaltung gedient hatte und dann den Briten als Mitarbeiter des *District Office* rasch zum unentbehrlichen Ratgeber wurde. Von Teilen der Bevölkerung als „Mann der Europäer" geschmäht, von den Kolonialbeamten als „most perfect native gentleman" gepriesen, nahm Lwamuriga eine umfangreiche Kompilation von Haya-Traditionen in Angriff, die er aus finanziellen Gründen jedoch nie publizieren konnte.[293]

Die politischen Aktivitäten der afrikanischen Regierungsangestellten konzentrierten sich auf die Verbesserung ihrer Arbeitsbedingungen, wobei zunächst die großen Unterschiede zwischen asiatischen und einheimischen *clerks* bezüglich Gehalt, Urlaubs- und Wohngeld im Zentrum ihrer Kritik standen.[294] 1922 gründeten einige afrikanische Verwaltungsmitarbeiter in Tanga die „Tanganyika Territory African Civil Services Association" (TTACSA), Kayamba wurde ihr erster Präsident.[295] Der erste Bericht der Vereinigung an die Kolonialverwaltung verhieß: „Our Association gives these advantages to every African Civil Servant who joins: (a) Close fellowship (b) Free reading and social advancement in accordance with the ethics of the present civilization (c) Sportsmanship."[296] Die Assoziation unterhielt eine Bibliothek und eine Fußballmannschaft und bot Abendkurse in Englisch, Geographie und Geschichte an. Bald etablierten sich in anderen Teilen des Landes „Niederlassungen" der TTACSA. Dar es Salaam, mit über 70 Mitgliedern, entwickelte sich ab 1925 zum größten und wichtigsten Zweig. Von hier aus sandte die Vereinigung eine Reihe von Petitionen an die Regierung, in denen sie die gleichen Privilegien wie die asiatischen *Clerks* forderte. Präsident Madalitos Argumente können nicht zuletzt als Echo auf die paternalistische Sprache der Regierung gelesen werden:

„The world is civilizing no doubt; and civilization means one to have enough money to meet his ends, in one way, and self respect etc. in another, just to keep him up to date in the class and company he belongs to [...] civilization requires us to live decently in every respect and since the Government has already agreed this privilege to one section of service i.e. Asiatic Staff, it is obvious that it has to carry the same promise out in our case."[297]

Afrikanische Verwaltungsmitarbeiter beriefen sich bei ihren Forderungen nach besseren Bedingungen jedoch nicht nur auf ihre „Zivilisiertheit", sondern ebenso auf ihren Status als Einheimische. In einer

---

[291] Vgl. Iliffe, Modern History, 265f. Zu Kayamba vgl. ausführlich Kap. II, 4.

[292] Zit. nach Ralph Austen, Notes on the pre-history of TANU, in: Makerere Journal 9 (1964), 1–9, hier: 2. Vgl. auch Iliffe, Modern History, 266. Zur Bildungskonferenz vgl. weiter oben, Kap. II, 3.

[293] Vgl. I. K. Katoke / P. Rwehumbiza, The Administrator. Francis Lwamugira, in: Iliffe, Modern Tanzanians, 43–65. Für ähnliche Projekte Kayambas vgl. weiter unten, Kap. II, 4. Weitere Beispiele bietet zudem Iliffe, Modern History, 336f.

[294] Vgl. PRO CO 691/93/15: Samwil Chiponde an Chef Secretary, 23. 8. 1921. Vgl. auch Iliffe, Modern History, 267.

[295] Zu dieser Vereinigung vgl. ebd., 226f.; Austen, Pre-history.

[296] TNA 3715/4: Report of the Tanganyika Territory African Civil Service Association, Tanga, for 1922.

[297] PRO CO 691/93/22: Madalito an Cameron: „The Most Humble Petition of the African members of the Non-European Clerical Staff in the Government Service of Tanganyika Territory", 11. 9. 1925.

weiteren Petition an Cameron hieß es: „if we are the children of the soil, no doubt we deserve the same privileges if not more than those given to foreigners. Who has better rights in the house, a child or a servant; aren't the foreigners like servants and we children in the house?"[298] Als sich die Regierung 1927 schließlich durchrang, eine verbindliche Dienstordnung für afrikanische Verwaltungsangestellte zu schaffen,[299] beklagte sich die TTACSA in einem Schreiben an den Kolonialminister, dass die dort festgelegten Bedingungen im Vergleich zu Kenia extrem schlecht seien. Die Petenten erhielten jedoch nie eine Antwort.[300]

Obwohl die Regierung ihr Anfang der 1920er Jahre postuliertes Vorhaben, ihre asiatischen Bediensteten sukzessive durch Afrikaner zu ersetzen, nie konsequent verfolgt hatte, nahm sie 1933 immerhin einige der von der TTACSA vorgebrachten Argumente auf. Sie etablierte ein Programm, in dem die rassisch begründeten Unterschiede zwischen „asiatischen" und „afrikanischen" Dienstordnungen zugunsten eines einheitlichen lokalen Verwaltungsdienstes aufgegeben wurden.[301] Asiatische *Clerks* protestierten sofort nachdrücklich gegen den neuen Plan, dessen zentrales Ziel darin bestand, durch lokal rekrutierte Mitarbeiter die Lohnkosten zu senken.[302] In gewisser Weise war die südasiatische Gemeinde Opfer ihres eigenen Erfolges geworden. Der Ausbau indischer Schulen und das beträchtliche Bevölkerungswachstum hatten ein großes Reservoir an jungen, gut ausgebildeten Asiaten geschaffen. Die Notwendigkeit, indischen Verwaltungsmitarbeitern hohe Löhne zu zahlen, um Kandidaten von Übersee anzulocken, bestand nicht mehr. Die lokale indische Presse sowie einzelne politische Aktivisten brandmarkten das Programm, weil es das Prinzip der unterschiedlichen „Zivilisationsstandards" nicht berücksichtigte und die Asiaten auf die Ebene der Einheimischen zurückstufe.[303] Obwohl sicherlich auch britische Kolonialbeamten diese Einschätzung teilten, wurde der *Local Civil Service* nicht zuletzt aus finanziellen Erwägungen Gesetz. Unmittelbare Konsequenz waren niedrigere Löhne für zahlreiche jüngere asiatische Verwaltungsmitarbeiter.[304] Allerdings ver-

---

[298] PRO CO 691/93/31: Madalito an Cameron, 11.1.1926.

[299] Vgl. Government of Tanganyika, Provisional Regulations for the African Civil Service to come into force on 1st August, 1927, Dar es Salaam 1927. Dieses Dekret legte u.a. fest, a) wer überhaupt in den Verwaltungsdienst eintreten konnte („Only natives of the Tanganyika Territory are normally eligible for appointment to the service, provided that Africans who are not natives of the Territory may be appointed with the sanction of the Government"); b) die Voraussetzungen für den Dienst (z.B. eine medizinische Untersuchung und eine Eingangsprüfung, die etwa eine Übersetzung Swahili-Englisch und Englisch-Swahili sowie einen Schreibmaschinentest umfasste); c) die Gehaltsstufen, Urlaubsansprüche etc.; d) die Anlässe für die sofortige Beendigung des Dienstverhältnisses („An officer's appointment may be terminated at any time without notice by the Government on the grounds of misconduct, ill-health or inefficiency.")

[300] PRO CO 691/93/12: The Memorial of the Tanganyika African Civil Service Association to The Right Honourable the Secretary of State for the Colonies, 24.8.1927. In seinem Begleitschreiben zur Petition bezeichnete der diensthabende Gouverneur, Scott, die Dienstordnung in Kenia als *exceedingly generous*. Vgl. PRO CO 691/93/9: Scott an Amery, 10.9.1927.

[301] Vgl. PRO CO 691/130/17: Governor an Secretary of State for the Colonies, 23.3.1933.

[302] Vgl. PRO CO 691/135/5: Viswanathan u.a. an Cunliffe-Lister, 13.2.1934; CO 691/135/11: Memorial by Tanganyika Asian Civil Service Association to Sir Philip Cunliffe-Lister on The Proposed Local Civil Service Scheme for Tanganyika Territory, 20.3.1934; CO 691/181/42069. Minutes G.F.S. [?], 13.5.1942. Vgl. auch für den folgenden Abschnitt Brennan, Nation, Kap. 2.

[303] So argumentierte etwa M.P. Chitale, ein indisches Mitglied des Legislative Council: „The scheme fails to account for the different standards of civilization [...] amalgamation by the degradation of Asiatics to the level of the natives is most objectionable." Zit nach Tanganyika Standard, 21.4.1934. In einer Spezialbeilage des Tanganyika Opinion vom 13.2.1934 (in PRO CO 691/135/11) hieß es: „at this stage of their civilization [African clerks] have not acquired that amount of efficiency and technical skill and sense of responsibility which an Asiatic clerk invariably has." Vgl. ferner Anonym, Local Civil Service for Tanganyika, in: Tanganyika Opinion, 16.2.1934; Anonym, Tanganyika Local Clerical Service, in: ebd., 20.4.1934. Dazu Brennan, Nation, Kap. 2.

[304] Der Monatslohn eines Stufe-III-Mitarbeiters fiel von vordem 210–270 Shs. als „Asiate" auf 137,5–200 Shs. unter dem neuen allgemeinen Programm. Für afrikanische Clerks, die zuvor 80–200 Shs. erhalten hatten, handelte es sich dagegen in zahlreichen Fällen um eine Gehaltserhöhung. Vgl. Tanganyika Opinion, 16.2.1934.

fügten die Asiaten weiterhin über das qualitativ bessere Schulwesen, so dass die „rassische" Diskrepanz zwischen Indern und Afrikanern in Bezug auf Karrierestufen und Gehälter im administrativen Apparat noch eine beträchtliche Zeit andauern sollte.[305]

Viele führende Mitglieder der TTACSA hatten sich derweil der *African Association* (AA) angeschlossen, der Vorgängerorganisation der TANU. Zu ihnen stieß eine kleine Gruppe „rehabilitierter" *clerks*, die bereits unter den Deutschen gearbeitet hatten.[306] Als Gründungsjahr der Vereinigung wird meist das Jahr 1929 angegeben, wahrscheinlich wurde sie jedoch bereits zwei oder drei Jahre früher ins Leben gerufen.[307] Die AA stellte den bewussten Versuch dar, die Regierungsangestellten mit führenden Vertretern anderer sozialer Gruppen zu vereinen.[308] In einem Schreiben an das Kolonialministerium bezeichnete Cameron die AA als eine eher soziale denn politische Organisation. Die rund 300 Mitglieder seien einige der besser ausgebildeten Einheimischen, die im Regierungsdienst stünden oder als Kaufleute und im Handel tätig seien.[309] Sekretär der Vereinigung war Kleist Syskes, ein muslimischer Geschäftsmann, dessen Vorfahren aus Mosambik stammten.[310] Die AA übernahm elaborierte bürokratische Strukturen und verschaffte ihren Mitgliedern auf diese Weise die Befriedung, Entscheidungen zu treffen und auszuführen, anstatt immer nur Briefe zu tippen und die Ablage zu machen. In gewisser Weise schuf die Assoziation, die in mehreren Städten des Territoriums „Zweigstellen" unterhielt, auch ein Pendant zu europäischen Clubs. Teaparties wurden veranstaltet, Bibliotheken eingerichtet und Feste organisiert. Diese Form war auch Ausdruck der Segregation im gesellschaftlichen Leben. Es kam so gut wie nie zu gemeinsamen Freizeitaktivitäten von europäischen und afrikanischen Bürokraten, man lebte in getrennten Wohnvierteln.[311]

---

[305] Ein Beispiel von vielen: Als 1937 eine Reihe von Positionen in der Verwaltung, die vorher von britischen Kolonialbeamten besetzt waren, dem *Local Civil Service* unterstellt wurden, erhielten ausschließlich Asiaten die Posten. Vgl. PRO CO 691/155/9: Governor an Secretary of State for the Colonies, 2.7.1937.

[306] Zu dieser Gruppe gehörten u.a. Mdachi Sharifu, ein Lehrer, der den Ersten Weltkrieg in Deutschland verbracht hatte, sowie Akida Mambo, Ibrahim Hamisi und Zibe Kidasi, die während der deutschen Kolonialzeit als Schriftsetzer der Regierungsdruckerei in Dar es Salaam tätig waren und Ende der 1920er Jahre bei der Distriktverwaltung in Dar es Salaam arbeiteten. Vgl. Iliffe, Modern History, 408.

[307] Iliffe, Modern History, 406, gibt Ende 1929 als Gründungsdatum an und beruft sich auf Mambo Leo vom September 1931. Ein britischer Kolonialbeamter erwähnt in einem Bericht vom August 1930 jedoch, die Organisation sei „vor drei oder vier Jahren gegründet worden". Vgl. TNA 11601/I: Minute of A. E. K. an Chief Secretary, 18.8.1930. In einem Artikel des Tanganyika Standard vom 30.12.1933 („African Association's Appeal") heißt es, die Organisation bestünde seit ungefähr sechs Jahren. Und Gouverneur Cameron schrieb im August 1930, die *African Association* sei vor drei oder vier Jahren entstanden. Vgl. TNA 19325/5: Cameron an Lord Passfield, 22.8.1930.

[308] Vgl. Iliffe, Modern History, 408. Ebd., 406–435, bietet die immer noch ausführlichste Darstellung dieser Assoziation. Vgl. ferner John Lonsdale, Some Origins of Nationalism in East Africa, in: JAH 9,1 (1968), 119–146. Zu politischen Aktivitäten jenseits der AA vgl. etwa Laird Jones, On the Origins of Mass Nationalism in Urban Tanzania. Muslim Townspeople and Petition Protest during the Interwar Years, in: Melvin E. Page (Hg.), Personality and Political Culture in Modern Africa, Boston 1998, 37–47. Einen immer noch nützlichen Überblick zum gesamtafrikanischen Kontext liefert Andrew Roberts, African Cross-Currents, in: ders. (Hg.), The Colonial Moment in Africa. Essays on the Movement of Minds and Materials, 1900–1940, Cambridge 1990, 223–266.

[309] TNA 19325/5: Cameron an Passfield, 22.8.1930. Zur städtischen Elite in Dar es Salaam während der späten 1920er und 1930er Jahre vgl. David Henry Anthony III, Culture and Society in a Town in Transition. A People's History of Dar es Salaam, 1865–1939, unveröffentl. Ph.D. Thesis, Madison/Wisc. 1983, 158–223; Burton, African Underclass, 57ff.

[310] Vgl. Daisy Sykes Buruku, The townsman. Kleist Sykes, in: Illife, Modern Tanzanians, 95–114; Said, 40–49; Interview Ally Sykes, Dar es Salaam, 29.2.1996.

[311] In Tabora spiegelte sich diese Segregation in den Namen der Ortsviertel wider. Die Europäer und auch die Regierungsschule befanden sich in *Uzunguni* (Viertel der Weißen), während die afrikanische Bevölkerung in *Ng'ambo* (außerhalb; anderes Ufer) wohnte. Vgl. Interviews mit Jakobo Johana, Muheza, 11.3.1996; Charles Hisis, Muheza, 11.3.1996.

Versuche der AA, bei politischen Problemen zu intervenieren, provozierten jedoch sofort die scharfe Reaktion der Kolonialverwaltung. Der Tanganyika Herald berichtete im Oktober 1930 über die offenbar unverblümte Warnung Camerons an eine Delegation der AA: „His Excellency is said to have warned the members that if the Association has anything to do with the political side as apart from social and economic problems it would be advisable for the Government servants to resign from the same as they are prohibited from taking any part in politics according to service regulations."[312] Diese Drohung schlug offenbar so ein, dass sich die AA nahezu für eine Dekade von politischen Aktivitäten verabschiedete und auf die Veranstaltung von Vorträgen zu Themen wie „Buchhaltung" beschränkte.[313] Erst während und unmittelbar nach dem Zweiten Weltkrieg sollte die Assoziation eine neue kurze Blüte erleben, bevor sie dann 1954 in die TANU überging.[314]

b) Martin Kayamba

Die prekäre Quellenlage, der Mangel an lebensgeschichtlichen Materialien über und vor allem von afrikanischen Bürokraten ist bereits in der Einleitung thematisiert worden. Für die Zwischenkriegszeit ist es vor allem eine Person, über die wir vergleichsweise detaillierte Informationen besitzen und von der wir auch über eine gewisse Zahl von Zeugnissen aus dessen eigener Feder verfügen: Martin Kayamba.[315] Ob seine Biographie „repräsentativ" ist für die afrikanischen Bürokraten Tanganyikas in der Periode der indirekten Herrschaft, vermag ich nicht zu sagen. In jedem Fall eröffnet seine wechselvolle Karriere einen perspektivreichen Einblick in die Aktivitäten, sozialen Strukturen und Vorstellungen dieser Akteursgruppe. Sie lohnt daher, genauer vorgestellt zu werden. John Iliffe hat Kayamba immerhin ohne Umschweife zum Prototyp der ersten Generation von afrikanischen Bürokraten erkoren: „A tall, powerful man, elegantly dressed in the European manner, Kayamba's education, travel, and fluent command of English made him a model of the sophistication to which the young men aspired."[316]

Der 1891 geborene Kayamba entstammte einer Familie aus Nordost-Tanzania, die sowohl der dortigen Aristokratie als auch der neuen, durch die europäischen Missionen geprägten Elite angehörte. Seine Schulzeit verbrachte er bei der *Church Missionary Society* in Mombasa sowie, zwischen 1902 und 1906, am St. Andrew's College in Kiunguni/Zanzibar, dem ersten größeren Internat Ostafrikas. Besonders großen Wert wurde in dieser Einrichtung auf die Vermittlung von Englischkenntnissen gelegt, ein Faktum, das sich für Kayambas spätere Karriere als sehr bedeutsam erweisen sollte. Die folgende Dekade bis zum Ausbruch des Ersten Weltkriegs waren seine „Wanderjahre" in Britisch-Ostafrika, die er zum Teil als Händler, zum Teil als Mitarbeiter verschiedener Verwaltungseinheiten, kurzzeitig auch als Lehrer der Regierungsschule auf Zanzibar verbrachte. In seinen Mitte der 1930er Jahre verfassten Erinnerungen an Jugend, Schule und die eigene kurze Lehrtätigkeit kam er immer

---

[312] Tanganyika Herald, 28.10.1930. Vgl. auch Iliffe, Modern History, 410.

[313] Vgl. TNA 61/385/II: Minute Provincial Commissioner Dar es Salaam, 6.1.1940. Der Kolonialbeamte kommentierte die Situation der AA in leicht sarkastischem Ton: „The African Association is in the unhappy position of not knowing what it wants and it will not be happy until it gets it."

[314] Vgl. John Iliffe, The Age of Improvement and Differentiation (1907–45), in: Kimambo/Temu, 123–160, hier: 157ff. Vgl. auch weiter unten.

[315] Die wichtigste autobiographische Quelle ist: The Story of Martin Kayamba Mdumi, M.B.E., of the Bondei Tribe, written by himself, in: Margery Perham (Hg.), Ten Africans, London 1936, 173–272. Wichtige Einblicke in Kayambas Denken bieten darüber hinaus zwei kleinere Bücher aus seiner Feder, die erst nach seinem Tod veröffentlicht wurden: „An African in Europe" (London 1948) [dieses Werk stand mir lediglich in Bruchstücken zur Verfügung] und vor allem „African Problems" (London 1948).

[316] Vgl. John Iliffe, The spokesman. Martin Kayamba, in: ders., Modern Tanzanians, 66–94, hier: 73. Viele in meiner folgenden Darstellung Kayambas enthaltenen Informationen sind diesem grundlegenden Aufsatz entnommen.

wieder auf die große Bedeutung von Disziplin und Disziplinierung zurück, die seinen Lebensweg und Charakter entscheidend geprägt habe. „My mother was a very strict disciplinarian", schrieb Kayamba. Und: „The discipline was very strict at Kiungani [...] The discipline instilled in the boys of the college was of real value to them in after life."[317] Ebenso deutlich stellte er die immense Wichtigkeit von (Weiter-)Bildung heraus. Er selbst hatte während seiner Wanderjahre begonnen, Kurse der „International Correspondence Schools of London" in Wirtschaftsmathematik und Buchhaltung zu belegen. Sein Engagement in Erziehungs- und Bildungsfragen machte schließlich einige höhere britische Kolonialbeamte in den 1920er Jahren auf den umtriebigen *clerk* aus Tanga – wo er seit dem Ende des Ersten Weltkriegs in der Distriktverwaltung tätig war und sich u. a. in der TTACSA engagierte (vgl. weiter oben) – aufmerksam.

1929 wurde Kayamba Mitglied des „Advisory Committee on Native Education" und setzte sich vehement – lange Zeit aber erfolglos – für eine bessere Schulbildung der afrikanischen Bevölkerung ein, wobei er insbesondere den Ausbau von höheren Schulen forderte. Immer wieder plädierte er auf den Sitzungen des Gremiums für die Erweiterung der Schulstufen, um afrikanischen Schülern direkten Zugang zum neu gegründeten Makerere College zu gewähren. Sodann insistierte er nachdrücklich auf dem Ausbau und der Intensivierung des Englischunterrichts und forderte, ohne Erfolg, die Einführung von English bereits in der Primarstufe.[318] In gewisser Weise betrachtete Kayamba Bildung als eine Art Ware, sah nicht nur die Bedeutung von Bildungsinhalten, sondern stärker noch Bildung als Zugang zu Ressourcen des Kolonialstaates. Sein Sohn Hugh Godfrey gehörte im Übrigen zu den ersten Afrikanern aus Tanganyika, die Anfang der 1930er Jahre zum Studium ans Makerere College gingen. Kayamba war fest entschlossen, seinem Sohn die bestmögliche Ausbildung zukommen zu lassen: „I do not wish him to be trained as a dispenser or compounder and that is all. I am willing to pay the fees at Makerere, provided the course there is a complete one. This is my only son and I wish to give him the best education I can and to make him a better man than myself if I can help it."[319]

Den Studienplatz vermittelt hatte Philip Mitchell, der langjährige *District Officer* von Tanga und spätere Gouverneur von Uganda und Kenia. Mitchell gehörte zu den wichtigen Förderern Kayambas. Dem gelang es, sich trotz seines aktiven Christentums mit den dominanten muslimischen Gruppierungen der Küstenstadt zu arrangieren. Hier kamen ihm offenbar seine Kenntnisse der Küs-

---

[317] Auch über die Regierungsschule auf Zanzibar, an der er lehrte, urteilte er: „the discipline was very strict". Vgl. Perham, Ten Africans, 174, 176f., 184.

[318] Vgl. PRO CO 691/145/6: Proceedings of the Tanganyika Advisory Committee on African Education, 10th Meeting, 22.-23. November 1934, 15. Ein Jahr zuvor hatte Kayamba bereits die Missionare unter den Kommissionsmitgliedern geschockt, indem er konstatierte: „it was a waste of time to go beyond the writing and teaching of Swahili". Vgl. TNA 19484/I.: Proceedings of the Tanganyika Advisory Committee on African Education, 9th Meeting, March 1933.

[319] Zit. nach John Iliffe, East African Doctors. A History of the Modern Profession, Cambridge 1998, 63. Die Investition in die Ausbildung der Kinder gehörte in vielen Teilen des kolonialen Afrika zu den zentralen Strategien einheimischer Eliten. Vgl. für das Beispiel Douala Andreas Eckert, Grundbesitz, Landkonflikte und kolonialer Wandel. Douala 1880-1960, Stuttgart 1999. Dabei wurden in der Regel männliche Nachfahren bevorzugt. Das war auch bei Kayamba der Fall, aber er engagierte sich immerhin dafür, dass seine Tochter zu den wenigen weiblichen Lehrkräften – sie unterrichtete an der Mädchenschule in Tanga – gehören konnte. Vgl. Iliffe, Spokesman, 74. Seine überlieferten Äußerungen zur Mädchenbildung ähneln stark den weiter oben (Kap. II, 3.) zitierten Ansichten „progressiver" britischer Kolonialbeamten: „I have much advocated education for girls. In Africa, where the great majority of the Africans are uneducated, the education for girls is very important indeed and will help considerably the progress of the boys' education. The mother is the guide of her children. If she is educated there will be very few children who will not go to school and the hygiene at home will be thoroughly observed. Childbirth and child welfare will be better understood at home. African homes will be improved. We lack at present the co-operation of African women in social affairs and education. Their influence is very great and precious, but it has not been used, for lack of female education." Perham, Ten Africans, 198f.

tengesellschaft ebenso wie sein aristokratischer Hintergrund zugute.[320] In jedem Fall scheint sich Kayamba während seiner Zeit in Tanga problemlos in den verschiedenen Welten – *District Office*, TTACSA, muslimisch geprägte städtische Gesellschaft, katholische Kirche – bewegt und zwischen ihnen vermittelt zu haben. Auf territorialer Ebene, das sollte sich rasch zeigen, wurde diese Mittlerposition problematischer. Mit der *African Association* war Kayamba nur lose assoziiert, gleichwohl nominierte ihn die Regierung als Repräsentanten dieser Organisation für eine Reise nach London.[321] Hintergrund dieser Reise war die damalige Debatte über die vor allem von weißen Siedlern in Kenia geforderte Vereinigung (*Closer Union*) der britischen Besitzungen in Ostafrika zu einer Kolonie (vgl. weiter oben). Philanthropische Kreise in England hatten das *Colonial Office* überzeugt, zu den entsprechenden Anhörungen des dafür vom britischen Paralament geschaffenen Komitees in London auch afrikanische Vertreter einzuladen. In Tanganyika fiel die Wahl neben Kayamba auf Mtemi Makwaia aus Shinyanga und Mwami Francis Lwamugira aus Bukoba, zwei bewährte Partner der britischen Kolonialverwaltung.[322]

Kayamba schwang sich, wiederum nicht zuletzt wegen seiner vorzüglichen Kenntnisse der englischen Sprache,[323] zum Sprecher der Gruppe auf. Vor dem Ausschuss führte er nicht nur aus, dass die Afrikaner in Tanganyika eine *Closer Union* mit Kenia und Uganda ablehnten und lieber britisches Mandatsgebiet bleiben wollten. Zudem forderte er die Einrichtung eines *Native Advisory Council*. Dieses Gremium stellte er sich folgendermaßen vor:

„[It] should be advisory to the Government on all matters affecting natives. Native members of the Advisory Committee should be appointed to all Committees which are appointed by the Governor to consider any matters affecting natives, directly or indirectly. The members of the Advisory African Council should be selected from Chiefs and well educated Africans. The membership of this Committee should not be confined to Chiefs only. In this way provision will have been made for all sections of the African community to participate in the affairs of their own Government. The object of the Council is to have a channel for airing the views of every section of the African community in regard to matters concerning them. It will thus eliminate as much as possible the possibility of Africans using unconstitutional means in order to air their grievances."[324]

In frappanter Weise nahm Kayamba hier mit dem Vorschlag, alte und neue Eliten zu verknüpfen, eine Programmatik vorweg, die im Kontext der „neuen britischen Kolonialpolitik" in Tanganyika nach 1945 große Bedeutung erlangen sollte. Auffällig ist zudem die vermittelnde, moderate Haltung Kayambas. Einerseits wird nachdrücklich eine größere Mitsprache von Afrikanern gefordert, wobei nicht zufällig gut ausgebildeten Personen (wie ihm selbst) eine wichtige Rolle zukommen soll. Andererseits legte Kayamba Wert darauf, dass Kritik am Kolonialsystem gleichsam den Rechtsweg einhielt.

Das Londoner Komitee machte sich den Vorschlag für einen *Native Advisory Council* durchaus zu Eigen, die Verwaltung in Tanganyika selbst wies die Initiative kurz darauf jedoch als „voreilig" zurück.[325] Weitere Ersuchen, die Kayamba während seines England-Aufenthaltes formulierte, blieben ebenfalls folgenlos oder wurden nur bedingt umgesetzt. So hatte er bei einem Treffen mit dem Kolonialminister u. a. um den Ausbau des höheren Schulwesens gebeten und verlangt, dass afrika-

---

[320] Vgl. Iliffe, Spokesman, 73.
[321] Vgl. TNA 19443: Notiz Philip E. Mitchell, o. D. Hier wird Kayamba als „African Association candidate" bezeichnet.
[322] Zu Lwamugira vgl. weiter oben. Mtemi Makwaia war bereits unter den Deutschen ein wichtiger Chief. Sein Sohn David studierte in Makerere und wurde nach dem Zweiten Weltkrieg einer der ersten afrikanischen Vertreter im *Legislative Council*.
[323] „(Kayamba) spoke English as nearly perfectly as I have ever heard an African speak." Philip Mitchell, African Afterthoughts, London 1954, 119.
[324] Joint Commitee on Closer Union in East Africa, Bd. II: Minutes of the Evidence and Index, London 1932, Para 4048. Vgl. auch Iliffe, Spokesman, 78f.
[325] Vgl. ebd., 80.

nische Regierungsangestellte die gleichen Vergütungen und Sozialleistungen wie ihre asiatischen Kollegen erhalten sollten.[326] Kayambas Rede beim Jahrestreffen der *University Mission for Central Africa* schließlich sollte ihm später in Tanganyika unter der *educated elite* viele Feinde eintragen, denn hier präsentierte er sich in einer Weise, die Vorurteile, er sei ein unkritischer, prokolonialer Karrierist, zu bestätigen schien. Eine Kostprobe:

„We Africans, you know, are backward people, are the most backward race in the world. We are helpless. We cannot stand alone in the present world. We want your help. I appeal to you on behalf of my brothers and sisters of Africa. We want to co-operate with you, to be friendly with you. We have our African priests, but they cannot do with you. God is working in Africa through them and you."[327]

Sein Bericht über die Englandreise durchzieht zudem eine unkritische, zuweilen schon nahezu grotesk wirkende Bewunderung und Lobpreisung Englands.[328] Und selbstverständlich gab sich Kayamba als uneingeschränkter Bewunderer der Monarchie; die kurze zufällige Begegnung mit dem Königspaar während eines Besuches in Windsor Castle wurde gar zum Höhepunkt der Englandreise erklärt.[329] Immer wieder beschwor er Sauberkeit und Pünktlichkeit, Effizienz und Disziplin in den von ihm besuchten Städten und Einrichtungen, stets boten entsprechende Beobachtungen Anlass, Defizite der eigenen Gesellschaft zu benennen und die Hoffnung auf Angleichung an den von England gesetzten Standard auszudrücken.[330] Soziale Probleme im Gastland gerieten dagegen nur selten in den Blick. Das offenkundige Problem der Arbeitslosigkeit zeigte sich für Kayamba jedenfalls nicht in sichtbarer Armut und schien in seinen Augen durch das System der Arbeitslosenunterstützung entscheidend gemildert.[331] Im Übrigen darf nicht vergessen werden, dass die Reise Kayambas nach England eine wohlorganisierte offizielle Reise war, die auf Einladung der Regierung in London stattfand. Sie folgte dem Muster, das sich bereits seit dem 19. Jahrhundert für Gäste aus den verschiedenen Kolonien des Empires herausgebildet hatte.[332] Auf der Reise durch England wurde auch Kayamba ein Bild präsentiert, welches, getragen von Fortschrittsoptimismus und Technikbegeisterung, ihn tief beeindrucken, gar überwältigen sollte. Er sah vor allem Häuser der englischen Mittel- und Oberklasse und besuchte

---

[326] Vgl. TNA 19534: Note of the Secretary of State's interview with the Tanganyikan Native witnesses, 12. 5. 1931. Immerhin wurden zwei Jahre darauf durch die Einführung des „Local Civil Service" größere Diskrepanzen zwischen asiatischen und afrikanischen Clerks zumindest formal beseitigt (vgl. weiter oben). Allerdings stand diese Maßnahme offenbar in keinem Zusammenhang mit Kayambas Ersuchen.

[327] Perham, Ten Africans, 261.

[328] Es kann nur darüber spekuliert werden, inwieweit diese extreme Anglophilie mit der Tatsache verbunden ist, dass dieser Reisebericht im Auftrag einer englischen Historikerin und Publizistin (Margery Perham) und für ein englisches Publikum geschrieben wurde.

[329] Perham, Ten Africans, 250f.: „His Majesty took off his hat in acknowledgement of our salutation and Her Majesty was smiling. The car drove so slowly and very near us that we could see their Majesties quite clearly. We were so much impressed by their Majesties acknowledgment of our salutation that we felt this was the climax of all the honour conferred on us during our whole visit in England."

[330] Folgendes Beispiel mag dies illustrieren: „It is necessary in England to be punctual at every engagement and the failure to do so is a grave social offence. Punctuality is not an African virtue and Africans are often great sinners in this respect. Through education and discipline the habit of punctuality is gaining ground in the African mind. When this habit is strictly observed there is a necessity for quick movements in order to keep to time." Ebd., 266.

[331] „I have read very often about unemployment in England to be on the ascendency. In those places I visited it was not noticeable for the simple fact that the community as a whole seemed to me clean and cheerful and did not expose a sign of poverty." Ebd.

[332] Vgl. dazu für das 19. Jahrhundert: Michael Harbsmeier, Schauspiel Europa. Die außereuropäische Entdeckung Europas im 19. Jahrhundert am Beispiel afrikanischer Texte, in: Historische Anthropologie 2,3 (1994), 331–350, hier: 335. Zu den bekanntesten Texten gehört Ham Makusa, Uganda's Katikiro in England, London 1904. Vgl. dazu Heike Behrend, Ham Makusa wundert sich. Bemerkungen zur Englandreise eines Afrikaners, in: dies. / Geider, 323–338. Vgl. ferner Neil Parsons, King Khama, Emperor Joe and the Great White Queen. Victorian Britain through African Eyes, Chicago/London 1998, über die Englandreise dreier Chiefs aus dem heutigen Botswana im Jahre 1895.

Museen, Kirchen, Fabriken und Musterbauernhöfe, fuhr mit der U-Bahn und schnellen Zügen, be-
staunte technische Neuheiten. Daneben erhielt er – etwa durch eine Stippvisite im Parlament – auch
Anschauungsunterricht in westlicher Demokratie. Analog zu früheren Berichten afrikanischer Euro-
pareisenden wurde das Verwundern und die Bewunderung bei Kayamba zum Anlass für Reflektion
über die eigene Gesellschaft, wobei in diesem Fall die Umstandslosigkeit frappiert, mit welcher der
Autor „Zivilisation" (England) und „Primitivität" (Afrika) kontrastierte. Andererseits waren ihm diese Erfahrungen offenbar ein Ansporn, intensiv über Verbesserungen in Afrika nachzudenken.

Nach seiner Rückkehr aus England im Juni 1931 war Kayamba in Tanganyika eine berühmte,
wenngleich gerade unter Afrikanern nicht uneingeschränkt geschätzte Figur. Die britische Verwaltung hielt jedoch große Stücke auf ihn und ließ es an Ermutigung und Förderung nicht fehlen. Im
Mai 1932 wurde Kayamba der M.B.E. verliehen, kurz darauf ernannte ihn der Gouverneur zum „Assistant Secretary" im *Secretariat* in Dar es Salaam, dem politischen Zentrum der kolonialen Administration.[333] Hierbei handelte es sich zwar um eine der höchsten Positionen, die ein Afrikaner damals
in der Verwaltungsmaschinerie Tanganyikas einnahm, dennoch blieben Kayambas Einwirkungsmög-
lichkeiten äußerst begrenzt.[334] Er beriet die Regierung in einer Reihe von „kulturellen Fragen"[335]
und agierte überdies als Mittler zwischen der Administration und afrikanischen Interessengruppen,
hatte jedoch kaum Einfluss auf konkrete politische Maßnahmen. Kayamba erwies sich als durchaus
treuer Diener seiner Herren; er versuchte, lokale Initiativen für Schulen und Ausbildung zu fördern,
politische Ambitionen oder gar Arbeitskämpfe lehnte er jedoch entschieden ab. So berichtete er über
sein Treffen mit Vertretern der *African Labour Union*, einer Gruppe von Hafenarbeitern in Dar es
Salaam: „They say their Union is for the purpose of helping one another when sick and for burial
purposes. If they have troubles with their employers they will put up the matter to Government for
settlement. I pointed out to them the danger of strikes."[336]

1936 verschlechterte sich Kayambas Gesundheitszustand, und er trat eine längere Europareise an,
„for change and education".[337] Seine frühere optimistische Vision eines durch die Zusammenarbeit
von Afrikanern und Europäern modernisierten Tanganyika wich zunehmend einer gewissen Desillusionierung. Diese manifestierte sich etwa in seiner Schrift „African Problems".[338] Kayamba zufolge
war der Einfluss Europas auf Afrika bestenfalls „zwiespältig und komplex" und zeitigte „zweifel-
hafte Konsequenzen". Viele positive Elemente der traditionellen Gesellschaft seien voreilig zerstört
und durch blanken Materialismus ersetzt worden. Dieser Prozess habe sich vor allem auf gebildete
Afrikaner ausgewirkt, und viele von ihnen hätten westliche Lebensweisen einfach unkritisch übernommen. Dagegen sei es, so Kayamba, notwendig, „das beste von ihnen auszuwählen und es mit

---

[333] Vgl. PRO CO 691/126/12: Governor Tanganyika an Secretary of State for the Colonies, 22.11.1932. In
diesem Schreiben lobt der Gouverneur Kayamba etwa als *remarkably able and valuable public servant*. In der
Zeitschrift „East Africa" (23.2.1933), einer in London erscheinenden Publikation, die vor allem europäische
Siedlerinteressen vertrat, wurde diese Entscheidung jedoch kritisiert, und ein anonymer Autor warf der britischen Verwaltung die „Bevorzugung einer Rasse" vor: „We are confident that Mr. Kayamba, had he been a
European, would not have been judged qualified for the post to which he has been advanced [...] By Africa's
standards, as we read them, Mr. Kayamba's clerical efficiency affords quite inadequate qualification for his being placed in authority over chiefs and elders." Im Tanganyika Standard (28.1.1933; 4.2.1933; 25.2.1933)
wurden einige zustimmende Briefe abgedruckt. Die Entscheidung, Kayamba diesen Posten anzuvertrauen, ist
insofern erstaunlich, als die Kolonialverwaltung in Tanganyika 1931 entschieden hatte, wegen der Weltwirtschaftskrise die Beförderung afrikanischer Verwaltungsangestellter auszusetzen. Diese Maßnahme wurde bis
nach dem Zweiten Weltkrieg nicht wieder revidiert. Vgl. Iliffe, Modern History, 357.
[334] Vgl. Iliffe, Spokesman, 83.
[335] So schrieb er beispielsweise einen Bericht über lokale Praktiken der medizinischen Versorgung. Vgl. TNA
21845: M.T.Y. Kayamba, African Medicines, o.D. [November 1933].
[336] TNA 25201/10: Minute Kayamba, 26.8.1937. Zur African Labour Union vgl. Iliffe, Creation, 55f.
[337] Kayamba, African in Europe, 9.
[338] Diese Schrift wurde 1937 abgeschlossen, aber erst 1948 publiziert. Das Buch war Teil einer Reihe, in der Reflexionen afrikanischer Christen über die Probleme ihres Kontinents veröffentlicht wurden.

unseren eigenen Qualitäten ein wenig abzumildern."[339] Er forderte u. a. den Aufbau einheimischer Industrien, welcher von Afrikanern selbst unter Einbeziehung westlicher Technologien und Ideen durchgeführt werden sollte. In diesem Kontext entfaltete Kayamba auch neue Überlegungen zum Erziehungswesen. Sehr viel stärker als früher betonte er die Notwendigkeit, Ausbildung im dörflichen Zusammenhang zu gewährleisten:

„It should be the aim to teach the villagers to be of use to themselves; to train them to build healthy houses, make good village roads, build simple bridges across rivers and understand good food cultivation. In short it should be a utilitarian education and should teach everything simple and elementary which can make suitable and sanitary villages. This is the education which is civilizing."[340]

Allerdings unternahm es der Autor an keiner Stelle, über mögliche Wege der Umsetzung dieses Programms zu reflektieren. Er huldigte zudem einer recht romantischen Sicht des „einfachen Dorflebens". Dennoch ist wohl Iliffe zuzustimmen, der „African Problems" als das wichtigste von einem Tanzanier dieser Generation geschriebene Werk bezeichnete.[341]

Kurz nach Fertigstellung des Manuskripts quittierte Kayamba seinen Dienst in der Kolonialverwaltung und zog sich in seine Heimatregion bei Tanga zurück, um ein Stück Land zu bewirtschaften und sich als Hühnerfarmer zu versuchen. Die Reaktion der britischen Administration in Dar es Salaam fiel ambivalent aus:

„We are sorry to lose this old and valued Government servant but we are not trying to prevent him from going since I must admit (and I have known him for some years) that he has lost something of his usefulness. We do not propose to fill the vacancy as Kayamba is quite exceptional and it is likely to be some years before we find another African qualified to step into his shoes."[342]

Nur zwei Jahre später, am 31. Dezember 1939, starb er. Die Nachrufe waren gemischt. A. B. Hellier, ein Missionar, pries das Lebenswerk Kayambas in höchsten Tönen: „He believed with all his heart in the future progress of his fellow countrymen and devoted all his energies to assist that progress and to provide them with a conspicuous example to follow."[343] Sehr kritisch, ja beleidigend fiel dagegen der Nekrolog aus, den Erica Fiah in der Zeitschrift *Kwetu* schrieb:

„Martin Kayamba will be better remembered as the selfish African who rose to the highest rank (unless Assistant Secretary was something of a mask meaning ,exceptional clerk' only) in Government Service but without being of any use to his race – the detached man whose history finished with poultry-raising in the Tanga District. We are not bitter – all we mean is that he never bothered about his African brothers and knew very little about them [...] Many of us remember Kayamba as the man who was fond of singing his own praises, the man who had the opportunity to go to London on a political mission but spent his time as he apparently confesses in his book, sight-seeing and tea-partying."[344]

Der aus Kampala stammende Fiah gehörte zu den radikalsten politischen Akteuren im Tanganyika der Zwischenkriegszeit. 1934 gründete er die „African Commercial Organisation" (ab 1936: „Tanganyika African Welfare and Commercial Association"), mit der er einen Gegenpol zur „britisch-indischen Handelsphalanx" schaffen wollte. Diese Vereinigung war zudem als Alternative zur politisch

---

[339] Kayamba, African Problems, 21, 23.
[340] Ebd., 63. Große Hoffnungen verband der Autor aber auch weiterhin mit dem Ausbau der höheren Schul- und der Universitätsbildung, notabene mit der „Beförderung" des Makerere College zu einer Universität. „It would also become a centre at which Africans of various tribes could meet and live together, exchanging ideas and making friendships. Estrangement between tribes will be eliminated and Africans will begin to think not only as tribes but also as a people of common origin." Ebd., 66.
[341] Vgl. Illife, Spokesman, 86.
[342] PRO CO 691/166: Secretariat Dar es Salaam an E. B. Boyd, Colonial Office, 31. 1. 1938.
[343] Zit. nach Iliffe, Spokesman, 92.
[344] Kwetu, 29. 6. 1940. Kopien dieser sowie einiger anderer Ausgaben der Zeitung finden sich in TNA 23754.

kaum auffälligen AA gedacht. Fiah war stark von panafrikanischen Strömungen, insbesondere den Schriften Marcus Garveys, beeinflusst, zu antiimperialistischen Gruppierungen in England unterhielt er Kontakte. Ab 1937 gab er die überwiegend in Swahili verfasste Zeitung *Kwetu* (Bei uns) heraus, die mit Unterbrechungen bis 1951 existierte, wobei nach dem Zweiten Weltkrieg nur noch höchst unregelmäßig Ausgaben erschienen. Das Blatt pflegte einen kritischen Ton gegenüber der Kolonialverwaltung, ohne jedoch subversiv zu sein.[345] Das von Fiah gezeichnete Bild Kayambas als selbstsüchtig-arrogant, elitär und unpolitisch überlebte bis in die 1960er Jahre, als ein Minister bei einem Schulbesuch die Pennäler warnte, sie sollten elitäres Verhalten vermeiden und keine „Martin Kayambas" werden.[346] Heute ist er weitgehend vergessen. Die Nationalisten der Dekolonisationsperiode, die die politische Macht nach Ende der Kolonialherrschaft übernahmen, haben sich nie auf ihn berufen, sich höchstens von ihm distanziert. Doch sind die Gemeinsamkeiten zwischen Kayamba und der ihm folgenden Generation afrikanischer Bürokraten größer als letztere konzedieren wollten. Wie kein zweiter tanzanischer Regierungsangestellter seiner Zeit bewegte sich Kayamba – und das zeitweise mit beträchtlichem Geschick – in einem Zwischenraum voller Widersprüche und agierte mit Erfolg als kultureller Makler und Vermittler. Auf diese Weise erhielt er die Möglichkeit, mit diversen kulturellen Registern zu spielen und konnte – phasenweise – klientelistische Netzwerke knüpfen. Seine zuweilen extreme Anglophilie mag die ihm nachfolgenden, sich dezidiert antikolonial gebenden Bürokraten der Dekolonisationsperiode befremdet haben. Doch auch sie profitierten, wie zu zeigen sein wird, von ihren engen Bindungen zu Gruppen und Individuen in England sowie ihren Kenntnissen der englischen Sprache. Darüber hinaus teilten sie mit Kayamba die Position intermediärer Ambivalenz, die seit den 1940er Jahren freilich in einem deutlich veränderten politisch-gesellschaftlichen Umfeld angesiedelt war.

---

[345] Zu Kwetu und Erica Fiah vgl. u. a. Nicholas J. Westcott, An East African Radical. The Life of Erica Fiah, in: JAH 22,1 (1981), 85–101; James F. Scotton, Tanganyika's African Press, 1937–1960: A Nearly Forgotton Pre-independence Forum, in: ASR 21,1 (1978), 1–18; Sturmer, 49ff.; Anthony, 174ff. Vgl. auch weiter unten.

[346] Vgl. Iliffe, Spokesman, 66.

5. Zusammenfassung

Indirect rule war eine Herrschaftsutopie und zugleich der Versuch einer pragmatischen administrativen Praxis. Die in Tanganyika zur Anwendung gebrachten Strategien speisten sich aus Experimenten in anderen Teilen Afrikas, insbesondere in Nordnigeria, nicht zuletzt aber auch aus in
Indien gemachten Erfahrungen. Der Subkontinent war synonym für jene Fehlentwicklungen, die
in Tanganyika vermieden werden sollten – etwa die Entstehung schlagkräftiger politischer Assoziationen und einer gewichtigen Gruppe von einheimischen Kapitalisten sowie die Existenz zahlreicher
arbeitssuchender Schulabsolventen. Indirekte Herrschaft war nicht nur ideologisch verbrämter Ausdruck der *thin white line*, sondern stand ebenso für ein spezifisches Ethos und Persönlichkeitsideal,
gemäß dem koloniale Herrschaft Herausforderung zu unablässiger Bewährung war und Charisma,
Charakter und Disziplin des einzelnen Kolonialbeamten die entscheidenden Instrumente in der
Herrschaftspraxis und alltäglichen Verwaltung darstellten. Etwas von diesen Eigenschaften wurde in
die Position der „traditionellen" Häuptlinge hineingelesen, den zentralen Mittlern im System der indirekten Herrschaft. So schrieb ihnen Gouverneur Cameron, wie weiter oben zitiert, eine Macht zu,
die weniger materiell als metaphysisch sei. Entsprechend galt den „tribalen" Nachfolgeregelungen die
ganze Aufmerksamkeit der *indirect rule*-Strategen. Andererseits gerieten die Chiefs in der administrativen Praxis rasch in die Rolle von Gehilfen der Kolonialmacht, die vor allem Steuern einzutreiben
und koloniale Projekte durchzusetzen hatten.

Die britische Verwaltung erkor zu ihrer zentralen Aufgabe, Charakter und Disziplin in die Körper
jener Personen einzuschreiben, die im Dienst der Administration tätig waren oder werden sollten.
Das waren zunächst vor allem Söhne von Chiefs, doch schon rasch ließ sich dieses Konzept nicht
mehr durchhalten, und bald stellten so genannte *commoners* die Majorität in den weiterführenden
Schulen. Neben den Amtsstuben gehörten zuvorderst die Schulen zu den Orten der Disziplinierung
und Charakterbildung, insbesondere die Regierungsschule in Tabora. Ein Grundwiderspruch britischer Disziplinierungsstrategien blieb aber darin begründet, dass einerseits effektive Bürokraten
nach britischem Vorbild herangezogen werden sollten, andererseits stets die kulturelle Distanz zwischen Europäern und Afrikanern betont werden musste. Diese Distanz offenbarte sich im Alltag etwa
in den Kleiderordnungen, die selbst kleinste Rangunterschiede (und damit immer auch Unterschiede
zwischen Europäern und Afrikanern) in den Kleidern und damit am Körperäußeren sichtbar zu
machen suchten.

Spielräume afrikanischer Akteure im System der indirekten Herrschaft waren begrenzt, aber durchaus vorhanden. Dies galt insbesondere für die Chiefs, die als Mittler und Agenten der Kolonialmacht
die ihnen zugedachte Position sowohl für Klientelbildung als auch ökonomisch nutzen konnten,
etwa beim Kaffeeanbau in der Kilimanjaro-Region. Allerdings brachte ihre Rolle als Überbringer
schlechter Nachrichten und Durchsetzer von Zwangsmaßnahmen die Chiefs vielerorts zunehmend
in Gegensatz zu Teilen der Bevölkerung. Am Kilimanjaro, der in der Zwischenkriegszeit bedeutendsten Zone des *Cash-Crop*-Anbaus durch Afrikaner, entwickelte sich darüber hinaus eine erste
zivilgesellschaftliche Institution in Form einer Genossenschaft. Die afrikanischen Verwaltungsmitarbeiter in den Büros der diversen administrativen Einheiten besaßen ihrerseits nur sehr begrenzt Karrieremöglichkeiten, noch verfügten sie über nennenswerte Gestaltungs- und Entscheidungsmacht.
Ihrem Drängen auf „Modernisierung", auf bessere Jobs und Verantwortung, gaben die Briten nicht
nach. Die Kolonialherren wollten die Afrikaner vor allem in das Gehege von „Stämmen" pferchen
und verspürten Unbehagen über jene, die nicht in dieses Schema passten. Aber die afrikanischen
Bürokraten hatten dennoch privilegierten Zugang zum Wissen der Herrschenden, das sie mit eigenen Kenntnissen verknüpfen konnten und an die nächste Generation weitergaben – eine wichtige
Voraussetzung, um die Kolonialherren später mit ihren eigenen Waffen zu schlagen.

Die indirekte Herrschaft ist nicht zuletzt als Verwaltungssystem gescheitert. Der Versuch, kleine
territorial begrenzte administrative Inseln zu schaffen, die gleichsam wirtschaftlich autark und kul

turell homogen, d. h. von einem distinkten „Stamm" bewohnt sein sollten, um sie besser verwalten zu können, wurde durch das zweite zentrale Anliegen der kolonialen Herrschaft konterkariert: das Territorium effektiv wirtschaftlich zu nutzen. Dieses Interesse setzte wieder Prozesse in Gang bzw. beschleunigte sie, die den engen Rahmen der *indirect Rule*-Ordnung sprengten. Auch litt das System wirtschaftlich darunter, dass in den meisten Distrikten die durch die Erhebung von Steuern generierten Einnahmen offenbar zur Finanzierung der Verwaltung ausgegeben wurden.

Als der Zweite Weltkrieg nahte, wurden die Widersprüche dieser Ordnung sichtbar. Zugleich zeigte sich, dass der Habitus des „Gentleman" immer weniger taugte, um die Kolonisierten in Schach zu halten. Die Weiterführung der kolonialen Herrschaft musste hart erarbeitet werden, etwa durch Entwicklungsprogramme und größeres Spezialistentum. Dies wiederum ermöglichte auch größere Entfaltungsmöglichkeiten für afrikanische Bürokraten. Freilich verschwanden die alte Ordnung und Ideologie in Tanganyika keineswegs von heute auf morgen, sondern wurden im Gegenteil zäh verteidigt. In diesem Spannungsfeld positionierte sich auch die wachsende Zahl tanzanischer Staatsdiener neu.

III. Koloniale Staatsbildung und Dekolonisation, 1940–1960

1. Die zweite koloniale Besetzung

a) Großbritannien, Afrika und die neue internationale Ordnung

Am Ende des Zweiten Weltkriegs sahen sich die Briten in Tanganyika mit einem Dilemma konfrontiert. Sie ahnten, dass es so wie bisher nicht weitergehen konnte. Das System der indirekten Herrschaft, das auf „tribalen Strukturen" und der Allianz mit vermeintlich traditionellen Herrschern beruhte, hatte sich als untauglich für die Bewältigung politischer und ökonomischer Probleme erwiesen. Doch widerstrebte es der Regierung in Dar es Salaam und der Mehrheit der Distriktbeamten, auf eine Kooperation mit den wenig geschätzten Städtern umzuschwenken, um das Territorium langsam auf die Unabhängigkeit vorzubereiten. Genau diese Strategie propagierten jedoch die neuen Verantwortlichen der Labour-Regierung im Londoner Kolonialministerium. Durch Distanz von der afrikanischen Realität geschützt und dem rauen Wind der internationalen Dekolonisation direkt ausgesetzt, setzten sie auf die Zusammenarbeit mit der *educated elite* in den jeweiligen afrikanischen Kolonien. Mit deren Hilfe wollten sie radikale Kräfte eindämmen, die Wirtschaft ankurbeln und eine gedeihliche Zusammenarbeit auch über die – ohnehin erst in weiter Zukunft geplante – Unabhängigkeit hinaus sicherstellen.

Welche Vorstellungen hatten die Briten von den *educated men*, denen in der angestrebten neuen Ordnung eine so prominente Rolle zugewiesen wurde? Einen wichtigen Hinweis liefert das Memorandum von G. B. Cartland vom Juli 1947, in welchem er diese Gruppe als *‚ruling class' of the future* bezeichnete.[1] Der Autor vertritt die Auffassung, dass die gesamte politische Zukunft der afrikanischen Kolonien mit diesen wenigen Männern verknüpft sei. Allerdings hat er vor allem eine Gruppe im Blick – die afrikanischen Universitätsstudenten in Großbritannien. Cartlands größte Sorge bestand darin, dass die jungen Männer „während der prägenden Jahre an einer englischen Universität [...] intellektuell wild werden" könnten. Sein Rezept lautete: Vorlesungen in politischer Philosophie und intensiveren Kontakt mit „cultured Englishmen and women and to gain access for them to the best type of English homes". Im Grunde konstruierte Cartland Afrikas künftige politische Führungspersonen als Teenager, die sich wahrscheinlich gut entwickeln würden, wenn nur genügend Vertreter der englischen Oberklasse regelmäßige Einladungen zum Tee aussprächen. Die Metaphorik von der Reifung zum Erwachsenendasein spielte eine wichtige Rolle in der britischen Kolonialpolitik und war wiederum eng verbunden mit dem Bereich Erziehung und Bildung als Metapher und Politik.

---

[1] Vgl. Memo G. B. Cartland, The Political Significance of African Students in Great Britain, Juli 1947, in: Ronald Hyam, The Labour Government and the End of Empire 1945-1951, London 1992, Bd. 4, Dok. 349, 13–17. Vgl. auch Cooper, Decolonization, 213.

Die Kolonialbeamten in Tanganyika versuchten die Direktiven aus London so gut es ging auszubremsen. Sie waren Gefangene der bestehenden Machtgefüge vor Ort, ihrer eigenen rassistischen Vorurteile, aber eben auch des Wissens um die Schwierigkeit, das verordnete Modernisierungsprojekt in die Praxis umzusetzen. Sie antworteten, wie in den folgenden Kapiteln ausgeführt wird, mit Widerstand und Aktionismus, in der Hoffnung, die alten Herrschaftsallianzen leicht modifiziert in die Zukunft retten zu können. *One man, one vote* lehnten sie, den südafrikanischen Apartheidspolitikern gleich, ab. Beim Spielen auf Zeit half ihnen die Vorstellung von der Politik als einem organischen Prozess des Wachsens und Reifens. Die Entwicklung in Tanganyika ist überdies jedoch nur im Kontext der im und unmittelbar nach dem Zweiten Weltkrieg neu entstehenden internationalen Ordnung und dem Niedergang des Empire zu verstehen.

Die Interpretationen über den Anfang vom Ende des britischen Weltreiches sind vielfältig.[2] Doch nahezu alle Deutungsversuche verweisen auf die Auswirkungen einer dem 19. und frühen 20. Jahrhundert gegenüber grundlegend veränderten internationalen Konstellation, die es Großbritannien zunehmend unmöglich machte, weiterhin als führende Weltmacht ein Imperium zu verwalten. Dabei sehen einige Autoren bereits das viktorianische Empire auf tönernen Füßen ruhen, während andere den Ersten Weltkrieg als entscheidende Zäsur werten.[3] Und John Darwin, einer der meist zitierten Interpreten der britischen Dekolonisation, glaubt erst im Zweiten Weltkrieg den grundlegenden Schlüssel für die dann rasch folgende Korrosion der kolonialen Besitzungen erkennen zu können.[4] Kein Zweifel besteht jedenfalls an der Tatsache, dass Großbritannien nach 1945 vor dem Hintergrund des Kalten Krieges nur noch als Juniorpartner der USA fungierte und außenpolitisch gleichsam im Schatten der Pax Americana agierte und keine eigene Weltmachtpolitik mehr betreiben konnte. Besonders dramatisch offenbarte sich diese Situation 1956 in der so genannten Suez-Krise. Ende Juli dieses Jahres hatte der ägyptische Präsident Nasser die Verstaatlichung der Suez Canal Company angeordnet. Die daraufhin von der britischen Regierung in Zusammenarbeit mit den Franzosen und Israelis kunstvoll eingefädelte konzertierte militärische Aktion vom 29. Oktober 1956 gegen Ägypten musste auf Druck der Amerikaner vorzeitig abgebrochen werden.[5]

Aus dem Zweiten Weltkrieg ging Großbritannien zwar als unbesetztes Land und Siegermacht hervor, doch im Unterschied zu allen vorhergehenden internationalen bewaffneten Konflikten seit

---

[2] Vgl. als ersten Überblick John Darwin, Decolonization and the End of Empire, in: Oxford History of the British Empire (OHBE), Bd. 5: Historiography, hg. von Robin Winks, Oxford 1999, 541–557. Zu den wichtigen Überblicken und Diskussionsbeiträgen gehören Darwin, Britain and Decolonization; ders., British Decolonization since 1945. A Pattern and a Puzzle, in: JICH 12,2 (1983), 187–209; Holland, European Decolonization; W. David McIntyre, British Decolonization, 1946–1997. When, Why and How did the British Empire Fall, London 1998; David Goldsworthy, Colonial Issues in British Politics 1945–1961. From ‚Colonial Development' to ‚Wind of Change', Oxford 1971. Siehe ferner die eleganten komparatistischen Betrachtungen in den Essaybänden von D. Anthony Low, Eclipse of Empire, Cambridge 1991; ders., The Egalitarian Moment. Asia and Africa, 1950–1980, Cambridge 1996. Skizzen in deutscher Sprache bieten den Literaturbericht von Jürgen Osterhammel, Spätkolonialismus und Dekolonisation, in: NPL 37,3 (1992), 404–426, sowie Rudolf von Albertini, Das Ende des Empire. Bemerkungen zur britischen Dekolonisation, in: Wolfgang J. Mommsen (Hg.), Das Ende der Kolonialreiche. Dekolonisation und die Politik der Großmächte, Frankfurt a.M. 1990, 25–46, 195–203; Bernard Porter, Die Transformation des British Empire, in: Alexander Demandt (Hg.), Das Ende der Weltreiche. Von den Persern bis zur Sowjetunion, München 1997, 155–173, 251–252; Horst Dippel, Die Auflösung des britischen Empire oder die Suche nach einem Rechtsersatz für formale Herrschaft, in: Richard Lorenz (Hg.), Das Verdämmern der Macht. Vom Untergang großer Reiche, Frankfurt a.M. 2000, 236–255. Zu den Rückwirkungen der Dekolonisation auf die britische Gesellschaft vgl. Gerhard Altmann, Abschied vom Empire. Die innere Dekolonisation Großbritanniens 1945–1985, Göttingen 2005.

[3] Für die erste Deutung vgl. David Reynolds, Britannia Overruled. British Policy and World Power in the Twentieth Century, London ²2000; die zweite wird u. a. vertreten von Robert Holland, The Pursuit of Greatness. Britain and the World Role, 1900–1970, London 1991.

[4] Vgl. Darwin, End of British Empire, 118: „The key lies in the corrosive effects of the Second World War at every level of the imperial connection."

[5] Vgl. Wm. Roger Louis/Roger Owen (Hg.), Suez 1956. The Crisis and Its Consequences, Oxford 1989.

dem 18. Jahrhundert nicht mehr als territorialer, geschweige denn als wirtschaftlicher Gewinner. Der Krieg selbst hatte zwar kurzfristig das britische imperiale System gestärkt und, nicht zuletzt in Gestalt des Premiers Winston Churchill, massive imperiale Rhetorik wieder salonfähig gemacht.[6] Die Ressourcen der kolonialen Besitzungen wurden in hohem Maße beansprucht, vor allem jene Indiens.[7] Auch Afrika musste einen beträchtlichen Beitrag leisten. Schätzungsweise eine halbe Million afrikanischer Soldaten kämpften auf den Schlachtfeldern in Europa, Asien und Nordafrika. An der „afrikanischen Heimatfront" rekrutierten die Kolonialverwaltungen, oft mit Zwang, Arbeitskräfte für Landwirtschaft, Industrie und andere kriegswichtige Dienstleistungen.[8] Parallel starteten die Briten eine ideologische Offensive, die den Krieg als Kreuzzug im Namen von Frieden und Demokratie gegen die Kräfte des Faschismus darstellte. Die in der Propaganda immer wieder bemühte Formel lautete: „British colonies are loyal and happy under our rule and helping us to the limit of their resources."[9] Allerdings wurde bald der Kontrast zwischen der ostentativen Bekundung, Freiheit und Demokratie seien die zentralen Ziele der Alliierten, und der Tatsache, dass die koloniale Herrschaft aufrechterhalten wurde, deutlich und entging auch zahlreichen Afrikanern nicht.[10] Die berühmte *Atlantik Charter* vom August 1941 bestätigte in Artikel 3, dass es das Recht eines jeden Volkes gebe, selbst die Regierungsform zu wählen, unter der es leben möchte. Doch Churchill verkündete zunächst ungerührt, die britische Kolonialpolitik stehe in Harmonie mit der Charta.[11] Im Verlauf des Krieges wichen auch auf Seiten der USA antikoloniale Postulate immer mehr einer pragmatischen Allianzpolitik. Die Zusammenarbeit mit Großbritannien und die Niederwerfung Deutschlands und Japans hatten für die Vereinigten Staaten Priorität. Dekolonisationspolitik und Koalitionskriegsführung ließen sich kaum vereinbaren.[12]

---

[6] Vgl. Keith Jeffery, The Second World War, in OHBE 5, 306-328. „The Second World War witnessed a moral regeneration of British purpose in the colonial world", schreibt Wm. Roger Louis, Imperialism at Bay. The United States and the Decolonization of the British Empire, Oxford 1977, 101.

[7] Vgl. Johannes Voigt, Indien im Zweiten Weltkrieg, Stuttgart 1978. Gute Zusammenfassung bei Sugata Bose / Ayesha Jalal, Modern South Asia. History, Culture, Political Economy, London/New York 1998, Kap. 15.

[8] Vgl. zusammenfassend David Killingray, Labour Mobilisation in British Colonial Africa for the War Effort, 1939-46, in: ders. / Richard Rathbone (Hg.), Africa and the Second World War, London 1986, 68-96; John Hargreaves, Decolonization in Africa, London 1996, Kap. 3.

[9] Vgl. Rosaleen Smyth, Britain's African Colonies and British Propaganda during the Second World War, in: JICH 14,1 (1985), 65-82. Für Tanganyika vgl. ferner TNA 29541: Acting Information Officer to Chief Secretary, 29.3.1941; Note of a meeting at Government House, 17.8.1942.

[10] In Tanganyika wurden die Inhalte der Atlantik Charter u.a. in Kwetu (18.4 1941; 18.11.1942) referiert. Erica Fiah kommentierte: „The British soap-smoothing policy cannot be tolerated any longer." (Kwetu, 11.6.1941). Kopien der Charta finden sich auch in den Papieren von Hassan T. Suleiman, einem Aktivisten der AA (TNA 571/43). In einer Petition der „Workmen of the African Wharfage Company" an den General Manager von MacKenzie and Co. vom 1. Januar 1943 (TNA 10849) beschwerten sich die Arbeiter darüber, geschlagen worden zu sein: „[...] such cruel [sic] belongs to the Nazi German and not to Englishmen [...] we are being told that we are at War with the Nazi German because the Nazi want to enslave the world. How is that an English is making us slave in the face of the capital of this country? You are also aware that our bretheran are fighting up North and other parts of the world all for the freedom." Vgl. auch Nicholas J. Westcott, The Impact of the Second World War on Tanganyika, 1939-1949, unveröffentl. Ph.D. Thesis, Cambridge 1982, 363f.

[11] Vgl. dazu ausführlich Louis, Imperialism at Bay, bes. Kap. 7. Die Charta ist u. a. abgedruckt in Andrew N. Porter / A. J. Stockwell (Hg.), British Imperial Policy and Decolonization 1938-64, Bd. 1: 1938-51, London 1987, Dok. 8, 101f. Eine bissige Analyse der Charta bietet Marika Sherwood, „Diplomatic Platitudes". The Atlantic Charter, the United Nations and Colonial Independence, in: Immigrants and Minorities 15,2 (1996), 135-150.

[12] Vgl. Walter Leimgruber, Kalter Krieg um Afrika. Die amerikanische Afrikapolitik unter Präsident Kennedy, 1961-1963, Stuttgart 1990, 16. Siehe ferner Ralf Böckmann, Amerikanischer Antikolonialismus und Koalitionskriegsführung im Zweiten Weltkrieg, in: JbA 16 (1971), 162-188; Wm. Roger Louis / Ronald Robinson, The United States and the Liquidation of British Empire in Tropical Africa, 1941-1951, in: Prosser Gifford / Wm. Roger Louis (Hg.), The Transfer of Power in Africa. Decolonization 1940-1960, New Haven 1982, 31-55; pointiert: Wm. Roger Louis, Americal Anti-colonialism and the Dissolution of the British Empire, in: International Affairs 61 (1985), 395-420.

Die anglo-amerikanische Koalition spielte auch in der um 1945 einsetzenden Phase des Kalten Krieges eine entscheidende Rolle für das Schicksal des britischen Imperiums. Es waren amerikanische Finanzhilfen, die zumindest indirekt das britische Kolonialsystem im neuen Zeitalter der Supermächte unterstützten. Sie erlaubten dem Empire, sich zu erholen, bevor es dann in den 1960er Jahren endgültig kollabierte. Beide Seiten hatten großes Interesse, dieses Arrangement so wenig wie möglich publik zu machen. Für die Briten war es in gewisser Weise erniedrigend, wirtschaftlich von den Vereinigten Staaten in diesem Ausmaß abhängig zu sein; Washington bewahrte Diskretion, weil der Beistand für das Empire nicht mit den historischen Prinzipien des Antiimperialismus vereinbar war.[13] London stand am Ende des Krieges zweifelsohne vor einem finanziellen Desaster. Bereits 1944 hatte John Maynard Keynes vom Schatzkanzleramt vor einem „finanziellen Dünkirchen" gewarnt und bemerkt: „We cannot police half the world at our own expense when we have already gone into pawn to the other half."[14] Nur dank eines US-Darlehens über die damals gigantische Summe von 3,5 Milliarden Dollar konnte zwei Jahre später der Bankrott Großbritanniens vermieden werden.[15] Langsam erholte sich die Wirtschaft wieder, wobei, zumindest bis zur Suez-Krise, die afrikanischen Kolonien eine nicht unwesentliche Rolle im „Wiederaufbau" der Nachkriegszeit spielten. Denn die afrikanischen Exporte brachten dringend benötigte Dollars, und Großbritannien konnte dort dank seiner politischen Kontrolle eine Geld- und Finanzpolitik gemäß den eigenen Interessen betreiben.[16]

Die Kolonialfrage stand im Übrigen erst einmal nicht im Vordergrund der amerikanisch-britischen Beziehungen. Stabilität, Sicherheit und strategische Bedeutung im Kampf gegen den Kommunismus gewannen dagegen rasch an Relevanz. Zwar sprachen sich die USA weiterhin für das Selbstbestimmungsrecht der Völker aus, sahen jedoch in Europas Herrschaft die beste Garantie für die Stabilität Afrikas, das zugleich wichtig war als strategisches Hinterland und Rohstofflieferant. Antikommunismus wurde in Washington wie in den westeuropäischen Hauptstädten zu einem zentralen Aspekt internationaler Politik. Insbesondere nach Ausbruch des Koreakriegs gerieten nationalistische, antikoloniale Kräfte quasi automatisch in den Ruch, Kommunisten oder wenigstens kommunistisch beeinflusst zu sein.[17] Parallel stieg der Antikolonialismus zu einer weltweiten Bewegung auf. Nicht nur bildeten sich in den Metropolitanstaaten bedeutende antikoloniale Gruppierungen,[18] sondern es intensivierten sich, nicht zuletzt auf Initiative Jawaharlal Nehrus, dem Premierminister des seit 1947 unabhängigen Indien, auch die afro-asiatische Solidarität und das Bündnis der Blockfreien.[19] Die Vereinten Nationen boten zunehmend ein wichtiges Forum für die jungen Nationen der ehemals kolonisierten Welt, bis zur Unabhängigkeit Ghanas 1957 allerdings noch ohne Vertreter des subsaha-

---

[13] Vgl. dazu ausführlich Wm. Roger Louis / Ronald Robinson, The Imperialism of Decolonization, in: JICH 22,3 (1994), 462–511; John Kent, British Imperial Policy and the Origins of the Cold War, 1944–49, Leicester 1993.

[14] Zit. nach Wm. Roger Louis, The Dissolution of the British Empire, in: OHBE 5, 329–356, hier: 331.

[15] Vgl. Peter Clarke, Hope and Glory. Britain 1900–1990, London 1996, 228.

[16] Dazu ausführlich Gerold Krozewski, Sterling, the ‚Minor' Territories, and the End of Formal Empire, 1939–1958, in: EHR 46,2 (1993), 239–265; ders., Finance and Empire. The Dilemma Facing Great Britain in the 1950s, in: IHR 18,1 (1996), 48–69. Vgl. ferner Gustav Schmidt, Zwischen Empire und Europa: Großbritanniens internationale Position nach dem Zweiten Weltkrieg, in: Hans-Henrich Jansen / Ursula Lehmkuhl (Hg.), Großbritannien, das Empire und die Welt. Britische Außenpolitik zwischen „Größe" und „Selbstbehauptung", 1850–1990, Bochum 1995, 201–242; Cain / Hopkins, British Imperialism, Bd. 2, 265ff.

[17] Ein besonders prägnantes Beispiel in Afrika war Kamerun. Vgl. Richard Joseph, Radical Nationalism in French Africa. The Case of Cameroon, in: Gifford / Louis, Decolonization, 321–345; March Michel, Une décolonisation confisquée? Perspectives sur la décolonisation du Cameroun sous tutelle de la France 1955-1960, in: RFHOM 86, 324–25 (1999), 229–258.

[18] Für Großbritannien am besten: Stephen Howe, Anticolonialism in British Politics. The Left and the End of Empire, 1918–1964, Oxford 1993.

[19] Vgl. zusammenfassend Dietmar Rothermund, Dehli, 15. August 1947. Das Ende kolonialer Herrschaft, München 1998, 187ff.

rischen Afrika. Auch der Panafrikanismus konnte (allerdings nur für kurze Zeit) einen beträchtlichen Einfluss entfalten.[20]

Eine besondere Bedeutung in der sich nach dem Zweiten Weltkrieg abzeichnenden globalen Neuordnung kam dem Konzept „Entwicklung" zu. Dieser Begriff sagte den Politikern der „unterentwickelten" Gesellschaften ebenso zu wie den Menschen in „entwickelten" Ländern. Denn er ließ beide teilhaben an dem intellektuellen Universum und der moralischen Gemeinschaft, die nach 1945 im Kontext weltweiter Entwicklungsinitiativen entstand. Diese Gemeinschaft teilte die Überzeugung, dass die Linderung der Armut durch ökonomische und soziale Selbstregulierung allein nicht möglich sei. Vielmehr bedürfe es konzertierter Interventionen von Regierungen armer und reicher Länder in Zusammenarbeit mit der wachsenden Gruppe internationaler Hilfs- und Entwicklungsorganisationen. Im Laufe der Zeit hat sich „Entwicklung" zu einer Großindustrie gemausert, die mehrere Milliarden Dollar, eine Vielzahl von privaten, staatlichen und internationalen Organisationen sowie eine weltweite Gemeinschaft von Experten involviert.[21]

Viele der Aktivitäten, die heute unter die Rubrik „Entwicklung" fallen, haben eine lange Geschichte. Das Konzept, ökonomischen „Fortschritt" in den afrikanischen Kolonien mit Hilfe finanzieller Investitionen der Metropole zu erwirken, entstand sowohl im französischen als auch im britischen Kolonialreich nicht erst in den 1940er Jahren, sondern besaß weitaus ältere Wurzeln. Durch den Bau von Eisenbahnen, Straßen und Häfen versuchten die Kolonialmächte schon bald nach dem *scramble for Africa*, den Kontinent wirtschaftlich zu „öffnen". Initiativen etwa der Kolonialminister Lord Milner und Albert Sarraut in den 1920er Jahren, metropolitane Gelder für die Ausweitung der Produktion in den Kolonien zu verwenden, stießen jedoch auf massiven Widerstand ihrer Kollegen in den Regierungen in London und Paris. Diese hielten an der alten Überzeugung fest, Kolonien müssten sich selbst tragen und glaubten im Übrigen, Entwicklungsprogramme würden die soziale Ordnung in den kolonisierten Gebieten durcheinander bringen.[22] Die Krise der großen Kolonialreiche änderte diese Haltung. In der Zeit während und unmittelbar nach dem Zweiten Weltkrieg betrachteten die französischen und britischen Kolonialregierungen „Entwicklung" als ein Konzept, welches die koloniale Herrschaft angesichts aufkommender nationalistischer Bewegungen und militanter Arbeitskämpfe wieder kräftigen und neu legitimieren sollte. Doch ironischerweise sollte dieses Konzept die Kolonialherren schon bald zu der Überzeugung bringen, dass sie ihre Kolonien aufgeben könnten. Britische und französische Kolonialpolitiker glaubten zunächst, ihre Entwicklungsinitiativen würden die Kolonien in den turbulenten Nachkriegszeiten gleichzeitig ökonomisch produktiver und politisch stabiler machen. So wurden Wellen von Experten nach Afrika gesandt, um den Bauern neue Wege des Anbaus zu weisen und den Arbeitern neue Formen der Arbeit nahezulegen. Die Neugestaltung der Gesundheitssysteme und des Bildungswesens stand ebenfalls hoch auf der Agenda. Der Nachkriegsimperialismus, schreibt Frederick Cooper, war ein Imperialismus des Wissens.[23]

---

[20] Vgl. Imanuel Geiss, Panafrikanismus. Zur Geschichte der Dekolonisation, Frankfurt a.M. 1968, 317ff.

[21] Die folgenden Überlegungen basieren vornehmlich auf Frederick Cooper / Randall Packard (Hg.), International Development and the Social Sciences. Essays on the History and Politics of Knowledge, Berkeley 1997. Eine gelungene Darstellung der Geschichte des Entwicklungsbegriffs bietet Reinhart Kößler, Entwicklung, Münster 1998. Vgl. ferner Gilbert Rist, The History of Development. From Western Origins to Global Faith, London/New York 1997.

[22] Vgl. für Großbritannien etwa Stephen Constantine, The Making of British Colonial Development Policy, 1914–1940, London 1984; Michael Havinden / David Meredith, Colonialism and Development. Britain and its Tropical Colonies, 1850–1960, London 1993; Herward Sieberg, Colonial Development. Die Grundlegung moderner Entwicklungspolitik durch Großbritannien 1919–1949, Stuttgart 1985; für Frankreich vgl. u. a. Jacques Marseille, Empire colonial et capitalisme français. Histoire d'un divorce, Paris 1984; Catherine Coquery-Vidrovitch u. a. (Hg.), Pour une histoire du développement. Etats, sociétés, développement, Paris 1988.

[23] Vgl. auch für die folgenden Überlegungen Frederick Cooper, Modernizing Bureaucrats, Backward Africans, and the Development Concept, in: Cooper / Packard, 64–92, hier: 64. Zu den wenigen Fallstudien gehören Toyin Falola, Development Planning and Decolonization in Nigeria, Gainesville 1996; Monica M. van Beu-

Entwicklung war in diesem Zusammenhang etwas, das in und für, aber nur sehr bedingt mit Afrika getan werden musste.

Aber nicht einmal ein Jahrzehnt später hatte die koloniale Entwicklungsinitiative ihren Reformeifer verloren. Entwicklung erschien nun nicht mehr als koloniales Projekt, das Autorität und Expertise verlangte, sondern wurde sozusagen als natürliche Entfaltung eines universalen sozialen Prozesses diskutiert. Diesen Prozess konnten menschliche Gestalter erleichtern, aber im Grunde wurde er, so die damalige Lesart, von der Geschichte vorangetrieben. Daher konnte er sowohl von Afrikanern als auch von Europäern verwaltet werden. Das Entwicklungs-Konstrukt schöpfte dabei einen beträchtlichen Teil seiner Ausstrahlung aus der Ablehnung der Vergangenheit bei gleichzeitiger Verheißung für die Zukunft, weniger dagegen aus seiner Kapazität, die Probleme der Gegenwart adäquat anzusprechen oder gar zu lösen. Genau diese Dichotomie erlaubte es Frankreich und Großbritannien, das Bewusstsein von der Notwendigkeit ihrer künftigen Mission auch angesichts des Scheiterns ihrer gegenwärtigen Mission zu bewahren. Im Übrigen vermochte Entwicklung im Gegensatz zu anderen imperialen Rechtfertigungen eine beträchtliche Anziehungskraft auf die nationalistischen Eliten zu entfalten. Am Ende übernahmen die Afrikaner das Projekt Entwicklung zusammen mit dem von den Kolonialregimen aufgebauten Staatsapparat, und die sich zurückziehenden Kolonialherren konnten sich einreden, dass ihre Nachfolger zwangsläufig den von den Europäern angelegten Pfaden folgen würden.

Die wachsende Konvergenz von nordamerikanischen und europäischen Interessen bezüglich der Notwendigkeit, „Entwicklung" durch technische Hilfsprogramme zu erzeugen, spielte eine wichtige Rolle für die Gründung einer Reihe von internationalen Organisationen in den späten 1940er und frühen 50er Jahren. Die Weltbank und der Internationale Währungsfonds erweiterten zunehmend ihr Aktionsfeld. Hatten sie in den ersten Jahren nach Kriegsende den Wiederaufbau und die finanzielle Stabilität in Europa unterstützt, förderten sie bald die „internationale Entwicklung". Von ebenso großer Bedeutung war das Netz von Entwicklungsorganisationen, das unter dem Dach der Vereinten Nationen entstand: die FAO, die WHO, UNICEF, UNDP und UNESCO. Die Gründung dieser multilateralen Agenturen trug entscheidend zur Internationalisierung des Entwicklungskonzeptes im Zeitalter der Dekolonisation bei. Obwohl die Verwaltung dieser Organisationen zunächst von Europäern und Amerikanern dominiert wurde und die Debatten vornehmlich spezifische nationale Interessen reflektierten, etablierte sich doch zunehmend als „gemeinsames Ziel" eine prosperierende, stabile Welt. Die wachsende Präsenz von „Entwicklungsländern" in den UN-Organisationen erleichterte es den Vertretern aus Afrika, Asien und Lateinamerika, ihre Konzeption von Entwicklung in die Debatten einzubringen. Gleichwohl blieb die „Partnerschaft für den Fortschritt" eine ungleiche Beziehung, zumal die Ströme der Information, des Wissens, der Technologie und der Expertise größtenteils von der „entwickelten" zur „unterentwickelten" Welt verliefen.[24]

---

sekom, Negotiating Development. African Farmers and Colonial Experts at the Office du Niger, 1920–1960, Oxford 2002.

[24] Vgl. David H. Lumsdaine, Moral Vision in International Politics. The Foreign Aid Regime, 1949–1989, Princeton 1993; Cooper/Packard, Introduction, 8f. Die Internationalisierung der Kolonialpolitik lässt sich auf zahlreichen anderen Feldern nachzeichnen, so bei der zunehmenden Kooperation der Kolonialmächte in Fragen von Arbeit und sozialer Sicherung. In diesem Zusammenhang waren vor allem zwei Organisationen von Belang: Das International Labour Office (ILO) und – seit 1948 – die International African Labour Conferences (IALCs). Vgl. dazu Cooper, Decolonization, 361ff. sowie Andreas Eckert, Soziale Sicherung im kolonialen Afrika. Staatliche Systeme und lokale Strategien, in: Peripherie 69/70 (1998), 46–66, hier: 58f. Vgl. zur französisch-britischen Zusammenarbeit ferner Marc Michel, La coopération intercoloniale en Afrique noire, 1942–1950. Un néocolonialisme éclairé?, in: Relations Internationales 34 (1983), 155–171; ders., The Decolonization of French Africa and the United States and Great Britain, 1945–58, in: Roy Bridges (Hg), Imperialism, Decolonization and Africa. Studies Presented to John Hargreaves, London 1999, 153–177; John Kent, The Internationalization of Colonialism. Britain, France, and Black Africa, 1939–1956, Oxford 1992.

Die britische Afrikapolitik kann nur im Spannungsfeld internationaler Beziehungen und Ideologien, begrenzter ökonomischer Ressourcen, innenpolitischer Erwägungen sowie der Entwicklungen in den Kolonien selbst verstanden werden. London selbst versuchte nach außen hin den Eindruck zu erwecken, es habe jederzeit die Fäden in der Hand. Tatsächlich vermitteln die überlieferten Dokumente vor allem ab Mitte der 1950er Jahre den Eindruck einer nur äußerst begrenzten Kontrolle, ja dass viele Kolonialbeamte angesichts der Komplexität ihrer Aufgabe zuweilen schier verzweifelten.[25] In der unmittelbaren Nachkriegszeit jedoch zeigten sich, wie in den folgenden Abschnitten erläutert wird, die verantwortlichen Politiker selbstbewusst und ihrer Mission sicher. Der interventionistische Wohlfahrtsstaat mit wachsender Staatsquote, der für alle (oder doch die meisten) sorgte, war das Modell der Zukunft, das nun nicht nur im Mutterland,[26] sondern auch im verbliebenen Kolonialreich und damit insbesondere in Afrika Anwendung finden sollte.

b) Das neue „Design" britischer Afrikapolitik

Dem Zweiten Weltkrieg kam eine entscheidende Rolle bei der Formulierung einer neuen britischen Kolonialpolitik bezüglich Afrika zu. In den Jahren des Krieges fand so etwas wie die „moralische Wiederaufrüstung des Empire" statt.[27] Wesentliches Element dieser Entwicklung war der Glaube von Politikern im Allgemeinen und Vertretern des *Colonial Office* im Besonderen, dass die Probleme Afrikas am besten durch in London erdachte Lösungen geregelt werden könnten. Der Staat galt dabei als das entscheidende Vehikel, welches Demokratie, Wohlfahrt und geordnetes wirtschaftliches Wachstum ermöglichen würde. Die Frustrationen über das Konzept der indirekten Herrschaft machten einer Rhetorik von „Wohlfahrt" und „Entwicklung" Platz, die verdeutlichen sollte, dass die imperiale Mission weder bereits beendet war noch einen Fehlschlag darstellte. Die verstärkte Hinwendung zu Afrika drückte sich auch in der beträchtlichen Aufstockung des entsandten Personals aus: Während 1947 noch 1 794 Verwaltungsbeamte im subsaharischen Afrika ihren Dienst taten, waren es zehn Jahre später bereits 2 362.[28] Die Zahl der britischen Fachkräfte in Bereichen wie Medizin, Erziehungswesen und Landwirtschaft erhöhte sich sogar noch stärker. Niemals zuvor kamen so viele Afrikaner in so unmittelbare Berührung mit Repräsentanten der Kolonialmacht wie in den letzten Jahren der kolonialen Herrschaft.

In gewisser Weise wurden nun während des Krieges notwendige und eingeübte Praktiken wie die Mobilisierung der Bevölkerung und die umfassende Neuorganisation von Gesundheitswesen, Nahrungs- und Wohnraumversorgung nach Afrika getragen. Die kolonialen Verwaltungen blieben sozusagen „im Krieg" und bekämpften nun die vermeintliche afrikanische Lethargie und Rückständigkeit, die Fortschritt und Entwicklung auf dem Kontinent im Wege zu stehen schienen.[29] In diesem Kontext wurde die Macht bürokratisiert, die Aufgaben der Verwaltung wurden technischer, vor allem aber umfangreicher. Neue administrative Bereiche entstanden, Expertenwissen und Technokratie hielten Einzug. Die Historiker Anthony Low und John Lonsdale schreiben nicht zu Unrecht von einer „zweiten kolonialen Besetzung",[30] für welche die Ausweitung staatlicher Tätigkeit bis weit

---

[25] Dies verdeutlichen zahlreiche Dokumente in Ronald Hyam / Wm. Roger Louis, The Conservative Government and the End of Empire, 1957–1964, 2 Bde., London 2000.

[26] Vgl. etwa Rodney Lowe, The Welfare State in Britain since 1945, Basingstoke/London 1993.

[27] Diese Formulierung spielt an auf die These von Ronald Robinson, der für die Zwischenkriegszeit die „moralische Abrüstung" des Empire in Afrika konstatiert. Vgl. sein „The Moral Disarmament of African Empire, 1919–1947", in: JICH 8,1 (1979), 86–104.

[28] Zahlen nach Kirk-Greene, Thin White Line, 29. Für Tanganyika vgl. Kap. IV, 1.

[29] Dies zeigt am Beispiel Kenias sehr eindrucksvoll die Studie von Joanna Lewis, Empire State-Building. War & Welfare in Kenya 1925–52, Oxford 2000.

[30] D. Anthony Low / John Lonsdale, Introduction, in: D. Anthony Low / Alison Smith (Hg.), History of East Africa, Bd. 3, 1–63, hier: 12.

in den Produktionssektor charakteristisch war. Parallel wurde in Afrika eine Karriere im Staatsdienst mehr denn je zu einem vorrangigen Ziel all jener, die eine weiterführende Schule oder gar Universität besuchten.

Angesichts des drohenden Verlustes der britischen Besitzungen in Asien war Afrika bereits im Verlauf des Krieges stärker in das Blickfeld des *Colonial Office* gerückt. Zwar zeigte sich insbesondere Churchill fest entschlossen, die britische Herrschaft in Indien aufrechtzuerhalten, doch mit dem Sieg der Labour Party in den Parlamentswahlen 1945 änderte sich das Verhalten der Regierung in der Indienfrage. Mit der dann zügig folgenden Unabhängigkeit des Herzstücks des Empire im August 1947 endeten jedoch keineswegs grundsätzlich die britischen kolonialen Ambitionen.[31] „Withdrawal from India need not appear to be forced upon us by our weakness nor to be the first step in the dissolution of the Empire", hieß es in einer Erklärung des Kabinetts vom Dezember 1946.[32] Obwohl London weiterhin vitale Herrschaftsinteressen in Süd- und Südostasien sowie im Nahen Osten verfolgte, galt Afrika rasch als „Kern" des Imperiums.[33] Die Labour-Regierung verfügte bei ihrem Amtsantritt allerdings über keine ausgearbeitete Strategie. In ihrem Wahlmanifest „Let Us Face the Future" war vom Kolonialreich nicht einmal die Rede. Doch schon bald etablierte sich eine Rhetorik des Neubeginns. „British Imperialism is dead", verkündete etwa eine Stellungnahme des *Committee on Overseas Information Services*.[34] Ganz so weit war es noch nicht! Die verantwortlichen Labour-Politiker sprachen des Weiteren von einer „konstruktiven Kolonialpolitik", die frei von militärischer Aggression und ökonomischer Ausbeutung sei. Arthur Creech-Jones, der neue Kolonialminister, prägte in diesem Zusammenhang die Formel vom *enlightened self-interest*.[35] Dieser „aufgeklärte Eigennutz" entpuppte sich als eine Mischung aus Eigeninteresse, Kurzsichtigkeit und guten Absichten. Kaum Uneinigkeit bestand über die Notwendigkeit, die Ressourcen der afrikanischen Besitzungen verstärkt zu nutzen, um die Wirtschaftslage der Metropole zu verbessern. Dieses Ziel sei jedoch, glaubten die Verantwortlichen, nur zu erreichen, indem man durch gezielte Investitionen die ökonomischen Bedingungen in den Kolonien reformiere. Der Maßnahmenkatalog beinhaltete u. a. den Ausbau der verarbeitenden Industrie, die Expansion des *cash crop*-Anbaus sowie Landwirtschaftsprogramme. Finanzielle Mittel dazu stellte der erstmals 1940 aufgelegte *Colonial Development and Welfare Act* zur Verfügung; mit der Gründung der *Colonial Development Corporation* 1947 sollten verstärkt Projekte gefördert werden, die raschen Gewinn für die britische Staatskasse versprachen.[36] Gleichzeitig galt es, durch politische, administrative und soziale Reformen die Kooperation zumindest von Teilen der Bevölkerung zu

---

[31] Die komplexe Vorgeschichte der Unabhängigkeit Indiens kann u. a. nachvollzogen werden in Judith Brown, Modern India. The Origins of an Asian Democracy, Oxford ²1994; R. J. Moore, Escape from Empire. The Atlee Government and the Indian Problem, Oxford 1983; B.R. Tomlinson, The Political Economy of the Raj, 1914–1947. The Economics of Decolonization in India, London 1979.

[32] Zit. nach Louis, Dissolution, 329.

[33] So notierte F. J. Pedler im November 1946: „Africa is now the core of our colonial position; the only continental space from which we can still hope to draw reserves of economic and military strength." Zit. nach Hyam, Labour Government, Bd. 1, Dok. 43, 117.

[34] Zit. nach ebd., Dok. 68, 309. Im Labour Party Speakers' Handbook 1948–49 stand zu lesen: „In all areas under our control, we have abandoned the old type of capitalist imperialism [...] Imperialism is dead, but the Empire has been given new life." Zit nach Howe, Anticolonialism, 144.

[35] Vgl. ebd., 143ff.

[36] Vgl. Cooper, Decolonization, 202ff.; Mike Cowen, Early Years of the Colonial Development Corporation. British State Enterprise Overseas during Late Colonialism, in: African Affairs 83,330 (1984), 63–75. Eines der ersten Großprojekte in diesem Zusammenhang war das *Groundnut Scheme* (1947–1949) in Tanganyika, ein gigantisches, aber völlig überhastetes Anbauprogramm für Erdnüsse, das sich als finanzielles und teilweise ökologisches Desaster erwies. Vgl. Iliffe, Modern History, 440ff.; Jan S. Hogendorn / K. M. Scott, Very Large-Scale Agricultural Projects. The Lessons of the East African Groundnut Scheme, in: Robert I. Rotberg (Hg.), Imperialism, Colonialism, and Hunger. East and Central Africa, Lexington/Ma. 1983, 167–198; Dirk van Laak, Weiße Elefanten. Anspruch und Scheitern technischer Großprojekte im 20. Jahrhundert, München 1999,157, ordnet dieses Projekt in den Kontext anderer Investitionsruinen ein.

erheischen, um auf diese Weise eine Revolution zu verhindern und aufkommende nationalistische Bewegungen in Schach zu halten. Der Ausbau des Schulwesens und Verfassungsreformen standen ganz oben auf der Liste. Welche demokratischen Elemente die Briten auf diese Weise aber auch immer einzuführen beabsichtigten, entsprechende Ziele blieben jederzeit ökonomischen Interessen untergeordnet.[37]

Grundlegend für die politischen Aspekte der neuen Afrikapolitik war Lord Haileys zu Beginn des Krieges erstellte, umfassende Studie über Lokalverwaltung und politische Entwicklung im anglophonen Afrika.[38] Haileys zentrale Annahme lautete, dass sich der Nationalismus in Afrika rasch Bahn brechen werde und die britischen Kolonien folglich einer adäquaten Strategie bedürften:

„There are forces both at home and in the dependencies which will exert increasing pressure for the extension of political institutions making for self-government, and the fuller association of Africans in them. The strength of this pressure is likely to be largely enhanced as a result of the war. Unless we have a clear view of the constitutional form in which self-government is to be expressed, the answer to this pressure will be ill-coordinated, and may lead to the adoption of measures which we may afterwards wish to recall."[39]

Eine Gruppe um Andrew Cohen, den damaligen Leiter der Afrika-Abteilung des *Colonial Office*, erarbeitete mit Unterstützung des Kolonialministers Creech-Jones mehrere Memoranden, in denen Vorschläge für eine künftige Afrikapolitik gebündelt wurden.[40] Zum einen sollte es nach ihrem Dafürhalten einen höheren Anteil und bessere Aufstiegsmöglichkeiten für Afrikaner in der Verwaltung geben. Zum anderen sei es notwendig, mehr gewählte Mitglieder sowohl in den *Legislative Council* als auch in den *Executive Council* zu integrieren. Diese Konzession, so die Hoffnung, würde den Kolonialregierungen die Zusammen- und Mitarbeit der gebildeten und politisch bewussten Afrikaner für eine letzte, ausgedehnte Periode zur Vorbereitung der Unabhängigkeit sichern.

Im Kontext dieser Strategie kam der kommunalen Selbstverwaltung besondere Bedeutung zu. Die reformierte Lokaladministration sollte die bisherigen *Native Authorities* ersetzen und gleichsam als „Trainingslager" für künftige Demokraten dienen, angemessene politische Werte vermitteln sowie Wähler und Politiker mit wichtigen Erfahrungen im Umgang mit demokratischen Institutionen ausstatten. Im Februar 1947 versandte Arthur Creech-Jones ein Rundschreiben an alle britischen Gouverneure in Afrika, in dem er die große Bedeutung der Lokalverwaltung für die geplante Reform unterstrich:

---

[37] Vgl. Low / Lonsdale, 14.

[38] Vgl. William Malcolm Hailey, Native Administration and Political Development in British Tropical Africa, hg. von Anthony H. M. Kirk-Greene, Lichtenstein 1979. Das ursprüngliche Dokument war nicht zur Veröffentlichung bestimmt und zirkulierte im *Colonial Office*. Zur Entstehung und Rezeption des Berichts vgl. Cell, Hailey, Kap. 17; Lewis, Empire State-Building, 83–89; Pearce, Turning Point, Kap. 3. Suke Walton, Lord Hailey, the Colonial Office and the Politics of Race and Empire in the Second World War: The Loss of White Prestige, London 2000, vertritt am Beispiel Haileys die provokante, letztlich nicht überzeugende These, dass Vorstellungen einer „weißen Überlegenheit" während des Zweiten Weltkriegs im *Colonial Office* an Respektabilität verloren. Vgl. ferner zur „neuen Afrikapolitik" des *Colonial Office* u. a. John W. Cell, On the Eve of Decolonization. The Colonial Office's Plans for the Transfer of Power in Africa, 1947, in: JICH 8,3 (1980), 235–257; John Flint, Planned Decolonization and Its Failure in British Africa, in: African Affairs 82 (1983), 389–411; Ronald Hyam, Africa and the Labour Goverment, 1945-1951, in: JICH 16,2 (1988), 148–172; Robert D. Pearce, The Colonial Office and Planned Decolonization in Africa, in: African Affairs 83,330 (1984), 77–93; Kathleen Paul, ‚British Subjects' and ‚British Stock'. Labour's Postwar Imperialism, in: JBS 34 (1995), 233–276.

[39] Hailey, Native Administration, 50.

[40] Zur Bedeutung Cohens vgl. Ronald Robinson, Sir Andrew Cohen. Proconsul of African Nationalism (1909–1968), in: Lewis H. Gann / Peter Duignan (Hg.), African Proconsuls. European Governors in Africa, New York 1978, 353–364; ders., Andrew Cohen and the Transfer of Power in Tropical Africa, 1940-1951, in: Walter H. Morris-Hale / Georges Fischer (Hg.), Decolonization and After. The British and French Experience, London 1980, 50–72.

„I believe that the key to success lies in the development of an efficient and democratic system of local government. I wish to emphasise the words efficient, democratic and local [...] I use these words because they seem to me to contain the kernel of the whole matter: local because the system of government must be close to the common people and their problems; efficient because it must be capable of managing the local services in a way which will help to raise the standard of living; and democratic because it must not only find a place in the growing class of educated men, but at the same time command the respect and support of the mass of people."[41]

Dieses und die zahllosen weiteren im *Colonial Office* produzierten Papiere der Jahre 1946-48 können jedoch kaum, wie Robinson behauptet, als „Blaupause" oder Plan gedeutet werden, der innerhalb einer Generation die Selbstverwaltung der meisten afrikanischen Länder im Commonwealth vorsah.[42] Vielmehr enthielten die Berichte und Memoranden nur äußerst vage Formulierungen und Prognosen, die eine sehr flexible Politik erlauben würden. So schrieb Cohen über die Zukunft Ostafrikas, man müsse warten, bis die Afrikaner ein Stadium erreicht hätten, in dem sie die gleiche Rolle wie Europäer und Asiaten bei der Verwaltung der Territorien spielen könnten.[43]

Einen nicht unbeträchtlichen Einfluss auf die Kolonialpolitik der Nachkriegszeit übte schließlich das im Oktober 1940 als Abteilung der *Fabian Society* gegründete *Fabian Colonial Bureau* (FCB) aus. In der britischen Presse wurde gar von einer „Fabianisierung des Empire" gesprochen.[44] Die Gesellschaft der Fabier, 1883/84 ins Leben gerufen, versammelte zunächst eine Reformelite von Intellektuellen, Beamten und Politikern in der Absicht, durch das wissenschaftliche Studium ökonomischer Prozesse und sozialer Konfliktbeziehungen die Partizipationschancen aller Gruppen einer Massengesellschaft an den materiellen und ideellen Kulturgütern zu erweitern, dadurch die Klassenkonflikte zu entschärfen und nicht zuletzt die Arbeiterparteien von ihrem revolutionären bzw. syndikalistischen Kurs abzubringen.[45] Bereits im späten 19. Jahrhundert spielten Fabier wie Sidney Webb und Sidney Olivier eine wichtige Rolle im *Colonial Office*. In der Zeit nach dem Zweiten Weltkrieg manifestierte sich der enge Konnex zwischen dem FCB und dem Kolonialministerium vor allem in Gestalt von Creech-Jones, der vor seiner Ministertätigkeit viele Jahre im Exekutiv-Ausschuss der *Fabian Society* aktiv gewesen war. Das FCB stand weder für eine rasche Dekolonisation noch identifizierte es sich mit den Zielen radikaler nationalistischer Gruppen: „We agree with the policy of the Government which seeks to lead the Colonies towards self-government within the Commonwealth, and appreciate that whereas some Colonies [...] are almost ready for self-government other Colonies, such as the East and Central African territories, are not."[46] In ihren Schriften und Pamphleten insistierten die Fabier auf graduellem Wandel und gaben – bürokratisch kontrollierten – wirtschaftlichen und sozialen Strukturveränderungen Priorität. Zudem vertraten sie das Konzept der „sozialen Treuhandschaft", welches eine Art humanitären Imperialismus mit dem fernen Endziel der Selbstverwaltung beinhaltete. Trotz – oder gerade wegen? – ihres latenten Paternalismus gegenüber Kolonisierten und

---

[41] Zit. nach Hyam, Labour Government, Bd. 1, Dok. 44, 120. Vgl. ferner Arthur Creech-Jones, The place of African local administration in colonial policy, in: JAA 1,1 (1949), 3-6.

[42] Vgl. Ronald Robinson, Concluding Remarks, in: Anthony Kirk-Greene (Hg.), The Transfer of Power. The Colonial Administrator in the Age of Decolonisation, Oxford 1979, 179. Robinson war Ende der 1940er Jahre Mitarbeiter der „African Studies Branch" im Kolonialministerium, bevor er als Professor in Oxford zu einem der einflussreichsten Historiker des (britischen) Imperialismus wurde. Nuanciertere Bewertung bei Pearce, Turning Point, 167ff.; Hargreaves, Decolonization, 106f.

[43] Vgl. Hargreaves, Decolonization, 107.

[44] Vgl. Kenneth O. Morgan, Labour in Power 1945-1951, Oxford 1984, 201.

[45] Vgl. Gangolf Hübinger, Nationale Reformen in weltpolitischer Perspektive. Die britischen Fabier-Sozialisten und die amerikanischen Progressiven, in: ders. / Jürgen Osterhammel / Erich Pelzer (Hg.), Universalgeschichte und Nationalgeschichten, Freiburg i. Br. 1994, 249-267; Bernard Porter, Fabians, Imperialists and the International Order, in: Ben Pimlott (Hg.), Fabian Essays in Socialist Thought, London 1984, 54-67; Patricia Pugh, Educate, Agitate, Organise. 100 Years of Fabian Socialism, London 1984.

[46] So Hilda Selwyn-Clarke, Geschäftsführerin des FCB, im Januar 1951. Zit. nach Howe, Anticolonialism, 136.

ihres technokratischen Ansatzes gelang es dem FCB, gute Kontakte zu einer beträchtlichen Anzahl von afrikanischen Politikern aufzubauen und zu pflegen.[47]

Creech-Jones und Cohen versuchten mit einer Reihe von flankierenden Maßnahmen, den britischen Gouverneuren und Kolonialbeamten in Afrika ihre Konzepte nahezubringen. Zu den wichtigsten Projekten zählte ab 1947 die Durchführung von Sommerschulen in Cambridge für Mitarbeiter der Kolonialverwaltung. Das Thema der ersten Tagung lautete, wenig überraschend, „African Local Government". Die insgesamt 83 Teilnehmer waren in sechs Arbeitsgruppen eingeteilt: die politischen Aspekte von Lokalverwaltung; Funktionen und Finanzen; Lokalverwaltung und Landnutzung; Lokalverwaltung in Städten; Personal; Rassenbeziehungen. Zu den Dozenten und Vortragenden gehörten Wissenschaftler wie der Anthropologe G. I. Jones und die sehr einflussreiche Historikerin und Publizistin Margery Perham, die bereits vor dem Krieg in Oxford Seminare für frisch rekrutierte Kolonialbeamte gehalten hatte,[48] sowie eine Reihe von Politikern. Ein zentrales Thema der Debatten war die verstärkte Einbindung der „afrikanischen Intelligentsia" in Regierung und Verwaltung. Die Selbstverwaltung in England wurde als wichtiges Vorbild für entsprechende Einrichtungen in Afrika gepriesen: „In England it is a channel of persuasion and consent, contributing the solidarity of the community to the morale of the nation. In Africa it offers the best means of initiating primitive societies into modern political activity." Selbstkritik und Selbstzweifel sind im Übrigen nicht protokolliert, es dominierte verbales Schulterklopfen. So verkündete etwa Perham: „We have made our greatest contribution to Africa in the field of local government and succeeded in building a bridge between primitive tribalism and modern government."[49] Das Wort „Dekolonisation" fiel nicht, konkrete Zeitpläne wurden nicht formuliert.[50]

Ebenfalls 1947 rief Creech-Jones eine Konferenz aller britischen Afrika-Gouverneure ein.[51] Der Abschlussbericht prognostizierte eine äußerst gemächliche Übertragung der Selbstverwaltung an die Kolonisierten im Rahmen des Commonwealth:

„It is clear that in Africa the period before self-government can be granted will be longer than in most other parts of the Colonial Empire. Prophesy as to the length of this period is idle, but it may be said that in the Gold Coast, the territory where Africans are most advanced politically, internal self-government is unlikely to be achieved in much less than a generation. In the other territories the process is likely to be considerably slower. During this period we shall be working against the background of an international opinion which disapproves of the state of dependence in colonial territories and is prepared if necessary to see efficient government and the ordered development of social and economic services sacrified to the rapid grant of self-government in whatever form [...] At the same time we shall be faced with constantly increasing internal pressure for self-government on the part of the Africans, and political movements, with very different ideas from our own will certainly make it necessary for the constitutional programmes which we set ourselves to be radically revised from time to time. We must not be

---

47 Die „Philosophie" des FCB lässt sich am besten durch die Lektüre folgender Schriften nachvollziehen: Rita Hinden (Hg.), Fabian Colonial Essays, London 1945; Arthur Creech-Jones (Hg.), New Fabian Colonial Essays, London 1959. Für eine pointierte Kritik an dieser Philosophie vgl. Michael Cowen / Robert Shenton, The Origin and Course of Fabian Colonialism in Africa, in: Journal of Historical Sociology, 4,2 (1991), 143–174. Die Autoren überzeichnen allerdings die Kontinuitätslinien in der Ideologie der Fabier. Zur Rolle des FCB in der britischen Kolonialpolitik nach 1945 vgl. Goldsworthy, Colonial Issues; Howe, Anticolonialism; Kenneth O. Morgan, Imperialists at Bay. British Labour and Decolonization, in: Robert D. King / Robin Kilson (Hg.), The Statecraft of British Imperialism. Essays in Honour of Wm. Roger Louis, London 1999, 233–254. Zu den Verbindungen zwischen dem FCB und tanzanischen Politikern vgl. Kap. IV.

48 Zu Perham vgl. die Beiträge in Alison Smith / Mary Bull (Hg.), Margery Perham and British Rule in Africa, London 1991.

49 Man kann nur spekulieren, ob Perham, die große Propagandistin der *indirect rule*, hier noch einmal die Chance nutzte, indirekte Herrschaft als wahre *good governance* zu feiern.

50 Vgl. TNA 35939/II: Colonial Office: Summer School on African Administration. First Session, August 18–28, 1947, at Queen's College, Cambridge. Acht der Teilnehmer kamen aus Tanganyika. Die Themen der folgenden Sommerschulen lauteten „The Encouragement of Initiative in African Society" (1948); „Agriculture" (1949); „Rural Economic Development" (1950); „Local Government in Africa" (1951).

51 Vgl. dazu die Dokumente in Hyam, Labour Government, Bd. 1, Dok. 58–67, 186ff.

deterred by this factor from long-term planning, but the plans which we make must be flexible enough to have some chance of operating successfully not merely for the next five years, but with the adjustments which future circumstances will demand for twenty or thirty years or indeed longer."[52]

Durch die Einführung des *Journal of African Administration* wollte die Afrika-Abteilung des *Colonial Office* zudem den Austausch zwischen Ministerium und den einzelnen Kolonien fördern und darüber hinaus den Dialog zwischen Praktikern und Wissenschaftlern anregen.[53] Im Laufe der Jahre wurde die Zeitschrift zu einem wichtigen Forum für Erfahrungsberichte aus den britischen (und benachbarten) Territorien sowie für akademische Reflexionen über administrative und politische Probleme. Allerdings wissen wir so gut wie nichts über ihre Rezeptionsgeschichte in Afrika selbst.[54]

Die neue Afrikapolitik stieß unter den britischen Verwaltungsmitarbeitern vor Ort keineswegs auf einhellige Zustimmung. Besonders drastisch äußerte sich Philip Mitchell, Gouverneur in Kenia, der die Pläne des *Colonial Office* als „dully and with little relation to reality" abtat. Am 10. November 1947 notierte er in sein Tagebuch:

„We conferred all day, largely on dry theoretical ideas of colonial self-government totally divorced from the realities of the present day. The C. O. has got itself into a sort of mystic enchantment and sees visions of grateful, independent Utopias beaming at them from all around the world, as if there was – yet – any reason to suppose that any African can be cashier of a village council for 3 weeks without stealing the cash."[55]

Doch auch bei weniger zynisch veranlagten Kolonialbeamten, zumal bei solchen, die in den Distrikten selbst tätig und für die Implementierung zuständig waren, hielt sich der Enthusiasmus über das neue Design der Afrikapolitik in Grenzen. Der konkreten Umsetzung standen lokal höchst unterschiedliche Gegebenheiten und Konfliktkonstellationen gegenüber. Zudem übersetzte jede Kolonialverwaltung die Direktiven aus London in ihrem Sinne und schneiderte sie für eigene Zwecke und Anliegen zurecht. Hinzu kam rasch die Erkenntnis, dass sich viele der geplanten Projekte finanziell wesentlich aufwändiger gestalteten als vorgesehen. Die Konservative Partei, ab 1951 wieder an der Macht, setzte in Bezug auf Afrika dann keine grundlegend neuen Akzente mehr. Der Enthusiasmus der Nachkriegsjahre war ohnehin vorbei.[56] Der Kalte Krieg prägte nachhaltig die internationale Politik. Im Übrigen versuchte die britische Regierung angesichts einer kontinuierlich prekären wirtschaftlichen Situation unter immer größeren Schwierigkeiten, ihrem Anspruch, Weltmacht zu sein, weiterhin gerecht zu werden. Nationalistische Bewegungen gewannen nun rasch an Schlagkraft und Bedeutung, vor allem in Westafrika. Verfassungsreformen in Nigeria und der Goldküste leiteten die Regierungsbeteiligung von Afrikanern ein. In Ostafrika sorgte seit 1952 die Mau-Mau-Bewegung für massive Turbulenzen, auf welche die britische Verwaltung mit der Verhängung des Ausnahmezustands glaubte reagieren zu müssen.[57]

[52] Ebd., Dok. 59.
[53] Vgl. „Editorial", in: JAA 1,1 (1949), 1–3.
[54] Von den von mir interviewten tanzanischen Verwaltungsmitarbeitern konnte sich niemand erinnern, die Zeitschrift je zu Gesicht bekommen zu haben. David Brewin, in den 1950er Jahren als Agricultural Officer tätig, glaubt, das Blatt ein- oder zweimal in den Händen gehabt zu haben. Es sei jedoch etwas für „Ehrgeizlinge" sowie „die Leute in Dar es Salaam" gewesen. Vgl. Interview mit David Brewin, London, 8. 9. 1995.
[55] Diary Sir Philip Mitchell, 10. 11. 1947, zit. nach Porter/Stockwell, Bd. 1, Dok. 43, 277. Vgl. ferner Pearce, Turning Point, 176.
[56] Vgl. im Detail Philip Murphy, Party Politics and Decolonization. The Conservative Party and British Colonial Policy in Tropical Africa 1951–1964, Oxford 1995.
[57] Die Literatur zu Mau Mau ist sehr umfangreich. Einen guten Überblick liefert Marshall S. Clough, Mau Mau Memoirs. History, Memory and Politics, Boulder/London 1998; komplexe Interpretation bei John Lonsdale, Mau Maus of the Mind: Making Mau Mau and Remaking Kenya, in: JAH 31,3 (1990), 393–421. Zum brutalen Vorgehen der Briten vgl. David Anderson, Histories of the Hanged. Britain's Dirty War in Kenya and the End of the Empire, London 2005. Mau Mau sorgte auch in Tanganyika für Aufregung, vor allem in der Nordprovinz. Hier wurde die Polizeipräsenz zwischen 1952 und 56 beträchtlich erhöht; landesweit standen

Harold Macmillan, der nach der Suez-Krise Anfang 1957 sein Amt als Premier antrat, gelangte bald zu der Einsicht, Großbritannien müsse sich von den Überresten eines Empire lösen, das nicht mehr länger profitabel war und zu einer gewaltigen politischen Belastung wurde.[58] Seine Anregungen zum kompletten „Transfer of Power" stießen zunächst auf wenig Resonanz im kolonialen Establishment und in den zuständigen Ministerien. Der unerwartet solide Wahlsieg der Tories im Oktober 1959 stärkte jedoch seine Position. Zudem erhöhte sich der Druck von außen, vor allem hinsichtlich Afrika. Staatspräsident de Gaulle kündigte die „Selbstbestimmung" der französischen Afrika-Kolonien an. Belgien signalisierte kurz darauf die Unabhängigkeit Kongos für Juni 1960. Großbritannien lief nun, wie es in einem Bericht des Außenministeriums hieß, Gefahr, „zusammen mit Portugal als Hindernis für den politischen Fortschritt" auf dem Kontinent eingestuft zu werden.[59] Iain MacLeod, der neue Kolonialminister, drückte nun auch in Ost- und Zentralafrika „aufs Tempo", nachdem Ghana und Nigeria bereits unabhängig geworden waren. Sein Vorgänger hatte für Tanganyika, Uganda und Kenia noch den Beginn der 1970er Jahre als Unabhängigkeitsdatum avisiert. Demgegenüber forcierte MacLeod eine Entwicklung, die ein Jahrzehnt früher die britische Herrschaft in diesen Ländern beendete. Diese Beschleunigung muss allerdings im Kontext des afrikanischen Nationalismus sowie vor dem Hintergrund der Ereignisse in Kongo und in Algerien gesehen werden. Letztlich konnten die britischen Entscheidungsträger den „Transfer of Power" nur sehr bedingt kontrollieren. Vor dem Hintergrund der Systemauseinandersetzung zwischen den Vereinigten Staaten und der Sowjetunion in der kolonialen Welt bestimmte am Ende oft die Stärke der jeweiligen nationalistischen Gruppierungen den tatsächlichen Zeitplan der Dekolonisation.

Tanganyika, mit seinen vergleichsweise mageren Ressourcen bis zum Zweiten Weltkrieg als klassisches *backwater* des Empire angesehen, rückte in den 1940er Jahren auf der Prioritätenliste des *Colonial Office* weiter nach oben. Versuche, das Territorium in eine britische Kolonie zu transformieren, waren jedoch angesichts der internationalen Kräfteverhältnisse von vornherein zum Scheitern verurteilt. Nach diversen Manövern und Verhandlungen erklärte der britische Außenminister Bevin bei der ersten Versammlung der Vereinten Nationen im Januar 1946, dass Tanganyika künftig unter die Treuhandschaft der UNO gestellt werde.[60] In London setzte man große Hoffnungen in das Treuhandgebiet. Creech-Jones betonte dessen „große wirtschaftliche Potenziale" und ein Mitarbeiter des *Colonial Office* konstatierte: „[Tanganyika] has brighter prospects of economic development during the next ten years [...] than any other territory in the Empire. Diamonds, lead, groundnuts,

---

Kikuyu-Migranten unter verschärfter Beobachtung und wurden teilweise nach Kenia repatriiert. Vgl. u. a. die diesbezügliche Korrespondenz von Gouverneur Twining in PRO CO 822/806; TNA 41/A2/14: Public Relations Department: The Policy of the Tanganyika Government towards the Kikuyu and Mau Mau, 22.11.1952; Listowel, 161-163.

[58] Vgl. Anthony G. Hopkins, Macmillan's Audit of Empire, 1957, in: Peter Clarke / Clive Trebilcock (Hg.), Understanding Decline. Perceptions and Realities of British Economic Performance, Cambridge 1997, 234-260; Ritchie Ovendale, Macmillan and the Wind of Change in Africa, 1957-1960, in: Historical Journal 38 (1995), 455-477.

[59] Vgl. Officials' Committee Report: Africa in the Next Ten Years, 20.6.1959, in: Hyam / Louis, Conservative Government, Bd. 1, Dok. 20.

[60] Zu Details vgl. J. Clagnett Taylor, The Political Development of Tanganyika, Stanford 1963, Kap. 4. Die britischen Siedler in Tanganyika sowie Teile der Administration zeigten sich äußerst wütend über diese Regelung. So sah sich das *Colonial Office* veranlasst, folgende Erklärung zu versenden: „The suggestion that Tanganyika should become a British Colony is of course absolutely outside the bounds of practical politics [...] we could never obtain international agreement for making Tanganyika a British Colony, and since we hold the Mandate by international agreement, we could not make the change without it [...] The whole aim of our policy on this question has been and continues to be first to accept the fact that there is practical alternative to placing Tanganyika under Trusteeship, secondly to leave the world in no doubt that we intend to continue as the Administering Authority of the Territory, and thirdly to secure that the Trusteeship Agreement is as satisfactory as possible, both from the point of view of Tanganyika's own development and to enable the territory to play its part in the development of East Africa as a whole." PRO CO 822/114: Gater an Rennie, 7.3.1946.

not to mention vaguer possibilities of coal are all in the offing."[61] Auch dieses Territorium erlebte in der Folge seine, wenngleich vergleichsweise zögerliche, „zweite koloniale Besetzung" in Form verstärkter kolonialstaatlicher Interventionen in Politik, Wirtschaft und Gesellschaft. In den folgenden Abschnitten sollen drei für die britische Afrikapolitik zentrale Bereiche am Beispiel Tanganyikas in den Blick genommen werden: die Reformen der Administration, der Bereich der sozialen Wohlfahrt sowie das Erziehungswesen. Im Mittelpunkt stehen dabei Fragen nach der Leitfunktion des Staates als einer in alle Lebensbereiche eingreifenden, planenden, erziehenden und disziplinierenden Instanz, welche den direkten Zugriff auf den einzelnen suchte.

---

[61] Vgl. PRO CO 691/198: Creech-Jones an Battershill, 29. 1. 1947; CO 691/197: Minute J. B. Williams, 7. 1. 1947. Diese ökonomischen Erwartungen erfüllten sich jedoch nicht. Tanganyika blieb auch in den fünfziger Jahren *the Poor Country*. Vgl. Cyril Ehrlich, The Poor Country. The Tanganyika Economy from 1945 to Independence, in: History of East Africa, Bd. 3, hg. von D. Anthony Low/Alison Smith, Oxford 1976, 290–300; vgl. im Überblick Iliffe, Modern History.

2. Demokratie wagen
Versuche der administrativen und politischen Neuordnung

a) Ein permanentes Experimentierfeld: Die Reformen der Lokalverwaltung[62]

> „I do not think we met any person of any race, who could give us a clear picture of what local government in Tanganyika is going to mean in practical terms.“[63]

Die Struktur des britischen Empire erlaubte es der Zentrale in London lange Zeit nicht, den Administratoren der einzelnen Territorien Befehle zur sofortigen Umsetzung zu erteilen. Das *Colonial Office* konnte häufig nicht viel mehr tun, als bei den Gouverneuren eine gewisse Dringlichkeit für bestimmte politische Projekte anzumahnen. Während und nach dem Zweiten Weltkrieg erweiterten die Politiker in London zwar ihren Einfluss auf politische Angelegenheiten und künftige Planungen in den jeweiligen Besitzungen. Die verbesserten Kommunikationsmöglichkeiten zwischen Europa und Afrika spielten in diesem Zusammenhang eine wichtige Rolle.[64] Aber letztlich gelang es in Tanganyika nur sehr bedingt, Creech-Jones' Visionen einer demokratischen Verwaltungsreform umzusetzen. Jeder Funken von Dringlichkeit der Reform wurde erstickt durch das entschiedene Festhalten am Kredo des Allmählichen und durch die Präferenz für die „organische Entwicklung" der Lokaladministration, welche allein, so das Argument, die besten Elemente der „afrikanischen tribalen Tradition" würde erhalten können.[65]

Während sich die Regierung in Tanganyika zunächst weigerte, eine größere Partizipation von Afrikanern auf der Ebene der Zentralregierung und in den höheren Rängen der Administration zu gewährleisten, entwickelte sich die Reform der Lokalverwaltung immerhin rasch zum wichtigen politischen Ziel. Ein Ersatz für das abgewirtschaftete System der indirekten Herrschaft war nach dem Krieg doppelt willkommen, weil *nation-builder* kommunale Selbstverwaltung als Mittel des Fortschritts, Konservative dagegen als Gegengewicht zum Nationalismus deuten konnten.[66]

Während des Krieges hatten die Legitimität der Administration bei der Bevölkerung ebenso wie die Moral der britischen Verwalter beträchtlich gelitten.[67] Der Krieg intensivierte den „Management-Charakter" der Regierung. Export, Preise und Produktverteilung wurden – freilich mit unterschiedlichem Erfolg – möglichst vollständig von staatlicher Seite kontrolliert. Die Zwangsrekrutierung von Arbeitern (für Plantagen und Infrastrukturbauten) stellte die mit Abstand konfliktreichste administrative Maßnahme dar. Die aus Versuchen der Regierung, eine umfassende Wirtschaftspolitik zu betreiben, resultierende Arbeitsbelastung verteilte sich in der Kolonialverwaltung auf immer weniger Schultern. Denn zahlreiche Kolonialbeamte gingen bald nach Kriegsbeginn zur Armee. Jene, die

---

[62] Einige Aspekte des folgenden Kapitels habe ich bereits diskutiert in Andreas Eckert, „A Showcase for Experiments". Local Government Reforms in Colonial Tanzania, 1940s and 1950s, in: Afrika Spectrum 34,2 (1999), 213–235.

[63] PRO CO 822/1134: Wallis (Colonial Office) an Member for Local Government, 31.10.1956.

[64] Interessanterweise änderte sich während des Krieges auch der Charakter der Akten des Colonial Office. Sogenannte „Savingrams" ersetzten massive Depeschen, Protokolle wurden auf ein Minimum beschränkt. Diese Praktiken setzten sich nach dem Krieg fort, desgleichen die Nutzung von Flugzeugen für Reisen zwischen England und den Kolonien.

[65] Vgl. TNA 11601/III: Surridge an Elspeth Huxley, 16.9.1947 und 15.10.1947. Vgl. auch Stephen McLoughlin, Reckoning without the African. British Development Policy in Tanganyika, 1925 to 1950, unveröffentl. Ph.D. Thesis, London (ICS) 1995, 270.

[66] Vgl. Iliffe, Modern History, 482.

[67] Vgl. Westcott, Impact, Kap. 3–5. Zusammenfassend ders., The Impact of the Second World War on Tanganyika, 1939–49, in: Killingray/Rathbone, 143–159; McLoughlin, Kap. 7.

blieben, sahen sich mit einer ständig wachsenden Flut von Direktiven aus Dar es Salaam konfrontiert, in denen sie aufgefordert wurden, dieses zu kontrollieren, jenes einzusammeln und wieder anderes zu verteilen.[68] Distriktbeamte waren mehr denn je auf die *Native Authorities* angewiesen, um Arbeitskräfte zu rekrutieren und landwirtschaftliche Aktivitäten zu forcieren und zu regeln. Diese unpopulären Maßnahmen, die bereits im Kontext der Weltwirtschaftskrise auf lokaler Ebene für Konflikte gesorgt hatten, brachten die Chiefs vielerorts in Bedrängnis. Einige erfüllten die an sie gestellten Aufgaben, andere sahen sich zunehmend von der Bevölkerung bedroht oder schlichtweg ignoriert.[69] Hatten die Distriktbeamten in der kurzen Blüte der indirekten Herrschaft in der Regel noch sorgfältig die Feinheiten der „tribalen" Nachfolgeregelungen zu beachten gesucht, rückte zunehmend der Bedarf an einer effizienten administrativen Maschinerie in den Mittelpunkt. Je intensiver der koloniale Staat intervenierte, desto schwerer wurde es, Chiefs zu finden, die ihrerseits ausreichende Kontrolle zu entfalten vermochten bzw. das Vertrauen der Bevölkerung genossen. Bei den britischen Verwaltungsbeamten sank derweil die Moral analog zu den steigenden Anforderungen. Jahresberichte der Distrikte aus den frühen 1940er Jahren spiegeln ein bis dahin unbekanntes Maß an Resignation und Zynismus wider.[70] Doch trotz des signifikanten Personalmangels kam es den britischen Offiziellen zunächst nicht in den Sinn, Afrikaner in höheren Verwaltungspositionen einzusetzen, da es angeblich noch keine ausreichend qualifizierten Kräfte gab.[71] Im Übrigen war die Regierung in Dar es Salaam fest entschlossen, die Teilhabe der Einheimischen an Verwaltung und Politik vorwiegend über die Reform der *Native Authorities* zu gewährleisten und den Chiefs weiterhin eine wichtige administrative und politische Funktion zuzugestehen.[72]

Es erschien einigen Verantwortlichen in Dar es Salaam aber in jedem Fall dringend geboten, das durch die Kontrollpolitik der Kriegsjahre stark angegriffene Image der Verwaltung zu verbessern und durch eine neue Politik die Unterstützung der Bevölkerung für die geplanten Entwicklungsmaßnahmen zu gewinnen.[73] Verstärkte staatliche Interventionspolitik bedurfte, davon waren sie überzeugt, eines breiten Konsenses und neuer Formen der Kommunikation und Entscheidungsfindung

---

[68] Vgl. dazu etwa E. K. Lumley, Forgotten Mandate. A British District Officer in Tanganyika, London ²1976, 166.

[69] Für ein Beispiel effektiver Indienstnahme der Chiefs durch die Kolonialverwaltung vgl. J. Gus Liebenow, Colonial Rule and Political Development in Tanzania. The Case of the Makonde, Evanston 1971, 146f.; 163–80. Im Pare Distrikt kam es dagegen 1945 zu massiven Protesten, die sich nicht zuletzt gegen die *Native Authorities* richteten. Vgl. Isaria N. Kimambo, Penetration & Protest in Tanzania. The Impact of the World Economy on the Pare, 1860–1960, London usw. 1991, 95ff. Erica Fiah brachte die Haltung vieler „educated Africans" auf den Punkt: „Chiefs are, indeed, the creature of Government and must automatically dance to the D.C.'s tune" (Kwetu, 16.7.1941).

[70] Westcott, Impact, 183ff., zitiert einige Beispiele.

[71] So schrieb Gouverneur Battershill an Creech Jones am 22.3.1947 (PRO CO 699/197): „One of the greatest administrative difficulties here is the fact that we have so few trained Africans available to take posts of responsibility." Im Protokoll des Treffens der Provincial Commissioners im Juni 1948 (TNA 37671) wurde festgehalten: „The material for African Administrative Officers is not at present available." Ein Grund dafür war die Bildungspolitik während der Vorkriegs- und Kriegsjahre, die für Afrikaner kaum Möglichkeiten höherer Schul-, geschweige denn Universitätsbildung vorsah. Vgl. Kap. II, 3; TNA 25738: Chief Secretary an Director of Education, 20.8.1946. Hinzu kamen allerdings massive Vorurteile über die Fähigkeiten afrikanischer Bürokraten, die sich in den Akten immer wieder manifestierten. Vgl. etwa TNA 5/38/2: Memorandum for Provincial Commissioners' Conference: Functions and Powers of Administrative Assistants, 27.12.1950, wo es lapidar heißt: „Even after years of service African assistant administrators still need a thorough grounding in the routine duties." Vgl. ausführlich zu diesem Aspekt Kap. IV, 1.

[72] Vgl. etwa Report UNO 1948, 52f.

[73] So berichtete 1946 das *Information Department* über das weit verbreitete Misstrauen gegenüber Chiefs und Distriktbeamten: „Administrators, who in pre-war days were considered the ‚father and mother' of those under their charge, are, in many places, not trusted, their native flocks presuming a visit from the ‚Bwana Shauri' [District Officer] holds some ulterior motive, which when exposed will doubtless be detrimental to native interests. We have lost the trust of the native." TNA 215/694/IV: Information Office: Quarterly Report on Public Opinion, July–Sept. 1946. Viele Distriktbeamte teilten diese Einschätzung. Vgl. Westcott, Impact, 185.

im lokalen Kontext. Die alte Form der *baraza*, des „Palavers" zwischen Kolonialbeamten und Chief, sei nicht mehr zeitgemäß:

„The best laid schemes for economic development could be wrecked by an attitude of passive resistance on the part of an African population which was not seized of their relevance to its own welfare [...] The complexity of modern administration and the strain put on the machinery of Government by the heightened tempo of development tend to make informal contacts between Government's officers and the people they administer less frequent and prolonged [...] We cannot, in fact, rely on the ‚baraza' in the age of the bulldozer."[74]

Doch während sich nach 1945 immer mehr Entwicklungsexperten in Tanganyika einfanden, „fest entschlossen, das Territorium ins 20. Jahrhundert hineinzuziehen",[75] blieben viele Kolonialbeamte in Tanganyika zurückhaltend. Sie glaubten weiterhin, britische politische Kontrolle könne nur mithilfe einer stabilen „tribalen Ordnung" aufrechterhalten werden. Noch 1948 schrieb Chief Secretary Montague an Gouverneur Battershill: „Tribalism at present supplies us with an invaluable rough machinery for rural local development, and hence we can hardly conceive ourselves at any time in the measurable future as being anxious to expedite its general breakdown." Allerdings gestand Montague ein, dass „Detribalisierung" mittelfristig nicht aufzuhalten und auch unerlässlich sei, sollte Tanganyika nicht zu einem „Museum oder Menschen-Zoo" transformiert werden.[76]

Doch überwog trotz diverser lokaler Initiativen, die Beziehungen zwischen *Native Authorities* und der jüngeren Generation zu verbessern,[77] gerade bei höheren britischen Verwaltungskadern eine offenkundige Nervosität angesichts der Aussicht, größere Verantwortlichkeiten an ausschließlich oder vorwiegend mit Afrikanern besetzte lokale Verwaltungseinheiten zu übertragen.[78] Auf die 1947 verstärkten Initiativen des *Colonial Office* bezüglich einer raschen Reform der Lokalverwaltung reagierten die Verantwortlichen in Dar es Salaam mit Hinweisen auf ihren Personalmangel, die Heterogenität des Territoriums sowie die „Rückständigkeit" der Bevölkerung.[79] Die folgenden zwei Jahre kam es zwischen London und Dar es Salaam zu einer ausgiebigen Korrespondenz, in der das CO die Regierung in Tanganyika immer wieder zu einem größeren Engagement für die „neue Politik" zu bringen versuchte.[80] Doch in Dar es Salaam las man die Memoranden und Briefe aus London zunehmend als Kritik und fühlte sich zu Unrecht getadelt und als „centre of either reaction or procrastination" missverstanden.[81] Erst mit der Ernennung Edward Twinings zum Gouverneur konnte 1949 ein Ausweg aus der kommunikativen Sackgasse gefunden werden.[82]

---

[74] PRO CO 822/135: Memorandum on Phillips Report, 5.10.1948.

[75] Westcott, Impact, 239.

[76] TNA 37520: Minute Montague, 20.4.1948.

[77] Vgl. etwa TNA 33136: E.G. Hartnoll (PC Tanga) an Chief Secretary, 10.1.1946.

[78] Vgl. TNA 28804: Memo PC Southern Highlands, August 1945.

[79] Bezeichnenderweise lag für die Verwaltung die Hauptschuld am beklagten Fortschrittsmangel in „the high degree of inertia which still persists in a large proportion of the rural population of this Territory. The keen desire for progress actively expressed by a minority of the African population masks the fact that a great proportion of them still desire little but to return to the ways of their fathers [...] and must be driven rather than led if they are to progress [...] I must reiterate that development is bound to be on the slow side." PRO CO 847/35: Surridge an Creech-Jones, 8.11.1947.

[80] Vgl. die Korrespondenz in PRO CO 691/203 sowie in CO 847/35. In internen Memoranden wurde allerdings deutlich, dass das Colonial Office langsam die Geduld mit dem „graduellen Ansatz" der Regierung in Dar es Salaam verlor. Vgl. CO 691/203: Memorandum Ronald Robinson, 21.2.1949: „Tanganyika can no longer develop in isolation and, preferable as a more gradual process of evolution might be, we wonder whether this gradual process does really fit in with the present facts of the situation [...] is there not a serious danger that, with the various economic and political pressures which are likely to be put on Tanganyika during the next ten or twenty years, large areas of the territory may be left behind through the lack of a satisfactory local government machine?"

[81] Vgl. PRO CO 691/203: Surridge an Cohen, 7.5.1949.

[82] Twining schrieb sogleich an Cohen (PRO CO 691/203, Brief vom 15.7.1949), er habe keine Bedenken, seine Beamten zu „drängen". Während seiner Amtszeit bis 1958 widmete er sich mit großer Energie und

Im gleichen Jahr erhielten *District Officers* die Aufforderung, sukzessive eine Pyramide von Räten für die verschiedenen administrativen Ebenen (Dorf, Häuptlingtum, Distrikt, Provinz) einzurichten.[83] Diese Räte sollten aus den existierenden *Native Authorities* hervorgehen, aber nun so genannte *commoners*, Personen ohne „traditionelle Positionen", berücksichtigen. Dies war nicht zuletzt der Versuch, soziale Gruppen wie Lehrer, Verwaltungsangestellte oder auch Händler, die bis dato in der Regel kaum Einfluss auf die Lokalpolitik hatten, verstärkt in die Exekutive einzubinden. In einem „Expertenbericht" aus dem Jahre 1950 hieß es diesbezüglich:

„[...] there is now a relatively large number of detribalised ,intellectuals' scattered through the whole Territory. This ,clerk class', consisting of ,boma' and other clerks, teachers, doctors, parsons, agricultural assistants and the like, is of utmost importance and quite insufficiently taken into account or notice of any kind. West Coast experience strongly suggests that the future may depend above all on retaining the goodwill of these ,clerks'. Almost alone among Africans they are already politically conscious, and alone in some sort ,Tanganyikans'. Their presence if not their political activities are obvious in the larger towns, or at Kongwa, but there are numbers of these even at bush stations. Tanganyika has the unique opportunity of setting out to provide expressly for this class at this very early stage in its constitutional growth."[84]

Doch den Plänen für eine Neubildung der Lokaladministration stand eine Vielzahl von Hindernissen gegenüber. Da war zunächst die schiere Vielfalt der lokalen politischen Systeme – 1951 konnte man in Tanganyika nicht weniger als 435 *Native Administrations* unterschiedlichster Größe zählen.[85] Weiter kompliziert wurde die administrative Neuordnung durch die Ideologie einer „multirassischen" Politik. Diese besagte, dass „Europäer" und „Asiaten", obgleich sie jeweils nur einen Bruchteil der Gesamtbevölkerung ausmachten,[86] in gleichem Maß wie die afrikanische Bevölkerung an Verwaltungs- und Regierungsposten teilhaben sollten. Die Regierung in Dar es Salaam gelangte trotz vieler Warnungen sowohl afrikanischer als auch europäischer Politiker zu der Ansicht, Tanganyika sei in ökonomischer, politischer und kultureller Hinsicht derart rückständig, dass lediglich die „multirassische" Rezeptur Hoffnung für künftige kompetente und verantwortungsvoll handelnde Verwaltungseinheiten auf territorialer und lokaler Ebene berge. Die Implementierung sollte zunächst im lokalen Bereich erfolgen, da Afrikaner vornehmlich in dieser Arena politische Erfahrungen sammeln sollten.[87] Die britischen Verantwortlichen zeigten sich des Weiteren überzeugt, dass die afrikanische Majorität über kurz oder lang die asiatischen und europäischen Minoritäten als eine Art „Partnergemeinschaften" innerhalb Tanganyikas akzeptieren müsse. Daraus schlossen sie wiederum, dass die Erziehung der Afrikaner zum „Multi-Rassismus" auf der Ebene der Lokalverwaltung das notwendige Präludium zu konstitutionellen Fortschritten im Bereich der Zentralregierung darstelle.

---

häufig wenig politischem Fingerspitzengefühl dem kolonialen „Entwicklungsprojekt." Zu Twining vgl. Darell Bates, A Gust of Plumes. A Biography of Lord Twining of Godalming and Tanganyika, London 1972, sowie Kap. III, 3; Kap. IV, 3. Allerdings herrschte in Teilen der Administration nach wie vor große Skepsis gegenüber einer grundlegenden Verwaltungsreform. Vgl. etwa TNA 37671/I: Memorandum N° 11 for Provincial Commissioners' Conference January 1953: „[...] the general run of Native Authorities themselves, both superior and subordinate, and their salaried clerical and other staff is ill-paid, ill-qualified and often corrupt. Much effort is being put into the development of a broad-based popularly representative edifice of conciliar local government blending deep-rooted traditions with the modern democratic idea. This, in itself an enormous task, is only half the battle. It is useless to provide for expression of the public will unless we also provide an adequate instrument for carrying it into effect."

[83] Vgl. PRO CO 691/203: Chief Secretary an alle Provincial Commissioners: Circular Letter N° 17 of 1949, 23.4.1949.

[84] TNA 37671/I: Prof. Macmillan: Notes suggested by a Tour of Tanganyika, July–September 1950.

[85] Vgl. Iliffe, Modern History, 482.

[86] Folgen wir offiziellen Angaben, gab es 1959 in Tanganyika 20 598 Europäer, 71 760 Asiaten sowie 8 665 336 Afrikaner. Zahlen nach Cranford Pratt, ,Multi-Racialism' and Local Government in Tanganyika, in: Race 2,1 (1960), 33–49, hier: 33.

[87] Vgl. zusammenfassend Pratt, Critical Phase, 29ff.

Gouverneur Twining sprach sich ebenso wie Andrew Cohen von der Afrika-Abteilung des *Colonial Office* zwar gegen multirassische Distrikträte aus: „Rural local government", schrieb er, „must in practice be confined to the members of one race [...] it is not practicable to introduce non-native representation on to such councils."[88] Allerdings hielt Twining prinzipiell die Einrichtung von multirassischen Gremien, angesiedelt auf einem Level zwischen der Zentralregierung und den *Native Authorities*, für wünschenswert, denn, so argumentierte er:

„[...] there is no doubt that the field of inter-racial cooperation is smoother and easier to plough at the local level than a central government level [...] the establishment of these councils would help to ensure inter-racial cooperation at the level where it is at present lacking and affords facilities for the political education of the African in conjunction with the other races which is essential to the proper development of the territory."[89]

Im Dezember 1949 berief der Gouverneur ein *Committee on Constitutional Development* ein, welches die konstitutionelle Struktur Tanganyikas auf lokaler und territorialer Ebene prüfen und Vorschläge für die künftige Gestaltung machen sollte.[90] Das Komitee empfahl in Bezug auf die Lokalverwaltung schließlich die Einrichtung von neuen administrativen Einheiten, so genannten *County Councils*, die, „multirassisch" besetzt, jeweils mehrere Distrikte umfassten. Sie sollten groß genug sein, um sich eigene Mitarbeiter leisten zu können, die Verwaltung umfangreicher lokaler Einnahmen gewährleisten und weitere Funktionen etwa im Bereich der Rechtssprechung übernehmen. Darunter, auf Distriktsebene angesiedelt, waren die *Local* bzw. *District Councils*, die fortan sukzessive die existierenden *Native Authority Councils* ersetzen sollten. Für diese zunächst „rein afrikanischen" Räte waren ebenfalls eigene Einnahmen und Aufgaben vorgesehen.[91] Der Vorschlag fand die Zustimmung eines extra bestellten wissenschaftlichen Beraters, des Politologen William J. MacKenzie, und wurde 1953 Bestandteil der *Local Government Ordinance*.[92] Gouverneur Twining unterstrich nachdrücklich, dass zunächst wahrhaftige demokratische Strukturen auf der lokalen Ebene etabliert werden müssten, bevor an weitere Schritte zu denken sei.[93]

Am Ende erwies sich das mit großem bürokratischem Aufwand betriebene Reformprojekt als Fehlschlag.[94] In den Städten, vor allem in Dar es Salaam, konnten leidlich funktionierende munizipale

[88] UDSM/East Africana Collection: De Hall Papers: Memorandum „Future constitutional development in Tanganyika", 18.11.1949.

[89] PRO CO 691/210: Twining an Griffith, 20.9.1950; CO 537/7196: Twining an Cohen, 25.6.1951.

[90] Zur Vorgeschichte der Kommission vgl. USDM/East Africana Collection: De Hall Papers: Twining an Cohen, 11.10.1949; Cohen an Twining, 1.11.1949. Zur Arbeit der Kommission knapp zusammenfassend Iliffe, Modern History, 477f.; Clagnett Taylor, 84ff.

[91] Vgl. Government of Tanganyika, Tanganyika. Report of the Committee on Constitutional Development 1951, Dar es Salaam 1951; Edward Twining, The Situation in Tanganyika, in: African Affairs 50,201 (1951).

[92] Vgl. William J. Mackenzie, Report of the Special Commissioner Appointed to Examine Matters Arising out of the Report of the Comittee on Constitutional Development, Dar es Salaam 1953. Vgl. zusammenfassend für den Bereich der Lokalverwaltung ders., Changes in Local Government in Tanganyika, in: JAA 6,3 (1954), 123–129.

[93] Vgl. PRO CO 691/210: Twining an Kolonialminister, 20.9.1950: „Progress is being made but before the indigenous people as a whole can assume any responsibilities in the sphere of central government, the local government system now being built up on the foundations of the native administrations must be fully and firmly established. Only thus can the great mass of the people be assured of true representation in the councils of government. Critics may suggest that this envisages too slow a rate of progress but those responsible for carrying out the policy in Tanganyika have no doubt that the future will bear witness to its soundness. The truth is that there is no safe shortcut to the establishment of full democratic government among Bantu peoples." Selbst ein der britischen Verwaltung in Tanganyika durchaus wohlgesonnener Autor wie Robert Heussler konnte sich den folgenden Kommentar nicht verkneifen: „People spoke about African self-rule, but somewhat as clergymen talk of an after life: euphorically and not as a discrete end toward which one marched by definite stages." Vgl. Heussler, British Tanganyika, 66.

[94] Dieser bürokratische Aufwand manifestierte sich u.a in der Anordnung an die *Provincial Commissioners*, alle sechs Monate einen „Progress Report" über den Stand der Verwaltungsreformen an den *Member for Local Go-*

Verwaltungsgremien eingerichtet werden.[95] In ländlichen Regionen dagegen verlief die Entwicklung höchst uneinheitlich. Nicht überall wurden die verordneten Räte überhaupt etabliert, sondern die alten *Native Authorities* blieben faktisch unverändert; in der Regel funktionierten die eingerichteten Dorf- oder Distrikträte mehr schlecht als recht. Die Bevölkerung reagierte gemischt auf die neuen Einheiten. Indifferenz war eine verbreitete Haltung, zuweilen schlug den Räten offene Feindschaft entgegen.[96] Der 1954 unter der Führung von Julius Nyerere gegründeten nationalistischen Partei TANU gelang es rasch, die auf lokaler Ebene weit verbreitete Unzufriedenheit mit den Verwaltungsreformen zu nutzen.[97] Der zentrale Widerspruch zwischen Demokratie im lokalen Bereich und Kontrolle und Manipulation „von oben" wog schwer. Die britischen Distriktbeamten behielten sich zudem das letzte Wort bei der Berufung und Absetzung einzelner *Councillors* vor. Auch wurden die genauen Kriterien der Wahlen für diese Räte nie verbindlich festgelegt. Dem offiziell proklamierten Anspruch, das ländliche Tanganyika demokratisieren zu wollen, standen in der Umsetzung Willkür und Konzeptlosigkeit gegenüber. In diesem Zusammenhang ist auch bemerkenswert, dass das im weiter oben zitierten Memorandum von Creech-Jones so hervorgehobene Adjektiv *democratic* in der administrativen Korrespondenz kaum auftauchte bzw. durch *representative* ersetzt wurde.

Die in den 1940er Jahren in London und Dar es Salaam entwickelten Ideen über eine effiziente und demokratische Lokalverwaltung wurden in Mwanza, Tabora oder Lindi als Politik der vollendeten Tatsachen erfahren. Die Administration bedrängte oder beeinflusste die Bevölkerung mit Hilfe der neu etablierten Räte so lange, bis sie unpopuläre (Gesetzes-)Maßnahmen wie die Dezimierung von Viehherden, eine Viehsteuer oder Terrassenanbau zähneknirschend akzeptierte.[98] Die Beschwerden lokaler Politiker und ihre Forderungen nach mehr politischer Mitsprache sowie stärkerer Einbindung politischer Gruppierungen verhallten ungehört. Politisch ambitionierten *commoners* wurden nur selten Posten in der Lokaladministration zur Verfügung gestellt. Sowohl die Distriktverwaltung als auch die lokale Politik gerieten auf diese Weise kräftig durcheinander; etablierte Autoritäten wurden geschwächt, ohne dass stabiler Ersatz entstand. Chiefs waren in der Regel zu schwach, um die

---

vernment zu versenden. Vgl. TNA 37671/I: Member for Local Government, Report: The Development of Local Government in Tanganyika 1950–51, o. D. Margaret Bates, Tanganyika, in: Gwendolen M. Carter (Hg.), African One-Party States, Ithaca 1962, 395–483, hier: 416, charakterisierte die Berichte nicht zu Unrecht als „highly technical and confusing documents". Britische Distriktbeamte haben zahlreiche knappe Aufsätze publiziert, in denen sie über den Stand der Dinge und Probleme bei der Umsetzung der administrativen Reformen berichteten. Vgl. etwa R. H. Gower, An Experiment in District Training, in: JAA 4,1 (1952), 6–9; Keith G. Mather, A Note on African Councils in the Rungwe District of Tanganyika and their Election, in: JAA 9,4 (1957), 182–188; F. A. Montague / F. H. Page-Jones, Some Difficulties in the Democratisation of Native Authorities in Tanganyika, in: JAA 3,1 (1951), 21–27; I. H. Norton, An Inter-Racial Council in Tanganyika, in: JAA 8,1 (1956), 26–32; R. E. S. Tanner, Local Government Elections in Ngara, Tanganyika. A Study in the Process of Local Change, in: JLAO 1,3 (1962), 173–182; C. Winnington-Ingram, Reforming Local Government in a Tanganyika District, in: JAA 2,2, (1950), 10–15; R. E. Wraith, A Note on Local Government Training for the Colonial Service, in: ebd., 30–35.

[95] Vgl. die kurzen Überblicke in TNA 304/L5/I: Memo: The Development of Urban Local Government in Tanganyika, o. D. [1960]; Moffett, Handbook of Tanganyika, 328f.; Philip Mawhood, The Search for Participation in Tanzania, in: ders. (Hg.), Local Government in the Third World. The Experience of Decentralization in Tropical Africa, Pretoria 1993, 74–108, hier: 77–79.

[96] Margaret Bates, Social Engineering, Multi-Racialism, and the Rise of TANU. The Trust Territory of Tanganyika, 1945–61, in: History of East Africa 3, 165, schreibt in diesem Zusammenhang: „In Uhehe the government found itself pushing reform well ahead of the local population, while in Uchagga and Usambara change was felt to be long overdue and demonstrations against the Native Administrations had already occured."

[97] Zu Nyerere und der TANU vgl. Kap. III, 2; IV, 3.

[98] Allerdings leistete die lokale Bevölkerung zunehmend Widerstand gegen die administrativen Maßnahmen. So kam es beispielsweise in den Uluguru-Bergen 1955 wegen der von der Verwaltung initiierten Zwangsterrassierungen zu massiven Aufständen. Vgl. Roland Young / Henry Fosbrooke, Land and Politics Among the Luguru of Tanganyika, London 1960; Pamela Maack, ‚We don't Want Terraces!' Protest and Identity under the Uluguru Land Usage Scheme, in: Gregory Maddox u. a. (Hg.), Custodians of the Land. Ecology and Culture in the History of Tanzania, London 1996, 152–169.

Einführung von demokratischen Strukturen zu verhindern, aber stark genug, um nicht mehr als eine formale Demokratisierung zuzulassen. Denn obwohl jungen gebildeten Männern in den Distrikten Möglichkeiten politischer Mitsprache eingeräumt werden sollten,[99] wurde die Position der Chiefs und anderer „traditioneller Autoritäten" nicht grundlegend angetastet.

Es war jedoch vor allem der Versuch der Briten, auf lokaler Ebene „multirassische" Gremien zu etablieren, der ab Mitte der 1950er Jahre über soziale und regionale Differenzen hinweg Afrikaner gegen die Kolonialmacht vereinte. „This issue", unterstreicht der Politologe Cranford Pratt, „more than any other single issue in the final years of colonial rule convinced Africans throughout Tanganyika to support TANU and to seek an early end to that rule."[100] Zudem verloren, so der Eindruck nach der Lektüre der Akten und der zeitgenössischen Literatur, die Briten angesichts der ständigen Experimente und der Kluft zwischen Theorie und Praxis am Ende ein wenig den Überblick und wahrscheinlich auch den Enthusiasmus für dieses Projekt. Dieser Eindruck soll durch die folgende Fallstudie zu Sukumaland erhärtet werden.

Tabelle 1: Experimente in der Lokalverwaltung, 1946–1958*

1946	Konstituierung des *Sukuma Federal Council*.
1947	Memorandum Kolonialminister Creech-Jones zur Verwaltungsreform in British-Afrika.
1949	Aufforderung an alle Provincial Commissioners, eine Pyramide von lokalen Räten auf der Basis der existierenden Native Authorities einzurichten.
1951–1951	Schaffung von Distrikträten nach drei zentralen Schemata:
	1. *Kisaware-Schema* (in Gebieten „mit wenig ausgebildeter tribaler Identität"). Die Räte setzten sich aus Chiefs, Headmen, einem Commoner pro Häuptlingstum sowie vom brit. Distriktleiter ernannten Mitgliedern zusammmen.
	2. *Usambara/Chagga-Schema* (in Gebieten mit „traditioneller politischer Führung"). Die Räte setzen sich aus Chiefs oder Häuptlingsräten zusammen, weitere Mitglieder werden von den Chiefs aufgrund individueller Verdienste ernannt. Die Räte üben lediglich eine beratende Funktion aus.
	3. *Masai-Schema* (für „akephale Gruppen mit funktionierenden Altersklassensystemen"): Mitglieder der Räte werden vom Distriktleiter ernannt. Die Räte haben beratende und zum Teil auch gesetzgebende Funktionen.
1949	Dar es Salaam wird erste formale städtische Gemeinde mit Selbstverwaltung.
1949	*Lake Province Council*.
1949	Einberufung des *Committee on Constitutional Development*.
1950	*Southern Highlands Provincial Council*.
1950–1956	*Cory Councils* in Sukumaland.
1953	MacKenzie Report empfiehlt Einrichtung von County Councils.
1953	*Local Government Ordinance*.
1954	Stadtrat in Tanga mit 24 Mitgliedern (je sieben Afrikaner, Asiaten, Europäer).
1955	*Southeast Lake County Council*.

[99] So konstatierte die Provincial Commissioners' Conference im Juni 1948 (Protokoll in TNA 37671): „As regards the part to be played by educated Africans in local government bodies, it was recognised that the educated African was by no means always popular with his more backward fellows. It was, nevertheless, felt, that he should be associated with local government, for the benefit both of local government and of himself." Ähnlich auch TNA 28946: PC Northern Province, Memorandum Native Affairs, April 1948. In einem Rundschreiben vom 9.5.1951 informierte der Chief Secretary alle Provincial Commisioners und Head of Departments (TNA 41/A6/6): „[...] it has now been decided that not only should African Government servants not be debarred from taking part in local government activities, but they should be encouraged to do so, provided that they clearly represent unofficial and not political interests [...] Local Government Councils may [...] in many cases benefit from this widening of the field of educated Africans eligible for appointment, either by nomination or by election."

[100] Pratt, Critical Phase, 35. Nach der Veröffentlichung von Pratts Aufsatz „,Multi-Racialism'" (1960) entwickelte sich ein aufschlussreicher Briefwechsel zwischen Pratt und Claude Wallis von der *African Studies Branch* des *Colonial Office*. Während Wallis das Konzept als wohlbedacht verteidigte und als im Grunde *non racial* etikettierte, insistiert Pratt darauf, dass das Festhalten der Regierung am *multi-racialism* bis 1958 ein wesentlicher Grund für das rasche Anwachsen der Opposition war. Vgl. die Korrespondenz in PRO CO 822/2684.

1955   Weitere „multirassische" Stadträte in Arusha, Lindi, Mwanza (1959 sind in insgesamt zehn Städten
        Räte eingerichtet).
1958   Unruhen im Geita-Distrikt (Sukumaland) wegen der geplanten Einführung eines „multi-rassi-
        schen" Distriktrates.
1958   Diverse Entwürfe der Regierung zur Dezentralisierung der Verwaltung, die jedoch nicht weiter
        verfolgt werden.

* Quellen: Moffett, Handbook, 316ff.; TNA 304/L5/1: Ministry of Local Government, The Development of African Local
Government 1955–58; The Development of Urban Local Government in Tanganyika, o. D.

Am Beispiel Sukumaland im Nordwesten Tanganyikas lassen sich Theorie und Praxis der Reform
der Lokalverwaltung noch einmal im Detail nachzeichnen. Die Regierung stellte in den 1940er
und 50er Jahren ein ungewöhnlich hohes Maß an Einsatz und Geld für die politische und wirtschaftliche Transformation dieser Region bereit. Sukumaland, das den größten Teil der *Lake Province*
ausmachte, wurde gar das wichtigste Experimentierfeld für die Implementierung der neuen Regie-
rungsprogramme. Der „pantribale" *Sukumaland Federal Council* (1946–1960), der „multirassische"
Lake Province Council (1949–1955) und der *South East Lake County Council* (1955–1960) konstituierten jeweils die ersten Einrichtungen ihrer Art im Territorium. Nirgendwo wurde der Versuch, eine
kohärente administrative Hierarchie lokaler repräsentativer Räte von den Dörfern zu den *Counties*
zu etablieren, eifriger verfolgt als in Sukumaland.[101] Schließlich standen dem *Sukumaland Development Scheme* – eines der ersten dieser Art im subsaharischen Afrika der Nachkriegszeit – ungefähr
zwei Millionen britische Pfund zur Verfügung.[102] Zu diesem Projekt gehörte die Gewinnung von
Neuland beziehungsweise die Rückgewinnung von durch Tsetsefliegen verseuchtem Buschland sowie
langfristige Bodenkonservierung als Basis einer kleinbäuerlichen Exportproduktion von Baumwolle.
Insgesamt wollten die Briten die Bauern zu einer vermeintlich rationaleren und balancierten Wirt-
schaftsweise anhalten. Die Konzipierung des Projekts ging auf die Zeit vor dem Zweiten Weltkrieg
zurück; finanziert wurde es nicht zuletzt durch Mehreinnahmen, welche die Regierung dadurch erlangte, dass sie den Baumwollproduzenten während des Krieges extrem geringe Preise zahlte.[103] Eine
Schar von Spezialisten, darunter Anthropologen, Veterinärmediziner und Landwirtschaftsexperten,
partizipierte an den elaborierten und detaillierten Planungen für Wandel in Sukumaland.[104] Regie-

[101] Grundlegend zu dieser Frage ist weiterhin G. Andrew Maguire, Toward ‚Uhuru' in Tanzania. The Politics of
Participation, Cambridge 1969. Auf dieser Studie beruhen wesentlich auch die folgenden Abschnitte.
[102] Iliffe, Modern History, 435. Vgl. ferner Hodgson, Taking Stock, zu ähnlichen Projekten.
[103] Für ein früheres Konzept administrativer Ordnung in Sukumaland vgl. PRO CO 691/183/6: W. C. Malcolm,
Sukumaland Reconstruction, o. D. [1943]. Siehe ferner Andrew Coulson, Agricultural Policies in Mainland
Tanzania, in: ROAPE 10 (1977), 74–100, hier: 76ff.; John T. Purvis, Tanganyika. The Sukumaland Development Scheme, in: Corona 3,2 (1951), 67–71. Eine interessante retrospektive Sicht eines Beteiligten bietet das
Manuskript von J. E. S. Griffith, The Sukuma Development Scheme, o. D. [c. 1982] (RH MSS Afr. s. 1738).
Für eine detaillierte Darstellung des Projekts fehlt hier der Platz. Es sei allerdings hinzugefügt, dass es sich in
weiten Teilen als Fehlschlag erwies, nicht zuletzt, weil die hier praktizierte Politik des „improvement through
compulsion" den Widerstand der Bauern provozierte. Als einziger Erfolg konnte die Neulandgewinnung
sowie die Expansion des Baumwollanbaus verbucht werden. Vgl. dazu ferner Gottfried O. Lang / Martha B.
Lang, Problems of Social and Economic Change in Sukumaland, Tanzania, in: Anthropological Quarterly
35,2 (1962), 86–101.
[104] Viele von ihnen haben umfangreiche Gutachten, Berichte, Pamphlete, zum Teil auch Bücher geschrieben.
Einiges ist veröffentlicht. Als besonders einflussreich haben sich die Arbeiten des Regierungsanthropologen
Hans Cory erwiesen, z. B. „Sukuma law and custom" (London 1953) oder „The indigenous political system
of the Sukuma and proposals for political reform" (Kampala 1954). Sir Hugh Elliot schreibt: „I would hazard
a guess that [Cory's] advice on Sukuma attitudes and reactions played a considerable part in the subsequent
launching of the development scheme" (RH MSS Afr. s. 1738/I: Aide de Memoire Sukumaland Development
Scheme, n.d.). Hans Cory (1889–1963), geboren als Hans Koritschoner in Wien, wäre eine eigene Biographie
wert. Nach Studium in seiner Heimatstadt (u. a. bei Siegmund Freud) kam er 1914 in das damalige Deutsch-
Ostafrika, um „primitive Kulturen" zu erforschen. Nach Kriegsausbruch wurde er Soldat in der deutschen
Armee, verwundet und geriet in Kriegsgefangenschaft. Er blieb in Tanganyika, versuchte sich einige Jahre als

rungsbeamte publizierten regelmäßig Berichte über den Stand der Dinge.[105] Und die erste Generation nordamerikanischer Afrika-Politologen, vor allem J. Gus Liebenow, begleitete wissenschaftlich die administrativen Reformen in Nordwest-Tanganyika.[106]

Warum fand Sukumaland so großes Interesse seitens der Europäer? Der Politologe Maguire vermutet folgenden Grund: „Sukumaland stood about midway on an imaginary continuum between Tanganyika's ‚productive' and ‚unproductive' regions; the Sukuma people about midway on a scale of Tanganyika's ‚advanced' and ‚backward' tribes."[107] Für den engagierten Kolonialbeamten war Sukumaland ein Gebiet voller Herausforderungen, wo Lösungen der Probleme möglich schienen. Diese Haltung beschreibt rückblickend der britische Distriktoffizier Griffith:

„The Sukuma, numbering as they did in 1950 some million people, were the largest tribe in the country. They were hard working, peace-loving and law-abiding. Their Chiefs and Native Authorities were, on the whole, good and willing to listen to suggestions for improvement and progress as such; government officers who worked with them became ‚Sukuma-rised' and specialists. For many years there had been growing an awareness that unless ‚something were done about it' the country would become a problem area."[108]

Unmittelbar nach dem Zweiten Weltkrieg rief die Administration einen föderalen Häuptlingsrat in Sukumaland ins Leben.[109] Nach dem Eröffnungstreffen 1946 tagte der Rat, der alle 52 Häuptlingstümer Sukumalands umfasste, zweimal jährlich in Malya an der Bahnstrecke Tabora-Mwanza, später dann in der Provinzhauptstadt Mwanza. Unter Anleitung der britischen Verwaltung einigten sich die Chiefs über eine partielle Zusammenlegung der existierenden *Native Treasuries*, über administrative und legislative Vorrechte der Föderation bei für ganz Sukumaland relevanten Angelegenheiten sowie

---

Sisalpflanzer und begann 1933 gelegentliche ethnographische Arbeiten für die Regierung in Dar es Salaam zu übernehmen. Zu Beginn der 1940er Jahre änderte er seinen Namen in Cory, um 1950 wurde er britischer Staatsangehöriger. Angeblich stand Cory Modell für die Figur des „Kandinsky" in Ernest Hemingways „The Green Hills of Africa" (London 1936, 14ff.), „a short, bandy-legged man with a Tyrolese hat, leather shorts and an open shirt", der die Jagd verabscheute und einheimische Tänze bevorzugte. Informationen zu Cory und seiner Arbeit finden sich etwa in TNA 41/110; TNA 23498; TNA 32872; TNA 32991. Nachrufe in TNR 58/59 (1962); TNR 60 (1963). Vgl. ferner Pels, Localizing Ethnography. Dort auch ausführliche Informationen über die Tätigkeit der Regierungsanthropologen bzw. -soziologen in Tanganyika. Zur zeitgenössischen Debatte über das Betätigungsfeld der Wissenschaftler, die mal als Anthropologen, mal als Soziologen bezeichnet wurden, vgl. John P. Moffett, The Need for Anthropological Research, in: TNR 20 (1945), 39–47; ders., Government Sociologists in Tanganyika. A Government View, in: JAA 4,3 (1952), 100–103; Henry A. Fosbrooke, Government Sociologists in Tanganyika. A Sociological View, in: ebd., 103–108. Ein wohlwollender zeitgenössischer Bericht über die Arbeit der Regierungsanthropologen in Sukumaland ist A. C. A. Wright, Sociology in Sukumaland, in: Corona 5,3 (1953), 100–103.

[105] Vgl. etwa B. J. Durbridge / J. E. S. Griffith, The Development of Local Government in Sukumaland, in: JAA 3,3, (1951), 141–146; J. V. Shaw, The Development of African Local Government in Sukumaland, in: JAA 6,4 (1954), 171–176; R. E. S. Tanner, Law Enforcement and Communal Action in Sukumaland, Tanganyika Territory, in: JAA 7,4 (1955), 159–165. Vgl. ferner die einflussreiche Studie von D.W. Malcolm, Sukumaland. An African People and their Country. A Study of Land Use in Tanganyika, London 1953. Malcolm verbrachte als Kolonialbeamter zwölf Jahre in Sukumaland.

[106] Liebenows Veröffentlichungen zu Sukumaland umfassen: Responses to planned political change in a Tanganyika tribal group, in: APSR 50,2 (1956), 442–461; Some Problems in Introducing Local Government Reform in Tanganyika, in: JAA 8,3 (1956), 132–139; The Chief in Sukuma Local Government, in: JAA 11,2 (1959), 84–92; The Sukuma, in: Audrey I. Richards (Hg.), East African Chiefs. A Study of Political Development in Some Uganda and Tanganyika Tribes, London 1959, 229–259.

[107] Maguire, Toward ‚Uhuru', 11.

[108] Griffith, Sukumaland, 10.

[109] Für das Folgende vgl. Maguire, Towards ‚Uhuru', 20ff. Die Idee einer Föderation der Sukuma-Chiefs stammt bereits aus den frühen 1930er Jahren. Vgl. TNA 246/NA/24: Note G. P. Allsebrook, Assistant District Officer, 20.6.1945; Dudbridge / Griffith, 143. Vgl. ferner UDSM EAF Cory 198: Hans Cory, Tentative Working-Plan for the Sukuma Federation, Mwanza, 2.6.1945.

über die Einrichtung eines Berufungsgerichts.[110] In der Regel agierten die Chiefs als Ratifizierer der „von oben" initiierten Programme, Projekte und Anordnungen. Obwohl sie relativ wenig Mitspracherecht bei den Plänen ihrer britischen Vorgesetzten hatten, wäre es falsch, sie auf die Funktion reiner Befehlsempfänger zu reduzieren. Der Verwaltung gelang es durchaus, vor allem einige der besser ausgebildeten Chiefs von der vermeintlichen Weitsicht und Fortschrittlichkeit der kolonialen Entwicklungsprogramme zu überzeugen. Eine wichtige Maßnahme stellte in diesem Zusammenhang die Organisation von Studienreisen dar, bei denen ausgewählte Kolonisierte, vornehmlich Chiefs, zu mehrwöchigen Reisen nach England eingeladen wurden, um das britische System der Lokalverwaltung und Agrarmethoden kennenzulernen.[111] Zudem vermochten einzelne Chiefs dank ihrer Mitwirkung an den Beratungen des *Federal Council* ihren Status zu verbessern sowie in ihren Wahlkreisen höheren Einfluss zu erlangen. Bei den nach 1947 nominierten *commoners* handelte es sich häufig um enge Vertraute der Chiefs, die sich auf den Sitzungen zurückhielten.[112] Als der Rat verstärkt dazu genutzt wurde, unpopuläre Maßnahmen durchzudrücken, musste die Regierung konstatieren, dass sie weniger ein Organ politischen Ausgleichs als vielmehr ein Angriffsziel für politische Opponenten geschaffen hatte. Dies war vornehmlich nach 1954 der Fall, als die TANU in Kooperation mit den in Sukumaland besonders aktiven Genossenschaften den *Federal Council* dezidiert als Handlanger der Kolonialmacht attackierte.[113]

1950 schlug Regierungsanthropologe Cory in einem einflussreichen Bericht[114] für die Verwaltung vor, eine ausgeklügelte Hierarchie von repräsentativen Räten in Sukumaland einzurichten. Cory zeigte sich überzeugt, dass die Sukuma in vorkolonialer Zeit ein politisches System gekannt hatten, in dem demokratische ebenso wie autokratische Elemente vertreten waren. Daher sei es möglich, „to design a constitution which employed latent conceptions to satisfy modern requirements".[115] Gemäß dem Creech-Jones-Modell einer Pyramide der Lokalverwaltung regte Cory die Wahl von Dorf- oder Gemeinderäten an,[116] im Anschluss sollte die indirekte Wahl von zwei Vertretern aus diesen Gremien in Räte auf dem Level der Häuptlingstümer erfolgen. Diese wiederum hatten Repräsentanten für die Distrikt-Föderationen sowie den *Sukumaland Federal Council* zu wählen. Insgesamt umfasste die von

---

[110] Vgl. Dudbridge/Griffith, 144ff.; TNA 304/L5/II: Progress Report on Development of Local Government Lake Province, Sukuma Districts, 1949.

[111] Vgl. etwa TNA 38893: British Council. Report on Study Tour N° 56 – Tanganyika Chiefs, o. D. [1951]; PRO BW 147/4: British Council Regional Directorate Dar es Salaam. Annual Report for 1953-54.

[112] Vgl. TNA 41462: Research Officer Sukumaland: The transition from native administration to local government, o. D. [November 1952]; PRO CO 822/712: Summary of Proceedings at the 12th meeting of the Sukumaland Federal Council, 4.-5. 1. 1952.

[113] Für Details vgl. G. Andrew Maguire, The Emergence of the Tanganyika African National Union in the Lake Province, in: Robert I. Rotberg/Ali A. Mazrui (Hg.), Protest and Power in Black Africa, New York 1970, 639-670; zu den Aktivitäten der Genossenschaften in Sukumaland siehe Erdmann, 108ff., sowie weiter unten, Kap. IV, 4.

[114] Der Bericht wurde in leicht veränderter Form 1954 als „The Indigenous Political System of the Sukuma" in Buchform publiziert.

[115] Ebd., 124. Unter den britischen Verwaltern war die Vorstellung, dass „die meisten traditionellen tribalen Einrichtungen der Bantu im Wesentlichen demokratischen Charakter hatten", weit verbreitet. Vgl. etwa TNA 184/L5/1: Memorandum: The Principles of African Local Government in Tanganyika and their Application", o. D. [1950], 18. Auch Gouverneur Twining war von einer „essentially democratic nature of Bantu institutions" überzeugt (PRO CO 691/210: Twining an Secretary of State for the Colonies, 20. 9. 1950). Und im offiziellen „Handbook of Tanganyika" ist im Zusammenhang mit der Lokalverwaltung zu lesen: „In particular, it was advisable that the inherently democratic structure of Bantu society should be recognized by the addition, as formal members, of persons other than traditional elders on tribal councils" (317).

[116] Zur zentralen Rolle des „Dorfes" in den Phantasien und Projekten von Forschern und Kolonialbeamten vgl. Achim von Oppen, Dorf, Siedlung, Gemeinschaft, in: Deutsch/Wirz, 231-260; ders., Village Studies. Zur Geschichte eines Genres der Sozialforschung im südlichen und östlichen Afrika, in: Paideuma 42 (1996), 17-36.

Cory entworfene Pyramide die gewaltige Zahl von über 900 separaten Ratseinheiten. 1956 waren nahezu alle geplanten Räte auf Dorf- und Häuptlingstumsebene eingerichtet.[117]

Doch schon bald erwies sich das Systems als wenig effizient. Allein die Größe des *Federal Council* machte die Arbeit dieses Gremiums extrem schwierig. 1954 notierte ein britischer Verwaltungs-beamter: „The pyramid in fact has an apex [the Federal Council] which not only came into existence without a base, but is now out of alignment with the subsequently created base."[118] Zudem begannen die Dorfräte rasch wieder auseinander zu fallen und bedurften, sollten sie weiter funktionieren, der ständigen Kontrolle durch die Administration. Initiativen kamen, wenn überhaupt, von einzelnen aktiven Chiefs, fast nie von den Räten selbst.[119] Vor allem aber unterschätzten Cory und die Ver-waltung die Gefahren, welche die Isolierung der ländlichen *Councils* von den unabhängig in den urbanen und semiurbanen Zentren entstehenden politischen Gruppierungen barg. Deren Reprä-sentanten waren in den dörflichen Gremien nicht erlaubt. Zwar hatte die Administration das Recht, einige Vertreter der „afrikanischen Intelligentsia" für die Räte zu benennen.[120] Aber diese Maßnahme reichte nicht aus, um die wachsende Kluft zu überbrücken, zumal Kolonialmacht und Chiefs weiter-hin klar das System der Lokalverwaltung dominierten, während Kooperativen und andere Assoziati-onen darin keinen Platz fanden. Im Großen und Ganzen verkörperten die Räte in Sukumaland eher fremde Kontrolle und Rechtssprechung von oben, als dass sie lokale demokratische Repräsentation gewährleisteten, was doch erklärtermaßen die Begründung für ihre Existenz darstellte.

Doch die Experimentierfreude der Kolonialverwaltung beschränkte sich nicht auf die Etablierung der „Cory Councils".[121] Das Projekt einer „multirassischen" lokalen Verwaltungsordnung wurde ebenfalls zuerst in Sukumaland getestet. Die Gründung des *Lake Province Councils* 1949, die Bildung „multirassischer" *District Advisory Councils* 1954 sowie ein Jahr darauf die Einführung des *South East Lake County Council* markierten die institutionellen Wegmarken. Der Einzugsbereich des *Lake Pro-vince Council* (dem die begrenzte Kontrolle über Entwicklungsgelder oblag) reichte von Bukoba im Westen bis nach Musoma im Osten, umfasste nahezu ein Viertel der Bevölkerung Tanganyikas und gehörte wirtschaftlich zu den produktivsten Regionen des Landes. Daher schien dieses Gebiet den Verantwortlichen für ein „multirassisches" Experiment bestens geeignet, und Gouverneur Twining pries den *Council* als „the forerunner of similar and equally significant political developments in other parts of the territory".[122] Der Rat trat erstmals im Juni 1949 zusammen. Er bestand aus neun von der Provinzverwaltung nominierten Kolonialbeamten sowie neun nichtamtlichen Mitgliedern (zwei Europäer, zwei Asiaten, fünf Afrikaner). Die Beratungen wurden auf Englisch geführt, was die Handlungsmöglichkeiten der afrikanischen Vertreter, von denen kaum einer diese Sprache gut beherrschte, einschränkte. Das Gremium übernahm Organisationsformen und Prozeduren der eng-

---

[117] Im Verlauf dieses Prozesses wurde Cory regelmäßig von Distriktbeamten, die nicht mehr weiterwussten bzw. das Modell nicht verstanden, um Rat gefragt. Vgl. etwa die Korrespondenz in TNA 41/A2/17 und TNA 41/NA/178.

[118] Shaw, 178.

[119] Vgl. diverse Inspektionsberichte für die Jahre 1953 und 1954 in TNA 41/A2/28.

[120] Vgl. z. B. UDSM EAF Cory 160: Hans Cory, Proposals for setting up Parish Councils and Sub-Chiefdom or Chiefdom Councils, o. D. [c. 1951]: „[...] It is not very likely that educated men will be elected as delegates by the parish, and indeed I do not think that they would be happy as members of the parish councils. On the other handit is not advisable to overlook this small but vocal section of the populace, from which suitable members of the higher level councils can be drawn. On a system based on the pyramid structure where the members of the higher levels are supplied from those of the lower level the only way of includung educated Africans is by co-opting them as recommended – a number of suitable men to be appointed by the District Commissioner with or without consultation with the Chief."

[121] Wie eng die Schaffung dieser Räte-Struktur mit Cory assoziiert wurde, zeigt die Tatsache, dass eine Reihe von britischen Kolonialbeamten von *Cory Councils* sprach. Vgl. z. B. RH MSS Afr. s. 1738: Colin L. P. Heath, Development of Sukuma. Some notes, Manuskript, o. D. [ca.1982]; Shaw, 174.

[122] Zit. nach Maguire, Toward ‚Uhuru‘, 33. Vgl. ferner PRO CO 691/203: Memorandum: Lake Province Coun-cil. Proposed Constitution, Functions and Procedure, 25. 5. 1949.

lischen Lokalverwaltung. Es traf sich dreimal jährlich und war in Fachkomitees eingeteilt. Die Agenda des Rates bestand u. a. aus der Prüfung von Arbeitsberichten einzelner Verwaltungsabteilungen sowie der Rapports aus dem *Sukumaland Development Project*, der Debatte über Fragen öffentlichen Interesses sowie der Ausarbeitung von Empfehlungen für künftige Maßnahmen in der Provinz. Doch allen Vorschusslorbeeren zum Trotz blieb der Einfluss des Rates minimal. Die Gremien auf lokaler Ebene sowie die britischen Distriktbeamten waren zu sehr mit der Umsetzung von Corys Räte-Hierarchie und der Einhaltung von Entwicklungsplänen beschäftigt, als dass sie dieser auf Provinzebene angesiedelten Instanz besondere Beachtung schenkten. Großen Teilen der afrikanischen Bevölkerung blieb ihre Existenz ohnehin völlig unbekannt.[123]

Kaum war der *Lake Province Council* inauguriert, begannen in der Regierung in Dar es Salaam bzw. im *Committee on Constitutional Development* Diskussionen über einen weiteren Gremientyp, der irgendwo zwischen Provinz und Distrikt seinen Platz finden sollte. Und wieder wurde die Lake Province – speziell Sukumaland – zum Experimentierfeld erhoben. Die für den geplanten *County Council* auserkorene Region schloss die fünf Distrikte von Sukumaland sowie die Baumwollanbaugebiete im Osten der Provinz (Musoma, North Moka und Ukekewe) und damit die Riesenfläche von 25 000 Quadratmeilen (mit rund 1,25 Mio. Einwohnern) ein.[124] Der schließlich 1955 ins Leben gerufene *South East Lake County Council* zählte 54 Mitglieder, darunter 17 britische Kolonialbeamte. Die 28 afrikanischen Delegierten, in der Mehrheit Chiefs, wurden allesamt von der Regierung benannt. Man traf sich zweimal im Jahr, doch die administrativen Aufgaben des Council blieben verschwommen. Die Afrikaner im Rat waren weitgehend auf einen Beobachterstatus reduziert und verloren offenbar rasch ihr Interesse. In der breiten Bevölkerung stieß auch dieses Gremium auf Gleichgültigkeit: „Apart from the Councils themselves few people in the Lake Province were aware of what it did, considering it, if they gave the matter any thought, as ‚just another department of Government'."[125] Hinzu kamen Kompetenzstreitigkeiten innerhalb der Verwaltung. *District Commissioners* fürchteten, dass der neue Rat von der Bedeutung der Distriktverwaltung ablenken könnte und sahen ihn als belastende Störung an. Andere Beamte beklagten, dass sie die direkte Kontrolle über die Verwendung ihrer Finanzmittel verloren hätten.[126] „All that the County Council has come to mean", resümiert Cranford Pratt treffend die Situation Mitte der 1950er Jahre, „was that government officers were wasting time and energy trying to work new and complicated political institutions which were in fact serving no useful political ends."[127] Konsequenterweise empfahl der zweite Regierungsbericht über die *County Councils* 1957: „[...] that the present South East Lake County Council be dissolved into its component districts."[128]

Die Konzeptlosigkeit der Regierung und all die Experimente verhinderten zudem die Herausbildung eigenständiger politischer Interessengruppen, die ein konservatives „Bollwerk" gegen die antikolonialen Nationalisten hätten bilden können. Das zeigte sich 1957/58 im Geita District, der für das Experiment mit einem weiteren Gremium, dem „multirassischen" *District Council* auserwählt worden war.[129] Hier mündeten wachsende politische Unruhen schließlich in offene Massenproteste.

---

[123] Vgl. Liebenow, Some Problems.

[124] Die drei letztgenannten Distrikte wurden in der Hoffnung hinzugefügt, den neuen Rat nicht in Konkurrenz zur Sukumaland Federation zu setzen. Vgl. Pratt, ‚Multi-Racialism', 43.

[125] CO 822/1134: F. Page-Jones, Interim Report on the County Council in Tanganyika, 1951–1956, Dar es Salaam 1956, 14.

[126] Vgl. Pratt, Multi-Racialism, 43f.

[127] Ebd., 44.

[128] TNA 63/C5/41: F. H. Page-Jones: Second Interim Report on the County Council in Tanganyika 1956–1957, Dar es Salaam 1957, 8.

[129] Ab Mitte der 1950er Jahre verfolgte die Regierung verstärkt die Strategie, „multirassische" *District Councils* einzuführen. Vgl. etwa TNA 304/C7/4/III: Secretariat an alle Provincial Commissioners, 8. 6. 1957: „It is recommended for your consideration that the composition of the Councils should show as little change as possible from that of the present Native Authority plus the present number of co-opted Africans."

Das Konzept der „multirassischen" Repräsentanz war auf die breite Opposition von Chiefs, TANU und Genossenschaften gestoßen. Die Opposition artikulierte sich in mehreren Demonstrationen, deren Anführer verhaftet wurden. Schließlich konzentrierte sich der Protest im „Marsch auf Mwanza" und der Besetzung eines Sportplatzes durch rund 5000 Menschen, die nach mehreren Tagen gewaltsam von der Polizei zerstreut wurden.[130]

Nach diesen Ereignissen war die Idee der „multirassischen" Verwaltungsordnung tot.[131] In dann folgenden Rundschreiben war von diesem Konzept kaum mehr die Rede. Zwar beschwor der zuständige Minister in Zirkularen an die *Provincial* und *District Commissioners* regelmäßig die Notwendigkeit, die Reform der Lokalverwaltung weiter voranzutreiben.[132] Die Regierung verfiel sogar in hektische Bemühungen, Planungen für eine umfassende Dezentralisierung auszuarbeiten und legte plötzlich jenes Tempo an den Tag, welches das *Colonial Office* ein Jahrzehnt zuvor gefordert hatte. Unverkennbar ist hier das Bestreben der britischen Beamten, die Macht, die sie so lange sorgfältig in wenige Hände konzentriert hatten, stärker zu streuen.[133] Doch alle rasch ausgearbeiteten Strategiepapiere blieben angesichts des nun massiv anschwellenden Nationalismus und der nahenden Unabhängigkeit in der Schublade.[134] Erst die Regierung des unabhängigen Tanganyika sollte das Projekt der Dezentralisierung wieder aufgreifen und für die Zwecke eines sozialistischen Einparteistaates zurechtschneiden (vgl. Kap. V, 3.).

Das hartnäckige Festhalten der Regierung an der „multirassischen" Formel spiegelte das Selbstverständnis der britischen Kolonialherren wider, stets besser zu wissen, was der Bevölkerung frommt als diese selbst und daher nahezu ausschließlich auf *top down*-Strategien setzen zu können. Geld- und Personalmangel lieferten zusätzliche Gründe: „By being autocratic", schrieb der District Officer Donald Barton,

„it was possible for a poor and understaffed local civil service to achieve far more in the public welfare than funds and staff would otherwise have allowed; and a single N.A. [=chief] supported by government could carry immediately programmes of soil conservation, mass literacy, anti-locust measures etc., which councils would discuss for months – with enormous expenditure before anything was done."[135]

Die Regierung in Dar es Salaam vertraute vor allem auf die Fähigkeit der Distriktbeamten, die afrikanische Bevölkerung zur Akzeptanz einer Politik zu bewegen, die allein von den Kolonialherren

---

[130] Vgl. zu den Ereignissen in Geita ausführlich Maguire, Toward ‚Uhuru', Kap. 7; ferner PRO CO 822/1299: Diary of political disturbances in the Lake Province from 1. April 1958 to 24 December 1958. Weitere Materialien finden sich in RH MSS Afr. s. 2122 (diverse Unterlagen des damaligen Provincial Commissioners der Lake Province, Stanley Arthur Walden).

[131] Vgl. PRO CO 822/1447: Gouverneur Turnbull an Gorell-Barnes (CO), 2. 9. 1958 u. 11. 9. 1958; CO 822/1642: Turnbull an Gorell-Barnes, 30. 10. 1958.

[132] Vgl. etwa TNA 304/C7/4/III: Ministry of Local Government and Administration an alle Provincial Commissioners: Rural Local Government, 12. 2. 1959: „District Commissioners should, therefore, in concert with local authorities and interested members of the public, examine critically the progress made and standards achieved by the local authorities in the districts under their charge. The main object of this examination is to discover and remedy shortcomings so that steady progress and improvement can be made in all districts. At the same time, in the more advanced districts, the examination will assist in ascertaining whether the time is ripe for a further step forward to a more modern form of local government. This time may well have arrived when a council can exercise a significant degree of financial autonomy over both revenue and expenditure, when it has the means of operating its budget without an inordinate degree of outside supervision, and when its people have a genuine and general wish which can and should be stimulated for such a step forward. These criteria can be summarised as ‚Cash, Competence and Consent'."

[133] Vgl. PRO CO 822/1726: E. G. Rowe, Decentralization to Provinces in Tanganyika, o. D. (c. 1958): „Decentralization will take many administrative matters out of the jurisdiction of central government departments and thus protect them from the exuberance of the first political ministers."

[134] Vgl. zusammenfassend Pratt, Critical Phase, 48–50.

[135] Vgl. RH MSS Afrs. s.1230: Donald Barton, Some Problems in Local Government, Manuskript, Januar 1962.

konzipiert worden war. Bis in die späten 1950er Jahre hinein herrschte bei den Briten offenbar großes Vertrauen in die Überzeugungskraft ihrer eigenen Argumente. Die administrativen Veränderungen auf lokaler Ebene seit den 1940er Jahren dürfen trotz aller offiziellen Rhetorik des Wandels nicht überschätzt werden. In gewisser Weise könnte man die neue, nach dem Zweiten Weltkrieg sukzessive implementierte Verwaltungsordnung als indirekte Herrschaft in repräsentativem Gewande charakterisieren. Wie in der Mandatsperiode spielten die Chiefs eine zentrale Rolle. „It is our policy", betonte *Chief Secretary* De Hall im Januar 1953, „to develop our African local government institutions by adding representative elements without destroying the position of the Chiefs wherever we can do so."[136] Ein Jahr zuvor hatte der Jahresbericht an die UNO bereits unterstrichen: „The chiefs, whether hereditary or non-hereditary [...] remain the basis for local government, particularly in its executive aspect."[137] Zwar unternahm die Kolonialmacht verstärkt den Versuch, im Bereich der Lokaladministration durch die Einrichtung diverser Räte direkteren Zugang (und Zugriff) zu den einzelnen Menschen zu erlangen. Doch dies blieb Stückwerk, und die Chiefs waren als Mittler zwischen Kolonialstaat und lokaler Bevölkerung weiterhin unentbehrlich. Diese Mittlerrolle gestaltete sich freilich, wie noch genauer zu zeigen sein wird, immer prekärer (vgl. Kap. IV, 2).

Im Unterschied zu den Blütejahren der indirekten Herrschaft hatte die Position des Chiefs jedoch ihre gleichsam spirituelle, religiöse Aura weitgehend eingebüßt. Sehr viel expliziter wurden sie von den Briten nun als Teil eines bürokratischen Verwaltungsapparates betrachtet, in dem sie spezifische Aufgaben zu erledigen hatten. Insbesondere jene Chiefs, die sich dem Neuen gegenüber aufgeschlossen zeigten, galten zudem als zentrale Kooperationspartner auf dem vermeintlich langen Weg zur Selbstverwaltung und Unabhängigkeit und sollten nun verstärkt auch auf territorialer Ebene eine Rolle spielen. Nur äußerst zögerlich schwenkten die Kolonisierenden dagegen auf eine Herrschaftsallianz mit der noch kleinen Gruppe der städtischen Elite ein. In der immer wichtiger werdenden „nationalen" Politik galt es die „coat and collar boys in the towns"[138] zugunsten „aufgeklärter Chiefs" zurückzudrängen. Davon wird im folgenden Kapitel zu berichten sein.

b) Legislative Council-Wahlen und der Weg zur Unabhängigkeit

Die Mitte der 1920er Jahre etablierte Organisation der Zentralregierung und -verwaltung in Tanganyika erfuhr in der Nachkriegszeit ebenfalls eine Reihe von Veränderungen. Im Verlauf der 1950er Jahre wurde der *Legislative Council* (LegCo) in eine Art Proto-Parlament, der *Executive Council* in so etwas wie ein Regierungskabinett transformiert. 1945 berief der Gouverneur – auf Druck von Kolonialminister Creech-Jones – die ersten beiden Afrikaner in den LegCo.[139] Bezeichnenderweise handelte es sich dabei mit Abdiel Shangali und Kidaha Makwaia um zwei „progressive Chiefs", denen 1947 mit Adam Sapi ein weiteres der Modernisierung gegenüber aufgeschlossenes „traditionelles Oberhaupt" folgte.[140] Ein Jahr darauf wurde mit dem muslimischen Lehrer Juma Mwindadi aus Dar

---

[136] PRO CO 822/559: De Hall an Rogers (Colonial Office), 30. 1. 1953.

[137] Annual Report UNO 1952, 30. Die 1953 verabschiedete African Chiefs' Bill sollte schließlich die herausragende Rolle der Chiefs in der Lokalverwaltung festschreiben. Vgl. PRO CO 822/559: Report of the Select Committee on the African Chiefs' Bill, 1953.

[138] PRO CO 822/559: De Hall an Rogers, 30. 1. 1953.

[139] Noch 1944 waren sich der Gouverneur in Dar es Salaam und das *Colonial Office* einig, dass die Zeit für afrikanische Vertreter im LegCO noch nicht reif sei. Vgl. die Korrespondenz in PRO CO 691/195. Vgl. ferner TNA 61/121/1: Chief Secretary an Provincial Commissioner Eastern Province, 30. 6. 1944.

[140] Makwaia und Sapi waren Absolventen der Tabora School, Sapi hatte zudem das Makerere College besucht. Makwaia spielte später eine wichtige Rolle in der Sukumaland Federation: Shangali (aus der Kilimanjaro-Region) besaß zwar wenig formale Bildung, gehörte aber zu den wichtigsten Kaffeeproduzenten Nord-Tanzanias und hatte sich selbst Englisch beigebracht. Zu Shangali vgl. Kap. II, 2. Vgl. zu den drei Chiefs knapp Laura Kurtz, Historical Dictionary of Tanzania, Metuchen 1978.

Schaubild 1: Regierungsstruktur in Tanganyika, um 1950*

THE GOVERNOR
OFFICIAL MEMBERS OF THE EXECUTIVE COUNCIL

Chief Secretary	Law and Order	Finance, Trade, Economics	Agriculture and Natural Resources	Lands and Mines	Social Services	Local Government	Development and Works
Departments for which responsible and other Functions							
Leader for Government in LegCO	Administration of Justice	Accounting	Agriculture	Civil Aviation	Education and Training	Chief Adviser on African Affairs	Public Works
Chairman Standing Finance Com.	Legal Adviser to Government	Customs and Excise	Co-operative Societies	Enemy Property	Labour	Provincial Administration	Development (General)
Ceremonial	Aliens	Economics	Fisheries	Geologic Survey	Prisons	Disposition	Water Development
External Affairs	Defence	Finance	Forests	Lands	Public Health	Local Courts	Urban Housing Schemes
Establishment	Immigration, Emigration and Repatriation	Taxation	Game	Mines	Public Relations	Municipalities and Township Authorities	
Printing and Publishing	Legislation	Posts and Telegraphs	Government Chemist	Registration		Native Administration	
Provincial Administration Policy	Naturalisation	Trade, Commerce	Soil Conservation	General Surveys		Social Development	
	Police	Industry	Tsetse Reclamation and Survey	Town Planning			
		Railways, Ports	Veterinary				
			Water Development				

* nach: Annual Report UNO 1950, 283.

es Salaam ein vierter Afrikaner in den Rat berufen, so dass Ende der 1940er Jahre 14 „inoffizielle"
Mitglieder (vier Afrikaner, drei Asiaten, sieben Europäer) einer Mehrheit von 15 europäischen Offiziellen gegenüberstanden.[141] Die 1948 begonnene Umwandlung des *Executive Council* war nach zwei
Jahren zunächst abgeschlossen. 1920 ursprünglich als internes Kabinett von Regierungsvertretern
geschaffen, wurden kurz vor Beginn des Zweiten Weltkriegs vier inoffizielle Mitglieder (drei Europäer, ein Asiate), die bereits im LegCo saßen, in dieses Gremium berufen. Die Zahl der *unofficials*
erhöhte sich in den fünfziger Jahren auf sieben; Chief Kidaha Makwaia war 1951 der erste afrikanische Vertreter, drei Jahre später folgte Adam Sapi. Durch die Einführung des *membership*-Systems
1948 wollte man des Weiteren die territoriale Verwaltung dezentralisieren sowie die vielfältigen und
stetig anwachsenden Aufgaben des *Chief Secretary* auf mehrere Schultern verteilen.[142] Die diversen
Departments der Regierung wurden zu Gruppen zusammengefasst, die dann jeweils unter der Leitung eines Mitglieds des *Executive Council* standen, der wiederum direkt gegenüber dem Gouverneur
verantwortlich zeichnete. Die *Members* waren gleichsam Proto-Minister, bis 1957 dann endgültig
Ministerposten eingeführt wurden.[143]

   Die erste Besuchsmission der UNO übte 1948 dezidiert Kritik am allzu gemächlichen konstitutionellen Fortschritt in Tanganyika und der noch kaum sichtbaren Beteiligung von Afrikanern
an Regierungsinstitutionen.[144] Das *Colonial Office* nahm den Vorwurf durchaus ernst. Als Twining
London in Richtung Dar es Salaam verließ, hatte er die Anordnung im Gepäck, „die altmodische
koloniale Verfassung" des Landes so rasch wie möglich zu reformieren.[145] Das in der Folge von Twining vorgeschlagene Wahlsystem erwies sich aus britischer Sicht jedoch als desaströser Fehler. Denn
aus der Reform resultierte nicht, wie erhofft, eine moderate, „multirassische" politische Führung;
vielmehr verschaffte sie den Nationalisten der TANU bei den ersten Wahlen im Territorium 1958/59
einen Kantersieg. John Iliffe, der wohl beste Kenner der jüngeren Geschichte Tanzanias, geht so
weit, in diesen Wahlen und dem ihnen zugrunde liegenden Wahlsystem den Schlüssel für die rasche
Dekolonisierung Ostafrikas zu sehen.[146]

   Am Anfang dieser Entwicklung stand das von Twining einberufene, bereits angesprochene *Committee of Constitutional Development*, welches in seinem Bericht die Neuformierung des LegCo mit
einer Mehrheit der *officials* sowie 21 Sitzen für inoffizielle Vertreter (gleichmäßig auf Europäer, Asiaten und Afrikaner verteilt) vorschlug. Es sprach sich zudem für Wahlen aus, ohne jedoch einen Zeitpunkt festzulegen.[147] Die neue konservative Regierung in London reagierte eher zurückhaltend auf
den Kommissionsbericht. Gorell-Barnes vom *Colonial Office* wies Twining an, vor allem die Reform
der Lokalverwaltung im Auge zu behalten und keine genauen Zeitangaben bezüglich der Einberu-

---

[141] Vgl. für Details Clagnett Taylor, 78f.; William H. Friedland, The Evolution of Tanganyika's Political System,
   in: Stanley Diamond / Fred G. Burke (Hg.), The Transformation of East Africa. Studies in Political Anthropology, New York/London 1966, 241–311, hier: 276f.; Listowel, 134ff.; Iliffe, Modern History, 475f.; Chidzero,
   145ff. „Inoffiziell" meint hier Vertreter „gesellschaftlich relevanter Gruppen", die nicht in der Regierung saßen.
[142] Vgl. PRO CO 691/201: LegCo Sessional Paper N° 1 of 1947: Proposals for the Reorganisation of the Machinery of Government in Tanganyika; Government Circular N° 24 of 1947: Statement of Administrative Procedure Prescribed for the Transaction of Business with which Members of Executive Council are Concerned,
   8.12.1947; CO 691/209: Twining an Sir Thomas Lloyd, CO, 25.4.1950; TNA 35033: Confidential Circular Letter Chief Secretary an alle Provincial Commissioners, 8.12.1947.
[143] Zur Einführung der Ministerpositionen vgl. die Akten in PRO CO 822/1457.
[144] Vgl. United Nations, Visiting Mission to Trust Territories in East Africa, Report on Tanganyika 1948. Zu
   dieser Mission ausführlicher: Clagnett Taylor, 81–84.
[145] Vgl. Lord (Edward) Twining, The Last Nine Years in Tanganyika, in: African Affairs 58,230 (1959), 15–24:
   hier: 16; Iliffe, Modern History, 476.
[146] Vgl. Iliffe, TANU, 3.
[147] Vgl. Report of the Committee on Constitutional Development 1951; der Bericht wurde in der tanzanischen
   und britischen Presse ausführlich gewürdigt. Vgl. die Presseausschnitte (u.a. Tanganyika Standard, Times,
   Observer) in PRO CO 822/606.

fung des reformierten LegCo zu machen.[148] London zeigte sich aber damit einverstanden, Professor MacKenzie als Spezialbeauftragten der Regierung in Tanganyika Vorschläge für ein Wahlsystem ausarbeiten zu lassen. Dessen 1953 publizierter Report sprach sich unter anderem für die gleiche Repräsentation aller drei „Rassen" bei den *unofficials* im LegCo sowie für eine stufenweise Einführung von Wahlen aus. Für die Durchführung „multirassischer" Wahlen formulierte MacKenzie drei Grundbedingungen: Erstens müssten Kandidaten von einer ausreichenden Zahl von Wählern ihrer eigenen „Rasse" nominiert werden, weil diese ansonsten nicht wirksam repräsentiert sei. Zweitens müsse jeder Wähler freiwillig entscheiden dürfen, ob er auch Kandidaten einer anderen „Rasse" seine Stimme gibt. Drittens müsse jeder Wahlkreis eine ungefähr gleich große Zahl von Wählern jeder „Rasse" haben. Im Falle Tanganyikas würde dies bedeuteten, vergleichsweise rigide Voraussetzungen für die Wählerregistrierung (in Bezug auf Einkommen, Besitz und Bildungsstand) zu bestimmen, um die Gruppe der afrikanischen Wähler in Relation zu den Asiaten und Europäern klein zu halten. Aber selbst mit diesen Beschränkungen, schloss MacKenzie seinen Bericht, seien zunächst nur wenige Wahlkreise (Dar es Salaam, Tanga) für direkte multirassische Wahlen geeignet.[149] Als sich im März 1955 der neu zusammengesetzte LegCo erstmals traf – die nun 30 Personen umfassende Gruppe der *unofficials* setzte sich paritätisch aus jeweils zehn Europäern, Afrikanern und Asiaten zusammen –, waren alle Mitglieder jedenfalls noch vom Gouverneur ernannt.[150] Ein knappes Jahr später verkündete die Regierung jedoch offiziell ihre Absicht, 1958 endlich die versprochenen *Legislative Council*-Wahlen abzuhalten. Um das „multirassische" Modell zu fördern, würde jeder Wahlberechtigte drei Stimmen haben und müsste jeweils einen asiatischen, einen afrikanischen sowie einen europäischen Kandidaten wählen.[151]

Als Twining den Gang zu den Urnen ankündigte, hatte sich mit der schon mehrfach erwähnten TANU bereits eine wichtige nationalistische Kraft in Tanganyika etabliert. Die Vor- und Gründungsgeschichte der Partei ist bereits an anderer Stelle ausführlich gewürdigt worden, so dass hier ein kurzer Abriss genügen mag.[152] Der *African Association* war es im Verlauf des Zweiten Weltkriegs gelungen, sich neu zu ordnen und sich verstärkt politischen Fragen zuzuwenden. Auf einem größeren Treffen in Dodoma im März 1945 formulierten die Delegierten explizite Forderungen an die Regierung, etwa das Ende der Zwangsarbeit, Schulpflicht für alle Afrikaner sowie eine Begrenzung des Zuzugs von Europäern. Der anwesende britische Polizeibeamte konnte seinen Vorgesetzten allerdings auch Positives berichten: „The conference opened with expressions of loyalty to King and Government, and was conducted throughout with restraint and decorum."[153] In den darauf folgenden Jahren kam es bei der AA bzw. TAA[154] zu beträchtlichen organisatorischen und finanziellen Problemen. Die Arbeit des *Committee of Constitutional Development* forderte dann den Widerspruch vieler TAA-Aktivisten heraus und hauchte neues Leben in die Vereinigung. Vertreter der Assoziation forderten in Petitionen *one man, one vote*; darüber hinaus engagierten sie sich in den Landkonflikten am Mount Meru sowie

---

[148] Ebd.: Gorrell-Barnes an Twining, 19. 2. 1952.

[149] Vgl. MacKenzie Report. Dazu auch Margaret Bates, Social Engineering, Multi-Racialism, and the Rise of TANU: The Trust Territory of Tanganyika, 1945–1961, in: History of East Africa 3, 157–195, hier: 182f.; Iliffe, TANU, 18f.

[150] Vgl. PRO CO 822/924: Secretariat an Secretary of State for the Colonies, 29. 3. 1955: Report about appointments of the persons nominated to the Legislative Council.

[151] Vgl. Tanganyika Standard, 26. 4. 1956.

[152] Vgl. Iliffe, Modern History; Maguire, Toward ‚Uhuru'; George Bennett, An Outline History of TANU, in: Makerere Journal 7 (1963), 15–32.

[153] TNA 19325/II: Director of Intelligence and Security, Dar es Salaam, an Director of Intelligence and Security, Nairobi, 12. 5. 1945. Zu dieser Konferenz ausführlich Iliffe, Modern History, 422f.

[154] Im August 1948 hatte sich die AA in Tanganyika African Association (TAA) umbenannt, nachdem die „Filiale" auf Zanzibar ausgeschlossen worden war. Dortige Mitglieder hatten Geheiminformationen an die britische Regierung weitergegeben. Vgl. Iliffe, Modern History, 433.

bei Auseinandersetzungen zwischen Kolonialmacht und Bauern in Sukumaland.[155] Mit der Wahl von Julius Nyerere zum Präsidenten der Vereinigung im April 1953 begann dann ein bemerkenswertes Kapitel in der Geschichte des afrikanischen Nationalismus. Innerhalb weniger Jahre gelang es Nyerere und einigen Gleichgesinnten, die immer noch eher randständige TAA in eine mächtige nationalistische Partei zu verwandeln. Am 7. Juli 1954 wurde die Assoziation offiziell in die TANU umgewandelt. Auf dem Gründungstreffen verwarfen die Teilnehmer sogleich unmissverständlich die britische Vision von einer multirassischen Ordnung und forderten die Mehrheit afrikanischer Repräsentanten in allen öffentlichen Gremien.[156]

Twining tat die neue Partei in einem Brief an das Colonial Office als unwichtig ab: „Its useful purpose, if it is to have one, is likely to be that of providing a foil for the establishment of a party better able to represent moderate African opinion."[157] Die Verantwortlichen in London erwiesen sich zunächst jedoch als flexibel und offen; sie hatten Nyereres moderate Haltung durchaus wahrgenommen: „He seems", notierte ein Mitarbeiter der Afrika-Abteilung, „just the sort of ‚pen-is-mightier-than-the-sword' African who could do his country, and us, a lot of good – if patiently handled and allowed to work off steam."[158] Twining versäumte dagegen fortan keine Gelegenheit, Nyerere und die TANU gegenüber dem *Colonial Office* schlecht zu machen. Der Gouverneur war nicht zuletzt arg erzürnt über die große Aufmerksamkeit und Sympathie, welche die Besuchsmission der UN im August 1954 der neuen Partei und speziell Nyerere entgegenbrachte.[159] Er steigerte sich später gar in Verschwörungstheorien hinein, wonach die TANU als Werkzeug antibritischer Kräfte erschien.[160]

Die Frage der „multirassischen" Ordnung spielte eine zentrale Rolle in den politischen Auseinandersetzungen.[161] Nyerere wiederholte mehrfach, dass die Afrikaner in Tanganyika in allen repräsentativen öffentlichen Körperschaften die Mehrheit stellen sollten,[162] während Twining diese Haltung als „schwarzen Rassismus" brandmarkte. Besonders drastisch äußerte er sich in einem Brief an Gorell-Barnes im Mai 1957:

---

[155] Zur TAA in Sukumaland vgl. ausführlich Maguire, Toward ‚Uhuru', 112ff.; Iliffe, Modern History, 503ff. Der führende Kopf der TAA in der Lake Province war Saadani Abdul Kandora, ein ehemaliger Lehrer und Verwaltungsangestellter, der sich dann auf eine Handelstätigkeit verlegte. Vgl. Interview mit Kandora, Dar es Salaam, 9.8.1999. Am Mount Meru protestierten die Einheimischen unter Führung des örtlichen TAA-Sekretärs Kirilo Japhet vehement gegen von der Kolonialadministration vorgesehene Landenteignungen und Umsiedlungen. 1952 wurde Japhet in dieser Sache sogar vor dem Treuhandausschuss der UNO gehört. Vgl. Spear, Mountain Farmers, 209ff.

[156] Zum Gründungstreffen der TANU vgl. CO 822/859: Summary of Territorial Conference of AA in Dar es Salaam, 6.–10.7.1954; ferner Iliffe, Modern History, 512f.; M.H.Y. Kaniki, The End of Colonial Rule, in: ders., Tanzania, 344–387, hier: 347ff. Zu Nyerere und der Rolle von afrikanischen Staatsdienern in der TANU vgl. ausführlich Kap. IV, 3.

[157] PRO CO 822/859: Twining to Lennox-Boyd, 8.9.1954.

[158] Ebd., Minutes Barton, 10.1.1955. Vgl. ferner Iliffe, TANU, 6.

[159] In einem Brief (22.9.1954, in PRO CO 822/859) an Gorell-Barnes beklagte sich Twining: „They thought our constitutional development was far too slow, regretted our attitude about elections and thought that TANU was the finest thing in Tanganyika and that Julius Nyerere and Kirilo Japhet were the prophets. They considered that they should be given every assistance to lead the country to its proper destiny."

[160] Vgl. PRO CO 822/925: Twining an Gorell-Barnes, 26.5.1955; CO 822/1591: Twining an Lennox-Boyd, 29.5.1957.

[161] In einem Brief an den Member for Local Government (PRO CO 822/859) vom 24.12.1954 beklagte Nyerere die Arroganz der britischen Regierung in dieser Frage: „With the greatest emphasis you said, Sir, that Government can never entertain the idea that this country is primarily African; that the only sense in which this country can be regarded as African is the sense that it is on the African Continent. When I pointed out that the Africans are in an overwhelming majority you retorted, ‚so what!' and, I must own, I was so over-awed by the retort that I did not attempt to reply."

[162] Vgl. ferner etwa Nyereres Rede auf der 15. Sitzung des Treuhandausschusses der UNO in New York am 7.3.1955, wiederabgedruckt in Julius Nyerere, Freedom and Unity/Uhuru na Umoja. A Selection from Writings and Speeches 1952–65, Dar es Salaam 1966, 35–41.

„There is no language or tradition nor interest in common, except what has been lightly overlaid by little more than half a century of alien authority. All that there really is in common is the blackness of the African skin and that is why TANU's appeal is now becoming fundamentally racialist and not nationalist [...] To sum up, we are dealing at present with a thoroughly spurious organisation. It is no longer a political party in the ordinary sense of the word, but a racialist movement, which, if not contained, can do immense harm. The leadership is mean and corrupt, actuated by malice and self-interest. They are efficiently advised by people of ill-will and by others of small understanding both within and without Tanganyika. The permanent rank and file of the movement are the detribalised Africans of the towns and those for whom modern education of progress has destroyed the traditional peasant way of living."[163]

Dieses Schreiben offenbart noch einmal eindringlich das Ideal der indirekten Herrschaft von einem ländlichen, tribal geordneten Tanganyika, das nun durch „detribalisierte", durch westliche Erziehung fehlgeleitete und egoistische Städter bedroht wurde. Dabei konzedierte Twining diesen Personen noch nicht einmal eigene Entwürfe, sondern sah schlecht informierte, böswillige, ansonsten aber nicht näher bezeichnete Ratgeber am Werk. Implizit scheint hier erneut das Bild vom *educated African* als Heranwachsendem durch, der auf die falsche Bahn geraten war und nun genauer Kontrolle und Disziplinierung bedurfte. Insbesondere bei Kolonialminister Allen Lennox-Boyd fand Twining ein Ohr für seine scharfe Kritik an der TANU und sein Loblied auf den „multi-racialism". Doch im Laufe der Jahre geriet selbst Lennox-Boyd durch den politischen Zickzackkurs Twinings zunehmend in Verwirrung.[164]

Die Regierung in Dar es Salaam versuchte sich an mehreren Strategien, um der rasch wachsenden Popularität der TANU entgegenzusteuern. Dazu gehörten zahlreiche Erlasse, so ein Dekret von 1953, das Regierungsangestellten inklusive Lehrern die Mitgliedschaft in politischen Parteien untersagte;[165] ein Jahr darauf die *Societies Ordinance*, welche die formale Registrierung selbst von Ortsstellen einer jeden Vereinigung vorsah und auf diese Weise der Regierung die enge Überwachung aller Organisationen im Territorium ermöglichte;[166] die wohl autoritärste kolonialstaatliche Intervention stellte in diesem Zusammenhang jedoch 1955 die Erweiterung des *Penal Code* dar. Nun war es bereits ein Strafbestand, „to print, publish or to an assembly make any statement likely to raise discontent amongst any of the inhabitants of the territory."[167] Und zur Rechtfertigung bemühten die Verantwortlichen typische Formeln eines autoritären Regimes: „The law-abiding citizen has nothing to fear from these provisions [...] but the evil-minded or mischief maker, I hope, has much to fear."[168] Dass es bei all diesen Erlassen nicht allein darum ging, Recht und Ordnung herzustellen, wird an der unverblümten Warnung deutlich, die Twining im *Legislative Council* kurz vor der Gründung der TANU formulierte:

„My attention has been drawn to attempts which have been made in some parts of the territory by self-seeking individuals, usually men of straw, who, having appointed themselves as political leaders, have tried to stir up the people against their native authorities, and in some cases the Central Government, by exploiting local grievances real or imaginary [...] This cannot be allowed to continue and Government will not tolerate such activities which are contrary to the best interests of the people and are designed to damage, if not destroy, good government. Respect for authority, which is an inherent trait in the African character, must be preserved."[169]

---

[163] PRO CO 822/1591: Twining an Lennox-Boyd, 29.5.1957.

[164] Für Details vgl. Iliffe, TANU.

[165] Vgl. TNA 47/A6: Government Circular N° 5 of 1953: Membership of Political Associations, 1.8.1953. Zur Bedeutung dieses Erlasses für die afrikanischen Staatsdiener vgl. Kap. IV, 1 u. 3.

[166] Vgl. TNA 5/38: Ordinance N° 11 of 1954. Die Verordnung rief u. a. das Fabian *Colonial Bureau* auf den Plan, das in einem Memorandum an den Kolonialminister protestierte: „[the ordinance] seems to be an unnecessary piece of legislation in a quiet territory, and it is difficult to believe that any genuinely subversive activity could not be dealt with by other methods." Vgl. RH MSS Brit.Emp 365/121/3: Hilda Selwyn-Clarke an Lennox-Boyd, 4.4.1955.

[167] Penal Code (Amendment) Ordinance 1955, 11.11.1955. Eine Kopie befindet sich in ebd.

[168] So der Attorney-General, zit. nach Tanganyika Standard, 3.11.1955.

[169] Zit. nach Maguire, Toward ‚Uhuru‘, 172.

Allein der britische Gouverneur war berufen, die Interessen der Bevölkerung zu erkennen und zu vertreten! Parallel versuchte Twining, eine alternative „nationale" Partei zu lancieren – die United Tanganyika Party (UTP). Ihm schwebte eine „konservative Gruppierung mit einem liberalen Programm" vor, deren wichtigste Plattform die Akzeptanz einer multirassischen Gesellschaft mit dem Fernziel der Selbstregierung im Rahmen des Commonwealth sein würde.[170] Doch dieses Projekt erwies sich als totales Desaster; der UTP gelang es trotz großzügiger Spenden seitens europäischer Unternehmer weder, sich eine solide finanzielle Basis zu verschaffen, noch in größerem Maße Mitglieder zu rekrutieren.[171] Zwei weitere Strategien der Regierung waren eng miteinander verflochten. Zum einen sollte der Nationalismus in „lokalem oder tribalem Patriotismus" kanalisiert werden,[172] zum anderen galt es, die Chiefs als politisches Gegengewicht zur TANU auf territorialer Ebene zu positionieren. Das erste Kalkül funktionierte zeitweise in der Kilimanjaroregion, wo der *Paramount Chief* der Chagga, Thomas Marealle, ein ehemaliger Verwaltungsangestellter, in einer Mischung aus Modernisierungsethos und Neotraditionalismus regierte und es der TANU lange Zeit schwer machte, Fuß zu fassen.[173] Marealle hatte Twining offenbar auch dazu geraten, in der nationalen Politik stärker auf die Chiefs zu bauen. Ziel der 1957 ins Leben gerufenen *Territorial Chiefs' Convention* war es, regelmäßige Treffen ausgewählter Chiefs zu ermöglichen, die unter Anleitung von Ministern die Regierungspolitik diskutieren und sie dann in ihren Provinzen und Distrikten populär machen sollten. „In this way, it is hoped to build up a solid body of rural opinion which this Government can use as a guide and to keep in closer touch with local affairs."[174] Mittelfristig war geplant, in einem künftigen parlamentarischen System eine Art Oberhaus einzurichten, das mit Chiefs besetzt sein würde.[175] Auf dem ersten Treffen der *Convention* warnte Twining, das tribale System und die Position des Chiefs seien durch jene bedroht, „who base their appeal on the emotional attractions of extreme nationalism, which in effect is nothing more than racialism". In derselben Rede hob er zu einem Lobgesang auf „Stamm" und „Chief" an:

„[...] the tribe is the most important group in the territory and that its chief is its political and spiritual head [...] the tribal system is the very sheet anchor of the life of the African people in the territory and that the chiefs are an essential part of this system and are indeed, the bullwark of the territory [...] it is the duty of every servant of government to uphold the respect and honour due to the chiefs so that the people may clearly see that the government recognizes the importance and the dignity of the position which they hold."[176]

Doch obwohl einige Chiefs bereit waren, die TANU zu bekämpfen, sah die Mehrheit ihre Zukunft in einem Arrangement mit der Partei. Die Versammlung trug etwa die Entscheidung von Chief Fundi-

---

[170] Vgl. PRO CO 822/859: Twining an Lennox-Boyd, 31. 10. 1955. Twining verknüpfte große Hoffnungen mit der Partei, machte sich aber auch keine Illusion über die Folgen eines Misserfolgs: „If UTP is defeated at the polls, African nationalism will have won." PRO CO 822/1143: Twining an Gorell Barnes, 14. 5. 1956.

[171] Zu den Gründern und Mitgliedern der UTP gehörten vor allem britische Geschäftsleute, europäische Frauen sowie afrikanische Chiefs. 1957 waren zwei Drittel der Mitglieder Afrikaner. Vgl. dazu ausführlich Alistair Ross, Multiracialism and European Politics in Tanganyika, 1945–1961, unveröffentl. Ph.D. Thesis, London (ICS) 1981. Zu den zentralen Positionen der Partei vgl. PRO CO 822/1365: Brian Willis (General Director UTP) an Secretary of State for the Colonies: Report on the Political Situation in Tanganyika, 28. 2. 1957. Vgl. ferner Iliffe, Modern History; Clagnett Taylor. Die UTP war wiederum eng mit der Capricorn Society verbunden. Zu dieser Gesellschaft und ihrer Rolle in den fünfziger Jahren in Tanganyika vgl. Alistair Ross, The Capricorn Africa Society and European Reactions to African Nationalism in Tanganyika, 1949–60, in: African Affairs 76,305 (1977), 519–535.

[172] Vgl. PRO CO 822/859: Twining an Lennox-Boyd, 31. 10. 1955.

[173] Vgl. dazu im Detail Eckert, Showcase, 225–228, sowie (besonders zu Marealle) Kap. IV, 2.

[174] TNA 63/L5/2A: Memorandum Minister of Local Government and Administration an alle Provincial Commissioners, 4. 3. 1958.

[175] Vgl. CO 822/1217: Confidential Memo: A Possible Role of Chiefs in the Future Constitution of the Country, o. D.; vgl. ferner Geoffrey D. Popplewell, Chiefs and Politics, in: Corona 9,12 (1957), 448–450.

[176] TNA 471/L5/23: First Convention of representative chiefs, 1957, Dar es Salaam 1957, 1.

kira mit, für die TANU bei den LegCo-Wahlen zu kandidieren. Und auf dem Treffen der *Convention* in Tabora kurz nach den Wahlen 1959, welche die TANU haushoch gewann (vgl. weiter unten), billigten die Delegierten die politischen Ziele der nationalistischen Partei.[177]

1957 war die TANU zu einer nationalistischen Massenpartei geworden. Joan Wicken vom *Fabian Colonial Bureau* berichtete im September des Jahres von über 200 000 Mitgliedern.[178] Nyereres Auftritte vor dem Treuhandausschuss der UNO in New York hatten ihm darüber hinaus große internationale Sympathie eingebracht. Der Versuch einiger Regierungsmitglieder in Dar es Salaam – neben Twining besonders *Chief Secretary* Grattan-Bellew –, die TANU parallel zu den genannten Maßnahmen durch einen aggressiven Konfrontationskurs endgültig zurückzudrängen, erwies sich dagegen rasch als Fehlschlag.[179]

Kurzzeitig standen Nationalisten und Regierung auf Konfrontationskurs. Doch Mitte 1957 beruhigte sich die Situation zunächst wieder. Twining bot Nyerere überraschend einen Sitz im *Legislative Council* an, und trotz erheblicher Widerstände innerhalb der Partei ging der TANU-Vorsitzende auf das Angebot ein.

Über die Gründe für die erneute Annäherung kann nur spekuliert werden. Die komplexen Probleme bezüglich der nahenden Wahlen spielten hier wahrscheinlich eine wichtige Rolle.[180] Die Regierung hatte den Vorschlägen des MacKenzie-Berichts zu künftigen LegCo-Wahlen (vgl. weiter oben) im Prinzip zwar zugestimmt; ihr unbedingter Wille, den Nationalismus zu beugen und eine „multirassische" Ordnung zu etablieren, ließ sie jedoch entscheidende Aspekte in den Hinweisen des Experten ignorieren. Zwischen Dar es Salaam und London entwickelte sich ab 1955 eine rege Korrespondenz über die Modalitäten des Urnengangs.[181] Die Beamten in Tanganyika beharrten entgegen den Empfehlungen MacKenzies partout darauf, die Afrikaner zu zwingen, für alle drei „Rassen" ihre Stimme abzugeben. Das Colonial Office hielt dagegen: „It can easily be pointed to as an illustration of the unreality of our contention – or at least our lack of faith in it – that there is a genuine spirit of inter-racial co-operation in Tanganyika effectively reflected by parity in the legislature. If TANU for example wanted to get Africans to boycott the elections this feature of the arrangements would be a good talking point."[182] Doch schließlich einigte sich die britische Seite zunächst bei einem Treffen in Cambridge Ende August 1955: „It was agreed that in the circumstances it was desirable to put to the public in Tanganyika the proposal that each voter exercising his right to vote, must cast one vote in respect of each vacancy and to see what their reactions were. If there was a strong opposition to the idea then, the Meeting thought, it should be dropped."[183] Die Regierung strebte – wiederum in Kontrast zu MacKenzies Empfehlungen – zudem an, Wahlen in möglichst vielen Wahlkreisen zu veranstalten. Von Beginn an ging sie zu Recht davon aus, dass Afrikaner trotz allen Einschränkungen

---

[177] Vgl. TNA 63/L5/2A: Minutes of the Fifth Convention of Representative Chiefs of Tanganyika, Tabora, 5.–7.3.1959; Tanganyika Standard 13.3.1959; PRO CO 822/1217: Telegramm Turnbull an Gorell-Barnes, 10.3.1959. Vgl. zur schwierigen Situation der Chiefs Ende der 1950er Jahre ausführlich Kap. IV, 2. Dort auch biographische Skizzen wichtiger Chiefs.

[178] Vgl. Joan Wicken, Report from Tanganyika, London 1957 (Manuskript in der USDM, East Africana Section). Zur Strategie der TANU vgl. ausführlich Iliffe, Modern History; Maguire, Toward ‚Uhuru'; Pratt, Critical Phase.

[179] Vgl. z.B. PRO CO 822/1361: Gratten-Bellew an Mathieson (CO), 18.3.1957: „A confrontation with TANU is to be welcomed, particularly if it had the effect, which I am sure it would have, of persuading the 99% of the African population (who are not at present members of TANU) to gently and clearly come over in favour of Government and also possibly the effect of causing a new African political party with a new leader to emerge." Nyerere wurden eine Zeit lang öffentliche Auftritte untersagt, insgesamt zehn TANU-Zweige wurden vorübergehend verboten.

[180] Vgl. Iliffe, TANU, 18.

[181] Der umfangreiche Briefwechsel findet sich in PRO CO 822/925.

[182] Ebd., Minute Mathieson an Gorrell-Barnes, 17.8.1955.

[183] Ebd., Minute of a Meeting held at Queen's College Cambridge on August 30th, 1955, to discuss franchise and electoral arrangements in Tanganyika Territory.

die Mehrheit der Wähler stellen würden.[184] Nyerere hingegen missverstand wie viele andere zunächst das Wahlsystem und glaubte, dass die Wählerschaft in jedem Bezirk mehrheitlich von den *immigrant races* gestellt würde. Die Position der TANU bestand bis Mitte 1957 folglich darin, die kommenden Wahlen zu boykottieren.[185]

Bereits Anfang 1957 änderte sich die Situation.[186] Nachdem das Projekt, die UTP zu etablieren, grandios zu scheitern drohte, entschied sich die Regierung, um die Wahlen nicht zu einer kompletten Farce werden zu lassen, die Tatsache publik zu machen, dass Afrikaner in jedem Fall die Majorität der Wählerschaft stellen würden.[187] Allerdings berichtete die Besuchsmission der Vereinten Nationen im August, dass kaum jemand im Territorium „dreiseitige" Wahlen befürworte. In diesem Moment akzeptierte Nyerere den Sitz im LegCo mit der Absicht, als Mitglied des Gremiums die Änderung des Wahlverfahrens durchzusetzen. Er hatte zu dem Zeitpunkt jedoch bereits realisiert, dass – so ungerecht und unausgewogen das Wahlgesetz auch war –, es in jedem Fall gute Möglichkeiten für einen Sieg der TANU bot. Bei seinem Besuch in Tanganyika zwei Monate später insistierte Kolonialminister Lennox-Boyd auf dem von der Kolonialmacht beschlossenen Wahlverfahren und zeigte sich zu keinem Kompromiss bereit.[188] Nyerere entschloss sich daraufhin, die TANU für eine Wahlbeteiligung unter den bestehenden Regularien zu überzeugen. Um der Partei gegenüber seine Unabhängigkeit zu demonstrieren, trat er im Dezember 1957 unter Protest aus dem LegCo zurück.[189] Dennoch kam es auf dem Jahresparteitag der TANU einen Monat später in Mwanza zu heftigen Auseinandersetzungen über diese Frage. Die Delegierten waren tief gespalten. Ein Boykott der Wahlen hätte über kurz oder lang wahrscheinlich in gewalttätige Proteste gemündet. Nyerere gelang es, die Mehrheit der Anwesenden für die Teilnahme an den Wahlen und einen konstitutionellen Weg zur Unabhängigkeit zu gewinnen.[190]

In seinen dem Parteitag folgenden öffentlichen Auftritten drohte Nyerere allerdings mit zivilem Ungehorsam, falls *madaraka* (Regierungsverantwortung) nicht im Verlauf des Jahres 1959 gewährt werden würde. Ansonsten lancierte er eine Kampagne für Wählerregistrierung, versuchte die Parteiorganisation zu straffen sowie die Zahl der Parteimitglieder zu erhöhen.[191] Im September 1958 fanden schließlich in fünf von insgesamt zehn Wahlbezirken die Wahlen zum *Legislative Council*

---

[184] Vgl. etwa PRO CO 822/912: Twining an Gorell-Barnes, 12.11.1956.

[185] Vgl. PRO CO 822/1361: Extract from Tanganyika intelligence summary for April 1957.

[186] Für das Folgende vgl. Iliffe, TANU, 24ff.

[187] Die Voraussetzungen, um sich als Wähler einzutragen oder für den LegCo kandidieren zu können, waren heftig umstritten. Um wählen zu dürfen, mussten schließlich folgende Kriterien erfüllt sein: Die Person musste mindestens 21 Jahre alt sein und drei der fünf letzten Jahre vor der Wahl in Tanganyika gelebt haben. Zudem war alternativ ein weiteres Kriterium zu erfüllen: acht Jahre Schulbesuch oder Einkommen von mindestens 150 £ oder ein Amt in einem lokalen oder territorialen Gremium wie *District Council* oder Stadtrat. Die Barriere für eine Kandidatur war noch höher. Hier war das Mindestalter 25; mindestens vier der letzten sechs Jahre mussten in Taganyika verbracht worden; gute Kenntnisse in Englisch und Swahili waren ebenso Voraussetzung. Zudem musste ein Kandidat entweder zwölf Jahre Schulbesuch, ein Mindesteinkommen von 200 £ pro Jahr oder einen Sitz im LegCo vorweisen können. Schließlich musste der Kandidat von mindestens 25 eingetragenen Wählern (davon mindestens zehn Wähler aus der „Rasse" des Kandidaten) nominiert werden. Und last but not least war eine Kaution von 25 £ zu hinterlegen. Vgl. TNA 63/C5/17: Government Paper N° 1 of 1957: Report of the Committee appointed to study Government's proposals regarding the Qualifications for Voters and Candidates for Elections to Legislative Council, 25.10.1956; Moffett, Handbook, 558.

[188] Vgl. PRO CO 822/1320: Lennox-Boyd an Macpherson, 28.10.1957.

[189] Als Begründung gab er an: „I came to the Council expecting a little of the spirit of give and take. That spirit is not there [...] The Government has consistently, and for the most unconvincing reasons, rejected every proposal that I have made in the Legislative Council. Most of the proposals [...] have been compromises of those originally made by my organisation." PRO CO 822/1362: Nyerere an Twining, 16.12.1957; Tanganyika Standard, 19.12.1957.

[190] Zur Konferenz in Mwanza vgl. Iliffe, Modern History, 556f.; Listowel, 304–308.

[191] Letzteres gelang eindrucksvoll. Anfang 1960 hatte die Partei rund 1 Million Mitglieder. Vgl. Iliffe, TANU, 26.

*Abb. 2: Antikolonialer Nationalismus
in Aktion: Julius Nyerere.*
Quelle: Annie Smyth/Adam Seftel (Hg.),
Tanzania. The Story of Julius Nyerere.
Through the pages of DRUM. Dar es
Salaam 1998, 27.

statt.[192] Alles blieb friedlich. „Voters dressed themselves in their best clothes and behaved with the utmost decorum. No disorder of any kind occured", notierte ein Beobachter des *Colonial Office*.[193] Die TANU trug einen überwältigenden Sieg davon. Sie gewann 68 Prozent der Stimmen und dreizehn der fünfzehn Sitze. Beim zweiten Teil der Wahlen im Februar 1959 errang die Partei sogar alle fünfzehn Sitze. Die TANU hatte bei der Wahl explizit eine Reihe von asiatischen und europäischen Kandidaten unterstützt. Entgegen den Absichten ihrer Erfinder hatte die „multirassische" Formel in Ostafrika nun zum ersten Mal seit der kolonialen Eroberung beträchtliche konstitutionelle Macht in die Hände von Afrikanern gelegt.[194]

Danach ging alles sehr schnell.[195] Zwischen der TANU und der britischen Regierung, nun unter Gouverneur Richard Turnbull, entwickelte sich eine Art Gentlemen's Agreement. Nyereres Strategie, um möglichst bald die Unabhängigkeit zu erlangen, bestand in einer relativ engen Kooperation mit den Briten, zumal sich Turnbull im Gegensatz zu seinem Vorgänger rasch als relativ realistisch und

---

[192] Die Vorbereitung und Durchführung der Wahlen war für die daran beteiligten Kolonialbeamten ein ungewöhnlich komplexer administrativer Akt, der sie oft an die Grenzen ihrer Organisationsfähigkeit brachte. Die äußerst umfangreiche und detaillierte Korrespondenz umfasst diverse Rundbriefe, in denen u. a. genau festgelegt wurde, wie die Wahlstationen auszusehen hatten, welches Design Informationsblätter für Wähler haben sollten, auf welche Weise Fingerabdrücke der eingetragenen Wähler abzunehmen seien, wie mit Personen umzugehen war, die wählen wollten, aber keine Wahlkarte hatten, und unter welchen Identifikationssymbolen (für des Lesens nicht mächtige Wähler) die einzelnen Kandidaten und Parteien wählen konnten. Vgl. beispielsweise TNA 5/38/46/4: LegCo Elections Office an alle Provincial + District Commissioners, 30. 9. 1957; Notes for the Instruction of Assistant Registration Officers in Dealing with the Claim to Vote Form, o. D.; TNA 540/1/95: Notes for the Guidance of Candidates, August 1957.
[193] Zit. nach Clagnett Taylor, 172.
[194] Vgl. für Details zu den Wahlen G. W. Y. Hucks, Legislative Council Elections 1958, in: TNR 54 (1960), 39–47; Clagnett Taylor, 167ff.; Iliffe, Modern History, 561ff.
[195] Die folgenden Ausführungen beruhen weitgehend auf Iliffe, TANU, 26ff.; Pratt, Critical Phase, Kap. 3; Listowel, 334ff. Eine Auswahl relevanter Dokumente, die die Sicht der britischen Verantwortlichen in Dar es Salaam und London auf die letzte, kurze Phase britischer Herrschaft in Tanganyika wiedergeben, finden sich in Hyam / Louis, Conservative Government, Bd. 1, Doks. 140–156.

flexibel erwies.[196] Allerdings machte der TANU-Präsident unmissverständlich klar, dass die Verweigerung von *madaraka* im Verlauf des Jahres 1959 unweigerlich Streiks und zivilen Ungehorsam nach sich ziehen würden.[197] Turnbull seinerseits versuchte erst einmal, endlich jene Vorgaben umzusetzen, welche die Cohen-Gruppe im *Colonial Office* bereits gut zehn Jahre zuvor proklamiert hatte: die umfassende Einbindung von Afrikanern in den Regierungs- und Verwaltungsapparat. Weder er noch Nyerere konnten sich allerdings die vollständige Unabhängigkeit vor Mitte/Ende der 1960er Jahre vorstellen. London realisierte hingegen, dass der überwältigende Wahlsieg der Nationalisten die Position Großbritanniens in ganz Ost- und Zentralafrika grundlegend bedrohte. „If Tanganyika moved rapidly towards independence, Uganda and then Kenya would inevitably follow", hieß es in einem Memorandum des *Colonial Office* vom Januar 1959.[198] Kolonialminister Lennox-Boyd setzte auf die „Politik des graduellen Wandels":

„This, in effect, means the continuation of our policy of step by step constitutional progress with the aim of meeting the legitimate aspirations of the Africans while at the same time (i) securing sufficient time for the countries to be more adequately equipped for the responsibilities of ultimate self-government; (ii) drawing out the period during which His Majesty's Government can retain control in vital matters."[199]

Beschwerden aus London und von den anderen ostafrikanischen Regierungen über die vermeintlich zu raschen konstitutionellen Fortschritte in Tanganyika beantwortete Turnbull im Juli 1959 mit einer drastischen Replik. Sein Brief an den Gouverneur von Uganda, Crawford, legte schonungslos die prekäre und komplexe politische Situation der Briten im Treuhandgebiet sowie seine daraus resultierende Strategie dar:

„Nothing would please me more than to be able to announce that we proposed to defer all constitutional advance until we had in the country a sufficient number of Africans of experience, ability and integrity to fill posts in the public service, and in commerce and industry. But I cannot see that happy position being achieved in less than twenty years. And what would happen in those twenty years? There would be at least two major insurrections; the first in 1960 or 1961, working up from a series of strikes, boycotts and campaigns of positive action; and the second in 1970 by which time the nationalists would have profited from their earlier experiences and would have laid on something that we should not have a chance of holding; it would be a combination of Mau Mau and the Maji Maji rebellion, with all the support of modern techniques in guerilla warfare, sabotage and fifth column activities. You, I know, are in the happy position of having a number of dissident groups; but here every African is a nationalist and we should be faced with a situation very much like that in Cyprus but without the Turks. I cannot imagine that His Majesty's Government would be willing to see all the East African Forces and the Middle East Strategic Reserve deployed in Tanganyika to look after sisal estates and Greek tobacco plantations [...] We are, after all, under an obligation to make Tanganyika self-governing, and it would be better to reach that consummation too early with the people on our side than after a campaign with the people irrevocably against us. Our first interest must surely be to maintain peaceful conditions and public confidence so that the solutions to political problems can be sought in a tranquil atmosphere, and so that when the final change comes about, Tanganyika will look to us and not to the Soviet bloc to keep the country supplied with technicians and as a source of manufactured articles [...] It is essential for us to use Nyerere whilst he is still powerful; if we wait too long, he will be ousted by the extremists; and with him will go all hopes of an enduring European influence in Tanganyika. Indeed, 1960 may present the last chance we shall have to prevent Tanganyika from becoming a purely African state. If we got into a shooting match here, Nyerere would quickly be displaced as a leader, and instead of him we should have a group of hairy men demanding ‚Africa for the Africans'."[200]

---

[196] Turnbull, der davor als Gouverneur in Kenia die Mau Mau bekämpfte, galt im *Colonial Office* als „toughest guy in East Africa". Vgl. Iliffe, TANU, 27; ferner PRO CO 822/1593: Press release: Sir Richard Turnbull becomes Governor of Tanganyika, 15.7.1958.

[197] Auch die Geheimpolizei berichtete von entsprechenden Vorbereitungen. Vgl. PRO CO 822/1363: Auszug Tanganyika Intelligence Report, 11.11.1958.

[198] Memorandum Lennox Boyd: Future Policy in East Africa, in: Hyam/Louis, Conservative Government, Bd. 1, Dok. 116.

[199] Ebd.

[200] PRO CO 822/1450: Turnbull an Crawford, 9.7.1959. Vgl. ferner Iliffe, TANU, 38ff.

Turnbull teilte die verbreitete Ansicht, dass Tanganyika eigentlich erst in zwanzig Jahren „reif" für die Unabhängigkeit sei. Jene, die „Afrika den Afrikanern" forderten, charakterisierte er herablassend als *hairy men*, die sich gleichsam auf einer Stufe mit Kriminellen bewegten. Er plädierte jedoch für einen extremen, ja zynischen Pragmatismus, um auch nach Ende der formalen Kolonialherrschaft den britischen Einfluss im Land soweit wie möglich zu wahren und den vermeintlich drohenden Einfluss der Sowjetunion – wir sind mitten im Kalten Krieg – einzudämmen.

Nach den britischen Unterhauswahlen im Oktober 1959 schwenkte der neue Kolonialminister Macleod rasch auf den Kurs Turnbulls ein. Er sah die Kolonien äußerst pragmatisch primär als ein Problem, das gelöst werden musste.[201] Doch auch er war wie der Gouverneur in Dar es Salaam letztlich gezwungen, auf die Dynamik einer Situation zu reagieren, die außerhalb britischer Kontrolle lag. Nyereres Verhandlungsposition war dagegen durch den großen Wahlerfolg entscheidend gestärkt. Dass er dennoch auf Dialog setzte, bewies die Wahl der fünf Minister, die nach einigem Hin und Her aus der Gruppe der gewählten LegCo-Mitglieder auserkoren wurden:[202] Derek Bryceson (*Mines and Commerce*), ein britischer Farmer, seit 1956 Mitglied des Council, dessen Kandidatur die TANU bei den Wahlen 1958 unterstützt hatte; Chief Abdallah Fundikira (*Lands and Surveys*), Absolvent des Makerere College, Spezialist für Agrarfragen und einflussreiches Mitglied der Chiefs' Convention; George Kahama (*Social and Co-operative Development*), langjähriger Manager der Bukoba Native Co-operative Union; Solomon Eliufoo (*Health*), Makerere-Absolvent und Lehrer; schließlich Amir Jamal (*Urban Local Government and Works*), ein in Tanganyika geborener und in Indien ausgebildeter Geschäftsmann.[203] Keiner dieser Männer gehörte zum engeren Kreis von Nyerere, noch verfügten sie über große politische Erfahrung. Doch sie besaßen die Kompetenz, sich ohne Probleme innerhalb einer europäischen bürokratischen Struktur bewegen zu können und waren daher geeignet, effizient mit einer noch größtenteils von Briten besetzten oberen Verwaltungsebene zu arbeiten. Im *Legislative Council* verhielten sich diese Männer nach ihrem Eintritt in die Regierung ausgesprochen zurückhaltend. Ihre Fragen während der Sitzungen drehten sich vor allem um Informationen über lokale Belange. Ihr Auftreten entsprach eher dem von Hinterbänklern als dem von Vertretern einer nationalistischen Bewegung.[204] Der relativ große Respekt zwischen nationalistischer Partei und Kolonialstaat beruhte, so könnte man vermuten, darauf, dass britische Beamte und afrikanische Bürokraten (die dominanten Persönlichkeiten innerhalb der TANU) Verwaltungserfahrung sowie administrative Praktiken und Diskurse teilten.

Im Dezember 1959 verkündete Turnbull im *Legislative Council* nach vielen Monaten des Verhandelns, der Konferenzen, Memoranden und Briefwechsel die entscheidende Nachricht: „The Executive Government will be reformed after the general election on the basis of an unofficial majority; that is to say the Council of Ministers will be reconstituted in such a way that the numbers of ministers selected from amongst the people of the territory will be greater than the number of ministers who are public officers."[205] Die allgemeinen Wahlen fanden schließlich am 30. August 1960 statt. Diesmal gab es aufgrund geänderter Wahlgesetze rund 1 Million Wahlberechtigte, die über insgesamt 71 Sitze im LegCo abstimmten. 50 dieser Sitze waren offen für Kandidaten aller „Rassen", elf bzw. zehn Sitze waren für Asiaten und Europäer reserviert.[206] Die TANU trug erneut einen überwälti-

---

[201] Vgl. Robert Shephard, Iain Macleod, London 1994.
[202] Zur Debatte zwischen Nyerere und Turnbull über die Zahl der Minister vgl. PRO CO 822/1464: Note by the Governor of a conversation with Nyerere on 28. 3. 1959, 31. 3. 1959, Zu den Hintergründen vgl. ferner Iliffe, TANU, 33.
[203] Kurze biographische Skizzen dieser Personen finden sich in Pratt, Critical Phase, 51f.; PRO CO 822/1464: Biographical Notes (Confidential) on possible Tanganyika Unofficial Members, o. D. Vgl. auch Kap. IV.
[204] Für die Protokolle der Sitzungen vgl. Tanganyika Legislative Council, Debates, 35th Session, 1959–1960, Dar es Salaam 1960.
[205] TNA 246/I2/2/IV: Address by His Excellency the Governor to Legislative Council, 15. 12. 1959.
[206] Zu den der Wahl 1960 zugrunde gelegten Modalitäten vgl. PRO CO 822/1460: Report of the Post-Elections Committee, 1959.

genden Sieg davon, ihre eigenen oder von der Partei unterstützte Kandidaten errangen bis auf einen alle Sitze im Parlament. Unmittelbar nach der Wahl ernannte Turnbull Nyerere zum *Chief Minister* sowie, den Vorschlägen Nyereres folgend, acht Parlamentarier zu Ministern.[207] Zusätzlich gehörten drei britische Kolonialbeamte dem Ministerrat an: der Vizegouverneur, der Justizminister sowie der Informationsminister. Nyerere erklärte sogleich die volle Unabhängigkeit im Jahre 1961 zu seinem zentralen Ziel. Er erreichte sogar, dass die übliche Verfassungskonferenz in London, die der Entlassung in die Unabhängigkeit vorausging, gleich in Dar es Salaam abgehalten wurde und in Rekordzeit eine Konstitution ausarbeitete.[208] Am 9. Dezember 1961 wurde Tanganyika unabhängig: „At midnight, in complete silence, the Union flag was slowly hauled down in front of the royal box and all the lights went out. Then, a spotlight suddenly lit up the flagpole to reveal the new black and green Tanganyika flag floating proudly at its masthead, saluted by the joyful cheers of the vast crowd."[209] In seiner „Botschaft an die TANU" unmittelbar vor der Unabhängigkeit erklärte Nyerere:

„[...] this day has dawned because of the people of Tanganyika have worked together in unity [...] All the time that TANU has been campaigning for Uhuru we have based our struggle on our belief in the equality and dignity of all mankind and on the Declaration of Human Rights [...] Yet we know that on 9th December we shall not have achieved these objects. Poverty, ignorance, and disease must be overcome before we can really establish in this country the sort of society we have been dreaming of. These obstacles are not small ones, they are more difficult to overcome than any alien government. From now on we are fighting not man but nature."[210]

Iliffe hat diese Botschaft treffend kommentiert: „It was more complicated than that."[211] Und bereits in den letzten Jahren kolonialer Herrschaft deuteten sich potenziell problematische Entwicklungen an, welche die staatliche Ordnung des unabhängigen Tanganyika prägen sollten. Dazu gehörte einmal das große Übergewicht von gut ausgebildeten Bürokraten in höheren Positionen innerhalb der TANU bzw. in von TANU-Repräsentanten besetzten Regierungsämtern. Die für den Erfolg der Partei so wichtigen ländlichen Ortsgruppen wurden dagegen von Personen geleitet, die in der Regel keine höhere Schulbildung besaßen. Diese Konstellation führte bald nach der Unabhängigkeit, als es um die Verteilung von (lukrativen) Posten im Staats- und Verwaltungsapparat ging, zu massiven Konflikten. Zweitens zeichnete sich in dieser Phase bereits sehr deutlich der künftige Einparteistaat ab. Der Erfolg des tanzanischen Nationalismus und die relativ große politische Stabilität in der Spätkolonialzeit beruhten nicht zuletzt auf dem paradoxen Talent der Parteiführung, oppositionelle und kritische Kräfte zu kooptieren, um diese dann notfalls mithilfe autoritärer Techniken auf Linie zu bringen. Im Gegensatz zu fast allen anderen afrikanischen Staaten ging Tanganyika ohne ernsthafte Oppositionsparteien in die Unabhängigkeit, um bald darauf auch formal ein Einparteistaat zu werden.

Im Bereich der Sozialpolitik und der sozialen Wohlfahrt blieben die in der späten Kolonialzeit geschaffenen Strukturen und geprägten Ideologien ebenfalls nach der Unabhängigkeit wirksam. Die Regierung unter Nyerere ließ sich wie ihre britischen Vorgänger von der Idee des Planungs- und

---

[207] Dabei handelte es sich um: Chief Fundikira (*Lands, Survey and Water*); Derek Bryceson (*Health and Labour*); George Kahama (*Home Affairs*); Amir Jamal (*Communications, Power and Works*); Paul Bomani (*Agriculture and Co-operative Development*); Asanterabi Z. N. Swai (*Commerce and Industry*); Oscar Kambona (*Education*); Rachidi Kawawa (*Local Government and Housing*). Vgl. TNA 246/I2/2/IV: Tanganyika Information Services: Tanganyika Council of Ministers, o. D.; Tanganyika Standard, 3. 9. 1960. Weitere Informationen zu diesen Personen in Kap. IV.

[208] Zur Verfassungskonferenz vgl. PRO CO 822/2415: Minutes of Constitutional Conference, 27.–29. 3. 1961; CO 822/2322: Tanganyika pre-independence discussions: summary record of the fourth plenary session, 28. 6. 1961.

[209] Randal Sadleir, Tanzania. Journey to Republic, London 1999, 246.

[210] Julius Nyerere, Independence Message to TANU, in: ders., Freedom and Unity, 138f.

[211] Iliffe, Modern History, 576.

Wohlfahrtstaates leiten. Wie im Tanganyika der Dekolonisationsperiode Visionen und Realitäten bei der Organisation des Sozialen auseinanderklafften, soll Thema des folgenden Kapitels sein.

3. Die Organisation des Sozialen

a) Soziale Sicherheit[212]

Der furchterregende Leviathan nehme „mehr und mehr die Züge einer Milchkuh an", schrieb Arnold Gehlen vor über dreißig Jahren in seiner Streitschrift gegen Massendemokratie und Wohlfahrtsstaat.[213] Inzwischen erleben wir, wie dieser „Milchkuh" diverse Schlankheits-, Abmagerungs- und Fitnesskuren verordnet werden. Mehr noch als in den Industrieländern sind allerdings in Afrika wohlfahrtsstaatliche Einrichtungen reduziert worden. Nahezu überall südlich der Sahara hatten staatliche Systeme sozialer Sicherung[214] aufgrund der geringen Bedeutung formeller, institutionalisierter Arbeitsmärkte allerdings ohnehin zu keiner Zeit eine große Verbreitung; sie verfügten lediglich über äußerst begrenzte und sozial selektive Wirkungs- und Geltungsbereiche. Institutionen, Praktiken und Ressourcen der „Wohlfahrtsproduktion", die nicht unter staatlicher Regie standen, kam dagegen im 20. Jahrhundert eine entsprechend große Bedeutung zu. In diesem Zusammenhang ist immer wieder auf die „traditionelle Solidarität" der afrikanischen Familien und Gemeinschaften hingewiesen worden.[215] Bereits in der Kolonialzeit rekurrierten die europäischen Administratoren auf diese Solidarität, denn sie sollte das richten, was den Kolonialherren aller Rhetorik zum Trotz viel zu teuer war: die vielfältigen Risiken des Berufslebens zumindest partiell abzufedern.

In den Jahren bis zum Zweiten Weltkrieg delegierten der Kolonialstaat sowie private europäische Arbeitgeber den Bereich der sozialen Sicherheit komplett an die „traditionelle afrikanische Solidarität" bzw. punktuell an die wenigen privaten und kirchlichen Institutionen der Wohlfahrt. Erst in den frühen 1940er Jahren begannen Frankreich und Großbritannien in ihren afrikanischen Besitzungen zumindest ansatzweise institutionelle Systeme sozialer Sicherung einzuführen. Die kolonialen Regime sahen sich jedoch nicht in der Lage, unter den gegebenen wirtschaftlichen Umständen die hohen Kosten zu tragen, die ein an Europa orientiertes Lohnniveau und entsprechende Sozialleistungen selbst für einen geringen Teil der Arbeiter und Angestellten verursacht hätten. Was in den Industrieländern zumindest in der Nachkriegs-Prosperitätsphase zu den allgemeinen Bürgerrechten gehörte, die gleichsam einen Teil der Existenzsicherung vom Markt abkoppelten, behielt in den

---

[212] Das grundlegende Werk zu dieser Thematik (allerdings ohne Hinweise auf Tanganyika) ist Cooper, Decolonization. Vgl. ferner als Überblicke Andreas Eckert, Soziale Sicherung; ders., Wohlfahrtsmix, Sozialpolitik und „Entwicklung" in Afrika im 20. Jahrhundert, in: Johannes Jäger / Gerhard Melinz / Susan Zimmermann (Hg.), Sozialpolitik in der Peripherie. Entwicklungsmuster und Wandel in Lateinamerika, Afrika, Asien und Osteuropa, Frankfurt a.M./Wien 2001, 99–116; speziell zu Tanzania: ders., Regulating the Social: Social Security, Social Welfare and the State in Late Colonial Tanzania, in: JAH 45,3 (2004), 467–89.

[213] Arnold Gehlen, Moral und Hypermoral. Eine pluralistische Ethik, Frankfurt a.M. 1969, 110.

[214] Die definitorische Eingrenzung des Begriffs „soziale Sicherung" ist problematisch, zumal offenbar alle Autoren, die sich zu diesem Thema äußern, ihre jeweils eigene Definition dieses Terminus zu benutzen trachten. Ein pragmatischer Zugang bestünde in der Übernahme der Kategorien des *International Labour Office*, das in der Konvention 102 aus dem Jahre 1952 acht Bereiche sozialer Sicherung aufführt: medizinische Versorgung; Krankenversicherung; Arbeitslosenversicherung; Altersversorgung; Invalidenversorgung; Hinterbliebenenversorgung; Versorgung nach Arbeitsunfällen und Berufskrankheiten; Kindergeld und Mutterschutz. Diese Definition schränkt soziale Sicherung ein auf gesetzlich festgelegte, obligatorische Systeme mit genauem Leistungskatalog und periodischen Zahlungen auf der Basis des Risiko-Poolings, getragen von öffentlichen Institutionen. Zu den Definitionsproblemen vgl. u. a. Rainer Dombois, Wohlfahrtsmix und kombinierte Strategien sozialer Sicherung, in: Peripherie 69/70 (1998), 7–24.

[215] Dieser Begriff fungiert, wie Dieter Neubert („Von der traditionellen Solidarität zu Nicht-Regierungsorganisationen. Eine steuerungstheoretische Analyse von Formen der Solidarität in Kenya", in: Karl-Heinz Kohl u. a. (Hg.), Die Vielfalt der Kultur. Ethnologische Aspekte von Verwandtschaft, Kunst und Weltauffassung, Berlin 1990, 548–571, hier: 548) schreibt, offensichtlich immer noch „als ein Kürzel für scheinbar wenig organisierte, spontane Formen der Hilfe und Kooperation im Rahmen von Familie, Verwandtschaft, sozialen Netzen, Nachbarschaft und Gemeinden, die in Afrika bis heute in großem Umfang zu beobachten ist".

Ländern Afrikas den Charakter von Privilegien, die – obwohl ohnehin lückenhaft und auf niedrigem Niveau – nur geringen Teilen der Bevölkerung zugänglich waren.[216]

Der Druck der sich konstituierenden (industriellen) Arbeiterschaft und der wachsenden Gewerkschaftsbewegung hat zumindest in einigen Ländern die Einführung sozialstaatlicher Systeme forciert. Den europäischen Kolonialverwaltungen in Afrika war es zwar weitgehend gelungen, die durch die Große Depression der 1930er Jahre entstandenen Belastungen auf den ländlichen Raum abzuwälzen und auf diese Weise größere städtische Unruhen zu vermeiden. Die relativ rasche Wiederbelebung der Exportproduktion nach dem Ende der Weltwirtschaftskrise führte jedoch zu einer erneuten, deutlich höheren Konzentration von Arbeitern in den urbanen Zentren. Die Streiks und Aufstände in den britischen West Indies zwischen 1935 und 1938, der Streik der Minenarbeiter in Nordrhodesien 1935 sowie der Streik der Docker in Mombasa 1934 markierten den Beginn einer Periode sozialer Auseinandersetzungen im britischen Kolonialreich, die während des Zweiten Weltkriegs und der nachfolgenden Prosperitätsphase anhielt. Parallel dazu begann Mitte der 1930er Jahre in der Föderation Französisch-Westafrika (AOF) eine Streikwelle. Unmittelbar nach dem Zweiten Weltkrieg setzten hier erneut massive Arbeitskämpfe ein, zum Beispiel der Generalstreik in Dakar 1946 und der große Eisenbahnerstreik 1947-48. Zwischen 1952 und 1954 kam es abermals zu einer Serie von Streiks sowohl in den französischen als auch in den britischen Afrika-Kolonien.[217]

Angesichts der Herausforderung ihrer Herrschaft begannen die Kolonialadministratoren, die Gefahren und die Vielschichtigkeit einer afrikanischen „urbanisierten Arbeiterklasse" zu erkennen. Sie standen nun vor dem Problem, dass sie einerseits die Arbeitskraft dieser Arbeiterklasse brauchten, die Arbeiter aber gleichzeitig daran hindern mussten, die soziale Ordnung in Frage zu stellen. Die vielversprechendste Antwort schien darin zu bestehen, die afrikanischen Arbeiter wie ihre Kollegen in Europa in ein Netz von Institutionen einzubinden. Nicht zuletzt das System der für viele Kolonien in Afrika so wichtigen Wanderarbeit wurde nun als besondere Gefahrenquelle für die städtische Gesellschaft angesehen. Diese neue Vision bedeutete einen fundamentalen Wandel in den Konzeptionen, die koloniale Herrscher von afrikanischen Gesellschaften hatten. Anstatt einen afrikanischen Arbeiter wie bisher für relativ begrenzte Zeiträume aus seinem Dorf zu entfernen und ihn nach getaner Arbeit wieder in die angebliche dörfliche Ruhe zu entlassen, implizierte das neue Gesellschaftskonzept die ständige Inanspruchnahme des afrikanischen Arbeiters und seine Umerziehung zum Stadtbewohner. Das Dorfleben, in das die Kolonialbehörden oder europäischen Unternehmer zuvor die Arbeiter in regelmäßigen Abständen zurückschickten, war natürlich oft pure Phantasie, der Mythos von einem unveränderbaren und konfliktfreien Afrika, das in dieser Form nie existiert hatte. Doch während in der frühen Kolonialzeit für die Aufrechterhaltung von Ordnung und die Sicherstellung des Profits die „Re-Afrikanisierung" der afrikanischen Arbeiterschaft notwendig erschien, verlangten die Erwartungen an die Produktivität der Nachkriegszeit, dass der afrikanische Arbeiter gleichsam aufhörte, „Afrikaner" zu sein. Seine Ernährung, sein Familienleben und seine Einstellung zu Arbeit, Karriere und Besitz mussten die des „modernen" Arbeiters werden.[218]

---

[216] Es darf aber nicht vergessen werden, dass selbst in den reichen Industrieländern der Wohlfahrtsstaat nur einen Teil der sozialen Sicherung übernimmt und organisiert. Tatsächlich tragen auch dort verschiedene Institutionen und Akteursgruppen zu einem Wohlfahrtsmix bei, greifen die Menschen in ihren Strategien der sozialen Sicherung jeweils auf verschiedene Versorgungsquellen zurück und kombinieren sie – neben dem Staat sind vor allem der Markt, die Haushalte und informelle Netzwerke zu nennen. Vgl. Georg Elwert / Hans-Dieter Evers / Werner Wilkens, Die Suche nach Sicherheit. Kombinierte Produktionsformen im so genannten Informellen Sektor, in: ZfS 12,4 (1980), 281–296; Dombois, 8f.

[217] Die Arbeitskämpfe und Konflikte sind seit den 1970er Jahren immer wieder von der Afrika-Geschichtsschreibung thematisiert worden und bilden ein empirisches Kernstück der „Labor-History". Vgl. im Überblick mit vielen Literaturangaben Andreas Eckert, Geschichte der Arbeit und Arbeitergeschichte in Afrika, in: AfS 39 (1999), 502–530, hier: 509f.

[218] Vgl. zu diesem Prozess die Fallstudie von Frederick Cooper, On the African Waterfront. Urban Disorder and the Transformation of Work in Colonial Mombasa, London/New Haven 1987; für Dar es Salaam vgl. Burton, Wahuni, 42ff.

Um dieses Ziel zu erreichen, initiierten die Kolonialmächte ein ganzes Bündel von Maßnahmen, etwa die Schaffung von Wohnraum[219] sowie die „geordnete" gewerkschaftliche Organisierung. Die Etablierung sozialer Sicherungssysteme war ebenfalls ein wichtiger Teil der spätkolonialen Entwicklungsinitiative. Dabei erlangte die internationale Ebene zunehmend Bedeutung. Besonders zwei Institutionen spielten eine Rolle: Das *International Labour Office* (ILO) sowie – seit 1948 – die *International African Labour Conferences* (IALCs). Das ILO war 1944 bzw. 1947 übereingekommen, dass in Europa übliche Standards der Arbeiterpolitik auch für außereuropäische Regionen gelten sollten. Die Entwicklung von Systemen sozialer Sicherheit gehörte zu den zentralen Aspekten im Forderungskatalog von ILO und IALC. Das 1952 publizierte ILO-Abkommen über „Minimum Standards of Social Security"[220] setzte Aspekte wie Krankenversicherung und Altersversorgung auf die Liste jener Leistungen, die Länder ihren Bürgern weltweit gewährleisten sollten. Sowohl Großbritannien als auch Frankreich feierten die ILO-Konvention als „Internationalisierung" ihrer jeweiligen Sozialpolitik.[221] Andererseits erreichten die internationalen „Standards" in der Praxis bald ihre Grenzen. Britische Kolonialpolitiker bejahten zwar das Prinzip sozialer Sicherheit für Arbeiter und Angestellte;[222] ein solches System zu bezahlen und den komplexen Familienstrukturen in Afrika anzupassen, wurde jedoch rasch als „unrealistisch" eingestuft.[223]

In den britischen Afrika-Kolonien spielte der Aspekt der Familienbeihilfen eine zentrale Rolle in den Debatten um staatliche Sicherheitssysteme. Obgleich diese Zuwendungen Teil des britischen Wohlfahrtsstaates waren,[224] gab es in England nur wenige Personen, die die Ausdehnung dieser Maßnahmen auf die Kolonien befürworteten. Begründet wurde die Ablehnung primär mit politischen Argumenten:

„In British Colonial territories the amount of any family allowance would be likely to be a greater proportion of a wage-earner's total income than in this country, and therefore, if family allowances were introduced, government would have a say in fixing a significant percentage of a man's total income. The workers could then reasonably conclude that their interests could be better advanced by political agitation than by action in the industrial field."[225]

---

[219] Insbesondere in den französischen Afrika-Kolonien wurden in den frühen 1950er Jahren großangelegte Programme zum Wohnungsbau in Gang gesetzt. Vgl. zusammenfassend Andreas Eckert, ‚Unordnung' in den Städten. Stadtplanung, Urbanisierung und koloniale Politik in Afrika, in: Periplus 6 (1996), 1–20, hier: 17f.

[220] Das Dokument ist abgedruckt in ILO, Conventions and Recommendations, Genf 1982, 533–553.

[221] Vgl. Cooper, Decolonization, 362.

[222] Im Zusammenhang mit der Diskussion um den Beveridge-Plan (Sir William Beveridge, Social Insurance and Allied Services, London 1942) publizierte etwa das Colonial Office 1944 ein umfangreiches Arbeitspapier, in dem die Bedeutung der sozialen Sicherung für die Kolonien hervorgehoben wurde: „In several parts of the Colonial Empire a considerable and growing interest is being shown in the question of social security or social insurance. The form taken by this interest has naturally varied widely in different territories. But in all of them it is clear, that public opinion has been stirred by the ‚Beveridge Plan' and representations by Colonial Legislatures or other authoritative bodies have often taken the form of request for investigation into the possibility of adopting that Plan or some modification of it. This interest in social security for the peoples of the Colonial Empire is to be welcomed and must be expected to increase under the stimulus of political and economic development." Vgl. Colonial Office, Social Security in the Colonial Territories, London 1944, 2.

[223] So wurde in einer kurzen parlamentarischen Anfrage 1954 Projekten zur sozialen Sicherheit in Afrika ein knappes *not realistic* entgegengehalten. Vgl. CO 859/1180: Revised Report of the Subcommittee on Social Security, 1954. Und 1958 verlautete aus dem *Colonial Office*, es werde noch viele Jahre dauern, bis die Briten in ihren Kolonien wenigstens die in der Konvention genannten Minimalforderungen einlösen könnten. Vgl. PRO CO 859/1180: Note J.S. Bennett, 22.10.1958. Vgl. John Iliffe, The African Poor, Cambridge 1987, Kap. 11, für die Aktivitäten halbstaatlicher und kirchlicher Organisationen, die vor allem bei der Unterstützung der ganz Armen in die Bresche sprangen.

[224] Vgl. Lowe, Welfare State; John Macnicol, The Movement for Family Allowances, 1918–45. A Study in Social Policy Development, London 1980; Susan Pedersen, Family, Dependence and the Origins of the Welfare State. Britain and France, 1914–1945, Cambridge 1993.

[225] Diskussionsprotokoll „Subcommittee on Wage-Fixing and Family Responsibilities", 28.7.1953, zit. nach Cooper, Decolonization, 331. Als Beleg für diese These diente die Entwicklung in AOF, wo die Diskussion

Beiträge zu Renten- und Krankenversicherungssystemen mussten aus den jeweiligen Territorien selbst kommen und waren an ein beträchtliches Wirtschaftswachstum gekoppelt, das selbst für Kolonien mit einer soliden industriellen und kommerziellen Basis (zu denen Tanganyika nicht gehörte) unerreichbar war. Mit anderen Worten: In naher Zukunft schien die Implementierung substanzieller sozialer Sicherungssysteme nicht realisierbar.

Die britische Sozialpolitik in den Kolonien litt darüber hinaus unter einem offenkundigen konzeptionellen Widerspruch: Einerseits sollte sich etwa der gesunde afrikanische Angestellte mit seiner Familie in der modernen städtischen Zivilisation bewegen; andererseits schienen weiterhin die „traditionellen" afrikanischen Gemeinschaften am besten in der Lage, die potenziellen Krisen im Lebenszyklus eines *clerks* abzufedern. Immerhin sahen die Offiziellen die große Problematik der Altersversorgung, denn niemand konnte erwarten, dass Personen, die den von den Kolonialherren gewünschten Sprung aus der vermeintlichen ländlichen Primitivität vollzogen hatten, nach zwanzig oder dreißig Jahren dankbar in diese zurückkehren würden. Der in einigen Kolonien begonnene Versuch, nationale Rentensysteme aufzubauen, scheiterte jedoch. Ein wesentliches Problem bei der Einrichtung einer Altersversorgung lag offenbar im Mangel an gesicherten Daten. Es fehlten verlässliche Register über Geburten, Heiraten und Todesfälle. So konnte nicht sichergestellt werden, dass Personen die ihnen zustehenden Rentenzahlungen erhielten. Angesichts der trotz großer Rhetorik letztlich nur sehr punktuellen Maßnahmen im Bereich der sozialen Sicherung war das Gros der Menschen in Krisensituationen weiterhin auf außerstaatliche Hilfe angewiesen. Und dies galt – in Tanganyika wie überall in Britisch-Afrika – auch für die große Mehrheit der in der staatlichen Verwaltung beschäftigten Afrikaner.[226]

In Tanganyika blieben die sozialpolitischen Maßnahmen des Staates bis zum Ende der Kolonialzeit gering; bis zum Zweiten Weltkrieg kamen sie ohnehin fast ausschließlich Europäern zugute.[227] Nur langsam und zunächst vor allem im Bereich der medizinischen Versorgung traten nach der Jahrhundertwende erste, aber lediglich für einige wenige Afrikaner relevante arbeitsrechtliche Vorschriften in Kraft. Noch während der deutschen Zeit, 1909, erließ der Gouverneur eine „Verordnung betreffend die Rechtsverhältnisse eingeborener Arbeiter", welche eine Pflicht der Arbeitgeber einführte, die medizinische Betreuung der Arbeitnehmer sicherzustellen. Diese Bestimmung wurde vier Jahre später durch eine „Reformierte Arbeiterverordnung" ersetzt, die den Arbeitgebern eine nach Betriebsgröße abgestufte Verpflichtung auferlegte, Krankenpflegekräfte anzustellen sowie die Kosten notwendiger Krankenhausbehandlung zu übernehmen. In der Praxis entfalteten diese Dekrete freilich kaum Wirkung.[228] Die Briten verabschiedeten dann 1923 die „Master and Servants Ordinance", die u. a. die Zahlung geringer Entschädigungsleistungen der Arbeitgeber bei Arbeitsunfällen vorsah. 1932 wurde die formal auch Afrikaner betreffende „Pensions Ordinance" eingeführt, welche für die Inhaber gehobener Stellen im Staatsdienst die Zahlung von Altersrenten sowie die Gewährung von Invaliditäts- und Hinterbliebenenrenten avisierte. Allerdings fiel lange Zeit mit Ausnahme von Martin Kayamba kein afrikanischer Verwaltungsmitarbeiter unter diese Bestimmungen, denn 1931 hatte sich die Regierung in Dar es Salaam entschieden, wegen der Weltwirtschaftskrise die Beförderung

---

über Familienbeihilfen für die Arbeiterverbände zum Ausgangspunkt genereller Forderungen nach verbesserten Arbeitsbedingungen und politischer Partizipation wurde. Vgl. zu den Arbeitskämpfen in AOF ausführlich Cooper, Decolonization.

[226] Vgl. für Kenia Maximilian Fuchs, Soziale Sicherheit in der Dritten Welt. Zugleich eine Fallstudie Kenia, Baden Baden 1985. In den französischen Afrika-Kolonien erhielten dagegen bereits 1947 alle Ränge der Administration nach einem gestaffelten System Familienbeihilfen. Vgl. Cooper, Decolonization.

[227] Für das Folgende vgl. Albrecht Bossert, Traditionelle und moderne Formen sozialer Sicherung in Tanzania. Eine Untersuchung ihrer Entwicklungsbedingungen, Berlin 1985, 102ff., dessen Ausführungen zur Kolonialzeit sich allerdings im Wesentlichen auf die Aufzählung von Gesetzesmaßnahmen reduzieren.

[228] Vgl. Ann Beck, Medicine and Society in Tanganyika 1890–1930. A Historical Inquiry, Philadelphia 1977, 47; Tetzlaff, 233ff.

einheimischer *government clerks* auszusetzen. Erst nach dem Zweiten Weltkrieg revidierte sie – äußerst zögerlich – diese Maßnahme.

Im Übrigen brachte die Nachkriegszeit nur unwesentliche Erweiterungen im staatlichen System sozialer Sicherung, etwa die Schaffung gesetzlicher Voraussetzungen für die Einrichtung von Unterstützungskassen und Pensionsfonds durch öffentliche und private Arbeitgeber.[229] In den Jahresberichten an die Vereinten Nationen hieß es zu diesem Thema wiederholt lapidar: „The tribal organization provides a system of social security for the individual based on the social responsibility of the clan or family for its members."[230] Obwohl Industrialisierung und Urbanisierung an Bedeutung gewinnen würden, verlautete der Bericht von 1952, lebten noch 98 Prozent der Bevölkerung in ihren „tribalen Regionen"; das Bestreben der Administration sei es daher, die Effizienz und den Einfluss traditioneller Institutionen im Bereich der sozialen Sicherheit zu stärken.[231] Zwei Jahre darauf konzedierte die Regierung in Dar es Salaam immerhin die Notwendigkeit „einiger spezieller Maßnahmen" etwa bezüglich der Familienbeihilfe.[232] In einer 1959 publizierten Studie zum Problem der „Detribalisierung" stellte M. J. B. Molohan, langjähriger *Provincial Commissioner*, dagegen unumwunden fest: „Any form of compulsory state controlled provident fund scheme [...] is out of the question because of the high cost of administration that would be involved."[233] Im gleichen Jahr begründete der stellvertretende Gouverneur Gower die Zurückhaltung des Staates, die Verantwortung für die soziale Sicherung zu schultern, allerdings noch mit spezifischen Dispositionen der afrikanischen Gesellschaften: „The underlying philosophy, that social security is not the responsibility of the individual or of his family, is alien to Africa."[234]

Wesentlich enthusiastischer als im Bereich der sozialen Sicherheit gingen die verantwortlichen Politiker in Britisch-Afrika dagegen zunächst im – freilich diffusen und weiten – Feld der „sozialen Wohlfahrt" bzw. des „sozialen Fortschritts" zu Werke. Analysiert man etwa die entsprechenden Debatten im *Colonial Office* während der Kriegsjahre, so meinte „soziale Wohlfahrt" viele Dinge:[235] die Verbesserung der Lebensbedingungen auf dem Land und in der Stadt; den Versuch, dem vermeintlichen sozialen Kollaps durch die Förderung einer Zivilgesellschaft entgegenzusteuern; die Maßregelung von Devianten; das Bestreben, Afrikaner dahingehend auszubilden, künftig selbst Sozialarbeit zu praktizieren. Die Autoren des 1945 verfassten Zirkulars „Social Welfare in the Colonies" gingen davon aus, dass angesichts zunehmender Lohnarbeit und Urbanisierung das System kommunaler Verpflichtungen in Afrika über kurz oder lang zusammenbrechen würde.[236] Daher müsse nun der Staat – unterstützt von Freiwilligen – verstärkt für die soziale Wohlfahrt verantwortlich zeichnen. Künftige Wohlfahrtsarbeiter bekamen ein dickes Bündel an Aktivitäten zugewiesen. Sie sollten allgemein die Verwaltung sowie einzelne Abteilungen bei jenen Tätigkeitsbereichen unterstützen, die

---

[229] Vgl. für Details Bossert, 104. In dem programmatischen Memorandum der Regierung von Tanganyika, An Outline of Post-War Development Proposals, Dar es Salaam 1944, ist von Fragen sozialer Sicherheit nicht die Rede.

[230] Annual Report UNO 1947, 98; diese Aussage findet sich nahezu wortwörtlich bis 1958 in den jährlichen Berichten an die UNO. Im Annual Report UNO 1951, 123, stand zudem unmissverständlich: „No state services in respect of such matters as old-age pensions, maternity, health or unemployment benefits are at present provided or contemplated." Gleichlautender Hinweis noch in Annual Report UNO 1959, Part I, 87.

[231] Vgl. Annual Report UNO 1952, 147. Freilich führte der Bericht nicht aus, an welche konkreten Maßnahmen die Verwaltung dachte.

[232] Vgl. Annual Report UNO 1954, 67.

[233] M.J.B. Molohan, Detribalization. A Study of the Areas in Tanganyika where Detribalized Persons are Living with Recommendations as to the Administrative and Other Measures required to meet the Problems arising therein, Dar es Salaam 1959, 57.

[234] PRO CO 955/83: R.H. Gower an Secretary of State for the Colonies, 22. 6. 1959.

[235] Vgl. zusammenfassend Joanna Lewis, ‚Tropical East Ends' and the Second World War. Some Contradictions in Colonial Office Welfare Initiatives, in: JICH 28,2 (2000), 42–66, hier: 60f.

[236] Vgl. CO 859/519: Memorandum: Social Welfare in the Colonies, April 1945. Vgl. ferner Lucy P. Mair, Welfare in the British Colonies, London 1944.

einen „Wohlfahrtsaspekt" aufwiesen. Zudem galt es, Freiwilligen-Assoziationen zu ermuntern, sich mit Tatkraft der sozialen Wohlfahrt zu widmen. Zu den spezifischeren Aufgabenbereichen gehörten die Förderung des Gemeindelebens durch Theater und Musik, die Unterstützung von Jugendgruppen, die Hilfe bei der Kleinviehzucht, die Organisation von Haushaltskursen, das Organisieren von Beihilfen für Alte, Behinderte und junge Mütter sowie schließlich Maßnahmen, um jugendliche Straftäter, Ex-Sträflinge und Prostituierte wieder in die Gesellschaft „zurückzuführen".

Die verantwortlichen Politiker tendierten dazu, koloniale Probleme mit Modellen britischer Sozialarbeit lösen zu wollen, welche wiederum ausgebaute staatliche Strukturen voraussetzten. Urbane Probleme und ihre Lösungen wurden umstandslos auch auf das ländliche Afrika übertragen. Die Besonderheiten des jeweiligen lokalen Kontexts gerieten dabei aus dem Blick. Lange bestehende Aspekte kolonialer Herrschaft wie die schwache Kontrolle lokaler Verwalter durch die Zentrale, rassistisches Denken und ein weiterhin eher langsamer Dialog zwischen London und den Kolonien sorgten dafür, dass die neue Generation technischer Experten, die „Entwicklung" durch verbesserte Gesundheits-, Bildungs- und landwirtschaftliche Dienste sichern sollten, weiterhin den Vertretern der kolonialen Bürokratie untergeordnet blieben. Letztere definierten „Entwicklung" jedoch vornehmlich als Unterwerfung unter ihre moralische Autorität und als Ausbau politischer Kontrolle. Massive finanzielle Restriktionen taten ein Übriges. So blieben in den britischen Afrika-Kolonien auch die weitgefächerten Anliegen im Bereich „sozialer Wohlfahrt" bzw. „sozialer Entwicklung" weitgehend Makulatur. Tanganyika bietet dafür ein gutes Beispiel.

b) Soziale Wohlfahrt

In Tanganyika wie in anderen kolonialen Territorien sorgten zunächst besonders zwei Entwicklungen für ein verstärktes administratives Engagement in Sachen Wohlfahrt: die anhaltende Urbanisierung, vor allem aber die Rückkehr zahlreicher afrikanischer Soldaten von ihrem Einsatz in Übersee.[237] Bereits vor und zu Beginn des Zweiten Weltkriegs hatte es punktuell gezielte „Wohlfahrts"-Initiativen gegeben, etwa in Form von Projekten zur Alphabetisierung von Erwachsenen. Sie blieben jedoch – soweit dies aus den Quellen überhaupt ersichtlich ist – weitgehend folgenlos.[238] Es ist kein Zufall, dass sich die wenigen Initiativen vornehmlich auf die Ostprovinz und vor allem auf die Region Dar es Salaam konzentrierten, waren hier doch Ende der 1930er Jahre Rufe nach neuen Maßnahmen im Umgang mit „detribalisierten" Afrikanern laut geworden. Ansonsten galten wohlfahrtsstaatliche Aktivitäten als Teil des normalen Aufgabenbereichs der Provinz- und Distriktbeamten. Ab 1942/43 begann die Verwaltung in Dar es Salaam ernsthaft über die Organisation der Demobilisierung nachzudenken.[239] Die Askari sollten zwar nicht als *class apart* behandelt werden,[240] gleichwohl waren die britischen Offiziellen bemüht, das Entstehen einer großen Gruppe von unzufriedenen, schlecht bezahlten und politisch radikalisierten Ex-Soldaten schon im Keim zu ersticken. Die Strategie bestand im Wesentlichen darin, die Askaris möglichst ohne Umwege in ihre Heimatdörfer zu bringen, ihnen

---

[237] Über 70 000 afrikanische Soldaten aus Tanganyika kämpften während des Krieges vornehmlich in Asien und Europa. Vgl. Westcott, Impact, 147. Circa 68 000 Männer kehrten zurück. Vgl. TNA 38509: Note on Demobilisation Development. Meeting 2. 10. 1945. Siehe ferner John P. Moffett (Hg.), Tanganyika. A Review of Its Resources and their Development. Prepared under the Direction of J. F. R. Hill, Dar es Salaam 1955, 69.

[238] Vgl. etwa TNA 25062: Director of Education an Chief Secretary, 3. 6. 1937; TNA 61/632: Minutes of a meeting of the committee to consider the promotion of literacy among adult Africans, o. D. [Dezember 1937]; Acting Provincial Commissioner Eastern Province: Notes, 11. 2. 1938; TNA 61/708: Record of the first meeting of the Eastern Province Native Welfare Committee, 19. 9. 1940.

[239] Vgl. TNA 32550: East African Governors Conference: Report for 1943. Vgl. ferner Westcott, Impact, 188.

[240] TNA 33007: Gouverneur Jackson an Stanley, Colonial Office, 5. 4. 1944.

vergleichsweise üppige Gratifikationen zukommen zu lassen und insgesamt verstärkt Maßnahmen zur „sozialen und kulturellen Hebung" der Afrikaner zu initiieren.[241]

Ein Zirkular des *Information Office* vom Juli 1944 kündigte erstmals ein landesweites Programm zur Massenbildung an, wobei explizit der vermeintliche Bildungshunger der zurückkehrenden Soldaten als Anlass genannt wurde:

„The soldiers themselves have seen many strange things, have visited, in many cases, distant lands and have acquired a taste for knowledge. For this reason, in their own Military units, Information rooms have been built for them and they have been given every opportunity to learn. When they come back from the war, they will want to have at home the same opportunities as they had in the army, they will wish to continue their studies and will want their friends and relatives to study with them and to keep pace with them."[242]

Zudem stellte London durch den *Colonial Development and Welfare Fund* die Summe von 50 000 britischen Pfund zur Verfügung, um in Tanganyika die Einrichtung von „Social Welfare Centres" zu ermöglichen.[243] 1945 wurden in jeder Provinzverwaltung separate administrative Abteilungen für soziale Wohlfahrt geschaffen, deren zentrale Aufgabe darin bestand, eben diese Zentren einzurichten und darüber hinaus die Reintegration zurückkehrender Soldaten zu organisieren. Unter der Leitung eines frisch bestallten *Social Welfare Organizer* – E. C. Baker, der langjährige *Provincial Commissioner* der Ostprovinz – war für die kommenden Jahre der Aufbau von rund vierzig Zentren vor allem in den städtischen Gebieten des Territoriums geplant. Es herrschte zunächst freilich relativ große Unklarheit darüber, welchen Zweck genau diese Institutionen eigentlich erfüllen sollten.[244] Schließlich wurde ein ganzes Aufgabenbündel an sie herangetragen. „The function of the centres", verlautete bereits im Oktober 1945 ein Rundschreiben des *Social Welfare Office*, „is to endeavour to bridge the gap between the proletariat and the intelligentsia and to inspire the latter with the ideal of service which it so badly lacks."[245] Den Ex-Soldaten werde auf diese Weise die Möglichkeit zur Verwirklichung ihrer Ambitionen geboten, zumal: „with their wider experience of the world and used to the welfare amenities of army life [they] would find it difficult to settle down in civil life without opportunities for sharing in wider group activities and a social organisation not found in the traditional tribal way of life."[246] Weitere, in diversen Positionspapieren formulierte Ziele gingen etwa dahin, der lokalen Bevölkerung Freizeit- und Weiterbildungsmöglichkeiten zu verschaffen und parallel einen „commu-

---

[241] Vgl. u.a. PRO Co 822/113: Protokolle der Treffen der East African Governors Conference, Mai, Juni und November 1945; TNA 32550: Rede des Gouverneurs auf der Provincial Commissioners' Conference, 18.–22.5.1945; McLoughlin, 222f. Vgl. ferner Kevin K. Brown, The Military and Social Change in Colonial Tanganyika, 1919–1964, unveröffentl. Ph.D. Thesis, Michigan State University, 2001.

[242] TNA 61/67/5: The British Plan for Mass Education. Circular N° 1. Issued by Information Officer in Dar es Salaam, 11.7.1944.

[243] TNA 34357: Report on Social Welfare for the Year 1945. Bereits im Frühjahr 1944 erwähnte der Chief Secretary in einem Rundschreiben an alle Provincial Commissioners (TNA 61/782/1) Pläne „for the establishment after the war of associations of ex-service men, clubs, general welfare centres etc., having particular regard to the needs of the returned soldier [...] the establishment at various centres of a social or welfare centre which would act as a gathering place for the more progressive Africans, both ex-soldiers and others, would have particular (though not exclusive) regard for the needs of the ex-soldier and would be in some measure a recognition of the services he has rendered to the Territory in the war. Such a centre would also fulfil some of the functions of a club – for which there is an ever growing need amongst Africans – and an educational centre for adults and might, if properly organized, be a useful agency through which District Commissioners could keep in touch with the more advanced elements in their districts." Für die folgenden Ausführungen vgl. auch Burton, Townsmen, der weitgehend die gleichen Quellen wie ich benutzt hat.

[244] TNA 33143: Note of Discussion at Government House on 7th September [1945] regarding Social Welfare Centres.

[245] TNA 540/3: Circular Social Welfare Office, Oktober 1945. Dieses Rundschreiben wird ebenfalls zitiert in Burton, Townsmen, 349.

[246] PRO CO 822/675: W.H. Chinn, Social Welfare Advisor to the Secretary of State for the Colonies: Report on a Tour of Tanganyika, 1951. Vgl. auch Burton, Townsmen, 349.

nity spirit of self-help" zu kreieren. Vorträge, Debatten, Theateraufführungen, Tanzabende, Sport, Kurse der Erwachsenenbildung sowie spezielle Angebote für Frauen, insbesondere Haushalts- und Nähkurse – die Liste der geplanten Aktivitäten war lang und offenbarte eine neue Vorstellung von Bildung und Lernen.[247] Besonderes Augenmerk galt sodann dem Aufbau von Bibliotheken sowohl in den Zentren selbst als auch in Form eigenständiger Büchereien. Die bekannte Schriftstellerin und Publizistin Elspeth Huxley war kurz vor Kriegsende beauftragt worden, Strategien für die verstärkte Verbreitung von populärer Literatur in Ostafrika zu erarbeiten. In ihrem Bericht hob sie hervor:

„Moreover the whole British policy of trying to shatter the apathy of the African and galvanise him into activity with currents of thought and ambition demands his exposure to a persistent bombardment of ideas and suggestions, which must be conveyed either by words (literature and broadcasting) or by images (films and pictures). All methods are necessary and must be closely integrated, but literature, by reason of its relative permanence and cheapness, seems likely to remain the most effective means of enlightenment and persuasion."[248]

Die Zentren erhielten einen kleinen staatlichen Zuschuss, sollten sich aber weitgehend durch Mitgliedsbeiträge selbst finanzieren. Dahinter standen nicht zuletzt die äußerst limitierten staatlichen Finanzmittel. Die offizielle Begründung lautete freilich, dass man auf diese Weise das soziale und finanzielle Verantwortungsgefühl der Afrikaner heben wollte. Analog zu den Einrichtungen der Lokalverwaltung (vgl. weiter oben) definierten britische Kolonialbeamte auch die Wohlfahrtszentren als eine Art Trainingslager für künftige Demokraten.[249]

Zu Beginn der 1950er Jahre war der Aufbau der Zentren weitgehend abgeschlossen.[250] In ihrem Jahresbericht an die Vereinten Nationen 1951 beklagte die Regierung in Dar es Salaam allerdings die mangelnde Resonanz bei der Bevölkerung:

„As far as the less educated sections of the community are concerned the centres appear to be unattractive in comparison with the customary and traditional relaxations, while they lack the full support of those of the more educated by whom welfare is regarded as something which should be provided and paid for by the State. The result is a degree of apathy towards the centres and a continuing reluctance to contribute even nominal subscriptions towards their upkeep and maintenance."[251]

---

[247] Vgl. etwa TNA 155/1/23/A: Memo Social Welfare Organizer, June 1946.

[248] TNA 32525/I: Literature for Africans. Interim Report, o. D. [Dez. 1945]. Auf der Grundlage von Huxleys Rapport einigten sich die Gouverneure Britisch-Ostafrikas im März 1947 auf die Gründung des *East African Literature Bureau* (vgl. Tanganyika Standard, 1.4.1947). Das *Bureau* mit Sitz in Nairobi unterstand der *East African High Commission* und hatte u. a. zur Aufgabe, die Publikation von Belletristik (auch afrikanischer Autoren) und Schulbüchern anzuregen und entsprechende Werke gegebenenfalls selbst zu verlegen. Vgl. diverse Jahresberichte in TNA 32525/1. Diese Einrichtung wurde auch nach der Unabhängigkeit fortgeführt und publizierte in den 1960er und frühen 70er Jahren nicht zuletzt zahlreiche wichtige geschichtswissenschaftliche Werke.

[249] Vgl. etwa TNA 36072: Social Welfare Organizer an Chief Secretary, 17.8.1948.

[250] Die komplette Liste aller Wohlfahrtszentren ist aus den überlieferten Dokumenten jedoch nicht zu ermitteln.

[251] Annual Report UNO 1951, 121. Wenig zufriedenstellend gestaltete sich auch eine – 1951/52 auf der Grundlage eines vom *Colonial Office* entworfenen Fragebogens – durchgeführte Umfrage in den Provinzen und Distrikten, welche die Funktionsfähigkeit der *Welfare Centres* ermitteln sollte. Vgl. TNA 41/S1/2: Member for Local Government an alle Provincial Commissioners, 20.12.1951 (inkl. Fragebogen). Der zusammenfassende Bericht (o. D., circa Juni 1952, in TNA 38694) musste konstatieren: „No District Commissioner claims more than moderate success for the centre in his area. Two centres have failed completely, and twelve are regarded as being more or less failures [...] The basic difficulty is that illiterate and semi-literate African peasants are unable quickly to assimilate twentieth century ideas of community life and development. Particularly is this so when these ideas are associated with the word ‚welfare', which has war-time association for the ex-servicemen for whom the centres were primarily designed in the first place. This word, for many, has the connotation of ‚getting something for nothing'. Other difficulties have been: insufficient staff (European and African); the gulf between the ‚eaducted' African and the artisan-peasant; another gulf between young Christian expatriate clerks and local tribal Moslem elders, and, finally, the fact that dancing, often the most popular community activity, has incurred the hostility of missionaries."

Der *Commissioner for Social Development*, C. A. L. Richards, führte in einem internen Papier ferner aus, dass sich die beiden Nutzergruppen antagonistisch gegenüberstünden. Die gebildeten Eliten, vorwiegend Verwaltungsangestellte, seien „social snobs" und würden sich weigern, mit Arbeitern zu verkehren und zu kooperieren. Letztere seien nur an Spaß und Spiel, vor allem Tanzveranstaltungen, interessiert. So bestehe die einzig populäre Aktivität vieler Zentren in den samstäglichen Tanzabenden. Allerdings gestand er ein, es sei ein Fehler gewesen, ein europäisches Konzept ohne ausreichende Berücksichtigung der lokalen Gegebenheiten transplantieren zu wollen.[252] Ein Jahr zuvor schon hatte der Wohlfahrtsexperte des Kolonialministeriums, Chinn, nach einer Reise durch Tanganyika gewarnt, man mache es sich zu einfach, die Idee der Wohlfahrtszentren grundsätzlich zu kritisieren, zumal die Briten den lokalen Gemeinden – in Tanganyika wie in anderen Afrika-Kolonien – diese Einrichtungen einfach übergestülpt hätten, ohne die Menschen ausreichend vorzubereiten und über Sinn und Zweck aufzuklären.[253]

Ähnlich (selbst)kritische Formulierungen fanden sich bereits einige Jahre zuvor in den Berichten britischer Offizieller.[254] Und nur wenige Monate nach Kriegsende mussten die Verantwortlichen konstatieren, dass ihnen ihre zentrale Zielgruppe abhanden gekommen war. „As far as one can tell the discharged soldier has in the vast majority of cases returned to his home and shamba and settled down once more in civil life without many transition pains", berichtete der *District Officer* in Mwanza.[255] Die Kolonialbeamten in den anderen Provinzen und Distrikten bestätigten diesen Eindruck. Nur wenige der Ex-Soldaten blieben in Dar es Salaam oder anderen Städten. In seinem Jahresbericht für 1947 sah sich der für soziale Wohlfahrt zuständige Beamte zu der Feststellung veranlasst, dass die Askaris keineswegs das Bedürfnis verspürten, das vom Militär gewohnte Gemeinschaftsleben in den Zentren fortzusetzen und sich aktiv für „sozialen Fortschritt" einzusetzen; sie seien vielmehr rasch zu ihrer Vorkriegs-Lebensweise zurückgekehrt und vom „tribalen Leben" wieder absorbiert worden.[256] Die Mehrzahl investierte ihre Gratifikationen in Vieh (oder verlor sie in Handelsgeschäften). Kaum einer der Ex-Soldaten engagierte sich sozial, kulturell oder politisch.[257] Die ursprüngliche *raison d'être* der Zentren existierte jedenfalls schon bald nicht mehr. Hinzu kam noch eine Reihe weiterer, eher technisch-organisatorischer Schwierigkeiten. So ging aufgrund von Materialmangel sowie finanzieller und personeller Engpässe der geplante Bau einiger Zentren nur schleppend voran.[258] Das europäische Personal zur Kontrolle und Unterhaltung der Einrichtungen sei zudem nicht ausreichend,

---

[252] Vgl. PRO CO 822/675: Minutes of the Colonial Social Welfare Advisory Committee, Reports Sub-Committee, 4. 11. 1952.

[253] Ebd., Chinn Report.

[254] So befand der *Social Welfare Organizer* R. W. Blaxland in einem Bericht vom Dezember 1948 (TNA 32999) mit einer nicht untypischen Mischung aus Paternalismus gegenüber Afrikanern und Selbstkritik: „I know of nowhere else in the world where local voluntary effort has been left to organize and arrange all activities of comprehensive community centres – it was a pious hope that this ideal would be achieved in this backward country, and we have wasted two years and much good will in proving its impractibility. Until recently the tribal allegiance was exclusive in this country – other tribesmen were without the law which only ran within each tribe – and it does not appear reasonable to expect a strong community of interest based on such fortuitous consideration as location of habitat to grow at once, especially as this is a feeling alien to tribal exclusiveness. If local civic feeling in England is not yet strong enough to maintain centres on a voluntary basis I do not think it can be considered possible here."

[255] Zit. nach Westcott, Impact, 189.

[256] Vgl. TNA 34357: Report on Social Welfare for the Year 1947.

[257] „Their military experience made more impact on conversation at village beer parties than on political organisation." Iliffe, Modern History, 377. Zu den ökonomischen Aktivitäten der Ex-Soldaten vgl. ebd. sowie Westcott, Impact, 294–297.

[258] Ein gutes Beispiel bietet Dar es Salaam. Obwohl in der größten Stadt des Landes ein Wohlfahrtszentrum als besonders dringlich angesehen wurde, war das Gebäude 1950 noch immer nicht fertig. Vgl. TNA 33143/II: Acting Director of Public Works an Member for Social Services, 31. 5. 1950: „As you are aware, the construction of a Welfare Centre at Dar es Salaam is included in the Building Programme for 1950, but due to the lack of Architectural staff in this department, it is not possible for the plans to be prepared."

beklagte sich der *Social Welfare Organizer* R.W. Blaxland nachdrücklich: „Experience has proved that centres do not succeed if left to Africans and empiric development, which is too expensive in effort, money, and good will. Effective European influence is necessary in every centre in order to provide guidance and to prevent development along undesirable lines."[259] Implizit deutete Blaxland damit aber auch an, dass nicht allein vom Staat verordnete bürokratische Regularien, sondern weiterhin vor allem die Überzeugungskraft der britischen Verwalter die Ordnung des Sozialen zu gewährleisten in der Lage war. Verschiedene Distriktbeamte äußerten derweil zum Teil grundsätzliche Kritik an der staatlichen Wohlfahrtspolitik.[260] Die Konferenz der *Provincial Commissioners* befand im Januar 1949 schließlich ebenfalls, die Zentren hätten ihren Zweck bislang verfehlt.[261] In den Debatten über die *Social Welfare Centres* offenbarten sich nicht zuletzt unterschiedliche Positionen innerhalb der britischen Administration. Ein Teil der Beamten war weiterhin den Prinzipien der indirekten Herrschaft verpflichtet und sah im Misserfolg der Wohlfahrtszentren den Beleg dafür, dass Sozialpolitik außerhalb der „tribalen Ordnung" vorerst zum Scheitern verurteilt sei. Andere, oft jüngere Beamte, vom Reformenthusiasmus der unmittelbaren Nachkriegszeit geprägt, beklagten indes vor allem die mangelhafte Implementierung moderner Methoden und Strategien. Den einen war bereits zuviel Bürokratie im Spiel, den anderen zuwenig. Einig waren sie sich allerdings in ihrer Überzeugung, noch immer am besten zu wissen, was gut und was schlecht für die afrikanische Bevölkerung sei.

Im Verlauf der 1950er Jahre rückten die Wohlfahrtszentren zunehmend an den Rand des administrativen Interesses.[262] Einige Einrichtungen, wie in Arusha und Moshi, erfuhren eine Umwandlung in so genannte *Community Centres*. Darunter verstand der zuständige Beamte eine Art „Dorfhalle", die von verschiedenen Gruppen (etwa Fußball- und Tanzclubs, „tribalen Assoziationen"), gegebenenfalls gegen Miete, genutzt werden könnte.[263] Die Administration zeigte sich jedoch auch in den kommenden Jahren in ihren Erwartungen, mit Hilfe der Zentren „genuinen Gemeinschaftssinn" erzeugen zu können, enttäuscht.[264] Einzig das im Dezember 1952 eröffnete *Arnautoglu Community Centre* in Dar es Salaam erfüllte die Beamten mit Stolz und galt bald als Vorzeigeobjekt des *Social Welfare Department*. Gebaut mit finanzieller Unterstützung des griechischen Großpflanzers und Geschäftsmannes G. N. Arnautoglu[265] – er trug nahezu die Hälfte der Konstruktionskosten von insge-

---

[259] TNA 33143/II: Social Welfare Organizer an Member for Education, Labour and Welfare, 28.5.1948. Vgl. bereits ebd., Social Welfare Organizer an Chief Secretary, 25.11.1947.

[260] Vgl. etwa TNA 71/881: District Commissioner Bukoba an Provincial Commissioner Lake Province, 7.10. 1949: „Social Welfare at present appears to consist entirely of the provision at great expense of exclusive Clubs for a few white collared gentlemen in the Towns. Whether this contribution to their welfare is any more than membership of a good Dance Club is a matter of opinion. The African is not really club-minded in our sense and much work by trained staff would be necessary to show him the benefits of getting together for talks, lectures, social activities etc., etc. This staff is not available [...] Therefore a new approach to the whole problem is necessary. I would propose in the first place that the Department of Social Welfare as such be abolished as being an unnecessary organization which has achieved virtually nothing during its short unhappy existence."

[261] Vgl. TNA 32999: Provincial Commissioners' Conference – January 1949. Item 6: African Welfare Centres: „It is felt that the majority of Social Welfare Centres are not functioning beneficially or towards the proper social development which they are intended to foster. In most places these centres are little else than clubs for clerical staff, and in some cases are nothing but dance clubs."

[262] Dies lässt sich etwa daran ablesen, dass die Zentren in den Jahresberichten des Social Welfare Department oder in den Jahresberichten an die UNO kaum oder gar keine Erwähnung mehr finden.

[263] Vgl. TNA 69/831/III: Commissioner for Social Development an Chairman, Arusha Township Authority, 17.5.1952.

[264] Vgl. TNA 34357: Annual Report Social Development Department 1956: „Signs are as yet lacking that these buildings are becoming neighbourhood centres where any genuine sense of community is growing up amongst the people, or which they regard as their own." Den meisten von mir interviewten ehemaligen *government clerks* fielen beim Stichwort *Welfare* bzw. *Community Centre* vor allem die Tanzabende ein. Vgl. etwa Interview mit Nicodemo Z. Mbwambo, Dar es Salaam, 11.8.1999: „I only went there on Saturday. That's where we had fun after a week full of work."

[265] Knappe Hinweise zur Person Arnautoglus finden sich bei Iliffe, Modern History, 264.

samt 45 000 britischen Pfund –, entwickelte sich das Zentrum rasch zu einem beliebten Treffpunkt der städtischen Bevölkerung.[266] Zufrieden hieß es im Jahresbericht an die UNO 1954:

„The wisdom of providing a superior well furnished and tastefully decorated centre has been clearly demonstrated. The centre is sufficiently well appointed to attract all sections of the community and has been in great demand for social, cultural, political and recreational purposes. New inter-racial social groups have emerged as part of the corporate life of the centre and there are now attached to it boxing, badminton and athlectics clubs in addition to a flourishing boys' club. Instructional classes are attended by some 250 African men and women, most of whom are learning to read and write in English."[267]

Ähnlich positiv äußerte sich der *Commissioner for Social Development*.[268] Er lobte nicht nur die Vielfalt der angebotenen Aktivitäten; vor allem glaubte er hier gleichsam einen Beleg für die Funktionsfähig-keit der „multirassischen" Ordnung gefunden zu haben, welche die Briten in Tanganyika anstrebten. Zudem ermögliche die Arbeit des Zentrums, verbesserte Standards im öffentlichen Verhalten der Afrikaner zu etablieren sowie neue, für eine stabile und geordnete Gemeinschaft unerlässliche Ein-stellungen zu implementieren. Und schließlich sei besonders der große Bereich der Erwachsenenbil-dung hervorzuheben: „Students are taught not only the basic skills of literacy and arithmetic which are the prerequisites of citizenship, but also more specialised skills such as bookkeeping, shorthand, elementary electricity and physics, and English."

Mit Hilfe von Erwachsenenbildung die Erziehung zum Staatsbürger zu forcieren, stand seit den späten 1940er Jahren weit oben auf der Agenda der britischen Verwaltung in Tanganyika. Dabei soll-te, führte der *Social Welfare Organizer* in einem Memorandum aus, das Individuum im Mittelpunkt stehen, zumal die individuellen Anstrengungen und Initiativen, auf denen sich die westliche Zivilisa-tion begründete, durch den modernen, kollektivistischen Wohlfahrtsstaat verdeckt worden seien:[269]

„I therefore consider that any instruction in citizenship should stress the individual, from the point of view of his obligation to the neighbourhood in which he lives in addition to his tribe, his rights, and the ultimate dependence of progress on the accumulation and integration of all individual effort. This approach will also serve to counter totalitarian and communist ideas."

Dieser Bereich war jedoch nur einer unter zahlreichen Schwerpunkten. Parallel zur wachsenden Kri-tik an den Wohlfahrtszentren entwickelten die Briten unter dem Label „soziale Wohlfahrt" bzw. „soziale Entwicklung" diverse Strategien und Projekte, ohne dass es bis zum Ende der Kolonialzeit zu einer kohärenten Politik gekommen wäre. Massenalphabetisierung, ländliche Entwicklung, För-derung der Gemeindeentwicklung in Stadt und Land, Bewährungshilfe für jugendliche Straftäter, Weiterbildung für Frauen, Erziehung durch Film, das sind nur einige der Schlagworte, die durch die Memoranden und Programme der Kolonialverwaltung geisterten. Gemeinsam war diesen Aktivi-täten der Versuch des kolonialen Staates, das Leben möglichst vieler Kolonisierter zu organisieren, zu planen, die Menschen zu disziplinieren, Zugriff zum Einzelnen zu erlangen. Dahinter zurück stand die konkrete Lösung aktueller Probleme; die Verheißung lag im zeitfernen Morgen, nicht im Jetzt. So wurde vieles angekündigt, angefangen, bald revidiert, verworfen, neu begonnen. Die Masse der Bevölkerung erlebte die Strategie des *social engineering*, bei allen Möglichkeiten, die sich dadurch für

---

[266] Zur Eröffnung des Zentrums vgl. den enthusiastischen Bericht im Tanganyika Standard, 9. 12. 1952: „What a splendid example to follow [...] the Community Centre marks an epoch in the lives of those privileged to make use of it. In it men and women, boys and girls, of all races and creeds, will meet to entertain, to learn and to instruct."

[267] Annual Report UNO 1954, 66. Vgl. zu den Aktivitäten des Zentrums zudem PRO CO 822/1803: Arnauto-glu Community Centre. Annual Report 1955; Burton, Townsmen, 353f.

[268] Vgl. TNA 17396: Commissioner for Social Development an Member for Local Government, 28. 11. 1955. Dieser Brief wird ausführlich zitiert in Burton, Townsmen, 354.

[269] Vgl. TNA 71/881: Memorandum Social Welfare Organizer on Education for Citizenship, 18. 6. 1949.

einzelne Personen ergaben, nicht zuletzt auch als eine Politik der staatlichen Kontrolle und Bevormundung, der man sich jedoch immerhin verhältnismäßig einfach entziehen konnte.[270]

Neuen Schwung in die Debatte über soziale Wohlfahrt und Entwicklung brachte – wenngleich mit Verzögerung – ein ausführlicher Bericht des Londoner Professors für orientalische Studien, C. H. Philips, der im Sommer 1947 eine Rundreise durch Tanganyika unternahm.[271] Philips mahnte eine „aktivere Konzeption" von sozialer Entwicklung an und propagierte nachdrücklich die Strategie der „Massenerziehung": „In winning the battle to save the natives [...] and in waging the more difficult campaign to develop a new social structure for Africans within which the individual may acquire a new self-discipline and moral purpose, the part to be played by mass education is fundamental." Dabei legte er einen äußerst weiten Begriff von „Massenerziehung" zugrunde:

> „It implies the simultaneous explanation of the Government's ideas and plans for future development in Tanganyika to all groups of the African communities concerned – to the children in school, to the tribal chiefs and elders, to the literate adult and adolescent in the towns through formal adult education, to the illiterate cultivator and herdsman by less formal means, to all men, women and children in the community."

Ein solches Programm sei auch deshalb unerlässlich, weil die Distriktbeamten aufgrund der wachsenden Komplexität ihrer administrativen Aufgaben kaum noch direkten Kontakt mit den Menschen hätten, die ihrerseits der Verwaltung immer skeptischer begegnen würden. Philips Plädoyer ging dahin, dass künftig der verstärkte Zugriff auf den Einzelnen die Aktivitäten des kolonialen Staates bestimmen müssten.[272]

Die Regierung in Dar es Salaam brauchte immerhin knapp zwei Jahre, um offiziell auf die Vorschläge zu reagieren. In einem Brief an den Kolonialminister schrieb der Gouverneur im Mai 1949, man wolle die wertvollen Anregungen Philips zunächst durch wohlerdachte und sorgfältig vorbereitete Experimente umsetzen.[273] Als erster Schritt erfolgte jedoch die Einberufung einer Kommission, welche das bis dato eher diffuse administrative Profil des *Social Welfare Department* innerhalb der Verwaltungsstruktur genauer bestimmen sollte. In seinem Bericht[274] machte das Gremium den Vorschlag, „Social Development" als Abteilung des *Department of Education* institutionell zu verankern oder alternativ als eigenständige Entität im Verantwortungsbereich des *Member for Local Government* zu etablieren. Die Regierung entschied sich für die zweite Variante, unter anderem weil sie auch im Bereich des Sozialen vornehmlich durch die Instanzen der Lokalverwaltung wirken wollte.[275] Parallel zur administrativen Neuordnung wurde das Tätigkeitsfeld neu definiert. Schwerpunkt sollte fortan, die Anregungen des Philips-Reports aufgreifend, auf *Community Development* gelegt werden – „in the sense of the mass education of the whole community [...] The basic aim is the general raising of the standard of living of the people and by planned economic development and the expansion of educational and other social services both to improve present living conditions and to build founda-

---

[270] Die Mischung aus Gelegenheit und Kontrolle bzw. Bevormundung, die für zahlreiche Projekte der sozialen Wohlfahrt charakteristisch war, ist immer wieder auch in von mir geführten Interviews hervorgehoben worden. Vgl. etwa Interviews Joseph H. Kimathy, Moshi, 17.8.1999; Daniel Mghenyi, Dar es Salaam, 11.8. 1999; Daniel S. Mhando, Dar es Salaam, 9.8.1999; Elias Peter Ngowa, Moshi, 18.8.1999.

[271] TNA 36164: C. H. Philips, Report on Visit to East Africa, Oktober 1947.

[272] In diesem Sinne las auch B. Leechman (Member for Education, Labour and Social Welfare) das Plädoyer Philips: „While increases in staff and efficient office organisation may make possible more extensive touring, a radical improvement in the means of communication between Government and the great illiterate majority of the population is essential." Vgl. TNA 32999: Memorandum N° 62 for Executive Council, 22.7.1948.

[273] Vgl. TNA 36164: Gouverneur an Secretary of State for the Colonies, 7.5.1949.

[274] Vgl. TNA 33200: Report to the Government of Tanganyika by the Committee on Social Welfare, 27.10.1949. Unter den Mitgliedern befand sich bezeichnenderweise kein Afrikaner.

[275] Vgl. TNA 34357: Annual Report Social Development Department 1949–1950; TNA 33200: Commissioner for Social Development an Member for Local Government, Febr. 1951.

tion for a sound system of social security."[276] Und standen bisher vor allem die Städte im Zentrum der Aufmerksamkeit, galt es nun verstärkt in den ländlichen Gebieten die „soziale Entwicklung" voranzutreiben.[277]

Die Arbeitsweise des neuen *Departments* war so organisiert, dass die Mitarbeiter in enger Kooperation mit den Provinz- und Distriktbeamten konkrete Projekte im Rahmen des *Community Development* in unterschiedlichen Bereichen ausarbeiteten – etwa Kampagnen zu Massenalphabetisierung, Erosionsschutz, Gesundheitsvorsorge, das Pflanzen von Bäumen. Dabei kam den *Social Development Officers* und *Workers* einmal die Aufgabe zu, engen Kontakt zur Bevölkerung herzustellen und zu pflegen, zum anderen die Implementierung der Programme mit audio-visuellen Hilfsmitteln zu erleichtern. Für entsprechendes Material und Equipment stand dem *Department* ein Budget zur Verfügung, weitere Mittel gab es für die Initiierung und Unterstützung dörflicher Kleinprojekte, so genannter *self-help schemes*, die beispielsweise den Bau von Wegen, den Schutz von Brunnen oder die Anlage eines Fußballfeldes umfassten. Hinzu kam die Tätigkeit in den *Welfare* bzw. *Community Centres*.[278] Der Personalbestand stieg im Lauf der fünfziger Jahre sukzessive nach oben. Waren 1951 insgesamt 55 Personen für das *Department* als *Field Staff* tätig, erhöhte sich die Zahl der Mitarbeiter bis 1959 auf 70.[279] Die Mehrheit des Personals bildeten von Beginn an Afrikaner, zunächst als Assistenten oder *Welfare Workers*, später dann auch vereinzelt als vollwertige *Officers*. Ihre Aufgabe war, so sah es die Verwaltung, extrem schwierig, zuweilen heikel. Die Qualitäten, die in der Vorkriegszeit von einer Führungsperson im „tribalen Kontext" gefordert worden waren, sollte nun der „moderne" Sozialarbeiter in sich vereinen:

„Each is required to introduce to an African community (to which he is probably a „foreigner") the new idea of a self-supporting club; he must coax, guide, and not quarrel with, a Committee whose leading members are almost certain to be educated African civil servants; he must retain the constant cooperation of the local Chief and the Native Administration without taking part in politics; he must get on well with the District Commissioner and with the ladies who come to organise sewing-classes in the Centre; he must be able to overcome Moslem prejudices if he is a Christian or vice versa; he must be able to teach English to those who can read, and reading to those who cannot; he must organise lectures, games, scouts, youth clubs, dances, and so on; he must cozen members into paying subscriptions and safeguard the Centre's movable property – in fact, to be fully successful he must be an outstanding personality, an energetic, tactful, reliable leader of men."[280]

Auf jene Personen, die für diese Herkulesaufgabe ausgewählt wurden, wird in Kapitel 4 ausführlicher eingegangen. An dieser Stelle sei lediglich vermerkt, dass ihre Tätigkeit immer wieder in schulmeisterlichem Ton von Distriktbeamten abgekanzelt wurde.[281] Allerdings herrschten offenbar vor allem in ländlichen Regionen zwischen den britischen Mitarbeitern des *Social Development Department*

---

[276] Annual Report UNO 1951, 121. Vgl. auch TNA 33143: Social Welfare Officer an Member for Local Government, 17. 10. 1950.

[277] Vgl. TNA 34357: Annual Report Social Development Department 1951: „Particular attention has been paid [...] to provide for the social development of the ninety-eight per cent of the population who live in rural areas, to conform to the political and economic development which is now taking place." Vgl. ferner TNA 471/C5/5/I: Department of Social Development, A Plan for a National Campaign of Community Development, o. D. [1955].

[278] 1955/56 betrug das Gesamtbudget des Social Development Department 100.671£, davon entfielen auf Personalkosten 33.353£. Vgl. TNA 34357: Annual Report Social Development Department 1957. Zum Tätigkeitsbereich vgl. u. a. TNA 32999: Zirkular Member for Local Government an alle Provincial Commissioners, 2. 1. 1951; Chief Secretary: Memorandum for Executive Council. Social Development Policy, o. D. [Febr. 1953]; TNA 41/S1/1: Department of Social Development: Notes on Social Development Work in a Rural Area, September 1957; Moffett, Handbook, 376.

[279] Vgl. TNA 34357: Annual Reports Social Development Department 1951, 1957.

[280] TNA 33143/III: Social Welfare Officer an Member for Local Government, 17. 10. 1950.

[281] Vgl. etwa TNA 246/E1/15: Bericht District Commissioner Mwanza, 24. 4. 1952.

und ihren Kollegen anderer Abteilungen ebenfalls beträchtliche Spannungen.[282] Obwohl über die
konkreten Auseinandersetzungen kaum Informationen vorliegen, scheint die wichtigste Konfliktlinie
gewesen zu sein, dass die meisten Wohlfahrtsbeamten intensive staatliche Intervention als vital für die
Modernisierung des Territoriums erachteten, während eine Reihe von Distriktbeamten dadurch die
„tribale Struktur", vor allem aber ihre eigene Autorität bedroht sah.[283]

Zu den ersten Experimenten im Bereich des *community development* gehörte ein Alphabetisie-
rungsprojekt in Nord-Pare, ungefähr fünfzig Meilen südöstlich des Kilimanjaro.[284] Das Unternehmen und vor allem die Tatsache, dass die Regierung einen Europäer sowie sechs afrikanische *Welfare
Officers* schickte, um den Erwachsenen Lesen und Schreiben beizubringen, stieß bei der lokalen
Bevölkerung zunächst auf Skepsis. Ihrer Ansicht nach, schreibt Mason in seinem Bericht, wäre das
dafür aufgewendete Geld besser in den örtlichen Schulen angelegt gewesen. Die verspätete Lieferung
von Lehrmaterial, die einsetzende Regenzeit sowie Personalprobleme verzögerten das Projekt weiter,
bis schließlich nach über einem Jahr rund 1 500 Personen – in der Mehrzahl Frauen und Mädchen – sich der Kampagne anschlossen und regelmäßig „Kurse" besuchten. Der Trick bestand nun
darin, die Alphabetisierung als eine Art Türöffner für *community development* zu nutzen, indem das
auf diese Weise geschaffene günstige Klima zwischen den Entsandten des Staates und den Einheimischen genutzt wurde, um gleichsam *en passant* eine Kampagne für Erosionsschutz und das Pflanzen
von Bäumen zu starten. Der Autor des Berichts sah in dieser Kombination ein Modell für künftige
Maßnahmen dieser Art. Doch bei aller Notwendigkeit des bürokratisch geplanten Vorgehens war es
dann doch das Charisma des Verwalters, das Mason für entscheidend erachtete: „Community development depends [...] largely on approaches to the people, and personality counts [...] above all, it
was by approaching the people as friends eager to help, not as dictators, and on occasions by our very
silence, that we had our ideas coming back at us almost as original suggestions from the people."[285]

Ebenfalls zum Einsatz kamen in Nord Pare so genannte *film strip shows*. Audiovisuelles Material entwickelte sich in den fünfziger Jahren überhaupt zum Lieblingsspielzeug der mit Wohlfahrt
und Entwicklung befassten Verwalter. Dieser Bereich, vor allem der Film, galt mithin als *non plus
ultra* moderner Strategien im Kampf gegen afrikanische Armut und vermeintliche Ignoranz.[286] In
einem ausführlichen Bericht über die Anwendung von Filmen in der Entwicklungspolitik betonte
Regierungssoziologe Henri Fosbrooke: „If films are to succeed in their object of entertaining and
instructing, it is essential that they be understood – not only by semi-sophisticated urban audiences,
but also by uneducated peasants who will be unfamiliar with film techniques and unaccustomed
to studying any form of pictorial representation."[287] Daher sei es unabdingbar, ergänzte der *Com-*

---

[282] So sah sich Gouverneur Twining am 8.11.1955 zu einem geheimen Schreiben an den Kolonialminister veranlasst (PRO CO 822/1140), in welchem er über diese Konflikte Klage führte: „We have some excellent
personnel in the department [of social development] and some of them have done really fine work out in the
country, living among the people, but unless there is the closest co-operation between the department and
the Provincial Administration, difficulties arise and it is even possible for two opposite policies to be put into
effect at the same time [...] While three out of four AOs appreciate the importance of the department and its
work, the remainder does not."

[283] Vgl. Interviews mit Donald Barton, Oxford, 10.9.1995; David Brewin, London, 8.9.1995; Randal Sadleir,
London, 25.6.2000.

[284] Vgl. TNA 38694/II: H. Mason, Social Development Officer: Progress in Pare. An interim report on Experiments in Community Development in North Pare, Tanganyika, o. D. [ca. November 1951]. Leicht verändert
abgedruckt in TNA 34357: Annual Report Social Development Department 1951, Appendix D. Eine weitere
Fassung wurde publiziert als „Progress in Pare" in Corona 4,6 (1952), 212–219. Vgl. ferner TNA 304/975:
Pare Mass Literacy and Community Development Scheme – Annual Report 1952; Buchert, 73f.

[285] Mason, Progress in Pare.

[286] Vgl. Rosaleen Smyth, The Feature Film in Tanzania, in: African Affairs 88, 351 (1989), 389–396.

[287] TNA 246/SWC/2: Notes on the application of Visual Aids to African Social Development, 6.12.1950. Zu
einem Filmexperiment aus der Vorkriegszeit vgl. Lionel A.W. Vickers-Haviland, The Making of an African
Historical Film, in: TNR 6 (1938), 82–86.

missioner for Social Welfare, dass Filme, sollten sie im Bereich der sozialen Entwicklung Wirkung entfalten, lokal produziert werden und einheimische Szenerien und Menschen in den Mittelpunkt stellen müssten.[288] 1951 wurde eigens ein *Film Research Officer* ernannt, der die Kolonialbeamten in den einzelnen Provinzen und Distrikten bei Filmprojekten und -vorführungen zu beraten und darüber hinaus das Equipment zu verwalten und sukzessive zu ergänzen hatte. Über die Resonanz beim Publikum ist kaum etwas bekannt. Offenbar kamen jedoch die Unterhaltungsfilme wesentlich besser an als die didaktischen Streifen.[289] Zudem hatten sich Mitte der fünfziger Jahre in 17 Städten gut frequentierte kommerzielle Kinos etabliert, in denen neben Produkten aus der indischen Filmindustrie auch Hollywoodfilme liefen.[290] „I wanted to see Cowboys and Red-skins, not films on how to brush my teeth", erinnert sich Hashim I. Mbita, Tabora-Absolvent und 1958-1960 als Mitarbeiter einer Genossenschaft in Mwanza tätig.[291] Das *Social Development Department* weitete nichtsdestotrotz den Einsatz von Lehrfilmen vor allem in ländlichen Regionen aus. 1959 waren drei *cinema vans* im Einsatz, die insgesamt 162 Vorführungen zur Flankierung ländlicher Entwicklungsprogramme ermöglichten.[292]

Sowohl bei den Filmshows als auch bei den Kursangeboten in den städtischen Wohlfahrtszentren stellten Frauen die Mehrheit des Publikums. Das entging den britischen Kolonialbeamten nicht.[293] Mehrere *Women Welfare Officers*, zunächst in Dar es Salaam, später auch in anderen Regionen tätig, organisierten spezielle Kurse für Frauen. Daneben leisteten europäische Frauen, die sich in der *Women's Service League of Tanganyika* zusammengeschlossen hatten, ehrenamtlich ähnliche Arbeit. Die Lektionen der Seminare beinhalteten in der Regel eine bunte Mischung aus Nähen, Spinnen, Kinderversorgung, häuslicher Hygiene, Wasser abkochen, Schutz vor Insekten und Bügeln, fast alles auch mehr oder weniger „klassische" weibliche bzw. hausfrauliche Tugenden im damaligen England.[294] Dahinter stand die in der Sozialarbeit in England gewonnene Überzeugung, der effektivste Weg, soziale Entwicklung, Stabilität und die Verbesserung des Lebensstandards zu erzeugen, sei die gezielte Arbeit mit Frauen:

„It is widely recognised that higher standards of living depend upon better conditions in the home. Hence it is to the women that an approach must be made to improve social conditions, for it is the women who prepare the food, clothe and bring up the children, and generally establish the pattern of domestic health, cleanliness and behaviour."[295]

Freilich gab es daneben laute Stimmen, die diesem neuen Zugang skeptisch gegenüberstanden und über die Frauen vor allem eine stärkere Disziplin der Jugend erreichen wollten: „The African mother must be taught how to discipline her children."[296] Die Argumente, dem weiblichen Teil der afrika-

---

[288] Vgl. TNA 471/1009: Commissioner for Social Development an Provincial Commissioner Northern Province, 12.3.1951. Vgl. ferner TNA 34357: Social Development Department Annual Report 1951.

[289] Vgl. TNA 471/1009: Fosbrooke, Second Report on Visual Aid, 15.3.1952.

[290] Vgl. Moffett, Handbook, 503.

[291] Interview mit Hashim I. Mbita, Dar es Salaam, 10.8.1999. Charles H. Ambler, Popular Films and Colonial Audiences. The Movies in Northern Rhodesia, in: AHR 106,1 (2001), 81-105, zeigt erstmals auf solider empirischer Grundlage die große Begeisterung des afrikanischen Kinopublikums für Hollywood-Filme, speziell Western. Vgl. für Dar es Salaam Andrew Burton, Urchins, Laofers and the Cult of the Cowboy. Urbanization and Delinquency in Dar es Salaam 1919-1961, in: JAH 42,2 (2001), 199-216.

[292] TNA 34357: Social Development Department Annual Report 1959.

[293] Vgl. Annual Report UNO 1951, 121.

[294] Vgl. etwa TNA 34357: Social Development Department Annual Report 1953. Für ganz ähnliche Praktiken in Kenia vgl. Lewis, Empire State-Building, 353f.

[295] TNA 5/S.D.47/30: Social Development Department: Memorandum on UNICEF aid for the development of the Women's club movement in Tanganyika, o.D. [Dezember 1957]. Vgl. ferner TNA 37161: President Women's Service League of Tanganyika an Secretary for African Affairs, 6.3.1948, sowie diverse Jahresberichte des Social Development Department (in TNA 34357).

[296] TNA 304/975: D.C. Tanga an Chief Secretary, 11.3.1952.

nischen Bevölkerung mehr Aufmerksamkeit zu widmen, implizierten noch weitere Ziele: Die Frauen sollten erstens weniger Kinder bekommen und zweitens zu Hausfrauen und Müttern werden, anstatt auf dem Feld zu arbeiten.[297] Der Fokus auf Frauen im Bereich der „sozialen Entwicklung" ging weder mit der Anerkennung ihrer ökonomischen Aktivitäten einher, noch wurde ihnen in größerem Maße Zugang zu Stellen im staatlichen Sektor gewährt.

---

[297] Vgl. TNA 246/E1/15: Commissioner for Social Development an District Commissioner Mwanza, 9.4.1951. Siehe ferner Lewis, Empire State-Building, 364.

4. „Education for Development"

a) Die britische Bildungspolitik

Im Bildungswesen, zumal auf der Ebene der höheren Schulen, waren Mädchen und Frauen ebenfalls und trotz anderslautender Rhetorik unterrepräsentiert. Bis zum Ende der Kolonialzeit blieben
die Bildungschancen für die afrikanische Bevölkerung insgesamt weiterhin äußerst gering.[298] Dabei
hatte im entwicklungspolitischen Enthusiasmus der frühen 1940er Jahre die Zukunft so positiv aus-
gesehen, gerade einer weitverbreiteten Schulbildung kam höchste Priorität zu:

> „[...] the general health, well-being and prosperity of the mass of the people can only be secured and maintained if
> the whole mass of the people has a real share in education and has some understanding of its meaning and purpose
> [...] without such general share in education and such understanding, true democracy cannot function and the
> rising hope of self-government will inevitably suffer frustration."[299]

„Education for Citizenship", lautete die Parole, und in diesem Zusammenhang hieß es in einer weiteren Schrift des *Colonial Office*:

> „[It is] not enough to train patient and skilful and reliable farmers, artisans, clerks, and minor-grade employees;
> [or] even to train professional men, technicians, and men capable of assuming responsiblity in managerial and
> administrative positions. We have to go further and train men and women as responsible citizens of a free country.
> Constitutional advance, culminating in responsible self-government, is a necessary consequence of advances in
> general education."[300]

Die Regierung in Tanganyika unterschrieb zwar prinzipiell die in London formulierten Leitlinien,
setzte aber wiederum – aus politischen, finanziellen und ideologischen Gründen – eine Reihe von
eigenen Akzenten. Das *Education Department* in Dar es Salaam war bereits Ende der 1930er Jahre
wegen der niedrigen Schülerquote und der geringen Anzahl von Makerere-Studenten in die Kritik
des Kolonialministeriums geraten (vgl. Kap. II, 3.). Ein daraufhin einberufenes *Central Education
Committee* sollte Vorschläge zur Verbesserung der Situation erarbeiten.[301] Sein 1940 fertig gestellter
Bericht ging jedoch in den Wirren der ersten Kriegsjahre unter, wurde erst drei Jahre darauf gedruckt und erreichte das *Colonial Office* weitere zwölf Monate später.[302] Die zentrale Empfehlung
des Gremiums ging dahin, im Prinzip wie bisher eine kleine Gruppe von afrikanischen Schülern
nach vierjähriger Grundschulzeit entweder in Sekundarschulen (für Lehrer und Verwaltungsmitarbeiter), Berufsschulen (für Handwerker) oder ländliche Mittelschulen zu schicken, die, so die Hoffnung, endlich die für die Stabilität des Territoriums so wichtige ländliche Mittelklasse hervorbringen
würden. Die Lehre sollten im Primar- und partiell auch im Sekundarbereich weitgehend Afrikaner
übernehmen, als generelle Unterrichtssprache war Swahili vorgesehen.[303] In London bevorzugte man

---

[298] Knappe Informationen zum Bildungs- und Schulwesen in der Dekolonisationsperiode enthalten Buchert,
49–71; Laura S. Kurtz, An African Education. The Social Revolution in Tanzania, New York 1972, 55–81;
Betty George, Education for Africans in Tanganyika. A Preliminary Survey, Washington/D.C. 1963; Mbilinyi, 264–271.

[299] Colonial Office, Mass Education in African Society, London 1943, 4.

[300] Colonial Office, Education for Citizenship in Africa, London 1948, 6.

[301] Vgl. TNA 27203: Central Education Committee. Protokoll der Sitzungen vom 27. 4. /28. 4. 1939. Als einziges afrikanisches Mitglied des Gremiums war Martin Kayamba vorgesehen, der jedoch wegen Krankheit nicht
teilnehmen konnte.

[302] Government of Tanganyika, Report of the Central Education Committee, Dar es Salaam 1943. Vgl. Westcott, Impact, 248.

[303] Vgl. Report Central Education Committee; ferner PRO CO 691/189: Gouverneur Jackson an Secretary of
State for the Colonies, 21. 12. 1943; Memorandum Isherwood, 18. 11. 1944; TNA 19191: Jackson an Stanley,
8. 9. 1944.

dagegen Schulunterricht in Englisch und hielt darüber hinaus den Bericht insgesamt für *outdated*. Außer dem Austausch von Briefen geschah zunächst jedoch nichts, zumal das *Education Department* in Dar es Salaam bis 1946 personell stark unterbesetzt blieb.[304]

Bei Kriegsende besuchten von geschätzten 1,3 Millionen Kindern im schulpflichtigen Alter lediglich 112 000 staatlich anerkannte Einrichtungen. Der *Director of Education*, Isherwood, errechnete, dass Tanganyika pro Kopf und Jahr lediglich 80 Shillings in das Bildungswesen investierte, während die entsprechende Summe in Nordrhodesien 250 Shillings betrug.[305] Sein Drängen, die Anregungen des *Colonial Office*-Memorandums über „Mass Education and African Society" möglichst zügig umzusetzen, stieß jedoch bei der Mehrheit seiner Kollegen auf Skepsis bis Ablehnung.[306] In Tanganyika gab es weder den Willen noch die finanziellen Mittel, eine grundlegende Neuordnung des Bildungswesens einzuleiten. Die Mehrheit der Beamten hielt im Gegensatz zu Isherwood das Memorandum für realitätsfern. Zudem sahen sie wenig Sinn darin, den Sekundarbereich wesentlich auszubauen, solange kein entsprechender Bedarf auf Arbeitgeberseite bestünde.[307] Universitätsbildung für Afrikaner sei ja ein erstrebenswertes Ziel, schrieb Gouverneur Battershill an Kolonialminister Stanley, hinge jedoch vom ökonomischen Fortschritt in Tanganyika ab, der wiederum an den Erfolg der Wirtschaftspläne für die Nachkriegsentwicklung gekoppelt sei.[308] Bildung war gemäß dieser Sicht Folge, nicht Voraussetzung wirtschaftlichen Aufschwungs. Im Übrigen versuchte die Regierung in Dar es Salaam dem Drängen des Colonial Office, zügig den Bildungsbereich auszubauen, regelmäßig mit dem Hinweis auf die fehlenden finanziellen Ressourcen des Territoriums auszuweichen.[309]

Das wollte London schon allein aufgrund des internationalen Status des Landes nicht hinnehmen. „[...] for political reasons", notierte Kolonialminister Creech-Jones, „Tanganyika cannot be allowed to take the course proposed. On education she will be subjected to international inspection and discussion at UNO and Britain will, of necessity, need to put up a good show. The repercussions of a debate in which we have no reply to damaging criticisms will be serious."[310] Der 1947 publizierte „Ten Year Plan for the Development of African Education"[311] sah vor allem die Erhöhung der Schulplätze im Primarbereich (vier Jahre) mit stark agrarischer Ausrichtung vor. Proportional dazu sollten circa 20 Prozent der Schüler weiterführende Schulen bis Standard X besuchen, davon wiederum ein kleiner Teil zwei weitere Schuljahre absolvieren, deren Abschluss Voraussetzung für die Zulassung zum Studium am Makerere College war. Lediglich im Sekundarbereich war Englisch die Unterrichtssprache. Jede dieser drei Schulstufen sollte in sich geschlossen sein und jeweils „nützliche Bürger anstelle potenziell Unzufriedener" hervorbringen.[312] Der pyramidenartige Aufbau des Schulwesens

---

[304] Vgl. PRO CO 691/189: Stanley an Jackson, 9.8.1944; CO 691/197: Battershill an Creech-Jones, 18.10. 1946.

[305] Vgl. TNA 18680/IV: Director of Education (Isherwood) an Chief Secretary, 12.6.1946.

[306] Vgl. McLoughlin, 224. Isherwood argumentierte, dass für eine vollständige Implementierung der Pläne 30 000 Lehrer sowie 9 000 Schulen benötigt würden. 1945 gab es im Territorium zwischen 600 und 700 registrierte Schulen.

[307] Vgl. z. B. TNA 301/EDA/I/IV: R. J. Mason (Acting Director of Education) an Director of Education, 19.4. 1945: „For me the question is predominantly a sociological one, the purely educational considerations being secondary. A small number of comparatively highly trained Africans with secondary education is required: during the next ten years this number is unlikely to exceed 1% of the population of school age or 10 % of the school population. There will thus be 99 %, or 90 % who can have no hope of secondary education. The sooner this is made clear to them, the more chance there is of avoiding unhappiness through maladjustment." Diese Sicht entsprach kaum den Vorstellungen des Kolonialministeriums. Vgl. PRO CO 691/197: Creech-Jones an Gouverneur Battershill, 28.1.1947.

[308] Vgl. TNA 34847: Battershill an Stanley, 7.5.1945.

[309] Vgl. etwa PRO CO 691/197: Battershill an Creech Jones, 18.10.1946: „The root of the problem is finance."

[310] Ebd., Memo Creech-Jones, 11.1.1947.

[311] Eine Kopie findet sich in TNA 41242/II.

[312] Ebd., Government of Tanganyika, Ten Year Plan for African Education (scheme for revision), Dar es Salaam 1950, 9.

blieb trotz gradueller Veränderungen bis zum Ende der britischen Zeit erhalten: Für die Majorität waren *Primary Village Schools* (Standard I-IV) vorgesehen. Mittelschulen umfassten die Standards V bis VIII, Sekundarschulen die Standards IX-XII. Ein zehnjähriger Schulbesuch berechtigte zu einer anschließenden Ausbildung zum Grundschullehrer (Grade I) auf einem *Teachers' Training College* oder zum Besuch einer Handwerkschule. Lediglich vier Einrichtungen – die *Tabora Boys' Secondary School*, die *Tabora Girls' Secondary School* (staatlich) sowie die *St. Francis Secondary School* in Pugu und die *St. Andrews Secondary School* in Minaki (kirchlich) – verliehen die zum Hochschulstudium nötigen Abschlüsse.[313] Die staatlichen Zuschüsse für das (afrikanische) Bildungswesen wurden kontinuierlich gesteigert: Beliefen sich die Ausgaben 1949 noch auf 405 000 britische Pfund, waren es 1956 bereits 2,2 Millionen, 1961 schließlich knapp 3 Millionen.[314] Wie die folgende Tabelle zeigt, gelang es bis Ende der fünfziger Jahre, die Gesamtzahl der afrikanischen Schulgänger kontinuierlich zu erhöhen.

Tabelle 2: Afrikanische Schüler in Tanganyika, 1947-1960[315]

Jahr	Primarstufe und Mittelstufe*	Sekundarstufe	Lehrerausbildung	Handwerk	Gesamt
1947	123 131	1 530	1 869	452	126 982
1948	144 860	1 801	2 139	517	149 317
1949	161 544	2 082	2 665	882	167 173
1950	176 641	2 405	3 110	786	182 942
1951	200 051	2 725	7 082 (1 144)	1 091	210 949
1952	213 991	2 810	7 757 (1 472)	942	225 500
1953	247 173	2 833	8 761 (1 837)	1 039	259 806
1954	275 628	2 956	10 347 (2 172)	769	289 700
1955	310 089	1 813	12 430 (2 442)	929	325 261
1956	336 079	2 409	13 558 (2 381)	696	352 742
1957	355 632	2 989	14 025 (2 216)	1 204	373 850
1958	366 690	3 499	14 504 (1 784)	1 366	386 059
1959	375 008	4 132	16 469 (1 467)	1 401	397 010
1960	386 267	4 645	18 921 (1 441)	1 627	411 460

* Bis 1950 waren die Angaben zu Teacher Trainings Centres (TTC) und Middle Schools nicht getrennt. Ab 1951 nennt die Zahl in Klammern die Schüler der TTC, die andere Zahl ist die Gesamtzahl der Schüler in beiden Schultypen.

Obwohl sich die Regierung selbst zu dieser Entwicklung regelmäßig beglückwünschte,[316] blieben viele Probleme. Die Primarschulen waren weiterhin sehr ungleich verteilt. Während 1956 in der Kilimanjaroregion rund 90 Prozent der Kinder die Grundschule besuchten, waren es im benachbar-

---

[313] Vgl. TNA 301/EDA/1/2: Director of Education an Director East African Literature Bureau, 21.10.1958. Absolventen dieser Einrichtungen konnten zudem das Cambridge School Certificate erwerben, das wohl wichtigste Schulzertifikat im britischen Empire und in vielen Kolonien die wichtigste Eintrittskarte für eine Position in Verwaltung, Schule oder in Handelshäusern. Vgl. A.J. Stockwell, Examinations and Empire. The Cambridge Certificate in the Colonies, 1857-1957, in: Mangan, Making Imperial Mentalities, 203-220.

[314] Zahlen nach Buchert, 60.

[315] Die Zahlen sind zusammengestellt nach Angaben in Annual Reports UNO, 1947-1960. Obwohl die Zahlen Exaktheit suggerieren, sind sie lediglich als Annäherungen zu interpretieren, die bestimmte Trends deutlich machen können. So wurden bei den Middle Schools in einigen Jahresberichten die Schüler der staatlich anerkannten Missionsschulen mitgezählt, in anderen nicht. In dieser Tabelle sind für diesen Bereich lediglich die Regierungsschulen berücksichtigt.

[316] Vgl. etwa PRO CO 822/1093: Rede Gouverneur Twining im Legislative Council, 25.4.1956; Tanganyika Standard, 21.2.1958. In seiner Rede verwies Twining typischerweise auf den glorreichen, zeitfernen Morgen („The aim, of course, should be universal compulsory primary education with adequate provision for Secondary and post-Secondary education and for technical training") und beschrieb sodann eine durch diverse, vor allem finanzielle Zwänge charakterisierte Gegenwart, die lediglich kleine Schritte ermögliche.

ten Arusha lediglich 34 Prozent.[317] Eine Reihe von Afrikanern führte massive Beschwerde über die Begrenzung der Primarschule auf vier Jahre. Die afrikanischen Mitglieder des *Advisory Committee on African Education* argumentierten etwa, nach dieser kurzen Zeit seien Kinder noch nicht dauerhaft alphabetisiert und zudem zu jung, um einer ernsthaften Beschäftigung nachzugehen.[318] Kritisiert wurde sodann die agrarische Ausrichtung der Mittelschulen, dies sei ein Hindernis auf dem Weg zu Reichtum, Gleichheit und Macht, sowie die ungenügende Zahl von Sekundarschulen. Die Vereinigung der Sukuma-Baumwollpflanzer bemerkte:

„Why has Government changed the middle school curriculum in favor of having our sons and daughters work all day long on the school shambas? We want our children to go on to higher education; they can't do this if they spend so much time on agriculture. Government should build more secondary schools. It harms our children if they are not permitted to go beyond Standard IV or Standard VIII. They are only slightly educated when they get that far and they cannot find jobs."[319]

In Gebieten wie der Kilimanjaroregion mit ihrer großen Zahl an Grundschülern erhoben lokale Elitenvertreter regelmäßig und erfolglos die Forderung, eine *Secondary School* einzurichten.[320] Oberschulen blieben für Afrikaner das Nadelöhr im Bildungssystem des spätkolonialen Tanganyika. Damit war auch der Zugang zu den begehrten Positionen in der staatlichen Verwaltung stark beschränkt. Denn lediglich ein Standard-XII-Zertifikat oder gar ein Hochschulabschluss verschafften Zutritt zu den begehrten administrativen Posten, die zumindest potenziell eine gewisse Eigenständigkeit und Verantwortung sowie ein solides Gehalt bedeuteten.[321] Für das weibliche Geschlecht war der Zugang zu den höheren Etagen der Bildungspyramide besonders schwierig. Dies mögen Angaben für das Jahr 1958 verdeutlichen: Stellten Mädchen im Bereich der Primarstufe über ein Drittel der Schülerschaft, waren es im Bereich der Sekundarstufe unter zehn Prozent.[322] Das Studium in Makerere, bis zur Unabhängigkeit die einzige universitäre Einrichtung Ostafrikas,[323] blieb schließlich nur ganz wenigen Afrikanern aus Tanganyika, fast ausnahmslos Männern, vorbehalten. Die Statistiken für die Jahre zwischen 1949 und 1960/61 verzeichnen immerhin einen relativ deutlichen Anstieg der Studentenzahlen, obwohl das für Tanganyika zur Verfügung stehende Kontingent an Plätzen bis Mitte der fünfziger Jahre wegen der geringen Zahl von Absolventen der Sekundarschulen nie ausgefüllt werden konnte:

---

[317] Vgl. Iliffe, Modern History, 445.

[318] Sie konnten ihre Sichtweise jedoch nicht durchsetzen und wurden von der europäischen Mehrheit des Gremiums überstimmt. Vgl. TNA 19484/II: Minutes of the 17th meeting of the Advisory Committee on African Education, 5./6. 6. 1950.

[319] Zit. nach Maguire, Toward ‚Uhuru', 106f.

[320] Vgl. TNA 69/148/2: Chairman Chagga Education Advisory Committee an Director of Education, 11. 7. 1950; Interviews Hassan Omari Mongi und Israel Saul Tarimo, Moshi, 16. 8. 1999. Vgl. ferner Kap. IV, 2.

[321] Vgl. dazu ausführlicher Kap. IV, 1.

[322] Vgl. Annual Report UNO 1958, Appendix XII.

[323] Makerere erhielt 1948 den Status eines *University College* und war – analog zu den universitären Institutionen in Legon (Goldküste) und Ibadan (Nigeria) – in ein „Special-Relationship"-Schema mit der Universität London eingebunden. Dies bedeutete, dass die akademischen Standards von London vorgegeben wurden. Die Lehrmethoden und das Fächerspektrum in Makerere waren ebenfalls von britischen Vorstellungen geprägt. So wurde etwa die Oxforder Praxis des „High Table" eingeführt. Vgl. zu den institutionellen Zusammenhängen Nwauwa, 170ff.; zu Administration und Lehrkonzepten in Makerere siehe die Beschreibungen in S. J. Coleman, East Africa in the Fifties. A View of Late Imperial Life, London/New York 1998; ferner Sicherman, Kap. 3.

Tabelle 3: Studierende aus Tanganyika am Makerere College, 1949–1960/61*

Jahr	Gesamtzahl	Studierende aus Tanganyika	Abschlüsse
1949	222	32	
1950	237	41	
1951	245	48	
1952	273	60 (davon 1 Frau)	
1953	367	89 (davon 1 Frau)	
1954	449	113 (davon 3 Frauen)	2
1955	560	150 (davon 4 Frauen)	7
1956/57	625	168 (davon 5 Frauen)	8
1957/58	696	183 (davon 4 Frauen)	11
1958/59	823	216 (davon 4 Frauen)	12
1959/60	881	200 (davon 8 Frauen)	10
1960/61	912	168 (davon 9 Frauen)	25

* Angaben nach Listowel, 180.

Die Studierenden in Makerere wurden bis 1951 komplett, danach zum größten Teil von der Regierung in Tanganyika finanziell unterstützt.[324] Die kleine Schar jener Afrikaner, die zwischen 1940 und 1960 in Großbritannien studierte, erhielt in der Regel ebenfalls ein staatliches Stipendium, oft aus Mitteln des *Colonial Development and Welfare Fund*. Verlässliche Angaben über ihre Zahl existieren jedoch nicht. Iliffe schreibt, ein wenig untertreibend, von insgesamt etwa zwanzig Personen. Die gelegentlichen Hinweise in den Jahresberichten an die UNO deuten eine etwas höhere Zahl an: 1949 studierten demnach 15 Afrikaner aus Tanganyika im Vereinten Königreich, ein Jahr darauf waren es 19, 1951 dann wieder nur 11.[325] Listen des *Colonial Office* verzeichnen für die Jahre 1953 und 1957 7 bzw. 28 afrikanische Studenten.[326] Einige wenige besuchten zudem Hochschulen in den USA oder in Indien.[327] Die Regierung in Dar es Salaam gestattete ein Studium außerhalb Ostafrikas in der Regel nur für in Makerere nicht angebotene Studiengänge und bevorzugte Studierende, die bereits wenigstens einige Semester in Makerere verbracht hatten und sich dann weiterspezialisieren wollten. Gouverneur Twining begründete diese Haltung u. a. mit der unterschiedlichen geistigen Reife von tanzanischen und britischen Schulabgängern.[328] Entsprechend wurden zahlreiche Ersuche abgelehnt.[329] Kürzere Studienaufenthalte in Großbritannien waren schließlich im Rahmen von vor allem durch den *British Council* vermittelten mehrmonatigen Spezialkursen – etwa im Bereich Lo-

---

[324] Vgl. TNA 5/9/6/I: Member for Social Service: Circular Letter, 13.7.1951: Charging of Fees for African Students at Makerere College. Die vom Studierenden aufzubringende Summe von 40 £ wurde bei Nachweis fehlender eigener Mittel teilweise oder ganz von der Regierung übernommen. Studenten waren allerdings angehalten, in den Semesterferien zu arbeiten, um so einen Teil der Gebühren selbst übernehmen zu können. Vgl. TNA 5/9/6/III: Member for Social Services an alle Provincial Commissioners, 1.4.1957.

[325] Vgl. Iliffe, Modern History, 446; Annual Reports UNO 1949, 173; 1950, 163; 1951, 158.

[326] Vgl. TNA 23140/IV: Statement of Tanganyika Students in the United Kingdom, o. D. [April 1953]; PRO CO 822/1550: Tanganyika Students in the United Kingdom, Juli 1957.

[327] Im Annual Report UNO 1956, 72, wird von vier afrikanischen Studenten in Indien (finanziert durch ein Stipendium der indischen Regierung) sowie einem Studenten in den USA (durch Washington finanziert) berichtet. 1953/54 hatte Solomon Eliufoo aus Moshi, der spätere Gesundheits- und Erziehungsminister, ein Studienjahr in Kansas absolviert. Vgl. Who's Who in East Africa 1963–1964, Nairobi 1964, Teil II, 8.

[328] Vgl. PRO CO 822/1550: Telegramm Twining an Secretary of State for the Colonies, 27.8.1957: „[...] experience has shown that Tanganyika African students who are sent to the United Kingdom for higher education straight from the end of the secondary school course, which at present ends at School Certificate level, find considerable difficulty in making the grade when they get to the United Kingdom because at that stage they are mentally immature in comparison with United Kingdom students of the same nominal level."

[329] Vgl. etwa TNA 23140/III: Korrespondenz zwischen Mdoe Bakari und der Verwaltung, Oktober/November 1951.

kalverwaltung, Sozialdienste und Rechtssystem – möglich. Sie richteten sich vornehmlich an bereits in der Verwaltung Beschäftigte.[330]

Fragen des Bildungssystems, vor allem der verstärkte Zugang zu Sekundarschulen und Universitäten, standen früh auf der Agenda nationalistischer Gruppierungen. Einige Beispiele nur: Im Mai 1944 überreichte die Dodoma-Gruppe der *African Association* dem *Provincial Commissioner* ein Programm für den Neuaufbau nach Kriegsende. Zentrale Forderungen betrafen die allgemeine Schulpflicht, eine Sekundarschule in jeder Provinz, Studienmöglichkeiten für Frauen in Makerere sowie Stipendien für Universitätsbesuche in Großbritannien, Südafrika und Ägypten.[331] In einer Petition an Andrew Cohen anlässlich seines Besuchs in Dar es Salaam forderte die TAA 1951 nachdrücklich bessere Ausbildungs- und Studienmöglichkeiten für künftige Verwaltungsmitarbeiter.[332] Im *Legislative Council* nahmen Vertreter der TANU immer wieder kritisch zur niedrigen Zahl tanzanischer Studenten Stellung.[333] Insbesondere Nyerere attackierte bei jeder Gelegenheit die flagrante Vernachlässigung des afrikanischen Bildungssektors durch die britische Regierung. Im Dezember 1956 kommentierte er in einer Rede vor den Vereinten Nationen mit einer Prise Sarkasmus die Situation:

„Only 40 per cent of the African children go to school. We are told that this is because there is not enough money in the country to give education to every child; and that unless Europeans can be sure that their children will receive education they will not come to Tanganyika, and the African will suffer. So this apparent injustice to the African, like so many others, is done for the good of the African [...] Last year Government had £3,200,000 from the Custodian of Enemy Property fund to spend on education. After setting aside £800,000 for our future University, Government divided the rest equally between the three racial groups; the 25,000 Europeans, the 70,000 Asians and the 8,000,000 Africans received each £800,000 to spend on the education of their children. This in Tanganyika is called racial equality. Needless to say [...], that is an equality which may please the Governor of Tanganyika, but to the African it is slightly irritating."[334]

In der Tat erhielten der „europäische" und der „asiatische" Sektor proportional zur Anzahl der Schüler unverhältnismäßig üppige finanzielle Zuwendungen seitens des Staates, speziell im Bereich der höheren Schulbildung und der Universitäten.[335] Europäer und Asiaten stellten den weitaus größten Anteil der an britischen Hochschulen eingeschriebenen Studenten aus Tanganyika.[336] Die Regierung hielt bis Ende der fünfziger Jahre am Konzept eines „multirassischen" Bildungswesens, das heißt an einer strikten Trennung von schulischen Einrichtungen für „Europäer", „Asiaten" und „Afrikaner" fest.[337] Kritik etwa seitens der UN-Besuchsmissionen wurde lange Zeit ignoriert.[338] Erst kurz vor der

---

[330] Vgl. Annual Report UNO 1956, 74; TNA 471/E1/6: Ministry of Local Government and Administration an diverse Provincial Commissioners, 20. 8. 1958; Daneben organisierte der *British Council* Vorbereitungskurse für ausreisende Studierende. Vgl. ebd.: Rundbrief Ministry of Education and Labour, 14. 12. 1959.

[331] Vgl. TNA 46/C/82: Mohammed Kisome an Provincial Commissioner Central Province, 28. 5. 1944; Iliffe, Modern History, 420.

[332] Vgl. TNA 301/EDA/1: Memorandum submitted by the Executive Council of the Tanganyika African Association Dar es Salaam to Mr. A. B. Cohen, 21. 5. 1951.

[333] Vgl. etwa TNA 63/C5/17: Protokoll LegCo-Sitzung vom 2. 5. 1957: Anfragen Patrick Kunambi.

[334] Julius Nyerere, Statement to the UN Fourth Committee, 20. 12. 1956, in: ders., Freedom and Unity, 42.

[335] Vgl. im Detail Buchert, 59–62.

[336] Dazu zwei Beispiele: Unter den 115 Studenten aus Tanganyika, die 1953 an britischen Hochschulen immatrikuliert waren, befanden sich gemäß der Klassifikation der Kolonialbehörden 40 Europäer, 59 Inder, 9 „Other Non-Natives" und lediglich 7 Afrikaner (TNA 23140/IV: Statement of Tanganyika Students in the United Kingdom). 1957 ermittelten die Behörden die Gesamtzahl von 297 Studierenden, davon 28 Afrikaner, 5 „Other Non-Natives", 55 Europäer und 209 Asiaten (PRO CO 822/1550: Tanganyika Students in the United Kingdom).

[337] Detaillierte Angaben zu den Schulen für Europäer und Asiaten finden sich u. a. in George, 10–14.

[338] So hieß es im Bericht der *UN-Visiting Mission* von 1957: „The present system can hardly be said to be conducive to the evolution of the unified and integrated society which is the declared aim of the Administering Authority" (Visiting Mission to Trust Territories in East Africa. Report on Tanganyika 1957, New York 1958). Vgl. dazu die empörten Reaktionen der britischen UNO-Vertreter in PRO CO 822/1550: Telegramm britische Delegation New York an Kolonialminister, 9. 7. 1957.

Unabhängigkeit votierte ein von der Regierung eingesetzter Ausschuss – gegen das Minderheitsvotum der europäischen Mitglieder – nachdrücklich für Integration im Schulwesen.[339]

Die Zahl jener Afrikaner, die in den eineinhalb Dekaden nach dem Zweiten Weltkrieg den Abschluss der Sekundarstufe erreichten oder gar die rare Möglichkeit eines Hochschulstudiums nutzen konnten, erhöhte sich zwar gegenüber der Periode der indirekten Herrschaft beträchtlich, blieb aber immer noch vergleichsweise gering. Den von Aufbruch, Fortschritt und Verbesserung kündenden Memoranden der Verwaltung stand eine Politik gegenüber, die nur sehr zögerlich den Zugang von Afrikanern zur Ressource Bildung ermöglichte. Damit blieb zunächst auch die Gruppe der afrikanischen Bürokraten überschaubar. Bevor diese detailliert vorgestellt wird, soll im folgenden Abschnitt zunächst gefragt werden, ob und gegebenenfalls in welcher Form sich „Education for Development" in der schulischen Praxis manifestierte. Inwieweit fand die Rhetorik der Entwicklung im Unterricht, in den Lehrinhalten, in den vermittelten Ordnungs- und Wertevorstellungen und nicht zuletzt in den Disziplinierungsanstrengungen der britischen Lehrer und Ausbilder ihren Niederschlag? Mit anderen Worten: Was wurde den künftigen oder bereits aktiven Verwaltungsmitarbeitern, die ja gemäß der Nachkriegsdoktrin des *Colonial Office* Partner auf dem Weg zur Unabhängigkeit sein sollten, mitgegeben?

b) Disziplin und Tränen

„Discipline and Tears", so betitelte Erasto A. M. Mang'enya seine „Reminiszenzen eines afrikanischen Staatsdieners über das koloniale Tanganyika". In diesem Buch schildert der Autor unter anderem seine über zwanzigjährige Tätigkeit als Lehrer in verschiedenen Regierungsschulen, darunter der *Tabora School*. Seine leider nur kurzen Hinweise auf den Schulalltag in den späten vierziger und fünfziger Jahren deuten vor allem die Kontinuität zu den Praktiken der Vorkriegszeit an (vgl. Kap. II, 3.). Mindestens ebenso wichtig wie die vermittelten Inhalte waren demnach weiterhin Drill und Körperexerzitien. Die regelmäßigen Berichte der Schulinspektoren, schreibt Mang'enya, enthielten selten Angaben über den Lehrstoff, dagegen aber detaillierte Auslassungen über das Äußere der Schüler und den Zustand der Räume: „The reports described [...] the cleanliness of their uniforms and bodies. Then there were comments on hair, teeth, face, fingers and toe nails, the floor, the walls and pictures on the walls and finally the desks."[340] In ähnlicher Weise berichtete der Leiter der Tabora Schule dem Distriktbeamten in Moshi über die Schüler aus seinem Bezirk. Äußerst knappen Bemerkungen über die Leistungen in einzelnen Fächern („weak biology", „sick in Examination – watch English") folgten für jede Person Angaben zu Disziplin, Charakter und sportlichen Fähigkeiten („pleasant but weak character – needs determination; impressive athlet"; „excellent character, mannerly and cheerful"; „good sportsman"; „well mannered and courteous"; „excellent boxer").[341] Die Erinnerungen ehemaliger Tabora-Schüler der späten Kolonialzeit kreisten ebenfalls primär um die Aspekte Disziplin und Sport. „Tabora School, that meant proper discipline in every respect, and there was a lot of encouragement for sport", erinnerte sich zum Beispiel E. Z. Mzena. „Dicipline then became part of my life", ergänzte Francis Xavier Mbenna.[342] Auch die afrikanischen Lehrer wurden von der

---

[339] Vgl. PRO CO 822/1603: Confidential Report of the Committee on the Integration of Education, 1959. Vgl. ferner RH MSS Afr. s. 963: Memorandum M. Watts, A Multi-Racial Education Policy for Tanganyika, 1958/59; John Cameron, The Integration of Education in Tanganyika, in: Comparative Education Review 11,1 (1967), 38–56.

[340] Mang'enya, 203.

[341] Vgl. TNA 5/9/19: Government Senior Secondary School Tabora: Brief report on boys from District Moshi, 11.7.1957.

[342] Vgl. Interviews mit Mzena und Mbenna, Dar es Salaam, 6.8. bzw. 10.8.1999. Das Präfektensystem blieb ebenfalls erhalten.

Schulleitung regelmäßig zu Disziplin, Pünktlichkeit, Sauberkeit und ordentlicher Kleidung ermahnt, während die Inhalte ihres Unterrichts, so jedenfalls schreibt Mang'enya, kaum jemals thematisiert wurden.[343] Die afrikanischen Lehrer hatten exakten Kleidungsvorschriften zu folgen, die Farbe und Zustand selbst der Schuhe genau festlegten:

„It is very necessary that all teachers should by their conduct set a good example to their pupils. It is also necessary that in their dress they should set a good example as well, both during working hours and out of working hours. I have noticed that some African teachers wear either absurd clothes or extremely dilapidated ones. As all teachers are adequately paid there is no reason why they should not dress decently. Teachers should wear either white or khaki shirts inside their trousers which may be short or long according to climate and which should be either khaki or grey. In cold climates pullovers, coat or tie may be worn. Where necessary a grey or brown felt hat may be worn. Shoes should be in good repair and of one colour either, white, brown or black [...]"[344]

Die mit der Erziehung beauftragten Briten sahen Charakter-Training offenbar weiterhin als zentrale Strategie im Rahmen ihrer Disziplinierungsbemühungen, wie ein Jahresbericht der Regierungsschule Tanga hervorhob:

„The character training has been a matter of day-to-day discipline rather than precept, except for the opportunities offered in the teaching of scripture and civics. The greatest faults in the Africans are a fear of responsibility and a tendency to blame circumstances for their shortcomings rather than themselves. Guiding, the performance of weekly chores, and the team spirit in games, all help to counteract these faults."[345]

Und in seiner Ansprache an die Schüler der *Tabora School* im Mai 1958 unterstrich Bryan J. Durbridge, *Chief Secretary* der Regierung, folgende Werte:

„You must always remember that besides your educational attainments there are other attributes you must strive after to become a whole man [...] you will have to have more than technical competence [...] you will have to have a good moral character as well [...] Possibly the most important of them is perseverance [...] Then perhaps come sympathy and tact [...] Another attribute that you will have to cultivate is patience."[346]

Zahlreiche weitere Beispiele ließen sich anführen, welche die anhaltende Bedeutung des Charaktertrainings im Schulwesen belegen. Dagegen finden sich kaum Hinweise auf die Unterrichtsinhalte. Offenbar blieb zumindest das Curriculum der Tabora-Schule von den neuen Paradigmen der kolonialen Nachkriegspolitik weitgehend unberührt. Die Verantwortlichen distanzierten sich jedenfalls weiterhin von einer „abstrakten, rein akademischen Ausbildung", wie sie ihrer Meinung nach etwa in Makerere praktiziert wurde. „Education in Tabora", formulierte ein Mitarbeiter des *Department of Education* in Dar es Salaam, „must clearly encompass much more than technical or academic training; it must provide both the incentive and the means for the attainment of a full measure of mental, physical, and spiritual development [...] It is our task to create responsible citizens to bring them into responsible posts."[347] Entscheidend war demnach weniger die fachliche Qualifikation (und Qualifizierung) der Schüler als ihre Reife zum Bürger.

Disziplinierungsbemühungen blieben nicht auf Schule und Schüler beschränkt, sondern wurden in zunehmendem Maße auf die neu eingerichteten Weiterbildungseinrichtungen ausgedehnt. Die bedeutendste dieser Institutionen war die 1953 eröffnete *Local Government School* in Mzumbe bei Morogoro.[348] Hier sollten Chiefs und andere Mitarbeiter der kommunalen Selbstverwaltungsorgane

---

[343] Vgl. Mang'enya, 280.

[344] TNA 47/E1/4C: Provincial Education Officer, Central Province, an Headmaster Tabora School, 5. 11. 1956.

[345] TNA 562/E1/15: Government African Boys School Tanga. Annual Report 1954.

[346] RH MSS Afr. s. 1808: Bryan James Durbridge, Speech Tabora School, o. D. [Mai 1958].

[347] TNA 301/ED/1/18/02: Department of Education: Memo [Name unleserlich], Secondary Schools in Tanganyika, 24. 9. 1956.

[348] Eine Liste der Weiterbildungsinstutionen findet sich in TNA 471/E1/7: Department of Education: Opportunities for further Training or Employment with Government, 1. 5. 1957.

in mehrmonatigen Kursen ihre Kenntnisse für die Arbeit in der Lokaladministration vertiefen.[349] Die Unterrichtsthemen umfassten Gerichtsbarkeit, Buchhaltung, Finanzwesen, aber auch Einführungen in das britische System kommunaler Selbstverwaltung.[350] Das Projekt der Schule in Mzumbe spiegelt noch einmal deutlich zentrale ideologische Positionen der britischen Regierung wider: Besonders wichtig war in diesem Zusammenhang die Vorstellung, die Demokratisierung bzw. „Reifung" der afrikanischen Bevölkerung müsse zunächst vom Lokalen ausgehen. In seiner Rede anlässlich der Erweiterung der Mzumbe School im Januar 1957 betonte Twining diesen Aspekt nachdrücklich und verwendete in diesem Zusammenhang Metaphern vom Erwachsenwerden und Reifen:

> „Constitutional progress in this country will depend on how Local Government bodies [...] shape. They are indeed the cradle of constitutional affairs and they will undoubtedly, as they grow up, be in a position to employ an ever-increasing number of efficient officials. If progress in Local Government is slow, well then, the progress in the advancement of the Central Government towards first responsible government and ultimately self-government will be retarded, and the day in which these goals will be achieved will be delayed. If, on the other hand, progress is good in Local Government affairs, then the day in which changes in the Central Government can be brought about will be much nearer."[351]

Chiefs waren die bedeutendsten Akteure in dieser Ordnung und stellten in Mzumbe daher auch die Hauptklientel. Der hier implizite Aspekt der Weiterbildung verweist schließlich auf die nach dem Zweiten Weltkrieg vom *Colonial Office* propagierten „neuen" kolonialen Bildungsstrategien. Allerdings spielte das Thema Disziplin im Konzept der Schule ebenfalls eine bedeutende Rolle. Eine wichtige Unterrichtseinheit war beispielsweise dem Thema „Self-Discipline and Obedience" gewidmet. In den Unterlagen für das Lehrpersonal wurde zum Beispiel folgende Definition formuliert: „Self-Discipline is necessary in order that every man may observe a clean and moral life so that his conduct may always be beyond reproach. For example a man who makes a habit of consuming excessive alcohol or who is dishonest, can not expect to hold the respect of the public nor can he do his work efficiently. Self discipline is mainly a matter in which every individual must train himself." An anderer Stelle heißt es: „Drill is taught for many reasons, e.g. to improve bearing and deportment."[352]

Auch an anderen Fortbildungszentren wie der *Natural Resources School* in Tenguru rückten Körper, Kleidung und Hygiene ins Zentrum der didaktischen Bemühungen. In einer dort eingesetzten Broschüre findet sich zum Beispiel folgender Hinweis:[353]

> *„Health, Cleanliness and Smartness.* These, too, are important – perhaps more important than you think, and the three things go together. Bad health goes with dirt. Bad work goes with bad health. Untidyness goes with bad work. So you see it is a great thing to keep clean. You are supplied with two uniforms each, each year. Now why? No, it is not so that you can wear them both at once to keep warm! It is so that one can be washed while you are wearing the other one. Instructors CAN look clean and smart and they MUST [...]"

Insgesamt gestaltete sich die Erziehungsaufgabe aus der Sicht vieler Kolonialbeamten nun komplizierter als in der Vorkriegszeit. John Blumer, langjähriger Direktor der *Tabora School*, beklagte sich in einem ausführlichen Memorandum, dass die „guten Seiten der afrikanischen Kultur" durch den „vulgären Individualismus des Westens" zerstört würden, für den die Schüler der *Secondary Schools*

---

[349] Vgl. TNA 38862: Notes of a Meeting in Morogoro to discuss the proposed Local Government School at Mzumbe, 27. 5. 1952; TNA 41913: District Officer, Local Government School Mzumbe, an Member for Local Government, 22. 8. 1952; TNA 41912: Notes of a Meeting at Mzumbe, 19. 5. 1953; Max, 17f.

[350] Vgl. TNA 41912: Local Government School Mzumbe: Subjects, o. D. [c. 1954]; TNA 471/L5/14/I: Booklet: Local Government School Mzumbe, 1956; Annual Reports 1955/56; 1956/57.

[351] Vgl. TNA 47/L5/4: Rede Twining in Mzumbe, 18. 1. 1857.

[352] TNA 41912: Local Government School Mzumbe: Subjects, o. D. [c. 1954].

[353] Zur Tenguru School vgl. TNA 562/E1/19: Department of Education: Natural Resources School Tenguru. Prospectus, 1955. Zitat aus RH MSS Afr. r. 94: J. Macer-Wright, Notes for Agricultural Instructors, 1957, 2f.

besonders anfällig seien.[354] Der *Director of Education* äußerte sich besorgt über die vermeintlich zunehmende Beeinflussung der Schüler und Studenten durch radikales Gedankengut.[355] Dahinter stand zum einen noch immer das Ideal der *indirect rule*-Ideologie von einem ländlichen, tribal geordneten Afrika, das im Kontext der neuen Entwicklungskonzepte zu verschwinden drohte. Zum anderen offenbarte sich hier das ambivalente, von Misstrauen und Geringschätzung geprägte Bild, das die Briten von ihren potenziellen afrikanischen Nachfolgern oder wenigstens Partnern in der Verwaltung hatten. Diese waren entweder Demagogen oder Schuljungen, erstere nicht fähig, die anderen noch nicht reif, um Verantwortung zu übernehmen. In der Zwischenzeit galt es auf Nummer sicher zu gehen und vor allem jene Afrikaner streng zu kontrollieren, die sich zum Studium außerhalb Ostafrikas bewegten. Die britischen Behörden in Tanganyika waren nicht nur bestrebt, möglichst viele Daten über potenzielle Kandidaten für ein Auslandsstudium zu sammeln. Alle entsprechenden Aktivitäten sollten zudem durch das *Department of Education* koordiniert werden.[356] Männliche Studenten durften zur Stabilisierung ihres Charakters sogar ihre Ehefrauen mit nach Großbritannien nehmen. „While there is no concrete evidence of African students coming under the influence of irresponsible Communist elements", notierte der Chief Secretary, „such dangers do exist and will to a degree be offset by the stabilising influence to a wife and domestic atmosphere."[357]

Die staatliche Kontrolle dieser kleinen Gruppe von Studenten war jedoch nicht besonders erfolgreich, wenn man bedenkt, dass gerade ihre Vertreter nach ihrer Rückkehr in vielen Fällen zu den maßgeblichen Kräften des antikolonialen Nationalismus gehörten. Auch die Behörden in Tanganyika konnten der klassischen Dialektik des Kolonialismus nicht entgehen – jene gut ausgebildeten einheimischen Personen, welche der Kolonialstaat braucht, um zumindest leidlich zu funktionieren, wenden sich irgendwann gegen ihn.[358] Was zumindestens in den Erinnerungen der afrikanischen Akteure ohnehin schwerer wog als die fortgesetzten Disziplinierungs- und Kontrollbemühungen der Briten, war der ungebrochene Paternalismus und die Arroganz, die Kolonialbeamte im Umgang mit ihnen weiterhin an den Tag legten. Gordon Tunze, Anfang der fünfziger Jahre Schüler der *Tabora School*, schilderte rückblickend seine entsprechenden Erfahrungen mit einem *District Officer*: „I remember way back in 1953, I came to a District Officer to get my assessment of school fees when I was at Tabora School. I said, ‚Good morning', he said, ‚You must say, Good morning, Sir, otherwise I won't transact your business'. I said: ‚But I came for my business, you may excuse me for not having added Sir, but I think you will help me with my business'. He says: ‚Repeat again, Good morning, Sir, or leave my office.'"[359]

Letztlich offenbart sich selbst in wohlwollend und verständnisvoll daherkommenden Darstellungen britischer Beamter bis zum Schluss die Haltung, dass die Disziplinierungs- und Entwicklungsanstrengungen bis auf weiteres unvollkommen bleiben müssten. In ihren Portraits und Beschreibungen konstruierten sie ihre afrikanischen Mitarbeiter immer wieder als Personen, die zwischen zwei Welten standen, und deren uneingeschränkter Zugang zu den Verheißungen der europäischen Modernität wiederholt durch das noch immer in ihnen steckende „atavistische Afrika" verhindert würde. Zur Illustration dieser These sei J. C. Cairns zitiert, Ende der fünfziger Jahre *District Officer* in Dar es Sa-

---

[354] Vgl. RH MSS.Afrs. s.1755: Memorandum Blumer: Education for Citizenship, 13.5.1949.

[355] Vgl. z. B. TNA 301/EDA/121: Director of Education an Member for Social Services, 9.5.1950.

[356] Vgl. TNA 246/E1/43: Zirkular Director of Education an alle Provincial Commissioners, District Commissioners, Heads of Department: Students Proceeding to the United Kingdom for Post-Secondary Classes, 14.12.1957.

[357] TNA 23140/III: Chief Secretary an Member for Social Services, 19.1.1951. Vgl. auch Tanganyika Standard, 9.1.1951.

[358] Vgl. dazu ausführlicher Kap. IV.

[359] RH MSS Afr. s. 2115: Interview John Tawney mit Gordon Kunze, o. D. [ca. August 1970]. Vgl. auch zahlreiche entsprechende Hinweise in Mang'enya sowie Interviews u. a. mit Job Lusinde, Dar es Salaam, 25.7.1999; Daniel S. Mhando, Dar es Salaam, 9.8.1999; Nicodemo Z. Mbwambo, Dar es Salaam, 11.8.1999; Bosco Petro Kriita, Moshi, 20.8.1999; Manga John Mangotto, Moshi, 23.8.1999.

laam. Seinen Assistenten charakterisierte er wie folgt: „He is one of the new Africans, the type created by European-style education and ideas. He and others like him face stresses and tensions Europeans find hard to imagine, for they are torn between two worlds. One foot is in the Western world, with all the dazzling advantages and opportunities to offer. The other is anchored in the old Africa of bush villages and primitivism and female circumcision." Und über einen weiteren Mitarbeiter wusste er zu berichten: „He is educated, intelligent and westernized [...] His job is important and he works hard at it. Trying to organize his work and do it efficiently and logically, in the European way [...] But with this is the African background, and the witchcraft is at work there, in the African beliefs and traditions, which are still part of him."[360]

---

[360] J. C. Cairns, Bush and Boma, London 1959, 149f.

5. Zusammenfassung

Die reformfreudigen Kräfte des Londoner Kolonialministeriums waren in den vierziger Jahren angetreten, den modernen demokratischen Verwaltungs- und Wohlfahrtsstaat nach Afrika zu tragen. Dieses Anliegen speiste sich wesentlich aus wirtschaftlichen und politischen Motiven. Großbritannien hatte zwar den Krieg gewonnen, drohte angesichts der akuten Wirtschafts- und Finanzkrise jedoch den Frieden zu verlieren und bedurfte, zumal das britische Imperium in Asien bereits in Auflösung begriffen war, dringend der ökonomischen Ressourcen seiner afrikanischen Kolonien. Selbst ein vormals als klassisches imperiales *backwater* angesehenes Gebiet wie Tanganyika spielte im Kalkül der Strategen des *Colonial Office* plötzlich eine wichtige Rolle. Um die gewünschten Resultate zu erzielen, glaubten die verantwortlichen Politiker in der Metropole, eine Allianz mit den zuvor von aller Macht ausgeschlossenen städtischen Eliten eingehen und darüber hinaus parlamentarische Institutionen einführen zu müssen, ohne freilich ganz auf die Kooperation mit Chiefs bzw. traditionellen Oberen verzichten zu wollen.

In den unmittelbaren Nachkriegsjahren bildete die Reform der Lokalverwaltung den Fokus britischer Hoffnungen. Auf diese Weise sollten mit der indirekten Herrschaft verknüpfte Bilder von Traditionalismus abgestreift sowie für die neuen „modernen" Ziele adäquate politische und administrative Einheiten geschaffen werden. Eine wichtige Rolle spielten in diesem Zusammenhang Bilder von der Reifung zum Erwachsenendasein. Bezüglich der Lokaladministration fanden erzieherische Metaphern früh Anwendung, etwa in Gestalt der Vorstellung, dass Erfahrungen in demokratischen lokalen Institutionen eine Form politischer Erziehung seien. Auch Wohlfahrtszentren, Projekte des *community development* sowie diverse Bildungseinrichtungen gerieten in den Memoranden der Briten zu Orten, an denen die Reifung der Afrikaner zu Staatsbürgern gefördert wurde. Diese Metaphern finden sich noch auf einem höheren Abstraktionsgrad, indem Nationen in den Vorstellungen der britischen Kolonialstrategen einen Prozess der Erziehung und Reifung bis zum Erwachsenendasein durchlaufen mussten. Dabei gedachten die Briten den Zeitplan und den Prozess des damit verbundenen Machttransfers zu kontrollieren, um den richtigen Typ einer selbstverwalteten Ex-Kolonie im Rahmen des Commonwealth zu schaffen: „A vigorous, adult and willing partner is clearly more to be desired than one dependent, adolescent and unwilling."[361]

Der Zeitplan in den Köpfen der britischen Verantwortlichen blieb jedoch sehr vage, afrikanische Selbstregierung eine auf unbestimmte Zeit verschobene Verheißung. Zudem stellt sich die Frage, ob die Politiker des *Colonial Office* und die Gouverneure in Afrika Ende der vierziger Jahre überhaupt ein konkretes Bild von einer afrikanischen politischen Klasse vor Augen hatten, die innerhalb einer Generation Regierungsverantwortung übernehmen könnte; von afrikanischen Staatsdienern, die in der Lage sein würden, Verwaltungsaufgaben eigenständig durchzuführen; und von afrikanischen Bauern, Unternehmern und Arbeitern mit der Fähigkeit, die ökonomischen Tätigkeiten einer Nation zu organisieren. Die privaten, aber auch die öffentlichen Bemerkungen der britischen Offiziellen waren einerseits voll von Generalisierungen über die vermeintliche afrikanische Rückständigkeit, andererseits enthielten sie kaum Hinweise darauf, dass auch Afrikaner Gestalter ihrer eigenen Zukunft sein könnten. Daher ist schwer nachzuvollziehen, wo nach Ansicht der Kolonialpolitiker die soziale Basis für nationale Geschlossenheit herkommen sollte. Im Übrigen wurde nahezu jeder afrikanische Politiker, der eine etwas größere Gefolgschaft hinter sich versammeln konnte, flugs als Demagoge diffamiert, wobei die reformierte Lokalverwaltung explizit als Strategie fungierte, den Einfluss dieser Demagogen zu minimalisieren. Die Rolle von Nicht-Demagogen mit einem Bildungsstandard, der ausreichend war, um verantwortliche Positionen im Staatsapparat zu beanspruchen, wurde von den

---

[361] Rundbrief Creech-Jones an alle britischen Gouverneure in Afrika, 10.11.1948, abgedruckt in Hyam, Labour Government, Bd. 4, Dok. 365, 61.

Briten mithilfe der Erziehungsmetaphern diskutiert – diese Afrikaner mussten belehrt werden und „reifen".

In Tanganyika blieben viele der im *Colonial Office* erdachten Projekte Makulatur. Zwar erlebte auch dieses Territorium seine zweite koniale Okkupation, die verstärkte Präsenz entsandten europäischen Personals, die Zunahme von staatlichen Maßnahmen in Politik, Wirtschaft, Bildungs- und Sozialwesen sowie wachsende administrative „Lenkungs"- und Kontrollversuche in diversen Lebensbereichen der lokalen Bevölkerung. Die Verwaltung wuchs und erhielt neue Aufgaben, doch die Wirksamkeit des spätkolonialen Interventionsstaates blieb im Ganzen gesehen bescheiden. Weiterhin traten nur Wenige direkt in den Gesichtskreis der Administration. Den großartigen Verlautbarungen in den kolonialen Memoranden stand in der Regel eine wesentlich bescheidenere Umsetzung entgegen, schon weil die notorisch dünne Finanzdecke selten größere Sprünge erlaubte. Allerdings waren die meisten Entwicklungsprogramme ohnehin an einem zeitfernen Morgen ausgerichtet und standen eher für die Brüchigkeit einer bürokratischen Utopie als für die stringente Planung eines bürokratischen Staates. Hinzu kamen deutliche Differenzen einerseits zwischen London und Dar es Salaam, andererseits innerhalb der Verwaltung in Tanganyika, über den richtigen Weg der „Modernisierung". Einige glaubten, dass Afrikaner gleichsam überredet oder davon überzeugt werden könnten, moderne Bürger zu werden; andere setzten weiterhin auf Chiefs und „tribale" Strukturen, die äußerst behutsam zu reformieren seien. Beide teilten jedoch die Überzeugung, allein sie kennten den Weg in eine bessere Zukunft, auf den die Bevölkerung gegebenenfalls auch mit Zwang gebracht werden müsste. Eine Konsequenz der heterogenen kolonialen Entwicklungspolitik waren schließlich ständige Experimente, bei denen nicht selten alle Beteiligten den Überblick verloren.

Besonders zurückhaltend war die britische Regierung in Tanganyika bezüglich ihrer potenziellen Nachfolger. Die Zahl jener, welche Teil des bürokratischen kolonialen Verwaltungsapparates und damit Träger der neuen Werte wurden, blieb gering. Nur Wenige erhielten überhaupt Zugang zu höheren Bildungseinrichtungen. Auf dem Stundenplan der künftigen afrikanischen Bürokraten standen analog zur Vorkriegszeit zuvorderst Disziplin und Drill. Für diese kleine Gruppe, wenigstens für einen Teil von ihr, erweiterten sich die Spielräume dennoch in entscheidener Weise. Die neue Ordnung ermöglichte es ihnen, Zeit im Ausland zu verbringen, Kontakte mit politischen Gruppierungen und Individuen zu knüpfen, neue Ideen und Ideologien kennenzulernen und mit ihnen zu experimentieren. Zudem gelangten einige nun in unmittelbare Nähe zur Herrschaft, etwa als Abgeordnete im *Legislative Council*. Sie übten bürokratische und politische Prozeduren ein, die ihre Vorstellungen von staatlicher Ordnung dauerhaft prägten. Die afrikanischen Staatsdiener der Spätkolonialzeit bewegten sich dabei in einem Zwischenraum, der, wie das folgende Kapitel zu zeigen versucht, mehr Wege barg, als es das koloniale Entweder-Oder vorgab.

IV. Kulturelle Makler
Afrikanische Bürokraten
und das Ende der Kolonialherrschaft

1. Staatsdiener im Zwischenraum

Als die Unabhängigkeit Tanganyikas nahte, gehörte eine gehobene Stelle in der staatlichen Bürokratie zu den größten Verheißungen. Ein *clerk* aus Tabora äußerte in einem Brief an den Herausgeber der Wochenzeitung *Mwafrika* (Der Afrikaner) die Befürchtung, dass Regierungsangestellte, welche doch die größten Erfahrungen mit der Tätigkeit in den Amtsstuben hätten, nicht ausreichend berücksichtigt würden:

„These days we see that many Africans who do not come from among the clerks [...] are taken to study in Europe, and others are given high positions here in Tanganyika without going to Europe to study. The thing which distresses us, for our part as clerks, is that it is our brothers who are not clerks who will get the benefit of important positions like Field Officers, Labour Inspectors, Co-operative Officers, Public Relations Officer and so on [...] Clerks are people who have special knowledge of work in offices, and therefore ought to be thought of for higher positions and to leave the clerks' jobs for women."[1]

Dieser Vorschlag wurde in einem gewissen Maß Realität. Nach der Unabhängigkeit übernahmen immer mehr Frauen die schlechter bezahlten Angestelltenpositionen, während männliche Bürokraten rasch auf der Karriereleiter des Staatsdienstes nach oben stiegen und wichtige politische Positionen einnahmen.[2] Der Triumph der Bürokratie und der Bürokraten im Tanganyika/Tanzania der sechziger und siebziger Jahre erwuchs aus einer kolonialen Situation, in der Chiefs und Verwaltungsangestellte die einzigen Afrikaner mit substanziellem Einfluss waren. Seit dem Zweiten Weltkrieg verloren die Chiefs beständig an Macht und mussten das Feld zunehmend den Staatsdienern überlassen. Andere Gruppen vermochten dagegen keinen nennenswerten Einfluss zu entfalten. Die Briten unternahmen während der Kolonialzeit alles, um den Aufstieg autonomer Gewerkschaften, Kooperativen, Händler- oder Bauernorganisationen zu unterbinden. Und die afrikanischen Bürokraten vollendeten nach der Unabhängigkeit diese Politik.

Die nationalistische Partei TANU kooptierte die wichtigsten Führungspersonen der Gewerk- und Genossenschaften. Dabei handelte es sich um Personen mit administrativer Erfahrung, deren berufliche Praxis derjenigen von Staatsdienern sehr ähnelte. Beide Gruppen bewegten sich sozusagen in derselben bürokratischen Sphäre. Wichtige Positionen, die die Partei zu vergeben hatte, wurden in der Regel von gut ausgebildeten Verwaltungsmitarbeitern besetzt. Spätestens 1959 wurde klar, dass die TANU über kurz oder lang die Regierung des unabhängigen Tanganyika stellen würde. Bei vielen war mit dieser Perspektive die Erkenntnis verknüpft, dass die Unabhängigkeit unter der TANU mit dem Aufstieg formal gut qualifizierter Verwaltungsmitarbeiter einhergehen würde. *Mwafrika*, eine überall in Tanganyika viel gelesene Zeitung, berichtete nun jede Woche über Studienstipendien fürs

---

[1] Mwafrika, 21. 5. 1960, zit. nach Feierman, Peasant Intellectuals, 238.
[2] Vgl. dazu ausführlicher Kap. V, 2.

Ausland, über den Aufstieg von einzelnen Afrikanern im Staatsdienst, nannte die Namen der Afrikaner, die zum Studium nach Übersee gingen und setzte sich detailliert mit den Gehaltsstrukturen des britischen Verwaltungsapparates auseinander. Keine Zeile dagegen über ländliche Entwicklungen. In der regelmäßigen Gedichtkolumne fanden sich immer wieder Beiträge, die dem Büroalltag, Akten, Schreibmaschinen und Schreibtischen gewidmet waren.[3]

Wer waren die afrikanischen Staatsdiener der Dekolonisationsperiode, die im unabhängig gewordenen Tanganyika die führenden Positionen im Staat einnehmen sollten? Auf diese Frage versuchen die folgenden Abschnitte eine Antwort zu geben. Besonderes Augenmerk wird auf die Aktivitäten und Vorstellungen dieser Gruppe von Akteuren gelegt. Mehrfache, sich überschneidende und sogar miteinander kollidierende Identitäten lassen sich dabei als ein zentrales Charakteristikum ausmachen. Afrikanische Bürokraten bewegten sich jenseits der binären kolonialen Muster, die säuberlich zwischen „Alt" und „Neu", zwischen „Indigen" und „Westlich" oder zwischen „Tradition" und „Moderne" unterschieden. Der Zwischenraum, in dem sie sich befanden, bot viele Möglichkeiten, offenbarte aber immer auch die Grenzen der hierarchischen kolonialen Ordnung.

Die Jahre des Zweiten Weltkriegs erfuhren die afrikanischen Lehrer und Regierungsangestellten in Tanganyika als eine Periode voller Entbehrungen.[4] In den dreißiger Jahren hatten sie im Vergleich zum Rest der Bevölkerung noch einen relativen Wohlstand genossen, den sie ebenso wie ihren höheren Status zu wahren trachteten. Doch die kriegsbedingte Inflation reduzierte den Wert ihrer Gehälter drastisch, Personalmangel erforderte einen erhöhten Arbeitseinsatz, ohne dass dies durch verbesserte Aufstiegs- und Einkommensmöglichkeiten ausgeglichen worden wäre. Staatliche Zuschüsse zu den Lebenshaltungskosten waren unzureichend, und zudem erhielten Afrikaner 20 bis 30 Prozent weniger als Asiaten derselben Gehaltsstufe, weil sie angeblich kostengünstiger leben konnten.[5] Britische Verwaltungsbeamte registrierten die wachsende Verbitterung unter afrikanischen Bürokraten, die gegen Kriegsende noch anstieg, weil zurückkehrende Soldaten finanziell oft besser gestellt waren als die *government clerks* und zudem über ihre Köpfe hinweg befördert wurden. „Despite all this," schrieb Erica Fiah in *Kwetu*, „we still have a chance to hope that the new World which is to come out of the chaos and ruins will be a better world of freedom and liberty."[6] Bezüglich der Zukunftsaussichten hielten sich Hoffnung und Skepsis die Waage: „Will the African native be allowed a better place and a little more voice and responsibility in the administration of his country, or will he continue to remain as a clerk, last on the list, as he has always been?"[7], fragte Fiah im Mai 1942. Petro C. Mntambo, Museumswärter in Dar es Salaam und Vorsitzender der dortigen Sektion der *African Association*, mahnte in einem Beitrag für die „Tanganyika Notes and Records":

„[...] there are so many repeated aims for the good and welfare of the African which have never been put into practice. How can the African believe if you give him mere words only? A motto is no good if it is an ornament on the wall. If we live up to it then only does it become worthwhile. The African is never consulted on matters affecting his welfare and country [...] the laws and ordinances of the country are passed in English and never interpreted to the African. They belong to confidential official documents, and when an African commits anything contrary to these laws and ordinances he is imprisoned. It would be better if these laws and ordinances should be translated into the language of the country, or, on the other hand, if educated Africans were appointed to undertake the administration of their country, so as to be able to translate these laws and ordinances to their fellow-countrymen. It would bring a mutual benefit if the white man lived up to his motto, that of sacred trusteeship and a tutor of a backward race, and that the interests of the natives must be paramount. Without adhering to his aims and mottoes, the African counts him a flatterer, sly and a hypocrite, because he does the reverse of what he says."[8]

---

[3] Vgl. Feierman, Peasant Intellectuals, 238. Zu Mwafrika vgl. Sturmer, 78f.

[4] Dazu am besten Westcott, Impact, 299ff.

[5] Vgl. TNA 11051/II: Korrespondenz zwischen TAGSA und Regierung über diese Frage, als Anhang von General Secretary, TAGSA, an Chief Secretary, 14.5.1945.

[6] Kwetu, Dezember 1941.

[7] Ebd., 1.5.1942.

[8] Petro Ch. Mntambo, The African and how to promote his Welfare, in: TNR 18 (Dez.1944), 1-10, hier: 6.

Wie die Ausführungen von Mntambo unterstreichen, erhöhte die im Krieg (wenn oft auch nur zähneknirschend) gezeigte Loyalität bei den afrikanischen Staatsdienern die Erwartungen an die Nachkriegszeit. Sie wollten die Europäer endlich beim Wort nehmen können, die staatliche Verwaltung mit ihren Gesetzen und Verordnungen sollte transparenter werden, und sie selbst gedachten eine Mittlerrolle, vor allem aber auch Verantwortung zu übernehmen. In den Kolumnen von *Kwetu* und in diversen Petitionen und Pamphleten der AA wurde zwar weiter an die Pflicht der Afrikaner, an sich selbst zu arbeiten, appelliert. Zunehmend rückten jedoch Forderungen an die Kolonialregierung, endlich Möglichkeiten für den raschen wirtschaftlichen und gesellschaftlichen Aufstieg von Afrikanern zu schaffen, in den Mittelpunkt. Die afrikanischen Bürokraten nahmen die Reformpapiere des *Colonial Office* gewissermaßen ernster als die Regierung in Dar es Salaam und setzten auf verstärkte staatliche Interventionen etwa zur Verbesserung ihrer Situation: „[...] important economic regulations are matters of Government Policy and cannot be formulated without recourse to administrative law [...] nor can there be any economic prosperity without administrative intervention.“[9]

Zudem gehörte der zügige Ausbau des Bildungswesens und insbesondere der höheren Schulen (deren Abschluss Voraussetzung für höhere Verwaltungsposten war) zu den zentralen Ansinnen der in der AA organisierten Staatsdiener. Mit dem Kriegsende verband sich schließlich auch die große Hoffnung auf das Ende rassistischer Diskriminierungen und rassisch begründeter Ungleichheit. Diese Hoffnung wurde bitter enttäuscht. Der Regierungsangestellte G. G. Mhina musste konstatieren:

„At one time I thought that Tanganyika was a little island in the ocean of colour bar, but recent events have dispelled such thoughts from my mind. Colour bar is now spreading like a forest fire [...] All departments today reek of it and as long as our standard of life is at a low water mark the foreign element [...] will find grounds for its existence and perpetuation. We can combat it by having an elevation in salaries, standard of life and education, and so it is our chief duty to ask our ‚Government‘ to raise those essential weapons against colour bar.“[10]

Nach dem Krieg kamen zu den bereits in den dreißiger Jahren erhobenen Beschwerden – im Vergleich zu den Asiaten und Europäern niedrigere Gehälter, Wohngelder und Transportzuschüsse sowie keine Rentenansprüche – noch weitere Anlässe zur Kritik hinzu. Um ihren chronischen Personalmangel zu mildern, griff die Regierung bei der Besetzung von Posten, für die viele Afrikaner glaubten qualifiziert zu sein, bevorzugt auf asiatische *clerks* zurück. Sie schuf sogar den neuen Posten des *District Foreman*, eine Art Koordinator für Entwicklungsprojekte in den Distrikten, zu dem exklusiv so genannte *Non-Natives* Zugang hatten.[11] Die nach dem Krieg rasch steigende Zahl europäischer Beamter und die kontinuierliche Weigerung der Regierung, Afrikaner auf höhere administrative Posten zu berufen, verstärkten noch das Gefühl der Diskriminierung. Die TAA beklagte sich, dass die Regierung immer nur auf die mangelnde Qualifikation afrikanischer Kandidaten verweise, jedoch keine Anstrengungen zur Hebung deren Qualifikation unternehme: „Plans for more education have so far fallen on pratically deaf ears [...] Government should find a new excuse instead of the lame old ones of ‚lack of funds‘ alternating with ‚lack of teachers‘ that has now been word thread bare [sic!].“[12]

Um ihren Forderungen Gehör zu verschaffen, begründeten einige Regierungsangestellte bereits 1940 in Dar es Salaam die *African Civil Servants Association*.[13] Vier Jahre darauf änderte die Organisation ihren Namen in *Tanganyika African Government Servants Association* (TAGSA) und intensivierte ihre Aktivitäten merklich. Sie beanspruchte, Interessenvertretung für alle afrikanischen Verwaltungs-

---

[9] TNA 19325/II: E. J. Kazi (Generalsekretär der African Association) an Chief Secretary, 4. 5. 1946.

[10] TNA 571/52: G. G. Mhina an Secretary African Association Dodoma branch, 16. 3. 1945.

[11] Vgl. TNA 304/283: Chief Secretary an alle Provincial Commissioners, 20. 12. 1948.

[12] PRO CO 691/208: Tanganyika African Association an Dugdale (Staatsminister im CO), 30. 8. 1950. Die Besuchsmissionen der Vereinten Nationen wurden ebenfalls wiederholt mit entsprechenden Klagen konfrontiert. Vgl. dazu Stephens, 50.

[13] Vgl. Tanganyika Standard, 14. 10. 1940. Es ist nicht eindeutig, ob diese Organisation eine Neugründung war, oder die Wiederbelebung der (in Kap. II, 4. vorgestellten) TACSA.

mitarbeiter zu sein, „from road sweeper to the African holding the highest position in the government", und wurde von der Regierung in dieser Rolle auch anerkannt.[14] Im Oktober 1944 zählte die Organisation nach eigenen Angaben bereits 1 820 Mitglieder in Tanga, Mwanza, Arusha und Dar es Salaam. Im folgenden Jahr entstanden weitere 23 lokale Zweige in diversen Distriktzentren.[15] 1952 war die Zahl der Mitglieder auf 3 000 angestiegen, von denen allerdings, so klagte der Vorsitzende, ein Drittel die Beiträge nicht bezahlte.[16] Die TAGSA war in der ersten Dekade nach dem Zweiten Weltkrieg die stabilste und am besten organisierte Organisation einer Berufsgruppe, formal jedoch keine Gewerkschaft. Sie setzte zudem nicht auf Streiks, sondern auf Petitionen, in denen sie sich etwa über die hohen Kosten für Wohnraum, Zeitungen, Bücher und Kinokarten beklagte.[17]

Die Bevorzugung asiatischer Regierungsmitarbeiter blieb ein ständiger Dorn im Auge.[18] Ein anonymer Verwaltungsmitarbeiter berichtete in *Kwetu* von dem großen Komfort, den *Indians and Goans* auf Zugfahrten im Vergleich zu afrikanischen Reisenden genießen würden: „Traveling space is divided into three parts: a very big part for Europeans, the second for Indians and the third for black skin [...] the part we get isn't even one-quarter of what Indians get."[19] Zwar waren alle Afrikaner und die meisten Inder formal Teil desselben *Local Service*, doch, so beklagte sich ein anonymer Leserbriefschreiber in *Kwetu*, „they [die Asiaten] get all the cream (quarters, bus traveling facilities, starting pays. etc.) and the African only a lemon."[20] Das unerfüllte Versprechen eines farbenblinden *Local Service* veranlasste eine Gruppe von afrikanischen Bürokraten gar zu folgender, drohender Feststellung:

„[...] the African is the most unfortunate race. At the same time we live in hopes that we are not under a ‚Curse of God'. We await the breaking of that day to receive the credit for our existence in the world from what is left for us in the Stores of Fortune – when, with the ruling of just freedom in view, we shall best tell what we think of Indians."[21]

Thomas Marealle, einer der ranghöchsten afrikanischen Verwaltungsmitarbeiter, stellte die Frage: „Wer arbeitet härter, der afrikanische oder der indische Staatsdiener?" Und beantwortete sie sogleich: „Ich denke, sie arbeiten gleich gut." Daher bestehe auch kein Grund, unterschiedliche Gehälter zu zahlen. Marealles Kritik richtete sich jedoch nicht nur gegen die Besserstellung seiner asiatischen Kollegen. Er formulierte sogleich Ressentiments gegen das „asiatische Handelsmonopol":

---

[14] TNA 11051/II: Protokoll „Special Meeting of TAGSA", 2.2.1945; Chief Secretary an alle Provincial Commissioners, 8.11.1944.

[15] Ebd., TAGSA: Report and activities of the association for the year 1944; J.B. Matovu (Gen.Secr.) an Chief Secretary, 13.5.1946; Iliffe, Modern History, 396.

[16] Vgl. PRO CO 822/660: Meeting with Representatives of the Tanganyika African Government Servants Assocation, Dar es Salaam, 18.8.1952.

[17] Vgl. z.B. TNA 11889/II: Memorandum on Houses by Norman Pearson, Government Employees Welfare Officer, 1.11.1949; TNA 41527/1: Secretary TAGSA [Ally Kleist Sykes] an Chairman, Cost of Living Committee, 26.2.1951. Zu anderen Gewerkschaften vgl. Kap. IV, 4.

[18] Dazu ausführlich Brennan, Nation, Kap. 4.

[19] Kwetu, 3.8.1939.

[20] Ebd., 7.6.1942. Wie in Kap. II, 4. dargelegt, wurde die nach rassischen Kriterien organisierte Verwaltung 1933 durch einen einheitlichen *Local Civil Service* ersetzt. Dennoch rekrutierte man weiterhin vorwiegend Asiaten für Grade II (was einem Gehalt zwischen 150 u. 300 Shs./Monat entsprach), während Afrikaner nahezu ausschließlich für Grade III mit einem monatlichen Salär von 72 bis max. 200 Shs. eine Anstellung fanden. Lokal rekrutierte Europäer bildeten ab 1937 den neu geschaffenen *Intermediate Civil Service* und besetzten alle Grade I-Posten im Territorium. Offiziell begründet wurde diese diskriminierende Praxis mit der vermeintlich unterschiedlichen „Effizienz" der jeweiligen „Rassen". Vgl. RH MSS Brit.Emp. 365/122/2: Memorandum: African and Asiatic Civil Servants in Tanganyika, o.D. [circa November 1944]; PRO CO 691/181: Freeston an Moyne, 26.2.1942. Vgl. auch Kap. III, 1.

[21] Leserbrief, signiert mit „Africans", in: Tanganyika Standard, 15.1.1944. Dazu auch Brennan, Nation, Kap. 4.

„Where does all the money which we get in salaries go to, does it not all find its way to the Indian shops, in bill settlements? What benefit does your African brother get out of your pay? If our money were circulated amongst the native population, it would greatly serve Tanganyika. Where do Indians send their money? Supposing they were all ordered back to their Homeland, India, would they leave us their shops? Despite all we do to and for the Indians where is their gratitude? They simply say of us, ‚Fools, what does a black-skinned creature know?'"[22]

Zudem galten die asiatischen Verwaltungsmitarbeiter als arrogant und unnahbar.[23] Mit ihrer wiederholt artikulierten Antipathie den Asiaten gegenüber standen die *clerks* nicht allein. In der afrikanischen Bevölkerung waren solche Vorbehalte weit verbreitet,[24] ebenso in der nationalistischen Bewegung. Die Mitgliedschaft in der TANU blieb bis nach der Unabhängigkeit auf Afrikaner beschränkt. Obwohl die 1951 gegründete *Asian Association* den Kampf gegen die britische Herrschaft unterstützte und Nyerere sich mehrfach gegen Slogans wie „Afrika den Afrikanern" aussprach, manifestierte sich in zahlreichen Reden von TANU-Politikern und Rundschreiben der Partei eine antiasiatische Haltung.[25]

Die Regierung in Dar es Salaam zögerte derweil die Rekrutierung von Afrikanern für höhere Verwaltungsposten gleichsam bis zur letzten Minute heraus. Typisch für diese, auch in den anderen ostafrikanischen Kolonien (Uganda, Kenia) dominante Einstellung war der 1954 publizierte Bericht der *Commission on the East African Civil Services*. Aus der Feststellung, nur wenige Afrikaner seien ausreichend für den Staatsdienst qualifiziert, folgerte die Kommission lediglich, dass noch für eine sehr lange Zeit Beamte aus England in Ostafrika Dienst tun müssten.[26] Letztlich begann erst 1959 mit der Regierungsbeteiligung der TANU die intensive Afrikanisierung der gehobenen administrativen Ränge. Nyerere beklagte gegenüber einem britischen Reporter noch einmal zu Recht: „In West Africa the Colonial Office made its policy clear from the beginning and a local service was trained in good time. Here events have moved suddenly so quickly that there simply are not enough local people with the necessary training available."[27] Zwar war die Zahl afrikanischer Verwaltungsmitarbeiter seit den späten vierziger Jahren kontinuierlich angestiegen. 1960 fanden mehr als 26 000 Afrikaner im Staatsdienst Beschäftigung.[28] Doch unter den 299 höheren Verwaltungsbeamten (*Administrative Officers*) waren lediglich sieben Afrikaner. Dunstan Omari, ein Makerere-Absolvent, wurde 1959 zum ersten afrikanischen *District Commissioner* ernannt.[29] Hinzu kamen 47 *Assistant Administrative Officers*. Bei ihnen handelte es sich jedoch um Personen ohne Universitätsabschluss, die in den Provinz- und Distriktverwaltungen keinen eigenverantwortlichen Tätigkeiten nachgehen durften. Noch Mitte 1961, wenige Monate vor der Unabhängigkeit, gab es nicht einen einzigen afrikanischen *Provincial Commissioner* und lediglich zwei *District Commissioners*. Von 4887 Posten in der höheren und mittleren Verwaltung waren zu diesem Zeitpunkt nur 616 mit Afrikanern besetzt.[30]

---

[22] Leserbrief Marealle, in: Kwetu, November/Dezember 1941.
[23] Vgl. Interviews mit Martin Kuvimbi, Dar es Salaam, 8. 8. 1999; Daniel Mghenyi, Dar es Salaam, 11. 8. 1999; Hassan Omari Mongi, Moshi, 16. 8. 1999; Isaeli Nyeka Elinewinga, Moshi, 20. 8. 1999; ferner Gregory, South Asians, 201.
[24] Vgl. dazu detailliert Brennan, Nation, Kap. 4.
[25] Für die politische Haltung der *Asian Association* vgl. PRO CO 822/645: Protokoll Interview Andrew Cohen mit Vertretern der Asian Association, 2. 6. 1951; Gregory, Quest for Equality, 108. Zu antiasiatischen Tendenzen in der TANU vgl. Iliffe, Modern History, 540; Maguire, Toward ‚Uhuru', 266.
[26] Vgl. United Kingdom Government, Report of the Commission on the Civil Services of the East African Territories and the East African High Commission 1953–54, London 1954, Bd. 1, Kap. 3.
[27] Zit. nach Pratt, Critical Phase, 92.
[28] Vgl. Annual Report UNO 1960, Teil I, 26.
[29] Vgl. Who's Who in East Africa 1963/64, 29. Vgl. ferner RH MSS Afr. s. 1887: Peter Hope Johnston, Draft memoirs of colonial service in Tanganyika, 1938–1965, o. D. [c. 1980], der sich folgende Bemerkung (S. 17) nicht verkneifen konnte: „[...] first posting Manyoni where nothing would go wrong."
[30] Vgl. PRO CO 822/2689: Prime Minister's Office: Africanisation of the Civil Service – Progress Report N° 2, 19. 7. 1961. Etwas andere Zahlen bei Susanne D. Mueller, The Historical Origins of Tanzania's Ruling Class,

Politisch gerieten die afrikanischen Bürokraten mit dem aufkommenden Nationalismus in eine prekäre Situation. Ihrer Übernahme politischer Führungspositionen standen zwei große Hindernisse gegenüber. Zum einen waren sie in der Regel von ihren politischen Wurzeln getrennt, zum anderen war es ihnen nach 1953 gesetzlich verboten, in politischen Vereinigungen tätig zu sein.[31] Männer mit höherer Schulbildung, welche die höchsten für Afrikaner zugänglichen administrativen Posten in Tanganyika einnahmen, blieben nur wenige Jahre an einem Verwaltungsposten. Im Verlauf ihrer Tätigkeit mussten sie in der Regel mehrfach ihre Arbeitsorte wechseln. Der Karriereweg eines afrikanischen Staatsdieners aus den Usamabara-Bergen konnte etwa folgendermaßen aussehen: Grundschule in Lushoto, weitere Ausbildung in Dar es Salaam oder Tabora, eventuell Studium in Makerere, dann Verwaltungstätigkeit in Lindi, Mwanza und Morogoro.[32] Im Verlauf ihrer Arbeit mögen sich diese Personen vielleicht eine nationale Vision der Probleme Tanganyikas angeeignet haben, hingegen war es für sie extrem schwierig, lokale politische Machtbasen aufzubauen. Einige führende nationalistische Politiker gaben zwar ihre Tätigkeit in der Verwaltung oder Schule auf, um sich ganz der politischen Arbeit zu widmen – Julius Nyerere bietet das prominenteste Beispiel. Doch die große Zahl der Bürokraten, die ihre Arbeit behielt, war nun – zumindest nach außen – zu einer unpolitischen Haltung gezwungen.[33] 1958 begann sich die TANU verstärkt zu bürokratisieren. Die Zentrale der Partei in Dar es Salaam setzte Sekretäre in den diversen lokalen Parteisektionen ein und berücksichtigte dabei vornehmlich gut ausgebildete *clerks*, welche die jeweiligen regionalen „Gründergenerationen", oft Händler oder niedrige Verwaltungsangestellte (wie etwa Boten), ersetzte. Die neuen Kräfte schienen den Parteioberen besser geeignet, Anordnungen der Zentrale umzusetzen und nicht zuletzt die immer umfangreichere Schreibarbeit zu erledigen. Bald standen nahezu 1 000 Angestellte auf der Gehaltsliste der Partei und weitere 950 Personen erhielten Aufwandsentschädigungen oder Honorare.[34]

Soweit die Quellen überhaupt Aussagen zulassen, gingen afrikanische Verwaltungsangestellte in der Regel pragmatisch mit „bürokratisch-modernen" Verwaltungsnormen in Bezug auf Disziplin, Kleidung, Pünktlichkeit und Rhetorik (etwa in der Verwaltungskorrespondenz) um. In Interviews beschworen sie wiederholt Ideale der Sauberkeit, der Kleiderordnung und der Pünktlichkeit.[35] Zudem repräsentierte die Anschaffung von europäischer Kleidung, Möbeln, eines Radios oder Grammophons die Möglichkeit, sich ausgewählte Elemente der europäischen Kultur anzueignen. Diese Objekte wiederum ermöglichten ihnen die Distanzierung von anderen Afrikanern (und Asiaten).[36] Versuche der Abgrenzung finden sich auch im räumlichen Kontext. Genannt seien die Beschwerden der *Tanganyika African Government Servants Association* über den Mangel an separaten Räumen für afrikanische Staatsdiener im *Sewa Haji Hospital* in Dar es Salaam. In einem Brief an den *Chief Secretary* stellte die Organisation entsprechende Forderungen:

in: CJAS 15,3 (1981), 459–497, hier: 479; Iliffe, Modern History, 573; Pratt, Critical Phase, 92f. Sie drücken jedoch alle den gleichen Trend aus.

[31] Zu dem entsprechenden Gesetz vgl. Kap. III, 2. Die Regierung in Dar es Salaam wies mehrfach nachdrücklich darauf hin, dass sie dieses Gesetz anzuwenden gedachte. Vgl. etwa PRO CO 822/1364: Telegramm Twining an Kolonialminister, Juni 1957.

[32] Vgl. Feierman, Peasant Intellectuals, 224.

[33] Viele traten jedoch, insbesondere nach 1958, heimlich in die Partei ein. Mehrere Interviewpartner erzählten zudem in leichten Variationen, wie sie just zu dem Zeitpunkt in eine Polizeikontrolle gerieten, als sie nicht nur ihren eigenen TANU-Mitgliedsausweis, sondern auch die Dokumente der gesamten Ortsgruppe im Gepäck führten. Natürlich gelang es ihnen, die Papiere vor der Polizei zu verbergen. Diese Geschichte – ob selbst erlebt oder nicht – ist offenbar wichtiger Teil der Biographie vieler afrikanischer Bürokraten geworden.

[34] Vgl. Iliffe, Modern History, 558; Bienen, Tanzania, 113ff.

[35] Vgl. diverse Interviews, besonders nachdrücklich bei: Charles Hisis, Muheza, 11. 3. 1996; Mzee Karlo, Muheza, 12. 3. 1996; Job Lusinde, Dar es Salaam, 12. 7. 1999; Francis Xavier Mbenna, Dar es Salaam, 10. 8. 1999; Balozi Mhina, 28. 2. 1996; Valentin Mtema, Mkuzi, 12. 3. 1996; E. C. Mzena, Dar es Salaam, 6. 8. 1999.

[36] Vgl. Interviews mit Francis Damian, Dar es Salaam, 11. 8. 1999; Hshim I. Mbita, Dar es Salaam, 10. 8. 1999; Thomas Marealle, 20. 8. 1999; Valentin Mtema, Mkuzi, 12. 3. 1996; Chande Othman, Tanga, 6. 3. 1996.

„[...] this Association takes the opportunity of representing the question of admission into hospitals of African Government employees. As a rule a separate compartment should be set aside for Government employees as well as for their families [...] This Association strongly submits that [...] Government hospitals should spare a compartment – spacious and sufficient enough – for African Government employees and that those entitled to higher privileges on the railways should have them when admitted to hospitals."[37]

Dieser Anspruch auf Privilegien wurde von europäischen Beobachtern zum Teil scharf kritisiert und, etwa vom britischen Gewerkschafter Norman Pearsons, als Undankbarkeit aufgefasst. In diesem Zusammenhang zeichnete er die afrikanischen Bürokraten als unverantwortliche Egoisten, die sich Vorteile auf Kosten der ärmeren Bevölkerungsschichten (in Tanganyika und in Großbritannien) anmaßten.

„[...] whatever the circumstances of the case most educated Africans are convinced that they are not being fairly treated, and this is one of the things which brings the counter-charge of ingratitude. In any cases the truth is that they are doing the exploiting – exploiting their more backward fellow-Africans and, indeed, exploiting many a poor British citizen worse off than they are and who has to keep on digging deeper into his pocket to pay for their welfare among other things [...] Educated Africans like to claim economic equality with the British as an inherent right. They claim that they have the right to the same sort of food, the same kind of house, the same kind of clothes, the same kind of social conditions. They make their claim, however, not with the bottom classes, who are the types they commonly see in Tanganyika. Although they can see no reason why all British classes, poor included should not foot the bill for the benefit."[38]

Während die Staatsdiener wiederholt deutlich Distanz zu anderen Afrikanern und Asiaten suchten, forderten sie bei diversen Gelegenheiten die gleiche Behandlung wie die Europäer. Dieses Anliegen wurde nur selten erfüllt. Die Vereinigung der europäischen Regierungsangestellten weigerte sich trotz nachdrücklicher Aufforderung durch den *Chief Secretary* strikt, ihre Tore wenigstens für höhere afrikanische Staatsdiener zu öffnen.[39] Selbst in der geplanten Kantine für Regierungsangestellte in Dar es Salaam drängte der verantwortliche britische Beamte auf getrennte Essenszeiten, denn: „Africans are rather agressive eaters and drinkers, usually very crude in the way they use common utensils."[40] Wohnquartiere blieben nahezu allerorten getrennt. Nur selten schafften es afrikanische *clerks*, sich in den Vierteln der Weißen niederzulassen.[41] Die Segregation zwischen europäischen und afrikanischen Verwaltungsangestellten war offenbar auch im privaten Bereich die Regel, die durch einige Ausnahmen bestätigt wurde.[42] Im *Arnautoglu Centre* in Dar es Salaam formierte sich ein „multirassischer" Diskussionszirkel, an dem neben einigen britischen Beamten auch asiatische und afrikanische Verwaltungsangestellte und Lehrer (wie Julius Nyerere, Rachidi Kawawa und Zuberi Mtemvu) teilnahmen.[43] Einige britische Beamte sahen in den vermeintlich ungebildeten Frauen ihrer afrikanischen

[37] TNA 33116: Tanganyika African Government Servants Association an Chief Secretary, 11.4.1945.

[38] RH MSS Afr. s. 394: Manuskript: Norman Pearsons, Trade Unionist on Safari, o. D. [1949], 87; 123.

[39] Vgl. RH MSS Afr. s. 1546: Minutes Annual General Meeting Tanganyika European Civil Servants' Association, 21.3.1958.

[40] RH MSS Afr. s. 395: Memorandum on proposed restaurant for Government Employees, o. D. [circa 1950].

[41] Vgl. u. a. Interviews Donald Barton, Oxford, 10.9.1995; David Brewin, London, 8.9.1995; Samuel Shadrack Kimei, Moshi, 18.8.1999; Patrick Kunambi, Dar es Salaam, 7.8.1999; Massan Omari Mongi, Moshi, 16.8. 1999; Chande Othman, Tanga, 6.3.1996. Allgemeiner zur Thematik vgl. Anthony Kirk-Greene, ,Damnosa Hereditas'. Ethnic Ranking and the Martial Races Imperative in Africa, in: Ethnic and Racial Studies 3,4 (1980), 393–414; ders., Colonial Administration and Race Relations. Some Research Reflections and Directions, in: ebd. 9,3 (1986), 275–287.

[42] Einige von mir interviewte Staatsdiener haben ausdrücklich auf ihr gutes persönliches Verhältnis zu ihren britischen Vorgesetzten hingewiesen, mit denen sie auch nach Dienstschluss verkehrt hätten. Vgl. z. B. Interview Martin Kivumbi, Dar es Salaam, 8.8.1999; Francis Xavier Mbenna, Dar es Salaam, 10.8.1999; Daniel S. Mhando, Dar es Salaam, 9.8.1999; Julius A. Zacharia Mneney, Moshi, 20.8.1999; Israel Saul Tarimo, Moshi, 16.8.1999.

[43] Vgl. Hatch, Two African Statesmen, 91f. Zum Kontext vgl. James Brennan, South Asian Nationalism in an East African Context. The Case of Tanganyika, in: Comparative Studies of South Asia, Africa, and the Middle

Mitarbeiter den Hauptgrund für den Mangel an sozialen Beziehungen. J. C. Cairns, *District Officer* in Dar es Salaam war jedenfalls überzeugt:

> „The African wife, of course, is the great barrier to natural social relations between the races. With the husband, conversation is often easy, and inter-racial relationships enjoyable. But what can be done about the wife, who sits miserable, speechless, ill at ease, unable to enjoy the food, unable to use a knife and fork, unable either to join in or understand the conversation?"[44]

Besonderes Kopfzerbrechen bereiteten den Verantwortlichen größerer offizieller Festivitäten die Ehefrauen der wenigen zu diesen Anlässen eingeladenen Afrikaner. Im Rahmen der Vorbereitungen zum Besuch von Prinzessin Margaret in Tanganyika im September 1956 notierte der *Provincial Commissioner* der *Eastern Province* ohne jeden Anflug von Ironie:

> „As far as possible, the normal conventions should be followed – i.e., an invitation to a man includes his wife and to a woman her husband. But we must be realistic about this, since the wives of many Africans and some Asians are frankly not up to Garden Party Standard [...] I shall to be assured, therefore, when a Mr. and Mrs. are listed a) that the husband *does* want to take his wife and b) that she *is* up to standard."[45]

Ende der fünfziger Jahre etablierten sich in Dar es Salaam sogar kleinere Zirkel, in denen afrikanische Staatsdiener europäische Lebensweisen zu erlernen suchten. Lorna Dorothy Hall berichtet:

> „A rather exclusive Society has been formed for educated Africans, its twenty or so members are encouraged and helped by an Administrative Officer in his spare time. They meet to discuss a wide-ranging list of subjects and learn about European food and manners. They also like their wives to meet and talk with white women and learn about European food and manners."[46]

Im Übrigen suchten afrikanische Staatsdiener bei offiziellen Ereignissen immer wieder die persönliche Beziehung zu höheren europäischen Kolonialbeamten, die auf diese Weise als Autoritäten konstruiert wurden. Die Missionslehrerin J. R. Allen etwa bemerkte anlässlich des Besuchs von Gouverneur Twining in Kondoa Irangi die Versuche der afrikanischen *clerks*, sich bei jeder Gelegenheit neben Twining zu postieren.[47] Und der *District Commissioner* von Tanga erntete massive Beschwerden von lokalen Lehrern und Regierungsangestellten, die bei den Feierlichkeiten zum *Remembrance Day* zu weit von den Europäern entfernt hatten sitzen müssen.[48]

Die afrikanischen Staatsdiener lassen sich des Weiteren durch die ambivalenten Konventionen ihrer Selbstrepräsentation charakterisieren: Eine relativ positive Einstellung zu vielen Möglichkeiten, welche die koloniale Ordnung mit sich brachte, war gepaart mit widersprüchlichen Strategien, die „einheimische Tradition" als einen begrenzten und konservativen Einflussfaktor auf die afrikanischen

---

East 21 (1999), 24–38; ders., Nation, Kap. 5.

[44] Cairns, Bush and Boma, 164. Lorna Dorothy Hall, die Gattin eines britischen Kolonialbeamten in Tanganyika, wusste gar zu berichten: „One man is said to be thinking of putting aside his uneducated wife in favour of an African woman schoolteacher as she would be more help to him in his future career." (RH MSS Afr. s. 1834: Lorna Dorothy Hall, A Bushwife's Progress, Manuskript, o. D.).

[45] TNA 57/1/10A: Notes Provincial Commissioner Eastern Province, o. D. [circa August 1956]. Hervorhebungen im Orig. Zum Besuch Prinzessin Margarets vgl. ausführlich Katrin Bromber / Andreas Eckert, A People's Princess? Der Besuch von Prinzessin Margaret in Tanganyika, Oktober 1956, in: Wirz / Eckert / Bromber, S. 203–220.

[46] RH MSS Afr. s. 1834: Hall, A Bushwife's Progress. Smith, 74, weiß ebenfalls von *knife and fork parties* zu berichten, die die Ehefrauen britischer Kolonialbeamter für die Ehefrauen afrikanischer Staatsdiener veranstalteten. 1957 begann die *Women's Section* der TANU, Handarbeitskurse sowie Lese- und Schreibunterricht für Frauen anzubieten. Vgl. Bennett, Outline, 23.

[47] Vgl. RH MSS Afr. s. 598: Bericht Mrs. Allen: The Governor of Tanganyika, Sir Edward Twining, visits Kondoa Iringa, o. D.

[48] Vgl. Tanzania Regional Archives Tanga T.A.4/7/C1/4: District Commissioner Tanga an Provincial Commissioner Tanga, 14. 9. 1955.

Gesellschaften darzustellen. In diesem Zusammenhang maß man dieser „Tradition" wiederum einen Wert als kultureller Ressource bei und versuchte sie für politische Zwecke einzuspannen.[49] Eine Reihe von Verwaltungsmitarbeitern tat sich verstärkt in der Produktion von so genannten *tribal histories* hervor. Bereits in der Zwischenkriegszeit hatte die Kolonialverwaltung Versuche unternommen, Chiefs zum Verfassen von „Stammesgeschichten" zu animieren, um auf diese Weise das System der indirekten Herrschaft zu stärken.[50] Nach 1945 setzte die britische Regierung in Tanganyika diese Bemühungen verstärkt fort und sponserte etwa über das *East African Literature Bureau* (vgl. Kap. III, 4) in der Reihe *Customs and Traditions in East Africa* zahlreiche kleinere Werke dieses Genres. Mit der Förderung partikularer Ethnographien wollte man der „Detribalisierung" sowie dem aufkommenden Nationalismus entgegensteuern.[51] Im Zentrum offizieller Verlautbarungen standen indes erneut erzieherische Metaphern: Aus der Vergangenheit sollte für die Zukunft gelernt werden; die Kenntnis der lokalen Geschichte und Bräuche sei wichtig, um eine ausgewogene Haltung zur Vielschichtigkeit des modernen Lebens zu erlangen. Nur eine solche Haltung könnte es einer jungen Nation ermöglichen, ihre Errungenschaften mit ihren Idealen in Einklang zu bringen.[52] Hier offenbart sich eine aufschlussreiche Ambiguität: Zwar findet sich weiterhin der Fokus auf den „Stamm" und seine „Bräuche", aber die lokale Geschichte wird nicht mehr als Hindernis auf dem Weg zur Moderne gesehen, sondern ihre Kenntnis sogar als unabdingbare Voraussetzung für diesen Weg erklärt. Der Rückgriff auf die glorreiche Vergangenheit zur Gestaltung einer ebenso glorreichen Zukunft gehörte bald darauf zu den zentralen Topoi der nationalistischen Geschichtsschreibung. Anklänge daran finden sich bereits in den späten vierziger Jahren in den Aussagen einiger *clerks*. Der bereits erwähnte Petro Mntambo schrieb in diesem Sinne:

„The line of progress must be planned not by the tutors alone, but by the cooperation of the tutors and the taught [...] Civilization started in Africa long before the other countries of the world awoke, but Africa's progress was retarded by the awakening of the other countries [...] Now she is awakening from her long siesta."[53]

„Historia, mila na desturi za Wagogo" (Geschichte, Bräuche und Traditionen der Gogo) von Mathias E. Mnyampala bietet ein gutes Beispiel für das ambivalente Genre der *tribal histories*, darüber hinaus aber auch für die Aktivitäten afrikanischer Bürokraten „im Zwischenraum".[54] Der Text und seine Publikation sind durch ein beträchtliches Maß an ironischen Konstellationen charakterisiert. Obwohl das Büchlein von den Briten als Teil einer Kampagne gefördert wurde, die Gogo in Zen-

---

[49] Dies wird besonders an Thomas Marealle und Julius Nyerere deutlich. Vgl. die folgenden Abschnitte.

[50] Vgl. Geider, 53–57. Einige dieser Geschichten wurden in *Mambo Leo* abgedruckt. Vgl. auch Kap. II, 4.

[51] Vgl. TNA 32525/IV: Director of Education an Member for Social Services, 11.1.1952.

[52] Ebd. Siehe ferner Geider, 58. Für Kenia vgl. die vorzügliche Studie von Derek R. Peterson, Creative Writing. Translation, Bookkeeping, and the Work of Imagination in Colonial Kenya, Portsmouth 2004.

[53] Petro C. Mntambo, The African at the road junction, in: Kwetu, Januar 1948. In den sechziger Jahren kam diesem Geschichtsbild in den meisten jungen Staaten Afrikas eine wichtige Rolle im Prozess der Nationsbildung zu. Die vergangene Größe sollte Garant für die künftige Größe sein, gleichzeitig auch Ansporn und Inspirationsquelle, um mit Nachdruck die Aufgabe der „nationalen Rekonstruktion" voranzutreiben. Vgl. Andreas Eckert, Historiker, „nation building" und die Rehabilitierung der afrikanischen Vergangenheit. Aspekte der Geschichtsschreibung in Afrika nach 1945, in: Wolfgang Küttler u.a. (Hg.), Geschichtsdiskurs V. Globale Konflikte, Erinnerungsarbeit und Neuorientierungen nach 1945, Frankfurt a.M. 1999, 162–187.

[54] Das Buch wurde zuerst 1954 vom *East African Literature Bureau* in Nairobi veröffentlicht. Für eine exzellente Einführung in Inhalt, Entstehung und Rezeption des Werkes vgl. Gregory H. Maddox, The Ironies of *Historia, Mila na Desturi za Wagogo*, in: ders. (Hg. u. Übers.), Mathias E. Mnyampala: The Gogo. History, Customs, and Traditions, Armonk/New York 1995, 1–34. Diese Einleitung bildet die Grundlage für die folgenden Ausführungen. In diesem Zusammenhang sei zudem Shaban Roberts, einer der wichtigsten Swahili-Dichter der vierziger und fünfziger Jahre, erwähnt, der ebenfalls als *government clerk* arbeitete. Vgl. zu den Werken von Mnyampala und Roberts den ausgezeichneten Überblick von Elena Zúbková Bertoncini, Outline of Swahili Literature. Prose, Fiction, and Drama, Leiden 1989, 36–46, 85f., 149, 187; ferner Wilfried Whiteley, Swahili, London 1969.

traltanganyika gleichsam „tribal" zu halten, inspirierte es bald die nationalistische Bewegung in der Region.[55] Die Studie lokaler Bräuche und Religion wurde von einem ehemaligen Missionsschüler in der Sprache der Verwaltung, Swahili, geschrieben. Und zum Zeitpunkt der Veröffentlichung des von der Kolonialadministration geförderten Werkes saß der Verfasser gerade im Gefängnis. Er wurde verdächtigt, Geld unterschlagen zu haben.[56] Die *Historia* war der Versuch sowohl einer historischen Rekonstruktion als auch einer sozialen und politischen Konstruktion. Mnyampala machte keinen Hehl aus seinem Anliegen: Er beabsichtigte dem „Volk der Gogo" zu zeigen, dass ihre Kultur und Geschichte an die „moderne Welt" angepaßt werden könnten. Die für sein Buch charakteristische Mischung aus Tradition und Wandel wird in folgender Passage deutlich:

> „Perhaps today some Wagogo are surprised to see that there are still people who listen to the elders of old. Perhaps they regret the useless savagery of the past and its things. Truly, each nation and every tribe in its past was in darkness and was different from what it is today. Yet all people need a memory of the past. It is through comparison of such a memory with the way things are today that we can see our progress. If we are backward or things hold us back, we should support changes that lead people to progress."[57]

Swahili war in den fünfziger Jahren nicht nur das zentrale Kommunikationsmittel zwischen den verschiedenen Gesellschaften Tanganyikas, sondern zunehmend auch Symbol und Instrument des antikolonialen Nationalismus. Auf dem Gründungstreffen der TANU wurde nachdrücklich die Förderung des Swahili als wichtiges politisches Ziel formuliert.[58] In diesem Sinne stellte die in Swahili geschriebene *Historia* nicht den Versuch dar, einen exklusiven Partikularismus zu bewahren, sondern die Gogo in eine größere afrikanische Gemeinschaft zu integrieren. In gewisser Weise verkörperte Mnaympala das „dreifache Erbe" Afrikas:[59] westliche Ideen, den Islam (durch seine Förderung des Swahili, einer Sprache mit engen historischen Verbindungen zum Islam in Ostafrika) und afrikanische Traditionen.

Mnyampala sammelte das Material für seine Publikation vor allem im Rahmen seiner Tätigkeit als *tax clerk* für die Lokalverwaltung in Dodoma. Bereits 1938 hatte er begonnen, regelmäßig in *Mambo Leo* kleinere Geschichten mit „Lokalkolorit" sowie Gedichte zu veröffentlichen. Zusammen mit einigen Lehrern und Mitschülern der anglikanischen, von der Regierung unterstützten *Kikuyu Secondary School* bei Dodoma gründete Mnyampala Ende der vierziger Jahre einen Studienkreis, aus dem 1954 die *Ugogo Union* hervorging. Diese Organisation verstand sich als lokales Pendant zur TANU. Job Lusinde, der nach der Unabhängigkeit mehrere Ministerposten innehaben sollte, gehörte zu ihren prominentesten Vertretern. Die zentralen Ziele der *Union* waren die baldige politische Unabhängigkeit sowie die Förderung von Entwicklung und Modernisierung.[60] In kleineren Broschüren und Reden drängte sie auf die Gründung einer Genossenschaft, die Verbesserung medizinischer Versorgung, die Errichtung moderner Häuser, den Ausbau des Bildungswesens für Kinder und Erwachsene und – in etwas diskreterer Form – auf den Abbau der Autorität der lokalen Chiefs (*watemi*). In vielen

---

[55] Ugogo, „das Land der Gogo", war Teil der damaligen Central Province. Die Region wurde im Verlauf des 20. Jahrhunderts immer wieder von Hungersnöten heimgesucht. Vgl. einführend Peter Rigby, Cattle and Kinship among the Gogo. A Semi-Pastoral Society of Central Tanzania, Ithaca 1967; Gregory H. Maddox, „Leave Wagogo! You Have No Food!" Famine and Survival in Ugogo, Central Tanzania, 1916–1961, unveröffentl. Ph.D. Thesis, Evanston 1988.

[56] Vgl. TNA 184/A2/24: District Officer Dodoma an District Officer Morogoro, 5. 9. 1954. Mnyampala wurde bald aus dem Gefängnis entlassen und behielt seinen Posten in der Verwaltung, weil er die Unterschlagung nicht selbst begangen hatte. Offenbar hatte er jedoch davon gewusst und musste daher seine ersten Tantiemen für die *Historia* komplett an die Native Treasury abführen, um den entstandenen Schaden auszugleichen. Vgl. Maddox, Ironies, 31, FN 2.

[57] Mnyampala, The Gogo, 121.

[58] Vgl. Jan Blommaert, State Ideology and Language in Tanzania, Köln 1999, 88.

[59] Vgl. Ali A. Mazrui, The Africans. A Triple Heritage, London 1986.

[60] Für die folgenden Ausführungen vgl. Maddox, Ironies, 25f. sowie Interview mit Job Lusinde, Dar es Salaam, 25. 7. 1999.

Hinsichten ähnelten diese Forderungen denen der Kolonialregierung. Doch während die Briten den Wandel langsam zu gestalten gedachten, wollte die *Ugogo Union* Veränderungen sofort.

Die führenden Mitglieder der Vereinigung hatten alle zumindest den Abschluss einer Sekundarschule und arbeiteten für die Kolonialadministration oder als Lehrer. Obwohl sie einerseits die Rhetorik der Modernisierung bemühten, pflegten sie andererseits weiterhin enge Kontakte zu der kleinbäuerlichen Welt, aus der sie stammten. Von den Bürokraten wurde sogar erwartet, bei Krisen in ihren jeweiligen Familien finanziell einzuspringen, Verwandten Arbeitsplätze zu vermitteln und sie in rechtlichen Fragen zu beraten.[61] Eine Reihe von *government clerks* begann überdies in Land und Farmen zu investieren, sehr zum Leidwesen der britischen Beamten, da diese Form des agrarischen Unternehmertums dem kolonialen Leitbild des autarken Kleinbauern widersprach. Es bestanden zudem weiterhin zum Teil enge persönliche Kontakte zwischen den Nationalisten der *Ugogo Union* und den *Native Authorities* der Central Province. Allerdings waren die Chiefs in den Augen von Lusinde, Mnaympala und ihren Mitstreitern sowohl politische Konkurrenten als auch Bremser der Modernisierung. Ihre Kritik an den *watemi* fiel bei den Bauern, die sich von der Kolonialregierung und deren lokalen Handlangern ausgebeutet fühlten, auf fruchtbaren Boden.

Die Chiefs ihrerseits sahen die nationalistische Bewegung in der Regel als Bedrohung für ihre Position. Einige suchten jedoch zunehmend ein Arrangement mit der Unabhängigkeitsbewegung. Insbesondere *Paramount Chief* Mazengo schlug sich auf die Seite der antikolonialen Kräfte, trat heimlich der TANU und *Ugogo Union* bei (was ihm als Regierungsangestelltem offiziell verboten war) und gab Nyerere mehrfach die Gelegenheit, in der Region zu sprechen. Auf den Rat Lusindes zog er aus seiner traditionellen Lehmhütte (*tembe*) in ein modernes Backsteinhaus und propagierte moderne Anbaumethoden. Dank ihrer großen Popularität und der Kooperation mit der mächtigsten *Native Authority* in der Region gelang es der *Ugogo Union*, bei jeder spätkolonialen Wahl ihren Kandidaten durchzubringen. 1959 wurde Job Lusinde schließlich der erste gewählte afrikanische *District Executive Officer* Tanganyikas. Eine seiner ersten Amtshandlungen bestand darin, den jungen Männern zu verbieten, rotes Ocker aufzutragen:

„They thought it made them attractive to the girls during the dancing season. The problem was they would smear themselves with the mixture, very thick, and then not wash it off for two months. The smell would be unbearable. The colonial officials liked it. They encouraged it. They thought it was a good cultural characteristic."[62]

Wegen des Verbots beschwerte sich der britische *Provincial Commissioner* beim frisch gebackenen *Chief Minister* Nyerere, der Lusinde zufolge lediglich gesagt haben soll: „Who knows the Wagogo? The Provincial Commissioner or Lusinde?"[63] Für Lusinde war das Einreiben mit rotem Ocker eine „barbarische Praxis", die in seiner Vorstellung von einer modernen afrikanischen Gesellschaft keinen Platz mehr hatte.[64] In ähnlicher Weise betrachtete er die zusammenbrechende Legitimität der Chiefs in der Region als Teil der Befreiung der Afrikaner, Befreiung nicht nur von den durch die Kolonialzeit kompromittierten traditionellen (wenngleich oft relativ rezent erfundenen) Autoritäten, sondern auch Befreiung von der, wie Mnyampala es nannte, „useless savagery of the past and its things".

Mochten die Chiefs für Lusinde und viele andere TANU-Mitglieder vor allem eine reaktionäre Vergangenheit verkörpern, die endlich vergehen musste, so teilten in der Dekolonisationsperiode viele „traditionelle Obere" doch zumindest partiell die Modernisierungsperspektiven der Nationalisten. Dieser Befund ist insofern nicht überraschend, als gerade im Verlauf der fünfziger Jahre eine Reihe von Personen zu Chiefs gewählt und inauguriert wurde, die sowohl über vergleichsweise gute

---

[61] Vgl. RH MSS Afr. s. 1090: W. B. Helean, Problems of social change among the Gogo of Central Tanganyika, o. D.

[62] Zit. nach Maddox, Ironies, 28.

[63] Robert H. Jackson / Gregory H. Maddox, The Creation of Identity. Colonial Society in Bolivia and Tanzania, in: CSSH 35,2 (1993), 263–284, hier: 283.

[64] Vgl. Interview mit Lusinde, 25. 7. 1999.

Schulbildung verfügte als auch höhere Positionen in der Kolonialverwaltung innehatte und zudem eine wichtige Rolle in der Frühphase des antikolonialen Nationalismus in Tanganyika spielten. Unter ihnen darf Thomas Marealle besonderes Interesse beanspruchen.

2. Bürokraten als Chiefs. Thomas Marealle

Thomas Marealle wurde 1915 in eine mächtige „Häuptlingsfamilie" der Chagga hineingeboren.[65] Die deutsche Kolonialregierung hatte seinen Großvater, Marealle Melyari von Marangu, zum „Oberhäuptling" für das gesamte Kilimanjaro-Gebiet ernannt.[66] Über seine Kindheit und Jugend liegen kaum Informationen vor. In jedem Fall gehörte er zu jenen auserwählten „Häuptlingssöhnen", denen im Tanganyika der indirekten Herrschaft eine höhere Schulbildung zugestanden wurde, um sie auf künftige Verwaltungsaufgaben vorzubereiten. Marealle besuchte die Missionsschule der Lutheraner in Marangu und anschließend die Tabora School, bevor er 1934, als 19jähriger, in den Verwaltungsdienst eintrat.[67] Zehn Jahre lang diente er in sieben verschiedenen Distrikten, u. a. in Moshi, Arusha, Mbeya und Lindi. Während seiner Tätigkeit als *clerk* wurde er immer wieder mit dem hierarchischen Denken und Standesdünkel seiner britischen Vorgesetzten konfrontiert.[68] Als er es im Dezember 1937 wagte, in einem Brief an den leitenden Offizier der Stadtverwaltung Arusha die katastrophalen sanitären Verhältnisse in der Boma anzuklagen, erhielt er prompt die knappe Antwort: „I shall be glad if you will ask permission of your senior officer to come and lay such complaints verbally in future, as I have neither the time nor the inclination to enter into correspondence with clerks."[69]

Andererseits pflegte Marealle freundschaftliche Kontakte zu britischen Beamten, insbesondere zu Lionel A.W. Vickers-Haviland, bis 1935 *District Commissioner* in Moshi. In einem (nicht abgedruckten) Leserbrief an den *Tanganyika Standard* pries Marealle seinen ehemaligen Vorgesetzten und Förderer in den höchsten Tönen:

„[...] He [Vickers-Haviland] is fairly promoting to the utmost the material and moral well-being and the social progress of the people [...] He has had the confidence of all; and his ,fair deal' to both Black and White over here has, I am inclined to think what people speak of him, been much appreciated and felt by every individual. I again repeat that he is the sort of good British breed and a well experienced British Officer I have yet met."[70]

Mit Vickers-Haviland hielt Marealle eine über mehrere Jahrzehnte andauernde Korrespondenz aufrecht. Sie ist von seiner Seite insgesamt durch einen sehr höflichen Ton charakterisiert, voller Respekt gegenüber dem älteren Europäer. Eine Kostprobe: „I will be very sad if you should not return there. I should be ready to sacrifice anything and come to wherever you may be posted if I should be allowed, but if this is impossible as I think it is, then my humble wishes will follow you everywhere."[71] Es liegt nahe, diese Form der Respektbezeugung als devoten Akt eines karrierebewussten afrikanischen Kollaborateurs abzutun. Sie lässt sich aber auch anders lesen: als Suche nach Nähe zu den Vorgesetzten und

---

[65] Kürzere biographische Skizzen zu Marealle habe ich bereits vorgelegt in Andreas Eckert, „I do not wish to be a tale teller." Afrikanische Eliten in British-Tanganyika. Das Beispiel Thomas Marealle, in: ders./Gesine Krüger (Hg.), Lesarten eines globalen Prozesses. Quellen und Interpretationen zur Geschichte der europäischen Expansion, Münster/Hamburg 1998, 172–186; ders., Kulturelle Pendler. Zwei afrikanische Bürokraten im kolonialen Tanzania, in: Petra Heidrich/Heike Liebau (Hg.), Akteure des Wandels. Lebensläufe und Gruppenbilder an Schnittstellen von Kulturen, Berlin 2001, 179–201, bes. 190ff.

[66] Vgl. Moore, Social Facts, 96; Kathleen M. Stahl, The History of the Chagga People of Kilimanjaro, Den Haag 1964, 308ff.

[67] Vgl. Interviews mit Thomas Marealle in Moshi, 4.2.1996; 20.8.1999. Siehe ferner Geiger Rogers, Political Focus, 862; Michael von Clemm, People of the White Mountain. The Interdependence of Political and Economic Activity amongst the Chagga in Tanganyika with Special Reference to Recent Times, unveröffentl. Ph.D. Thesis, Oxford 1962, 227; Chagga Council/G. K. Whitlamsmith (Hg.), Recent Trends in Chagga Political Development, Moshi 1955, 3; TNA 21079: Liste „Tabora School Boys in Government Service in 1.10. 1936".

[68] Vgl. Interview Marealle, 20.8.1999.

[69] Vgl. TNA 471/P3/II: Marealle an Executive Officer, Township Authority, Arusha, 17.12.1937; Executive Officer an Marealle, 18.12.1937.

[70] RH MSS Afr. s. 1598: Marealle an Herausgeber Tanganyika Standard, 2.8.1935.

[71] Ebd., Marealle an Vickers-Haviland, 27.6.1937.

Autoritätspersonen beziehungsweise nach dem Lob des Kolonialherren. Dieses Bestreben offenbart sich auch in einer Episode, die Marealle im Januar 1939 Vickers-Haviland berichtete: „His Excellency was pleased with my interpretation on the day we met all the Chiefs and people at the C[hagga] C[ouncil]. So pleased, I should think, that he asked the P.C. again at the aerodrome to thank me for him. Such things always make me feel more humble."[72]

Die gesuchte bzw. angedeutete Nähe zu den Vorgesetzten korrespondierte mit Distanz zu afrikanischen und asiatischen Kollegen, deren *funny English* er des Öfteren beklagte.[73] Allerdings hinderte diese Haltung Marealle keineswegs daran, sich politisch zu engagieren. Er wurde Mitglied der *African Association*, vor allem aber unterstützte er zwischen 1938 und 1943 nachhaltig die Zeitschrift *Kwetu*: Er bemühte sich um Abonnenten, sammelte Spenden und steuerte zahlreiche Leserbriefe und Artikel bei, in denen er die gut ausgebildeten Afrikaner Tanganyikas aufrief, aufzuwachen, ihrerseits Beiträge zu schreiben und sich zum Nutzen des Landes zu organisieren.[74] Fiah selbst pries in einem Editorial seinen Freund „Tommy" als einen der fähigsten Afrikaner überhaupt.[75] Doch je radikaler und offener Fiah im Verlauf des Zweiten Weltkriegs Kolonialverwaltung und politische Rivalen attackierte, desto stärker zog sich Marealle von der Mitarbeit an *Kwetu* zurück. Er achtete sehr darauf, sich trotz gelegentlicher Kritik an den Briten stets offizieller Anerkennung sicher sein zu können. Später erinnerte er sich:

„I was very closely associated with it [Kwetu] for some 6 years out of sheer patriotism without payment of any kind for selling the paper and collecting large sums of donations given, all of which I sent on to him at my own postal expenses, and without even knowing him [Fiah] personally. I gave up completely with this paper when I discovered that Erica Fiah was beginning to regard it as his own instrument for personal use and attack against individuals, communities or Government. The paper died soon after."[76]

1944 konnte Marealle dank eines Regierungsstipendiums zwei Jahre in Großbritannien verbringen, um „Social Welfare" an der Universität von Aberystwith in Wales zu studieren und an der renommierten *London School of Economics* Kurse in „Social Administration and Government" zu absolvieren.[77] Nach seiner Rückkehr arbeitete er vornehmlich im Bereich der sozialen Wohlfahrt, zunächst als *Assistant Development Officer*, dann als *Social Welfare Officer* mit Verantwortung für mehrere Provinzen und Sitz in Morogoro.[78] Zu seinen Tätigkeitsfeldern gehörten etwa Inspektionen von Schulen und Wohlfahrtszentren sowie kleinere Erhebungen.[79] Seine Berichte waren in der Regel in einem sachlich-bürokratischen Ton gehalten. Allerdings konnte sich Marealle Attacken gegen indische Händler und Handwerker nicht verkneifen.[80] Ein besonderes Anliegen scheinen ihm Sprachkurse für die

[72] Ebd., Marealle an Vickers-Haviland, 15.1.1939.

[73] Vgl. etwa ebd., Marealle an Vickers-Haviland, 28.11.1939.

[74] Vgl. z.B. Kwetu vom November 1940, August 1941; September 1941; November 1941.

[75] Vgl. Kwetu, Spezialausgabe, November–Dezember 1941.

[76] Zit. nach Geiger Rogers, Political Focus, 863.

[77] Sein Diplom der LSE ist abgedruckt in Chagga Council/Whitlamsmith, XI. Marealles Tutorin war die bekannte Sozialanthropologin Audrey Richards. Marealle selbst erwähnte in einem Brief, er sei auch Student am *Trinity College Cambridge* gewesen (RH MSS Brit. Emp. s. 365/121: Marealle an Rita Hinden, Fabian Colonial Bureau, 25.5.1949). Ähnliche Angaben machte er auch im Interview 1996. Bates, Tanganyika under British Administration, 216, Listowel, 213, und Geiger Rogers, Political Focus, 863, erwähnen Marealles Studium an der University of Wales. Über seine Jahre in England ist so gut wie nichts bekannt, aber er scheint während dieser Zeit Kontakt zu Vertretern des *Fabian Colonial Bureau* aufgenommen zu haben. Vgl. dazu weiter unten.

[78] Vgl. Interview mit Marealle, 4.2.1996.

[79] Vgl. TNA 46/41/39: T. Marealle: A Survey of Trades and Crafts in which Africans are self-employed in the Morogoro Township, 27.11.1947; ebd.: ders., Report on the Singida Welfare Centre, 20.2.1947.

[80] Vgl. ebd.: Marealle, A Survey, wo er u.a schrieb: „[...] it is most encouraging to note the strong urge of those people [selbständige afrikanische Handwerker] to stand on their own feet, rather than to work for Indians." An anderer Stelle charakterisiert er die indischen Schuhmacher in Morogoro als „the very people in whose interest it is that the African should never be able to compete with them".

erwachsene Bevölkerung gewesen zu sein.[81] Bereits vor seinem England-Aufenthalt, insbesondere während seiner Zeit im *Labour Office* in Mbeya 1942, war Marealle als Förderer der sozialen Wohlfahrt in Erscheinung getreten und hatte sich vehement für Sportplätze und Trainingsmöglichkeiten für die Jugend eingesetzt sowie Freizeitclubs für Erwachsene gefordert.[82] 1949 wurde er schließlich zum Programmverantwortlichen der staatlichen Rundfunkanstalt (*Swahili Service*) in Dar es Salaam ernannt. In dieser Funktion erlangte er landesweit rasch einen relativ großen Bekanntheitsgrad.[83] Politisch betätigte sich Marealle sowohl in der TAA als auch in der TAGSA, deren Präsident er schließlich wurde.[84]

In den späten vierziger Jahren intensivierte Marealle seine Kontakte zum *Fabian Colonial Bureau*, was sich u. a. in einer umfangreichen Korrespondenz niederschlug.[85] Die Fabier verfolgten seit 1945 die Entwicklung in Tanganyika mit besonderem Interesse, kritisierten wiederholt die britische Verwaltung des Territoriums und unterstützten die TANU.[86] Die afrikanischen Anhänger der Fabier in Tanganyika wurden allerdings flugs als Kommunisten diffamiert, wie etwa Hamza K. B. Mwapachu, ein Mitarbeiter des *Social Welfare Department*, beklagte: „[...] Socialists and people with socialist connections tend to be labelled ‚Communists' here. In fact, it would appear that the greater bulk of Europeans, both officials and non-officials out here, to say the least, have no respect for liberal reformers."[87] Wie andere tanzanische Studenten war auch Marealle während seines Aufenthaltes in England mit den Fabiern in Berührung gekommen.[88] In seinem überlieferten Briefwechsel mit Vertretern des FCB kommt eine weite Palette an Themen zur Sprache. Im Mai 1949 schickte Marealle beispielsweise ein eng bedrucktes fünfseitiges Pamphlet nach London, in welchem er vehement vor einer *closer union* zwischen Südafrika und den britischen Territorien südlich der Sahara warnte.[89] In einem anderen Schreiben beklagte er sich über die Zensur beim *Tanganyika Standard*, der einen seiner Leserbriefe nicht drucken wollte.[90] Permanent mischten sich politische Statements mit privaten Informationen. Zudem setzte Marealle das FCB regelmäßig über seine vielfältigen Aktivitäten in Kenntnis. So berichtete er im März 1951 stolz:

„I have been appointed, nominated or elected to the following Committees and Boards since my transfer to Dar es Salaam in September, last: Patron of the Chagga Association, President of the Tanganyika Civil Servants Association, Committee member (Africans and Asians) Promotional Board, Member of the Govt. Employees' Provident Fund, Member of the King George V Memorial Museum, co-opted member of the Rising Cost of Living Committee and Warden of the Local Lutheran Church of which I am a member [...] I have been asked to start Tanganyika's B.B.C. right from scratch which means not only the founding of an acceptable system of programmes but making up several stories of local texture for filming; editing original ones from other people, scouting for

[81] Vgl. z. B. TNA 26/236/III: Marealle an Major R.W. Blaxland, Social Welfare Organizer, 20.2.1947.

[82] Vgl. RH MSS Afr. s.1598: Marealle an Padre Lean, Mbeya School, 24.2.1942; Marealle an District Commissioner Mbeya, 24.2.1942.

[83] Vgl. von Clemm, 228; Interviews mit E. C. Mzena, Dar es Salaam, 6.8.1999; Israel Saul Tarimo, Moshi, 16.8.1999; Manga Johas Mangotto, Moshi, 23.8.1999.

[84] Vgl. Interview mit Marealle, 20.8.1999. Über seine Amtszeit liegen jedoch keine Informationen vor.

[85] Leider sind nur Teile dieser Korrespondenz erhalten. Sie finden sich in RH MSS Brit. Emp. s. 365/121.

[86] Vgl. dazu detailliert Daniel R. Smith, The Influence of the Fabian Colonial Bureau on the Independence Movement in Tanganyika, Athens/Ohio 1985. Siehe ferner Kap. IV, 3.

[87] RH MSS Brit. Emp. s. 365/121: Mwapachu an Rita Hinden, 16.8.1950.

[88] Vgl. ebd.: Marealle an Marjorie Nicholson, 10.12.1949.

[89] Ebd.: „Whither, East Africa". Ob dieses Pamphlet je gedruckt wurde, war nicht zu ermitteln. In seinem Begleitschreiben an Rita Hinden vom 25.5.1949 schrieb Marealle: „I am sure that you can make use of the attached information. I first thought of using the local Press to reply to the several articles by Europeans here on federation, amalgamation, the apartheid policy (which they are now openly advocating for East Africa) etc. but as a Civil Servant, I am precluded from doing so, and there are very few educated Africans outside the service just now, which is a great pity."

[90] Ebd.: Marealle an Marjorie Nicholson, 31.3.1951.

talent (Musicians, cartoonists for rural development projects, singers, actors and actresses and Heaven only knows what else) [...]"[91]

Die Alltagswelt des Staatsdieners Marealle erschließt sich aus seinen Briefen jedoch kaum. Relativ deutlich zeigt die Korrespondenz dagegen eine für klientelistische Systeme typische Suche nach „Nähe" zu Adressaten – manifest etwa in der Anrede „My dear Marjorie" –, die damit als Autorität konstruiert wird. Diese Rhetorik steht zudem im Kontrast zu einem bürokratischen, unpersönlichen Stil. Daneben fällt die gewahrte Distanz zu seinen afrikanischen Mitarbeitern auf, deren inadäquaten Umgang mit bürokratischen Standards er regelmäßig tadelte.[92] Marealles „Technik" im Umgang mit Europäern zeigt sich auch in einem Brief, den er im April 1951 an das *Secretariat* in Dar es Salaam schrieb und in dem er für seine Frau um einen Studienaufenthalt in England bat. Mit diesem Anliegen präsentierte er sich zum einen als „progressiver" Bürokrat, der ein aktuelles und innerhalb der Verwaltung kontrovers diskutiertes Thema (Höhere Bildung für Frauen) praktisch in Angriff nahm. Zum anderen nutzte er die Gelegenheit, seine dicht geknüpften sozialen Netzwerke zu beschreiben:

„[...] She [Marealles Frau] is a qualified Grade II Teacher and has learned some English while at School and during the period when she was teaching. This learning has been considerably accelerated since our marriage as she has had to do a great deal of entertaining of our European friends who, in turn, have also often invited us to their homes [...] She would be quite ready and willing to go abroad on some ‚course' even if that were only to be away in Britain for a year or so in an atmosphere in which the medium of conversation would be English only. We have many friends in Great Britain, some of whom even came to see us at our home in Moshi, so she would at least be seeing some British people that she actually knows and with whom she could spend part of her time."[93]

1951 nahmen die politischen Entwicklungen am Kilimanjaro einen immer größeren Platz in Marealles Schriftwechsel mit dem FCB ein. Zentrales Thema der Briefe waren die Verwaltungsreformen, die in dieser Region seit dem Ende des Zweiten Weltkriegs durchgeführt wurden. Zunächst hatten die Briten die Autorität der so genannten *Divisional Chiefs* gestärkt: 1946 wurden die verschiedenen „Häuptlingstümer" drei nach vornehmlich geographisch definierten administrativen Einheiten zugeordnet: Hai im Westen umfasste fünf Häuptlingstümer, Vunjo im Zentrum sechs, Rombo im Osten vier. Für jede dieser Einheiten ernannten die Briten ein Oberhaupt (*Divisional Chief*): Petro Itosi Marealle (ein Onkel von Thomas Marealle), Abdiel Shangali und John Maruma. Die Chiefs der 15 Häuptlingstümer wurden faktisch zu „Unterhäuptlingen" (*Sub-Chiefs*). Den drei *Divisional Chiefs* war jeweils ein so genannter *Divisional Council* beigeordnet. Dieser setzte sich aus dem stellvertretenden Chief, den Chiefs innerhalb der administrativen Einheit sowie einigen Beratern zusammen, von denen ein Teil vom *Divisional Chief* bestimmt, ein Teil gewählt wurde.[94] Bald schon gerieten die Chiefs unter Druck: Immer mehr so genannte *commoners* vermochten in den Räten mitzumischen. Die Regierung drängte, unpopuläre Gesetzesmaßnahmen durchzusetzen. Schwankende Kaffeepreise sorgten für Unruhe bei der Bevölkerung. Zudem machte sich massive Landknappheit bemerkbar.[95] Bei vielen Bewohnern der Kilimanjaro-Region setzte sich das Bewusstsein durch, die lokalen Herrscher immer weniger kontrollieren zu können. Ältere und Clanführer schauten zurück auf eine vermeintlich demokratischere Vergangenheit, als die Chiefs noch stärker unter ihrem Einfluss standen,

---

[91] Ebd.: Marealle an Nicholson, 14. 3. 1951.
[92] So notierte Marealle handschriftlich unter sein Schreiben an Rita Hinden vom 25. 5. 1949 (in: ebd.): „Pl. forgive my clerk's many typing mistakes."
[93] TNA 23140/III: Marealle an Secretariat, 24. 4. 1951.
[94] Vgl. Moore, Social Facts, 143; Rogers, Political Focus, 790–799; Iliffe, Modern History, 491f.; Peter Hope Johnston, Chagga Constitutional Development, in: JAA 5,3 (1953), 134–140; J. Gus Liebenow, Tribalism, Traditionalism, and Modernism in Chagga Local Government, in: JAA 10,2 (1958), 71–82.
[95] Vgl. dazu detaillierter Eckert, Comparing Coffee Production.

Abb. 3: Thomas Marealle und Frau.
Quelle: Annie Smyth / Adam Seftel (Hg.),
Tanzania. The Story of Julius Nyerere.
Through the pages of DRUM. Dar es
Salaam 1998, 19.

während jüngere, gut ausgebildete Chagga unter der Herrschaft der Chiefs litten und auf eine demokratischere Zukunft hinarbeiteten.[96]

In den späten vierziger Jahren regte sich erster Widerstand gegen die *Divisional Chiefs*, einmal durch kleinere Häuptlinge und Clan-Obere, zum anderen durch eine Gruppe jüngerer Schulabgänger, die im herrschenden System für sich nur wenig Perspektiven zu erkennen vermochten. Politische Gruppierungen entstanden. Insbesondere die *Kilimanjaro Chagga Citizens Union* (KCCU) forcierte den Kampf gegen die *Divisional Chiefs*. Sie ging aus dem Moshi-Zweig der *African Association* hervor und bestand vorwiegend aus Regierungsangestellten und Lehrern sowie einigen Geschäftsleuten und Angestellten der Kaffee-Genossenschaft KNCU.[97] Petro Njau und Joseph Merinyo, zwei erfahrene Politiker und in den späten zwanziger Jahren Mitinitiatoren der ersten Kooperativen am Kilimanjaro, übernahmen die Leitung der KCCU. Es gelang ihnen, innerhalb von drei Jahren 12000 zahlende Mitglieder zu rekrutieren.[98] Sie bezichtigten die *Divisional Chiefs*, bei der Landverteilung ihre engen Verwandten zu bevorzugen und sich an der neu eingeführten Kaffeesteuer persönlich zu bereichern.[99]

---

[96] Vg. Joel Samoff, Tanzania. Local Politics and the Structure of Power, Madison/Wisc. 1974, 21.
[97] Vgl. TNA 5/584: Petro Njau an African Association Headquarter Dar es Salaam, März 1949.
[98] Vgl. von Clemm, 222.
[99] Ebd., 224; TNA 5/584: Njau an Provincial Commissioner Northern Province, 18.6.1949.

Schließlich konnten sie bei der britischen Verwaltung erfolgreich die Idee durchsetzen, es solle einen von allen Chagga auf Lebenszeit gewählten *Paramount Chief* (Mangi Mkuu) geben.[100]

Die KCCU schlug Thomas Marealle für diesen Posten vor, und er war in der Tat der ideale Kandidat. Er stammte aus einer Häuptlingsfamilie, er hatte ein britisches Universitätsdiplom und galt als profilierter Modernisierer mit großer Verwaltungserfahrung. Marealle trat an und gewann die Wahl im November 1951, an der lediglich die Hälfte der 48000 Wahlberechtigten teilnahm, mit rund zwei Dritteln der abgegebenen Stimmen.[101] Wenige Tage nach seiner Wahl schrieb ein leicht pathetisch gestimmter, die Größe der vor ihm liegenden Aufgaben betonender Marealle an Marjorie Nicholson vom FCB:

> „I am therefore by the Grace of God, the wishes of the Chagga people and approval of the Govt. Marealle II, Paramount Chief-elect of the Wachagga. I have come down to hand over and pack up and move to Moshi with my family by the end of the month. The D.C. John Millard is anxious that I should get down to the Boma files and Chagga Council files within December and do a quick trip of the mountain and meet all Chiefs and people so as to have a complete picture of things and if possible get a policy worked out before January, 1952. I must also see the plans for my House (call it a Palace if you like) and new Council and staff quarters. All that is a lot of work Marj."[102]

Welche Gründe hatte der Modell-Staatsdiener Marealle, dieses Amt anzutreten? Er selbst hat sich nie zu den Motiven seiner Kandidatur geäußert, und die zur Verfügung stehenden Quellen geben wenig Anhaltspunkte. Obwohl er seit Mitte der dreißiger Jahre kaum Zeit am Kilimanjaro verbrachte, hatte er sich über die dortigen politischen Entwicklungen auf dem Laufenden zu halten versucht. Zumindest einer seiner Artikel in *Kwetu* war der Region gewidmet; Erica Fiah schlug bereits 1941 die Position des *Mangi Mkuu* der Chagga als eine mögliche Option für Marealle vor.[103] Es wäre sicherlich falsch, Marealle einen Masterplan zu unterstellen, mit dem er von Anbeginn seiner administrativen Karriere zielstrebig diese Position anvisierte. Doch stellte sie offenbar immer eine interessante Möglichkeit dar, die er während seiner Verwaltungstätigkeit im Hinterkopf behielt.[104] Zum Amt eines Chiefs gehörte eigentlich, dass man es nicht anstrebte, sondern dass man in dieses Amt berufen wurde. Karrierepläne, wie sie Marealle mit dieser Position verknüpfte, sind dagegen Teil einer bürokratischen Kultur.

Vor allem teilte Marealle die Überzeugung der Briten, dass der lange Weg zur Unabhängigkeit nur über die Reform der Lokalverwaltung und die Aufrechterhaltung „tribaler Strukturen" zu bewerkstelligen sei.[105] Anfang der fünfziger Jahre stand er zwischen der zunehmend radikaler werdenden nationalistischen Politik der TAA – Marealle war Sekretär der Sektion Dar es Salaam – und verstärkten Anfragen von Chagga-Politikern, sich intensiver in der Lokalpolitik am Kilimanjaro zu engagieren.[106] Er entschied sich für die zweite Option, wohl auch, weil er hoffte, über eine effektive

[100] Vgl. diverse Dokumente in TNA 12844/III, besonders: Note Governor Twining on a visit to Moshi District, Januar 1951; F. H. Page Jones (Provincial Commissioner) an Member for Local Government, 27. 7. 1951. In einem „Letter to the Chagga People" vom 1. 5. 1951 (TNA 471/1019) hatte der *District Commissioner* noch angeregt, die Wahl eines Mangi Mkuu auf unbestimmte Zeit zu verschieben, konnte sich jedoch nicht durchsetzen.

[101] Zu den Wahlen vgl. Tanganyika Standard, 17. 11. 1951; von Clemm, 229; Iliffe, Modern History, 493; Geiger Rogers, Political Focus, 900; John Tawney, Elections in Tanganyika, in: Corona 4,5 (1952), 181–183.

[102] RH MSS Brit. Emp. s. 365/121: Marealle an Marjorie Nicholson, 23. 11. 1951.

[103] Vgl. *Kwetu* April 1943; Spezialausgabe November/Dezember 1941.

[104] Im Interview am 20. 8. 1999 wollte Marealle zwar nicht über seine Motive für die Kandidatur sprechen, betonte jedoch, er habe bereits in den vierziger Jahren immer für einen vom Volk gewählten Mangi Mkuu plädiert, der zugleich ein guter Administrator und Kenner der lokalen Bräuche und Traditionen sein müsste.

[105] Ebd.

[106] Vgl. Geiger Rogers, Political Focus, 867f. Anfang 1951 wurde Marealle „Patron" der Chagga Association Dar es Salaam. Vgl. TNA 40640: Chagga Association Dar es Salaam an Editor Tanganyika Standard, 6. 3. 1951.

Herrschaft in der wirtschaftlich wichtigsten und mit dem dichtesten Netz von Schulen ausgestatteten Region Tanganyikas bald ebenso auf territorialer Ebene politische Bedeutung zu erlangen.[107]

Aufgrund seines spezifischen Profils konnte Marealle glaubhaft eine Reihe von Versprechungen machen, etwa den dauerhaften Fortschritt im ökonomischen und Bildungsbereich, gerechte Lösungen der Landprobleme sowie Respekt vor „traditionellen Institutionen". Die britische Regierung würde ihm zuhören.[108] Bereits vor seiner Wahl zum *Mangi Mkuu* war er zudem bemüht, nicht als Kandidat einer einzigen Partei aufzutreten und schrieb an Petro Njau:

> „[...] I am most grateful for your support, but I should point out that convinced as I am of the necessity für unity amongst the Chagga people, and of the dangers of factional strife, I should be anxious not to appear as the candidate of any one particular party, however strong, but to put myself forward as a servant of the tribe as a whole [...] If the office of Paramount Chief [...] is to be a success, it is essential that the holder should command the loyalty of the whole Chagga tribe, and not be regarded as the representative of one section."[109]

Am 17. Januar 1952 wurde Marealle von Gouverneur Twining feierlich als *Mangi Mkuu* der Chagga eingesetzt. In seiner Rede betonte Twining vor allem die Verwaltungsfunktionen des neuen obersten Chiefs am Kilimanjaro sowie dessen Rolle als „principal mouthpiece of the Chagga people and their liaison with Government".[110] Marealles formale politische Macht blieb äußerst begrenzt. Umso intensiver war er bemüht, seine Position symbolisch zu stärken und sich gleichzeitig als treibende Kraft administrativer und wirtschaftlicher Reformen zu etablieren. Er reagierte fortan mit einer Mischung aus Modernisierungsethos und Neotraditionalismus. Die in der ersten Hälfte der fünfziger Jahre sehr hohen Einnahmen aus dem Kaffeeanbau wurden verstärkt im Ausbildungs- und Erziehungswesen investiert. Marealle zeigte sich entschlossen, den Bildungshunger der Chagga mit diversen Maßnahmen zu befriedigen:[111] Und dies gelang ihm mit einigem Erfolg, denn 1956 besuchten rund 90 Prozent der Kinder die Grundschule. Diese Quote lag weit über dem Landesdurchschnitt.[112] Die Verwaltung des Distrikts erfolgte ganz nach britischem Vorbild. Dies lässt sich etwa an der Gründung zahlreicher Sub-Komitees mit eigenen Finanzhaushalten, aber auch an der genauen formalen Kopie britischer Verwaltungskorrespondenz ablesen.[113] Zudem initiierte Marealle weitere administrative Reformen. So wurde die Mitgliederzahl des *Chagga Council* erhöht, wobei insbesondere die Zahl der gewählten Mitglieder signifikant anstieg.[114] Selten vergaß er, seine grenzüberschreitende, internationale Perspektive zu betonen. In einer Rede vor dem *Chagga Council* führte er etwa aus: „I am personally trying to learn as much as I can about what is happening in Indonesia. These are our practical fields of study in connexion with the ultimate fulfilment or our legitimate hopes and aspirations politically and otherwise."[115] Architektonische Zeichen seiner Fortschrittlichkeit waren das hyper-

---

[107] Vgl. Interviews mit Samuel Shadrack Kimei, Moshi, 20. 8. 1999; Mangi Baltazari David Mashingia, Moshi, 14. 8. 1999; Chief Augustine Marealle, 23. 8. 1999.

[108] Vgl. Iliffe, Modern History, 493.

[109] TNA 12844/III: Marealle an Njau, 15. 9. 1951; vgl. ferner von Clemm, 227.

[110] Rede Twining am 17. 1. 1952, zit. nach Chagga Council/Whitlamsmith, 6.

[111] So schrieb er am 9. 1. 1953 an den *Principal* der K.N.U.C. Schule in Moshi (TNA 5/24/13): „The Chagga people are so education-hungry [...] that anything that will add to our present measure and to the Central Government's ten year plan will be regarded as a blessing. It is with this fact in view that I recently appointed a Special Education Commission consisting of three Area Chiefs [...] and four Councillors including the Secretary to tell the Chagga people what our educational problems and suggested solutions were and see if they were prepared to contribute something special to implement those solutions. Although I would not like to be too sure, I think the prospects of raising special funds for an additional slice of education in Chaggaland are not too bad."

[112] Vgl. Iliffe, Modern History, 445.

[113] Vgl. dazu etwa Kathleen M. Stahl, Tanganyika. Sail in the Wilderness, Den Haag 1961, 33.

[114] Vgl. Johnston, Chagga, 135f.; Moore, Social Facts, 143.

[115] PRO CO 822/1320: Speech Mangi Mkuu at the Chagga Council, 26. 10. 1957. Damit spielte er wahrscheinlich auf die Konferenz der Blockfreien Staaten in Bandung im April 1955 an.

moderne, 1954 fertig gestellte Gebäude des *Chagga Council* sowie sein luxuriöses Wohnhaus, die so genannte *Paramountcy Lodge*.[116] Hier empfing er Gäste aus aller Welt: Journalisten, Wissenschaftler, Schriftsteller und Politiker. Kolonialminister Lennox-Boyd war dort ebenso zu Gast wie Prinzessin Margaret.[117] Marealle genoss das sichtliche Wohlwollen der britischen Regierung und durfte wichtige Repräsentationspflichten wahrnehmen, zum Beispiel als einer der Delegierten Tanganyikas bei der Krönung von Queen Elizabeth 1953.[118] Die internationale Presse feierte ihn als modernen Chief, unter dessen Ägide wichtige Fortschritte etwa in der schulischen und medizinischen Versorgung erreicht wurden.[119]

Die andere Seite der Medaille war der von Marealle vorangetriebene „kulturelle Nationalismus". Der Tag von Marealles Wahl wurde fortan jährlich als *Chagga Day* zelebriert und in der Region zum öffentlichen Feiertag erklärt.[120] Marealles zu diesem Anlass jeweils gehaltene Reden (*sundowner speeches*) ähnelten allerdings den Ansprachen eines Aufsichtsratsvorsitzenden bei der Jahreshauptversammlung: Erwähnung fanden die ökonomischen, politischen und sozialen Fortschritte in der Region. Fast nie fehlte der Hinweis darauf, dass trotz der Erfolge noch viel zu tun sei. Und um seine enge Verbindung zu den Kolonialherren zu unterstreichen, endete jede Rede mit *God Save the Queen*.[121] Die Kreation einer Chagga-Fahne sowie einer Hymne ließen nicht lange auf sich warten.[122] Schon früh begann Marealle zudem, seine Legitimation für die Position des *Mangi Mkuu* historisch zu stützen. Noch vor seiner Wahl betonte er in einem Vortrag vor der *Tanganyika Society*, die Geschichte seiner Lineage könne über dreizehn Generationen zurückverfolgt werden.[123] Er zeichnete die Regierungszeit seines Großvaters, des von den Deutschen eingesetzten „Oberhäuptlings" der Chagga, in hellen Farben und stellte sich explizit in dessen Tradition, indem er sich Marealle II nannte. Ein besonders beeindruckendes Produkt seiner Selbstdarstellung war schließlich das bereits mehrfach zitierte Büchlein „Recent Trends in Chagga Development", welches der pensionierte Pressesprecher der Regierung in Dar es Salaam, G. K. Whitlamsmith, im Auftrag Marealles zusammenstellte. Das zweisprachige (Swahili–Englisch) Werk enthielt zahlreiche Reden Marealles, eine Kopie seines LSE-Diploms sowie diverse Fotografien, die entweder den *Mangi Mkuu* oder eines der neuen modernen Regierungsgebäude in Moshi zeigten.

In der Folge unternahm es Marealle zudem, die formale Bedeutung der Patrilineages zu rekonstruieren. Er versuchte beispielsweise, vermeintliche frühere Verbindungen zwischen gleichnamigen Lineages in verschiedenen Gebieten der Kilimanjaro-Region zu revitalisieren, obwohl es hier wahrscheinlich nie eine politische Kohärenz gegeben hatte. 1956 gab er die Anordnung, alle Patrilineages sowie die Namen der „Clanführer" zu registrieren. Was hinter diesen Anstrengungen stand, war zweifelsohne der Versuch, die Position des „Oberhäuptlings" aller Chagga zu konsolidieren. In diesem Zusammenhang wurden Verbindungen zwischen den vielen verschiedenen und verstreuten Lineages am Kilimanjaro konstruiert, mit dem Hinweis, man müsse lediglich die alte, aber verschüttete große

---

[116] Vgl. die Fotos in Chagga Council/Whitlamsmith.

[117] Zum Besuch Lennox-Boyds im Oktober 1957 vgl. PRO CO 822/1320: Lennox-Boyd, Precis of an Address to the Chagga Council, 26. 10. 1957; zum Besuch Prinzessin Margarets vgl. Bromber/Eckert.

[118] Vgl. Listowel, 214. Die britische Regierung verlieh ihm zudem diverse Orden und Auszeichnungen. Vgl. RH MSS Afr. s. 634: Moshi District. Annual Report 1955.

[119] Im August 1958 widmete ihm das *Time Magazine* eine umfangreiche Geschichte, einen Monat darauf war er Thema der Titelgeschichte von *Drum*.

[120] Vgl. TNA 471/1019: Marealle an Provincial Commissioner Northern Province, 24. 11. 1952.

[121] Vgl. ebd. für Manuskripte der Reden von 1952–1958.

[122] Vgl. TNA 5/23/57: Tribal Ngomas, Moshi.

[123] Vgl. Thomas Marealle, The Wachagga of Kilimanjaro, in: TNR 32 (1952), 57–64, hier: 58. Marealle war der erste Nicht-Europäer, der vor der Tanganyika Society einen Vortrag halten durfte. Vgl. von Clemm, 230. Einige Jahre später sprach Marealle sogar von 17 Generationen. Vgl. Chagga Council/Whitlamsmith, 9.

Gemeinschaft aller Chagga wieder freilegen.[124] Eine weitere Tradition, die Marealle „wiederbelebte", war die Auszeichnung verdienter Bürger mit einem Ehrenband. Er mahnte mehrfach vor dem drohenden Untergang der Chagga-Sprache. Er gründete und agierte als treibende Kraft hinter dem *Chagga Trust*, welcher sich der Wahrung und Förderung traditioneller Sitten und Gebräuche, historischer Denkmäler und des lokalen Handwerks widmete. 1956 beauftragte der Chagga Trust die britische Historikerin Kathleen M. Stahl, eine Geschichte der Chagga zu schreiben, die schließlich 1964 in Buchform erschien.[125] Schließlich lancierte er die Idee, das Amt des *Mangi Mkuu* sei erblich, und er schickte präventiv schon einmal seinen Sohn auf eine angesehene Schule nach Wales, um ihn auf die Nachfolge vorzubereiten.[126]

Zeitgenössische wissenschaftliche Beobachter wie der amerikanische Politologe J. Gus Liebenow und der britische Ethnologe Michael von Clemm haben, gefangen in den Denkvorstellungen der Epoche, Marealle als klassisches Beispiel für eine zwischen Tradition und Moderne zerrissene, ja schizophrene Figur charakterisiert.[127] Doch gingen viele seiner auf den ersten Blick widersprüchlichen Aktivitäten durchaus kongruent. Marealles kreativer Umgang mit der Vergangenheit, die scheinbar eklektizistische Kombination diverser Haltungen und Praktiken stand für ein Projekt konservativer Modernisierung, welches die Bedingungen sozialen Wandels kontrollieren und gleichzeitig Kontinuität bewahren wollte. Die Tradition, die er zu konstruieren versuchte, war ein Produkt eben jener Moderne, der sie in den Augen der Zeitgenossen entgegenstand. Es gibt überdies keine Hinweise darauf, dass sich Marealle in seiner Rolle als *Mangi Mkuu* zerrissen fühlte. Im Gegenteil: Er bewegte sich souverän in verschiedenen Welten, fand – zumindest eine Zeit lang – den richtigen Ton bei Chagga-Bauern und -Intellektuellen wie bei britischen Distriktbeamten, amerikanischen Journalisten, Fabiern oder Gewerkschaftlern aus London oder Manchester. Das politische Projekt, das er repräsentierte, geriet jedoch zunehmend unter Druck.

Mit der sehr effektiven Mischung aus administrativer Effizienz und kulturellem Nationalismus hatte Marealle in seinen ersten Amtsjahren eine Form des „tribalen Patriotismus" entfaltet, der es der TANU lange Zeit schwer machte, in der Kilimanjaro-Provinz Fuß zu fassen. In anderen Regionen war es der Partei dagegen relativ rasch gelungen, die allgemeine Unzufriedenheit in der Bevölkerung über die kolonialen „Reformen" für die nationalistische Sache zu mobilisieren. Die Chiefs gerieten in diesem Zusammenhang besonders in die Kritik.[128] Nach dem Zweiten Weltkrieg hatten Arbeiter in den Städten und Plantagenregionen begonnen, sich dauerhaft in der Nähe ihrer Arbeitsplätze anzusiedeln. Dadurch verloren die Chiefs direkten Einfluss über „ihre Leute". Vielerorts mussten die Chiefs zunehmend unpopuläre Entscheidungen durchsetzen, etwa in Landfragen. Als die TANU begann, Selbstverwaltung und demokratische Herrschaft zu verlangen, benutzte die Regierung die Chiefs als Schild, der zwischen die massiven Forderungen der Nationalisten und die zögerliche Hal-

---

[124] Vgl. Moore, Social Facts, 144. Marealle gelang es offenbar auch, den Regierungssoziologen Henri Fosbrooke von dieser Annahme zu überzeugen. Fosbrooke verfasste mehrere, leider nicht komplett erhaltene Abhandlungen, in denen er der vermeintlichen alten Einheit aller Chagga nachzugehen suchte. Vgl. UDSM, Fosbrooke Papers: „The Chagga – A Study in Unification" (Entwurf, 25. 1. 1956); „Marealle I and Marealle II" (o.J., circa 1955).
[125] Vgl. Stahl, History.
[126] Vgl. von Clemm, 233.
[127] Vgl. Liebenow, Tribalism, 82; von Clemm, 230.
[128] Vgl. für ähnliche Entwicklungen in Westafrika Richard Rathbone, Kwame Nkrumah and the Chiefs. The Fate of ‚Natural Rulers' under Nationalist Governments, in: TRHS, 6th Seriens, 10 (2000), 45–63; ders., Nkrumah & the Chiefs. The Politics of Chieftaincy in Ghana 1951-60, Oxford 2000; Olufemi Vaughan, Nigerian Chiefs. Traditional Power in Modern Politics, 1890s–1990s, Rochester/N.Y. 2000. Für eine hellsichtige zeitgenössische Analyse vgl. Lloyd Fallers, The Predicament of the Modern African Chief: An Instance from Uganda, in: American Anthropologist 57 (1955), 290-305.

tung der Kolonialherren platziert wurde. Der für die Chiefs negative Effekt war, dass sie von beiden Seiten Schelte bezogen.[129]

Marealle stand zwar für zwei zentrale Ziele der Regierung in Dar es Salaam: politische Reformen durch die Demokratisierung lokaler Gremien sowie die Etablierung einer „multirassischen" Ordnung.[130] Doch verortete er sich selbst nicht allzu weit entfernt von den Aspirationen der TANU und insbesondere Nyereres. In seiner Rede vor den Vereinten Nationen im Juni 1957 unterstützte er im Wesentlichen die politischen Ziele Nyereres und verteidigte ihn gegenüber Kritikern.[131] Kurz danach schrieb er an Hilda Selwyn-Clarke vom FCB: „Julius Nyerere and I have a lot in common."[132] Versuche der UTP, ihn für sich zu gewinnen, lehnte Marealle offenbar strikt ab.[133] Allerdings stieß er die Nationalisten wiederholt vor den Kopf. So bemerkte er ausgerechnet im *Time Magazine*: „The accomplishments of the Chagga will do more for the nationalists' cause than any amount of ranting and agitation [...] We're making it possible for the nationalists to say: ‚Look what we can do.'"[134] Die TANU-Führung ihrerseits verzichtete zunächst darauf, die Chiefs komplett ins politische Abseits zu drängen, sondern suchte sie in die Partei zu integrieren. Nyerere warnte die Chiefs allerdings vor einem Engagement auf territorialer Ebene:

„The chiefs' traditional place is the tribe [...] Since African nationalism is Tanganyika nationalism against British imperialism it cannot be regarded as a challenge to the chiefs unless the chiefs decided to side with the British and thus identify themselves with Imperialism. And that is the real question: Will the chiefs of Tanganyika identify themselves with Imperialism?"[135]

Die von Marealle angeregte und 1957 von der Regierung erstmals einberufene *Territorial Chiefs' Convention* hatte jedoch explizit den Zweck, der TANU auf nationaler Ebene etwas entgegenzuhalten (vgl. Kap. III, 2). Bereits auf dem ersten Treffen in der *Local Government School* in Mzumbe kam es allerdings zu heftigen Streitereien über den Vorsitz der Versammlung. Zwischen Marealle und anderen einflussreichen Chiefs, insbesondere Adam Sapi, brachen offene Rivalitäten aus. Schließlich einigten sich die Delegierten auf die einzige Frau in der Runde, Mwami Theresa Ntare, die damals 25jährige *Chieftainess* von Kasulo im Nordwesten des Landes; Marealle wurde zweiter Vorsitzender.[136] Auf den folgenden Treffen trat Marealle nicht weiter in Erscheinung.[137] Bei der Sitzung im März 1959, als sich die Chiefs mit den Zielen der TANU einig erklärten, fehlte er.[138] Zuvor hatte sich Marealle bereits aus anderen Ämtern zurückgezogen. So gab er im Oktober 1957 seinen Sitz im *Legislative*

---

[129] Feierman, Peasant Intellectuals, 211.

[130] In seiner *sundowner speech* anlässlich des *Chagga Day* 1952 (vgl. TNA 471/1019) betonte Marealle: „I have been constantly preaching the gospel of inter-racial harmony but as I said once before, one race cannot possibly go on singing this tune alone unless members of the other races also join in the chorus." Allerdings hatte er offenbar seine explizit antiasiatischen Äußerungen aus den vierziger Jahren verdrängt. Vgl. weiter oben.

[131] Auszüge von Marealles Rede finden sich in PRO CO 822/1459. Vgl. zu dieser Rede ferner Listowel, 295f.; Sadleir, 169; Hatch, Two African Statesmen, 115f.

[132] RH MSS Brit. Emp. s. 365/121/4: Marealle an Selwyn-Clarke, 27.7.1957.

[133] Vgl. Stahl, Chagga, 216.

[134] Zit. nach Time, 72,8 (August 1958), 21. Für den Hinweis auf diesen Artikel danke ich Chief Augustine Marealle, Moshi.

[135] Zit. nach Young/Fosbrooke, 180.

[136] Vgl. TNA 471/L5/23: Minutes First Convention of Representative Chiefs of Tanganyika, 14.–16.5.1957; PRO CO 822/1217: Telegramm Governor's Deputy an Kolonialminister, 23.5.1957; Listowel, 317; Interview Patrick Kunambi, Dar es Salaam, 7.8.1999.

[137] In seinem Bericht über die zweite Sitzung der *Convention* in Januar 1958, die ebenfalls in Mzumbe stattfand, berichtete der *Minister of Local Government and Administration* allerdings über die Tendenz Marealles zu Arroganz: „He spent all his spare time in Morogoro, thus giving the impression that Mzumbe was not good enough for him." Vgl. PRO CO 822/1217: Ministry of Local Government and Administration an alle Provincial Commissioners, 15.1.1958.

[138] Vgl. TNA 63/L5/2A: Minutes of the Fifth Convention of Representative Chiefs, 5.–7.3.1959. Vgl. weiter oben, Kap. III, 2.

Council mit der Begründung zurück, sich intensiver um die Angelegenheiten der Chagga kümmern zu wollen.[139] Dies war auch bitter nötig, denn die zu Beginn seiner Amtszeit hohe Popularität war zu diesem Zeitpunkt schon beträchtlich zurückgegangen.

In der zweiten Hälfte der fünfziger Jahre formierte sich am Kilimanjaro – zunächst nur schleppend – Widerstand gegen den *Mangi Mkuu*. Sinkende Kaffeepreise, zunehmende Fälle von Korruption, die große Nähe zu Gouverneur Twining sowie die wachsende Selbstherrlichkeit Marealles gaben seinen Gegenspielern zunehmend Rückenwind. Ein instruktives Beispiel für das autoritäre Gehabe Marealles bietet sein Konflikt mit einer Gruppe von jungen Chagga-Studenten des Makerere College.[140] Die Studenten hatten sich durch vorgeblich respektlose Äußerungen über Chagga-Würdenträger sowie ihre Weigerung, während der Ferienzeiten gemeinnützige Aufgaben etwa zur Heuschreckenbekämpfung zu übernehmen, den ganzen Zorn des *Mangi Mkuu* zugezogen. Marealles Entscheidung, die Studenten zu relegieren, sorgte jedoch für so viel Wirbel, dass er sich entschied, „Gnade" walten zu lassen, wenn die Missetäter sich öffentlich entschuldigten. Jeder von ihnen musste vor dem *Chagga Council* erscheinen. Das Protokoll der entsprechenden Sitzung vom 10. Februar 1955 verzeichnete:

„The Mangi Mkuu [...] asked each Student to come forward and make his own individual plea. Along with the plea of forgiveness each Student was to deliver a leaf of the sacred draceana plant (Masale) as a token of his free admission of the wrong they had done and their request for mercy. This was done by all the Students in turn each saying in his own words how sorry he was."[141]

Junge Chagga-Intellektuelle gehörten zu den treibenden Kräften der Opposition gegen Marealle. Der Lehrer (und spätere Minister) Solomon Eliufoo, Studienkollege Nyereres am Makerere College und danach Student des Bethany College im nordamerikanischen Kansas, und Sam Ntiro, Kunstdozent in Makerere, gründeten 1958 die *Chagga Democratic Party*.[142] Ihr gelang es bald, in zahlreichen Einrichtungen der Lokalverwaltung die Mehrheit zu stellen und Marealles Politik wirksam zu bekämpfen.[143] Nach langem Hin und Her entschied sich die Regierung, im Februar 1960 ein Referendum abzuhalten, um zu klären, ob die Position des *Mangi Mkuu* wieder abgeschafft werden solle, um statt dessen einen auf vier Jahre gewählten Präsidenten der Chagga einzuführen.[144] Die große Mehrheit der Wähler entschied sich für diese Option.[145] Im August 1960 wurde der TANU-Kandidat, Gesundheitsminister Solomon Eliufoo, zum Präsidenten gewählt und einige Monate darauf feierlich von *Chief Minister* Nyerere in sein Amt eingeführt.[146]

---

[139] Vgl. PRO CO 822/1517: Public Relations Department: Mangi Mkuu resigns from Tanganyika Legislative Council, 31. 10. 1957.

[140] Die folgenden Ausführungen basieren auf diversen Dokumenten in TNA 5/9/6/II sowie auf von Clemm, 233f.

[141] TNA 5/9/6/II: Minutes Chagga Council, 10. 2. 1955.

[142] Für kurze biographische Skizzen der beiden Personen vgl. Who's Who in East Africa 1963–4, 8; 28. Eliufoo wurde 1958 als TANU-Kandidat der *Northern Province* in den *Legislative Council* gewählt. Vgl. PRO CO 822/1517: Secret Document: Members of Tanganyika Legislative Council elected in September 1958: Biographical details; Sophia Mustafa, The Tanganyika Way. A Personal Story of Tanganyika's Growth to Independence, London 1962, 20ff. Ntiro mobilisierte die Chagga Studenten am Makerere College, die 1957 ein Magazin gründeten („Makerere College Chagga Society Magazine"), das heftige Angriffe gegen die „autokratische Ordnung" am Kilimanjaro abdruckte. Vgl. von Clemm, 235.

[143] Vgl. TNA 5/L5/1: District Officer Moshi an Kathleen Stahl, 27. 1. 1960; PRO CO 822/2014: Note K. G. Fry, 22. 2. 1960; von Clemm, 236.

[144] Vgl. PRO CO 822/2014: Public Relations Department: Press Release: Wachagga to vote on future system of leadership, 1. 12. 1959; RH MSS Afr. s. 424: K. G. Mather: New Year Message to the Chagga, 1. 1. 1960.

[145] Vgl. Tanganyika Standard, 11. 2. 1960; PRO CO 822/2014: Telegramm Acting Governor Tanganyika an Secretary of State for the Colonies, 10. 2. 1960.

[146] Vgl. TNA 5/L5/1: Address Chief Minister on the Occasion of the Installation of the Honourable S. N. Eliufoo as President of the Wachagga, 17. 12. 1960.

Marealle hatte sich nach dem Referendum schwer beleidigt ins „Exil" zurückgezogen und auf eine Kandidatur verzichtet. Seinem alten Freund Vickers-Haviland schrieb er: „TANU has won so much local support as a Territorian Body, that it was difficult to discredit these self-same Officers in any other movement, however bogus."[147] Über den *District Commissioner* ließ er ausrichten, er akzeptiere die Entscheidung und wünsche den künftigen Verantwortlichen alles Gute.[148] Er war jedoch nicht bereit, zahlreiche „Utensilien" seiner Amtszeit zurückzugeben. Als Eliufoo etwa nach dem ihm zustehenden Dienstwagen fahndete, musste ihm der District Commissioner mitteilen: „I spoke to the ex-Mangi Mkuu who claimed categorically that the car was his and that he intended to keep it [...]"[149] Schließlich verklagte Marealle den *Kilimanjaro District Council* wegen Vertragsbruchs und behauptete, die Lokalverwaltung schulde ihm die Einnahmen aus seiner Position als *Mangi Mkuu* auf Lebenszeit. Im Oktober 1962 sprach ihm der Oberste Gerichtshof des inzwischen unabhängig gewordenen Tanganyika eine beträchtliche Geldsumme zu. Doch bereits sechs Wochen später kassierte die Regierung das Urteil wieder: „Government", ließ Premierminister Rachidi Kawawa verlauten, „must have the power to stop a few people who want to suck the blood of many others."[150] Marealle galt fortan für lange Zeit – zum Teil bis heute – als Prototyp des raffgierigen Kollaborateurs, der mit den Kolonialherren gemeinsame Sache gemacht hatte.

Andere Chiefs fielen nach der Unabhängigkeit ebenfalls in Ungnade. Dazu gehörte etwa Patrick Kunambi, lange Zeit ein enger Verbündeter Nyereres und anwesend bei der legendären Gründungssitzung der TANU im Juli 1954.[151] Nach Abschluss des Studiums in Makerere, wo er die Bekanntschaft Nyereres machte, arbeitete Kunambi einige Jahre als Lehrer. 1955 ernannte ihn Gouverneur Twining zum Mitglied des *Legislative Council*, wo er sich als gut informierter Kritiker der Regierungspolitik profilierte. Er war weiterhin engagiert in der TANU aktiv und Mitglied des Organisationskomitees der Partei. Gleichzeitig nahm er jedoch den neu geschaffenen Posten des *Deputy Sultan* in Morogoro ein. *Sultan* war zu dieser Zeit sein Onkel Sabu bin Sabu. In den Augen des Regierungssoziologen Henri Fosbrooke war Kunambi der ideale *cultural broker*:

„There is a strong feeling for traditionalism in Kunambi, and he has easy and pleasant relations with the tribal elders and with Sultan Sabu, who is his uncle. Nevertheless, Kunambi would like to see the Luguru make a greater advance in the modern world: they should abandon some of the customs, but not by force or decree and without losing their essential character. Kunambi is also a bridge with the European leaders; he lives in Morogoro in a Western-type house in an area predominantly European, and his wife drives a car."[152]

Allerdings waren Kunambis Position als kultureller Makler auch Konflikte immanent. Seine Kritiker warfen ihm vor, das Beste von zu vielen Welten anzustreben – hohe Ämter in Lokalverwaltung, territorialer Politik und antikolonialer Partei. Insbesondere seine enge Zusammenarbeit mit den Nationalisten sei nicht mit seinem Amt als stellvertretender Sultan vereinbar.[153] Bei den Protesten gegen die staatlich verordneten Erosionsschutzprogramme geriet Kunambi zwischen die Fronten. Der Zorn der Bevölkerung richtete sich auch gegen ihn, da er in seiner Funktion als lokaler Vertreter der Kolonialmacht die Terrassierungen mit durchzusetzen hatte. Kunambis Verhältnis zur TANU kühlte zunehmend ab. Das Zentralkomitee der Partei beschloss, nicht ihn – wie ursprünglich vorgesehen – sondern Nyerere als Kandidaten für die östliche Provinz bei den *Legislative Council*-Wahlen 1958 zu

---

[147] RH MSS Afr. s. 1598: Marealle an Vickers-Haviland, 27. 2. 1960.
[148] Vgl. TNA 5/L5/1: Ansprache des District Commissioner im Chagga Council, 1. 4. 1960.
[149] Ebd., District Commissioner Moshi an President of the Wachagga, 3. 11. 1960.
[150] Zit. nach Robert Martin, Personal Freedom and Law in Tanzania. A Study of Socialist State Administration, Nairobi 1975, 57f.
[151] Zu Kunambi vgl. Andreas Eckert, Patrick Kunambi – Politiker und Chief in der Dekolonisationsperiode, in: Wirz/Eckert/Bromber, S. 221–229. Dieser Aufsatz basiert wesentlich auf zwei Interviews mit Kunambi am 27. 2. 1996 u. 7. 8. 1999; Pels, Creolisation.
[152] Young/Fosbrooke, 94.
[153] Ebd.; Interview mit Kunambi, Dar es Salaam, 7. 8. 1999.

nominieren. Kunambi entschied jedoch, trotzdem zur Wahl anzutreten. Seine Wahlkampfauftritte wurden gestört, Steine flogen, Mitglieder der *TANU Youth League* zerstörten den Lautsprecherwagen. Wer gegen Nyerere antritt, tritt gegen alle Afrikaner an, lautete die verbreitete Überzeugung. Bei den Wahlen bekam Kunambi die Quittung: Nyerere schlug ihn mit 2 628 zu 802 Stimmen.[154] 1959 folgte Kunambi seinem Onkel als Sultan von Luguru. Er nahm in dieser Funktion an den letzten Treffen der *Chiefs Convention* teil. Doch seine Tage in der Lokalverwaltung waren gezählt. Kurz nach der Unabhängigkeit wurde in Tanganyika das Häuptlingstum abgeschafft.[155] Kunambi hatte es sich mit Nyerere und mit den TANU-Aktivisten in Morogoro so gründlich verdorben, dass für ihn in der neuen Ordnung kein Platz mehr war. Dank eines kirchlichen Stipendiums konnte er einige Jahre in den USA studieren, um sich nach seiner Rückkehr als Dorflehrer durchzuschlagen. Ein politisches Amt nahm er nie mehr wahr.[156]

Erasto Mang'enya dagegen hat seine Mittlerposition zwischen nationalistischer Partei und lokalen, von der Kolonialmacht gestützten Herrschaftsinstitutionen nicht geschadet. Er wurde nach 1961 Vertreter Tanganyikas bei den Vereinten Nationen, übte verschiedene hohe Regierungsämter aus und diente bis zu seiner Pensionierung 1975 als Sprecher der Nationalversammlung. In seinen bereits mehrfach zitierten Erinnerungen „Tears and Discipline" geht Mang'enya allerdings weder auf seine kurze Amtszeit als gewählter Chief der Bondei noch auf seine aktive Mitgliedschaft in der „tribalen" *Bondei Central Union* (BCU) ausführlicher ein.[157] Ihm lag offenkundig sehr daran, sich in seiner Autobiographie als tanzanischer Nationalist und zuverlässiger Antikolonialist zu porträtieren. Aktivitäten, denen der Ruch des Tribalismus und der Kollaboration mit dem Kolonialstaat anhaftete, passten da schlecht hinein.[158]

Mang'enya wurde Ende 1958 nach über zwanzigjähriger Tätigkeit als Lehrer zum *Jumbe Mkuu* von Muheza (Nordost-Tanganyika) gewählt.[159] Die Region um Muheza gehört zu den Zentren der Sisalindustrie. Obwohl er im Laufe seines Staatsdienstes zumeist außerhalb seines Heimatortes arbeitete, hielt Mang'enya stets engen Kontakt nach Muheza. Bereits unmittelbar nach dem Zweiten Weltkrieg verfasste er eine Reihe von kleineren Schriften über die „soziale Entwicklung der Bonde".[160] Ganz im Ton der Regierungsmemoranden jener Periode forderte er die Demokratisierung der lokalen Verwaltung und die Festigung „tribaler Strukturen", formulierte Fünf- bzw. Zehnjahrespläne für die Entwicklung der Region (unter besonderer Berücksichtigung von Bildung und sozialer Wohlfahrt) und mahnte nicht zuletzt die Erziehung der Chiefs zu bürokratischen Standards an: „They must learn to keep the following records: A Diary, a Log Book, Birth and Death Registers and Cash Book." Seine Schriften bestückte er mit Zitaten von William Shakespeare, Thomas B. Macaulay und Winston Churchill. Während seiner Amtszeit als *Jumbe Mkuu* verwendete Mang'enya dann ähnlich wie Marealle viel Energie auf die „Wiederentdeckung" traditioneller Regularien.[161] Viel Zeit dazu blieb ihm allerdings nicht, denn auch in Bonde endete kurz nach der Unabhängigkeit die formale Existenz des Häuptlingtums. Allerdings war es hier – anders als am Kilimanjaro oder in Morogo-

---

[154] Vgl. Iliffe, Modern History, 561.

[155] Vgl. dazu ausführlicher Kap. V, 3.

[156] Kunambis Frau Bernadette machte nach der Unabhängigkeit dagegen politisch Karriere und war u. a. Parlamentsabgeordnete und Vorsitzende des *Tanganyika Council of Women*. Vgl. Kurtz, Dictionary, 99.

[157] Die BCU war Anfang der vierziger Jahre gegründet worden, um die „tribalen" Interessen der Bondei zu vertreten und zu fördern. Vgl. dazu im Detail Justin Willis, The Makings of a Tribe. Bondei Identities and Histories, in: JAH 33,2 (1992), 191–208, hier: 206f.

[158] Obwohl Mang'enya in der BCU seit Mitte der vierziger Jahre eine führende Rolle spielte, erwähnt er die Vereinigung in seinem Buch lediglich einmal (208). Vgl. dazu auch Willis, Administration, 63f.

[159] Vgl. TNA 481/A2/8: Mang'enya an District Commissioner, 23. 12. 1958; Mang'enya an Director of Education, 23. 12. 1958; District Commissioner Tanga an Präsident, Bonde Central Union, 7. 11. 1958.

[160] Vgl. ebd., „Social Development among my people, the Bondeis", o. D. [1946]; „Social Development of the Bonde", o. D. [1947].

[161] Vgl. Willis, Makings, 206.

ro – nie zu ernsthaften Konflikten zwischen der tribalen Gruppierung BCU und der TANU bzw. den Gewerkschaften gekommen. So arrangierten sich die Lehrer und Regierungsangestellten, die das Führungspersonal der BCU stellten, problemlos mit der Einheitspartei. Und Mang'enya überzeugte sich und die TANU, dass er schon immer ein großer Freund des antikolonialen Nationalismus gewesen sei.[162]

Der einzige Chief, der das Ende der Kolonialherrschaft zumindest für kurze Zeit als mächtige politische Figur überlebte, war Abdullah Fundikira. Er galt einige Jahre lang sogar als der ernsthafteste afrikanische Gegenspieler seines Studienkameraden in Makerere, Julius Nyerere.[163] Fundikira entstammte einer bedeutenden Chief-Familie aus dem Distrikt Tabora. Er arbeitete nach seinem Abschluss im Makerere College viele Jahre für das *Department of Agriculture* in verschiedenen Provinzen des Landes. 1957 ernannte ihn die Regierung zum ersten afrikanischen *Agricultural Officer* und damit zu einem der ranghöchsten afrikanischen Staatsdiener. Kurz darauf folgte er seinem Bruder als Chief von Unyanyembe, ein rund 150 000 Menschen umfassendes „Häuptlingstum".[164] Fundikira, der 1953-54 in Cambridge studierte und ein Diplom in Agrarwissenschaften machte, gehörte (wie Thomas Marealle) zu den wenigen, die es bezüglich ihrer Bildung und ihren Englischkenntnissen mit Nyerere aufnehmen konnten. Er war bekennender Moslem und lebte mit drei Frauen und zwanzig Kindern. Obgleich kein Mitglied der Partei, unterstützte die TANU Fundikiras Kandidatur für den „afrikanischen Sitz" der Westprovinz bei den *Legislative Council*-Wahlen 1958/59. Ausschlaggebend für diese Entscheidung waren Fundikiras große lokale Popularität[165] und seine außergewöhnlichen Bildungsqualifikationen. Er gewann die Wahl ohne Gegenkandidaten. Parallel spielte der äußerst selbstbewusste Mann – der einmal von sich sagte: „I am tradition"[166] – eine wichtige Rolle in der *Chiefs' Convention*. In seinem Bericht über das zweite Treffen der Gruppe in Mzumbe im Januar 1958 lobte ein britischer Beobachter noch ausdrücklich Fundikiras Mittlerqualitäten:

„Chief Fundikira was unquestionably the big new man on the scene. He was perhaps more active than was politic in a newcomer, yet he never spoke except to say something worth saying, and he persistently displayed a strong personality, a powerful mind and an approach remarkable amongst African leaders for its objectivity. He set himself from the start to ensure that business was transacted with efficient direction from the Chair, yet without exciting further jealousies."[167]

Weniger begeistert waren die Briten, als Fundikira kurz darauf mit einigen anderen Chiefs die *Convention* überzeugte, auf den Kurs der TANU einzuschwenken.[168] Allerdings demonstrierte er der Partei gegenüber wiederholt seine Eigenständigkeit, etwa auf einer großen Massenkundgebung der TANU in Dar es Salaam unmittelbar nach den Wahlen 1958. Während alle anderen erfolgreichen Kandidaten (auch die Asiaten) die Hand zum „Uhuru"-Gruß erhoben, als Nyerere sie auf das Podium bat, sagte und tat Fundikira gar nichts.[169] Er kritisierte kurz darauf mit scharfen Worten die

[162] Vgl. ders., Administration, 65f.
[163] Vgl. Iliffe, Modern History, 569. Zur Bekanntschaft von Fundikira und Nyerere in Makerere vgl. Listowel, 182. Kurze biographische Angaben zu Fundikira finden sich in Who's Who in East Africa, 1965–66, 21; PRO CO 822/1517: Members of Tanganyika Legislative Council elected in September 1958. Biographical Details; CO 822/1464: Biographical Notes on possible Tanganyika Unofficial Ministers, o. D. [1959].
[164] Sein Bruder Nassoro Saidi Fundikira gehörte zu den ersten Schülern der Tabora School und war einer der von den Briten bevorzugten Chiefs. Vgl. TNA 47/L5A/8: D. C. Tabora: Biographical Note on Chief Nassoro Saidi Fundikira, o. D. [März 1951]; Redemanuskript Gouverneur Twining anlässlich der Verleihung des O. B. E. an Chief Fundikira, 27. 2. 1954.
[165] So notierte der Missionar L. B. Greaves über Fundikira: „Praised by ordinary people because he is ready to give lifts in his car. Not aloof" (RH MSS Afr. s. 1604).
[166] Vgl. Smith, 83.
[167] PRO CO 822/1217: Ministry of Local Government and Administration an alle Provincial Commissioners: Chiefs' Convention – Second Meeting at Mzumbe, 15. 1. 1958.
[168] Ebd., Telegramm Turnbull an Kolonialminister, 10. 3. 1959.
[169] Vgl. PRO CO 822/1362: Eccles an Gouverneur Turnbull, 21. 10. 1958.

Äußerung Nyereres, Chiefs seien bei ihrer Rechtssprechung häufig bestechlich.[170] Sein Versuch, die TANU-Parlamentarier davon zu überzeugen, einen *Advisory Council of Chiefs* ins Leben zu rufen, fand jedoch nur wenig Resonanz. Erst im Juli 1960 wurde er Mitglied der TANU, nachdem die Parteispitze beschlossen hatte, sogar die Position der Chiefs in der Lokalverwaltung an so genannte *Executive Divisional Officers* zu übertragen.[171] Nach 1959 nahm Fundikira verschiedene Ministerämter (1959-61: Land; 1961-63: Justiz) wahr. Im Kabinett galt er als „the most right wing and the most pro-British".[172] Er trat 1963 aufgrund von Auseinandersetzungen über die Bodengesetzgebung zurück, nachdem die Regierung gegen sein Votum die Nationalisierung von Grund und Boden beschlossen hatte.[173]

In seiner Zeit als Minister profilierte sich Fundikira zunehmend als bedeutende muslimische Führungspersönlichkeit. Als Kind in Bagamoyo hatte er Koranunterricht von Sheikh Muhammed Ramiya, dem Kopf der Qadiriyya Bewegung in Tanganyika, erhalten.[174] Nach 1958 hielt er regelmäßig religiöse Ansprachen vor muslimischen Vereinigungen und engagierte sich in Aga Khans *East African Muslim Welfare Society*. Im Rahmen dieser Vereinigung versuchte Fundikira, afrikanische Muslime und Ismaeliten zusammenzubringen. Aga Khan regte er an, anstelle von Moscheen lieber Schulen zu bauen.[175] Es gibt aber keine Hinweise, dass Fundikira mit der *All-Muslim National Union of Tanganyika*, einer radikalen Absplitterung der TANU, eine engere Kooperation pflegte.[176] In den ersten Jahren nach der Unabhängigkeit war er unter Tanganyikas Muslimen eine weit respektierte Persönlichkeit, die es immer wieder wagte, die Regierung öffentlich wegen ihrer Haltung zum islamischen Erziehungswesen zu kritisieren.[177] Als Fundikira im Juni 1963 wegen Korruption von der Regierung angeklagt wurde, erschien er zu jedem Prozesstag in formaler muslimischer Kleidung (*Kanzu*) und konnte mehrere hundert Anhänger begrüßen, die sich zu seiner Unterstützung eingefunden hatten. Die Indizien der Anklage erwiesen sich im Verlauf der Verhandlung als wenig beweiskräftig, und im August konnte Fundikira den Gerichtssaal als freier Mann verlassen.[178] Er legte einige Monate darauf sein Mandat in der Nationalversammlung nieder, „in order to give way to the present trend in the country to establish a one-party state".[179] Bereits vier Wochen später trat er diskret erneut der TANU bei und beendete seine administrative Karriere als Vorsitzender des Verwaltungsrates der *East African Airways*. Aus der Politik zog er sich einstweilen völlig zurück.[180]

---

[170] Vgl. Bienen, Tanzania, 60.
[171] Vgl. Iliffe, Modern History, 569; Tanganyika Standard, 23.7.1960.
[172] Vgl. Listowel, 396.
[173] Vgl. Harvey Glickman, Traditional Pluralism and Democratic Processes in Mainland Tanzania, in: Cliffe / Saul, Bd. 1, 127-144, hier: 136.
[174] Vgl. Nimtz, 164, FN 29.
[175] Vgl. Tanganyika Standard, 5.9.1960; 12.10.1960; Said, Sykes, 84.
[176] Zu dieser Gruppierung vgl. ausführlich Brennan, Nation, Kap. 5; ders., The Short History of Political Opposition and Multiparty Democracy in Tanganyika, 1958-1964, in: Maddox / Giblin, 250-276.
[177] Vgl. etwa PRO DO 168/5: Bourn an Price-Jones, 3.9.1963.
[178] Vgl. Tanganyika Standard, 25.7.1963; 30.7.1963; 6.8.1963.
[179] Tanganyika Standard, 19.2.1964.
[180] 1991 kehrte Fundikira wieder ins politische Leben zurück, und zwar als Vorsitzender der *Union for MultiParty Democracy of Tanzania* (UMD). Die Partei setzte sich für freie Märkte ein und sprach sich gegen zu großen Einfluss von Militärs im politischen Leben aus. Bei den Mehrparteien-Wahlen 1995 und 2000 spielte sie jedoch keine Rolle.

3. Bürokraten als Politiker. Julius Nyerere

Die politischen Optionen der Chiefs unterschieden sich in den fünfziger Jahren grundlegend von denen der Staatsdiener.[181] Die Staatsdiener vermochten fast nie lokale Wurzeln zu schlagen, die Chiefs dagegen schon. Die Staatsdiener durften sich politisch nicht betätigen, von den Chiefs wurde dies erwartet. Die Funktion der Chiefs wurde in der spätkolonialen Periode sogar zunehmend politischer, denn sie mussten die kolonialen Verordnungen in die Praxis umsetzen. Sie waren es, die Treffen der TANU-Ortsgruppen verboten, ländliche Rebellen einsperrten und Erosionsschutzmaßnahmen durchsetzten. Für die meisten TANU-Aktivisten war der Kampf für die Unabhängigkeit vor allem auch ein Kampf gegen die Chiefs. Als Julius Nyerere wenige Wochen vor der Unabhängigkeit durch das Land reiste, musste er konstatieren, dass sich in den Distriktzentren weiterhin Chiefs in leitenden Positionen befanden, während die Parteiaktivisten außen vor blieben:

„It is always a government affair. I am met by the provincial commissioner and by the district commissioner both of whom are likely to be colonial officers, the very men who TANU fought but a few years ago. I am introduced to them by other government officers who are usually expatriates. I am then introduced to the chiefs and to the officials of the native authority and again I am meeting men who either opposed TANU or who carefully stayed out of the political struggle. Then off to one side I notice a few chaps in torn green shirts wielding banners but looking somewhat forlorn."[182]

In Debatten über die Zukunft der Chiefs im unabhängigen Tanganyika initiierten TANU-Politiker eine Art öffentliches Ranking: Welcher Chief hat die Partei offen unterstützt, wer hat sie bekämpft? Wichtiger als dieses Ranking war jedoch der Wunsch der TANU-Spitze und insbesondere Nyereres, wahrhaft nationale Institutionen zu schaffen und lokale Identitäten zu transzendieren. Bereits das Gründungsdokument der TANU verhieß den Kampf gegen „tribalism and all its isolationist tendencies amongst Africans and to build up a united nationalism".[183] Die Chiefs standen für die Gefahr, ethnische Loyalitäten in die politische Arena zu tragen. Angesichts der Ereignisse im Kongo war Nyerere entschlossen: „We can't have another Katanga here."[184] Daher wurde die Institution des Häuptlingstums bald nach der Unabhängigkeit abgeschafft.[185]

Als Nyerere am 9. Dezember 1962 zum Präsidenten der Republik Tanganyika vereidigt wurde, schien er gleichwohl einige Insignien eines Chiefs annehmen zu wollen.[186] Bei seiner Ankunft im Nationalstadion in Dar es Salaam empfingen ihn die rhythmischen Trommeln des Königshauses von Mwami Theresa Ntare aus Buha. Chief Petro Itosi Marealle begrüßte den Präsidenten und betete, dass Gott ihm beistehen möge. Danach übergab ihm Chief Mazengo ein Gewand, auf dass „the favour of your leadership be spread all over the country in the same way as this long robe has spread all over your body".[187] Nyerere erhielt zudem einen Speer, um die Bürger Tanganyikas zu schützen, sowie ein Schild zur Verteidigung des Landes gegen Feinde. Der Präsident verließ, begleitet vom Rhythmus der großen Haya-Trommel, das Stadion, nachdem er von Chief Mazengo abschließend mit einer Mischung aus Mehl und Wasser gesalbt worden war. Die Embleme des Chiefs spielten in der Folge bei Nyereres öffentlichen Auftritten kaum mehr eine Rolle. Diese Zeremonie könnte folglich als Anomalie in der Selbstdarstellung Nyereres gedeutet werden. Sie symbolisierte aber vielleicht

---

[181] Vgl. Feierman, Peasant Intellectuals, 224.

[182] Zit. nach Pratt, Critical Phase, 108; Feierman, Peasant Intellectuals, 225.

[183] Zit. nach Glickman, Traditional Pluralism, 134.

[184] Zit. nach Iliffe, Modern History, 569.

[185] Vgl. dazu Kap. V, 3.

[186] Vgl. Feierman, Peasant Intellectuals, 229. Ich konnte leider nicht herausfinden, wer das Programm dieser Zeremonie entworfen hat.

[187] Zit. nach Tanganyika Standard, 10. 12. 1962; Feierman, Peasant Intellectuals, 229f.

auch den Moment der Transition von der Ära des Chiefs und der indirekten Herrschaft zur Ära der säkularen, „modernen" Präsidentschaft.

Julius Nyereres Bildungsweg war typisch für die Vertreter der *educated elite* in Tanganyika während der Kolonialzeit: Missionsschule, Tabora School, Makerere College, danach Tätigkeit als Lehrer. Er gehörte zudem zu der kleinen Schar, die einige Zeit in Großbritannien studieren konnte. Geboren wurde der erste Präsident des unabhängigen Tanganyika im März 1922 in Butiama, einem kleinen und abgelegenen Dorf am Ostufer des Viktoriasees, als Sohn eines unbedeutenden Chiefs der Zanaki.[188] Im Alter von zwölf Jahren kam er ins fünfzig Kilometer entfernte Musoma in ein von katholischen Missionaren unterhaltenes Internat. 1936 erhielt Nyerere, nachdem er landesweit die beste Aufnahmeprüfung abgelegt hatte, einen Platz an der Tabora School. Dort bewährte er sich bald als „Präfekt", der für die Einhaltung und Durchführung schulischer Erlasse sowie für Ordnung, Sauberkeit und Pünktlichkeit zu sorgen hatte.[189] Nyerere betonte retrospektiv, er habe seine Überzeugungskraft genutzt, um die mit diesem Amt verbundene Macht und die Vorrechte der Präfekten zu reduzieren.[190] Einige seiner früheren Klassenkameraden entsinnen sich dagegen, er habe diese Aufgabe sehr ernst genommen.[191] In jedem Fall war Nyerere ein äußerst strebsamer Schüler, der insbesondere im Englisch- und Biologieunterricht glänzte. Einer seiner früheren Lehrer, John Blumer, erinnerte sich an ihn „[...] as a bright, intelligent little boy who was always top of his form [...] As a pupil he was outstanding."[192]

Nyerere selbst hat sich später sehr ambivalent zu seiner Erziehung in Tabora geäußert. In seiner Ansprache als frisch vereidigter Präsident Tanganyikas im Dezember 1962 fand er äußerst (selbst-) kritische Formulierungen über den Einfluss der dort erhaltenen Ausbildung:

„Some of us, particularly those of us who acquired a European type of education, set ourselves out to prove to our colonial rulers that we had become ‚civilized'; and by what we meant that we had abandoned everything connected with our own past and learnt to imitate only European ways. Our young men's ambition was not to become well educated Africans, but to become Black Europeans."[193]

Andererseits war sich Nyerere sehr wohl bewusst, dass er dem Besuch dieser Schule viel verdankte. In einer Rede im Februar 1961 wies er vor Schülern auf die wichtige Rolle der Tabora School als Kaderschmiede hin und betonte das hohe Privileg, diese Einrichtung besuchen zu dürfen:

„You are the real privileged people of Tanganyika. Not the Europeans, not the Asians but you pupils of Tabora School fall into this category. You are among the lucky boys who went to primary school. Remember, at least fifty per cent of your contemporaries cannot go to school at all. Of those who have had any schooling at all you are among the doubly lucky few to come here, to the finest school in Tanganyika, if not in the whole of Africa. It is your responsibility to take full advantage of your chances and to study diligently, so as to get to a college or a university. Then it will be your responsibility to act as teachers to the vast majority of under-privileged children in our country. You are the future leaders of Tanganyika, for remember Tabora has a unique record in turning out leaders for our country."[194]

---

[188] Die wichtigsten biographischen Daten zu Nyerere finden sich in Legum / Mnari; Smith; Hatch, Two African Statesmen; Duggan / Civille; Stöger-Eising. Vgl. ferner den Photoband von Annie Smyth / Adam Seftel (Hg.), Tanzania. The Story of Julius Nyerere. Through the Pages of DRUM, Dar es Salaam/Kampala 1998. Die folgenden Ausführungen zu Nyerere basieren partiell auf Andreas Eckert, An African Statesman. A portrait of Julius Nyerere as politician, 1950s to 1980s, in: Laurence Marfaing / Brigitte Reinwald (Hg.), Afrikanische Netzwerke, Beziehungen und Räume, Hamburg 2001, 309–327.

[189] Vgl. zum Präfektensystem in der Tabora School weiter oben, Kap. II, 3.

[190] Vgl. Hatch, Two African Statesmen, 9; Smith, 46.

[191] Vgl. Interviews mit Hamisi Akida, 15. 9. 1997; Charles Hisis, 11. 3. 1996; Elias Peter Ngowa, 18. 8. 1999. Iliffe, Modern History, 508, erwähnt nicht genauer personifizierte Erinnerungen von Nyereres Schulfreunden, die ihn als „a slight, diffident, but ambitious and competitive young man" beschrieben.

[192] RH MSS Afr. s. 1755: Memorandum John Blumer, o. D. [circa 1982], 45.

[193] President's Inaugural Address [10. 12. 1962], in: Nyerere, Freedom and Unity, 186.

[194] RH MSS Afr. s. 1471: Redemanuskript Nyerere, o. T., o. D. [Febr. 1961]. Vgl. ferner Listowel, 103f.

Es ist extrem schwierig, wenn nicht unmöglich, bestimmte Äußerungen und Aktivitäten Nyereres direkt auf das Charakter-Training zurückzuführen, das eine so zentrale Rolle im Curriculum der Tabora School einnahm. Einige Spuren können immerhin sichtbar gemacht werden, etwa Nyereres Lob des Sports und des Teamgeistes. Im Juni 1959, anlässlich einer Veranstaltung, die Sponsoren für ein großes Sportstadion werben sollte, sagte er: „A game must be played strictly in accordance with the rules and it is only the man who faithfully obeys the rules and works in strict co-operation with his team mates who makes a good sportsman."[195] Auch Nyereres wiederholte Plädoyers für Takt und Geduld sowie seine Selbstdisziplin mögen zumindest partiell Früchte seiner Erziehung in Tabora gewesen sein, stehen gleichzeitig aber auch für „afrikanische Werte".[196]

Nach Abschluss der Sekundarschule in Tabora begann Nyerere 1943, ausgestattet mit einem kleinen staatlichen Stipendium, ein Lehrerstudium am Makerere College. Hier kam er erstmals intensiv mit wichtigen Texten der europäischen Geistesgeschichte in Berührung. Das Werk John Stuart Mills, des großen Denkers des 19. Jahrhunderts, fand seine besondere Aufmerksamkeit. Nicht zuletzt Mills Schriften zur repräsentativen Regierung und zur Befreiung der Frauen hatten es ihm angetan. Während seiner Zeit in Makerere gewann Nyerere sogar die „East African Literary Competition." Prämiert wurde sein Essay über die Unterdrückung der Frauen, in welchem er Mills Gedanken auf die Gesellschaft der Zanaki anzuwenden suchte.[197] Als eifriger Katholik gründete er die Gesellschaft *Catholic Action*, die regelmäßig Gedenktage und Wallfahrten organisierte, um christliche Märtyrer zu ehren.[198] Schließlich testete er erstmals seine Talente als politischer Organisator. Mit seinem Freund Hamza Mwapachu rief er die *Tanganyika African Welfare Association* ins Leben, die bald in einen Zweig der *African Association* transformiert wurde.[199] Besondere Aktivitäten dieser Gruppe sind jedoch nicht überliefert. Zu den wichtigsten Aspekten der Studienzeit gehört, dass Nyerere eine Reihe von persönlichen Kontakten knüpfen konnte, die er im Verlauf der folgenden zwei Dekaden für seine politische Arbeit zu nutzen vermochte.

1945 kehrte Nyerere mit einem Lehrerdiplom nach Tanganyika zurück und nahm eine Stelle am neu gegründeten St. Mary's College in Tabora (einer katholischen Sekundarschule) an, um fortan Englisch und Biologie zu unterrichten. Schon bald wurde er örtlicher Sekretär der *African Association* und sammelte weitere Erfahrungen in der politischen Praxis. In einem der wenigen aus dieser Zeit von ihm überlieferten Schriftstücke betont Nyerere, dass nur das verstärkte Engagement der *educated Africans* zu einer Verbesserung der politischen und sozialen Situation in absehbarer Zeit führen könne.[200] Für sich selbst entschied er jedoch, dieses Engagement zunächst durch weitere Studien gleichsam intellektuell vorzubereiten. Er bewarb sich erfolgreich um ein Stipendium aus den Mitteln des *Colonial Welfare and Development Fund* und schrieb sich im Herbst 1949 für ein Magisterstudium an der Philosophischen Fakultät der Universität Edinburgh ein. Über seinen knapp dreieinhalb Jahre dauernden Aufenthalt ist wenig bekannt.[201] Alle Autoren stimmen jedoch in ihrer Einschätzung überein, dass Nyereres Entscheidung, sich fortan mit Nachdruck für die Unabhängigkeit Tanganyikas einzusetzen, in Diskussionen mit seinen Kommilitonen Gestalt annahm.[202] Zudem traf er erstmals auf engagierte britische Kolonialismuskritiker aus der *Labour Party* und dem *Fabian*

---

[195] Zit. in: PRO CO 822/1759: Press Release: Chief Secretary and Mr. Nyerere appeal for funds to build Tanganyika National Stadium, 16. 6. 1959.

[196] Vgl. Hatch, Two African Statesmen; Duggan/Civille.

[197] Vgl. Stöger-Eising, 128f.; Smith, 46; Listowel, 183. Eine Kopie dieses Essays war jedoch nicht aufzufinden.

[198] Vgl. Hatch, Two African Statesmen, 16.

[199] Vgl. Iliffe, Modern History, 422; Listowel, 182–185.

[200] Vgl. TNA 571/34: Hon. Secretary African Association Tabora [Nyerere] an Secretary AA Dodoma, 12. 6. 1946.

[201] Nyerere beantragte sogar ein Extra-Stipendium für ein weiteres Studienjahr. Dieses Ansinnen lehnte die Regierung jedoch mit dem Argument ab, eine noch längere Abwesenheit vom Schuldienst sei nicht tolerierbar. Vgl. die Korrespondenz in TNA 23140/III.

[202] Vgl. etwa Hatch, Two African Statesmen, 26–31; Stöger-Eising, 129.

Abb. 4: Julius Nyerere.
Quelle: Cambridge University Library

Colonial Bureau. Zu diesem Personenkreis entwickelte er in den folgenden Jahren enge und für seine nationalistischen Anliegen sehr nützliche Beziehungen. Seine Freunde und Unterstützer in London standen ihm bei vielen Fragen mit Rat und Tat zur Seite, beschafften Informationen, leisteten Lobbydienste bei Parlamentariern, stellten Verbindungen zur Presse her und sammelten Geld.[203]

Nyereres Projekt des *Tanganyika Education Trust Fund,* das er in den späten fünfziger Jahren lancierte, ist ebenfalls nicht denkbar ohne den ideologischen Einfluss und die praktische Hilfe seiner britischen Verbündeten. Die Stiftung hatte zum Ziel: „to give post secondary education to young men and women who have not had a chance to go to a University but whose lives would be much more enriched if they got a chance to get the kind of education provided to similar people by Colleges like Ruskin College."[204]

---

[203] An dieser Stelle sei lediglich pauschal auf die umfangreiche Korrespondenz zwischen Nyerere und dem FCB in RH MSS Brit. Emp. s. 365/121 hingewiesen. Vgl. auch Smith, Influence. So war es auch kein Zufall, dass britische Kritiker des Kolonialismus bei der Unabhängigkeitsfeier 1961 massiv präsent waren. Vgl. Pratt, Critical Phase, 88.

[204] PRO CO 822/1371: Nyerere an Minister of Social Services, 6. 2. 1959. John Hatch, Two African Statesmen, 135, nimmt für sich in Anspruch, bei diesem Projekt, ein solches College zu gründen, Pate gestanden zu haben. Das Ruskin College in Oxford wurde 1899 als Internat für Arbeiter gegründet. Die nötigen Finanzmittel stellten die Gewerkschaften bereit; die zentrale Aufgabe des Colleges bestand darin, Ein- und Zweijahreskurse

1960 wurde ein College für Erwachsene in Dar es Salaam gegründet: das Kivukoni College. Ein Jahr darauf begannen die ersten Kurse.[205] Private Spenden bildeten den finanziellen Grundstock. Der wohlhabende Geschäftsmann Abdulkarim Y. A. Karimjee steuerte allein 60 000 britische Pfund bei.[206] Der britische Politikwissenschaftler Colin Leys wurde der erste Rektor, und Joan Wicken, die ehemalige stellvertretende Commonwealth-Beauftragte der *Labour Party*, langjährige Aktivistin im FCB und spätere persönliche Assistentin Nyereres, erhielt eine führende Funktion im Aufsichtsrat.[207]

Zurück in die frühen fünfziger Jahre: Noch in Edinburgh schrieb Nyerere seinen ersten politischen, recht radikalen Essay: In *The Race Problem in Africa* verurteilte er die europäischen Kolonialmächte für ihren demütigenden Paternalismus und klagte, die Fremdherrschaft durch eine kleine weiße Minderheit sei eine Beleidigung für die Afrikaner. Der Aufsatz enthielt eine explizite Warnung an die Kolonisierenden: „The sooner we will tell them that we will no longer tolerate such monstrous impudence the better for us all."[208] Nyerere entwickelte in diesem Beitrag bereits die Grundzüge einer „nichtrassischen Doktrin", die bald darauf ein wesentliches Element seiner politischen Agenda werden sollte.

Nach seiner Rückkehr nach Tanganyika begann Nyerere am St. Francis College in Pugu bei Dar es Salaam, einer katholischen Sekundarschule, als Lehrer zu arbeiten. Rasch widmete er sich zudem wieder politischen Aktivitäten. Im Gegensatz zur Mehrzahl der nationalistischen Führungspersonen seiner Generation in Afrika war Nyereres „Karrierebeginn" als Vollzeitpolitiker allerdings kaum mit konkreten politischen Problemen der „Graswurzelebene" verknüpft. Bei ihm standen am Anfang vielmehr die großen Fragen der politischen Moral. Er war „kein Nkrumah hungrig nach Macht".[209] Er schreckte eher davor zurück, sich in Aktion zu stürzen.[210] Dennoch akzeptierte der junge Lehrer im April 1953 die Wahl zum Präsidenten der *Tanganyika African Association*.[211] Ein gutes Jahr später trug Nyerere entscheidenen Anteil an der Umwandlung dieser Organisation in die TANU. In einem Brief an Marjorie Nicholson vom FCB schilderte er seine Ziele und die der neuen Partei. Die Etablierung einer nichtrassischen Ordnung und der Ausbau des Erziehungswesens standen ganz oben auf der Agenda:

„Our aim is certainly self-government; when to attain it the people of Tanganyika will decide. We are not racial; but I have emphasized that we must aim at a democratic Tanganyika, and those who fear democracy in Tanga-

---

in den Sozialwissenschaften für Gewerkschaftsmitglieder durchzuführen. Vgl. Harold Pollins, The History of Ruskin College, Oxford 1984.

[205] Für die zentralen Ziele und die Organisation des Colleges vgl. RH MSS Afr. S.1681/297: Tanganyika Education Trust Fund: Press Statement, o. D. [circa Juli 1960]; ebd.: Rede von Rachidi Kawawa, o. D.

[206] Vgl. Tanganyika Standard, 23.12.1959; Listowel, 310.

[207] Vgl. Archiv der Kivukoni Academy of Social Sciences, Dar es Salaam: Kivukoni College. Annual Report, 1961/62. Vgl. ferner RH MSS Brit. Emp. s. 365/121/4: Joan Wicken an Hilda Selwyn-Clark, 4.5.1960. Zu Wicken vgl. auch Listowel, 291.

[208] Nyerere zufolge wurde das Pamphlet von der Organisation, die es ursprünglich publizieren wollte (wahrscheinlich die Fabier, wie Iliffe, Modern History, 509, vermutet), abgelehnt. Später nahm Nyerere den Beitrag in seine erste Sammlung von Essays und Reden auf. Vgl. Nyerere, Unity and Freedom, 23–29. Inwieweit die dort publizierte Version von der ersten Fassung abweicht, lässt sich nicht mehr nachvollziehen.

[209] Vgl. Iliffe, Modern History, 509.

[210] Vgl. Smith, 50.

[211] Vgl. Listowel, 221; Tanganyika Standard, 19.6.1953; Said, Sykes, 110–133, zeigt detailliert auf, wie der „christliche Außenseiter" Nyerere im islamisch geprägten Dar es Salaam ausgewählt wurde, der TAA vorzustehen. Weniger überzeugend und kaum belegt ist dagegen die daran anschließende These Saids, dass Nyerere in Kooperation mit der katholischen Kirche später alles tat, um die Muslime nicht nur in Dar es Salaam, sondern im gesamten Territorium zu marginalisieren. Unter der muslimischen Bevölkerung ist Saids These, Nyerere habe ihre wichtige Rolle im antikolonialen Kampf später nicht ausreichend gewürdigt, jedoch weit verbreitet.

nyika need not come or remain in the Territory – But at the moment our greatest concern is the educational and economic development of our people."[212]

Die TANU-Spitze um Nyerere bestand im Wesentlichen aus Männern mit großer bürokratischer Erfahrung, obgleich einige ihre Posten als *clerks* gegen eine Handelstätigkeit eingetauscht hatten.[213] Nyerere selbst wurde neben dem neuen Parteisekretär Oscar Kambona bald einer der wenigen Berufspolitiker Tanganyikas. Im März 1955 gab er seine Lehrerstelle auf, nachdem die Schulleitung ihn vor die Alternative Schulkarriere oder Partei gestellt hatte.[214]

Es wäre sicherlich falsch, die nationalistische Politik im spätkolonialen Tanganyika auf die Aktivitäten und Gedanken Nyereres zu reduzieren.[215] Nyerere besaß keineswegs das Monopol über die nationalistische Rhetorik, sondern agierte in einem sich ständig verändernden diskursiven Feld, das internationale und lokale Konzepte und Begriffe einschloss. Grundsätzlich besteht allerdings kein Zweifel, dass er einen prägenden Einfluss sowohl auf das politische Programm der TANU als auch auf die öffentliche Meinung hatte. Obwohl er sich von früh an primär als „Denker" und Programmatiker verstand, scheute er keineswegs die politische „Ochsentour". Der große Erfolg der TANU auf dem Land war nicht zuletzt den zahlreichen Tourneen Nyereres zu verdanken, auf denen er die Partei und ihre zentralen Ziele popularisierte. Dabei sprach er offenbar die Sprache der Bauern, so wie er bei seinen Auftritten vor den Vereinten Nationen den Ton der internationalen Diplomaten traf.[216] Auch im *Colonial Office* und unter den britischen Beamten in Tanganyika genoss er durchweg einen guten Ruf. Andrew Cohen, der Vertreter Großbritanniens vor dem Treuhandausschuß der UNO, bezeichnete Nyerere als „fähig und sehr intelligent" und fügte hinzu: „I imagine that he is likely to have a leading position for a long time ahead. He also struck me as essentially moderate in politics."[217] E. N. Brend, Distriktbeamter in Sukumaland, hob hervor: „Julius was no fanatic, he was dedicated to organising his people for self government but there was no bitterness or rancour towards the British Authorities."[218] Und Ursula Birkett, die Ehefrau eines *District Officers*, schrieb ihren Eltern: „I'm impressed with Nyerere, a young man, sensible + well intentioned."[219] Gouverneur Twining dagegen machte aus seiner Abneigung gegen den aufstrebenden Politiker kein Hehl. Er bezichtigte ihn, einen „schwarzen Rassismus" zu propagieren (vgl. Kap. III, 2) und hielt sich in seiner Korrespondenz mit

---

[212] RH MSS Brit. Emp. s. 365/121/3: Nyerere an Nicholson, 15. 9. 1954.

[213] Vgl. etwa PRO CO 822/859: Chief Secretary an Gorell-Barnes (Colonial Office): Short History of TANU, 26. 11. 1955, die Kurzportraits der führenden TANU-Politiker enthält. Zu den wichtigsten Finanziers der Partei gehörte der Händler John Rupia. Vgl. Kurtz, Dictionary, 179.

[214] Eine Kopie des Kündigungsschreibens findet sich in RH MSS Brit. Emp. s. 365/121/3. Die von der katholischen Kirche getragene Sekundarschule in Pugu fiel zwar formal nicht unter das Gesetz von 1953 (vgl. Kap. III, 2), das Staatsangestellten die Mitgliedschaft in einer politischen Organisation verbot. Doch viele Missionsschulen setzten ihr Lehrerkollegium unter Druck, der TANU fernzubleiben.

[215] Geiger, TANU Women, hat etwa nachdrücklich auf die Schlüsselrolle von Frauen in der nationalistischen Bewegung Tanganyikas hingewiesen: „If Julius Nyerere was instrumental in convincing the UNO and much of the Western world that Tanganyika people were a ‚nation-in-the-making', women activists were largely responsible for establishing and reconfiguring the grounds for this assertion" (65).

[216] Gute Beispiele für Nyereres Fähigkeit, komplexe Sachverhalte verständlich auszudrücken, bieten auch seine zahlreichen, in Englisch und Swahili verfassten Beiträge für die TANU-Zeitschrift „Sauti Ya TANU" („Stimme von TANU"). Das 1957 gegründete Blatt wurde sowohl von Afrikanern als auch von Europäern gelesen. Ob noch irgendwo eine komplette Sammlung dieser Zeitung existiert, ist mir nicht bekannt. Zahlreiche Ausgaben finden sich in der UDSM, East African Collection, sowie in diversen TNA-Akten, etwa in TNA 471/A6/14.

[217] PRO CO 822/1361: Cohen an Twining, 28. 6. 1957.

[218] RH MSS Afr. s. 1143: E. N. Brend, Some Personal Recollections of the Early History of TANU in the Lake Province of Tanganyika, Manuskript, o. D.

[219] RH MSS Afr. s. 420: Ursula Birkett an ihre Eltern, 5. 12. 1958. Es ließen sich zahlreiche weitere Beispiele anführen.

dem Kolonialministerium mit abwertenden Bemerkungen nicht zurück. In einem persönlichen und vertraulichen Schreiben an Minister Gorell-Barnes spottete er etwa:

„Julius actually is cutting rather a pathetic figure. Apart from being unwell and suffering inter alia from dysentery, he is a lonely and unimpressive figure and asks to see Grattan-Bellew [Chief Secretary] from time to time, has a friendly talk for nearly an hour, the need of which is that he badly wants somebody to hold his hand [...] I am informed that his wife – one of our few Standard XII girls – has recently given him what-for on the grounds that she detests his politics, and if he is as able a man as he thinks, he should get a well paid job and settle down and let her make a comfortable home for him. A sensible girl obviously [...]"[220]

Ein klassisches Beispiel für *wishful thinking*! Mehr als bei den meisten anderen britischen Kolonial-beamten in Tanganyika wird bei Twining das Unbehagen, ja zuweilen die Verachtung gegenüber der neuen städtischen, gut ausgebildeten Elite deutlich, wie sie Nyerere exemplarisch verkörperte. Auch Nyerere sparte indes nicht mit – für seine Verhältnisse – harscher Kritik am Gouverneur. Das Ende von dessen Amtszeit kommentierte er mit ungewöhnlich drastischen Worten:

„What is ‚Government' in a Colonial Country? In Tanganyika more perhaps than in any other country ‚Govern-ment' meant the Governor, Sir Edward Twining. That is why politics in Tanganyika was degenerating into petty personality skirmishes. One could not criticise the Government without knowing that Government House would take it to be personal criticism of its occupant [...] TANU has survived Sir Edward."[221]

Mit einer Prise Sarkasmus und Ironie, aber auch ernsthafter Empörung beklagte er zudem das Ver-halten einiger hoher Kolonialbeamter und offenbarte gleichzeitig seine Kenntnis der administrativ-politischen Praxis des „Weglobens":

„I know the Empire is shrinking but if there is some room somewhere for three more indivduals then I would seri-ously recommend the kicking upstairs somewhere of the Chief Secretary, the Attorney-General and the Provincial Commissioner, Lake Province. These three individuals cannot do this country much good. I am not sure they are doing ‚the Empire' much good, and in any case I do not see why Tanganyika should be deprived of an opportunity which I see almost round the corner because of the vanity of three frustrated individuals."[222]

Kurz darauf fügte er in einem weiteren Brief an Betts hinzu:

„I don't mind a quarrel, indeed no nationalist movement can thrive on ‚good relations' with an imperialist Gov-ernment; but I prefer a quarrel on matters of principle and with civilized men. These three individuals can hardly be described as civilized and they provoke quarrels on issues that can easily lead to disorder [...] The people of Tanganyika have no faith in violence. But all the same fellows like these are a danger to this country. Can't they be transferred to some other country? Create them Lord Mwanza, Baron Dar es Salaam, etc., but please, remove them from Tanganyika!"[223]

Ansonsten bezog sich Nyerere in seinen Argumenten für die baldige Unabhängigkeit sehr selten auf spezifische Fehlleistungen und Ungerechtigkeiten des Regimes bzw. einzelner Vertreter der Kolonial-macht. Zentral war für ihn vielmehr die Demütigung, von anderen beherrscht zu werden. Koloniale Herrschaft stellte für Nyerere per se die Leugnung von Menschenrechten und der Gleichheit aller Individuen dar. Und genau diese Gleichheit galt es durch die Unabhängigkeit herzustellen.[224] Darauf wies er etwa Ende 1959 in einer Rede vor dem *Legislative Council* nachdrücklich hin:

---

[220] PRO CO 822/1320: Twining an Secretary of State for the Colonies, 16.11.1957.
[221] RH MSS Brit. Emp. s. 365/121/3: Nyerere an Jim Betts (FCB), 23.7.1958.
[222] Ebd., Nyerere an Betts, 16.8.1958.
[223] Ebd., Nyerere an Betts, 26.9.1958. Hintergrund waren die Ereignisse in Geita in der Lake Province, wo De-monstranten von der Polizei niedergeknüppelt und verhaftet wurden. Vgl. Kap. III, 2.
[224] Vgl. zu diesem Aspekt Pratt, Critical Phase, 63–71; ders., Nyerere. Reflections on the Legacy of his Socialism, in: CJAS 33,1 (1999), 137–152, hier: 144f.; Harvey Glickman, Dilemmas of Political Theory in an African

„Our struggle has been, still is, and always will be a struggle for human rights. As a matter of principle we are opposed, and I hope we shall always be opposed, to one country ordering the affairs of another country against the wishes of the people of that other country. Equally, we are opposed to the idea of a small minority in any country appointing itself the masters of an unwilling majority. Our position is based on the belief in the equality of human beings, in their rights and duties as citizens [...] We in Tanganyika believe, Sir, that only a wicked man can make colour the criterion for human rights. Here we intend to build a country in which the colour of a person's skin or the texture of his hair will be as irrelevant to his rights and his duties as a citizen as it is irrelevant to his values in the eyes of God."[225]

Unter dem weiten Dach der TANU hatten allerdings nicht nur entschiedene Anti-Rassisten wie Nyerere Platz, sondern ebenso Personen mit einer explizit antieuropäischen und besonders antiasiatischen Haltung. Dazu zählten von der Parteispitze vor allem Oscar Kambona und Bibi Titi Mohammed.[226] Weitaus häufiger waren solche Ansichten auf der mittleren Parteiebene sichtbar und spiegelten sich in der erstaunlich rassistischen TANU-Zeitung „Uhuru".[227] Eine Reihe von Parteivertretern kritisierten privat Nyerere wegen seiner engen Kooperation mit Europäern und Asiaten, besonders Derek Bryceson und Amir Jamal.[228] Nyerere gelang es jedoch weitgehend, diese Kräfte in Schach zu halten.[229]

Die offene Propagierung des Slogans „Afrika den Afrikanern" blieb dem 1958 ins Leben gerufenen *African National Congress*, einer weiteren Absplitterung der TANU, vorbehalten.[230] Der Gründer dieser Partei, Zuberi Mtemvu, teilte mit der TANU-Führung den bürokratischen Hintergrund und die gemeinsame „politische Sozialisation". Geboren in der Morogoro-Region, aufgewachsen in Dar es Salaam, besuchte er die Tabora School und führte im Anschluss zunächst eine recht erfolgreiche administrative Karriere. Mtemvu war als Unterinspektor im Polizeidienst, als Sozialarbeiter und schließlich als Lehrer in der Erwachsenenbildung tätig.[231] 1954 überredete Nyerere ihn, den Regierungsdienst aufzugeben und TANUs erster Organisator zu werden. In dieser Tätigkeit erwies sich Mtemvu als geschickter Stratege. Aufgrund seiner guten Verwaltungs- und juristischen Kenntnisse

Context. The Ideology of Julius Nyerere, in: Jeffrey Butler / A. A. Castagno (Hg.), Boston University Papers on Africa. Transition in African Politics. New York 1967, 195–223.

[225] Nyerere, Address to LegCo, 16. 12. 1959, in: ders., Freedom and Unity, 76. In ähnlicher Weise betonte er drei Monate zuvor auf einer Sitzung des *Pan-African Freedom Movement of East and Central Africa*: „[...] that when we say we want to establish the right of individuals in our countries, irrespective of race, we mean it." In ebd., 70.

[226] Der 1928 geborene Oscar Kambona absolvierte die Tabora School und arbeitete als Lehrer, bevor er 1954 Generalsekretär der TANU wurde. Von 1956 bis 1959 studierte er Jura in Großbritannien. Während seines Aufenthaltes pflegte er enge Kontakte zu Gewerkschaften, der Labour Party und dem FCB. Die Briten sahen in ihm den Kopf des linken, radikalen Flügels der TANU und *a pretty unpleasant character*. Seine dezidiert antibritischen Äußerungen hielten ihn nicht davon ab, 1960 als erster Afrikaner in der St. Paul's Cathedral in London zu heiraten (vgl. PRO CO 822/2307: Confidential and Personal. Notes on Personalities, o. D.). Nach der Unabhängigkeit trat er unter anderem Außenminister. Im Juni 1967 trat er plötzlich von allen Ämtern zurück und ging kurz darauf ins Exil nach England. Von dort attackierte er wiederholt scharf die tanzanische Regierung und insbesondere seinen alten Weggefährten Nyerere. Zu Kambona vgl. u. a. Pratt, Critical Phase. Bibi Titi Mohammed war die wichtigste Frau in der TANU-Führungsebene. Vgl. zu ihrer Biographie und politischen Rolle ausführlich Geiger, TANU Women, sowie weiter unten, Kap. V, 2.

[227] Vgl. dazu Bienen, Tanzania, 204–206; Pratt, 113; PRO DO 168/14: Pritchard an Duncan Sandys, 2. 3. 1962.

[228] Vgl. PRO CO 822/1363: Auszüge aus dem Tanganyika Intelligence Summary Report, Mai 1959.

[229] Vgl. dazu etwa Pratt, Critical Phase, 64f.; Listowel, XVIIff.

[230] Der ursprünglich beantragte Parteiname lautete Tanganyika African Congress. Dies lehnte der zuständige Verwaltungsbeamte mit dem Hinweis ab, die Initialen könnten zur Verwechslung mit der „Tanganyika Agricultural Corporation" führen. Vgl. Bennett, Outline, 31, FN 54; Bienen, Tanzania, 54. Mit dem Namensvetter in Südafrika bestanden kaum Verbindungen. Grundlegend zum ANC und zu Mtemvu jetzt Brennan, Short History.

[231] Vgl. Kurtz, Historical Dictionary, 136.

gelang es ihm wiederholt, Verbote oder Einschränkungen der Regierung zu unterlaufen.[232] Politisch entfernte er sich jedoch immer stärker vom relativ moderaten, stark von den Modellen der Fabier beeinflussten Kurs Nyereres. Er gehörte innerhalb der Partei gemeinsam mit Stephen Mhando und Ally Sykes bald zu den radikalen, von den Briten als „Kommunisten" eingestuften Kräften.[233] Mtemvu sprach sich vehement gegen die Teilnahme der TANU an multirassischen Wahlen aus. Bereits im Vorfeld des Jahresparteitages in Mwanza im Januar 1958 suchte er Kritiker des Nyerere-Kurses zu sammeln. Nachdem die Kongressmehrheit für Partizipation an den Wahlen votiert hatte, informierte er Nyerere über seinen Parteiaustritt und das Vorhaben, eine Oppositionspartei zur TANU zu gründen. Er stellte dann sogar ein öffentliches Ultimatum, die TANU solle innerhalb von 30 Tagen ihre moderate Politik aufgeben, ansonsten würde er eine Partei formieren, die das Ziel „Afrika den Afrikanern" ernsthaft verfolge. Daraufhin schloss die TANU ihn aus. Zudem drohte Nyerere, auch jeden anderen zu suspendieren, der in Mtemvus Partei eintrete.[234]

In dem Projekt einer Gegenpartei zur TANU hatten Mtemvu zwei Veteranen der *African Association*, Hassan Suleiman und Ali Ponda aus Dodoma, bestärkt. Beide gehörten zu den ersten Mitgliedern der TANU, verließen die Partei aber bereits 1955, weil sie von einem Repräsentanten der Parteizentrale öffentlich gedemütigt worden waren. Aus Protest traten sie kurzzeitig sogar der UTP bei.[235] Suleiman unterstützte Mtemvu in der Überzeugung, „that every educated person has already lost faith in the leadership of Mr. Julius".[236] Mtemvu hoffte zum einen, sich den Riss zwischen Nyereres Generation und den älteren Aktivisten der *African Association*, denen Nyereres Kooperation mit Europäern und Asiaten Unbehagen bereitete, zunutze machen zu können. Zum anderen sah er sich selbst offenbar als Brücke zwischen älteren Politikern wie Suleiman und jüngeren Radikalen, die Nyereres auf Ausgleich bedachte Politik ebenso wie seine wachsende Macht ablehnten. Diese Rechnung ging nicht auf. Eine Reihe von TANU-Mitgliedern, die Mtemvu als seine Unterstützer auflistete, verneinten öffentlich sofort irgendeine Verbindung zur neuen Partei.[237] Die Zahl der Mitglieder blieb gering, eine kontinuierliche Parteiarbeit scheiterte am Mangel an finanziellen Ressourcen. Bei den Wahlen zum *Legislative Council* 1958/59 und 1960 erhielt der ANC kaum Stimmen.

Die überragenden Wahlerfolge der TANU veranlassten Mtemvu dazu, verstärkt die Aspirationen der TANU zur Errichtung einer Einpartei-Diktatur zu kritisieren und sich selbst zum Vorreiter eines westlichen Modells der Mehrparteien-Demokratie zu stilisieren. Demokratie, schrieb er in einem Leserbrief an den Tanganyika Standard, sei die Möglichkeit, eine Regierung zu wählen und auch wieder abzuwählen. Und weiter: „Opposition must have a real chance to organise, to secure information, and to gain support in public opinion, in order to be able to defeat the Government and to form the Government in its turn."[238] In einem Vortrag am St. Andrew College in Minaki dozierte er: „Opposition is the essence of British parliamentary democracy and if the Opposition has to survive its

---

[232] Vgl. Interviews mit Patrick Kunambi, Dar es Salaam, 7.8.1999; Saandani Abdul Kandora, Dar es Salaam, 9.8.1999.

[233] Vgl. Interviews Ally Sykes, Dar es Salaam, 29.2.1996; Daniel S. Mhando (der Bruder von Stephen), Dar es Salaam, 9.8.1999. Stephen Mhando wurde wegen Veruntreuung von Geldern aus der TANU ausgewiesen und ging dann als Swahili-Lehrer in die DDR, wo er unter anderem an der Universität Leipzig lehrte. Später kehrte er nach Tanzania zurück, wurde Dozent an der Universität Dar es Salaam und Parlamentsabgeordneter. Ally Sykes wurde nach der Unabhängigkeit zu einem erfolgreichen Geschäftsmann.

[234] Vgl. Tanganyika Standard, 29.1.1958; 3.2.1958; PRO CO 822/1370: Mtemvu an Nyerere, 30.1.1958.

[235] Vgl. G. G. Hajivayanis / A. C. Mtowa / John Iliffe, The Politicians. Ali Ponda and Hassan Suleiman, in: Iliffe, Modern Tanzanians, 227–253, hier: 251–253.

[236] TNA 540/27: Suleiman an Mtemvu, 6.1.1958.

[237] Vgl. Bennett, Outline, 25; Leserbriefe von G. P. Mubkwa und A. P. M. Lupindo, Tanganyika Standard, 14.2.1958; Leserbrief von J. C. Nelson Kondowy, Tanganyika Standard, 17.2.1958. Für die folgenden Ausführungen zu Mtemvu vgl. vor allem Brennan, Short History. Dank an Jim Brennan für Hinweise zu einigen der hier relevanten Quellen.

[238] Tanganyika Standard, 25.11.1959.

foundation must be laid NOW."[239] Dem *Fabian Colonial Bureau* erklärte Mtemvu, er habe mit der TANU in der Hoffnung gebrochen, Nyerere würde eine schlagkräftige parlamentarische Opposition gutheißen. Nun sei er aber enttäuscht, dass Nyerere die Idee einer Einpartei-Regierung predige.[240] Bei einem weiteren Auftritt in Minaki 1960 erklärte er dem Publikum, wer TANU wähle, entscheide sich für „a 100 per cent totalitarian regime".[241]

Mtemvus Versuche, im Ausland finanzielle Unterstützung für seine Partei zu erlangen, schlugen weitgehend fehl.[242] Nachdem die TANU die Wahlen im September 1960 haushoch für sich entschieden und bereits weitgehende Regierungsverantwortung übernommen hatte, begann sie verstärkt, ANC-Aktivitäten durch Verbote und Repression zu unterbinden. Die *TANU Youth League* etwa störte systematisch Veranstaltungen des ANC.[243] Weder bei der britischen Regierung noch bei den Fabiern fand Mtemvu jedoch Gehör für seine Beschwerden über die „drohende TANU-Diktatur".[244] Nach der Unabhängigkeit ging es mit dem ANC und Mtemvu weiter bergab. Mtemvu trat zwar bei den Präsidentschaftswahlen 1962 als einziger Gegenkandidat von Nyerere an, musste jedoch erneut eine vernichtende Niederlage einstecken. Ganze 1,9 Prozent der Stimmen konnte er auf sich vereinen.[245] In einer Pressemitteilung kurz nach Bekanntgabe des Wahlergebnisses stellte Mtemvu fest, da die Menschen keine Opposition wünschten, müssten die Mitglieder der verbliebenen Oppositionsparteien der TANU beitreten, „so as to make themselves useful in the running of the country. Past bitterness must be forgotten for the good of the country".[246] Kurz darauf kündigte er seinen Wunsch an, erneut Mitglied der TANU zu werden.[247] Fast gleichzeitig beschloss das Exekutiv-Komitee der Regierungspartei, auch Nicht-Afrikaner zur Mitgliedschaft zuzulassen und bot jenen Personen Amnestie an, die einst aus Disziplinargründen ausgewiesen worden waren.[248] Am 22. Januar 1963 trat Mtemvu offiziell wieder der TANU bei und verkündete bei der Gelegenheit: „The people of Tanganyika have shown the world that they do not need an opposition."[249] Seine „Heimkehr" in die Partei war symptomatisch für die von Nyerere vertretene Strategie, politischen Pluralismus ausschließlich innerhalb der TANU zu praktizieren.[250] Das galt auch für die Gewerkschaftler.

---

[239] TNA 540/32: Rede Mtemvus vor den älteren Schülern und Lehrern des St. Andrew College Minaki, 13. 9. 1959. Hervorhebung im Orig.

[240] Vgl. RH MSS Brit. Emp. s. 365/121/4: Mtemvu an Hilda Selwyn-Clarke, 12. 3. 1960.

[241] Zit. in Tanganyika Standard, 14. 5. 1960.

[242] Vgl. PRO CO 822/2127: Extract from Tanganyika Intelligence Report, April 1961; Secretariat an J. C. Morgan, 1. 1. 1960.

[243] Vgl. TNA 540/20: Frederick Esau Omido (ANC) an George Kahama (TANU Minister für Inneres), 21. 7. 1961.

[244] Für die Reaktion des *Colonial Office* vgl. PRO CO 822/2127: Minute B. E. Rolfe, 28. 2. 1961: „We have been told by Tanganyika in the past that Mr. Mtemvu is a person of no account, a figure of fun, and that his party has no standing. He is obviously not very bright and has an extremely limited ability to see the consequences of particular courses of action that he happens to be advocating for the moment. Nevertheless I have the feeling that it might be unwise to underestimate his power with other Africans and that he may well turn out to be a thorn in the TANU flesh although it would seem to be improbable that he would ever present an alternative to the present leadership." Siehe für die sehr zurückhaltende Position des FCB TNA 540/17: Selwyn-Clarke an Mtemvu, 13. 7. 1961.

[245] Vgl. Bienen, Tanzania, 57.

[246] TNA 540/PP: Pressemitteilung Mtemvu, o. D. [November 1962].

[247] Vgl. Tanganyika Standard, 19. 11. 1962. Dazu auch Brennan, Short History.

[248] Vgl. Tanganyika Standard, 28. 11. 1962.

[249] Vgl. Tanganyika Standard, 23. 1. 1963.

[250] Vgl. Cranford Pratt, The Cabinet and Presidential Leadership in Tanzania, 1960–1966, in: Michael Lofchie (Hg.), The State and the Nations. Constraints on Development in Independent Africa, Berkeley 1971, 93–118. Dazu auch Brennan, Short History, 263.

4. Bürokraten als Gewerk- und Genossenschaftler.
Rashidi Kawawa und Paul Bomani

Bis in die fünfziger Jahre hinein vermochten Gewerkschaften in Tanganyika nur wenig Durchschlags-
kraft zu entfalten und blieben weitgehend auf Dar es Salaam beschränkt. Im Gefolge des Hafenar-
beiterstreiks vom August 1943 kam es zur Gründung mehrerer kleiner Gewerkschaften unter staatlicher Aufsicht.[251] Die in Dar es Salaam wichtigste Organisation war die *African Cooks, Washermen,
and Domestic Servants Association*. Denn in den vierziger Jahren stellten Hausbedienstete nahezu die
Hälfte der städtischen Lohnarbeiterschaft.[252] Die britische Verwaltung fürchtete aus unerfindlichen
Gründen, dass diese kontinuierlich wachsende Gruppe nicht nur die Kleinkriminalität erheblich erhöhen könnte, sondern „the potential fathers of a town-bred herd of citizens mentally and physically
unfit" sein würden.[253] *District Commissioner* E. C. Baker berichtete: „The better class Africans and the
poorer Asiatics employ juveniles as personal servants for a few shillings per month plus food which,
judging by the physique of many of these children, is inadequate."[254] Doch die Gewerkschaft der
Hausangestellten erwies sich als wenig effektiv und hatte bald mit finanziellen Problemen zu kämpfen. 1949 entzog ihr das *Labour Office* die Registrierung.[255]

Es waren die Hafenarbeiter und Eisenbahner, die nach dem Kriege die Arbeitskämpfe bestimmten.[256] Im August 1947 hatten die *dockworkers* in Dar es Salaam ohne Umschweife höhere Löhne
verlangt, um die steigenden Lebenskosten ausgleichen zu können. Als die Arbeitgeber kein Entge-
genkommen zeigten, begann ein Streik, der rasch die Unterstützung der rund 2 000 Mitglieder der
Railways African Association fand. Entlang der Eisenbahnlinien breitete sich der Ausstand zügig bis in
die Sisalplantagen im Nordosten Tanganyikas aus. Am Ende erkämpften sich die Hafenarbeiter beträchtliche Lohnerhöhungen.[257] Obwohl offiziell noch gar nicht registriert, spielte die Organisation
der Eisenbahner eine zentrale Rolle sowohl beim Streikgeschehen als auch in den folgenden Debatten
über die Neuordnung der Arbeit. In einem Schreiben an den Generalmanager des Hafens beklagte
der Vorsitzende der Vereinigung die Ungleichheit zwischen asiatischen und afrikanischen Arbeitern,
aber auch, dass die Afrikaner aufgrund ihrer geringen Löhne und der Rassenschranken nicht den
Lebensstandard erlangen könnten, den die Europäer ihnen vorlebten:

„Africans are now on the way to civilisation but if the way is open to some of them and closed to others, it means
that the progress will be reversed to nothing. Civil Servants Scales have not been made on segregation of colour
but that every one got what he deserved. Are we to understand that only these Indians in Railways have valuable services than those in civil that their scales have been separated from the Africans? Time has now come for
EQUAL WORK TO EQUAL PAY. The African has been taught European culture etc. and can only attain that
standard of life if colour bar is removed; therefore to deprive him of the chance due to him and give to other
defaces the whole good fame of our Government."[258]

---

[251] Zum Streik vgl. John Iliffe, A History of the Dockworkers of Dar es Salaam, in: TNR 71 (1970), 119–148,
hier: 128–131; Westcott, Impact, 310.
[252] Vgl. TNA 61/100/A/II: Labour Office Report. Dar es Salaam Township, 1942; Brennan, Nation, Kap. 4. Vgl.
ferner Janet Bujra, Serving Class. Masculinity and the Feminisation of Domestic Service in Tanzania, London
2000.
[253] Vgl. TNA 61/3/XVI: Dar es Salaam Annual Report 1941.
[254] TNA 30134/1: Baker an Chief Secretary, 3. 9. 1941.
[255] Vgl. Iliffe, Modern History, 398.
[256] Dies galt auch für viele andere Kolonien. Vgl. Cooper, Decolonization.
[257] Zum Streik vgl. Iliffe, Dockworkers; ders., Modern History, 402f.
[258] RH MSS Brit. Emp. s. 365/122/4: A. Kabotoka (Präsident der Tanganyika Railway African Association) an
General Manager, East African Railway and Harbours, Dar es Salaam, 5. 2. 1949.

Dieses Zitat verdeutlicht, dass „rassisch" aufgeladene Konflikte, wie sie etwa den Verwaltungsdienst charakterisierten, ebenso andere Sektoren wie die Hafenarbeit betrafen.[259] Und es waren zunehmend afrikanische Bürokraten, die in ihrer Funktion als Gewerkschaftsführer die unter den Arbeitern weit verbreiteten antiasiatischen Ressentiments in Petitionen übersetzten.[260] Beim nächsten größeren Streik der Hafenarbeiter spielten diese Ressentiments jedoch kaum eine Rolle. Im Februar 1950 brach infolge von Streitigkeiten über neu eingeführte Registrierungen von Hafenarbeitern ein gewalttätiger, mehrheitlich von Gelegenheitsarbeitern getragener Streik aus, der rasch auf einige Stadtviertel Dar es Salaams übergriff und mehrere Tote und Verletzte forderte.[261] Die Unruhen konnten von den Behörden rasch eingedämmt werden. In der Folge stand die Regierung der Gewerkschaftsbewegung eher feindselig gegenüber. Nahezu alle Einzelgewerkschaften lösten sich zunächst aufgrund finanzieller Probleme oder – wie die *Stevedores and Dockworkers Union* – infolge der Veruntreuung von Geldern durch Gewerkschaftsführer wieder auf.[262] Die Verwaltung ermutigte fortan die Entstehung kleiner, nach Gewerben (Schneider, Maurer etc.) differenzierter Organisationen auf lokaler Ebene, die jedoch nicht als Gewerkschaften, sondern als Assoziationen registriert wurden.[263]

Im Juni 1955 besuchte der kenianische Gewerkschaftler Tom Mboya[264] Dar es Salaam und ermutigte seine Kollegen aus Tanganyika, eine zentralisierte Gewerkschaft zu gründen. In einer späteren Publikation erklärte er dazu: „The British concept, that a trade union should develop from the bottom and that experience should be gained by a man as he moves up the ladder, is impossible to adopt in Africa. The whole emphasis has to be given from the top."[265] Damit einher ging Mboyas Vorschlag, dass verantwortungsbewusste, gut ausgebildete Funktionäre mit Verwaltungserfahrung den Aufbau der neuen Organisation übernehmen sollten.[266] Nicht einmal vier Wochen später riefen einige Gewerkschaftler die *Tanganyika Federation of Labour* (TFL) ins Leben. Sie planten zunächst eine Einheitsgewerkschaft, bei der alle Arbeiter individuelle Mitglieder werden konnten. Die Regierung weigerte sich jedoch, eine solche Organisationsform zu registrieren, und so wurden nach britischem Modell Einzelgewerkschaften gegründet, die sich unter dem Dach der TFL zusammenschlossen.[267]

---

[259] Vgl. dazu und auch zu den folgenden Abschnitten ausführlich Brennan, Nation, Kap. 4. Einen guten Einblick in die Spannungen zwischen Afrikanern und Asiaten in Dar es Salaam Ende der vierziger Jahre (und ein gutes Beispiel für den Rassismus der Kolonisierenden) bieten die Beobachtungen von Audrey Sneath, der Frau eines britischen *Medical Officers*: „The ordinary run of the town African, the houseboy, the dockers, the clerks, hate the Indian, who controls all the shops, in fact has a lion's share of the economy of this country. The African is gullible, as all primitive people are, and the Indian shopkeeper, like all small businessmen everywhere, does not give the African a fair deal. The Indians are as prolific as rabbits which someone is drawing to the attention of the Africans, and we British are coming into disrepute for allowing the Indian to be here. The African here in Dar es Salaam is a spineless creature fortunately, or we should have had racial riots here." RH MSS Brit. Emp. s. 365/122/4: Audrey Sneath an Hilda Selwyn-Clarke (FCB), 3. 6. 1949.

[260] Wie ein Hafenarbeiter dem britischen Gewerkschaftler Norman Pearsons erklärte, misstrauten die Arbeiter zunächst den *clerks*: „The men we trust have no education"; doch bald wurden bezahlte Gewerkschaftssekretäre eingestellt, die – wie etwa Abdulwahid Sykes – über administrative Erfahrung verfügten. Vgl. RH MSS Afr. s. 394: Pearsons, Trade Unionist on Safari, 239; Iliffe, Modern History, 404.

[261] Vgl. PRO CO 691/209: Bericht (ohne Autor): Industrial Dispute: Dar es Salaam Docks, February 1950, o. D.; Ebd., Deputy Governor an Colonial Secretary, 3. 2. 1950 u. 7. 2. 1950.

[262] Vgl. CO 537/7225: Tanganyika Political Intelligence Summary – Mai 1951; PRO CO 822/660: Barltrop an Twining, 28. 9. 1952: Tanganyika Standard, 9. 5. 1951.

[263] Vgl. Friedland, Vuta Kamba, 48; vgl. ferner Issa G. Shivji, Law, State and the Working Class in Tanzania, London 1986, 55ff.

[264] Zu Mboya, der nach der Unabhängigkeit Kenias zu den wichtigsten Politikern des Landes zählte, mehrere Ministerposten innehatte und 1969 ermordet wurde, vgl. David Goldsworthy, Tom Mboya: The Man Kenya Wanted to Forget, Nairobi 1984; ders., Ethnicity and Leadership in Africa: the ‚Untypical Case' of Tom Mboya, in: JMAS 20,1 (1982), 107–126.

[265] Mboya, zit. nach Iliffe, Modern History, 538.

[266] Vgl. Coulson, Tanzania, 107.

[267] Vgl. Friedland, Vuta Kamba, 45–52; 140f.

Aus Furcht vor staatlichen Repressionen und weil Staatsdiener keiner politischen Partei angehören durften, gab es zwischen TFL und TANU zunächst keine formalen organisatorischen Verbindungen. „While preserving the independence of the labour movement from political control", hieß es in der Satzung der Gewerkschaft, „the federation aims to encourage workers to register and vote, to exercise their full rights and responsibility of citizenship, and to perform their rightful part in the political life of the nation."[268]

Generalsekretär der TFL wurde Rashidi Kawawa, zu der Zeit Vorsitzender der *Tanganyika African Government Servants' Association* und Angestellter des *Social Welfare Department*. Kawawa gehörte in den fünfziger und sechziger Jahre zweifelsohne zu den schillerndsten Figuren in der politischen Landschaft Tanganyikas. Der 1930 in Songea geborene Moslem war in der Tabora School Klassenkamerad von Job Lusinde und Oscar Kambona.[269] An den dortigen Unterricht und besonders an seinen Lehrer John Blumer hatte er die besten Erinnerungen: „He had a great share in shaping my character. He broadened my mind; he gave me a desire for full life. I was fairly good at studies, at games and at social activities. Blumer made me realise that all three mattered."[270] Die Möglichkeit, zum Studium nach Makerere zu gehen, lehnte er jedoch ab, weil er seine Familie finanziell unterstützen musste. Kawawa begann zunächst als *clerk* für das *Public Works Department* zu arbeiten und wechselte 1951 in die staatliche Sozialarbeit. Er war für eine mobile Filmeinheit tätig, die kurze Produktionen für Alphabetisierungskampagnen herstellte und überall im Land vorführte. Als die verantwortlichen britschen Beamten den Entschluss fassten, im Rahmen ihrer sozialen Entwicklungsprogramme auch Unterhaltungsfilme einzusetzen und eine südafrikanische Produktionsfirma mit der Herstellung beauftragten, wurde Kawawa als Filmstar entdeckt. In drei Streifen war er Hauptdarsteller. Seinen Erstling *Mohogomchungu* („Der Bauerntölpel") fasste der *Tanganyika Standard* wie folgt zusammen:

> „The film is about a country-boy who, as the translation hints, feels the age-old urge to visit the big city – in this case Dar es Salaam – and sets out via a sisal estate, where he earns enough money to finance his wanderlust. Rashidi Kawawa, cleverly portraying the bumpkin in his first film part, has a most trying time in the big city, where his rusticity is ill-suited to the streamlined urban mode of life. After being sent sprawling by a car, fleeced of his money by cardsharps, robbed of his clothes, mixed up in a dripping wet fire-fighting incident, struck on the head by the irate husband of an African girl he admires, and generally subjected to a very tough passage – the bumpkin is well content to return to working the *shamba* with his parents."[271]

Welche Meriten dieser offenkundig nicht besonders subtil argumentierende Film auch immer gehabt haben mag, sein Ziel, die Zahl der nach Dar es Salaam ziehenden Migranten zu begrenzen, hat er jedenfalls nicht erreicht.[272] Dafür förderte er nachhaltig die Popularität Kawawas, wie sich der britische Kolonialbeamte J. Vinter erinnerte:

> „[He] became the first Tanganyika film star, and his films were immensely popular long before he became Prime Minister, whenever one of Rashidi's films appeared in Tabora market place, roars of applause. So he had [...] the same sort of pull which a radio personality, or television personality, in England now, who goes into politics, he immediately has an enormous advantage."[273]

Nach seiner kurzen Filmkarriere[274] – die Gründe für ihr Ende sind unklar – nahm Kawawa 1953 einen besonders heiklen Posten wahr: Er leistete in zwei Lagern Wohlfahrtsarbeit unter internierten, als Mau-Mau-Anhänger verdächtigten Kikuyu.[275] Danach arbeitete er wieder im *Social Welfare De-*

---

[268] Zit. nach Iliffe, Modern History, 538.
[269] Vgl. Interview mit Lusinde, Dar es Salaam, 25. 7. 1999.
[270] Zit. nach Listowel, 234.
[271] Tanganyika Standard, 21. 6. 1952. Zit. in Burton, Wahuni, 47.
[272] Vgl. ebd., 47f.
[273] RH MSS Afr. s. 1999: Interview John Tawney mit J. Vinter, 26. 2. 1971.
[274] Zu seinen beiden anderen Filmen vgl. knapp Smith, 80.
[275] Vgl. ebd.; Listowel, 235; Alexander MacDonald, Tanzania. Young Nation in a Hurry, New York 1966, 67.

Abb. 5: Rashidi Kawawa.
Quelle: Annie Smyth / Adam Seftel (Hg.),
Tanzania. The Story of Julius Nyerere.
Through the pages of DRUM. Dar es
Salaam 1998, 69.

partment in Dar es Salaam und wurde bald zum Vorsitzenden der TAGSA gewählt. Er hielt engen Kontakt zur TANU, organisierte Gelder für Nyereres Reise zum Treuhandausschuss der Vereinten Nationen nach New York, trat wegen seiner Stelle im öffentlichen Dienst jedoch noch nicht in die Partei ein. Das holte er nach, als er 1956 aus dem Staatsdienst ausschied, um sich ganz der Gewerkschafts- und Parteiarbeit zu widmen.[276]

Unter seiner Ägide kooperierte die TFL nachdrücklich mit der TANU, zunächst weiter ohne formale Verbindungen.[277] In einer Resolution von 1957 unterstützte der gewerkschaftliche Dachverband, sehr zum Ärger von Regierung und UTP, die Forderung nach rascher Unabhängigkeit.[278]

---

[276] „On February 6, 1956, I resigned from civil service and then began my real career: I joined TANU." Zit. nach Listowel, 286.

[277] Vgl. dazu ausführlich William H. Friedland, Co-operation, Conflict, and Conscription: TANU-TFL Relations, 1955–1964, in: Butler / Castagno, 67–103; ferner William Tordoff, The Trade Union Movement, the Party and the Government, in: ders., Government and Politics in Tanganyika, Nairobi 1967, 137–158.

[278] „Africans must be left free to govern themselves [...] To be ruled is absolutely unjustifiable today. A date for independence of Tanganyika must be fixed without delay [...] We want all citizens in this country to be given the right to vote so that there can be government by the majority [...] Workers and unions cannot keep away from government affairs because we are citizens like other people. Our unions are not political but we must given the opportunity to express our views and be heard on all issues concerning our lives and the progress in the country. Our unions must have representatives in the legislature of the country to speak on our behalf and defend the right of workers." Zit nach Friedland, Co-operation, 70. Zur Reaktion der UTP vgl. Tanganyika Standard, 12. 8. 1957.

Kawawa selbst wurde in der Partei rasch zum Mitglied des Zentralkomitees und stand einige Monate der *TANU Youth League* vor.[279]

In seiner Amtszeit als Generalsekretär der TFL stieg die Zahl der Mitglieder beträchtlich an: von rund 2700 im Jahre 1955 auf über 200000 im Jahr der Unabhängigkeit 1961.[280] Die Führungspersonen in den einzelnen Gewerkschaften rekrutierten sich vornehmlich aus der *white collar*-Gruppe und waren zumeist jünger als dreißig. Viele hatten die Sekundarschule besucht. Seit den späten fünfziger Jahren boten die sich zunehmend bürokratisierenden Gewerkschaften – ähnlich wie die TANU (vgl. Kap. IV, 1) – für junge Männer mit Schulbildung, administrativen Erfahrungen und politischen Ambitionen eine alternative Karrieremöglichkeit zur Kolonialverwaltung.[281]

Kawawa organisierte, in der Regel mit Hilfe der TANU, eine Reihe von Arbeitskämpfen und Boykotten.[282] Dabei ließ er sich offenbar u. a. von der Strategie des zivilen Ungehorsams inspirieren, die er am indischen Beispiel sorgfältig studiert hatte.[283] Er ging allerdings durchaus nicht immer zimperlich zur Sache. Während des Brauereistreiks 1958 – Nyerere hatte die Parole ausgegeben: „If you drink beer, you drink the blood of your own people" – bedrohte Kawawa massiv zwei Angestellte einer Brauerei, die sich nicht am Streik beteiligen wollten. Er wurde daraufhin zu einer Geldstrafe verurteilt.[284] Kurz darauf musste er ein weiteres Mal eine empfindliche Geldbuße zahlen, weil er eine illegale Lotterie betrieben hatte. Seiner Popularität taten diese Delikte keinen Abbruch. Nach beiden Gerichtsverhandlungen wurde er von einer begeisterten Menge empfangen und auf Schultern davongetragen.[285]

Kawawa, seit 1957 auch Mitglied des *Legislative Council*, erwies sich wie sein enger Freund Nyerere als exzellenter Mittler zwischen verschiedenen Welten. Der praktizierende Moslem besaß das Vertrauen der muslimischen Gemeinde Dar es Salaams, galt bei vielen Muslimen sogar als ernsthafter Gegenspieler Nyereres, arbeitete politisch jedoch vor allem mit Christen wie Nyerere, Kambona und Bomani zusammen.[286] Er genoss hohes Ansehen bei den Arbeitern: „He is a small man but he has a very big heart; he is very courageous", zitierte der Missionar L. B. Greaves Arbeiter auf einer Sisalplantage.[287] Doch auch bei den Briten war Kawawa Greaves zufolge gut gelitten. Er galt als „natural leader and very popular". In einem Bericht vom Mai 1961 hieß es über ihn: „Hard worker and reported by his European officers to have the capacity to face up to his tasks."[288] Der Kolonialbeamte Vinter charakterisiert ihn als „a quiet, precise man with a good brain".[289] Zwar wurde Kawawa zwischenzeitlich vorgeworfen, als Gewerkschaftsführer zu kompromisslos die Konfrontation mit Staat und Arbeitgebern zu suchen.[290] Auch notierten die Briten von ihm einige „extreme nationalistische Aussagen".[291] Aber spätestens nach seinem Eintritt in die Regierung 1960 konnte er sein Image als

---

[279] Vgl. Clagett Taylor, 229; Listowel, 303.

[280] Vgl. Iliffe, Modern History, 539.

[281] Vgl. Friedland, Vuta Kamba, 163–177.

[282] Zu den Details vgl. u. a. Coulson, Tanzania, 116f.; Tordoff, 137ff.

[283] Vgl. RH MSS Afr. s. 2122: Memo Government Sociologist Hans Cory, 20. 9. 1958. Daniel S. Mhando (Interview, Dar es Salaam, 9. 8. 1999) und E. C. Mzena (Interview, Dar es Salaam, 6. 8. 1999) behaupteten, Kawawa sei sogar einige Wochen nach Indien geflogen, um sich mit dortigen Gewerkschaftlern zu beraten. Dazu habe ich jedoch keine schriftlichen Hinweise gefunden.

[284] Vgl. MacDonald, Tanzania, 67.

[285] Vgl. ebd.; Interviews Martin Kivumbi, Dar es Salaam, 8. 8. 1999; Nicodemo Z. Nbwambo, Dar es Salaam, 11. 8. 1999; Randal Sadleir, London, 25. 6. 2000.

[286] Vgl. Said; Hatch, Two African Statesmen; RH MSS Afr. s. 1999: Interview Vinter.

[287] RH MSS Afr. s. 1604: Memorandum: „The Political Situation in Tanganyika, May, 1961. Background Information and Source Material"; Interview Jane Tamé, Tanga, 6. 3. 1996.

[288] RH MSS Afr. s. 1604: Memo „Political Situation".

[289] RH MSS Afr. s. 1999: Interview Vinter.

[290] Vgl. etwa PRO CO 822/1625: Auszug Tanganyika Intelligence Summary – September 1957.

[291] Vgl. PRO CO 822/1325: Gratten-Bellew an Gorell-Barnes, 18. 12. 1958, Anhang: „Examples of the more extreme nationalist statements made by African political leaders". Dort wird Kawawa mit folgenden Aussagen

effizienter Verwalter festigen: „Very bright and was a success as Minister of Local Government where he rapidly acquired an astonishing grasp of the intricacies of this difficult subject."[292]

Im Laufe seiner Gewerkschaftsarbeit konnte Kawawa enge Kontakte mit britischen und internationalen Organisationen knüpfen.[293] So war er, als er 1960 die TFL verließ (deren Präsident er inzwischen war), um in das erste Kabinett Nyereres einzutreten, der erfahrenste Gewerkschaftler Tanganyikas.[294] Seinen Platz an der Gewerkschaftsspitze nahmen radikalere Kräfte ein, die sogleich mit Forderungen etwa nach der sofortigen Nationalisierung der Sisalindustrie auf den Plan traten und die Regierung unter *Chief Minister* Nyerere wegen ihrer Kompromisse und zögerlichen Haltung heftig kritisierten. Die bis dato bestehende enge Kooperation zwischen TFL und TANU zerbröckelte. 1960/61 kam es immer wieder zu Streiks.[295] Nach der Unabhängigkeit begann die Regierung umgehend, den Einfluss der Gewerkschaften zu beschneiden. Kawawa spielte in diesem Prozess eine wichtige Rolle.[296]

Neben den Gewerkschaften zählten die Genossenschaften in den Jahren vor der Unabhängigkeit zu jenen zivilgesellschaftlichen Institutionen, deren Mitglieder in enger Zusammenarbeit mit der TANU als Teil der antikolonialen Bewegung agierten. Darüber hinaus boten die Kooperativen für Afrikaner mit einem gewissen Bildungsstandard die Gelegenheit, auf lokaler Ebene leitende Positionen einzunehmen und bürokratische Standards einzuüben. Erste afrikanische Initiativen zur Errichtung von Genossenschaften hatte es bereits in den zwanziger und dreißiger Jahren in den Kaffeeregionen des Kilimanjaro gegeben (vgl. Kap. II, 2). Nach dem Zweiten Weltkrieg wurden Kooperativen offiziell zu Instrumenten der britischen kolonialen Entwicklungspolitik erklärt, wobei erneut der erzieherische Aspekt eine wichtige Rolle spielte:

„The value of co-operative societies is no longer a matter of any dispute [...] The advantage of co-operation is twofold. In the first place the co-operative society can provide its members with economic advantages with which they would be unable to provide themselves individually, and in the second place [...] the co-operative society has a more important educative value [...] above all a practical training in the making of democratic processes all encouraged by association of the people in co-operative societies."[297]

Genossenschaften stellten demnach in den Köpfen der Kolonialpolitiker primär Einrichtungen des *social engineering* dar, die ökonomische Anarchie zu vermeiden helfen würden und zur Kontrolle einheimischer Eliten beitrugen. Zudem stellten sie effektive Vermarktungsgesellschaften für die wichtigsten *cash crops* bereit.[298]

In den fünfziger Jahren stieg die Zahl der Genossenschaften in Tanganyika kontinuierlich an. 1952 zählte die Verwaltung 188 Gesellschaften mit 153000 Mitgliedern; 1957 erhöhten sich die Zahlen auf 474 bzw. 305000. 1959 gab es schließlich 617 Kooperativen, welche die gesamte im Land produzierte Baumwolle, den von afrikanischen Bauern angebauten Kaffee sowie den Großteil des Reises und die meisten Cashewnüsse vermarkteten.[299] Dieses Wachstum war keineswegs das Resultat einer gezielten Strategie der britischen Regierung, denn sie tat wenig, um Genossenschaften „anzustoßen

---

zitiert: „This country is poor because they suck our wealth away from us and our riches go to Europe"; „The Police use bullets against the workers. This is the act of a frightened Colonial Government,"

[292] Vgl. PRO CO 822/2307: Memoradum: „Confidential and Personal: Tanganyika. Notes on Personalities", o. Verfasser, o. D.

[293] Vgl. Listowel, 286; Hatch, Two African Statesmen, 105.

[294] Vgl. Coulson, Tanzania, 136.

[295] Vgl. Pratt, 110f., sowie Friedland, Cooperation.

[296] Vgl. dazu kurz Kap. V, 1.

[297] Colonial Office, Zirkular, 20.3.1946, in: Colonial Office, The Co-operative Movement in the Colonies, London 1946, 3. Für die weiteren Ausführungen grundlegend: Erdmann.

[298] Vgl. ebd., 96ff.

[299] Vgl. Coulson, Tanzania, 115f. Für die Zahlen vgl. Government of Tanganyika, Annual Report on Cooperative Development, Dar es Salaam 1959, 4.

und zu fördern".[300] So fehlten im Staatsbudget die Finanzmittel, um eine ausreichende Anzahl von britischen Staatsdienern zu beschäftigen, die die Genossenschaften politisch kontrollieren konnten. Solange die Aufsicht durch Kolonialbeamte oder einen europäischen Manager nicht gesichert war, ließ die Regierung keine neuen Genossenschaften zu.[301] Dennoch verzeichnete die Verwaltung bereits in den vierziger Jahren landesweit ein stetig wachsendes Interesse an Kooperativen.[302] Die afrikanischen Initiatoren betrachteten die Genossenschaften nicht zuletzt als Instrument, um die Bauern aus ihrer Abhängigkeit von asiatischen Unternehmern, die den Handel weitgehend kontrollierten, zu lösen. Als leuchtendes Vorbild diente die *Kilimanjaro Native Co-operative Union* (KNCU) (vgl. Kap. II, 2). Der bescheidene, aber unübersehbare Wohlstand der Kaffeebauern am Kilimanjaro wurde mit den Genossenschaften in Verbindung gebracht. Die Kooperative der Chagga galt inzwischen im gesamten Territorium als Symbol wirtschaftlicher Selbstbehauptung und (kollektiven) afrikanischen Unternehmertums.[303] Erst um 1950 ging die Regierung in Dar es Salaam zu einer stärkeren Patronage der Genossenschaften über.[304] Dennoch reagierte sie weiterhin höchst unterschiedlich auf entsprechende afrikanische Initiativen – je nach ökonomischen Interessen und politischen Opportunitäten teils aktiv, teils hinhaltend und teils abwehrend. Diese ambivalente Haltung änderte sich erst in den letzten Jahren vor der Unabhängigkeit, als sich die Genossenschaftsbewegung als ein integraler Bestandteil des antikolonialen Nationalismus etabliert hatte.[305]

In Sukumaland, der wichtigsten Baumwollregion des Landes,[306] entfalteten sich genossenschaftliche Initiativen in enger Kooperation mit den politischen Aktivitäten der *Tanganyika African Association*. In dieser Provinz gaben vor allem Händler und Geschäftsleute bei der TAA den Ton an. Einige von ihnen gründeten bereits während des Zweiten Weltkriegs die *Mwanza African Traders Co-operative Society*. Ihre Versuche, am ländlichen Baumwollhandel teilzuhaben, scheiterten jedoch. Den etablierten asiatischen Händlerringen, unterstützt vom Kapital der Baumwollmühlen, war die afrikanische Händlergemeinschaft noch nicht gewachsen. Eine effektivere Interessenorganisation konnte erst 1952 mit der *Lake Province Growers Association* geschaffen werden. Zunächst verweigerte die Provinzverwaltung die offizielle Anerkennung der Organisation, fürchtete dann jedoch, dass die nicht von ihr kontrollierte Entwicklung der Kooperative schwerwiegende politische Folgen haben könnte. Rasch wurde ein Genossenschaftsbeamter ernannt, und die Registrierung der LPGA genehmigt.[307] In der Folge setzte ein wahrer Boom von Genossenschaftsgründungen im Baumwollgürtel der Lake Province ein. 1955 wurden die Kooperativen unter dem Dach der *Victoria Federation of Co-operative Unions* (VFCU) vereint, die das größte Unternehmen Tanganyikas in Händen von Afrikanern bildete – möglicherweise zu dieser Zeit sogar das größte überhaupt im subsaharischen Afrika. Mit Hilfe staatlicher Kredite und Lizenzen gelang es ihr bis 1958, 85 Prozent des Baumwollhandels der Provinz den asiatischen Zwischenhändlern abzutrotzen. Schließlich bekam sie das alleinige Handelsmonopol für Baumwolle zugesprochen.[308]

---

[300] Diese Formel bemühte ein Bericht des Colonial Office von 1944 (Campbell Report), der nachdrücklich die aktive Förderung von Genossenschaften durch die Kolonialregierungen empfahl. Vgl. Erdmann, 104f.

[301] Ebd.

[302] Vgl. etwa Report on Co-operative Development for the Year 1947, Dar es Salaam 1948, 1.

[303] Vgl. Maguire, Toward ,Uhuru', 87, 90.

[304] Vgl. PRO CO 691/216: B. J. Surridge (Berater des Kolonialministers für Fragen des Genossenschaftswesens) an Gouverneur Twining, 21. 10. 1950.

[305] Vgl. Erdmann, 106.

[306] Zu Sukumaland, dem wichtigsten Experimentierfeld bezüglich der Reformen in der Lokalverwaltung, vgl. auch Kap. III, 2. Zur Baumwollproduktion vgl. Hans Ruthenberg, Agricultural Development in Tanganyika, Berlin 1964, 54–58.

[307] Vgl. Maguire, Toward ,Uhuru', 93f.

[308] Vgl. Annual Report on Co-operative Development 1959; Randal Sadleir, The Co-operative Movement in Tanganyika, Dar es Salaam 1961, 14; John S. Saul, Marketing Co-operatives in a Developing Country. The

Der rasche Erfolg der Genossenschaftsbewegung in Sukumaland erklärt sich zum Teil aus der Anwendung kollektiver Zwangsmittel. Bauern, die ihre Ernte nicht an die Kooperativen lieferten, sahen sich mit sozialer Ächtung bedroht. Illoyale Mitglieder, die an private Händler verkauften, wurden massiv unter Druck gesetzt. Die genossenschaftliche Solidarität, die in der Theorie mit Freiwilligkeit verknüpft ist, beruhte hier nur partiell auf selbst gewählter Loyalität. Zudem war die Genossenschaftsbewegung während der ersten Jahre vom gemeinsamen Feindbild der asiatischen Händler stimuliert, das interne Differenzen überdeckte. Schließlich schienen die steigenden Baumwollpreise die Vorzüge der genossenschaftlichen Organisation zu bestätigen. Doch wird in Berichten über wachsende Marktanteile und absolute Mitgliederzahlen leicht übersehen, dass die Attraktivität der Kooperativen und die Mobilisierungsfähigkeit ihrer Organisatoren durchaus an Grenzen stieß. Tatsächlich blieb die Mehrheit aller Bauern, die Baumwolle anbauten, den Genossenschaften fern.[309]

Paul Bomani war der eigentliche Architekt der VFCU und die zentrale Figur der Genossenschaftsbewegung im spätkolonialen Tanganyika. 1925 als Sohn eines Lutheranischen Pastors in Musoma geboren, besuchte er das Lehrerbildungszentrum der Adventisten vom Siebten Tag.[310] Sein Wunsch, die *Tabora School* oder eine andere weiterführende Schule zu besuchen, wurde ihm von der Missionsführung verwehrt. Daraufhin weigerte er sich, wie eigentlich vorgesehen seine Tätigkeit als Missionslehrer zu beginnen und arbeitete statt dessen als Buchhalter für eine Diamantenmine. Mit Hilfe eines Fernkurses vertiefte er sich weiter in die Grundlagen der Buchführung. 1947 übernahm er die Funktion des Kassenverwalters und Sekretärs in der *Mwanza African Traders Cooperative Society*. Drei Jahre später fing Bomani an, systematisch die Region zu bereisen, um Bauern das Modell der Kooperativen nahezubringen. Aus dieser Überzeugungsarbeit resultierte die Gründung der *Lake Province Growers Association*. Daneben sammelte der umtriebige Pastorensohn Erfahrungen in der kommunalen Selbstverwaltung. Er diente als Mitglied sowohl der *Mwanza Township Authority* als auch des *Lake Province Council*. Politisch engagierte Bomani sich in der *Tanganyika African Association*, deren Zweig in Mwanza er ab 1952 zusammen mit dem Händler Saadani Abdul Kandoro vorstand. Damit wurde erstmals eine regionale Gruppe der TAA von Männern geleitet, die nicht im Staatsdienst standen: Allerdings besaß Kandoro als langjähriger Mitarbeiter einer Distriktverwaltung ausreichend administrative Kenntnisse und einen bürokratischen Hintergrund; Bomani hatte Erfahrungen in der Lokalverwaltung und sich in seiner Tätigkeit für die Kooperative bereits bürokratisches Wissen angeeignet. Parallel zu seiner Tätigkeit für die TAA engagierte sich Bomani überdies in der *Sukuma Union*. Diese Organisation war im Dezember 1945 vornehmlich von Lehrern in Mwanza gegründet worden. Ihre Ziele reichten von gegenseitiger Hilfe über die Förderung der „tribalen Entwicklung" bis zur Bewahrung der Sukuma-Sprache. Anfang der fünfziger Jahre politisierte sich die Vereinigung und agitierte öffentlich gegen das *Sukumaland Development Scheme* (vgl. Kap. III, 2). Die Regierung weigerte sich, die *Union* offiziell zu registrieren, und bald verlagerten die politischen Aktivisten ihr Betätigungsfeld in die TAA bzw. TANU und die Kooperativen.[311] Für Bomani bildete die *Union* jedoch ein wichtiges Netzwerk für den Aufbau der Genossenschaftsbewegung.

1953 ging Bomani mit einem Regierungsstipendium zum Studium nach Großbritannien. Er verbrachte ein Jahr am *Loughborough College* in Leicester, einer auf das Genossenschaftswesen spezialisierten Einrichtung. Während seines Aufenthaltes auf der Insel trat das *Fabian Colonial Bureau* mit ihm in Kontakt. In der schmalen überlieferten Korrespondenz zwischen Bomani und Marjorie Nicholson vom FCB ging es in erster Linie um Fragen des Bildungswesens. Wie fast alle politischen

---

Tanzanian Case, in: Cliffe / Saul, Bd. 2, 141–152, hier: 142f.; Listowel, 233; Erdmann, 123; Iliffe, Modern History, 465.

[309] Vgl. John C. de Wilde, Experiences with agricultural development in tropical Africa, Bd. 2, Baltimore 1967, 446; Maguire, Toward ‚Uhuru', 306; Erdmann, 145f.

[310] Zu den folgenden Ausführungen vgl. Listowel, 232f.; Maguire, Toward ‚Uhuru', 84ff.; Interview Saandani Abdul Kandora, Dar es Salaam, 9. 8. 1999; Who's Who in East Africa 1963–64, 4.

[311] Vgl. Iliffe, Modern History, 485f.

Aktivisten seiner Generation in Tanganyika beklagte Bomani die unzureichenden Bildungsmöglichkeiten für Afrikaner.[312] Ansonsten liegen über seine Zeit in England keine Informationen vor. Bomanis Rückkehr nach Sukumaland im Oktober war ein größeres politisches Ereignis. Eine Delegation von fünfzig Persönlichkeiten aus den Kooperativen und politischen Gruppierungen der *Lake Province* empfingen Bomani am Flughafen Dar es Salaam und eskortierten ihn – mit Bahn und Bus – nach Mwanza. An mehreren Stationen der Reise wurde der Heimkehrer von einer jubelnden Menge begrüßt.[313] Der Ruf als populärer, vergleichsweise moderater und erfahrener Genossenschaftler, den Bomani bei der britischen Provinzverwaltung genoss, erreichte auch Gouverneur Twining. Ende 1954 berief er Bomani in den *Legislative Council*.[314] Obwohl er primär als ökonomische Führungsperson der rasch wachsenden Genossenschaftsbewegung ausgewählt wurde, war Bomani zugleich der erste Repräsentant der Nationalisten, der in einem politischen Gremium Tanganyikas über eine Stimme verfügte.

In der Lake Province einigten sich Nyerere als Vorsitzender der TANU und Bomani als Kopf der Genossenschaftsbewegung auf eine „taktische" Trennung von politischen und genossenschaftlich-wirtschaftlichen Aktivitäten. Der Anlass für diese Strategie lag darin, dass 1954 der TANU in Sukumaland jegliche politische Betätigung untersagt worden war.[315] Parteimitglieder in den Genossenschaften und vor allem Bomani sollten sich aller politischer Aktionen enthalten, um keinerlei staatliche Reaktionen zu provozieren. Diese hätten die Genossenschaftsführung und damit die Entwicklung der Kooperativen gefährden können. Während des vierjährigen Verbotes fungierten die Genossenschaften weder als „informelle Untergrundzellen" der TANU, noch wurden die Versammlungen der Kooperativen als ein politisches Forum genutzt. Die ökonomischen Interessen hatten Vorrang vor politischen Aspirationen. Zwar gab es lokal weiterhin vereinzelt Genossenschaftsführer, die sich aktiv dem antikolonialen Nationalismus verschrieben. Das organisatorische Netzwerk der TANU, das sich von den städtischen Zentren aufs Land hinaus erstreckte, existierte jedoch weitgehend unabhängig von den *Co-ops*. Als die TANU 1958/59 wieder in der Öffentlichkeit agieren konnte, wurde offenbar, dass auf lokaler Ebene partiell zwei verschiedene Führungs- und Interessengruppen in Sukumaland entstanden waren. Die Genossenschaftselite hatte sich in ihren Privilegien eingerichtet und eigene Netzwerke jenseits der nationalistischen Partei etabliert. Nur wenige zeigten sich bereit, die riskanteren und weniger einträglichen Posten zu übernehmen, die die TANU nun anzubieten hatte.[316] Bomani selbst als Generalmanager der VFCU und TANU-Mitglied im *Legislative Council* agierte weiterhin als moderater Mittler zwischen den Parteiaktivitäten in der Lake Province und der Zentrale in Dar es Salaam, ohne die VFCU in diesen Bereich hineinzuziehen.

In ihrer Sicht der Bauern und der ländlichen Entwicklung unterschieden sich britische Verwaltung und afrikanische Genossenschaftsführung im Übrigen nur wenig voneinander. Beide teilten die Ungeduld mit dem bäuerlichen „Konservatismus" sowie eine Perspektive, die „modern/fortschrittlich" gegen „traditionell/konservativ" setzte. Und für beide war „Zwang" der Schlüssel, die Bauern ihrer angeblich stagnierenden Welt zu entreißen.[317] Bezüglich des Formats der Genossenschaften

[312] Vgl. RH MSS Brit. Emp. s. 365/121/2: Bomani an Nicholson, 11.5.1954; Nicholson an Bomani, 14.5. u. 28.5.1954.

[313] Vgl. Maguire, Toward ‚Uhuru', 105.

[314] Vgl. PRO CO 822/924: Secretariat Dar es Salaam an Kolonialminister: Report appointments of the persons nominated to the Legislative Council, 29.3.1955.

[315] Vgl. zum Verbot der TANU ausführlich Maguire, Toward ‚Uhuru', 176ff.; Iliffe, Modern History, 510f.; Listowel, 236. Die TANU wurde „nur" als politische Organisation verboten, die individuelle Mitgliedschaft in der Partei blieb legal.

[316] Vgl. Erdmann, 115f.; Maguire, Toward ‚Uhuru', 185f.

[317] Vgl. Erdmann, 140; Coulson, Tanzania, 92f.; Iliffe, Modern History, 443; die Agrarpolitik nach der Unabhängigkeit, die verstärkt auf administrative Zwangsmaßnahmen setzte, unterstreicht dies nachdrücklich. Sie wurde unter anderem von einstigen Genossenschaftsführern wie etwa Bomani als Landwirtschaftsminister formuliert. Vgl. Kap. V, 4.

herrschte dagegen auf den ersten Blick Uneinigkeit zwischen den Briten und den Oberen der Kooperativen. Das *Cooperative Department* favorisierte in jeder Provinz eine formal dezentralisierte Organisation mit mehreren kleinen Lokalgenossenschaften mit nur wenigen hundert Mitgliedern, die jeweils unter dem Dach einer Zentrale zusammengefasst waren. Diese dezentrale Organisation war an – von den Briten definierten – ethnisch-tribalen Kriterien orientiert: die Einzelgenossenschaft sollte möglichst einem Häuptlingstum, die Zentrale einer Ethnie eingepasst werden.

Gegen diese Tribalisierungspolitik stellte Bomani das Konzept einer einheitlichen Zentralorganisation. Eine solche Institution mit großen Massenversammlungen war für die politischen Aktivisten das entscheidende Agitationsinstrument in einer noch weitgehend illiteraten Bauerngesellschaft, wo die Mehrheit weit verstreut und abgeschieden lebte und selbst der lokalen Bildungselite nur wenige Kommunikations- und Informationsmedien zur Verfügung standen. Als die Genossenschaftsbewegung in Sukumaland schließlich offiziell anerkannt wurde, konnten sich das *Cooperative Department* und die *Lake Province Growers Association* auf die allumfassende Föderation der Genossenschaften in der VFCU einigen. Daraus resultierte ein dreistufiges Gebilde, das von den bäuerlichen Mitgliedern an der Basis kaum zu übersehen, geschweige denn zu kontrollieren war. Bomani hatte damit den Führungsanspruch der Genossenschaftselite in einer einheitlichen Organisation, die britische Regierung ihr Prinzip der formellen Dezentralisierung durchsetzen können – und im Sinne beider waren Kontrolle und Führung in einer Zentrale gesichert.[318]

Auf Bomani warteten indes höhere Aufgaben. 1959 wurde er als TANU-Kandidat in den *Legislative Council* gewählt. Er galt als einer von Nyereres *chief lieutenants* und hatte sich zu diesem Zeitpunkt bereits eine nationale Reputation als politisch moderater Wirtschafts- und Agrarexperte erworben. Nyerere berief ihn 1960 konsequenterweise als Agrarminister in sein erstes Kabinett.[319] In einem geheimen Memo der Regierung kurz vor der Unabhängigkeit hieß es über Bomani allerdings etwas herablassend: „Very likeable and pleasant but not a strong member of the Cabinet and one who in the view of the Governor has neither the intellect nor the energy to improve."[320]

Ernster nahmen die Briten den zweiten Genossenschaftler in der Regierung, George Kahama: „Possibly the second man in the Government. Has a tough and agressive approach to his duties which of course include maintenance of law and order and control of police force. He ‚disciplined' the party Youth Groups when they seemed likely to get out of hand after the last elections."[321] Der 1929 in Bukoba (West Lake Province) geborene Kahama war an der Tabora School im selben Jahrgang wie Oscar Kambona, Rashidi Kawawa und Job Lusinde.[322] Er arbeitete nach Beendigung der Schule (Standard XII) zunächst einige Zeit als Sekretär der *Bukoba Native Cooperative Union* (die nahezu ausschließlich Kaffee vermarktete), bevor er wie Bomani mit einem Regierungsstipendium am *Loughborough College* studierte. Während seiner Zeit in England traf er zum ersten Mal Julius Nyerere. Ein Kontakt mit den Fabiern hat sich hingegen erst Ende der fünfziger Jahre ergeben, als Kahama bereits Minister war.[323] Nach seiner Rückkehr aus Leicester 1954 wurde er Generalmanager der großen Kaffee-Kooperative und Mitglied in verschiedenen Gremien der Lokalverwaltung (z. B. *Bukoba Town Council; Buhaya Council*). Anders als in Sukumaland blieb die Genossenschaftsbewegung in der West Lake Province frei von politischen Aktivitäten. Auch wenn viele Genossenschaftsführer einer politischen Organisation angehörten, war diese afrikanische Geschäftselite von ihren genossenschaftlich-unternehmerischen Betätigungen absorbiert. In der Mobilisierungsphase der Unabhängigkeit

[318] Vgl. Erdmann, 141f.
[319] Vgl. Tanganyika Standard, 3. 9. 1960; PRO CO 822/2307: Press Release: The Cabinet – Biographical Date, 27. 4. 1961. Zur weiteren Ministerkarriere Bomanis nach der Unabhängigkeit vgl. Kap. V, 2.
[320] PRO CO 822/2978: Secret Memo: Tanganyika. Notes on Personalities, o. D.
[321] Ebd.
[322] Vgl. Listowel, 286.
[323] Vgl. RH MSS Brit. Emp. s. 365/121/4: Kahama an Catherine Hopkins (FCB), 21. 9. 1959; Hopkins an Kahama, 14. 4. 1960, 22. 4. 1960; 13. 5. 1960.

blieb die Region an der Peripherie der Auseinandersetzungen.[324] Was Kahama die Aufmerksamkeit sowohl der britischen Regierung als auch der TANU-Spitze in Dar es Salaam einbrachte, war die rare Mischung aus wirtschaftlicher Kompetenz und administrativer Erfahrung, die der eifrige Katholik repräsentierte. 1957 wurde er erstmals zum Mitglied des *Legislative Council* ernannt, zwei Jahre darauf als TANU-Kandidat erneut in das Gremium gewählt. Kahama gehörte zu den ersten fünf von der TANU bzw. von Nyerere erwählten Ministern, die 1959 in die Regierung eintraten.[325] Er übernahm zunächst das Ressort für „Co-operatives and Community Development" und wechselte im ersten Kabinett Nyerere auf den Posten des Innenministers.[326]

Die politisch exponierte Position der beiden profiliertesten Genossenschaftler des spätkolonialen Tanganyika ist ein weiterer Beleg für die große Bedeutung der Bürokratie in der staatlichen Ordnung. Denn als Generalmanager wichtiger Kooperativen waren Bomani und Kahama keineswegs unabhängig von der Kontrolle durch die Regierung; sie waren sogar in vielen Hinsichten wie staatliche Funktionäre privilegierte Mitglieder der staatlichen Bürokratie.[327] Sie dienten zudem als Mittler, die von der Regierung bevorzugte Anbautechniken einführten und die Qualität der Exportprodukte im Auftrag des Staates kontrollierten. Während die Genossenschaften für die Masse der Bauern keineswegs Möglichkeiten zu demokratisch-partizipativer Entfaltung boten und oft nicht einmal ökonomisch signifikante Verbesserungen bedeuteten, konnten einige Vertreter der Genossenschaftselite die hier geschaffenen politischen und sozialen Spielräume nutzen. Sie vermochten administrative, ökonomische und politische Erfahrungen zu sammeln und so wichtiges soziales Kapital zu akkumulieren, das den Eintritt in gehobene Regierungspositionen erleichterte.

---

[324] Vgl. Erdmann, 108f.; Iliffe, Modern History, 506, 524; Goran Hyden, Political Development in Rural Tanzania, Nairobi 1969, 126ff.

[325] Vgl. PRO CO 822/1464: Gouverneur an Kolonialminister, 11.6.1959; ebd.: Biographical Notes on possible Tanganyika Unofficial Ministers, o.D.; vgl. auch Kap. III, 2.

[326] Zu Kahamas Karriere nach der Unabhängigkeit vgl. Kurtz, Dictionary, 82f.

[327] Vgl. Feierman, Peasant Intellectuals, 233f.

5. Zusammenfassung

Aus der zahlenmäßig kleinen Gruppe von Afrikanern, die als Teil des bürokratischen Verwaltungsapparates den kolonialen Staat in Tanganyika eigentlich stützen sollten, rekrutierten sich jene Kräfte,
die nachdrücklich das rasche Ende der britischen Herrschaft forcierten. Diese Personen, ausschließlich Männer, teilten trotz unterschiedlicher regionaler und sozialer Herkunft eine Reihe von Gemeinsamkeiten: Sie wurden in Schule, Studium und später im Beruf als Lehrer, Verwaltungsangestellte
oder höhere Mitarbeiter von Gewerk- und Genossenschaften besonders intensiv mit den Werten und
Ordnungsvorstellungen der Kolonisierenden vertraut gemacht. Sie eigneten sich im Verlauf ihrer
Tätigkeiten bürokratische Kenntnisse an. Und sie waren Teil eines einzigen Netzwerkes, auf dem sich
ihre Wege an verschiedenen Punkten immer wieder kreuzten und Kooperationen vielfältiger Natur
entstehen ließen.

Die in Tanganyika allerdings äußerst zögerlich vorgenommene Einbindung der städtischen Elite
in das koloniale System hatte für die Briten, wie sich rasch zeigte, ihren Preis. Denn die kleine Schar
jener Männer, die sich europäisches Wissen angeeignet hatten und bürgerliche Lebensmuster zu
übernehmen suchten, nahm die neue Reformrhetorik, die in den vierziger Jahren einsetzte, ernst.
Sie hatten die Schriften der Fabier und so manches andere gelesen, das Freiheit und Gleichheit als
universale bürgerliche Werte pries. Diese Werte beanspruchten sie nun auch für sich. Sie verstanden
sich als Bürger und wollten nicht länger Eingeborene sein, Kindern oder bestenfalls Heranwachsen-
den gleichgestellt. Sie forderten unmissverständlich politische Mitsprache, Teilhabe am parlamentarischen System und am Wohlfahrtsstaat. Dabei verstanden sie sich als Mittler, die nicht allein in
ihrem eigenen Interesse, sondern im Namen des Volkes handelten.

Die Orientierung an den Werten der europäischen Moderne ging einher mit der Entdeckung der
eigenen Geschichte. Diese Geschichte war nicht mehr „primitive Vergangenheit", sondern Inspirationsquelle für die Gestaltung der Zukunft. Darüber hinaus nutzten die afrikanischen Bürokraten,
insbesondere jene, die ihren Platz in den Provinz- und Distriktbüros gegen die Position des Chiefs
eintauschten, wiederentdeckte oder neu erfundene Traditionen zur Stärkung ihrer Stellung in der
spätkolonialen Ordnung. In diesem Zusammenhang gewann auch der Appell an ethnische Werte an
Bedeutung, wie er etwa in den „tribalen Assoziationen" zum Ausdruck kam. Die dominante nationalistische Partei TANU unter Julius Nyerere ging jedoch rigide gegen solche Tendenzen vor. Überdies
versuchte sie mit beträchtlichem Erfolg, andere dissidente Gruppen und Stimmen zu vereinnahmen
oder zu unterdrücken, die das Projekt der Nationsbildung zu gefährden schienen.

Der koloniale Staat in Tanganyika war ein autoritärer bürokratischer Kontroll-Apparat und nicht,
aller spätkolonialen Rhetorik zum Trotz, als Schule der Demokratie intendiert. Die meisten europäischen Offiziellen glaubten bis zum Schluss, sie seien Vertreter einer überlegenen Zivilisation, ausgestattet mit dem Recht, über Menschen „niederer Kultur" zu herrschen und sie paternalistisch zu
einem höheren Grad sozialer Entwicklung zu führen. Obwohl die staatliche Macht in Tanganyika
in der Realität äußerst fragil war, bemühten die Briten eine Fassade von Omnipotenz und Allwis-
senheit. Ihr Bewusstsein, die legitime und einzig fähige herrschende Klasse zu sein, gaben sie an die
afrikanische bürokratische Elite weiter, durch Schulen, vereinzelt Universitäten, in denen eine kleine
Gruppe potenzieller afrikanischer Nachfolger ausgebildet wurde. Diese Ausbildung war jedoch nicht
dahingehend ausgerichtet, kapitalistische Unternehmungen zu führen, sondern den Apparat eines
bürokratischen Staates. Wie das folgende und abschließende Kapitel zu zeigen versucht, verlor die
Bürokratie, das Rückgrat jeder rationalen Herrschaft, im nachkolonialen Tanganyika rasch die für
ihr Funktionieren unabdingbare Unabhängigkeit. Um jeden Preis sollte ein starker Staat errichtet
werden, um die Nationsbildung voranzutreiben und den Kampf gegen Armut und Krankheit zu bestehen. Und die herrschenden afrikanischen Bürokraten glaubten dabei in der Regel besser zu wissen,
was gut für die Masse der Bevölkerung sei, als diese selbst.

V. Kontinuitäten
Tanzania als unabhängiger Staat, 1960–1970

1. Afrikanischer Sozialismus. Politik und Ideologie in Tanzania

a) Rauhe Realitäten. Tanzania in der internationalen Ordnung

In den zwei Jahrzehnten nach der Unabhängigkeit verfolgte die Regierung Tanzanias unter Nyerere eine Politik, die unter internationalen Beobachtern wegen des nachhaltigen Engagements für Selbständigkeit und das Vertrauen auf die eigenen Kräfte und Ressourcen (*self reliance*) gepriesen wurde.[1] Andere lobten zudem die Anstrengungen, einen spezifischen „afrikanischen Sozialismus" zu kreieren und zu praktizieren. Nyerere selbst wurde eine weltweit bekannte Persönlichkeit, ein Fürsprecher der „Ärmsten der Armen". Er verlangte eine neue internationale Wirtschaftsordnung, die den finanzschwachen Staaten der so genannten Dritten Welt einen größeren Anteil am globalen Reichtum verschaffen würde. Er versuchte, die blockfreien Staaten so zu organisieren, dass sie ihre Interessen in einem gemeinsamen Programm vertreten würden. Seine langfristigen Visionen klangen in den Ohren vieler westlicher Sozialisten vertraut. Denn Nyereres Perspektive schöpfte aus den Konzepten des Fabier-Sozialismus: Der Staat besitzt die Mehrzahl der Produktionsmittel, gleicht die Einkommen an und bietet ein breites Spektrum sozialer Dienste.[2]

Tanzania wurde zu einem der bevorzugten Empfängerländer von Entwicklungshilfegeldern. Diese Rolle verdankte es nicht zuletzt der Tatsache, dass westliche Regierungen schon aus Imagegründen darauf bedacht waren, nicht ihre gesamte Hilfe rechten, konservativen Regimen zukommen zu lassen.[3] Das vergleichsweise moderat sozialistische Tanzania bot ein nützliches Korrektiv. Der „tanzanische Weg" war jedoch voller Widersprüche: Die eingeschränkte Meinungsfreiheit, politische Gefangene, die wachsende Macht der staatlichen Bürokratie, die mit Zwangsumsiedlungen größeren Ausmaßes verbundene Agrarpolitik und die zahlreichen ökonomischen Misserfolge standen für die dunkle Seite der Entwicklung des Landes nach der Unabhängigkeit.

Nyerere genoss jedoch nicht zuletzt aufgrund seines umfangreichen Schrifttums, seiner ostentativ zur Schau getragenen Bescheidenheit und seiner für afrikanische Staatsoberhäupter eher ungewöhnlichen Fähigkeit zur Selbstkritik großen Respekt, zuweilen Bewunderung unter westlichen Intellektuellen. Er war unter Linken und Dritte-Welt-Begeisterten eine Art Kultfigur.[4] Doch bereits 1967

---

[1] Vgl. dazu die programmatische Schrift von Nyerere, Education for Self-Reliance (März 1967), in: ders., Freedom and Socialism / Uhuru na Ujamaa. A Selection from Writings and Speeches 1965–1967, Dar es Salaam 1968, 267–290.

[2] Vgl. Coulson, Tanzania, 2; 237.

[3] Vgl. am Beispiel Oxfam die Studie von Michael Jennings, Almost an Oxfam in itself. Oxfam and Development in Tanzania in the 1960s and 70s, in: African Affairs 101, 405 (2002), 509–530.

[4] Vgl. dazu für den deutschen Sprachraum etwa Gerhard Grohs, Tanzania – Zur Soziologie der Dekolonisation, in: ders. / Bassam Tibi (Hg.), Zur Soziologie der Dekolonisation in Afrika, Frankfurt a.M. 1973, 123–145.

spottete der kenianische Politologe Ali Mazrui über die weit verbreitete „Tanzaphilie", die oft die Form einer „Nyererephilie" annahm. Mazrui zufolge schätzten die Intellektuellen Nyerere so sehr, weil sie in ihm einen *fellow intellectual* im Besitz politischer Macht sahen.[5] Er bot einen Untersuchungsgegenstand, der attraktiv erschien, weil sich die Forscher aus Europa und den USA in ihm selbst begegneten, aber doch in idealer Verfremdung.[6] Das folgende Kapitel über die erste Dekade des unabhängigen Tanzania will sich jedoch nicht allein auf seine Person konzentrieren, wenngleich er aufgrund seiner großen Bedeutung (und seiner außerordentlich großen Präsenz in der Literatur) immer wieder ins Blickfeld rücken wird. Im Mittelpunkt steht aber generell die Gruppe der afrikanischen Bürokraten und ihre Rolle in der staatlichen Ordnung, wobei die enge Verknüpfung von Verwaltung und Politik besondere Aufmerksamkeit verdient. Ein spezielles Augenmerk gilt zudem den Kontinuitäten zwischen der britischen Kolonialpolitik und den Strategien und Aktivitäten der politischen Führung und bürokratischen Elite. Zunächst soll jedoch knapp die Position Tanzanias im Rahmen der von Kaltem Krieg und Systemauseinandersetzung charakterisierten internationalen Beziehungen skizziert werden.[7]

In den ersten Jahren seiner Existenz orientierte Tanzania seine Außenpolitik deutlich in Richtung Westen.[8] Die politischen Führungspersonen bemühten zwar regelmäßig die Rhetorik der Blockfreiheit, um deutlich zu machen, dass Tanzania keineswegs von Großbritannien und den USA abhängig sei. Nyerere unternahm Reisen in die Sowjetunion und nach China. Doch die finanziellen Quellen und die Expertise, aus denen das Land zu schöpfen gedachte, sollten vornehmlich aus dem Westen kommen. Die Gestaltung des Bildungswesens und der Armee orientierte sich ebenfalls an den „kapitalistischen Staaten". 1964 schätzte Nyerere die internationale Ordnung in Bezug auf Tanzania wie folgt ein:

„The world is divided into various conflicting groups, and each one of these groups is anxious for allies in Africa, and even more anxious that its opponent shall not find friends. In this field also we have, therefore, to think carefully and objectively about the implications of every move we make [...] The desire to help the United Republic in our economic struggle – even the desire for friendship with us – these things come second to what the other nation believes to be in its own interests. It is no use complaining about that; basically we ourselves adopt the same attitude. We have to recognize that some overseas nations will help us if they can, and if they do not believe

---

Kritischer Rückblick: Achim von Oppen, Jenseits von Ujamaa. Zur Soziologie der Dekommunalisierung, in: Anna-Maria Brandstetter / Dieter Neubert (Hg.), Postkoloniale Transformation in Afrika. Zur Neubestimmung der Soziologie der Dekolonisation, Münster/Hamburg 2002, 93-112. Für Frankreich siehe etwa Sylvain Urfer, Une Afrique Socialiste. La Tanzanie, Paris 1976. Für den anglo-amerikanischen Raum vgl. die bereits genannten Werke in der Einleitung (Kap. I, 5). Auf Nyereres Schriften wird im Verlauf des Kapitels noch ausführlich eingegangen.

[5] Vgl. Ali A. Mazrui, Tanzaphilia, in: Transition 31 (1967), 20-26.

[6] Vgl. Franz Ansprenger, Über Sinn und Unsinn von Regionalstudien unter besonderer Berücksichtigung Tansanias, in: Werner Pfennig / Klaus Voll / Helmut Weber (Hg.), Entwicklungsmodell Tansania. Sozialismus in Afrika. Geschichte, Ökonomie, Politik, Erziehung, Frankfurt/New York 1980, 6-10, hier: 6.

[7] Nicht weiter berücksichtigt wird im Folgenden die panafrikanische und Regionalpolitik der Nyerere-Regierung. Vgl. dazu u. a. Richard Cox, Pan-Africanism in Practice. An East African Study. PAFMESCA 1958-1964, London 1964; Arthur Hazlewood, Economic Integration. The East African Experience, London 1975; Rolf Hofmeier, Die Ostafrikanische Gemeinschaft. Eine Fallstudie, in: Volker Matthies (Hg.), Süd-Süd-Beziehungen. Zur Kommunikation, Kooperation und Solidarität zwischen Entwicklungsländern, München 1982, 273-310.

[8] Auf die Außenpolitik des unabhängigen Tanzania kann in dieser Arbeit nur sehr punktuell eingegangen werden. Für detaillierte Darstellungen vgl. Timothy C. Niblock, Aid and Foreign Policy in Tanzania, 1961-1968, unveröffentl. Ph.D. Thesis, Sussex 1971; Okwudiba Nnoli, Self-Reliance and Foreign Policy in Tanzania. The Dynamics of the Diplomacy of a New State, 1961-1971, New York 1978; Catherine Hoskyns, Africa's Foreign Relations. The Case of Tanzania, in: International Affairs 44,3 (1968), 446-462; David H. John, Tanzania, in: Timothy M. Shaw / Olajide Aluko (Hg.), The Political Economy of African Foreign Policy, Aldershot 1984, 263-282; knapper Überblick bei Peter Meyns, Grundsätze der Außenpolitik Tansanias, in: Pfennig / Voll / Weber, 261-273. Vgl. ferner Pratt, Critical Phase, 121-171.

that they will harm themselves by doing so; other nations will help us solely in the hope of some kind of return to themselves – whether this be diplomatic, political or economic."[9]

Doch schon bald musste er erkennen, dass dieser Befund zu optimistisch war. 1965 führten diplomatische Dispute dazu, dass die wichtigsten Geberländer – Großbritannien, die Bundesrepublik und die USA – ihre Entwicklungshilfe zeitweilig einfroren. In allen drei Fällen kam es zu Konflikten, die in der einen oder anderen Form Interessengegensätzen im Kontext des Kalten Kriegs geschuldet waren.

Unter westlichen Regierungen herrschte zunächst ein äußerst positives Bild insbesondere von Nyerere vor. Die Supermacht USA etwa zählte Tanganyika zu den vielversprechenden neuen Staaten Afrikas, die es zu fördern und zu unterstützten galt.[10] Der Grund lag weniger in der Größe und im wirtschaftlichen Potenzial des Landes als vielmehr in der Person Nyereres, den Washington als einen der fähigsten Politiker des Kontinents einschätzte. Noch vor der formalen Unabhängigkeit wurde Nyerere im Juli 1961 von Präsident Kennedy empfangen.[11] Tanganyika sollte, frei von kommunistischer Subversion, den Kern einer künftigen ostafrikanischen Föderation (mit Kenia und Uganda) bilden und sich am Westen orientieren, ohne dass dadurch allzu große Kosten für die USA entstanden. Der „Honeymoon" dauerte indes nicht lange. Die Regierung in Dar es Salaam beklagte sich bald über die in ihren Augen zu zögerliche und wenig umfangreiche Hilfe aus den Vereinigten Staaten; die US-Regierung sah hingegen einen immer stärkeren kommunistischen Einfluss am Werke. Bald nach der Ermordung Kennedys kam es dann zu einer tiefen „Beziehungskrise". Argwöhnisch beobachtete das *State Department* die Revolution auf Zanzibar im Januar 1964 und die nur vier Monate darauf folgende Union von Tanganyika und Zanzibar zur Vereinigten Republik Tanzania.[12] Es fürchtete, dass die neue, kommunistisch inspirierte Führung Zanzibars auch die politisch Verantwortlichen auf dem Festland „infizieren" könnte. Im Januar 1965 erreichten die Dissonanzen ihren Höhepunkt, als die tanzanischen Behörden die Abreise von zwei US-Beamten innerhalb von 24 Stunden verlangten. Die Diplomaten wurden verdächtigt, an einem Komplott gegen Abeid Karuma – dem ersten Präsidenten Zanzibars nach der Revolution und damaligen Ersten Vizepräsidenten Tanzanias – beteiligt gewesen zu sein. Daraufhin reduzierte Washington sein finanzielles Engagement beträchtlich. Die diplomatischen Beziehungen wurden zwar nicht suspendiert, liefen fortan jedoch bis weit in die siebziger Jahre hinein lediglich auf Sparflamme.

Die politischen Konflikte mit der Bundesrepublik waren eng mit der innerdeutschen Systemkonkurrenz verknüpft. Tanzania wurde gleichsam Austragungsort deutsch-deutscher Konflikte.[13] In Bonn galt Nyerere ähnlich wie in Washington zunächst als afrikanische Lichtgestalt und wurde ebenfalls noch vor der Unabhängigkeit bei einem Besuch in der Bundesrepublik wie ein Staatsgast hofiert. Beide Seiten betrieben dann mit Energie den Aufbau bilateraler Beziehungen, die bundesdeutsche

---

[9] Nyerere, Speech at the opening of the University College Campus Dar es Salaam, 21.8.1964, in: ders., Freedom and Unity, 305–315, hier: 314f.

[10] Vgl. Leimgruber, 288.

[11] Ein vorbereitendes Memorandum des CIA hielt fest: „Julius Nyerere [...] is widely regarded as the ablest native leader in British Africa and as one of the most impressive nationalist figures on the African continent [...] His moderate and reasoned policies will have brought Tanganyika to independence by 9 December 1961. While encouraging African nationalism, he has not advocated violence or extreme racialism and he has tried to calm the fears of potential foreign investors by assuring them of their security in an independent Tanganyika. Nyerere is idolized by the African community, and he has impressed Western officials by his facility of expression and directness [...] Like Mboya, Nyerere appears anxious to dissociate himself from the attempts of Kwame Nkrumah of Ghana to dominate the African political scene." Zit. nach ebd.

[12] Vgl. Anthony Clayton, The Zanzibar Revolution and its Aftermath, London 1981.

[13] Vgl. für den folgenden Abschnitt detailliert Ulf Engel/Hans-Georg Schleicher, Die beiden deutschen Staaten in Afrika. Zwischen Konkurrenz und Koexistenz 1949–1990, Hamburg 1998, 151–180; Ulf Engel, Die Afrikapolitik der Bundesrepublik Deutschland 1949–1999. Rollen und Identitäten, Münster/Hamburg 2000, 117–145.

Regierung sagte umfangreiche Entwicklungshilfe zu. Die DDR hingegen eröffnete nur einen Monat nach der Revolution in Zanzibar eine Botschaft auf der Nelkeninsel. Die prompte diplomatische Anerkennung Ostberlins durch die Regierung Karumes belastete nach der Bildung der Union zwischen Tanganyika und Zanzibar sogleich die Zusammenarbeit zwischen Bonn und Dar es Salaam. Denn Nyerere befürwortete zwar im Prinzip die Auflösung der ostdeutschen Vertretung auf Zanzibar, wollte dies gegen Karume aber nicht durchsetzen, um die Existenz der Union nicht zu gefährden. Die bundesdeutsche Regierung drohte ihrerseits mit der 1955 formulierten, nach dem damaligen Staatssekretär im Auswärtigen Amt benannten „Hallstein-Doktrin". Danach galt eine völkerrechtliche Anerkennung der DDR durch die gerade unabhängig gewordenen Staaten Afrikas als „unfreundlicher Akt" gegenüber der Bundesrepublik, auf den abgestuft mit Sanktionen reagiert werden sollte: von der Einstellung der Entwicklungshilfe bis hin zum Abbruch diplomatischer Beziehungen.

Als sich trotz diverser diplomatischer Manöver keine Lösung im Sinne Bonns abzeichnete, wurde Tanzania heftig und öffentlichkeitswirksam abgestraft: Im Februar 1965 beschloss das Bundeskabinett, die laufende Entwicklungszusammenarbeit und militärische Ausbildungshilfe sofort zu sistieren, eine Entscheidung, die ausschließlich deutschlandpolitisch motiviert war.[14] Nyerere reagierte verbittert. Da Tanzania keine Bedingungen bei der Annahme von Entwicklungshilfe akzeptieren könne, forderte er die Bundesrepublik auf, jede Form der Hilfe einzustellen.[15] Erst mit Beginn der sozialliberalen Koalition in Bonn 1969 verbesserten sich die Beziehungen zwischen den beiden Staaten wieder spürbar. Unter dem sozialdemokratischen Entwicklungsminister Erhard Eppler wurde Tanzania sogar zu einem Schwerpunktland des bundesdeutschen entwicklungspolitischen Engagements. Neben der persönlichen Affinität zwischen Eppler und Nyerere spielte hierbei auch das unter vielen Sozialdemokraten hochgeschätzte Modell des von der tanzanischen Führung propagierten „afrikanischen Sozialismus" eine Rolle.[16]

Die tiefste außenpolitische Krise Tanzanias entstand jedoch im Verhältnis zu Großbritannien, dem in den Jahren unmittelbar nach der Unabhängigkeit engsten Partner der Regierung in Dar es Salaam. Die ehemalige Kolonialmacht trug einen beträchtlichen Part des Staatsbudgets und stellte die große Mehrheit der ausländischen Experten. Sie kam militärisch zu Hilfe, als im Januar 1964 große Teile der Armee meuterten.[17] Der zentrale Anlass für den tanzanisch-britischen Disput war die britische Haltung zu den Dekolonisierungskonflikten im südlichen Afrika. Als die Regierung Harold Wilson die einseitige Unabhängigkeitserklärung der europäischen Siedler Südrhodesiens (heute Zimbabwe)

---

[14] Vgl. ebd., 169.

[15] Ein Jahr darauf führte Nyerere zu dieser Entscheidung aus: „When diplomatic pressure failed to move Tanzania from the position taken up in the interests of the Union, the West German Government unilaterally and without notice, broke a five-year training and aid agreement relating to the new air wing, and returned all their technicians overnight. They went further, and threatened to cut all their aid if we continued with our declared policies [...] In effect, therefore, we had to choose whether to become a puppet state of Germany in return for any charity she cared to give us. The Government of Tanzania believed, and still believes, that to have agreed with the West German demands would have been to nullify our real independence. Therefore, although the decision to stand by our very reasonable declared intentions meant a loss of badly needed economic assistance, the Goverment felt that the real interests of the people of Tanzania left them with no alternative [...] the Government had little alternative if it was to uphold the dignity of our independent country." Vgl. Nyerere, Memorandum „Principles and Development", in: ders., Freedom and Socialism, 187–206, hier: 190.

[16] Vgl. Rolf Hofmeier, Möglichkeiten und Grenzen deutscher Entwicklungspolitik gegenüber Afrika, in: Helmut Bley/Rainer Tetzlaff (Hg.), Afrika und Bonn. Versäumnisse und Zwänge deutscher Afrika-Politik, Reinbek 1978, 192–253, hier: 215ff.; vgl. ferner die Beiträge in Ulf Engel/Gero Erdmann/Andreas Mehler (Hg.), Tanzania Revisited. Political Stability, Aid Dependency and Development Constraints, Hamburg 2000.

[17] Vgl. zur Meuterei ausführlich Tanzania People's Defence Forces, Tanganyika Rifles Mutiny January 1964, Dar es Salaam 1993; Bienen, Tanzania, 363–381; Timothy Parsons, The 1964 Army Mutinies and the Making of Modern East Africa, Athens 2003. Anlass der Rebellion waren unerfüllte Forderungen nach mehr Gehalt und nach der Ablösung britischer Offiziere durch tanzanische Kräfte. Zu den innenpolitischen Konsequenzen siehe Kap. V, 1.

weitgehend tatenlos hinnahm, brach Nyerere einem Beschluss der *Organization of African Unity* (OAU) entsprechend die Beziehungen zu London Ende 1965 ab.[18] Erst im Juli 1968 wurden sie wieder aufgenommen. Entgegen den Befürchtungen der westlichen Mächte wurden die entstandenen Lücken jedoch nicht allein vom Ostblock geschlossen. In konsequenter Verfolgung ihres blockfreien Kurses konnte die Regierung Nyerere die Unterstützung einer Reihe von Staaten mobilisieren, wobei sie die Krise mit den vormals wichtigsten westlichen Geberländern nicht als grundsätzlichen Konflikt mit „dem Westen" verstanden haben wollte:

„Tanzania has, over recent years, had so many quarrels with big powers which are part of the western bloc that it is useful for us to stress once again that we have no desire to be and no intention of being ‚anti-West' in our foreign policies. We shall deal with each problem as it occurs and on its own merits. We shall neither move from particular quarrels with individual countries to a generalized hostility to members of a particular group nor to automatic support for those who happen to be for their own reasons quarrelling with the same nation."[19]

1967 unterhielten mehr als 25 nationale und internationale Entwicklungsagenturen Programme in Tanzania, darunter die skandinavischen Länder, Kanada und die Niederlande.[20] Besonderes Aufsehen erregte das Engagement der Volksrepublik China, vor allem die Kreditzusage Pekings für den Bau der Tazara-Eisenbahn zwischen Tanzania und Zambia.[21] Zu diesem Zeitpunkt hatte die politische Führung Tanzanias um Nyerere bereits realisiert, wie wenig Einfluss sie auf internationale Entwicklungen hatte und wie verwundbar das Land in dieser Hinsicht war. Der Versuch einer außenpolitischen Strategie der Blockfreiheit ging einher mit der verstärkten Hinwendung zu innenpolitischen Fragen. Ganz oben auf der Agenda stand nun die Schaffung einer demokratischen und sozialistischen tanzanischen Gesellschaft, welche eine Politik der „Entwicklung aus eigener Kraft" verfolgen wollte. Bereits unmittelbar nach der Unabhängigkeit hatten sich zwei zentrale Aspekte dieser Politik herauskristallisiert: die Neugestaltung der agrarischen Ordnung auf der Grundlage eines „afrikanischen Sozialismus" und die Etablierung eines Einparteisystems, wobei die Einheitspartei das gesamte Volk repräsentieren sollte.

b) Ujamaa, Arusha-Deklaration und „Einpartei-Demokratie"

Die TANU-Regierung stand von Beginn an vor einem schmerzlichen Dilemma. Sie konnte und wollte zahlreiche Hinterlassenschaften der kolonialen Ordnung nicht einfach von heute auf morgen beseitigen und sah sich gleichzeitig unter dem Druck, viele der nationalistischen Versprechungen so bald wie möglich zu erfüllen: bessere Ausbildungsmöglichkeiten, bessere Jobs, höhere Einkünfte in der Landwirtschaft, die Beseitigung von rassisch begründeten Privilegien. Die ersten Jahre der Unabhängigkeit erwiesen sich in vielen Hinsichten jedoch als ernüchternd. Die Masse der Bauern profitierte kaum vom wirtschaftlichen Wachstum. Die Investitionen aus Übersee fielen niedriger aus als geplant, so dass der erste ehrgeizige Dreijahresplan weitgehend Makulatur blieb.[22] Zudem

---

[18] Vgl. dazu Cranford Pratt, African Reactions to the Rhodesian Crisis, in: International Journal 21,2 (1966), 186-198; Coulson, Tanzania, 141; Nyerere, The Honour of Africa, 14.12.1965, in: ders., Freedom and Socialism, 115-133.

[19] Nyerere, Redemanuskript „Policy on Foreign Affairs", 16.10.1967, in: ders., Freedom and Socialism, 367-384, hier: 368f.

[20] Vgl. Pratt, Critical Phase, 157ff.

[21] Vgl. dazu Martin Bailey, Freedom Railway. China and the Tanzania-Zambia Link, London 1976; Coulson, Tanzania, 231-234. Die Bahnstrecke wurde 1977 eröffnet. Zu den tanzanisch-chinesischen Beziehungen vgl. zudem Werner Pfennig, Die Beziehungen zwischen der VR China und Tansania: Eine Allianz neuen Typs?, in: Pfennig/Voll/Weber, 291-309.

[22] Vgl. Government of Tanganyika, Development Plan for Tanganyika 1961/2 to 1963/4, Dar es Salaam 1961. Vgl. zu den unerfüllten Erwartungen Pratt, Critical Phase, 174ff.

ergaben sich, wie oben geschildert, Konflikte mit den wichtigsten Geberländern, was zusätzlich negative Auswirkungen auf das Staatsbudget zeitigte.[23] Aber auch im Erziehungswesen offenbarten sich grundlegende Probleme, denn der Zugang zu höheren Schulen und Universitäten (und damit zu lukrativen Posten in der Verwaltung) blieb trotz deutlicher Verbesserungen weiterhin nur einer kleinen Minderheit offen.[24] So stand eine kleine privilegierte Gruppe von Funktionären mit vergleichsweise guten Gehältern einer Masse von armen Bauern (und wenigen Arbeitern) gegenüber.

Die Arusha-Deklaration vom 5. Februar 1967[25] ist in der Forschung weitgehend als Reaktion Nyereres auf die sich zuspitzende Krise gedeutet worden; als ein geschicktes Manöver, das zum einen Nyereres politischer Philosophie entsprach, zum anderen nachdrücklich Alternativen zu innenpolitischen Differenzen, zu wachsenden sozialen Ungleichheiten und zu der für das Land zunehmend problematischer werdenden, weil politisch gebundenen Entwicklungshilfe formulierte.[26] Die Deklaration, die offiziell vom Nationalen Exekutiv-Komitee der TANU verbreitet wurde, aber weitgehend aus der Feder Nyereres stammte, erklärte den Aufbau eines sozialistischen Staates zum zentralen Ziel der Partei und betonte darüber hinaus die besondere Bedeutung von Landwirtschaft und ländlicher Entwicklung. Die Abhängigkeit von fremder Hilfe sollte reduziert werden. Zudem enthielt das Dokument fünf *leadership conditions*, welche die Aktivitäten kommerziell ambitionierter Staatsdiener stark einschränkten. Dass spezifische Bedingungen für diese Gruppe formuliert wurden, verweist auf die wichtige Rolle von Bürokraten in der staatlichen Ordnung, reflektiert aber auch die wachsende Kritik am Gebaren der Funktionäre.

„1. Every TANU and Government leader must be either a peasant or a worker, and should in no way be associated with the practices of capitalism or feudalism; 2. No TANU or Government leader should hold shares in any company; 3. No TANU or Government leader should hold directorships in any privately owned entreprise; 4. No TANU or Government leader should receive two or more salaries; 5. No TANU or Government leader should own houses which he rents to others; 6. For the purposes of this Resolution the term 'leader' should comprise the following: Members of the TANU National Executive Committee; Ministers; Members of Parliament; senior officials of Organizations affiliated to TANU; senior officials of para-statal organizations; all those appointed or elected under any clause of the TANU Constitution; councillors; and civil servants in the high and middle cadres. (In this context 'leader' means a man, or a man and his wife; a woman, or a woman and her husband.)"[27]

Kurz nach der Veröffentlichung der Erklärung erfolgte ferner die Verstaatlichung zahlreicher ausländischer Unternehmen und Banken.[28] Die in der Arusha-Deklaration angekündigten Maßnahmen und Prinzipien können jedoch nur bedingt als *ad hoc*-Antwort auf die krisenhafte Zuspitzung Mitte der sechziger Jahre gedeutet werden. Das Manifest markierte eher das Bestreben, nun systematischer eine sozialistische Politik zu verfolgen, und läutete die fortan intensivere Nutzung sozialistischer Kategorien im politischen Diskurs ein. Die Entwicklungen, die sich aus der Umsetzung der Erklärung ergaben, waren längst eingeleitet worden, etwa die Nationalisierung des Bodens und die Ausschaltung von Opposition außerhalb der TANU.[29]

Bereits einige Monate nach der Unabhängigkeit hatte Nyerere seine berühmte Schrift „Ujamaa – The Basis of African Socialism" publiziert, welche in der Folge als zentraler Ausgangspunkt für weitere konzeptionelle Diskussionen über den tanzanischen Sozialismus diente.[30] Für das Swahili-Wort

---

[23] Vgl. Coulson, Tanzania, 179ff.

[24] Vgl. Buchert, Kap. 6. Siehe ausführlicher zum Bildungswesen weiter unten, Kap. V, 3.

[25] Die Deklaration ist abgedruckt in Nyerere, Freedom and Socialism, 231–250.

[26] Vgl. etwa Pratt, Critical Phase, 227–264; Coulson, Tanzania, 176–183; Rodger Yeager, Tanzania: An African Experiment, Boulder 1989, 71–79.

[27] Arusha Declaration, Part V, 249. Zu den Konsequenzen für die Staatsdiener vgl. Kap. V, 2.

[28] Vgl. dazu Jochen Lohmeier, Tanzania. Eine politische Ökonomie der Regionalentwicklung, Hamburg 1982, 211–213.

[29] Vgl. Brennan, Short History.

[30] Nyerere, Ujamaa – The Basis of African Socialism, in: ders., Freedom and Unity, 162–171. Vgl. dazu ferner Stöger-Eiselen, 130f.; Bienen, Tanzania, 212ff. Einen guten Überblick über die Literatur zu Ujamaa bietet

Ujamaa existiert kein eindeutiges Äquivalent in europäischen Sprachen: Familie, Familienverbund oder Brüderlichkeit kommen dem Begriff wohl am nächsten.[31] Nyerere versuchte in dieser Schrift im Rückgriff auf die vorkoloniale Geschichte eine spezifische Form afrikanischer Demokratie ohne Parteienstreit zu definieren, an die es nach den Verheerungen der Kolonialperiode wieder anzuknüpfen gelte. Ihm zufolge beruhte *Ujamaa* auf drei Säulen: Respekt und Anerkennung für den anderen; gemeinschaftlicher Besitz an wichtigen Gütern wie Land; die Verpflichtung zur Arbeit. Die traditionelle afrikanische Gesellschaft ließ, wie Nyerere betonte, keinen Platz für Schmarotzertum. Wahrer Sozialismus sei eine „Geisteshaltung", die verhindere, dass sich Individuen oder Gruppen innerhalb der Gesellschaft gegenseitig ausbeuteten. Er schloss seine Ausführungen mit folgenden Sätzen:

> „Ujamaa then describes our socialism. It is opposed to capitalism, which seeks to build a happy society on the basis of the exploitation of man by man; and it is equally opposed to doctrinaire socialism which seeks to build its happy society on a philosophy of inevitable conflict between man and man. We, in Africa, have no more need of being 'converted' to socialism than we have of being 'taught' democracy. Both are rooted in our own past [...] Modern African socialism can draw from its traditional heritage the recognition of 'society' as an extension of the basic family unit. But it can no longer confine the idea of the social family within the limits of the tribe, nor, indeed, of the nation [...] Our recognition of the family to which we all belong must be extended yet further – beyond the tribe, the community, the nation, or even the continent – to embrace the whole of mankind."[32]

Diese Darlegungen haben in den sechziger und siebziger Jahren gerade unter westlichen Intellektuellen große Resonanz erfahren.[33] Die vermeintliche Existenz eines konfliktfreien, gleichsam authentischen afrikanischen Sozialismus traf den Nerv einer Generation, die sich nun auch verstärkt in der „Dritten Welt" auf die Suche nach gesellschaftlichen Alternativen zum kapitalistischen Industriestaat begeben hatte. Darüber hinaus kündete das Konzept des *Ujamaa* von afrikanischem Selbstbewusstsein und erlangte nicht zuletzt deswegen auch in Tanzania selbst beträchtliche Popularität. Ein Gutteil von Nyereres Idealen, insbesondere die Notwendigkeit, das „Schmarotzertum" zu bekämpfen, entsprach weit verbreiteten Vorstellungen in der Öffentlichkeit. Allerdings trachteten weder Nyerere noch die Mehrheit der Bevölkerung ernsthaft danach, wieder zu der im Pamphlet im Übrigen heftig romantisierten „afrikanischen traditionellen Gesellschaft" zurückzukehren, die den zentralen Bezugspunkt von Nyereres Theorie bildete. Ein Großteil der anschließenden politischen Debatte drehte sich vielmehr um die Frage, wer zur neuen *Ujamaa*-Familie gehörte und wer nicht, und nach welchen Kriterien diese Zugehörigkeit ermittelt werden konnte.[34]

Im Zentrum der staatlichen wie populären *Ujamaa*-Rhetorik stand der Begriff *unyonyaji*, was wörtlich „saugen" oder „aussaugen" bedeutet. In englischsprachigen Reden und Pamphleten wurde der Terminus in der Regel mit *exploitation* übersetzt. Dieses Wort gehörte, wie der Reporter der englischsprachigen Regierungszeitung konstatierte, zu den wichtigsten politischen Vokabeln im Tanzania der späten sechziger Jahre:

Dean E. McHenry Jr., Limited Choices. The Political Struggle for Socialism in Tanzania, Boulder 1994, 15–28.

[31] Vgl. Brigitte Benzing / Thilo C. Schadeberg, Zur Interpretation politischer Begriffe in der Swahili-Version der Entschließung von Arusha, in: Gerhard Grohs (Hg.), Theoretische Probleme des Sozialismus in Afrika. Negritude und Arusha-Deklaration, Hamburg 1971, 245–257; Carol M. Scotton, Some Swahili Political Words, in: JMAS 3,4 (1965), 527–541; Jan Blommaert, Ujamaa and the Creation of the new Swahili, in: David Parkin (Hg.), Continuity and Autonomy in Swahili Communities. Inland Influences and Strategies of Self-Determination, Wien/London 1994, 65–81.

[32] Nyerere, Ujamaa, 170f.

[33] Eine der ersten wissenschaftlichen Auseinandersetzungen mit dem Ujamaa-Konzept war die wohlwollende Studie von Fred G. Burke, Tanganyika. The Search for Ujamaa, in: William H. Friedland / Carl G. Rosberg (Hg.), African Socialism, Stanford 1964, 194–219.

[34] Die folgenden Ausführungen basieren wesentlich auf James Brennan, Blood Enemies. Exploitation and Urban Citizenship in the Nationalist Political Thought of Tanzania, 1958-1975, in: JAH 47 (2006) (i.Dr.). Ich danke Jim Brennan für die Erlaubnis, Material aus diesem Text zu benutzen.

„There is not a word in Tanzania which is as loathed as ‚unyonyaji'. It is repeatedly uttered at every place of work and in every home to remind the un-initiated of the dangers of exploitation. Peasants and workers throughout the country have composed songs to castigate exploitation while those with tendencies towards exploitation of their fellow Tanzanians have been denounced in broad day-light [...] The peasants and workers say openly that they cannot hate exploitation without hating those who practise it."[35]

Im unmittelbaren Anschluss an die Arusha-Deklaration erlangte die Metapher *unyonyaji na mirija* bzw. *sucking by straws* besondere Bedeutung. Dieses Bild manifestierte sich auf zweifache Weise: Die erste Version zeigte einen afrikanischen Mann vor einem Krug, aus dem er Alkohol mit einem Strohhalm trank; die zweite zeigte entweder mehrere Nichtafrikaner oder einige afrikanische „Ausbeuter", die um einen armen Afrikaner herumstanden und entweder seinen Schweiß oder sein Blut mit Strohhalmen aufsogen. Das erste Bild transportierte den verbreiteten Vorwurf an jene Afrikaner, die angeblich Trägheit und Rausch der Arbeit am Aufbau der Nation vorzogen. Das zweite verknüpfte die geläufige Furcht vor blutsaugenden Fremden[36] mit dem bereits von Nyerere in seiner *Ujamaa*-Schrift bemühten Feindbild des Schmarotzers, der vom Schweiß anderer profitiert. In einer Serie politischer Cartoons bemühte *Nguromo*, eine der beiden wichtigsten Swahili-Tageszeitungen, dieses Bild, um die Botschaft der Arusha-Erklärung zu vermitteln.[37] Der erste Cartoon präsentierte einen jungen, sehr schmalen, nur mit Shorts und Hut bekleideten Afrikaner, umringt von vier korpulenten *wanyonyaji* bzw. Ausbeutern – ein Europäer, ein Araber, ein Inder (mit Ausweis in der Brusttasche) sowie ein Afrikaner. Alle vier saugen mit Hilfe von Strohhalmen Blut aus dem Körper des dünnen Jünglings. Im dann folgenden Cartoon schlägt der Gesichtsausdruck des jungen Mannes von Schmerz in Freude um: Schwarze, mit Scheren bewaffnete Arme zerschneiden die Halme und beenden sein Leiden. In der dritten Sequenz sieht man den nun kräftigen Mann, der mit einer Hacke sein Land bearbeitet und stark genug ist, die noch immer existierenden *wanyonyaji* zu vertreiben. Schließlich betritt in den folgenden Cartoons Nyerere als *fagio la ujamaa* („Ujamaa-Besen") die Szenerie und fegt die Insekten ähnlichen *wanyonyaji* einfach beiseite. Danach verbrennt er die „Ausbeuter" in einem Sack mit der Aufschrift *ubepari* (Kapitalismus). Das dazu benutzte Holz ist mit *taifa* (Nation) beschriftet. Die Beseitigung der Blut oder Schweiß saugenden Ausbeuter war dank Nyerere nun komplett gelungen.

Kurz nach der Arusha-Deklaration veröffentlichte die Regierung für ihre Staatsdiener ein didaktisches Pamphlet, in dem erklärt wurde, wie *self-reliance* am Arbeitsplatz Anwendung finden könnte.[38] Gleich im ersten Absatz definiert der Autor einen *mnyonyaji* (Ausbeuter) als jemanden, „der ohne Arbeit vom Schweiß der anderen lebt". Das Ziel der Broschüre bestand im Übrigen darin, den Verwaltungsmitarbeiter zur kritischen Selbstreflexion über seine Rolle im „afrikanischen Sozialismus" anzuregen. Der Staatsdiener sollte sich fragen, ob er eventuell nicht auch durch seine Aktivitäten andere ausbeute bzw. aussauge, indem er etwa zu spät zur Arbeit kam oder Kollegen in der Hoff-

---

[35] Costa Kumalija, Growth of Political Consciousness, in: The Nationalist, 8.12.1971. Ich danke James Brennan für den Hinweis auf diesen Artikel.

[36] Für die in Ost- und Zentralafrika verbreitete Furcht vor Blutsaugern (oft in Gestalt von europäischen Feuerwehrmännern, Polizisten und Wildhütern) vgl. White, Speaking with Vampires. Zu entsprechenden Phänomenen in Tanganyika/Tanzania vgl. u. a. Simeon Mesaki, Witchcraft and Witch-Killings in Tanzania. Paradox and Dilemma, unveröffentl. Ph.D. Thesis, University of Minnesota 1993, 119–152; Peter Lienhardt, The Medicine Man: Swifa ya Nguvumali, Oxford 1968, 51–80; Lorne E. Larson, Problems in the Study of Witchcraft Eradiction Movements in Southern Tanzania, in: Ufahamu 6 (1976), 88–100; Maia Green, Priests, Witches and Power. Popular Christianity after Mission in Southern Tanzania, Cambridge/New York 2003.

[37] Vgl. Nguromo, 6.–13.2.1967; 20.9.1967, zit. in Brennan, Blood Enemies. Ich danke James Brennan für Hinweise auf diese Cartoons und Hilfe bei der Übersetzung aus dem Swahili. Zu der Zeitung *Nguromo* vgl. Sturmer, 80.

[38] Vgl. Joseph A. Namata, Huduma Serikalini na Siasa ya Kujitegemea, Dar es Salaam 1967. Ich danke Daniel Mghenyi, der mir sein Exemplar zur Verfügung gestellt hat, und Elias John Tarimo, der einige Passagen für mich übersetzt hat. Vgl. auch Brennan, Blood Enemies.

nung kritisierte, selbst beruflich aufzusteigen. Offensichtlich führte die Broschüre jedoch weniger zur Selbstüberprüfung als zur wachsenden Kontrolle und kritischen Beäugung der Mitkollegen.[39]

Als größte *wanyonyaji* in Tanzania galten im staatlichen Diskurs indes die afrikanischen *wahuni* (die „Unerwünschten"), das heißt die Migranten in den Städten, die außerhalb des formalen Arbeitsmarktes ihr Auskommen suchten bzw. suchen mussten. Hier übernahm der nachkoloniale Staat die britische Politik der Dämonisierung und Repatriierung.[40] In seiner Schrift „Ujamaa" behauptete Nyerere, dass in der traditionellen afrikanischen Gesellschaft jeder ein Arbeiter gewesen sei, herumtrödeln dagegen eine unvorstellbare Schande bedeutet habe: „I do not use the word ‚worker' simply as opposed to ‚employer', but also as opposed to ‚loiterer' or ‚idler'."[41] Bereits zwei Jahre vor der Arusha-Deklaration warnte ein Kommentator in der TANU-Zeitung „Uhuru", in *Ujamaa* sei kein Platz für eine faule Person (*mvivu*), die sich an den Früchten der Arbeit anderer laben wolle: „Every person has to work hard and share, these are the politics which are used by our republic to build the nation. Unyonyaji in Tanzania is forbidden."[42] Den Worten folgten Taten. Die Regierung lancierte regelmäßig Kampagnen, bei denen *wahuni* und die weniger bedrohlichen, gleichwohl ebenfalls als „nutzlos" betrachteten „Faulpelze" (*wavuvi*) zwangsweise aus den Städten entfernt wurden, um fortan auf dem Lande ihren Beitrag zur Nationsbildung zu leisten. 1964 wurden über 600 der rund 4000 Arbeitslosen Dar es Salaams verhaftet; wenige Wochen nach der Arusha-Erklärung folgte eine zweite, groß anlegte Jagd auf die *wahuni* der Hauptstadt. Zudem stellte die Regierung spezielle Ausweise für Stadtbewohner aus, auf denen die reguläre Beschäftigung des Inhabers verzeichnet sein musste.[43] Die *Ujamaa*-Rhetorik der Regierung betonte darüber hinaus immer wieder, Landwirtschaft sei die Hauptaktivität der Nation, während die Städte, vor allem Dar es Salaam, gleichsam als Parasiten galten, die nur dank des „agrarischen Schweißes" existierten. Die Arusha-Deklaration hob nachdrücklich die Bedeutung des Agrarsektors gegenüber industrieller Produktion hervor. Und Nyerere warnte eindringlich vor der Ausbeutung der Bauern durch die Städter: „If we are not careful we might get to the position where the real exploitation in Tanzania is that of the town dwellers exploiting the peasants."[44] Die negative Sicht von Stadt und Städtern und das Loblied auf die Landwirtschaft ähnelten deutlich kolonialen Ideologien.[45]

Die tanzanische Nation erwies sich also keineswegs als jene harmonische Großfamilie, die das Konzept von *Ujamaa* zu suggerieren schien. Als eine große Familie verstanden sich jedoch die Afrikaner, wenn sie über die Stellung und Rolle von Indern im nachkolonialen Tanzania debattierten. Südasiaten nahmen bereits in der Kolonialzeit in der Vorstellung vieler aufstrebender Afrikaner die Rolle der *bad guys* ein. In der Dekolonisationsperiode galten sie als Haupthindernis für die ökonomische und politische Entwicklung der afrikanischen Bevölkerung. Der Begriff *mwananchi* (wörtlich: Landeskind, ließe sich am besten als „patriotischer Bürger" übersetzen) wurde in der Presse ausschließlich für Afrikaner und häufig in explizitem Kontrast zu Asiaten benutzt.[46] Die nationalistische Rhetorik war hinsichtlich der Diskrepanz zwischen dem nachkolonialen Ideal der Gleichheit und der Realität der anhaltenden rassischen Ungleichheit durch einen bitteren Sarkasmus charakterisiert. Die Bissigkeit offenbarte sich etwa in dem Satz *ote duga moja*, eine Anspielung auf die indische Aussprache

---

[39] Vgl. Interviews mit Francis Damian, Dar es Salaam, 11.8.1999; Daniel S. Mhando, Dar es Salaam, 9.8.1999; Israel Saul Tarimo, Moshi, 16.8.1999.

[40] Vgl. zur kolonialen Politik gegenüber Zuwanderern in den Städten vor allem Burton, Wahuni; ders., The ‚Haven of Peace' Purged: Tackling the Undesirable and Unproductive Poor in Dar es Salaam, c. 1954–85, in: IJAHS (i.Dr.).

[41] Nyerere, Ujamaa, 165.

[42] Vgl. Uhuru, 21.1.1965, zit. nach Brennan, Blood Enemies.

[43] Vgl. Tanganyika Standard, 12.5.1964; Nationalist, 31.3.1967.

[44] Nyerere, The Arusha Declaration, in: ders., Ujamaa. Essays on Socialism, New York 1968, 28. Vgl. auch Yeager, 72.

[45] Vgl. dazu ferner Kap. V, 4.

[46] Vgl. Scotton, Swahili, 532f.

der nationalistischen Formel *sisi sote unduga mmoja* – „wir sind alle eine Familie". Bereits vor der
Unabhängigkeit beschwerten sich afrikanische Autoren, dass Inder diesen Satz nur benutzten, wenn
sie etwas von Afrikanern benötigten.[47] In den sechziger Jahren versuchte ein Großteil der Presse zu
zeigen, dass Inder regelmäßig die Normen von *Ujamaa* überschritten.[48] Der folgende Artikel aus
der englischsprachigen TANU-Tageszeitung *Nationalist* bildet das Spektrum entsprechender Kritik-
punkte eindrücklich ab:

> „What disturbs us most is the obnoxious attitude of many people of Indian origin in this country who think that
> because they contribute ‚collosal' amounts of money to this or that fund, they can get favours even at the expense
> of the whole nation. We wish to be very frank with them today. By contributing to this or that fun, these people
> actually do nothing but merely reimburse the country the wealth they have exploited out of its labour and natural
> resources [...] Let it be said frankly that Wananchi have tolerated enough of the abuses of these people. Indeed,
> these are the same people who during our struggle for Uhuru used to tell us ‚weja wapi'. These are the people who
> have refused to learn our national language, Kiswahili. These are the same people who, when there is a national
> function or meeting go to the beaches instead of attending. These are the people who have failed to offer any sub-
> stantial Africanisation in their businesses. These are the people who increase prices unilaterally whenever there is a
> call for national sacrifice! These are the people who threaten us with imaginary inflations and all sorts of dangers
> in order to hold back our nation building spirit! These are the same people who are prepared to exploit Wananchi
> remorselessly under the guise of ‚duga moja'. These are the people who are prepared to call themselves Tanzanians
> only as long as they remain a privileged group! It is imperative this claim for special privilege should stop. It is
> incompatible with our attitude to citizenship and nation-building an cannot be tolerated."[49]

Da zwischen den Ansichten der Regierung und großen Teilen der Bevölkerung in dieser Frage offenbar weitgehend Übereinstimmung herrschte, ist es schwer festzustellen, wer wen beeinflusste.
Trotz Nyereres persönlicher Abscheu vor einer Politik rassischer Ressentiments bemühten jedenfalls
mehrere prominente Regierungsmitglieder unverhohlen Stereotypen gegenüber Asiaten. Rashidi Kawawa beispielsweise verkündete, Händler seien die größten Blutsauger in Tanzania; die Dominanz
der Asiaten im Einzel- und Großhandel wurde ein ständiger Angriffspunkt nationalistischer Attacken
gegen Ausbeutung.[50] Die Existenz armer Asiaten deutete die Presse als Ausnahme, welche die Regel bestätigte.[51] Zanzibars Präsident Karume, der Vizepräsident Tanzanias, ließ während einer Reise
durch die Region Tanga verlauten, „shop-keeping is not a divine right, and if some Asians have
adopted Tanzania as their mother country, they must take to the land as the majority of our people
are doing."[52] Und selbst Nyerere ermahnte Asiaten und Araber, das städtische Leben aufzugeben,
eine Hacke in die Hand zu nehmen und das Land zu bestellen.[53] Die Inder konstituierten in der ersten Dekade des nachkolonialen Tanzania die städtischen *wanyonyaji* par excellence. Sie blieben trotz
der allgegenwärtigen rhetorischen Ermahnungen, die Arbeit an der Nationsbildung zu unterstützen,
soziale Außenseiter, die keine Staatsbürger sein konnten und wollten. Die Mehrheit afrikanischer
Politiker und ihrer Anhänger waren offenkundig bald der Überzeugung, dass sogar *Ujamaa* das koloniale Erbe der multirassischen Ordnung nicht überwinden konnte.[54]

---

[47] Vgl. die Leserbriefe in Mwafrika, 6. 8. 1960. Ausführlich dazu Brennan, Nation, Kap. 5.
[48] Das zeigt allein ein Blick in die englischsprachigen Zeitungen Daily News, Standard, und Nationalist. Ausführlich dazu auch Brennan, Nation, Kap. 5.
[49] The Nationalist, 26. 11. 1966, zit. nach Brennan, Blood Enemies.
[50] Vgl. etwa The Standard, 12. 11. 1969, zit. nach ebd.
[51] Vgl. The Nationalist, 28. 7. 1969, zit. nach ebd.
[52] The Nationalist, 24. 2. 1968, zit. nach ebd.
[53] Vgl. Nyerere, After the Arusha Declaration, 17. 10. 1967, in: ders., Freedom and Socialism, 385–409, hier:
399.
[54] Vgl. zu diesem Themenkomplex, der hier nur angedeutet werden kann, grundlegend Brennan, Nation, bes.
Kap. 5. Vgl. ferner u. a. Ronald Aminzade, The Politics of Race and Nation. Citizenship and Africanization in
Tanganyika, in: Political Power and Social Theory 14 (2000), 53–90; Richa Nagar, The South Asian Diaspora
in Tanzania. A History Retold, in: Comparative Studies of South Asia, Africa and the Middle East 16 (1996),
62–80.

Die Debatten um „Staatsbürgerlichkeit" fanden in einer nationalen öffentlichen Sphäre statt, die immer stärker von der TANU dominiert wurde. Im vorangegangenen Kapitel habe ich am Beispiel einiger Personen skizziert, wie sich in den Jahren unmittelbar vor und nach der Unabhängigkeit zunächst nichtkooperationswillige Oppositionsparteien entweder doch unter dem Dach der Partei einfanden oder ansonsten verboten wurden. Die Mehrheit der Tanzanier lehnte in den sechziger Jahren, das ist unbestritten, echte (partei)politische Alternativen zur TANU ab. Dennoch unterstützte besonders zum Ende der Kolonialzeit eine gewichtige Gruppe die Idee des politischen Pluralismus. Belege dafür lassen sich etwa in der einheimischen Swahili-Presse finden. Selbst eine in der Regel pro-TANU ausgerichtete Zeitung wie *Ngurumo* publizierte einen Beitrag, der die Notwendigkeit einer zweiten Partei im Land für das Überleben der Demokratie betonte: In einem Artikel „Is Democracy dying in Ghana" wurde die Frage gestellt: „Where is tomorrow's opposition and if it does not exist where is democracy?"[55] Allerdings ging mit der formalen Unabhängigkeit die Bereitschaft der Swahiliblätter, in Artikeln, Kommentaren oder auf der Leserbriefseite Fragen politischer Opposition zu debattieren, merklich zurück.[56] Allein der englischsprachige *Tanganyika Standard* öffnete seine Spalten weiterhin für politische Dissidenten. Die Debatte blieb hier allerdings auf Personen mit ausreichenden Kenntnissen des Englischen beschränkt. Briefe an den Herausgeber zwischen 1958 und 1964 deuten auf eine ernsthafte Diskussion von Leserschaft und Redaktion über den Bedarf der entstehenden Nation am parteipolitischen Pluralismus hin: Sollte nationale Einheit durch die Restriktion von Opposition gewährleistet werden, oder brauchte es formale oppositionelle Gruppierungen, um staatlichen Machtmissbrauch zu verhindern? Ein Mitarbeiter der Zeitung kritisierte etwa die Verquickung von Staat und Partei und argumentierte in origineller Weise für die Notwendigkeit einer Opposition:

„I support the idea of an Opposition Party because it is just like a spare part or a spare wheel in a car. Once the running one is burst, it can be easily replaced by the one kept spare and there will be no stoppage of the journey. So once the ruling party in a country fails to run the Government, it can easily be taken over by the Opposition, should it be the wish of the majority. Moreover the political Opposition Party in a country is the checking instrument through which new ideas, apart from those of the ruling party, can be envisaged to the Government for the interests of the governed [...] Indeed those who believe in Oppositions, including myself, have in mind the impression that where there are two conflicts of opinion a new idea is born. Surely, if all people were small Gods the Government would not have been necessary in a State. And if all the people were small Devils the Government would have been absolutely impossible. But because human being are between these two extremes we need a Government with Opposition political parties."[57]

Die Mehrheit vertraute jedoch der sozialistischen Rhetorik der politischen Führung und plädierte gegen politische Opposition, wie ein gewisser Sam Kajunjumele in einem Leserbrief an den *Standard*:

„The objective truth is that the concept of an opposition party is a pet baby of the capitalists who have consented to exploit the workers in turn by fooling them with the so-called freedom of expression and bogus democracy. True democracy is economic democracy which is guaranteed only by a socialist mode of production based on the social ownership of the means of production [...] We must fight any signs of secretarianism [sic!] in Tanu and develop a strong spirit of team-work and self-criticism. We must also fight the cult of personality and arouse a spirit of popular initiative among our members. Above all, we must respect our party principles. We do not need any opposition so long as we are socialists."[58]

Es gab in der Geschichte Tanzanias nur wenige so markante chronologische Brüche wie die Meuterei der Armee im Januar 1964. Bereits in den Jahren davor befand sich die TANU zwar deutlich auf

---

[55] Ngurumo, 3.7.1959, zusammengefasst in PRO CO 822/1363: Extracts from Tanganyika Intelligence Summary Report – July 1959.

[56] Vgl. Brennan, Nation, Kap. 5; Interviews mit Patrick Kunambi, 7.8.1999; Nicodemo Z. Mbwambo, Dar es Salaam, 11.8.1999.

[57] Tanganyika Standard, 31.10.1963.

[58] Tanganyika Standard, 16.12.1963.

dem Weg zu einer autoritären Herrschaft. Gleichwohl boten Medien und politische Öffentlichkeit noch Raum für politischen Dissens. Politische Opposition existierte trotz immer stärkeren Drucks und der Beschneidung ziviler Freiheiten weiter, die Frage ihrer Notwendigkeit wurde offen debattiert.[59] Nach der Meuterei reduzierte selbst der relativ unabhängige *Tanganyika Standard* nahezu vollständig seine Berichterstattung über politisch konträre Auffassungen und druckte auch keine Leserbriefe mit oppositionellen Stimmen mehr ab. Den nun einsetzenden Massenverhaftungen, darunter allein 200 Gewerkschaftler,[60] folgten drastische Einschränkungen der Kommunikationsmöglichkeiten für die der TANU und der Regierung gegenüber ablehnend eingestellten Politiker. In den Augen der politischen Führung demonstrierte der Aufruhr des Militärs die Zerbrechlichkeit des nachkolonialen Staates und beschleunigte den bei einigen Regierungsmitgliedern bis zu diesem Zeitpunkt noch verhaltenen Drang, die politische Opposition auszuschalten.[61]

Nur wenige Tage nach dem Niederschlag der Meuterei verkündete die Regierung die Auflösung der Gewerkschaft TFL. Alle Arbeiter des Landes sollten fortan durch eine neue, vom Staat kontrollierte National Union of Tanganyika Workers (NUTA) vertreten werden.[62] Und noch im Januar 1964 setzte Nyerere zu Erläuterungen an, warum das Einpartei-System eingeführt werden solle. Schon ein Jahr zuvor hatte er die TANU auf diesen Weg gewiesen und sich dabei über das Zwei-Parteien-System des ehemaligen „Mutterlandes" Großbritannien lustig gemacht:

„Now my argument is that a two-party system can be justified only when the parties are divided over some fundamental issue; otherwise it merely encourages the growth of factionalism [...] If, on the other hand, you have a two-party system where the differences between the parties are not fundamental, then you immediately reduce politics to the level of a football match. A football match may, of course, attract some very able players; it may also be entertaining; but it is still only a game, and only the most ardent fans (who are not usually the most intelligent) take the game very seriously. This, in fact, is not unlike what has happened in many of the so-called democratic countries today, where some of the most intelligent members of society have become disgusted by the hypocrisy of the party games called politics, and take no interest in them. They can see no party whose 'line' they could support without reservation and are therefore left with no way of serving their country in the political field, even should they wish to; except, perhaps, by writing a book!"[63]

Schließlich berief Nyerere eine Studienkommission unter Vorsitz von Vizepräsident Rashidi Kawawa. Dem Gremium gehörte auch Roland Brown an, ein britischer Jurist, damals *Attorney-General*, also höchster juristischer Berater der Regierung.[64] Die Kommission legte im März 1965 ihren Bericht vor. Wenig überraschend empfahl sie die offizielle Festschreibung des Einpartei-Systems in der Verfassung. Dabei votierte sie für den Typ „Partei des ganzen Volkes":

„[...] it is sometimes argued that the party should see itself in the new context as an élite group, a minority ideologically dedicated who provide from above the leadership necessary to activate the innert mass of the community. Whatever practical advantages it may have in terms of dynamic leadership, we decisively reject this view of the Party and its role. We find it at variance with democratic principles and, in particular, with the principle of de-

---

[59] Vgl. Brennan, Short History.

[60] Die Gewerkschaftsführer Christopher Tumbo und Victor Mkello mussten mehrere Jahre im Gefängnis verbringen. Vgl. Coulson, Tanzania, 140; Pratt, Critical Phase, 185f.

[61] Henri Bienen, National Security in Tanganyika after the Mutiny, in: Transition 5 (1965), 39–48; Coulson, Tanzania, 140f.; Interviews Job Lusinde, Dar es Salaam, 25.7.1999; Saandani Abdul Kandora, Dar es Salaam, 9.8.1999.

[62] Vgl. Tordoff, Trade Union Movement, 147f.

[63] Nyerere, Democracy and the Party System, Januar 1963, in: Nyerere, Freedom and Unity, 195–203, hier: 196f. In leicht veränderter Form auch in: Rupert Emerson / Martin Kilson (Hg.), The Political Awakening of Africa, Englewood Cliffs/N.J. 1965, 122–128.

[64] Vgl. Nyerere, Guide to the One-Party State Commission, in: Nyerere, Freedom and Unity, 261–265; siehe ferner Pratt, Critical Phase, 203ff.

mocracy as understood in traditional African society. We do not see TANU as an élite but as a mass Party through which any citizen of goodwill can participate in the process of Government [...]"[65]

Was aber kann man sich unter einem *citizen of goodwill* vorstellen? Eine Mehrheit der von der Kommission befragten Tanzanier hatte gefordert, Aufnahme in die TANU von einer Verpflichtung auf die Grundsätze des TANU-Programms abhängig zu machen. Dieser Text[66] huldigte zwar in § 2 der „Würde des Einzelnen in Übereinstimmung mit der Allgemeinen Erklärung der Menschenrechte", legte die Partei jedoch schon in § 3 auf eine „demokratische und sozialistische Regierungsform" fest. Der Versuch, eine Einheitspartei zu formen, die das ganze Volk repräsentiert und dabei Loyalität zum Parteiprogramm fordert, glich der Quadratur des Kreises.

Die Regierung übernahm indes sogleich den Vorschlag der Kommission, dass künftig die Abgeordneten des Parlaments vom Volk in offener Konkurrenz zwischen zwei Kandidaten gewählt würden. Beide Bewerber sollten von der zentralen Parteiführung aus der möglicherweise größeren Zahl örtlicher Empfehlungen nominiert und bezüglich der Mittel des Wahlkampfs strikt gleichgestellt werden. Symbole ihrer Kandidatur – wichtig für die immer noch zahlreichen analphabetischen Wähler – durften sie sich nicht selbst aussuchen, vielmehr wies ihnen die Partei entweder das Haus oder die Hacke als Kennzeichen zu. Im Übrigen nahm niemand Anstoß an dem zugrunde liegenden Wahlverfahren – wie in fast allen ehemaligen britischen Kolonien war es die relative Mehrheitswahl im Einperson-Wahlkreis britischen Typs.[67] Im September 1965 wählte Tanzania (nur auf dem Festland) dann erstmals sein Parlament im Einpartei-System. Das Wahlergebnis bestätigte einerseits die hohe Akzeptanz der TANU bei der Bevölkerung, andererseits den deutlichen Wunsch nach frischem Wind in der Politik. Julius Nyerere, dessen Wiederwahl als Staatspräsident gleichzeitig anstand (hier gab es allerdings anders als noch 1962 keinen Gegenkandidaten), erhielt 95,4 Prozent der Stimmen auf dem Festland. Von 15 Kabinetts-Ministern, die sich zur Wiederwahl als Abgeordnete stellten, blieben fünf in ihrem Wahlkreis ausnahmsweise ohne Gegenkandidaten, acht gewannen, zwei – darunter Paul Bomani – verloren ihr Mandat. Bei den einfachen Abgeordneten des vorherigen Parlaments, die erneut kandidierten, war das Verhältnis umgekehrt: Fünfzehn verloren gegen Neulinge, nur sieben konnten sich durchsetzen. Von TANU-Funktionären der örtlichen und regionalen Ebene wurden vierzehn gewählt, zwanzig unterlagen.[68] In seiner Wahlanalyse bemerkte der Politologe Lionel Cliffe dazu:

„[...] voters did not automatically vote for a candidate because he was a prominent official in the Party, but they assessed the nature of his record in political life, his performance in a political role. Secondly and conversely, the defeat of party officials is due more to unimpressive individual records of performance in a political role, than a vote against TANU itself. In this context, it has to be remembered that all candidates had the same legitimacy as TANU candidates."[69]

---

[65] United Republic of Tanzania, Report of the Presidential Commission on the Establishment of a Democratic One Party State, Dar es Salaam 1965, 15. Der Rapport zeigte deutliche Anklänge an Nyereres *Ujamaa*-Konzept, etwa im Hinweis auf die Demokratie der „traditionellen afrikanischen Gesellschaft" (im Singular!). Vgl. zu dem Kommissionsbericht auch Franz Ansprenger, Politische Geschichte Afrikas im 20. Jahrhundert, München ³1999, 89f.; Bienen, Tanzania, 238–250.

[66] Die Verfassung der TANU in der Fassung von 1965 ist abgedruckt in Tordoff, Government and Politics, 236–257. Vgl. auch Pratt, Critical Phase, 173.

[67] Vgl. Ansprenger, Politische Geschichte, 90; Belle Harris, The Electoral System, in: Lionel Cliffe (Hg.), One Party Democracy. The 1965 Tanzania General Elections, Nairobi 1967, 21–52.

[68] Zu den Wahlergebnissen vgl. Cliffe, One Party Democracy, Appendix IB; Wolfgang Fengler, Tanzania, in: Dieter Nohlen / Michael Krennerich / Bernhard Thibaut (Hg.), Elections in Africa. A Data Handbook, Oxford 1999, 871–889, hier: 875–884. Zur Niederlage Bomanis, zu diesem Zeitpunkt Finanzminister, vgl. Maguire, Toward ‚Uhuru', 375–377.

[69] Vgl. Lionel Cliffe, The Candidates, in: ders., One Party Democracy, 254–272, hier: 268f.

Zwar schrieb die Regierung in der Folge pflichtgemäß alle fünf Jahre Neuwahlen nach dem gleichen System aus. Doch der Rahmen für eine offene Debatte von Grundsatzfragen der Politik blieb äußerst begrenzt. Einzelne Abgeordnete und Politiker wurden im Laufe der Jahre wegen angeblich abweichlerischer Positionen aus der Partei ausgeschlossen. Diese Erfahrung verringerte die Bereitschaft zur offenen Kritik erheblich. So gab es zwar im Parlament Diskussionen über gewisse Oberflächenphänomene und konkrete Probleme; es bestand aber keine Möglichkeit, konträre Grundsatzpositionen öffentlich zu vertreten.[70]

Der Aufbau eines Einpartei-Staates, der zwar das Etikett „demokratisch" trug, aber deutlich – und je länger, desto stärker – autokratische Züge aufwies, ging einher mit der Konstituierung einer Staats- und Verwaltungselite. Diese rekrutierte sich zum Teil aus der Gruppe afrikanischer Bürokraten, die bereits in der späten Kolonialzeit in der Administration Dienst taten und nach 1960/61 rasch in höhere Positionen gelangten. Diese Gruppe war in den ersten Jahren nach der Unabhängigkeit so mächtig, dass sie den Aufstieg alternativer Machtgruppen wie Händler, Gewerkschaftler oder Bauern verhindern konnte. Im folgenden Abschnitt wird der Versuch unternommen, ein Portrait der in den sechziger Jahren nun auch politisch so dominanten Staatsdiener zu zeichnen. Wichtige Voraussetzung für diese Dominanz war die beträchtliche Zunahme von administrativen Posten für gut ausgebildete Afrikaner. Daher sollen zunächst die Afrikanisierung der Verwaltung und die Verquickung von Staat und Partei beschrieben werden.

---

[70] Vgl. Franz Nuscheler, Tanzania, in: Dolf Sternberger / Bernhard Vogel / Dieter Nohlen / Klaus Landfried (Hg.), Die Wahl der Parlamente und anderer Staatsorgane, Bd. II: Politische Organisation und Repräsentation in Afrika, Berlin/New York 1978, 2125–2175; Joel Samoff, Single-Party Competitive Elections in Tanzania, in: Fred Hayward (Hg.), Elections in Independent Africa, Boulder 1987, 149–186; Denis-Constant Martin, Tanzanie. L'invention d'une culture politique, Paris 1988, Kap. 5. Michael Jennings, We Must Run while Others Walk. Popular Participation and Development Crisis in Tanzania 1961-6, in: JMAS 41,2 (2003), 163–187.

2. Who's Who? Zum Profil der Staats- und Verwaltungselite

a) Die Afrikanisierung der Administration

Ende der fünfziger Jahre, mit dem Eintritt der TANU in die Regierung, erhöhte sich der Druck auf die Briten, verstärkt Afrikaner in höheren und mittleren Verwaltungsposten einzusetzen. Die Zukunftssorgen vieler britischer Verwaltungsmitarbeiter nahmen parallel beträchtlich zu.[71] In einer Petition an Kolonialminister Macleod legte die *Tanganyika European Civil Servants' Association* dar:

„Our view is that when our present employer, the British Government of Tanganyika, responsible to the Secretary of State for the Colonies, ceases to exist, our careers will be prematurely ended and that we should then be compensated by payment of the cash value of the careers we have thus lost [...] We do not agree that an H.M.O.C.S. officer in the present Tanganyika Government Service who decides to take service with the new independent alien Tanganyika Government will [...] ‚continue to serve‘. He will be starting a new career with a new untried and unpredictable employer in social and economic conditions which are not controlled by the British Government."[72]

Nach einigem Hin und Her wurden im Unabhängigkeitsabkommen zwischen London und Dar es Salaam schließlich erhebliche Kompensationszahlungen für britische Beamte wegen des „Verlustes von Karriereaussichten" festgelegt.[73] Einige entschieden sich, zu bleiben, zumal sie auch bei Fortsetzung ihrer Tätigkeit in Ostafrika in den Genuss der „Entschädigung" kamen. Nyerere war ohnehin zunächst der Überzeugung, dass ein unabhängiges Tanganyika angesichts der wenigen gut ausgebildeten Afrikaner noch lange der Unterstützung erfahrenen britischen Verwaltungspersonals bedürfte. Allerdings schwankte er ständig in seinen Ansichten zu dieser Problematik. Anlässlich der Eröffnung des *Administrative Training Centre* in Mzumbe im Februar 1961 betonte er: „I have no intention of risking the good government of the country just for the sake of Africanisation."[74] Diese Sicht teilten keineswegs alle nationalistischen Politiker. Insbesondere Gewerkschaftler, aber auch hochrangige TANU-Vertreter wie Oscar Kambona drängten auf unverzügliche und umfassende Afrikanisierung des öffentlichen Dienstes.[75] Diesem Druck vermochte sich Nyerere nicht immer zu entziehen. Im Oktober 1960 formulierte er in einer Rede im *Legislative Council* seine Vorstellung von *affirmative action*:

„First, it will remain the policy of the Goverment that every vacancy arising in the civil service should, if possible be filled by an appointment made locally and that recourse should only be had to recruitment from outside of East Africa if no suitable candidate (of any race) can be found locally [...] Secondly, within this policy, in the case of new appointments to the service, it is Government's intention that African candidates of Tanganyika should have prior claim to consideration. Thirdly, only if no suitable, qualified Tanganyika African candidate is available should other candidates be considered."[76]

---

[71] Vgl. etwa PRO CO 822/1964: Auszug Tanganyika Intelligence Report – Februar 1960.

[72] Ebd., Tanganyika European Civil Servants' Association an Macleod, 4.8.1960; vgl. ebd. für ähnliche Petition an die Queen, 10.5.1960.

[73] Vgl. zur allgemeinen Debatte Hyam/Louis, Conservative Government, Bd.1, Doks. 82–87. Zu den Regelungen betreffs Tanganyika vgl. PRO CO 822/1964: Pressemitteilung: „Government to give ‚Square Deal‘ to Overseas Officers", 8.12.1960; CO 822/2588: Staff Circular N° 4 of 1961: Scheme of Retirement Benefits for Members of H.M.O.C.S. and Officers designated under the Overseas Service Aid Scheme, 28.4.1961.

[74] RH MSS Afr.s.1127: Address by the Chief Minister at the official opening of the Administrative Training Centre, Mzumbe, 25.2.1961.

[75] Vgl. Tanganyika Standard, 3.10.1960. Zu den entsprechenden Forderungen der Gewerkschaften vgl. Friedland, Co-operation, 79ff.

[76] Nyerere, Africanization of the Civil Service, 19.10.1960, in: ders., Freedom and Unity, 99–102, hier: 100; Raymond Apthorpe, The Introduction of Bureaucracy in African Politics, in: JAA 12,3 (1960), 125–134.

Ende April 1961 verkündete die Regierung in Dar es Salaam, dass rund hundert in der Mehrzahl hochrangige administrative Posten auch nach der Unabhängigkeit für Briten, die bleiben wollten, offen stünden.[77] Sofort schrieb Nyerere einen persönlichen Brief an alle britischen Distriktbeamten und bat sie, im Land zu verweilen und ihre Erfahrung in den Dienst des jungen Staates zu stellen:

„[...] At all events, let me repeat here that it is not only technical officers we wish to retain, We need our experienced administrators, our corps d'élite as the Governor called you the other day, because it is they who keep the whole machinery of Government working [...] I want to appeal to the sense of mission which our Administrative Officers have always felt. It is your sense of mission which has seen you through the challenges of the past. I can offer you challenges too and I don't think they are so very different from the challenges that brought you out here. Together we have still got to make something of Tanganyika that we can all be proud of [...]If you can stay indefinitely, that is what I would like best – subject only to our Africanisation policies, and I have said before that we are so desperately short of trained Africans that these policies are unlikely to affect you adversely for a good time to come."[78]

Diese freundliche Ermutigung, der eine Reihe von Briten folgte, wurde ein Jahr darauf relativ brüsk revidiert. Nyerere trat im Januar 1962, nur einen Monat nach der formalen Unabhängigkeit, als Premierminister zurück, um eine Auszeit zu nehmen. Als Grund gab er an, eine Weile als Vermittler zwischen dem Volk und der neuen Regierung tätig sein zu wollen und überdies die Organisation der Partei zu stärken.[79] Seinen Posten übernahm Rachidi Kawawa, zu dessen ersten Amtshandlungen die Entlassung des britischen Finanzministers Sir Ernest Vasey gehörte.[80] Hatte Nyerere hinsichtlich der Afrikanisierung noch eher zurückhaltend agiert, forcierte Kawawa nachdrücklich die diesbezügliche Neuordnung der Administration. Er machte sich, beraten von einem Vertreter der *Ford Foundation*, die Auffassung zu eigen, die komplette Nationalisierung des öffentlichen Dienstes müsse so rasch wie möglich umgesetzt werden.[81] Sein Afrikanisierungsprogramm setzte sich aus vier Aspekten zusammen. Erstens erhielt die Fortbildung innerhalb der Verwaltungseinheiten wesentlich höheres Gewicht, um auf diese Weise einer möglichst großen Zahl von Afrikanern Aufstiegschancen im Staatsdienst zu verschaffen. Zweitens erfolgte die systematischere „Verwendung" von Abgängern der Sekundarschulen, die nun stärker gemäß „nationalen Prioritäten" auf Verwaltung, Ausbildungsprogramme und Universitäten verteilt wurden. Ausnahmslos alle Absolventen der Sekundar- und Hochschulen landeten in der staatlichen Bürokratie, keinem einzigen Graduierten wurde eine Tätigkeit im privaten Sektor gestattet.[82] Der dritte Aspekt bestand in der Dreiteilung des bis dato äußerst komplexen Aufgabenbereichs der *District Officers* in Justiz, Lokalverwaltung und Belange der Zentraladministration. Formal weniger gut ausgebildete Afrikaner brauchten fortan in lediglich einem der drei Bereiche instruiert zu werden.[83] Viertens schließlich ernannte Kawawa eine „Afrikanisierungskommission" unter Leitung des einflussreichen Parteipolitikers Saidi Ali

---

[77] Vgl. Kirk-Greene, Administrators, 256.

[78] RH MSS Afr. s. 619: Nyerere an alle Administrative Officers, 1. 5. 1961.

[79] Vgl. Nyerere, Resignation as Prime Minister, Pressemitteilung, 22. 1. 1962, in: ders., Freedom and Unity, 157–159. Zu den Hintergründen des Rücktritts vgl. u. a. Coulson, Tanzania, 135f.; Hatch, Two African Statesmen, 179f.; Duggan / Civille, 71ff. Inzwischen sehen die meisten Interpreten diesen Schritt wie Sadleir, Tanzania, 252, als „shrewd tactical move in the nature of reculer pour mieux sauter". Im Dezember 1962 wurde Nyerere dann zum ersten Präsidenten des unabhängigen Tanganyika gewählt. Vgl. Kap. IV, 3.

[80] Vasey gehörte bis dahin zu den einflussreichsten Mitgliedern des Kabinetts, war vielen TANU-Aktivisten wegen seiner „kapitalistischen Haltung" jedoch ein Dorn im Auge. Vgl. Pratt, Critical Phase, 124.

[81] Für die folgenden Ausführungen vgl. ebd., 124-126; 129f.; Yeager, 35f.; Tordoff, The Africanisation of the Public Service, in: ders., Government and Politics, 194-203.

[82] Vgl. dazu auch weiter unten Kap. V, 3.

[83] Die typische Reaktion vieler Briten auf diese Maßnahme lautete offenbar: „They now need three or more African chaps to run a district we used to administer alone." Vgl. Interview Job Lusinde, Dar es Salaam, 25. 7. 1999; siehe ferner Sadleir, Tanzania, 253.

Maswanya.[84] Ihre Aufgabe bestand darin, „to review every cadre and grade in the Civil Service with a view to ensuring that a satisfactory plan for complete Africanisation exists".[85]

Diese Maßnahmen zeigten bald Wirkung. Wie die folgende Tabelle verdeutlicht, stiegen im Verlauf der sechziger Jahre sowohl die Anzahl der Verwaltungsposten als auch der Anteil der Afrikaner in den höheren und mittleren Rängen.

Tabelle 4: Afrikanisierung des öffentlichen Dienstes, 1961-1970[86]

Jahr	Gesamt	Afrikaner	Andere	Anteil Afrikaner (in %)
1961	4452	1170	3282	26,1
1962	4723	1821	2902	38,5
1963	5049	2467	2580	48,9
1964	5389	3083	2306	57,2
1965	5962	3851	2011	66,2
1966	6262	4364	1898	69,7
1967	6754	4937	1817	73,1
1968	7827	6208	1619	79,3
1969	7474	6123	1351	81,9
1970	9419	8042	1377	85,6

Politisch sensible Posten besetzte Kawawa unverzüglich mit Afrikanern. Der britische *Principal Secretary* des Premierministers, C. Kim Meek, wurde entlassen und durch Dunstan Omari ersetzt.[87] Innerhalb eines Jahres besetzten Afrikaner alle Staatssekretär-Positionen in der Regierung.[88] Besonders nachhaltig griff die neue Afrikanisierungspolitik im Polizeiapparat. Im Januar 1961 hatten britische Beamte noch 84 der 85 höheren Posten (*Commissioners, Assistant Commissioners, Senior Superintendents, Superintendents*) in diesem Bereich inne. Genau drei Jahre später war diese Zahl auf unter 10 geschrumpft.[89] 1964 wurde der Terminus „Afrikanisierung" durch „Lokalisierung" ersetzt.[90] Im Fünfjahresplan für 1964-1969 gab die Regierung ihrer Hoffnung Ausdruck, bis spätestens 1980 ohne Fach- und Verwaltungskräfte aus Übersee auszukommen.[91] Die Realität in den sechziger Jahren sah jedenfalls – wie Tabelle 4 verdeutlicht – trotz aller Bemühungen und politischen Maßnahmen noch anders aus. Noch 1970 taten knapp 1400 ausländische Experten, davon in der überwiegenden Mehrzahl Briten, Dienst in den verschiedenen Ministerien und Verwaltungseinheiten. Besonders hoch blieb ihr Anteil in den Bereichen Erziehung, Gesundheit, Landwirtschaft und Kommunikation.[92] Die Zahl der asiatischen Verwaltungsmitarbeiter ging beständig zurück. Im Gegensatz zu den

---

[84] Der 1923 in Tabora geborene Maswanya absolvierte die Tabora School und war zehn Jahre im Polizeidienst tätig. Seit 1957 hatte er wichtige Funktionen in der TANU inne, u. a. 1959-60 als stellvertretender Generalsekretär. 1963 wurde er Gesundheitsminister. Vgl. Who's Who in East Africa 1963-64, 21.

[85] Government of Tanganyika, Report of the Africanisation Commission 1962, Dar es Salaam 1963, 1.

[86] Zahlen nach Richard H. Sabot, Economic Development and Urban Migration. Tanzania 1900-1971, Oxford 1979, 210. Sabots Angaben basieren auf Unterlagen des tanzanischen Amts für Statistik. Leicht variierende Zahlen, die aber denselben Trend ausdrücken, in: Government of Tanzania, Annual Manpower Report to the President 1969, Dar es Salaam 1969, 27.

[87] Vgl. William Tordoff, Central Administration, in: ders., Government and Politics, 54-94, hier: 74. Dunstan Omari war 1959 der erste afrikanische *District Officer*. Vgl. Kap. IV, 1.

[88] Vgl. Pratt, Cabinet, 102; F. J. Glynn, Africanization and Job Analysis in Tanganyika, in: JLAO 2,3 (1963), 149-153.

[89] Vgl. Pratt, Critical Phase, 125.

[90] Vgl. Tordoff, Africanisation, 202.

[91] Vgl. Government of Tanganyika, Tanganyika Five Year Plan for Economic and Social Development 1st July 1964 – 30th June 1969, Bd. 1: Analysis, Dar es Salaam 1964, 86.

[92] Vgl. für Details Pratt, Critical Phase, 131f. 1965 etwa musste die für die Rekrutierung von Verwaltungs- und Fachkräften zuständige Behörde konstatieren: „Virtually nothing can be done to localize engineering, agricultural, medical and other similar professional posts until Tanzanian graduates return, ready for employment. In the meantime, in order that the Government's development effort should keep pace with its plans, it is neces-

Europäern erhielten sie nach der Unabhängigkeit keinerlei Kompensation.[93] Zwar konnten jene, die bereits im öffentlichen Dienst tätig waren und nach der Unabhängigkeit die Staatsbürgerschaft Tanganyikas erwarben, auf ihren Posten bleiben. Sie wurden bei Beförderungen oder bei der Besetzung politisch wichtiger Ämter jedoch regelmäßig übersehen. Bei Neueinstellungen fanden Asiaten nur noch selten Berücksichtigung.[94]

Mit der Afrikanisierung einer ging die Verquickung von Regierung, Verwaltung und Partei. Kurz vor der Unabhängigkeit, als frisch ernannter *Chief Minister*, sandte Nyerere einen Rundbrief an alle Abteilungen der Regierung, in welchem er die Beziehung zwischen der Öffentlichkeit, den Staatsdienern und den Politikern erörterte. Darin unterstrich er, dass einerseits Verwaltungsmitarbeiter und Beamte nichts in der politischen Arena zu suchen hätten, andererseits Politiker sich nicht in die Angelegenheiten des öffentlichen Dienstes einmischen dürften. Insbesondere war es ihm darum zu tun, die Verwaltung in den Distrikten und Regionen vor Eingriffen lokaler TANU-Vertreter abzuschirmen: „I would remind you", betonte Nyerere, „that policy is decided by the central government and not by local party representatives. Political party organizations are not concerned with the execution or implementation of policy."[95] Hier sprach gleichsam der Verfechter eines klassischen bürokratischen Ethos und vertrat die Norm eines neutralen, apolitischen, vor den Interventionen von Politikern geschützten Beamtentums. Eine ähnliche Haltung nahmen viele *clerks* der Spätkolonialzeit ein: Ihrer Ansicht nach mussten Inhaber von Verwaltungsstellen über nachweisbare schulische Qualifikationen verfügen; Positionen innerhalb der Bürokratie sollten deutlich markierte Kompetenzbereiche aufweisen; Amt und Person waren zu trennen.[96] Doch wie stets mit Idealtypen, passte auch dieses Verständnis über administrative Ämter und bürokratische Pflichten nicht immer mit der Praxis zusammen.

Bereits kurz nach der Unabhängigkeit begann die TANU, die lokalen staatlichen Verwaltungsstrukturen und die lokalen Parteistrukturen miteinander zu verknüpfen.[97] 1962 wurden die ehemaligen britischen Verwaltungseinheiten per Parlamentsbeschluss in neue Distrikte, Provinzen und Regionen umgewandelt, die alten *Native Authorities* und *Native Administrations* durch gewählte Distrikträte ersetzt. An die Stelle der Provinz- und Distriktkommissare traten Regional- und Gebietsleiter. Zudem verfügte Präsident Nyerere, dass die politisch überaus wichtigen *Regional Commissioners* zugleich auch die regionalen Parteisekretäre der TANU sein mussten. Bei diesen Personen handelte es sich in der Regel um die bisherigen Provinzsekretäre der Partei, die entweder aus der Region kamen oder schon längere Zeit dort verbracht hatten. Nicht wenige von ihnen verfügten über eine gute Schul-, in einigen Fällen sogar Universitätsausbildung und besaßen überdies Kenntnisse der administrativen Praxis.[98] Ab 1964 begann die TANU, verstärkt Staatsdiener für die Posten der *Commissioners* zu rekrutieren. Damit war die Hoffnung verbunden, die Beamten könnten durch ihre Verwaltungs- und

---

sary that expatriates be recruited on contract, at least in sufficient numbers to replace permanent and pensionable expatriates leaving." RH MSS Afr. s. 1320: Establishment Circular Letter N° 21 of 1965, 1f.

[93] Vgl. PRO CO 822/1965: Brief for the Secretary of State: Asian Officers, o. D. [März 1961].

[94] Vgl. Voigt-Graf, 112f.; Gregory, South Asians, 197ff.

[95] Zit. nach Bienen, Tanzania, 125.

[96] In der Zeitschrift *Mwafrika* erschienen seit 1959 wiederholt Artikel und Leserbriefe, in denen sich diese Vorstellungen wiederfanden (etwa in den Ausgaben 18.11.1959; 14.2.1960; 19.5.1960). Einige der von mir interviewten Personen haben ebenfalls die Bedeutung dieser bürokratischen Ideale nachdrücklich betont. Vgl. z.B. Interview Francis X. Mbenna, Dar es Salaam, 10.8.1999: „We did respect the rules of bureaucracy." Vgl. ferner Feierman, Peasant Intellectuals, 240.

[97] Vgl. zum Folgenden detailliert William Tordoff, Regional Administration, in: ders. Government and Politics, 95–135; Bienen, Tanzania, 128ff. Siehe auch weiter unten, Kap. V.3.

[98] Zu diesem Personenkreis gehörten etwa R. J. Abdallah, Absolvent der Tabora School und langjähriger *government clerk*, seit 1958 Provinzsekretär der TANU; Samuel Luangisa, ehemals Vorsitzender des Buhaya Distriktrats und Sheikh Amri Abedi, ebenfalls Tabora-Absolvent und Ex-Verwaltungsmitarbeiter. Vgl. zu diesen und ähnlichen Biographien Bienen, Tanzania, 133–138.

Leitungserfahrungen die Kompetenz der TANU auf Regional- und Distriktebene stärken. Nyerere unterstrich im August 1964: „Responsibility cannot be entrusted to people for sentimental reasons, or left with them once they have failed because they are nice people [...] these are circumstances which call for the use of every person who can be obtained and whose skill or experience contributes in any way to movement in the desired direction."[99] Einen Monat zuvor hatte Vizepräsident Rashidi Kawawa auf einer Kundgebung in Dar es Salaam bekannt gegeben:

„We want civil servants to join TANU so that they can help us in our struggle against poverty, disease and igno-rance [...] Civil servants are the most educated people in our country. We cannot afford to leave them aside in important discussions concerning the country of which they are a part [...] It would be sheer hypocrisy to refuse government employees the permission to become a politician and at the same time to rely on them to prepare political speeches to be delivered by ministers."[100]

Nyerere, der wenige Jahre zuvor noch für eine scharfe Trennung zwischen Beamten und Politikern plädiert hatte, war in dieser Frage inzwischen umgeschwenkt:

„[...] there would be no need to continue with the present artificial distinction between politicians and civil serv-ants – a distinction desirable only in the context of a multi-party system where the continuity of public admin-istration must not be thrown out of gear at every switch from one 'party' government to another. For, once you begin to think in terms of a single national movement instead of a number of rival factional parties, it becomes absurd to exclude a whole group of the most intelligent and able members of the community from participation in the discussion of policy simply because they happen to be civil servants. In a political movement which is identified with the nation, participation in political affairs must be recognized as the right of every citizen, in no matter what capacity he may have chosen to serve his country [...]"[101]

Oscar Kambona, der starke Mann des linken TANU-Flügels, betonte ebenfalls, dass Staatsdiener, Militär und Polizei in die nationale Bewegung und den Nationsbildungsprozess einbezogen werden müssten.[102] Einige Regierungsvertreter sahen sich gleichwohl aufgerufen, den Abschied vom bü-rokratischen Ideal zusätzlich mit afrikanischen Traditionen, der besonderen Situation eines jungen Nationstaates und der freien Wahl ihrer politischen Praktiken zu begründen:

„In Tanganyika and the United Republic we are faced with problems, traditions and ways of life peculiar to our countries; it is obviously expedient to adapt our civil service to meet those conditions and control them. We can do this by retaining what is best to the past and adapting it to the future [...] It would only be odd if we persevered with a civil service tradition alien to our heritage [...] There is a vast difference between countries with long-estab-lished civil services and the new developing countries like our own, which have to build up their administrative systems from scratch [...] We have complete freedom of choice, and we are under no obligation whatsoever to copy any other country."[103]

Bereits vor der Aufforderung Kawawas, der Partei beizutreten, besaßen zahlreiche Staatsdiener einen TANU-Ausweis.[104] Doch nun begann ein wahrer Run auf die Mitgliedschaft. Nur zehn Tage nach der Rede des Vizepräsidenten konnte der *Nationalist* vermelden, dass 90 Prozent der Beamten bereits als Parteimitglied registriert worden seien oder einen entsprechenden Antrag gestellt hätten.[105]
    In vielen Regionen blieb in der Folge jedoch eine spürbare Distanz zwischen gut ausgebildeten Ex-Staatsdienern in politischen Positionen auf der einen und bewährten Parteiaktivisten auf der anderen

[99] Nyerere, Speech University College, 309.
[100] The Nationalist, 11.7.1964.
[101] Nyerere, Democracy and the Party System, 202f.
[102] Vgl. The Nationalist, 30.7.1964.
[103] Archiv Kivukoni Academy of Social Sciences: Kivukoni Newsletter, 10.9.1964: Rede Amon Nsekela, Staats-sekretär im Industrieministerium, in einem Seminar für Verwaltungsmitarbeiter.
[104] Vgl. Bienen, Tanzania, 149; siehe ferner Kap. IV, 1.
[105] Vgl. The Nationalist, 21.7.1964.

Seite bestehen.[106] Vor allem altgediente Verwaltungsmitarbeiter standen den Politikern durchaus skeptisch gegenüber und verspürten ihrerseits Vorbehalte wegen ihrer „kolonialen Vergangenheit". Besonders drastisch äußerte sich ein (anonymes) Regierungsmitglied zum nun möglichen Eintritt der Staatsdiener in die Partei: „No, it's not a good thing. There has been no change in the civil servants. These people simply can't change their colours. They don't trust politicians and they feel our ideas are no good unless we have a B.A. or something."[107] Ein Artikel in der hektographierten Zeitschrift *The Civil Service Magazine* fing den ansonsten eher latenten Konflikt prägnant ein:

> „In the sense that Tanzania is a one-party state and will be for a long time to come, this is all right. And the result has been to create a lot of confidence among those who are civil servants. Politicians were under the impression that civil servants were holdovers from the old colonial regime; their ideas were suspected. Politicians were saying: ‚We fought for the country and the civil servants didn't.' It was a fact that civil servants were alienated, even though they fully supported the party as did all thinking people. Now civil servants are accepted [...] Since the change, in fact, civil servants may be a real threat to the career of politicians. The problem is to try to allay their suspicions and overthrow the idea that civil servants didn't fight for the country's independence."[108]

Es ist auf der Grundlage der zur Verfügung stehenden Quellen schwierig, das Verhältnis zwischen Bürokraten und Politikern seit Mitte der sechziger Jahre genauer zu erfassen. In jedem Fall rückten immer mehr gut ausgebildete Verwaltungsmitarbeiter auf wichtige politische Positionen, wobei höhere Stellen in der Administration vorzugsweise mit engagierten Parteimitgliedern besetzt wurden.

b) Bürokraten und Politiker

Zeitgenössische Wissenschaftler wie etwa der Politologe John Saul haben kritisch den Aufstieg eines *leadership cadre* in Tanzania angemerkt, der vornehmlich durch Bildungsqualifikationen und/oder bürokratische Positionen in Partei und Staat charakterisiert sei. Eine Reihe von Autoren sah eine egoistische bürokratische herrschende Klasse am Werk, eine Art Überbleibsel einer in der Kolonialzeit entstandenen Form des rückständigen Kapitalismus. Die Abhängigkeit dieser bürokratischen Klasse von der „internationalen Bourgeoisie" ebenso wie ihr Potenzial, in eine sozialistische Gesellschaft integriert werden zu können, wurden je nach theoretischer Präferenz unterschiedlich bewertet.[109] Die Existenz von Klassen widersprach allerdings explizit der *Ujamaa*-Ideologie. In seinem Pamphlet von 1962 hatte Nyerere sogar behauptet, dass in keiner afrikanischen Sprache ein Wort für „Klasse" existiere.[110] Diese Passagen haben wegen ihrer Idealisierung der Vergangenheit Afrikas Berühmtheit erlangt. Sie verdeutlichen überdies die Kluft zwischen Nyereres ideologischem Projekt einer klassenlosen Gesellschaft und der Realität im nachkolonialen Tanzania. Potenzielle oder handfeste Klassendistinktionen und -konflikte der sechziger Jahre und frühen siebziger Jahren waren nicht nur

---

[106] Eine gute Fallstudie zu dieser Thematik bietet Samoff, Tanzania, Part III.

[107] Zit. nach Raymond Hopkins, Political Roles in a New State. Tanzania's First Decade, London 1971, 115.

[108] Vgl. The Civil Service Magazine, November/Dezember 1965. Ich danke E. C. Mzena, Dar es Salaam, der mir dieses Exemplar zur Verfügung gestellt hat. Ein komplettes Set dieser Zeitschrift war in den einschlägigen Archiven und Bibliotheken leider nicht aufzufinden.

[109] Vgl. u. a. John Saul, Class and Penetration in Tanzania, in: Cliffe/Saul, Bd. 1, 118-126; Michaela von Freyhold, The Post Colonial State and its Tanzanian Version, in: ROAPE 8 (1977), 75-89; Issa G. Shiyji, The Silent Class Struggle, Dar es Salaam 1973; ders., Class Struggles in Tanzania, London 1976; Bismarck U. Mwansasu/Cranford Pratt, Tanzania's Strategy for the Transition to Socialism, in: dies. (Hg.), Towards Socialism in Tanzania, Toronto 1979, 1-15; Joel Samoff, The Bureaucracy and the Bourgeoisie. Decentralization and Class Structure in Tanzania, in: CSSH 21,1 (1979), 30-62; ders., Bureaucrats, Politicians and Power in Tanzania. The Institutional Context of Class Struggle, in: JAS 10,3 (1983), 84-96; P. E. Nursey-Bray, Tanzania. The Development Debate, in: African Affairs 79,314 (1980), 55-78; Mueller, Historical Origins; Norman Miller, The Political Survival of Traditional Leadership, in: JMAS 6,2 (1968), 183-201.

[110] Vgl. Nyerere, Ujamaa, 169.

Thema in den damals publizierten, eher theoretisch ambitionierten denn empirisch dichten Schriften der Sozialwissenschaftler.[111] Sie spiegelten sich auch in der populären Rhetorik wider, wie sie sich in der lokalen Presse manifestierte.[112]

Besonders zwei Begriffe spielten in diesem Zusammenhang eine wichtige Rolle. *Kabwela* (grob übersetzt: städtischer Armer) war so etwas wie der gemeinsame Nenner (vor allem urbaner) nationalistischer Frustrationen und stand gleichsam für den tanzanischen Jedermann: eine Person, die gleichzeitig schlau und potenziell betrügerisch war, aber eben auch arm und ausgebeutet. *Kabwela* arbeitete hart und (manchmal) ehrlich, wurde aber permanent durch Wuchermieten verlangende Hausbesitzer, hinterlistige Geschäftsleute und arrogante Arbeitgeber ausgebeutet. Das „soziologische" Antonym zu *kabwela* war *naizesheni* oder kurz *naizi*. Dieser Begriff bezog sich auf jene – in der Regel städtischen – Afrikaner, die trotz vergleichsweise geringer Anstrengung den Löwenanteil an den Früchten der Unabhängigkeit genossen und überdies die Privilegien der ehemaligen Kolonialherren geerbt hatten. Das Wort leitet sich von „Nationalisierung" und indirekt auch von „Afrikanisierung" ab, zwei Prozesse, die in den ersten Jahren nach dem Ende der Kolonialherrschaft in der Öffentlichkeit sehr präsent waren. Obwohl gelegentlich auch Hausbesitzer und erfolgreiche Händler als *naizi* etikettiert wurden, stand der Ausdruck in der Regel für Staatsdiener und Inhaber politischer Ämter. Diese Personen wurden als die eigentlichen Profiteure der Unabhängigkeit identifiziert.[113]

Die sich in den Zeitungen dokumentierende öffentliche Meinung entsprach der wissenschaftlichen Erkenntnis. Die Führungspersonen Tanzanias waren in ihrer großen Mehrheit in der Tat angestelltes Verwaltungspersonal. Diesen Befund legen jedenfalls die in den sechziger Jahren von einem privaten Forschungsinstitut durchgeführten Erhebungen nahe.[114] Insgesamt dreimal interviewten Mitarbeiter von *Marco Surveys* Personen, die sie als Mitglieder der „neuen tanzanischen Elite" ansahen. Sie werteten die Personallisten von Regierung und Verwaltung, die Branchenverzeichnisse von Handel und Industrie sowie die Mitgliederlisten von diversen Berufs-, Kultur und Wohlfahrtsorganisationen und Vereinen aus. Auf dieser Grundlage stellte das Forscherteam eine Liste von Elitenvertretern zusammen. Dazu zählten Männer und Frauen mit Einkünften von mehr als 1 000 britischen Pfund pro Jahr oder Inhaber einer Position mit großer Verantwortung, darunter höherer Posten in Regierung, Gewerkschaften, Kooperativen sowie in religiösen Vereinigungen und Wohlfahrtsverbänden. Dann wurden diese Personen interviewt. Die Untersuchung unterschätzte zweifelsohne die Bedeutung privater afrikanischer Händler und der führenden Persönlichkeiten in muslimischen Bruderschaften, da diese nicht auf den konsultierten Berufs- und Vereinslisten auftauchten. Dennoch ist das hier gezeichnete Bild der Elite äußerst aufschlussreich.

1967 waren mehr als die Hälfte der Elitenvertreter „höhere Staatsdiener" (53,3 Prozent), gefolgt von „Politikern" (16,4 Prozent). Zählt man noch „Parteiaktivisten", „Lehrer" und „Führungspersonen von Wohlfahrtsverbänden (inkl. Genossenschaften)" hinzu, kommt man auf 84,7 Prozent.

---

[111] Die bereits mehrfach zitierten Bände von Cliffe/Saul, Socialism in Tanzania, versammeln die wichtigsten diesbezüglichen Texte aus den sechziger und frühen siebziger Jahren. Vgl. dazu ferner Howard Stein, Theories of the State in Tanzania. A Critical Assessment, in: JMAS 23,1 (1985), 105–123.

[112] Die folgenden Ausführungen beruhen lediglich auf der (noch nicht einmal vollständigen) Auswertung von englischsprachigen Zeitungen (*Nationalist, Standard*). Sie werden aber durch Brennans ausführliche Analyse von Swahili-Zeitungen (Brennan, Nation, Kap. 5) bestätigt.

[113] Vgl. Brennan, Blood Enemies.

[114] Das private Forschungsinstitut Marco Surveys mit Sitz in Nairobi bewerkstelligte das Projekt. Die in diesem Rahmen gesammelten Daten bildeten die Grundlage für eine Reihe von Publikationen, vor allem Who's Who in East Africa 1963–64; 1965–66; 1967–68, sowie Patrick J. McGowan/Patrick Bolland, The Political and Social Elite of Tanzania. An Analysis of Social Background Factors, New York 1971; McGowan/Bolland; Wilson (mit genauer Darlegung der Forschungsstragien und Methoden); Patrick J. McGowan/H. K. M. Wacirah, The Evolution of Tanzanian Political Leadership, in: ASR 17,1 (1974), 179–204. Ebenfalls auf der Basis dieses Datenmaterials, aber ergänzt durch eigene Forschungen, entstand die Publikation von Hopkins, Political Roles. Für den folgenden Abschnitt siehe ferner Feierman, Peasant Intellectuals, 239f.

Landwirte und Händler dagegen machten jeweils nur 0,5 Prozent der Elite aus. Ein ähnliches Muster ergibt sich bei den Angaben über die Hauptbetätigungen der Personen, die Elitenvertreter werden sollten, in den Jahren 1956–1960. Zusammen machten Verwaltungsangestellte, Studenten, Lehrer, Genossenschaftsführer und höhere Staatsdiener 68,4 Prozent aus. Parteiaktivisten, Politiker und *professionals* stellten die nächst größeren Gruppen. 1967 hatten mehr als 80 Prozent der Elitenvertreter die Sekundarschule besucht, in einem Land, in dem bis zum Ende der Kolonialzeit der Besuch dieser Schulen das Privileg einer verschwindenden Minderheit (0,2 Prozent) war.[115] Über 30 Prozent der Elite waren Absolventen der Tabora Government School.[116]

Die Ausbildung in einer höheren Schule war ein, wenn nicht der entscheidende Faktor in den Karrieren der meisten Staatsdiener und Politiker.[117] Der Abschluss in Tabora etwa ermöglichte bereits in der Kolonialzeit den Zugang zu administrativen Posten und politischen Netzwerken, die sich nach der Unabhängigkeit als sehr wichtig für den weiteren Aufstieg erwiesen (vgl. Kap. IV). So überrascht es nicht, dass nahezu alle Interviewten Bildung als wichtigste individuelle Ressource ansahen, darüber hinaus aber auch als Schlüssel zum Aufbau einer neuen und prosperierenden Nation.[118] Das Gros (nahezu 90 Prozent) der Führungspersonen im nachkolonialen Tanzania war zudem bereits in der britischen Zeit im Staats- und Verwaltungsdienst tätig gewesen und daher durch britische bürokratische Standards geprägt. Nur wenige Vertreter hatten schon in der Kolonialperiode eine explizit politische Karriere verfolgt, was aber in mehreren Fällen enge persönliche Kontakte zu führenden TANU-Politikern oder klandestine Mitarbeit in der Partei nicht ausschloss. Bei der religiösen Zugehörigkeit überwog deutlich das Christentum, innerhalb dessen wiederum Protestanten die Mehrheit bildeten.[119] Diese Relation findet sich auch im ersten Kabinett nach der Unabhängigkeit wieder: Ihm gehörten elf christliche und vier muslimische Minister an; unter den Christen waren neun Protestanten und zwei Katholiken.[120] Es bestand offenkundig ein enger Zusammenhang zwischen politisch-administrativer Karriere und der Bildungstätigkeit der christlichen Missionen. Viele spätere Politiker hatten Missionsschulen besucht und wurden auf ihrem weiteren Bildungsweg von Missionaren individuell unterstützt. Dieser Konnex manifestiert sich des Weiteren in der ethnisch-regionalen Herkunft der Elite. Haya und Chagga waren unter den Staatsdienern deutlich überrepräsentiert. Sie entstammten aus zwei Provinzen (Lake Province, Kilimanjaro), die zu den Zentren der Missionstätigkeit gehörten und darüber hinaus aufgrund der Kaffeeproduktion zu den wohlhabendsten Regionen des Landes zählten.[121] Der Anteil von Frauen in höheren Partei- und Verwaltungspositionen war in den sechziger Jahren noch äußerst gering. Das Regierungskabinett blieb eine männliche Veranstaltung. Nur wenige Frauen – wie Bibi Titi Mohammed und Lucy Lameck – erlangten in dieser Dekade wichtige Posten.[122]

---

[115] Vgl. McGowan / Bolland, 33f.; 74.

[116] Vgl. Wilson, 440. Vgl. auch die Liste: Tabora-Absolventen in höheren Staats- und Verwaltungsämtern 1963–64, im Anhang.

[117] Der folgende Abschnitt beruht auf Hopkins, Political Role, 70–80.

[118] Vgl. Wilson, 449; Feierman, Peasant Intellectuals, 241.

[119] Genaue statistische Angaben zur Religionszugehörigkeit zu erhalten ist problematisch. Die meisten Studien gehen davon aus, dass zum Zeitpunkt der Unabhängigkeit der Anteil von Muslimen und Christen an der Gesamtbevölkerung jeweils 20–25 Prozent betrug. Unter den Christen waren circa zwei Drittel Katholiken, ein Drittel Protestanten. Vgl. Frieder Ludwig, Das Modell Tanzania. Zum Verhältnis zwischen Kirche und Staat während der Ära Nyerere, Berlin 1995, 31, 49.

[120] Vgl. ebd., 48.

[121] Vgl. Yeager, 52. Vgl. ferner Anza Amen Lema, The Lutheran Church's Contribution to Education in Kilimanjaro, in: TNZ 68 (1968), 87–94.

[122] Verlässliche Statistiken über den Anteil von Frauen im höheren und mittleren Verwaltungsdienst konnte ich nicht ermitteln. Zu den Biographien der wichtigsten TANU-Politikerinnen in den sechziger Jahren vgl. Geiger, TANU Women; knappe Angaben auch bei Kurtz, Historical Dictionary.

Die in den sechziger Jahren durchgeführten Erhebungen und Interviews versuchten ebenfalls, die Haltungen der Elitenvertreter zu diversen politischen, ökonomischen und gesellschaftlichen Aspekten herauszufiltern. Dabei offenbarte sich eine zum Teil erhebliche Diskrepanz zu den staatlich propagierten Ideologien. Nyerere hatte zwar die besser gebildete staatliche Elite wiederholt ermahnt:

„Tremendous responsibilities [...] rest upon those who have received the privilege of higher education. We have been educated out of the resources of the people. Now we have, on their behalf, to deal with complex administrative and technical matters and to make choices which affect their welfare. We have the responsibility to give advice to the people on issues where the implications may not be clear. All these things we must do to the best of our ability. But we must recognize, too, that our function is to serve, to guide the masses through the complexities of modern technology – to propose, to explain, and to persuade. For our education does not give us rights over the people. It does not justify arrogance or attitudes of superiority."[123]

Und die in der Arusha-Deklaration festgelegten *leadership codes* (vgl. weiter oben) stellten nicht zuletzt den Versuch dar, die politisch-administrative Führungsschicht auf diese Rolle als „Diener des Volkes" einzuschwören und zu disziplinieren. Der ostentativ zur Schau getragene bescheidene, ja frugale Lebensstil der politischen Führung – u. a. symbolisiert in der dem Mao-Look sehr ähnlichen offiziellen Kleidung – sollte ebenfalls die Abkehr von elitären Attitüden demonstrieren. Doch Nyerere selbst war, wie noch zu zeigen sein wird, weit davon entfernt, seine immer wieder gern proklamierten Kredos einzulösen. „To propose, to explain, and to persuade" – diese Maxime schlug in der Praxis oft in autoritäre Besserwisserei um. Aus späteren Jahren wird von ihm gar apokryph der sarkastische Stoßseufzer kolportiert, es sei doch schwer, den Sozialismus in einem Land aufzubauen, in dem es nur einen einzigen Sozialisten gebe![124] Die höheren Staatsdiener teilten nicht selten die Attitüde der Ungeduld mit den Bauern sowie das Gefühl, die Masse der Bevölkerung sei gegenüber den zentralen Zielen und Aufgaben der Nationsbildung weitgehend ignorant. Folgende Aussagen von (anonymen) Staatssekretären und *Regional Commissioners* mögen dies illustrieren:

„The greatest need is for a citizen to understand his country's problems and contribute to their solution. But unfortunately, only a few do this."
„His greatest responsibility is to know what is expected of him by his country, to do the things for the sake of his country. But there are very few who do this. In every person there is an element of self-interest. What is needed is that one must understand his obligations."
„All of them should be as the president. That is, each should regard every problem of the country as their own problem – to feel the problem as the president does."[125]

Ähnliche – allerdings retrospektive – Äußerungen sind mir auch in meinen Interviews begegnet. Daniel S. Mhando, Mitte der sechziger Jahre im Erziehungsministerium für die Lehrerausbildung zuständig, erwähnte etwa seine Frustration angesichts der „Apathie der jungen Pädagogen". Joseph H. Kimathy, damals *Divisional Officer* in der Kilimanjaro Region, beklagte das Absinken bürokratischer Standards unter seinen Mitarbeitern. Martin Kivumbi, zu dieser Zeit als leitender Ökonom im Finanzministerium tätig, glaubte: „We had good ideas, but people were not ready to put them into practice."[126]
Keineswegs Einigkeit bestand unter den Staatsdienern über die zentrale Idee der tanzanischen Politik, über *Ujamaa* bzw. Afrikanischen Sozialismus. Einige warteten erst einmal auf ein offizielles Gremium, das eine verbindliche Definition festlegen sollte. Andere sahen darin die Fortsetzung traditioneller Kulturen und Praktiken, die Übertragung kommunaler Verpflichtungen in die moderne Gesellschaft:

---

[123] Nyerere, The Varied Paths to Socialism, 10. April 1967, in: ders., Ujamaa, 76–90, hier: 89f.
[124] Vgl. Ansprenger, Politische Geschichte, 90. Zu dieser Problematik siehe ferner Kap. V, 4.
[125] Zit. nach Hopkins, Political Roles, 106.
[126] Vgl. Interviews Daniel S. Mhando, Dar es Salaam, 9. 8. 1999; Joseph H. Kimathy, Moshi, 17. 8. 1999; Martin Kivumbi, Dar es Salaam, 8. 8. 1999.

„We have clearly told the world we want African socialism and that it is not copying the East or the West. Now we are awaiting a committee which will tell us exactly what this means."

„I don't like the word ‚African'. Socialism is the same in every country, but we're trying to find out what it means in this country. We're supposed to have a commission sometime to examine this idea."

„Africans have had their culture, have had certain obligations among themselves, for example, helping each other so that everybody lives. It is the translation of this culture into the framework of modern life or modern way of living which is African socialism. It is not communism, and although it has not been defined, Africans have had this socialism for some time."[127]

Welche Rolle sollten die Staatsdiener im Einparteistaat überhaupt einnehmen? Die politisch Verantwortlichen wiesen den Beamten zwei zentrale Aufgabenfelder zu:[128] Einmal fiel ihnen die sozusagen klassische Aufgabe zu, das Funktionieren von Staat und Verwaltung zu gewährleisten. Überdies wurden sie angehalten, zur Modernisierung der Gesellschaft ihren Beitrag zu leisten und Projekte zur wirtschaftlichen und sozialen Verbesserung zu fördern. Dies sollte durch die Koordinierung, Planung und Überwachung von Entwicklungsaktivitäten geschehen. In einer Rede über die „Rolle des Staatsdienstes im Einparteistaat" unterstrich Joseph A. Namata, der Leiter der Beamtenschaft 1966:

„Here the civil servant is expected to be committed to development for the masses [...] In our conditions, it is essential that good civil servants understand the politics of the country, the objectives of the party, and they share the basic philosophy of the nation [...] Once a policy decision has been made, and a particular project is adopted, the civil servant in the field can – with the concurrence and cooperation of his Area Commissioner – work directly with the people [...] The civil servants [...] can brief their Party colleagues, and have it known that they are available for questioning [...] However, there still must be a distinction between the work of a senior civil servant and the politician. The decisions on policy have to be made by ministers. The good Tanzanian civil servant thus recognizes two things; firstly that the ministers and other political officers are responsible for policy, and secondly that his role is to help the politician to achieve the national objectives by the full use of his brains, training, and experience."[129]

Für viele afrikanische Bürokraten mit längerer Berufserfahrung entsprach die Aufforderung, politische Funktionen zu übernehmen, in gewisser Weise ihren administrativen Erfahrungen, selbst wenn sie vor der Unabhängigkeit kaum über eigenen Entfaltungsraum verfügten. Den besaßen hingegen ihre britischen Vorgesetzten. In der Kolonialzeit gab es zwar einen offiziellen Dienstweg, der vom Londoner Kolonialministerium und dem Gouverneur über die höheren Verwaltungsbeamten (*members*) hinunter zu den Provinz- und Distriktbeamten verlief. Dennoch konnten die britischen Beamten in vielen Regionen und Distrikten relativ autonom agieren, waren die „eigentlichen Politiker", die Dinge initiierten und am Laufen hielten. Administration und politische Rolle waren also verknüpft. Entsprechend lautete die telegraphische Adresse der Provinzverwaltungen in den vierziger und fünfziger Jahren schlicht *Political*.

Die nun folgenden vier kurzen, auf Interviews basierenden biographischen Skizzen verdeutlichen noch einmal exemplarisch das Spektrum der Staatsdiener in der ersten Dekade nach der Unabhängigkeit. Bei den Personen handelt es sich um Bürokraten, die in den sechziger Jahren in mittleren oder höheren Verwaltungspositionen tätig waren und unterschiedlich intensive Affinitäten zur Einheitspartei entwickelt hatten. Francis Damian wurde 1937 als ältestes von acht Geschwistern in der Nähe von Bukoba geboren.[130] Sein Vater, ein Kaffeebauer, war aktiver Christ in der örtlichen *Lutheran Church* und versuchte vergeblich, den ältesten Sohn für das Pastorenamt zu begeistern. Aus finanziel-

---

[127] Diese Zitate von (anonymen) höheren Staatsdienern (Regional Commissioner, Administrative Secretaries) sind entnommen Hopkins, Political Roles, 99.

[128] Vgl. Central Establishment Division, Professional Careers Guidebook, Dar es Salaam 1965.

[129] Joseph A. Namata, The Role of the Civil Service in a One-Party State, in: The Cicil Service Magazine, July/August 1966.

[130] Vgl. Interviews mit Francis Damian, Dar es Salaam, 11. 8. 1999; Martin Kivumbi, Dar es Salaam, 8. 8. 1999; Daniel Mghenyi, Dar es Salaam, 11. 8. 1999; Joseph H. Kimathy, Moshi, 17. 8. 1999. Dazu sei angemerkt, dass die Interviewten über ihre Haltung Auskunft gaben, die sie vor dreißig Jahren gehabt zu haben glaub-

len Gründen konnte von den Kindern nur Francis die weiterführende Tabora School besuchen, die er mit Standard XII abschloss. Besonders vier Dinge verdanke er der Schule: „Discipline, punctuality, smartness, and knowledge of the English language." 1955 begann er als *clerk* im *Department of Education* in Dar es Salaam zu arbeiten. Im Laufe der Jahre arbeitete Damian sich im Ministerium nach oben und brachte es bis Ende der sechziger Jahre zum stellvertretenden Abteilungsleiter. Obwohl er nie in England war, versuchte er einen anglophilen Lebensstil zu pflegen. Jeden Morgen hörte er die Nachrichten auf BBC und las die englischsprachigen Tageszeitungen *Standard* und *Nationalist*. Zwei seiner vier Söhne studierten später in Birmingham bzw. Liverpool. Mit britischen (und anderen europäischen) Kollegen des Ministeriums traf er sich nach Dienstschluss häufiger auf ein Bier; darüber hinaus gab es zu ihnen jedoch kaum Kontakte. Der TANU trat Damian nach eigenen Angaben erst 1964 bei. Er äußerte sich im Gespräch sehr kritisch über den Einfluss der Partei auf die Verwaltung und die politischen Funktionen von Staatsdienern. „Civil servants are no policy makers. Politicians make policy and it is our duty to see that it is carried out. Therefore, my duty as a civil servant is to carry it out whether I like it or not." Er habe viele Aspekte des afrikanischen Sozialismus nicht geteilt. So könne es seiner Ansicht nach keine ökonomische Gleichheit unter den Menschen geben: „If you start two people out equally, pretty soon one will be up and the other down."

Martin Kivumbi dagegen verdankte der TANU einen Gutteil seiner politisch-administrativen Karriere. Der als Sohn eines anglikanischen Priesters in der Nähe von Muheza geborene Kivumbi besuchte die von der *University Mission for Central Africa* (UMCS) betriebene St. Andrew's School in Minaki und erlangte 1953 das *Cambridge School Certificate*. Danach arbeitete er fünf Jahre als *clerk* und Gerichtsübersetzer für das *District Office* in Tanga. Ende 1959 übernahm Kivumbi einen zentralen Posten in der Tanganyika Federation of Labour. Noch während seiner Zeit in Tanga trat er verbotenerweise der TANU bei. Nach seinen Erinnerungen gehörte er sogar zu den aktivsten Mitgliedern der Ortsgruppe. Dank seiner guten Verbindungen zur Parteiführung kam er Ende 1961 in den Genuss eines Stipendiums der DDR-Regierung. „While there, I studied finance, economics based entirely on the Marxist theory of the inevitable doom of capitalism because of antagonistic contradictions between labour and capital. All the same I managed to clinch my first degree in economics [...] I must say, for example, that from Germany I have learnt the culture of hard work and perfectionism." Im Interview äußerte er Bedauern darüber, dass nur wenige – auch in seiner Familie – seinem Kredo gefolgt seien, das lautet: „Duty, discipline, and hard work are the keys to success." Nach seiner Rückkehr 1966 wurde er Ökonom im Finanzministerium und wechselte zwei Jahre darauf in das Außenministerium. In den siebziger und achtziger Jahren arbeitete er in den tanzanischen Botschaften in Washington, Den Haag und Bonn. Für ihn sei es selbstverständlich gewesen, dass sich die Verwaltung ganz in den Dienst des Projekts der Nationsbildung und Entwicklung zu stellen hatte. Er sah sich aufgrund seiner Ausbildung und seiner Erfahrungen durchaus berechtigt, Entscheidungen für die Masse der Bevölkerung zu treffen. Und schließlich war in seinen Augen eine partizipative Demokratie für eine junge Nation wie Tanzania nicht praktikabel. „A good citizen does his work, pays his taxes, and causes little trouble."

Daniel Mghenyi wurde 1934 in Muheza geboren. Als einziges seiner elf Geschwister konnte er, gefördert durch einen Missionar, eine höhere Schule (die Tabora School) besuchen. Ein weiterführendes Studium am Makerere College kam aus finanziellen Gründen nicht zustande. Seine Lehrer in Tabora empfand er als arrogant, „somewhat like dictators, and very racist". Ab 1954 arbeitete Mghenyi als *clerk* im Secretariat in Dar es Salaam, ab Ende der fünfziger Jahre im Erziehungsministerium. Nach dem überwältigenden Sieg der TANU bei den Wahlen 1958 trat er in die Partei ein. Innerhalb des Ministeriums stieg er Ende der sechziger Jahre zum stellvertretenden Abteilungsleiter auf. Die Afrikanisierung ging ihm nicht rasch genug. „There were still too many whites telling us what to do,

---

ten. Daher mögen bestimmte Aussagen der in Tanzania inzwischen verbreiteten Desillusionierung über *Uja-maa* geschuldet sein.

because they had the money". Mghenyi bezeichnete sich als glühenden Verfechter von *Ujamaa*. Der westliche Einfluss sei dagegen verheerend für die Afrikaner gewesen. Die jungen Männer wollten nicht mehr die Felder bearbeiten, sondern suchten das rasche Vergnügen in der Stadt. Dem musste man entgegensteuern. Auf Nyerere ließ er nichts kommen: „As president, Mwalimu had integrity; he was not corrupt. He supported the rule of law, he was firm in dealing with others; he was not pompous, he really was a man of the people." Diese Qualitäten habe er jedoch bei vielen seiner Kollegen vermisst, die etwa die *leadership conditions* der Arusha-Deklaration nicht ernst genommen hätten. „In fact, we were very few true socialists."

Joseph H. Kimathy dagegen war der Überzeugung, dass viele der vernünftigen staatlichen Projekte vor allem an der Apathie der Bauern gescheitert seien. 1930 in der Nähe von Moshi geboren, besuchte Kimathy die Tabora School und arbeitete danach als Sozialarbeiter im *District Office* Arusha. Er gehörte nach eigenen Angaben zu den ersten TANU-Mitgliedern in der *Northern Province* und nutzte seine häufigen Dienstreisen zu den verschiedenen Wohlfahrtszentren und Alphabetisierungsprogrammen, um für die Partei zu werben. Nach der Unabhängigkeit arbeitete er kurz in der Parteizentrale der TANU und wechselte dann dank der Vermittlung von Minister Eliufoo, den er aus Moshi kannte, ins Erziehungsministerium. 1967 ging er an das Landwirtschaftsministerium, wo er es rasch zum Abteilungsleiter brachte. Im Gespräch insistierte er, dass Entwicklung in einem „rückständigen Land wie Tanzania" von oben initiiert werden musste. Dabei sei es notwendig gewesen, die künstliche Trennung von Verwaltung und Partei aufzugeben. „Administrators and politicians shared the same goal anyway – to eliminate poverty and to escape from dependency. To achieve this goal, we needed to build up a strong state."

Alle vier – und nicht nur sie – betonten, dass ihr oberstes Ziel darin bestanden habe, Tanzania zu dienen. Viele Bürokraten glaubten, bei aller individuellen Skepsis hinsichtlich bestimmter Einzelaspekte, an zentrale Ziele von *Ujamaa*: Sie wollten dazu beitragen, Armut und Krankheit zu bekämpfen und zu beseitigen. Sie wollten für alle Tanzanier, nicht nur für eine privilegierte Elite, einen angemessenen Lebensstandard erreichen. Sie wollten jene Formen der Ausbeutung vermeiden, die mit der Verbreitung großen individuellen Reichtums einhergingen. Sie wollten sich der Abhängigkeit von den mächtigen Staaten des Westens entledigen – von Staaten, die etwa durch ihre Aktivitäten im südlichen Afrika bewiesen hatten, dass sie den dort praktizierten Rassismus nicht zu bekämpfen gewillt waren, und die jede Form der Hilfe mit politisch-strategischen Interessen verknüpften. Die nationalen Ziele Tanzanias waren so wichtig und human, dass es geboten erschien, sie notfalls von oben durchzusetzen.

3. Versuche der Neuordnung

a) Unnütze Instrumente? Zum Ende von Lokalverwaltung und Genossenschaften

Eine der besonders effektiven politischen Strategien von Julius Nyerere bestand darin, öffentlich kund zu tun, er habe Fehler gemacht. 1985, kurz vor seinem freiwilligen Rücktritt vom Präsidentenamt, gab er etwa zu: „There are certain things I would not do if I were to start again. One of them is the abolition of local government and the other is the disbanding of co-operatives. We were impatient and ignorant [...] We had these two useful instruments of participation and we got rid of them."[131] Die folgenden Abschnitte versuchen zu zeigen, wie die Regierung Tanzanias diese beiden „nützlichen Instrumente" einsetzte und warum die verantwortlichen Politiker sie nach einer Weile als „unnütz" erachteten. Dabei soll deutlich werden, dass Nyerere und seine Mitstreiter trotz einer Rhetorik, die breite Partizipation, Dezentralisierung und Demokratisierung verhieß, wie ihre britischen Vorgänger eine Politik des Zentralismus und bürokratischen Autoritarismus betrieben.

Die TANU-Regierung entschied sich, das in den vierziger und fünfziger Jahren etablierte System der Lokalverwaltung zu übernehmen und für die Zwecke des sozialistischen Einparteistaates zurecht-zuschneidern. Das Tempo der administrativen Reformen zog nach 1961 merklich an.[132] Innerhalb von zwei Jahren wurden alle *Native Authorities* durch *District Councils* ersetzt. Diese Geschwindigkeit war nicht unbedingt der uneingeschränkten Hingabe an das System der Lokalverwaltung geschuldet, sondern das Resultat komplexer politischer Motive. Am dringlichsten erschien die Notwendigkeit, die Chiefs zu ersetzten, die als koloniale *Native Authorities* eng mit der kolonialen Ordnung ver-knüpft waren. In ihrem Kampf für die Unabhängigkeit verdankte die nationalistische Bewegung viel den lokalen Dissidenten und Dorfrebellen. Die forderten auch sogleich die Verbannung von Chiefs, mit denen sie oft langwierige Konflikte verbanden. Die Stellung der Chiefs aufrechtzuerhalten, hätte für die Regierung eine politische Zeitbombe bedeutet. 1963 wurde vom Parlament ein Gesetz erlas-sen, das die öffentlichen Titel und die erblichen politischen Privilegien von Chiefs abschaffte; an ihre Stelle traten *Local Authorities*.[133] Das Ende des Häuptlingstums war Teil einer Strategie der Regie-rung, ethnische Loyalitäten strikt aus der politischen Arena herauszuhalten. Keine ethnisch definierte politische Gruppierung durfte – ungeachtet ihrer nationalistischen Meriten – weiter existieren. Nach 1960 verbot die TANU rasch alle ihre einstigen Alliierten, die auf ethnischer Basis organisiert waren, wie die *Meru Citizens Union*, die *Chagga Democratic Party* und den *Sukuma Federal Council*:[134] „It is Government Policy that all tribal societies of a political nature should not be allowed to be registered as their existences are against the declared intention of the Government to unite all small tribes of

---

[131] Zit. nach: Mawhood, Search, 101.

[132] Die folgende knappe Darstellung fasst die zentralen Aussagen der einschlägigen Literatur zusammen: Stanley Dryden, Local Administration in Tanzania, Nairobi 1968; John A. O. Max, The Development of Local Gov-ernment in Tanzania, Dar es Salaam 1991; Athumani J. Liviga, Local Development in Tanzania. Partner in Development or Administrative Agent of the Central Government, in: LGS 18,3 (1992), 208–225; ders., Local Government in Tanzania, 1926–1992, unveröffentl. Ph.D. Thesis, Pittsburgh 1993, bes. 116–146; ders., The Over-Centralized State and its Limitations to Participation in Tanzania, in: The African Review 22 (1995), 140–159; Mawhood, Search; Jwani T. Mwaikusi, Local Government Policies in Tanzania. The Politi-cal Guinea-Pig, in: Donald Rothchild (Hg.), Strengthening African Local Initiative: Local Self-Governance, Decentralisation and Accountability, Hamburg 1996, 59–74; Suleiman Ngware / Martin Haule, The Forgot-ten Level. Village Government in Tanzania, Hamburg 1993; Pratt, Critical Phase, 194–201; Tordoff, Regional Administration.

[133] Zum hier relevanten African Chiefs Ordinance (Repeal) Act vgl. Robert Martin, Personal Freedom and the Law in Tanzania. A Study in Socialist State Administration, Nairobi 1974, 57.

[134] Vgl. Feierman, Peasant Intellectuals, 230; Iliffe, Modern History, 568f.; Bienen, Tanzania, 26; Glickman, Traditional Pluralism, 131.

the Territory into one big nation."[135] Diese Aussage eines höheren afrikanischen Verwaltungsmitarbeiters zeigt im Übrigen die gleichsam unauslöschlichen Spuren der *indirect rule*-Ideologie. Denn obwohl nun die Illegalität tribaler Politik angekündigt wurde, stand dahinter die Annahme, Tanganyika sei eine Nation von Stämmen.

Der Ehrgeiz der neuen Regierung unter Nyerere war es, möglichst rasch ökonomische Fortschritte zu erzielen, politische Stabilität zu etablieren und ihre eigene Popularität aufrechtzuerhalten. Entsprechend hielt sie es für angemessen, Entscheidungen zu treffen, ohne die Gremien der Lokaladministration einzubeziehen. Letzteren blieb lediglich die Aufgabe der Implementierung. Die Abhängigkeit ländlicher *Local Authorities* von der administrativen Unterstützung durch die Zentralregierung charakterisierte in den sechziger Jahren wesentlich das System der kommunalen Selbstverwaltung. Das 1962 neu eingerichtete Ministerium für Lokalverwaltung rekrutierte eine Gruppe von *local government officers*, welche die Funktionsfähigkeit der diversen administrativen Einrichtungen auf lokaler Ebene zu kontrollieren hatten. Doch kaum einer dieser Beamten verfügte über die für die Aufgabe notwendigen Qualifikationen, entsprechend bescheiden war ihr Input. Nach drei Jahren löste sich die Einheit wieder auf und wurde in die allgemeine Verwaltung integriert.[136]

Nachdem Nyerere im Januar 1963 verkündet hatte, Tanganyika solle ein Einparteistaat werden, formalisierte die TANU ihr territoriales Netzwerk bis hinunter zur Dorfebene und den neu eingerichteten „Ten House Cells", die jeweils zehn Häuser in eine TANU-Gruppe bzw. Zelle zusammenfassten.[137] Die leitenden Regional- und Distriktbeamten wurden zu Sekretären der entsprechenden Parteigruppen ernannt. Alle zur Wahl stehenden Kandidaten für Distrikt- und Stadträte mussten von der TANU-Spitze in den Distrikten „vorsortiert" werden und durften erst nach Bestätigung durch die nationale Parteiführung ihren Hut in den Ring werfen.[138] Parallel zu den Parteiorganisationen etablierte die Regierung auf den verschiedenen Ebenen – Region, Distrikt, Dorf – so genannte Entwicklungskomitees. Deren wichtigste Aufgabe bestand darin, lokale Entwicklungsprojekte zu planen und von der Zentralregierung zur Verfügung gestellte Gelder zu verteilen. Die Mitglieder der Komitees waren nahezu ausnahmslos ernannte Parteivertreter.[139]

Die stark von der Zentralregierung bestimmte und eng mit der Einheitspartei verknüpfte Struktur höhlte die kommunale Selbstverwaltung bald aus. Die Parteispitze in Dar es Salaam behielt sich Entscheidungen über die Art und Weise vor, wie lokale Entwicklungspolitik zu konzipieren und zu praktizieren sei. Das schwächte die Distrikträte, anstatt deren Kapazitäten und Effizienz zu fördern. Die in den Gremien vertretenen lokalen Parteiführer waren zudem nicht nur Parteimitglieder, sondern auch in das soziale Geflecht lokaler Interessen eingebunden. Sie zeigten häufig wenig Verständnis und Kenntnisse der „progressiven" Ideologie der Parteiführung. Die offenkundige Angst der Zentrale vor Korruption, Veruntreuung und Unfähigkeit führte dazu, dass den Distrikträten immer mehr Kompetenzen weggenommen wurden, etwa in den Bereichen Straßenbau und -unterhaltung, Wasserversorgung, Gesundheit und Primarschulen. Im Dezember 1968 beklagte Nyerere in einer Radioansprache die Ineffektivität der Lokalverwaltung, die ihrer bürokratischen Pflicht nicht nachkam, und formulierte eine Mängelliste:

---

[135] TNA 304/A6/28: Administrative Secretary Tanga Region an District Commissioner Same, 25.7.1962.

[136] Vgl. Dryden, 130f.

[137] Zu dieser Einrichtung vgl. Clyde R. Ingle. The Ten-House Cell System in Tanzania. A Consideration of an Emerging Village Institution, in: Journal of Developing Areas 6 (1972), 211–226; Jean F. O'Barr, Cell Leaders in Tanzania, in: ASR 15,3 (1972), 437–465; dies./Joel Samoff (Hg.), TANU Cell Leaders in Tanzania, Nairobi 1974.

[138] Vgl. dazu detailliert Tordoff, Regional Administration, 95ff.; Louis A. Picard, Attitudes and Development. The District Administration in Tanzania, in: ASR 23,3 (1980), 49–67.

[139] Vgl. Mawhood, 81. Eine gute Fallstudie zu den lokalen Strukturen (am Beispiel der Kilimanjaro Region) bietet Samoff, Tanzania.

„Unfortunately things are not going so well as regards Local Government. At first we thought that the reason was the shortage of good and experienced local government employees, and in the last few years we have made great efforts to send more educated and better qualified people into the Local Government Service. This has reduced the problem. But in some places good Local Government workers are unable to do their work because of interference and intrigue by the Councillors [...] At present there are very few Councils which are able to prepare proper yearly estimates of revenue and expenditure. And there are even fewer Local Councils which follow up their estimates by collecting the money they have estimated and using it in accordance with the approved estimates [...] The President is given power to nominate a certain number of Councillors. Many of those who were chosen are experienced in different fields, and they were appointed in order that they should help their fellow Councillors on matters of planning and development. Often I have had complaints that some of these nominated people do not attend the Council Meetings. But, when I investigate, the answer is very often that their reluctance to attend stems from the fact that Council meetings are not relevant to development, but that the time is spent on political intrigue, in discussing allowances, or in abusing the Local Government workers [...]"[140]

Auch in dieser Rede manifestierte sich die ungeduldige Haltung Nyereres, seine Überzeugung, dass nur wenige in der Lage seien, die nationalen Aufgaben zu erfüllen und daher beständig der Belehrung von oben bedürften. Der Präsident beließ es bei Ermahnungen. Konkrete Vorschläge zur Verbesserung der Situation machte er nicht. Doch ein Jahr darauf entzog die Regierung den lokalen Räten das Recht, Steuern für Anbauprodukte einzuziehen. Dadurch ging den ländlichen Gremien ihre finanzielle Basis verloren. Es folgte ihr Tod auf Raten. Ein Beraterteam der amerikanischen Consulting-Firma McKinsey & Co., das den Auftrag hatte, die ländliche Entwicklung nach der Arusha-Deklaration zu bewerten, betonte in ihrem Bericht die Bedeutung zentraler Koordination, ging auf Aspekte lokaler Autonomie jedoch nicht ein. Auf der Grundlage dieses Rapports wurde ein neues Programm entworfen, das ironischerweise den Titel „Dezentralisierung" trug.[141] Distrikträte fanden darin keinen Platz mehr und wurden dann Mitte 1972 auch formal aufgehoben. Ein gutes Jahr später folgte die Schließung der Stadträte. Unter dem Etikett der „Dezentralisierung" erfolgte eine verstärkte Bürokratisierung. Nun wurden unter der Kontrolle der Zentralregierung die Entwicklungsverwaltung in die Regionen verlagert, Reste lokaler Selbstverwaltung in den Distrikten beseitigt und auf diese Weise die partikular geprägten Interessen lokal gewählter und verankerter Eliten formell ausgeschaltet. Schließlich glaubten die Verantwortlichen, damit auch die Beamten näher an die „Entwicklungsfront" unter den Bauern heranzubringen. Zugleich suchte die Parteiführung ihre politisch-ideologische Präsenz lokal zu verstärken. Sie organisierte unterhalb der Distriktebene mit den neu eingeführten *Divisional* und *Ward Secretaries* eine bezahlte Funktionärshierarchie, die der Parteiführung verantwortlich war.[142]

Der Komplex der Lokalverwaltung bedeutete in den Jahren nach der Unabhängigkeit für die neuen Herrscher Tanganyikas zumindest partiell eine strategische Notwendigkeit. Kooperativen waren dagegen ein wichtiger Bestandteil der TANU-Ideologie. Die Regierung Nyerere beerbte die aktive Genossenschaftspolitik des kolonialen Staates und intensivierte sie, jedoch auf der Basis politischer Vorstellungen, die sich grundlegend von denen der Briten unterschieden. Bereits 1960 hatte sich das Exekutivkomitee der TANU zu einem „African democratic Socialism on the co-operative model" bekannt.[143] In seiner Antrittsrede als Präsident Tanganyikas erklärte Nyerere die Genossenschaften zu einem zentralen Instrument seiner Regierung:

„Tanganyika has good reason to be proud of its co-operative movement. But our success so far has been confined to the field of agricultural producers' co-operatives. It is Government's intention to extend the co-operative movement into every town, every village and every hamlet in Tanganyika, and to enable these societies to undertake every kind of enterprise which can be run by co-operative effort [...] All of us have agreed that we must establish a

[140] Nyerere, Things we must correct, 9.12.1968, in: ders., Freedom and Development, 72–79, hier: 72f.
[141] Die Grundlinien des Schemas werden dargelegt in Nyerere, Decentralisation, Mai 1972, in: ebd., 344–350.
[142] Vgl. Coulson, Tanzania, 254.
[143] Vgl. Iliffe, Modern History, 575; Erdmann, 164.

true socialist society in Tanganyika. Two very important instruments we shall use for this purpose are the Government itself and the Co-operative Movement."[144]

Andere führende Politiker priesen die Kooperativen ebenfalls, allen voran Paul Bomani, der die Genossenschaftsbewegung in der Kolonialzeit entscheidend mitgeprägt hatte (vgl. Kap. IV, 4). Er hob die große Bedeutung dieser Organisationen für den „Befreiungskampf" und die Nationsbildung hervor und charakterisierte sie als „Schulen der Demokratie", als „Speerspitzen im Krieg gegen die Armut".[145] Diese Elemente einer umfassenden „sozialen Partizipation", der demokratischen Teilhabe an Wirtschaft und Politik, ließen Genossenschaften als konstitutiv für die Utopie von *Ujamaa* erscheinen – so vage die tanzanische Version des „Afrikanischen Sozialismus" damals noch war. Folglich wies die Regierung in ihrer ländlichen Entwicklungspolitik den Genossenschaften eine entscheidende Funktion zu: In einem unmittelbar vor der Arusha-Deklaration publizierten Regierungsbericht hieß es zum Beispiel:

„Self-help and self-reliance are the widest possible extension of the principle of co-operation. It is the application of co-operative principles that the solution of the problem of rural development can be found, particularly when the available resources are so small [...] There is no other type of organization which is so suited to the problems and concepts of rural development [...] Self-help will be difficult to organize, and changes in attitudes so essential for bringing about required structural changes are likely to take much longer than if co-operatives are effectively organized."[146]

Die Auffassung von Kooperativen als soziale und ökonomische „Befreiungsorganisationen" sowie als spezielle Einrichtungen für die Armen und Unterprivilegierten stand im Übrigen europäischen Genossenschaftsideologien sehr nahe. Zudem ließen sich Analogien zwischen – freilich romantisch verklärten – Formen der Zusammenarbeit in der „traditionellen afrikanischen Gesellschaft" und der modernen Genossenschaftsorganisation ziehen, so dass dieses Instrument für Tanzania besonders adäquat erschien.

Vor diesem Hintergrund suchte die tanzanische Regierung, Genossenschaften in allen Regionen des Landes zu etablieren, und zwar nicht nur – wie in der Kolonialzeit – für Exportprodukte wie Kaffee und Baumwolle, sondern auch für Nahrungsmittel (Mais, Weizen), die ausschließlich für den Binnenmarkt relevant waren.[147] Die Regierungspolitik „von oben" stieß auf breite Resonanz „von unten": Lokale soziale und politische Aktivisten – zumeist Mitglieder der TANU – gründeten, wo nur möglich, neue Genossenschaften. Nicht selten konnten diese Gründungen an Initiativen aus der Kolonialzeit anknüpfen, die damals gescheitert waren und kaum staatliche Unterstützung erhalten hatten. Wie in den vierziger und fünfziger Jahren richteten sich die Kooperativen gegen die im Handel noch dominierende asiatische Minderheit. Sie folgte sozialrassischen Linien, die als Solidarität stiftendes Bindeglied fungierten: afrikanische Kleinhändler und Bauern versus asiatische Zwischen- und Großhändler. Im Unterschied zur Kolonialzeit erhielten die neuen Initiativen und Gründungen nun jedoch wahllos staatliche Anerkennung und Unterstützung.

Allein zwischen 1960 und 1964 stieg die Zahl der Kooperativen von 675 auf 1 339, die Gesamtzahl ihrer Mitglieder mehr als verdoppelte sich in diesem Zeitraum auf 681 000 Personen.[148] Der 1961 gegründete Dachverband *Co-operative Union of Tanganyika* (CUT) versuchte den Expansionsprozess zu koordinieren und zu kontrollieren, war mit dieser Aufgabe jedoch überfordert.[149]

---

[144] Nyerere, President's Inaugural Address, 10. 12. 1962, in: Nyerere, Freedom and Unity, 176–187, hier: 185.

[145] Paul Bomani, Foreword, in: Sadleir, Co-operative Movement.

[146] United Republic of Tanzania, Government Paper No. 4 of 1967: Wages, Income, Rural Development Investment and Price Policy, Dar es Salaam 1967, 15f. Vgl. ferner Erdmann, 165f.

[147] Für das Folgende vgl. Erdmann, 170ff.

[148] Zu den Zahlen vgl. ebd., Tabelle 4, 814ff.

[149] Zur unmittelbaren Vorgeschichte der CUT vgl. PRO CO 822/2606: Telegramm Gouverneur Turnbull an Kolonialminister, 9. 6. 1960; CO 822/2607: Pressemitteilung Public Relations Department, 11. 1. 1960. Ana-

1966 fasste der Bericht der Mhaville Kommission treffend die Ambiguitäten bei der massenhaften Gründung von Kooperativen zusammen: „The political pressure was considerable. Societies were organized from ,on top' without genuine local demand or even understanding, but in their enthusiasm in the first flush of freedom, people went along."[150] In welchem Ausmaß die Gründungswelle in den Jahren nach der Unabhängigkeit „von unten" getragen wurde und sich der Steuerung und Kontrolle durch Regierung und Parteiführung entzog, zeigte sich darin, dass die Zahl der neu eingerichteten Kooperativen alle Planungen innerhalb kurzer Zeit weit übertraf. Bereits 1965/66 war das Planziel für die siebziger Jahre erreicht. Wie in der späten Kolonialperiode gehörten die Initiatoren und Gründer der Genossenschaften allerdings mehrheitlich zur lokalen Bildungselite. Neben ihren Ämtern in den Kooperativen bekleideten viele dieser Aktivisten in Personalunion auch Führungspositionen in politischen Organisationen und lokalen Selbstverwaltungsorganen. Insofern war die spontane genossenschaftliche Basisbewegung vor allem eine Bewegung der relativ privilegierten „Mittelklasse" mit einer vorwiegend akklamativen bäuerlichen Gefolgschaft.[151]

Die „wildwüchsige", zugleich „elitäre" und vom Staat gestützte Gründungswelle trug bereits den Keim für die bald folgende Krise in sich. Ein Großteil der neuen Genossenschaften war vor allem in ökologisch diffizilen und bis dahin auch wirtschaftlich eher marginalen Gebieten gegründet worden. Aufgrund einer in vielen Regionen anzutreffenden prekären Kombination von Umwelt-, Organisations- und Transportproblemen erwiesen sich die meisten der Kooperativen als hochgradig unprofitabel. Sie waren zu klein, hatten zu wenige Mitglieder mit zu geringen Produktions- und Liefermengen und damit, gemessen an den Kosten und dem Wert ihrer Produkte, zu geringe Umsätze, um wirklich kostenadäquat zu wirtschaften. Private und lokalpolitische Interessen der jeweiligen Genossenschaftsführer sowie der durch die selektive Bildungspolitik der Kolonialzeit verursachte Mangel an qualifiziertem Personal trugen ebenfalls zur krisenhaften Situation vieler nach der Unabhängigkeit neu gegründeter Genossenschaften bei. Misswirtschaft, steigende Kosten, wachsende Ineffizienz, mangelhafte Dienstleistungen und Korruption wurden ab Mitte der sechziger Jahre ein fast allgegenwärtiges Erscheinungsbild der Kooperativen.[152] Die Krise der Genossenschaften war eng mit der Selbstherrlichkeit und Selbstbedienungsmentalität ihrer Führung verknüpft. Obwohl Genossenschaftsvorstände nominell nur ehrenamtlich arbeiteten, erhielten sie lukrative Aufwandsentschädigungen sowie eine üppige Jahresgratifikation, die allein dem Ernteerlös eines durchschnittlichen Bauern entsprach.[153] Darüber hinaus bestanden verschiedene legale und illegale Möglichkeiten, das persönliche Einkommen zu verbessern.[154] Diese Phänomene demonstrierten eindringlich

---

log zu den Gewerkschaften war die CUT eng mit der TANU verknüpft und stand nominell unter der Kontrolle der Partei. Zur Überforderung der CUT in ihrer Doppelrolle als genossenschaftlicher Dachverband und Parteiorganisation vgl. Pratt, Critical Phase, 191f.; John S. Saul, From Marketing Co-operative to Producer Co-operative, in: Lionel Cliffe u.a (Hg.), Rural Cooperation in Tanzania, Nairobi 1975, 287–307, hier: 287f.

[150] United Republic of Tanzania, Report of the Presidential Special Commitee of Enquiry into the Co-operative Movement and Marketing Boards, Dar es Salaam 1966, 5. Die Kommission, benannt nach ihrem Vorsitzenden J. A. Mhaville, Parlamentsabgeordneter und Vorstand der *National Co-operative and Development Bank*, wurde einberufen, nachdem einige größere Genossenschaften wie die VCFU ein Minus erwirtschaftet hatten. Coulson, Tanzania, 149, übersieht die Ambivalenzen des Gründungsprozesses, wenn er schreibt: „[...] in the 1960s much of the expansion [von Kooperativen] was based on compulsion." Vgl. Erdmann, 172.

[151] Vgl. Erdmann, 272.

[152] Beobachter der sechziger und frühen siebziger Jahre sahen sich veranlasst, Korruption als eine „wesentliche Dimension" und eines der „größten Probleme" der Genossenschaftsbewegung anzusehen. Vgl. etwa John S. Saul, Marketing Co-operatives in a Developing Country. The Tanzanian Case, in: Paul Worsley (Hg.), Two Blades of Grass. Rural Cooperatives in Agricultural Development, Manchester 1971, 347–370, hier: 361.

[153] Vgl. S. E. Migot-Adholla, Power Differentiation and Resource Allocation. The Cooperative Tractor Project in Maswa District, in: Goran Hyden (Hg.), Co-operatives in Tanzania. Problems of Organisation, Dar es Salaam 1976, 39–57, hier: 50.

[154] Vgl. dazu ausführlich Erdmann, 251ff.

die Hilflosigkeit der staatlichen Bürokratie gegenüber der lokalen Politik. Entgegen den staatlichen Ansprüchen hatten Planung, Aufsicht und Kontrolle über die sich zunehmend verselbständigende Genossenschaftsbürokratie weitgehend versagt. Zugleich verfügte auch die bäuerliche Basis über nur unzureichende Steuerungsmöglichkeiten.[155]

Die kostenträchtige Ineffizienz vieler Genossenschaften sowie die wachsende Unzufriedenheit der Bauern über niedrige Preise provozierten ab 1967 die verstärkte Intervention des Staates. Der Mangel an demokratischer Kontrolle durch die Mitglieder sollte fortan durch bürokratische Überwachung durch den Staat ersetzt werden. Die Zentralregierung versuchte, die wirtschaftliche Kraft der Kooperativen mit bürokratischen Mitteln zu sichern, die Stärkung demokratisch-partizipativer Prinzipien musste dahinter zurückstehen. Wie bereits im Kontext der Lokalverwaltung deutlich geworden ist, zeichnete sich die Politik von Partei- und Staatsführung immer stärker durch staatliche Kontrolle und Eingriffe, Zentralisierung anstelle von Dezentralisierung und wachsende autoritäre Tendenzen aus. Dabei lässt sich folgendes Grundmuster erkennen: Im Konflikt zwischen lokalen, partikularen und „allgemeinen" Interessen, zwischen lokaler Elite und Staats- und Parteiführung fiel die Entscheidung nun zugunsten der Zentrale. Angesichts knapper Ressourcen schienen zentrale Finanz- und Wirtschaftsplanung und bürokratische Kontrolle der einzig erfolgversprechende Weg, wollte man die Entwicklungsziele nicht riskieren. So unterstrich Nyerere im Oktober 1969 in einer Rede vor schwedischen Genossenschaftlern: „Government activity in support of the co-operative movement is absolutely essential if progress is not to be delayed for generations, with widespread exploitation being suffered in the meantime."[156] Die politischen Konsequenzen wurden rasch deutlich. Entgegen aller offiziellen Rhetorik beschnitt und beseitigte die Regierung partizipative institutionelle Möglichkeiten.

Alle staatliche Kontrolle und Intervention zeitigte in den folgenden Jahren jedoch kaum die beabsichtigten Effekte. Die Vermarktungskosten zu Lasten der Mitglieder und Bauern stiegen weiter, Misswirtschaft und Korruption hielten an.[157] Der staatlichen Bürokratie fehlten vielerorts schlicht die Mittel, um eine wirksame Kontrolle über die Kooperativen zu entfalten. 1974 stellte ein Bericht des tanzanischen *Marketing Development Bureau* die gleichen gravierenden wirtschaftlichen Mängel fest, wie sie bereits Mitte der sechziger Jahre konstatiert worden waren: „The present situation with regard to Co-operatives in Tanzania is such that the Movement is placing a burden on the people. The Movement has grown to such an extent that the economic justification for many primary Co-operative Societies is not forthcoming resulting in the provision of services and the operation of Societies at high cost."[158] Aufgrund der mangelnden demokratischen Kontrolle durch die Mitglieder maßte sich nun stellvertretend der Staat diese Aufgabe an. Effektiv wahrnehmen konnte er sie indes nicht. Die staatliche Politik gegenüber den Bauern war zudem patriarchalisch-autoritär und bürokratisch geprägt. Die für die Genossenschaften zuständigen Staatsdiener traten den Menschen auf dem Lande nicht mit Aufklärung und Information entgegen, sondern in Form von Reglementierungen, Kontrollen und Forderungen in Gestalt steuerlicher Abgaben bis hin zu offenen Zwangsmaßnahmen.

---

[155] Wie in der Kolonialzeit gab es kaum Aufklärung der Mitglieder über den grundsätzlichen Charakter und die Ziele von Genossenschaften, kaum Informationen über ihre eigenen Rechte und Pflichten. Das Verständnis der wesentlichen Funktionen einer Kooperative wäre jedoch für eine aktive Mitarbeit der Bauern, sei es für eine direkte Selbstverwaltung, sei es auch nur als Kontrollinstanz, unabdingbar gewesen. Wenig überraschend hieß es in einer offiziellen Untersuchung: „Internal control exercised by members have been almost nil in most existing marketing co-operatives." United Republic of Tanzania / Board of Nordic Development Projects, Co-operative Education and Co-operative Development in Tanzania. A Study of Problems in Organization Building, Dar es Salaam 1972, 144.

[156] Nyerere, The Co-operative Movement, 4. 10. 1969, in: Freedom and Development, 130–132, hier: 132. Vgl. ferner Erdmann, 275.

[157] Vgl. die Beiträge im Hyden, Co-operatives in Tanzania.

[158] United Republic of Tanzania / Marketing Development Bureau, Co-operative Marketing in Tanzania. Its Costs, Present Situation and Proposals for Improvement, Dar es Salaam 1974, 1.

Damit konnten die Bauern schwerlich gewonnen werden; die oft wechselnde Politik von Partei und Regierung verstärkte noch ihre ohnehin vorhandene Unsicherheit dem Staat gegenüber.[159]

Mit der Auflösung der Genossenschaften 1975/76 zog die Regierung die Konsequenz aus der Tatsache, dass sie diese Organisationen weder politisch-administrativ zu kontrollieren noch deren wirtschaftliche Effizienz zu verbessern vermochte.[160] Die Reorganisation der Vermarktung durch Dorfeinheiten (vgl. Kap. V, 4.) folgte letztlich nur der politischen Logik der „Dezentralisierung" bzw. der Verwaltungsreform von 1972: Sie beseitigte die noch verbliebenen Organe lokaler Selbstverwaltung, in denen sich Partikularinteressen, artikuliert durch lokale Eliten, der staatlichen Planungspolitik entgegensetzen konnten. Und sie vervollständigte den Versuch zentralstaatlicher Steuerung und Kontrolle der bäuerlichen Wirtschaft. Das vom Staat verordnete Ende der Kooperativen stieß auf wenig Gegenwehr. Die große Mehrheit der Bauern hatte die Einrichtungen ohnehin nie als „ihre" Organisationen politisch anerkannt und es fehlte das demokratische Potenzial, welches sich autoritären Tendenzen hätte entgegenstellen können.

b) Erziehung zum Vertrauen in die eigene Kraft: das Bildungswesen

Die Staats- und Verwaltungselite Tanzanias rekrutierte sich nahezu ausnahmslos aus Absolventen höherer Schulen und Universitäten europäischer bzw. „westlicher" Provenienz. Die Männer (und wenigen) Frauen in Regierung und Verwaltung wussten um die Bedeutung, die ihre gute formale Ausbildung für ihre Karriere hatte. Die meisten von ihnen hatten in der späten Kolonialperiode zu den scharfen Kritikern der britischen Politik gezählt, die für Afrikaner völlig unzureichende Möglichkeiten zum Besuch einer höheren Bildungseinrichtung bereitstellte. Der Ausbau des Erziehungswesens gehörte folglich zu den Prioritäten der Regierung nach der Unabhängigkeit. In diesem Zusammenhang lag es besonders nahe, den Sekundar- und Hochschulbereich zu fördern, denn das Land bedurfte ja dringend gut ausgebildeter Fach- und Verwaltungskräfte. In diesem Feld konnten formal auch die größten Erfolge verzeichnet werden. Zwischen 1961 und 1971 stieg die Zahl der Schüler in Sekundarschulen von 12 000 auf über 40 000. Die acht Wochen vor der Unabhängigkeit neu gegründete Universität (bis 1970 *University College*) von Dar es Salaam beherbergte zu Beginn der siebziger Jahre rund 3 000 Studierende.[161] Von 1963 bis 1970 war das *University College* zusammen mit den Hochschulen in Makerere und Nairobi Teil der *University of East Africa*. Es verfügte über Fakultäten der Rechtswissenschaften, Sozial- und Geisteswissenschaften, Naturwissenschaften sowie Agrarwissenschaften (ausgelagert nach Morogoro).[162] Das *University College* war, wie nahezu alle anderen Universitäten im anglophonen Afrika, nach britischem Vorbild modelliert.[163]

Seit 1964 verfügte die Universität Dar es Salaam über einen geräumigen und gut ausgestatteten, mit amerikanischer, britischer und skandinavischer Finanzhilfe erbauten Campus auf einem Berg rund sechs Kilometer vom Stadtzentrum entfernt. Kritische zeitgenössische Stimmen haben diese geographische Lage sogleich als physischen Ausdruck des Elitismus gedeutet, der die Studierenden und künftigen Bürokraten von der Masse der Bevölkerung trenne.[164] Anhand der Universitätsfrage entspann sich eine grundlegende Debatte über die Rolle der Intellektuellen und Gebildeten in der tanzanischen Gesellschaft. Die politische Führung sah in der akademischen Ausbildung zunächst

---

[159] Vgl. Erdmann. Die staatlichen Genossenschaftsstrategien müssen dabei im Zusammenhang mit der Dorfbildungspolitik gesehen werden. Vgl. dazu Kap. V, 4.

[160] Vgl. Coulson, Tanzania, 278f.; Erdmann, 234ff.

[161] Vgl. Coulson, Tanzania, 216.

[162] Vgl. Morrison, Education and Politics, 116f.

[163] Vgl. zu diesem Komplex Eric Ashby (mit Mary Anderson), Universities. British, Indian, African. A Study in the Ecology of Higher Education, London 1966.

[164] Vgl. etwa John S. Saul, High-level Manpower for Socialism, in: Cliffe / Saul, Bd. 2, 275-282.

ein wichtiges Kennzeichen der Reife und Unabhängigkeit Tanzanias: Denn Afrikaner instruierten nun ihr eigenes Führungspersonal, das sich der politischen, ökonomischen und gesellschaftlichen Probleme des Landes annehmen würde.[165] Die zur Mitgliedschaft in dieser Führungsgruppe notwendigen Qualifikationen hatten sich gegenüber der Kolonialzeit indes kaum geändert. Voraussetzung war weiterhin der klassische Ausbildungszyklus westlichen Stils, möglichst inklusive eines britischen oder nordamerikanischen Diploms. Allerdings wandelte sich der soziale und gesellschaftliche Rang der Akademiker. Von eng kontrollierten Mitarbeitern der Kolonialmacht wurden sie zur Kernelite des unabhängigen Staates.[166]

In weiten Teilen der Bevölkerung galten Studierende und Hochschulabsolventen jedoch als *wazungu weusi* (schwarzhäutige Weiße).[167] Dieses Image hing nicht zuletzt mit dem von Studierenden offen zur Schau getragenen Bewusstsein zusammen, eine zentrale Rolle im Staat innezuhaben und die künftige Führungsschicht zu sein. Daran knüpften sie einerseits materielle Erwartungen, andererseits nahmen sie sich die Freiheit, die Tätigkeit der Staats- und Verwaltungselite kritisch zu kommentieren. Im Oktober 1966 kam es zum Eklat. Anlass bot die Einführung des „Nationaldienstes". Danach mussten Sekundarschul- und Universitätsabgänger unmittelbar nach Erlangung ihres Abschlusses eine fünfmonatige militärische Ausbildung absolvieren. Zudem sollten sie die ersten achtzehn Monate in ihrem Beruf lediglich 40 Prozent des normalen Gehaltes bekommen.[168] Daraufhin marschierten rund 400 Studenten in ihren roten Talaren zum Amtssitz Nyereres und formulierten ein Ultimatum, das mit den Sätzen endete: „Therefore, your Excellency, unless the terms of reference and the attitude of our leaders towards students change, we shall not accept National Service in spirit. Let our bodies go. But our souls will remain outside the scheme, and the battle between the political élite and the educated élite will perpetually continue."[169] Auf einigen ihrer zahlreichen Plakate stand gar zu lesen: „Colonialism was Better." Nyerere war außer sich. Er holte zu einer improvisierten Rede aus, in deren Verlauf seine Wut immer stärker wurde. Der amerikanische Journalist und Nyerere-Biograph William Edgett Smith hat die Philippika aufgezeichnet:

„[...] I've accepted your ultimatum. And I can assure you I'm going to force nobody. You are right, your bodies would be there, your spirit wouldn't be there. You are right. I take nobody into the National Service whose spirit is not in it. Nobody. Absolutely nobody [...] It's not a prison camp, you know. I am not going to get anybody there who thinks it is a prison camp, no one! But nevertheless it will remain compulsory for everybody who is going to enter government service. So make your choice [...] You are right when you talk about salaries. Our salaries are too high. You want me to cut them? [...] Do you know what my salary is? Five thousand damned shillings a month. Five thousand damned shillings in a poor country [...] It's going to take a poor man in this country, who earns two hundred shillings a month, twenty-five years to earn what I earn in a year. The damned salaries! These are the salaries which build this kind of attitude in the educated people, all of them. Me and you. We belong to a class of exploiters. I belong to your class. Where I think three hundred and eighty pounds a year [das vorgesehene Mindestgehalt während des Nationaldienstes] is a prison camp, is forced labour. We belong to this damned exploiting class on top. Is that what the country fought for? [...] In order to maintain a class of exploiters on top? [...] Forced labour! Go, go in the classroom, go and don't teach. This we shall count as National Service for three hundred and eighty pounds a year. You are right, salaries are too high. Everybody in this country is demanding a pound of flesh. Everybody except the poor peasant. How can he demand it? He doesn't know the language [...] I

---

[165] Vgl. z. B. Nyereres Ansprache anlässlich der Eröffnung des Universitätscampus, 21. 8. 1964, in: ders., Freedom and Unity, 305–315; RH MSS Afr. s. 1471: Nyerere, The Problem of Education in Tanganyika, 12. 11. 1963 (Rede vor dem Christenrat). Allerdings bestand das Lehrpersonal in den sechziger Jahren noch mehrheitlich aus Europäern und Nordamerikanern.

[166] Vgl. Jan Blommaert, Intellectuals and Ideological Leadership in Ujamaa Tanzania, in: ALC 10,2 (1997), 129–144; ders., State Ideology, bes. 72–82.

[167] Vgl. ebd., 74; Interviews mit Francis X. Mbenna, Dar es Salaam, 10. 8. 1999; Hashim I. Mbita, Dar es Salaam, 10. 8. 1999; E. C. Mzena, Dar es Salaam, 6. 8. 1999.

[168] Die Details finden sich in United Republic of Tanzania, National Service. Staff Circular N° 5 of 1967, 17. 7. 1967.

[169] Zit. nach Smith, Nyerere, 27. Ausführlich dazu Morrison, Education, 237–248; Pratt, Critical Phase, 233f.

have accepted what you said. And I am going to revise salaries permanently. And as for you, I am asking you to go home [...]"[170]

Die protestierenden Studenten wurden von der Universität relegiert. Die hier von Nyerere vorgetragene (Selbst-)Kritik am staatlichen Führungspersonal fand einige Monate darauf in den *leadership conditions* der Arusha-Deklaration ihren Widerhall (vgl. weiter oben). Doch auch bezüglich des Hochschulwesens folgte im Zuge der Deklaration eine Neuorientierung. In seinem kurz darauf publizierten Essay *Education for Self-Reliance* entwarf Nyerere das Konzept einer akademischen Elite, die im Dienst der Massen steht.[171] Diesen Aspekt vertiefte er ein knappes Jahr darauf in einer Rede an der Universität von Liberia.[172] Dort stellte er fest, dass die Universitäten zumal in einem armen Land wie Tanzania nur dank der Opfer der Bevölkerung existierten. Die Armen könnten sich jedoch keinen finanziellen Altruismus leisten und hätten das Recht, von den wenigen privilegierten Studierenden Gegenleistungen zu erwarten. Zudem forderte er die akademische Elite auf, sich vorbehaltlos mit den weniger Gebildeten zu identifizieren. Nyerere fügte hinzu:

„But this means that university studies, and the university itself, are only justified in Africa if they – and it – are geared to the satisfaction of the needs of society, the majority of whose members do not have any education. Work at the university must, therefore, be so organized that it enables the students, upon graduation, to become effective servants. For servants they must be. And servants have no rights which are superior to those of their masters; they have more duties, but no more privileges or rights. And the masters of the educated people are, and must be, the masses of the people."[173]

In diesen Ausführungen offenbarte sich eine sehr politisierte Sicht von akademischer Ausbildung und Praxis. Auf der einen Seite wurde Studierenden und Hochschulabsolventen damit eine zentrale Rolle im großen politischen Projekt *Ujamaa* zugeschrieben. Auf der anderen Seite implizierte diese Zuweisung den Verlust akademischer Freiheit sowie größere politische Kontrolle über Lehre, Forschungsaktivitäten und Stellungnahmen von Akademikern. Die Universität war nun Teil des Staatsapparates und der Nationsbildung sowie Entwicklungszielen verpflichtet, die von einer politischen Führung formuliert wurden, die sich rhetorisch mit *we, the uneducated masses* identifizierte.[174]

Im Gefolge der Arusha-Deklaration erfuhr nicht nur die Universität, sondern der gesamte Schulbereich eine Neuorientierung.[175] In den Jahren unmittelbar nach der Unabhängigkeit konzentrierten sich die Bildungsplaner auf die Produktion von Sekundarschulabgängern. Grundschulen sollten die Kinder vor allem auf die höheren Ausbildungsstufen vorbereiten. Die während der Kolonialzeit gerade in den Curricula der ersten Schulklassen so dominante praktische landwirtschaftliche Arbeit verschwand zunächst weitgehend vom Lehrplan. Doch schon bald wurde offenbar, dass die dem Ende der Kolonialzeit implizite Verheißung auf höhere Schulbildung für alle schon allein aus finanziellen Gründen Illusion bleiben sollte. Das Konzept der „Erziehung zum Vertrauen in die eigene Kraft" war Teil einer Strategie, diese Hoffnungen zu zerstreuen. Nyereres Essay[176] machte deutlich, dass die Mehrzahl der Primarschulabgänger ebenso Bauern sein würden wie ihre Eltern. Diese Nachricht verpackte er in eine Rhetorik, die bei vielen westlichen, zumal linken Beobachtern großen Enthusias-

---

[170] Smith, 27–30.
[171] Vgl. Nyerere, Education for Self-reliance, März 1967, in: ders., Freedom and Socialism, 267–290.
[172] Vgl. ders., The Intellectual needs Society, 29.2.1968, in: ders., Freedom and Development, 23–29.
[173] Ebd., 28.
[174] Zu den in den siebziger Jahren zum Teil massiven Pressionen auf Studierende und Universitätsangehörige vgl. zusammenfassend Coulson, Tanzania, 224–230.
[175] Die folgenden Ausführungen basieren auf Buchert, 90–122; Kurtz, African Education, 127–200; Henning Melber, Erziehung zum Vertrauen in die eigene Kraft. Anspruch und Wirklichkeit, in: Pfennig/Voll/Weber, 402–422.
[176] Vgl. Nyerere, Education for Self-Reliance.

mus auslöste. Doch erinnerte das Programm mit seinem Fokus auf die Erziehung des Afrikaners zum Bauern durchaus an die Kolonialideologie seiner britischen Vorgänger.

Nyerere beklagte in seiner Schrift die Trennung der Schule von den realen Gegebenheiten der Gesellschaft und die Vergötterung der formalen Ausbildung mit ihren Examina und dem Bücherwissen. Das Schulsystem sollte zukünftig die Gemeinschaftsarbeit und nicht individuelles Karrieretum betonen und die Jugend auf das Leben in einer ländlichen Gesellschaft vorbereiten. Deshalb konzipierte er die Grundschulerziehung als eine in sich vollständige und abgeschlossene Einheit. Die Schule habe zudem langfristig ihren eigenen Bedarf und Unterhalt zu finanzieren und darüber hinaus einen Beitrag zum Nationaleinkommen durch die Bewirtschaftung von Schulfarmen zu leisten. Zugleich müssten die Schulkinder jedoch auch Mitglieder der „Wirtschaftseinheit Familie" bleiben, um ihre Kenntnisse im Produktionsprozess der bäuerlichen Bevölkerung anwenden und vermitteln zu können. Auf diese Weise erhoffte sich Nyerere einen Beitrag zur Produktionssteigerung und Verbesserung der Anbaumethoden. Die Regierung hob das Mindestalter für den Schuleintritt an, um sicherzustellen, dass Primarschulabgänger alt genug für die Feldarbeit sein würden. Die Bedeutung von Abschlussprüfungen wurde heruntergestuft. Allerdings blieben Lehrmethoden sowie die Verwaltung der Schule weitgehend autoritären Mustern verhaftet. Große Klassen und der Mangel an Lehrmaterial ließen wenig Raum für didaktische Rafinessen.[177]

Der größte Teil des Bildungswesens wurde ab den späten sechziger Jahren wichtiges Element der „Dorfbildungspolitik", der Schaffung von so genannten *Ujamaa*-Dörfern. In der Durchführung dieses Projekts, das im folgenden Kapitel beschrieben wird, kulminierten die Vorstellungen von einem afrikanischen Sozialismus in Tanzania. Gleichzeitig handelte es sich um eines der dunkelsten Kapitel in der nachkolonialen Geschichte des Landes und es lieferte ein eklatantes Beispiel für den Paternalismus der Staats- und Verwaltungselite.

---

[177] Vgl. Marjorie Mbilinyi, The Arusha Declaration and Education for Self-Reliance, in: Andrew Coulson (Hg.), African Socialism in Practice. The Tanzanian Experience, Nottingham 1979, 217–227.

4. Der Paternalismus der Verwalter. Ländliche „Entwicklungspolitik"

a) „Come together in Village Communities." Ordnungsvorstellungen und erste Projekte

In den vorhergehenden Abschnitten sind bereits mehrfach zwei Aspekte angeklungen: einmal die Vorstellung der im Wesentlichen urbanen politischen Führung, dass die große Mehrheit der Bevölkerung auf dem Land leben sollte; zweitens die Tendenz bei vielen Vertretern der Partei- und Staatsbürokratie, besser zu wissen als die Bauern, wie die ländliche Ordnung auszusehen habe. In der zum Teil mit Zwang durchgeführten Dorfbildungspolitik (*ujamaa vijijini*) liefen diese beiden Stränge zusammen. Dabei handelte es sich um das bis dahin größte Umsiedlungsprogramm in Afrika nach Ende der Kolonialzeit. Mindestens fünf Millionen Menschen mussten bis 1976 oft unfreiwillig in neu geschaffene dörfliche Agglomerationen umziehen. Dieser Prozess ist wegen des beträchtlichen internationalen Interesses an diesem Experiment, aber auch dank der trotz allem relativ großen Offenheit des politischen Lebens in Tanzania gut dokumentiert. Schließlich lässt sich die Kampagne im Gegensatz etwa zu den Zwangskollektivierungen in der Sowjetunion oder der Homeland-Politik in Südafrika vor allem als Entwicklungs- und Wohlfahrtsprojekt charakterisieren, als groß angelegtes *social engineering* durch einen relativ wohlwollenden und schwachen Staat. Der Prozess der „Verdörflichung" zerfiel in zwei Teile. Eine erste Phase war durch ideologisch-philosophische Verlautbarungen, Appelle und erste Experimente gekennzeichnet. Die zweite Phase dagegen war durch wachsende Ungeduld der Herrschenden und massive staatlich-bürokratische Repressionen geprägt.[178]

Die Arusha-Deklaration wurde neben der Schrift über die *Education for Self-Reliance* von einem zweiten Essay Nyereres gefolgt: *Socialism and Rural Development* vom September 1967 ist von einem Autor treffend als „Traum von einer besseren Welt" charakterisiert worden.[179] Nyerere verknüpfte hier die Idee von *Ujamaa* mit der Idee der Dorfbildung zum Konzept eines idealen *Ujamaa*-Dorfes. Diese Dorfschaften sollten jeweils von einer kleinen Gruppe politisch bewusster und engagierter Bauern bewohnt werden, die gemeinsam auf einem kommunalen Gehöft arbeiteten und ihre Ersparnisse zur Anschaffung von Geräten nutzten, die der gesamten Gruppe zugute kämen. Nyereres Vorschlag lautete: „[...] that we in Tanzania should move from being a nation of individual peasant producers who are gradually adopting the incentives and ethics of the capitalist system. Instead we should gradually become a nation of ujamaa villages where the people co-operate directly in small groups and where these small groups co-operate together for joint enterprises."[180] Dahinter stand die Sorge, in Tanzania könnte sich eine Klasse von reichen „Kulak"-Bauern entwickeln, die ihre Nachbarn mittelfristig auf den Status von Lohnarbeitern herabsetzten.[181]

---

[178] Die jüngste Darstellung und Analyse der Dorfbildungspolitik hat James C. Scott, Seeing like a State. How certain Schemes to improve the Human Condition have failed, New Haven/London 1998, Kap. 7, 223–261, vorgelegt. Dieser brillante Text ist grundlegend für die folgenden Ausführungen. Einen guten Überblick über die Kontinuitäten zwischen kolonialer und nachkolonialer Landwirtschaftspolitik bietet Andrew Coulson, Agricultural Policies in Mainland Tanzania, in: ROAPE 10 (1977), 74–100. Vgl. ferner Leander Schneider, Developmentalism and its Failing. Why Rural Development Went Wrong in the 1960s and 1970s in Tanzania, unveröffentl. Ph.D. Thesis, Columbia University 2003; Jennings, We Must Run.

[179] Vgl. Coulson, Tanzania, 240; Nyerere, Socialism and Rural Development, in: ders., Freedom and Socialism, 337–366.

[180] Ebd., 365.

[181] Vgl. Scott, 230. Der russische Begriff *kulak* war zu dieser Zeit in TANU-Zirkeln en vogue. Vgl. dazu auch John S. Saul, Nyerere on Socialism, in: Cliffe / Saul, Bd. 1, 180–186. Die „progressiven" *cash crop*-Farmer bzw. Kulaken galten auch in der Literatur lange als entscheidendes Hemmnis erfolgreicher dörflicher Gemeinwirtschaft. Vgl. Michaela von Freyhold, Ujamaa Villages in Tanzania. Analysis of a Social Experiment, London 1979.

Die große Bedeutung des Dorflebens hatte Nyerere bereits 1962 in seiner Eröffnungsrede vor dem Parlament unterstrichen:

„If we want to develop, we have no choice but to bring both our way of living and our way of farming up to date. The hand-hoe will not bring us the things we need today [...] We have got to begin using the plough and the tractor instead. But our people do not have enough money, and nor has the Government, to provide each family with a tractor. So what we must do is to try and make it possible for groups of farmers to get together and share the cost and the use of a tractor between them. But we cannot do this if our people are going to continue living scattered over a wide area, far apart from each other [...] The first and absolutely essential thing to do, therefore, if we want to be able to start using tractors for cultivation, is to begin with proper villages. And if you ask me why the government wants us to live in villages, the answer is just as simple: unless we do we shall not be able to provide ourselves with the things we need to develop our land and to raise our standard of living. We shall not be able to use tractors; we shall not be able to provide schools for our children; we shall not be able to build hospitals, or have clean drinking water; it will be quite impossible to start small village industries, and instead we shall have to go on depending on the towns for all our requirements; and if we had a plentiful supply of electric power we should never be able to connect it up to each isolated homestead."[182]

Sichtbar wird hier ein Modernisierungskonzept, das in gewisser Hinsicht an die indirekte Herrschaft erinnert: Denn auch Nyerere propagierte die physische Konzentration der Bevölkerung in ländlichen standardisierten Einheiten, die der Staat verwaltet. Nun war es aber nicht mehr der „Stamm", sondern die sozialistische dörfliche Gemeinschaft, die diese Entitäten konstituierte. Hinzu traten Embleme des technischen Fortschritts: Elektrizität und Traktoren. Für Nyerere bildeten das dörfliche Leben, Entwicklungsdienste durch den Staat, kommunale Landarbeit und Mechanisierung ein einziges unauflösliches Paket. Bauern auf verstreut liegenden Gehöften konnten nicht in modernen Agrartechniken instruiert werden, bevor sie in ein Dorf gezogen waren. Aufschlussreich ist schließlich die von Nyerere vertretene Ästhetik der Modernisierung: Eine moderne ländliche Bevölkerung sollte nicht einfach nur in Dörfern leben; es mussten *proper* villages" sein.

Der erste Fünfjahresplan der Regierung war noch ganz im spätkolonialen Modernisierungsduktus formuliert und charakterisierte die Bauernschaft als konservativ. Sie musste durch diverse Maßnahmen, notfalls mit Zwang, auf den richtigen Weg gebracht werden:

„The greater part of Tanganyikan peasant agriculture continues to be characterized by primitive methods of production and inadequate equipment. Yet significant inroads have been made into the conservatism of the rural population who, as they become organized into co-operatives, respond encouragingly both to the technical advice provided by Government staff and to cash incentives in the form of semi-durable and durable consumer goods [...] Attitudes will evolve through social emulation, co-operation and the expansion of community development activities. Where incentives, emulation and propaganda are ineffective, enforcement or coercive measures of an appropriate sort will be considered."[183]

Zunächst kam es, angeregt durch Nyereres Rede von 1962, zu einer Reihe von Dorfgründungen bzw. -vernetzungen und Anbauprogrammen, die jedoch keinem einheitlichen Schema folgten oder bereits durch Zwang gekennzeichnet waren: Es handelte sich dabei etwa um Joint Ventures zwischen dem Staat und ausländischen Unternehmen, um Regierungsprojekte, vor allem aber um spontane, häufig von der *TANU Youth League* initiierte Unternehmungen.[184] Die meisten dieser Projekte überlebten

---

[182] Nyerere, President's Inaugural Address, 184.

[183] Republic of Tanganyika, The Tanganyika Five Year Plan for Social and Economic Development July 1964 – June 1969, Dar es Salaam 1964, 19. Dieser Bericht war sehr stark von einem 1961 publizierten Bericht der Weltbank über die ökonomischen Perspektiven Tanganyikas geprägt. International Bank for Reconstruction and Development, The Economic Development of Tanganyika, Baltimore 1961. Siehe dazu ferner Coulson, Tanzania, 161f.

[184] Vgl. Andrew Coulson, Peasants and Bureaucrats, in: ROAPE 3 (1975), 53–58, hier: 54.

nicht lange. Doch zeigten sich in dieser Phase drei Aspekte, die bereits auf die in den frühen siebziger Jahren folgende umfassende Dorfbildungspolitik verwiesen.[185]

Erstens offenbarte sich eine gewisse Vorliebe für Pilotprojekte. Dieser Zugang ist grundsätzlich sinnvoll, weil er es ermöglicht, vor der eigentlichen Durchführung eines Programms noch potenziell kostspielige Fehler zu erkennen und zu vermeiden. In Tanzania entstanden jedoch teure und personalintensive Vorzeigefarmen, von denen eine dreihundert Siedler umfasste, die zusammen über vier Bulldozer, neun Traktoren, einen Landrover, sieben Lastwagen, eine Maismühle, einen elektrischen Generator und eine Belegschaft von rund 15 Verwaltern und Agrarspezialisten, 150 Arbeitern und zwölf Handwerken verfügten. Dieses scheinbar erfolgreiche Beispiel für Fortschritt und Moderne war jedoch hochgradig ineffizient und für das Land ökonomisch insgesamt völlig irrelevant.[186] Zweitens deutete sich in dieser Periode eine Art bürokratischer Autismus an. Scott hat die Situation treffend erfasst: „Given single-party rule, an authoritarian administrative tradition, and a dictator (albeit a rather benevolent one) who wanted results, the normal bureaucratic pathologies were exaggerated."[187] Plätze für neue Siedlungen wurden weniger nach ökonomischen und ökologischen Kriterien gewählt, sondern indem die Verantwortlichen weiße Flecken auf der Landkarte ausmachten. Bürokraten entwarfen hastig und mit bestenfalls rudimentären Kenntnissen der Region Pläne für *Ujamaa*-Dörfer und phantasierten in Berichten über künftige Steigerungen in Anbau und Produktion. Einheimische wurden nicht konsultiert; die Berechnungen basierten allein auf abstrakten technischen Vorannahmen. Die Praxis ähnelte kolonialen Großprojekten wie dem grandios gescheiterten *Groundnut Scheme*.[188] Drittens schließlich ignorierten TANU-Aktivisten und Bürokraten dort, wo etwa wegen Trockenheit und Missernten der Druck, neue Dörfer zu schaffen, besonders groß war, Nyereres Rat, auf Zwang zu verzichten. In *Socialism and Rural Development* hatte er erklärt: „Socialist communities cannot be established by compulsion [...] Viable socialist communities can only be established with willing members; the task of leadership and of Government is not to try and force this kind of development, but to explain, encourage, and participate."[189] Allerdings pflanzte Nyerere bereits die Saat des Zwangs, denn er schrieb im selben Absatz: „It may be possible – and sometimes necessary – to insist on all farmers in a given area growing a certain acreage of a particular crop until they realize that this brings them a more secure living, and then do not have to be forced to cultivate it."[190] Mit anderen Worten: Falls die Bauern nicht überzeugt werden könnten, in ihrem eigenen Interesse zu handeln, müssten sie zu ihrem Glück gezwungen werden.

Dorfbildungspolitik bedeutete jedoch nicht allein die Einrichtung von *ujamaa villages* und kollektiven Anbau, sondern staatliche Kontrolle. Das zeigt besonders drastisch das Schicksal der *Ruvuma Development Association* (RDA).[191] Diese Organisation entstand kurz nach der Unabhängigkeit im Süden des Landes an der Grenze zu Mozambique als Vereinigung spontan gebildeter Dorfansiedlungen. Die Bauern bewirtschafteten einige Felder individuell, andere gemeinsam. Das größte Dorf, Litowa, das rund sechzig Familien umfasste, baute auf kommunalen Äckern genügend Nahrung zur Selbstversorgung an, schaffte sich eine eigene Wasserversorgung, senkte drastisch die Kindersterblichkeit und kreierte ein neues Schulcurriculum, das jungen Leuten die für das dörfliche Leben wesentlichen Fähigkeiten vermitteln sollte. Mit finanzieller Unterstützung von Nyerere und einer Schweizer

[185] Vgl. Scott, Seeing, 232f.

[186] Eine Beschreibung dieses Vorzeigeprojekts liefern Lionel Cliffe / Griffiths L. Cunningham, Ideology, Organization, and the Settlement Experience of Tanzania, in: Cliffe / Saul, Bd. 2, 131–140.

[187] Scott, Seeing, 232.

[188] Vgl. Jannik Boesen / Birgit Storgaard Madsen / Tony Moody, Ujamaa. Socialism from Above, Uppsala 1977; Deborah Bryceson, Household, Hoe, and Nation. Development Policies of the Nyerere Era, in: Michael Hodd (Hg.), Tanzania after Nyerere, London 1988, 36–48. Zum Groundnut Scheme vgl. knapp weiter oben, Kap. III, 1.

[189] Nyerere, Socialism and Rural Development, 356.

[190] Ebd.

[191] Vgl. für die folgenden Ausführungen Coulson, Tanzania, 262–271; Feierman, Peasant Intellectuals, 236f.

Hilfsorganisation schafften die Bewohner sich eine Maismühle sowie ein Sägewerk an, die sie beide mit Erfolg unterhielten. 1969 kam das Zentralkomitee der TANU zusammen, um über das Schicksal der RDA zu befinden. Die politische Führung zeigte sich beunruhigt über diese autonome Gruppe von Bauern, die jenseits der Kontrolle durch die Partei wirtschaftlich erfolgreich operierte und sich zudem mit Nachdruck dagegen wehrte, wie von der Regionalverwaltung gefordert Tabak anzubauen. Die Entscheidung fiel zu Ungunsten der Bauern. Die RDA wurde als illegale Organisation eingestuft und verboten, ihre Ausrüstung konfisziert. Diese Maßnahme war jedoch nur ein Vorgeschmack.

b) „To live in Villages is an Order." Staatlicher Zwang und bürokratische Logik

Mit seinem Befehl vom Dezember 1973, die gesamte ländliche Bevölkerung solle bis 1976 in Dörfern leben, beendete Nyerere die Phase des sporadischen Zwangs. Nun kam die komplette Staatsmaschinerie zum Einsatz, um die „Verdörflichung" Tanzanias endlich und rasch durchzusetzen.[192] In einer Radioansprache erinnerte Nyerere an all die Dinge, welche die TANU-Regierung nach der Arusha-Deklaration für das Volk getan habe: die Abschaffung der Kopfsteuer und der Grundschulgebühren, die Einrichtung von Trinkwasserversorgung in den Dörfern, den Bau neuer Krankenhäuser in ländlichen Gebieten, den Ausbau von Schulen und vieles mehr. Doch was, so fragte Nyerere dann, hätten die Bauern als Gegenleistung erbracht? Im Grunde nichts, lautete seine Antwort. Sie seien faul geblieben und ihrer Verantwortung für die sozialistische Entwicklung Tanzanias nicht nachgekommen. Er schloss seine Ausführungen mit der Bemerkung, dass er die Menschen zwar nicht dazu zwingen könnte, Sozialisten zu werden; doch seine Regierung würde zumindest sicherstellen, dass alle in Dörfern lebten.[193] Die Rede, schreibt der Politologe Goran Hyden, war die eines Lehrers, der seine Enttäuschung über das Verhalten seiner Schüler ausdrückte.[194] Konsequenterweise musste der Lehrer nun Zwang zum Besten seiner ihm anvertrauten Schüler ausüben. So sah es jedenfalls der Distriktbeamte Juma Mwapachu aus Shinyanga:

„The 1974 Operation (Planned) Village was not to be a matter of persuasion but of coercion. As Nyerere argued, the move had to be compulsory because Tanzania could not sit back seing the majority of its people leading a ‚life of death'. The State had, therefore, to take the role of the ‚father' in ensuring that its people chose a better and more prosperous life for themselves."[195]

Die unter beträchtlichen Zeitdruck gesetzte *Operation Planned Villages* war in sechs Schritten durchzuführen: „educate the people, search for a suitable site, inspect the location, plan the village and demarcate the land clearly, train the officials in the methodology of ujamaa, and resettlement".[196] Die ländliche Bevölkerung zeigte sich verständlicherweise wenig begeistert, in neue vom Staat geplante Gemeinden umzusiedeln. Ihre Skepsis rührte nicht zuletzt von Erfahrungen mit kolonialen „Entwicklungsprogrammen". In der Regel hatten sie sich in ihrer Siedlungs- und Anbauweise einer ökologisch oft fragilen Umwelt so gut es ging angepasst. Die nun von den Behörden erwählten Ortschaften

---

[192] Vgl. Coulson, Tanzania, 249; Scott, Seeing, 234.

[193] Vgl. Goran Hyden, Beyond Ujamaa in Tanzania. Underdevelopment and an Uncaptured Peasantry, Berkeley 1980, 130.

[194] Hyden zieht zudem Vergleiche mit der Haltung deutscher und britischer Kolonialbeamten: „President Nyerere's speech echoed sentiments that had been expresseed earlier by both German and British colonial officials. They all sprang out of the same policy dilemma: what to do with an endless number of smallholder peasants whose concerns do not extend to the nation as a whole. In the same way as the Germans tried to instil in the peasant mind that they had a Lebensaufgabe, Nyerere stressed the moral obligation of the peasantry to contribute to the successful implementation of the ujamaa policies." Vgl. ebd.

[195] Zit. nach Coulson, Agricultural Policies, 74.

[196] Vgl. Dean E. McHenry, Tanzania's Ujamaa Villages. The Implementation of a Rural Development Strategy, Berkeley 1979, 136.

entsprachen dagegen administrativer Konvenienz, nicht ökologischen Erwägungen. Der Zugang zu Feuerholz und Wasser gestaltete sich häufig problematisch, die Ertragskapazität des Bodens war nicht ausreichend.[197] Angesichts der Widerständigkeit der Bevölkerung und des bürokratisch-militärischen Imperativs des Dorfbildungsprogramms blieb Gewalt nicht aus. Die Häuser derer, die sich weigerten umzuziehen, wurden von Polizei und Militär in der Regel niedergebrannt. Interessanterweise blieben einige Regionen von den Maßnahmen weitgehend verschont. Die Beamten beließen es dort dabei, bereits bestehende Ansiedlungen als geplante Dörfer zu kennzeichnen. Dafür gab es politische und wirtschaftliche Gründe. Relativ wohlhabende und bevölkerungsreiche Gebiete wie die *West Lake Province* oder die Kilimanjaroregion wurden verschont, weil die Bauern bereits in dicht besiedelten Dörfern lebten, die dortige Produktion von *cash crops* große Bedeutung für die staatlichen Einnahmen hatte und der Anteil der bürokratischen Elite in diesen Distrikten besonders hoch war.[198]

Die geplanten neuen Dörfer folgten einer bestimmten bürokratischen Logik. Die Verwalter hatten eine Vorliebe dafür, die Ansiedlungen entlang von Allwetterstraßen zu platzieren. Auf diese Weise konnten sie am leichtesten erreicht und überwacht werden. Ökonomisch machte diese Ordnung wenig Sinn. Sie symbolisierte vielmehr, wie das Ziel, staatliche Kontolle über die Bauern zu erlangen, über das zweite Anliegen des Staates, die agrarische Produktion zu steigern, triumphierte. Ein der Dorfbildungspolitik im Prinzip durchaus wohlgesonnener Politologe hat die Wirkung dieser administrativen Logik treffend beschrieben:

„The new approach was more in line with bureaucratic thinking and with what a bureaucracy can do effectively: enforced movement of the peasants into new 'modern' settlements, i.e. settlements with houses placed close together, in straight lines, along the roads, and with the fields outside the nucleated village, organized in block farms, each block containing the villager's individual plots, but with only one type of crop, and readily accessible for control by the agricultural extension officer and eventual cultivation by government tractors."[199]

Das *ujamaa village* entsprach, wie Scott hervorhebt, den Vorstellungen der Bürokraten von einem modernen administrativen Dorf, dessen Ästhetik Elemente bürokratischer Geregeltheit, Ordentlichkeit und „Lesbarkeit" vereinte und das implizit auch mit einer modernen, disziplinierten und produktiven Bauernschaft verknüpft wurde.[200] Den Staatsdienern würde in der künftigen Agrarproduktion zudem eine zentrale Rolle zufallen. Sie sollten das Wohnen, die Selbstverwaltung, die landwirtschaftlichen Praktiken sowie die Arbeitstage der Dorfbewohner beaufsichtigen.

Die Dorfbildungspolitik erwies sich als ökonomisches und partiell auch ökologisches Desaster. Die Bauern zogen sich allerdings nicht vom Staat zurück, wie es Goran Hydens einflussreiche These von der *economy of affection* behauptete.[201] Vielmehr entstand eine Arena komplexer Auseinandersetzungen zwischen Bauern und Staat bezüglich der Verfügung über Ressourcen wie Geldeinkommen, Entwicklungshilfe, Arbeitskraft und Land.[202] Dieser Aspekt kann hier nicht weiter ausgeführt werden. Dagegen gilt es jedoch noch einmal folgendes hervorzuheben: Die ländliche Politik des Nyerere-Regimes in den sechziger und siebziger Jahren stellte den Versuch dar, die bäuerliche Bevölkerung in einer Weise zu rekonfigurieren, die es dem Staat erlauben würde, seine Entwicklungsagenda durchzu-

---

[197] Vgl. Helge Kjekhus, The Tanzanian Villagization Policy. Implementation Lessons and Ecological Dimensions, in: CJAS 11,2 (1977), 269–282, hier: 282.

[198] Vgl. Scott, Seeing, 236.

[199] Jannik Boesen, zit. nach Coulson, Tanzania, 254.

[200] Vgl. Scott, Seeing, 237f.

[201] Vgl. Hyden, Beyond Ujamaa; ders., No Shortcuts to Progress. African Development Management in Perspective, Berkeley 1983. Nach Hyden sind die afrikanischen Bauern aufgrund verschiedener Faktoren in der Lage, relativ unabhängig vom Staat zu wirtschaften, weil sie alternative Netzwerke in Form einer „Ökonomie der Zuneigung" entwickelt haben. Die Kritik an diesem vieldiskutierten Ansatz resümiert Carola Donner-Reichle, Ujamaa-Dörfer in Tanzania. Politik und Reaktionen der Bäuerinnen, Hamburg 1988, 25–40.

[202] Vgl. dazu etwa Achim von Oppen, Bauern, Boden und Bäume. Landkonflikte und ihre ökologischen Wirkungen in tanzanischen Dörfern nach Ujamaa, in: Afrika Spectrum 28,2 (1993), 227–254.

setzen und die Arbeit und Produktion der Bauern zu kontrollieren. Dieses Ziel offenbarte sich nachdrücklich im dritten Fünfjahresplan von 1978: „The plan intends to make sure that in every workplace, rural or urban, our implementing organs set specific work targets each year [...] The village development will see to it that all Party policies in respect of development programmes are adhered to."[203] Im Grunde unterschied sich die der ländlichen Entwicklungspolitik nach der Unabhängigkeit zugrunde liegende Logik trotz der romantisierenden Rhetorik von *Ujamaa* und traditioneller Kultur nur wenig von der kolonialen Agrarpolitik. Denn in beiden Fällen gingen die Regierenden von der Prämisse aus, dass die Praktiken afrikanischer Bauern rückständig, unwissenschaftlich, ineffizient und ökologisch unverantwortlich seien. Nur strenge Überwachung, Ausbildung und falls notwendig auch Zwang durch die Staats- (bzw. Partei-)Organe sowie Spezialisten wissenschaftlicher Landwirtschaft ermöglichten es, die Bauern und die bäuerliche Produktion in Einklang mit dem modernen Tanzania zu bringen.[204] „For we must remember that the problems of the rural peasantry haven been based fundamentally on their traditional outlook and unwillingness to accept change." Genau aus dieser – hier Anfang der siebziger Jahre von einem tanzanischen Verwaltungsmitarbeiter formulierten – Annahme resultierte die lange Reihe von landwirtschaftlichen Projekten, von *ujamaa villages* über Zwangsumsiedlungen bis hin zum überwachten Anbau.[205]

Die Leistungen des bürokratischen Apparates zeigten sich nach dieser Logik in zwei Hinsichten. Als die Verwalter realisierten, dass ihre Zukunft davon abhing, möglichst rasch beeindruckende Zahlen vorzulegen, begann eine Art Wettbewerb. Jeder mit der Dorfbildung beauftragte Bürokrat versuchte, in seiner Region in einem kürzeren Zeitraum mehr Ansiedlungen durchzuführen als sein Kollege, ohne unter diesen Umständen noch Rücksicht auf eine sorgfältige Planung und angemessene Umsetzung nehmen zu können. Zudem suchten die Verwalter und TANU-Vertreter dafür zu sorgen, dass sich im Rahmen der Um- und Ansiedlungen ihr Status und ihre Machtpositionen verfestigten. Noch vorhandene Partizipationsmöglichkeiten der ländlichen Bevölkerung wurden diesem Interesse geopfert.[206] Verwalten, das hieß im Tanzania der frühen siebziger Jahre vor allem eines: kontrollieren.

---

[203] Zit. nach Henry Bernstein, Notes on State and the Peasantry. The Tanzanian Case, in: ROAPE 21 (1981), 44–62, hier: 48.
[204] Vgl. Scott, Seeing, 243.
[205] Zitat nach Coulson, Tanzania, 255.
[206] Vgl. ebd., 320ff.; Scott, Seeing, 245. Für ein ähnliches Beispiel dieser staatsbürokratischen Logik vgl. James Ferguson, The Anti-Politics Machine: „Development", Depoliticization, and Bureaucratic Power in Lesotho, Cambridge 1990.

5. Zusammenfassung

War das Konzept des „afrikanischen Sozialismus" in Tanzania die Strategie einer zynischen Staats-
und Verwaltungselite, die auf diese Weise versuchte, ihre privilegierte Stellung auf- und auszubauen?
Und war Julius Nyerere, der *spiritus rector* von *Ujamaa*, ein geschickter Ideologe und Stratege oder
doch lediglich ein etwas zu romantisch veranlagter, vom westlichen Gedankengut geprägter Universi-
tätsabsolvent? Das Projekt der Dorfbildung, die Idee, Bauern in staatlich überwachten Dörfern anzusiedeln und ihre agrarischen Aktivitäten zu dirigieren, war jedenfalls nicht allein das Geistesprodukt
der tanzanischen Bürokraten. Diese technokratisch-ökonomische Vision von ländlicher Entwicklung
teilten lange Zeit internationale Agenturen wie die Weltbank, und auch im kolonialen Tanganyika
gab es bereits genügend Vorbilder für den Versuch des Staates, das ländliche Leben zu ordnen. James
C. Scott hat dies prägnant formuliert: „However enthusiastic they were in spearheading their campaign, the political leaders of Tanzania were more consumers of a high-modernist faith that had
originated elsewhere much earlier than they were producers."[207]

Die staatlich-administrative Elite des jungen Nationalstaats Tanzania war durchaus nicht homogen. Sie teilte jedoch weitgehend das von ihren britischen Vorgängern übernommene Bewusstsein,
sie allein kenne Lösungswege aus den vielfältigen Problemen des Landes. Aber anders als die Kolonialherren hatten sie, davon waren die meisten Politiker und Staatsdiener und nicht zuletzt Nyerere
überzeugt, humane Ziele und das Wohl aller im Blick, Ziele, für die es sich zu kämpfen lohnte. Und
leider, so dachten sie, wenig Zeit. So nahmen sie die aus der Kolonialzeit vertraute Rolle der *cultural
brokers* ein und vermittelten den Menschen die Strategien und Projekte, von denen sie sich Wohlstand und Gerechtigkeit versprachen. Skepsis, Kritik oder gar Widerstand gegen die Programme ge-
fährdeten nach diesem Selbstverständnis die ohnehin noch fragile nationalstaatliche Einheit und den
gesellschaftlichen Fortschritt. Dissens durfte nur unter Aufsicht, das heißt innerhalb der Einheitspartei, praktiziert werden. Aus Furcht vor Kontrollverlust wurde die Macht immer mehr zentralisiert,
partizipative Elemente in Administration, Genossenschaften und Lokalverwaltung zurückgedrängt.
Aus der engen Verknüpfung von Regierung, TANU und Verwaltung resultierte schließlich eine bürokratische Praxis, die durch einen gewissen Autismus charakterisiert war. Politisch-administrativ
gesetzte Ziele wurden ohne Rückbindung an die Realitäten geplant und versuchsweise durchgesetzt.
Aus Sicht der Bauern war dies lediglich die Fortsetzung der staatlichen Willkür, mit der sie bereits in
der Kolonialzeit regelmäßig konfrontiert waren.

Zu den frappanten Gemeinsamkeiten zwischen den Kolonialherren und den Herrschern des nachkolonialen Tanzania gehörte nicht nur die Überzeugung, das Monopol über nützliches Wissen zu
besitzen und die Bauern als Hindernis auf dem Weg zum Fortschritt zu betrachten. Ebenso teilten sie
die Auffassung, dass der wahre Platz für Afrikaner auf dem Land zu finden sei. Die Städte, vor allem
Dar es Salaam, galten dagegen als Hort der Eigensucht, in der *Ujamaa*-Ideologie zudem als Vampire,
die vom Blut und Schweiß der ländlichen Bevölkerung lebten. Und wie zahlreiche andere Ex-Ko-
lonien plante auch Tanzania eine neue Hauptstadt.[208] Diese Planungen verdeutlichen noch einmal
schlaglichtartig die Ideale und Utopien der Staats- und Verwaltungselite. Denn Dodoma sollte anders werden. Das Kredo der Regierung sollte sich in der Architektur ausdrücken, die explizit nicht
monumental war. Mehrere miteinander verbundene Ansiedlungen würden sich in die Landschaft
schlängeln, und angesichts der bescheidenen Größe der Gebäude bestünde keine Notwendigkeit für
Aufzüge und Air Condition. Dodoma war eine Art utopischer Raum, der sowohl die Zukunft repräsentierte als auch explizit einen Gegenentwurf zu Dar es Salaam darstellte. Der Entwurf für Dodoma
kritisierte Dar es Salaam als „[...] the antithesis of what Tanzania is aiming for [...] [it] is growing at a

---

[207] Scott, Seeing, 247.
[208] Vgl. Lawrence Vale, Architecture, Power, and National Identity, New Haven/London 1992. Dodoma wurde
zwar 1974 formal Regierungssitz, die architektonischen Pläne größtenteils jedoch nicht umgesetzt.

pace, which if not checked, will damage the city as a humanist habitat and Tanzania as an egalitarian socialist-state."[209] Während die Herrschenden für alle anderen, ob die es wollten oder nicht, Dörfer planten, entwarfen sie für sich selbst ein neues symbolisches Zentrum, das wohl nicht zufällig Regierungsgebäude auf einem Hügel einschloß, umgeben von ordentlich angelegten Siedlungen.

[209] Zit. nach ebd., 149.

VI. Nachbetrachtung

Die zurückliegenden Seiten haben durch mehr als fünf Dekaden politischer, sozialer und kultureller Geschichte Tanzanias geführt, wobei die Darstellung vornehmlich von den folgenden Grundüberlegungen getragen war: *Erstens* ging es mir darum, die Geschichte eines afrikanischen Landes während der Kolonialzeit und der ersten Dekade der Unabhängigkeit aus einer spezifischen Perspektive heraus zu betrachten. Im Mittelpunkt stand die staatliche Organisation, standen vor allem die für das Funktionieren eines modernen Staates unabdingbaren Verwalter, in diesem Fall jene relativ kleine Gruppe von afrikanischen Männern, die im Verlauf der Kolonialperiode eine neue, von den Kolonisierenden geförderte und zugleich mit Argwohn und Misstrauen verfolgte Elite bildeten. Dieser Fokus verknüpfte sich *zweitens* mit dem Anspruch, einen historischen Beitrag zu der sehr intensiv geführten Debatte über Staat und Staatlichkeit zu leisten. Im Rahmen laufender Diskussionen liefert Afrika in der Regel bislang lediglich Anschauungsmaterial für die *bad cases*, für vermeintlich „staatsferne" Gesellschaften, für „Gesellschaften ohne Staat" gar oder zumindest für solche, in denen das Ende der Staatlichkeit kurz bevorzustehen scheint.

Die Krise vieler nationalstaatlich verfasster Gesellschaften ist in der Tat nicht zu leugnen. Die „Monopolisierung legitimer Gewaltsamkeit"[1], der Grundpfeiler moderner Staatlichkeit, ist für die meisten afrikanischen Regierungen weiter in die Ferne gerückt als je zuvor. *Warlords* und andere intermediäre Gewalten gewinnen beständig an Macht, besonders sichtbar etwa im ehemaligen Zaire, heute Republik Kongo, in Sierra Leone und im Sudan.[2] Staatliche Systeme sozialer Sicherung, ohnehin nie besonders entwickelt, sind allerorten längst zusammengebrochen. Die Bevölkerung wendet sich in vielen Ländern enttäuscht von den Staatsorganen ab und versucht sich zur Überlebenssicherung fern aller staatlichen Organisationen selbst zu organisieren, in Kirchen, Bruderschaften, Frauenorganisationen sowie diversen anderen lokal verwurzelten Netzwerken und Zweckbündnissen. Die informelle Wirtschaft wächst kontinuierlich. Gleichwohl ging die vorliegende Arbeit nicht primär von der These vom Staatszerfall aus, die in der Regel ja eng an das idealtypische Modell der bürokratisch-legalen Herrschaft gekoppelt ist.[3] Demgegenüber war es mir darum zu tun, nach Spuren moderner Staatlichkeit im kolonialen Erbe zu suchen, eben weil die Nachrichten vom Ende des Staates in Afrika übertrieben scheinen. Denn was südlich der Sahara zum Teil blutig beerdigt wird, ist vielmehr die Vision von einem national verfassten Wohlfahrtstaat, wie sie die Kolonialherren und spätkolonialen Eliten nach dem Zweiten Weltkrieg entwickelt hatten.

Diese Vision, so lautete meine Ausgangsthese, ist zwar gescheitert, und die vorliegende Studie unternahm den Versuch, die historischen Hintergründe diese Scheiterns nachzuzeichnen und zu erklären; doch Alternativen zum modernen Staat sind nicht zu sehen, wohl aber Varianten, unter-

---

[1] Weber, Wirtschaft und Gesellschaft, 519.
[2] William Reno, Warlord Politics and African States, Boulder 1999.
[3] Vgl. etwa Rainer Tetzlaff, Staat und Gesellschaft in Afrika. Ein prekäres Verhältnis im Wandel, in: Manfred Schulz (Hg.), Entwicklung. Perspektiven der Entwicklungssoziologie, Opladen 1997, 127–154.

schiedliche Formen der inneren Ausgestaltung.[4] Ob diese Formen gar Vorbild für andere Weltteile werden? Diese Frage kann man, wie Trutz von Trotha, mit eher düsteren Worten beantworten: „Die Zukunft liegt in Schwarzafrika, weil der Kontinent schon jetzt dokumentiert, dass eine der folgenreichsten Institutionen, der moderne Staat, im bisher folgenreichsten Globalisierungsvorgang, der europäischen Expansion und des Kolonialismus des ausgehenden 18. und 19. Jahrhunderts, heute ihren Zenit überschritten hat ... Schwarzafrika ist aber auch dort ‚Zukunft‘, wo es tatkräftig verwirklicht, was im Selbstverständnis des Westens immer der okzidentalen Moderne zugerechnet worden ist: Wagnis, Bewegung und Experiment. In der Erfindung neuer Formen politischer Herrschaft kommen diese Elemente zusammen.“[5] Trotha sieht in der Parastaatlichkeit eine dieser Erfindungen, eine Erfindung, die ihm zufolge auch den westlichen Gesellschaften droht. In eine ähnliche Richtung, allerdings freundlicher formuliert und unbestimmter, argumentiert Wolf Lepenies: „[...] an apparently forgotten continent like Africa can probably hold up to a still self-confident Europe a mirror of its own future.“[6]

Nimmt man diese Anregungen ernst, wird die Erforschung der Staatlichkeit in Afrika zu einer geradezu dringenden Aufgabe. In diesem Zusammenhang richtete sich mein Blick auf die „Sozialgeschichte staatlicher Strukturen“, auf das Zusammenspiel von Verwaltungsformen und Verwaltungshandeln, durchaus mit Bedacht also auch auf die Institutionengeschichte, die in vielen neueren Analysen zum kolonialen und nachkolonialen Afrika aus dem Blick geraten ist. Dieser Blickwinkel ist wiederum, und das war die *dritte* Grundüberlegung des Buches, mit dem Anspruch verbunden, eine kultur- und sozialhistorisch informierte Politikgeschichte Afrikas zu schreiben, die den Kontinent nicht exotisiert, ohne jedoch seine Spezifika zu leugnen, aber die Idee, dass Afrika ganz „anders“ sei als der Rest der Welt, zu revidieren. Nach den zahllosen, in immer rascherer Folge auftretenden historiographischen *turns* der vergangenen zwei, drei Dekaden bedeutet die Rückkehr zu dieser Form der Politikgeschichte keineswegs die Rückkehr zu scheinbar Bewährtem. Es handelt sich vielmehr um den Versuch, angemessene Zugänge für eine Problematik zu entwickeln und zu testen, die am Schnittpunkt zahlreicher Debatten unterschiedlichster Fächerprovenienzen steht.

Die zahlreichen Wendungen und permanenten Postulierungen neuer (oder scheinbar neuer) Paradigmen, wie sie für den Wissenschaftsbetrieb typisch (geworden?) sind, lassen sich eindrucksvoll am Themenfeld „Kolonialismus“ ablesen, das im deutschen Sprachraum zwar weiterhin eher ein Mauerblümchendasein führt – wenngleich es mit deutlich wachsendem Interesse konfrontiert ist –, international aber seit geraumer Zeit schon zu den akademischen Wachstumsbranchen zählt. Die *vierte* Grundüberlegung des Buches bestand darin, die vielfältigen Ansätze, die sich mit diesem Themenfeld verbinden, für eine konkrete Fallstudie fruchtbar zu machen, mithin auch empirische Bodenhaftung zu vermitteln und Afrikaner als zentrale Akteure in der *situation coloniale* ins Spiel zu bringen. Dies sollte auch deshalb so betont werden, weil in der neueren Kolonialismusforschung die Analyse kolonialer Phantasien und Diskurse äußerst prominent ist: Einige Autoren frönen in diesem Zusammenhang hemmungslos ihrem Hang zur selbstverliebten Übertheoretisierung und ignorieren sowohl die handgreiflichen Realitäten kolonialer Herrschaft als auch die Lebenswelten der Kolonisierten. Aber auch viele empirisch gehaltvollere, rezente Studien haben sich einer zentrumsorientierten Kolonialgeschichte verschrieben, die sich eher wenig für die Gegebenheiten in den Kolonien selbst und schon gar nicht für die Kolonisierten (außer in ihrer Funktion als Projektionsfläche) interessiert. So aufschlussreich Untersuchungen sein können, die sich den Rückwirkungen kolonialer Erfahrungen

---

[4] So auch Schlichte, Staat, 295: „Sicher ist jedoch, dass die Dynamik des Staates noch nicht sein Ende bedeutet.“

[5] Trotha, Die Zukunft liegt in Afrika, 277f.

[6] Wolf Lepenies, Foreword, in: ders. (Hg.), Entangled Histories and Negotiated Universals. Centers and Peripheries in a Changing World, Frankfurt/New York 2003, 12.

und Phantasien auf die „Mutterländer" widmen,[7] so wichtig ist es, die Geschichte der Kolonisierten und ihren Platz in den *entangled histories* nicht aus den Augen zu verlieren.

Vor dem Hintergrund der skizzierten Grundüberlegungen und Ansprüche sollen zentrale Ergebnisse der Arbeit noch einmal knapp rekapituliert und in einen größeren Zusammenhang eingeordnet werden. Der koloniale Staat in Tanzania war – wie diese Arbeit zu zeigen versucht hat – autoritär und schwach zugleich. Das blieb selbst nach dem Zweiten Weltkrieg so, als Großbritannien antrat, den modernen demokratischen Verwaltungs- und Wohlfahrtsstaat in seinen Kolonien südlich der Sahara zu implementieren. Die „neue Kolonialpolitik" nach 1945 war von dem Wunsch getragen, der britischen Herrschaft eine stabile Basis zu verschaffen und parallel größeren ökonomischen Nutzen aus den afrikanischen Besitzungen zu ziehen. Frederick Cooper hat diese Politik treffend zusammengefasst: „What came apart with remarkable rapidity in the decade after World War II was colonialism at its most reformist, its most interventionist, its most arrogantly assertive."[8] Die Arroganz kleidete sich in Erziehungsmetaphern, die an viele Bereiche wie etwa die Lokalverwaltung und die Projekte des *community development* herangetragen wurden – die Afrikaner mussten zunächst einmal ausgiebig belehrt werden, bevor sie an den Früchten von Freiheit, Demokratie und Wohlstand naschen durften. Dahinter stand die Vorstellung der Politik als eines organischen Prozesses des Wachsens und Reifens. *One man, one vote* lag nach dieser Lesart noch in weiter Ferne. Ungeachtet einer Rhetorik der Reform standen viele *District Officers* der Einführung demokratischer Verfahrensweisen und der Errichtung parlamentarischer Institutionen äußerst skeptisch gegenüber. Sie zogen es vor zu befehlen, anstatt zu regieren. Die Kolonisierten hatte man am liebsten, wenn sie stets zur Hand, aber nicht allzu sichtbar waren, folgsam, fleißig und passiv.

Der Platz der Bürokratie in der staatlichen Ordnung blieb indes selbst im spätkolonialen Interventionsstaat klein. In Tanganyika sahen sich – trotz nicht unerheblicher Personalaufstockung – weiterhin vergleichsweise wenige, überdies technisch schlecht ausgerüstete britische Administratoren mehreren Millionen Afrikanern gegenüber. Der direkte Zugriff auf den Einzelnen gelang daher selten. Institutionen und Funktionen des modernen Staates waren nur einer Minderheit zugänglich und erreichten umgekehrt die Bevölkerung kaum in einem „durchrationalisierten" Sinne. Die Bürokratie zeigte sich weniger als berechenbare, effektive Institution „aktenmäßiger Erledigung", sondern zuvorderst als Kontrollinstanz. Koloniales Verwaltungshandeln stand stets unter dem Schatten der Gewaltandrohung. Männer mit Peitsche und Gewehr hatten über lange Jahre hinweg mehr Gewicht als die Männer des Buchs, deren Aufgabe sich zunächst auf Kanzleidienste in den Zentren der kolonialen Durchdringung beschränkte. Die Verwaltung gewann jedoch in dem Maße an Bedeutung, als der koloniale Staat Steuern und Zölle einzutreiben, Statistiken zu erstellen und Recht zu sprechen begann und ein schriftliches Berichtswesen einführte, vor allem aber, als er sich nach dem Zweiten Weltkrieg „über Entwicklungsleistungen im Sinne der europäischen Moderne zu legitimieren versuchte, welche sich am Morgen orientiert und die Zukunft mit Fortschritt gleichsetzt".[9]

Die Widersprüche und Ambivalenzen der staatlichen Ordnung Tanzanias vom Ersten Weltkrieg bis in die siebziger Jahre spiegeln sich vielleicht nirgendwo deutlicher als in jenen Afrikanern, die Funktionen im kolonialen Staatsapparat ausübten, ehe sie mit der Unabhängigkeit das Erbe der Kolonisierenden an der Spitze des Staates antraten. In dieser Arbeit sind erstmals Erfahrungen, Verhaltensweisen, Handlungsspielräume und politische Bedeutung dieser heterogenen Gruppe im Kontext kolonialer Staatlichkeit systematisch herausgearbeitet worden. Die afrikanischen Bürokraten agierten dabei in einem „Zwischenraum": Schule und Verwaltungstätigkeit führten sie ans Scharnier zwischen dem Alten und dem Neuen, zwischen dem Lokalen und dem Globalen. Diese Position

---

[7] Vgl. etwa die anregende Arbeit von Dirk van Laak, Imperiale Infrastruktur. Deutsche Planungen für eine Erschließung Afrikas 1880 bis 1960, Paderborn 2004.

[8] Cooper, Decolonization, 451.

[9] Wirz, Körper, Raum und Zeit, 12.

barg eine Vielfalt von Problemen und Konflikten, doch eröffnete sie gleichzeitig Möglichkeiten des Austausches sowie des Experimentierens mit neuen Ideen und Ideologien. Bis zum Ende der Kolonialzeit erhielten allerdings nur wenige überhaupt Zugang zu höheren Bildungseinrichtungen. Auf dem Stundenplan der künftigen afrikanischen Bürokraten standen vor allem Disziplin und Drill. Bei ihrer administrativen Tätigkeit durften sie selten eigenständig Entscheidungen treffen. Aber sie konnten bürokratische und politische Prozeduren einüben, die ihre Vorstellungen von staatlicher Ordnung dauerhaft prägten. Es gibt im Übrigen kaum Anzeichen dafür, dass diese Akteure zwischen Tradition und Moderne hin- und hergerissen waren, wie es die europäischen Zeitgenossen mit ihrem „Entweder-Oder"-Weltbild unterstellten. Die Mehrheit der hier untersuchten tanzanischen Staatsdiener bewegte sich souverän in verschiedenen Welten, kombinierte in rationaler Weise diverse Haltungen und Praktiken, um eigene Lebensformen zu entwickeln und durchzusetzen. Sie vermittelten zwischen scheinbar Unvereinbarem, wobei sie den eigenen Vorteil nie vergaßen. Dieses Ergebnis widerspricht nachdrücklich dichotomischen Sichtweisen der kolonialen Ordnung, die Kultur als ein organisches Ganzes mit klar gezogenen Grenzen definieren und damit letztlich die koloniale Ideologie mit ihren Einfriedungstendenzen spiegeln.

In der Zwischenkriegszeit, im System der indirekten Herrschaft, spielten vor allem die Chiefs eine wichtige Rolle. In den Vorstellungen der britischen Verwalter sollten die „traditionellen Oberen", deren Position oft eigens geschaffen oder „erfunden" wurde, als zentrale Mittler zwischen Kolonialmacht und Bevölkerung agieren. Die Kolonialherren setzten in den zwanziger und dreißiger Jahren bewusst auf eine Politik der intermediären Herrschaft. Ihre Strategie basierte auf der Idee, vorgegebene Rechtsnormen und politische Strukturen weiterzuführen, die wiederum als tribal und zugleich territorial definierte Einheiten gedacht wurden. Gerade jene von den Briten als „fortschrittlich" etikettierten Chiefs, die sich zu einem gewissen Grad bürokratischen Normen beugten, selbst koloniale Schulen besucht hatten oder doch wenigstens Söhne dorthin schickten, vermochten die ihnen zugedachte Position sowohl zur Klientelbildung als auch ökonomisch zu nutzen. Andererseits gehörte die Durchsetzung von Zwangsmaßnahmen und das Eintreiben von Steuern zu ihren administrativen Aufgaben und brachte sie vielerorts in Gegensatz zur Bevölkerung. Dem Drängen der in den Büros der verschiedenen administrativen Einheiten beschäftigten afrikanischen Verwaltungsmitarbeiter auf „Modernisierung" und verantwortungsvollere Jobs gaben Briten in der Regel zwar nicht nach. Doch eröffnete die Tätigkeit im Staatsdienst zumindest einigen Personen die Möglichkeit, sich neue Gedanken und Werte anzueignen, mit ihnen zu experimentieren und auf diese Weise auch, wie das Beispiel Martin Kayambas gezeigt hat, mit anderen Augen auf die eigene Gesellschaft zu blicken.

Im „Entwicklungskolonialismus" der vierziger und fünfziger Jahre wurden in Tanganyika die Chiefs weiter hofiert, jedenfalls jene, die sich dem Neuen gegenüber offen zeigten, während die Briten die *clerks* als Unruhestifter fürchteten. Die tanzanischen Staatsdiener galten der britischen Beamtenschaft vor Ort als reichlich prätentiöse Personen, gar als „lärmige Halbgebildete", denen man zutiefst misstraute, auf deren Fachwissen und auf deren Arbeitskraft man jedoch angewiesen war. Um allen Eventualitäten vorzubeugen, wurden die Staatsdiener einem Rotationsprinzip unterworfen. Das sollte die Möglichkeit zum Aufbau lokaler Gefolgschaften verringern, stärkte jedoch die „nationale", auf das koloniale Territorium gerichtete Loyalität der neuen Elite und beförderte um so stärker deren Nationalismus. Aus der Gruppe der afrikanischen Bürokraten rekrutierte sich das Führungspersonal der dominanten nationalistischen Partei TANU. Sie alle waren Teil eines einzigen Netzwerkes, auf dem sich ihre Wege an verschiedenen Punkten immer wieder kreuzten und Kooperationen vielfältiger Natur entstehen ließen.

Auf diesen Personenkreis, der die europäische Suprematie durch eine demokratische und gerechte Gesellschaft ersetzen wollte, übten bürokratische Normen eine beträchtliche Anziehungskraft aus: Karrieren sollten für alle Talentierten und gut Ausgebildeten offen sein, nicht nur für Menschen mit weißer Haut. Die afrikanischen Bürokraten hatten erfahren müssen, dass die zentrale Qualifikation für einflussreiche Personen ihrer Generation die Hautfarbe war und plädierten daher für technische

Kompetenz, erworben in Schulen und Universitäten, als Grundlage für die Besetzung höherer Staats-
und Verwaltungsämter. Demokratische Impulse erhielten ein gleichsam technokratisches Gewand
und schlugen bald in Paternalismus um.

Als Tanganyika 1961 unabhängig wurde, glaubte die Generation der politischen Führer dieser
Jahre in der Position zu sein, das jeweils beste von Europa und Afrika auswählen zu können. Doch die
Politiker wurden Opfer ihres schnellen Erfolges. Sie konzipierten, ganz Gefangene des zeittypischen
Machbarkeitswahns, ihren jungen Staat als Sozialstaat mit umfassender Interventionskompetenz, sa-
hen sich jedoch mit dem Erbe eines schwachen und autoritären Staates konfrontiert. Zudem mussten
sie erkennen, dass die ererbte koloniale Wirtschaftsstruktur ihnen kaum Handlungsspielraum ließ.
Angesichts der großen Lücke zwischen Wollen und Können und aus Schwäche heraus suchten die
Regierenden Tanganyikas/Tanzanias ihr Heil in autoritären Lösungen, die sie freilich mit dem Flair
des „afrikanischen Sozialismus" und der Aura des eigenen Weges ausstatteten.

Die Masse der Bauern hatte in der Kolonialzeit eher defensives Überlisten von Gewalthabern
als demokratische Partizipation eingeübt. Den Zielen der neuen staatlichen Führung standen die
Menschen auf dem Lande mit Skepsis gegenüber, zumal die Strategien der Regierenden denen ihrer
kolonialen Vorgänger rasch ähnelten. Die Bürokratie, das Rückgrat jeder rationalen Herrschaft, verlor binnen kurzem die für ihr Funktionieren unabdingbare Unabhängigkeit. Sie war auch jetzt vor
allem ein Instrument der Kontrolle, um die Menschen zu ihrem Glück, das hieß in staatlich geplante
Dörfer zu zwingen. Nyerere wurde zwar nicht müde zu betonen, dass sich die staatliche Führung und
Verwaltung als Diener der bäuerlichen Massen sah, die Bauern jedoch erlebten ihre vermeintlichen
Diener als Autokraten. Die Briten, die ihren Nachfolgern die Aufgabe überlassen hatten, ein Land zu
transformieren, das sie selbst zu kontrollieren und nach ihren Interessen zu formen sich außerstan-
de sahen, hatten sich derweil auf die bequemere Position des kritisch-herablassenden Beobachters
zurückgezogen, der Tanzania am Zollstock des europäischen Nationalstaats misst. Die politische
Geschichte Tanzanias vom Ersten Weltkrieg bis in die frühen 1970er Jahre, wie sie in dieser Arbeit
dargelegt worden ist, verdeutlicht jedoch, dass die koloniale Herrschaft in diesem Land lediglich
eine unterentwickelte Staatlichkeit hinterlassen hat. Die afrikanischen Politiker erbten gleichsam ein
Haus ohne Fundament. Sie scheiterten (zumindest vorerst) an der Befestigung und am Ausbau,
nicht zuletzt, weil sie auf jene Strategien setzten, die sie sich als Mitarbeiter der kolonialen Bürokratie
angeeignet hatten.

Nun liegt die Frage nahe, wer die Hauptschuld an der nachkolonialen Misere trägt: das „koloniale
Erbe" oder die Inkompetenz der Regierenden um Nyerere. Die Debatte darüber scheint mir jedoch
fruchtlos. Ich habe zu zeigen versucht, dass in Tanzania im Kontext eines spezifischen Dekolonisa-
tionsprozesses ein fragiler Staat entstanden ist, in dem eine europäisch geprägte „Modernität" mit lokalen Formen sozialer Organisation verbunden wurde, ein Kontext, der, so denke ich, grundsätzlich
für die meisten afrikanischen Staaten gilt.[10] Der koloniale Staat, der in den 1950er Jahren scheiterte,
stand für einen „aufdringlich ehrgeizigen Kolonialismus" (Cooper), und die „unabhängigen" Nach-
folgestaaten mussten neben der Regierungsverantwortung das Scheitern kolonialer Entwicklungsprojekte mit übernehmen. Die neuen Regierungen erbten eine enge, exportorientierte Infrastruktur
und die begrenzten Märkte für Produzenten von Rohstoffen. Aber sie mussten nun den Preis für
eine immer schwerfälliger werdende Verwaltungsstruktur zahlen, die im Zuge des spätkolonialen
Entwicklungsenthusiasmus etabliert worden war. Vor allem aber mussten die Regierungen mit den
wachsenden Erwartungen der Bevölkerung umgehen, die nun hoffte, dass der Staat endlich ihnen
gehören möge.

Die Entwicklungsanstrengungen der spätkolonialen Regimes schufen auch in Ländern, die reicher
als Tanzania waren, nie die Grundlage für eine starke Volkswirtschaft. Die Ökonomien orientierten
sich weiterhin nach außen und die wirtschaftliche Macht des Staates blieb auf die Schnittstelle zwi-

---

[10] Vgl. dazu Cooper, Africa since 1940, 4ff.

schen Innen und Außen beschränkt. Die afrikanischen politischen Eliten hatten aufgrund ihrer eigenen Erfahrungen mit der Mobilisierung gegen den spätkolonialen Staat in der Regel ein untrügliches
Gefühl dafür bekommen, wie prekär die Macht war, die sie geerbt hatten. Der bestenfalls gemischte
Erfolg kolonialer und nachkolonialer Entwicklungsanstrengungen erweckte in den politischen Eliten
wenig Hoffnungen, dass die ökonomische Entwicklung ausreichend Wohlstand generieren würde,
um ihnen politischen Kredit zu verschaffen, und auch zu wenig einheimisches Wachstum, um genügend Steuern abzuwerfen. So besannen sie sich auf die Strategie, die bereits die Regierenden der
Kolonialstaaten praktiziert hatten: Begrenzte, von den Herrschenden kontrollierte Aufstiegsmöglichkeiten und die Einengung von Spielräumen schienen das beste Mittel gegen eine potenzielle
Opposition. Im Gegensatz zu seinem Vorgänger stand hinter dem postkolonialen Staat jedoch nicht
das Gewalt- und Zwangspotenzial eines Empire; der postkoloniale Staat war verwundbar, nicht stark.
Die Strategien der tanzanischen Politiker, wie sie in dieser Studie gezeigt wurden, waren eine Antwort, mit dieser Konstellation umzugehen.

VII. Danksagung

Das vorliegende Buch ist die überarbeitete Fassung meiner Habilitationsschrift, die ich im Oktober 2001 an der Philosophischen Fakultät I der Humboldt Universität zu Berlin eingereicht habe. Die Studie basiert im Wesentlichen auf den Ergebnissen von zwei Forschungsprojekten, die ich mit finanzieller Unterstützung der Deutschen Forschungsgemeinschaft zwischen 1995 und 2000 an der Humboldt Universität zu Berlin sowie am Geisteswissenschaftlichen Zentrum Moderner Orient in Berlin durchführen konnte. Das Deutsche Historische Institut London sowie die Fritz-Thyssen-Stiftung förderten überdies durch Stipendien längere Forschungsaufenthalte in England. Die Deutsche Forschungsgemeinschaft ermöglichte durch einen großzügigen Druckkostenzuschuss die Publikation der Arbeit. Allen Institutionen sei herzlich gedankt.

Danken möchte ich zudem zahlreichen Freunden und Kollegen, die während des langen Entstehungsprozesses dieses Buches mit Rat und Tat zur Seite standen. Den wichtigsten Einfluss hat zweifelsohne Albert Wirz ausgeübt. Die Jahre als wissenschaftlicher Mitarbeiter an seinem Lehrstuhl für Afrikanische Geschichte an der Humboldt Universität zu Berlin haben mich tief geprägt. Albert stand mir in schwieriger Zeit vorbehaltlos bei; seine kritischen Fragen und seine ungemein anregenden Ideen sind nicht nur dem vorliegenden Buch sehr zugute gekommen. Sein viel zu früher Tod im Mai 2003 hat eine große Lücke gerissen. Jürgen Becher und Katrin Bromber, die zusammen mit mir in dem von Albert Wirz geleiteten Forschungsprojekt „Körper, Raum und Zeit der Herrschaft in Ostafrika" gearbeitet haben, steuerten viele Anregungen und wichtiges Material bei. Insbesondere Katrin sei gedankt für die gemeinsam durchgeführten Interviews und ihre kompetente Einführung in den tanzanischen Alltag während meines ersten Aufenthaltes. Von den Kolleginnen und Kollegen am Zentrum Moderner Orient möchte ich vor allem Achim von Oppen für die Gespräche über Tanzania und andere Themen danken. Jürgen Osterhammel und Hartmut Kaelble danke ich für die zahlreichen konstruktiven Hinweise in ihren Gutachten und darüber hinaus für ihre langjährige Unterstützung. Sebastian Conrad, Jochen Meissner, Winfried Speitkamp und Dirk van Laak haben sich der Mühe unterzogen, das Manuskript oder Teile davon kritisch zu lesen. Felix Brahm und Eike Ohlendorf leisteten unschätzbare Hilfe bei der Korrektur des Manuskripts. Auch ihnen ein *grand merci*.

Die Quellen zur Geschichte Tanzanias sind weit verstreut. Das bot für mich den Vorteil, in der Welt ein wenig herumzukommen. Während meiner Aufenthalte in Tanzania hat mir Elias J. Tarimo besonders geholfen. Er hat zahlreiche Interviews arrangiert und teilweise mit mir zusammen geführt. Dank auch an Nestor Luanda und Yusuf Q. Lawi vom Department of History der University of Dar es Salaam sowie an die zahlreichen Archivare und Bibliothekare in Dar es Salaam, Moshi und Tanga, die unter oft prekären Bedingungen ihren Dienst taten. In England haben mich zahlreiche Personen auf unterschiedlichste Weise unterstützt: Gareth und Pip Austin, David Anderson, Andrew Burton, William Gervase Clarence-Smith, Gerhard Dannemann, Ulrike Freitag, David Killingray, Peter J. Marshall, Andrew Porter, Richard Rathbone, Andrew Roberts, Randall Smith, Benedikt Stuchtey und Justin Willis. In den USA konnte ich mich auf Ralph A. Austen, Emmanuel K. Akyeampong,

Florence Bernault, Steven Feierman und Thomas Spear verlassen. Ein besonderer Dank gilt schließlich Jim Brennan (früher Evanston, jetzt London). Seit wir uns im Februar 1998 zum ersten Mal im Archiv in Dar es Salaam trafen, hat er mir regelmäßig und uneigennützig Material zur Verfügung gestellt, von dem die vorliegende Arbeit sehr profitieren konnte. Die Fußnoten belegen überdies, so hoffe ich, auch die enorm wichtigen intellektuellen Anregungen, die von Jims Forschung ausgehen. Schließlich danke ich den Herausgebern der Reihe „Studien zur Internationalen Geschichte" für die freundliche Aufnahme und Julia Schreiner vom Oldenbourg Verlag für ihre unendliche Geduld.

Last but not least möchte ich mich bei meiner Familie bedanken, insbesondere bei meiner Frau Andrea und meinen Töchtern Nadja und Milena. Sie haben leider vor allem die Schattenseiten des Unternehmens zu spüren bekommen. Ich bin ihnen daher äußerst dankbar, dass sie meine zeitweise periphere Rolle im Familienbetrieb (meistens) liebevoll tolerierten. Ihnen möchte ich daher dieses Buch widmen.

Hamburg, im März 2006

VIII. Anhang

1. Abkürzungen

AEH	African Economic History
AfS	Archiv für Sozialgeschichte
AHR	American Historical Review
AHS	African Historical Studies
ALC	African Languages and Cultures
APSR	American Political Science Review
ASR	African Studies Review
CEA	Cahiers d'Etudes Africaines
CJAS	Canadian Journal of African Studies
CO	Colonial Office
CSSH	Comparative Studies in Society and History
EHR	Economic History Review
GG	Geschichte und Gesellschaft
GWU	Geschichte in Wissenschaft und Unterricht
ICS	Institute of Commonwealth Studies
IHR	International History Review
IJAHS	International Journal of African Historical Studies
JAA	Journal of African Administration
JACS	Journal of African Cultural Studies
JAH	Journal of African History
JAS	Journal of African Studies
JbA	Jahrbuch für Amerikastudien
JBS	Journal of British Studies
JICH	Journal of Imperial and Commonwealth History
JLAO	Journal of Local Administration Overseas
JMAS	Journal of Modern African Studies
JMEH	Journal of Modern European History
JSAS	Journal of Southern African Studies
KHR	Kenya Historical Review
KZSS	Kölner Zeitschrift für Soziologie und Sozialpsychologie
LGS	Local Government Studies
NPL	Neue Politische Literatur
PRO	Public Record Office
RFHOM	Revue Française d'Histoire d'Outre-Mer
RH	Rhodes House
ROAPE	Review of African Political Economy
SUGA	Sprache und Geschichte in Afrika
TNR	Tanganyika (ab 1964 Tanzania) Notes and Record
TNA	Tanzania National Archives
TRAT	Tanzania Regional Archives Tanga
TRHS	Transactions of the Royal Historical Society
ZfS	Zeitschrift für Soziologie
ZHF	Zeitschrift für Historische Forschung

2. Tabora-Absolventen in höheren Staats- und Verwaltungsämtern, 1963–1964

	Name	Besuch Tabora	Position 1963/64[1]
1)	Rashid Jumane *Abdallah*	1941–1942	Regional Commissioner Tanga
2)	Kaluta Amri *Abedi*	1937–1941	Justizminister
3)	Eliphase Elieza *Akena*	1943–1948	Polizeidirektor
4)	Tito Mziray *Andrew*	1952–1953	Leitender Amtsarzt
5)	Leonard *Bakuname*	1945–1947	Staatssekretär Innenministerium
6)	Wilson Nkeno *Bizuru*	1940–1947	Staatssekretär Innenministerium
7)	Mark *Bomani*	1951–1952	Staatsanwalt
8)	Frederick *Burengelo*	1939–1944	Staatssekretär Ministerium Lokalverwaltung
9)	Wilbert *Chagula*	1939–1944	Vizepräsident University College
10)	Aaron Daudi *Chiduro*	1949–1951	Amtsarzt
11)	Rashidi Kopwe *Dachi*	1948–1955	Administrative Officer Dar es Salaam
12)	Abdulrahman *Diwani*	1941–1943	Administrative Secretary Tanga
13)	Dennis Kurwa *Gogadi*	1937–1941	Administrative Officer Mwanza
14)	Alexander *Gondwe*	1934–1936	Administrative Officer Dodoma
15)	Alexander *Isinika*	1937–1940	Polizeikommandant Tanga
16)	Samuel *Kayaa*	1951–1954	Community Development Officer Songea
17)	Aki Salehe *Kaduri*	1956–1957	Agricultural Officer Dar es Salaam
18)	George *Kahama*	1948–1950	Minister für Handel und Industrie
19)	Eliezer *Kahatano*	1954–1955	Agricultural Officer Arusha
20)	Oscar *Kambona*	1948–1949	Außen- und Verteidigungsminister
21)	Paul Arnold *Kasambala*	1948–1949	Medical Officer Dar es Salaam
22)	Clement *Kasanda*	1955–1956	Staatssekretär Büro des Vizepräsidenten
23)	Francis-Joseph *Kashaija*	1939–1945	Stadtrat Dar es Salaam
24)	Jacob *Kaswende*	1944–1945	Area Commissioner Shinyanga
25)	Robert *Kaswende*	1942–1949	Polizeikommandant Arusha
26)	Isaiah *Katabwa*	1956–1957	Stellv. Staatssekretär Innenministerium
27)	Obed Mbogo *Katikaza*	1949–1956	Administrative Officer Dar es Salaam
28)	Herbert *Katua*	1937–1938	Administrative Secretary Dar es Salaam
29)	Khalid *Kaungwangolo*	1943–1946	Education Director Dar es Salaam
30)	Elisha Jairo *Kavana*	1955–1956	Major der Armee
31)	Rashidi *Kawawa*	1948–1949	Vizepräsident Tanganyikas
32)	Emmanuel *Kibira*	1937–1942	Regional Education Officer Dar es Salaam
33)	Simeon J. *Kilembe*	1955–1956	Executive Officer South Mara
34)	Godfriend Jacob *Kileo*	1953–1954	Chief Conservator of Forests
35)	Hamisi Juma *Killa*	1940–1947	Local Government Officer Tabora
36)	Frederick *Kinenekejo*	1946–1947	Regional Education Officer Arusha
37)	Seki Raymond *Kiwia*	1951–1952	Senior Labour Officer Morogoro
38)	Raphael *Kiyao*	1952–1953	Direktor St. Francis College, Pugu
39)	Geraro *Kuleya*	1953–1954	Schulinspektor Arusha
40)	Vedast *Kyaruzi*	1939–1941	Staatssekretär Verteidigungsministerium
41)	Michael *Lugazia*	1939–1944	Medical Officer Dar es Salaam
42)	Cyprian Peter *Lugemwa*	1939–1944	Sekretär BNCU [Genossenschaft]
43)	Chief Haroun *Lugusha*	1931–1937	Vorsitzender Tanganyika Agricultural Cooperative
44)	Joseph Timothy *Lupembe*	1946–1949	Vizepräsident Handelskammer
45)	Job *Lusinde*	1948–1949	Innenminster
46)	Thomas Reuben *Lyatuu*	1952–1953	Education Officer Moshi
47)	John Jacob *Lyimo*	1953–1954	Medical Officer Dar es Salaam
48)	Epaphra *Lyimo*	1955–1956	Stadtkämmerer Arusha
49)	Sebastian *Mabeyo*	1945–1948	Staatlicher Wirtschaftsprüfer Mwanza
50)	Tobias *Machume*	1954–1955	Stellvertretender Staatssekretär Büro Vizepräsident

[1] In mehreren Fällen wurden die englischsprachigen Bezeichnungen beibehalten. Nur dort, wo ein eindeutiges Äquivalent in deutscher Sprache existierte, wurde übersetzt.

51)	Longinus *Magege*	1935-1938	Assistant Establishment Officer
52)	Raphael Kileo *Makao*	1945-1946	Administrative Officer, Bukoba
53)	Saidi *Makutika*	1941-1942	Labour Commissioner Dar es Salaam
54)	Ambakisye *Malambugi*	1946-1948	Regional Cooperative Officer Tanga
55)	Joseph Mringi *Malekia*	1934-1935	Senior Immigration Officer
56)	Tom Abraham *Mandara*	1946-1947	Administrative Officer Mwanza
57)	Saidi Ali *Maswanya*	1937-1942	Gesundheitsminister
58)	Barnabas *Matemba*	1951-1952	Vorsitzender des Stadtrats Dar es Salaam
59)	Joseph Bernard *Matovu*	1933-1937	Staff Relationship Officer
60)	Micah Paul *Mazinge*	1952-1953	Regional Commissioner Mtwara
61)	Alfred Dadi *Mdachi*	1947-1954	Executive Officer Dodoma
62)	Alfred Lucas *Mfinanga*	1950-1951	Regional Cooperative Officer Arusha
63)	Daniel *Mfinanga*	1935-1938	Botschafter in Indien
64)	Daniel Saidi *Mhando*	1942-1946	Leiter Lehrerausbildung Mwanza
65)	Mathew Leonard *Mhuto*	1936-1939	Staatssekr. Ministerium Handel & Indust.
66)	Hassan Kukome *Minja*	1945-1946	Community Development Officer Mwanza
67)	Humphrey *Mkondya*	1944-1949	Legal Officer Dar es Salaam
68)	George Maryo *Mkwawa*	1945-1949	Community Development Officer Shinyanga
69)	Ibrahim Sapi *Mkwawa*	1941-1943	Staatssekretär Landwirtschaftsministerium
70)	Michael Sheta *Mlunde*	1940-1948	Staatssekretär Ministerium Kultur & Jugend
71)	John Benjamin *Mmari*	1950-1951	Cooperative Officer Moshi
72)	Donald *Mrema*	1956-1957	Schulleiter Arusha
73)	Guardiel *Mruma*	1955-1956	Gewerkschaftssekretär Arusha
74)	Hiro Raymond *Msefya*	1951-1952	Direktor Tanganyika Development Cooperative
75)	T. A. Kibhogya *Msonge*	1943-1945	Area Commissioner Nansio
76)	Cleopa David *Msuya*	1948-1950	Commissioner Community Development
77)	Alfred Walter *Mtawali*	1943-1944	Administrative Secretary Tabora
78)	Charles Vincent *Mtawali*	1935-1938	Staatssekretär Gesundheitsministerium
79)	Isaac Muller *Munanka*	1941-1947	Finanzsekretär der TANU
80)	Awinia *Mushi*	1954-1955	Agricultural Officer
81)	George Moses *Mwaipopo*	1946-1948	Regional Education Officer Tanga
82)	Anyosisye *Mwaipyana*	1936-1937	Personalchef Planungsministerium
83)	Aaron *Mwakangata*	1936-1939	Sekretär Büro des Vizepräsidenten
84)	David Albert *Mwakosya*	1938-1940	Director Agricultural Extension
85)	Osiah *Mwambungu*	1951-1952	Sekretär Housing Committee
86)	Mohammed *Mwanyenza*	1930-1932	Chief Establishments Officer
87)	Elinazi Paulo *Mwanyika*	1951-1953	Botschaftssekretär London
88)	Athanasius *Mwanza*	1953-1954	Staatssekretär Ministerium Lokalverwaltung
89)	Eliniiria Patton *Mwasha*	1950-1951	Regional Cooperative Officer Morogoro
90)	Thomas *Mweri*	1951-1952	Administrative Officer Moshi
91)	Archibald Cecil *Mynah*	1951-1952	Vorsitzender Association of Local Authorities
92)	Julius Herbert *Mzaba*	1936-1937	Assistant Chief Education Officer
93)	Josephat *Ndamgoba*	1935-1940	Polizeidirektor Dar es Salaam
94)	Philip Stephen *Nhigula*	1944-1948	Regional Education Officer Singida
95)	Athumani *Njopeka*	1948-1950	Area Commissioner Bagamoyo
96)	Dickson Anitishe *Nkembo*	1950-1951	Assistant Community Cooperative Develop. Officer
97)	David Samson *Nkulila*	1943-1948	Verwaltungsleiter Polizei
98)	Amon J. *Nsekela*	1948-1949	Staatssekretär Außenministerium
99)	Julius *Nyerere*	1936-1942	Präsident Tanganyika
100)	Alexander *Nyirenda*	1956-1957	Armeekapitän
101)	Henry Andrew *Nyirenda*	1949-1950	Kanzler Local Goverment Training Center
102)	John *Nzengula*	1928-1934	Information Officer Mwanza
103)	John Anderson *Nzunda*	1937-1941	Parlamentssekretär
104)	Henry *Okulo*	1948-1953	Labour Officer Dar es Salaam
105)	Chande *Othman*	1930-1936	Chief Establishments Officer
106)	Shekuwe *Pashowa*	1946-1947	Sekretär Local Goverment Service Commission
107)	John *Pendaeli*	1951-1952	Schulleiter Moshi
108)	Widmet *Pendaeli*	1953-1954	Medical Officer Tanga
109)	Samuel Huma *Pundugu*	1942-1948	Polizeikommandant Dar es Salaam
110)	Peter Frank *Ringo*	1955-1957	Research Officer Landwirtschaftsminist.

111)	Obadiah *Rugimbana*	1940–1943	Commissioner of Prisons
112)	Roz Harub *Saidi*	1930–1935	Staatssekretär Ministerium Jugend & Kultur
113)	Chief Adam *Sapi*	1934–1939	Sprecher Nationalversammlung
114)	Elias Daniel *Sawe*	1948–1949	Regional Education Officer Mwanza
115)	Godfrey *Semiti*	1951–1952	Regional Agricultural Officer Mtwara
116)	Austin *Shaba*	1939–1944	Minister Lokalverwaltung
117)	Abdiel *Shangali*	1949–1952	Administrative Officer Tanga
118)	Lawrence *Shayo*	1951–1952	District Commissioner Mbeya
119)	Paul Andreas *Sozigwa*	1951–1952	Verwaltungsdirektor Rundfunk
120)	Silas *Stephen*	1951–1952	Area Secretary Lushoto
121)	Hemed *Sufiani*	1953–1954	Schulleiter Lushoto
122)	Idd Mohamedi *Sungura*	1948–1950	Area Commissioner Musoma
123)	Shaonansia *Swai*	1952–1953	Agricultural Officer Tanga
124)	Cuthbert *Tarimu*	1946–1947	Assistant Chief Education Officer Dar es Salaam
125)	Japhat Mara *Urasa*	1953–1954	Area Commissioner Lindi
126)	Chief Humbi *Ziota*	1935–1938	Regional Commissioner Morogoro

Quelle: Who's Who in East Africa 1963–1964, Nairobi 1964, 1–41.

3. Quellen- und Literaturverzeichnis

a) Interviews[2]

Hamisi Akida	Dar es Salaam	15. 9. 1997
Binti Ashraff	Muheza	11. 3. 1996*
Donald Barton	Oxford	10. 9. 1995
David Brewin	London	8. 9. 1995
Francis Damian	Dar es Salaam	11. 8. 1999
Isaeli Nyeka Elinewinga	Moshi	20. 8. 1999
Charles Hisis	Muheza	11. 3. 1996*
Saandani Abdul Kandora	Dar es Salaam	9. 8. 1999
Mzee Karlo	Muheza	12. 3. 1996*
Joseph H. Kimathy	Moshi	17. 8. 1999
Samuel Shadrack Kimei	Moshi	18. 8. 1999
Martin Kivumbi	Dar es Salaam	8. 8. 1999
Bosco Petro Kriita	Moshi	20. 8. 1999
Patrick Kunambi	Dar es Salaam	27. 2. 1996**; 7. 8. 1999
Job Lusinde	Dar es Salaam	25. 7. 1999
Manga Johas Mangotto	Moshi	23. 8. 1999.
Chief Augustine Marealle	Moshi	23. 8. 1999
Thomas Marealle	Moshi	5. 2. 1996**; 20. 8. 1999
Mangi Baltazari David Mashingia	Moshi	14. 8. 1999
Nicodemo Z. Mbwambo	Dar es Salaam	11. 8. 1999
Francis Xavier Mbenna	Dar es Salaam	10. 8. 1999
Hashim I. Mbita	Dar es Salaam	10. 8. 1999
Daniel Mghenyi	Dar es Salaam	11. 8. 1999
Daniel S. Mhando	Dar es Salaam	9. 8. 1999
Balozi Mhina	Dar es Salaam	28. 2. 1996
Julius A. Zacharia Mneney	Moshi	20. 8. 1999
Amineli Josephat Mongi	Moshi	16. 8. 1999
Hassan Omari Mongi	Moshi	16. 8. 1999
Isaria Anaeli Meli Moshi	Moshi	23. 8. 1999
Valentin Mtema	Mkuzi	12. 3. 1996*
E.C. Mzena	Dar es Salaam	6. 8. 1999
Elias Peter Ngowa	Moshi	18. 8. 1999
Chande Othman	Tanga	6. 3. 1996*
Randal Sadleir	London	25. 6. 2000
Ndelyangusho Somba	Moshi	5. 2. 1996
Ally Sykes	Dar es Salaam	29. 2. 1996**
J.M. Tajiri	Dar es Salaam	10. 8. 1999
Jane Tamé	Tanga	6. 3. 1996*
Israel Saul Tarimo	Moshi	16. 8. 1999
Chief Charles Shangali	Moshi	18. 8. 1999; 23. 8. 1999
Padre Vesso	Tanga	20. 3. 1996*
Jakobo Yohanna	Muheza	11. 3. 1996*

---

[2] Die mit einem * versehenen Interviews wurden von Katrin Bromber und mir im Rahmen des DFG-Projekts „Körper, Raum und Zeit der Herrschaft" auf Swahili und Englisch geführt; die mit **gekennzeichneten Gespräche wurden in unserem Auftrag von Dr. Nestor Luanda, Department of History, University of Dar es Salaam, auf Swahili geführt und dann ins Englische übersetzt. Die übrigen Interviews wurden von mir auf Englisch geführt, die meisten davon von Elias J. Tarimo arrangiert und auch mit ihm zusammen geführt.

b) Quellen / Gedruckte Quellen / Amtliche Veröffentlichungen

Archive

– *Tanzania National Archives, Dar es Salaam*
  Secretariat Files
  Accession N° 5:   District Office Moshi
  Accession N° 19:   District Office Same (Pare)
  Accession N° 24:   District Office Iringa
  Accession N° 26:   District Office Morogoro
  Accession N° 41:   District Office Mwanza (Rural)
  Accession N° 46:   Regional Office Central Province/Dodoma
  Accession N° 47:   District Office Tabora
  Accession N° 54:   District Office Dar es Salaam
  Accession N° 57:   Kisaware District Office
  Accession N° 61:   Regional Office Morogoro
  Accession N° 63:   Regional Office Western Province/Tabora
  Accession N° 69:   District Office Arusha
  Accession N° 71:   District Office Bukoba
  Accession N° 155:   District Office Songea
  Accession N° 158:   District Office Ukerewe
  Accession N° 180:   District Office Kigoma
  Accession N° 184:   District Office Dodoma
  Accession N° 246:   District Office Mwanza
  Accession N° 301:   Ministry of Education
  Accession N° 304:   District Office Tanga (Urban)
  Accession N° 467:   District Office Pangani
  Accession N° 471:   Regional Office Northern Province/Arusha
  Accession N° 481:   District Office Tanga (Rural)
  Accession N° 540:   District Office Ilala
  Accession N° 562:   Regional Office Tanga
  Accession N° 571:   Files of the African Association deposited by Mzee Hassan T. Suleiman
  Accession N° 591:   Tanganyika Secretariat. Declassified Files

– *Tanzania Regional Archives, Tanga*
  [Die Bestände des Regionalarchivs Tanga waren zum Zeitpunkt meines Besuchs (März 1996) in keiner Weise
  systematisch geordnet. Ein Katalog existierte nicht. Bei den wenigen in der Arbeit zitierten Akten wurde die
  auf dem Aktendeckel angegebene Signatur genannt.]

– *Archives Kivukoni Academy of Social Sciences, Dar es Salaam*
  Annual Reports Kivukoni College (inkl. Newsletter), 1961–1972.

– *University Library, Dar es Salaam (East Africana Collection)*
  Papers Hans Cory
  Papers Robert Z. De Hall
  Papers Henry Fosbrooke

– *Public Record Office, Kew*
  British Council 147:   British Council. Registered Files, Tanganyika
  Colonial Office 537:   Colonial Office and Predecessors. Confidential General and
                            Confidential Original Correspondence
  Colonial Office 691:   Tanganyika. Original Correspondence
  Colonial Office 736:   Tanganyika. Sessional Papers
  Colonial Office 822:   Colonial Office. East Africa Department
  Colonial Office 859:   Social Service. Original Correspondence
  Dominions Office 168:   Commonwealth Relations Office. East and General Africa

– *Rhodes House Library, Oxford*
  MSS Afr. r. 94   J. Macer-Wright
  MSS Afr. s. 394:   Norman Pearsons
  MSS Afr. s. 395:   Norman Pearsons
  MSS Afr. s. 420:   Ursula Birkett
  MSS Afr. s. 424:   K. G. Mather
  MSS Afr. s. 598:   J. Allen

MSS Afr. s. 619:	G. Robin P. Henton
MSS Afr. s. 767:	Muriel-Francis Pelham-Jones
MSS Afr. s. 953:	Eric A. H. Leakey
MSS Afr. s. 1001:	Albert William M. Griffith
MSS Afr. s. 1047:	Lionel A.W. Vickers-Haviland
MSS Afr. s. 1090:	W. B. Helean
MSS Afr. s. 1127:	Julius Nyerere
MSS Afr. s. 1143:	E. N. Brend
MSS Afr. s. 1144:	Alec Ernst Haarer
MSS Afr. s. 1175:	Clement Gillman
MSS Afr. s. 1230:	Donald Barton
MSS Afr. s. 1369:	F. Seymour Lawrence
MSS Afr. s. 1466:	Margery Perham
MSS Afr. s. 1471:	Julius Nyerere
MSS Afr. s. 1546:	Association of External Aid Officers in Tanganyika
MSS Afr. s. 1598:	Thomas Marealle
MSS Afr. s. 1604:	Church / L. B. Greaves
MSS Afr. s. 1681:	African Bureau
MSS Afr. s. 1738:	Sukumaland
MSS Afr. s. 1755:	Primary and Secondary Education in Six Selected African Territories
MSS Afr. s. 1808:	Bryan James Durbridge
MSS Afr. s. 1834:	Lorna Dorothy Hall
MSS Afr. s. 1887:	Peter H. Johnston
MSS Afr. s. 1999:	J. Vinter
MSS Afr. s. 2080:	John Davies
MSS Afr. s. 2115:	Gordon Kunze
MSS Afr. s. 2122:	Stanley Arthur Walden
MSS Afr. s. 2156:	Geoffrey Douglas Popplewell
MSS Brit. Emp. s. 322:	Arthur Creech-Jones
MSS Brit. Emp. s. 365:	Fabian Colonial Bureau

– *Archiv School of Oriental and African Studies, University of London*
   Baker, E. C., Memorandum on the social conditions in Dar es Salaam, 1931.
   Mayhew, Timothy, Bwana D.C. – a personal narrative, Manuskript, 1982/83.

Quellensammlungen

Ashton, Steven R. / Sarah E. *Stockwell* (Hg.), Imperial Policy and Colonial Practice 1925-1945, 2 Bde., London 1996.

Goldsworthy, David (Hg.), The Conservative Government and the End of Empire, 1951-1957, 3 Bde., London 1994.

Hyam, Ronald (Hg.), The Labour Government and the End of Empire 1945-1951, 4 Bde., London 1992.

Hyam, Ronald / Wm. Roger *Louis* (Hg.), The Conservative Government and the End of Empire, 1957-1964, 2 Bde., London 2000.

Kirk-Greene, Anthony H. M. (Hg.), The Principles of Native Administration in Nigeria. Selected Documents, 1900-1947, London 1965.

Porter, Andrew / Anthony J. *Stockwell* (Hg.), British Imperial Policy and Decolonization 1938-64. Bd. 1: 1938-51; Bd. 2: 1951-64, London 1987.

Amtliche Veröffentlichungen

– *Publikationen des Colonial Office und der britischen Regierung*
   Colonial Office, Education Policy in British Tropical Africa, London 1925.
   Colonial Office, Report Sir Sydney Armitage-Smith on a Financial Mission to Tanganyika, London 1932.
   Colonial Office, Mass Education in African Society, London 1943.
   Colonial Office, Social Security in the Colonial Territories, London 1944.
   Colonial Office, The Co-operative Movement in the Colonies, London 1946.
   Colonial Office, Education for Citizenship in Africa, London 1948.
   Colonial Office, Local Government in Britain, London 1952.
   Colonial Office, Report of the Commission on the Civil Services of the East African Territories and the East African High Commission 1953-54, London 1954.

Report by His Majesty's Government to the Council of the League of Nations on the Administration of Tanganyika Territory, London 1921ff. [-1938] [zit. als Annual Report League]

Report by His Majesty's Government to the Trusteeship Council of the United Nations on the Administration of Tanganyika Territory, London 1947ff. [-1960] [zit. als Annual Report UNO]

– *Publikationen der Regierung von Tanganyika*

Government of Tanganyika, Report of the Tanganyika Education Conference 1925, Dar es Salaam 1925.

Government of Tanganyika, Provisional Regulations for the African Civil Service, Dar es Salaam 1927.

Government of Tanganyika, Proceedings of the Legislative Council, Dar es Salaam 1930ff.

Government of Tanganyika, Syllabus of Instruction, Dar es Salaam 1935.

Government of Tanganyika, Native Administration Memoranda. No. VIII – Collection of Native Tax, Dar es Salaam ²1938.

Government of Tanganyika, An Outline of Post-War Development Proposals, Dar es Salaam 1944.

Government of Tanganyika, A Ten-Year Development and Welfare Plan for Tanganyika Territory. Report by the Development Commission, Dar es Salaam 1946.

Government of Tanganyika, A Ten Year Plan for the Development of African Education, Dar es Salaam 1947.

Government of Tanganyika, Report on Co-operative Development for the Years 1947ff. [-1959], Dar es Salaam 1948ff.

Government of Tanganyika, Reports of the Social Development Department for the Years 1947ff. [-1960], Dar es Salaam 1948ff. [zit. Report Social Development]

Government of Tanganyika, Ten Year Development + Welfare Plan for Tanganyika, Dar es Salaam 1950.

Government of Tanganyika, Ten Year Plan for African Education. Draft Scheme for Revision, Dar es Salaam 1950.

Government of Tanganyika, Revised Development and Welfare Plan for Tanganyika 1950-1956, Dar es Salaam 1951.

Government of Tanganyika, Tanganyika. Report of the Committee on Constitutional Development 1951, Dar es Salaam 1952.

Government of Tanganyika, Annual Report of the Development Organization 1951, Dar es Salaam 1952.

Government of Tanganyika, Corporal Punishment Report, Dar es Salaam 1953.

Government of Tanganyika, Report of the Special Commissioner Appointed to Examine Matters Arising out of the Report of the Committee on Constitutional Development, Dar es Salaam 1953 [zit. MacKenzie Report].

Government of Tanganyika, Interim Report on the County Council in Tanganyika 1951-1956, Dar es Salaam 1956.

Government of Tanganyika / Ministry of Local Government, The Development of Urban Local Government in Tanganyika 1959-1960, Dar es Salaam 1960.

Government of Tanganyika, The Constitution of Tanganyika, Dar es Salaam 1961.

Government of Tanganyika, Official Programme Independence Day, Dar es Salaam 1961.

Government of Tanganyika, Development Plan for Tanganyika 1961/2 to 1963/4, Dar es Salaam 1961.

Government of Tanganyika, Tanganyika's Parliament. 35 Years of Making History, Dar es Salaam 1961.

Government of Tanganyika, Report of the Africanisation Commission 1962, Dar es Salaam 1963.

Government of Tanganyika, Africanisation of the Civil Service. Annual Report 1963, Dar es Salaam 1964.

Government of Tanganyika, Tanganyika's Five Year Plan for Economic and Social Development, 1st July 1964 to 30th June 1969, Dar es Salaam 1964.

United Republic of Tanzania / Central Establishment Division, Professional Careers Guidebook, Dar es Salaam 1965.

United Republic of Tanzania, Report of the Presidential Commission on the Establishment of a Democratic One Party State, Dar es Salaam 1965.

United Republic of Tanzania, Report of the Presidential Special Committee of Enquiry into the Co-operative Movement and Marketing Boards, Dar es Salaam 1966.

United Repubic of Tanzania, Government Paper N° 4 of 1967: Wages, Income, Rural Development Investment and Price Policy, Dar es Salaam 1967.

United Republic of Tanzania, Annual Manpower Report to the President 1969, Dar es Salaam 1969.

United Republic of Tanzania / Board of Nordic Development Projects, Co-operative Education and Co-operative Development in Tanzania. A Study of Problems in Organization Building, Dar es Salaam 1972.

United Republic of Tanzania / Marketing Development Bureau, Co-operative Marketing in Tanzania. Its Costs, Present Situation and Proposals for Improvement, Dar es Salaam 1974.

Cameron, Donald, Sessional Paper N° 2: Instructions to Administrative Officers in Regard to Native Labour and the Production of Economic Crops, Dar es Salaam 1926.

Charrou, K. C., The Welfare of the African Labourer in Tanzania, Dar es Salaam 1944.

Moffett, John P. (Hg.), Tanganyika. A Review of Its Resources and their Development. Prepared under the Direction of J. F. R. Hill, Dar es Salaam 1955.

Moffett, John P. (Hg.), Handbook of Tanganyika, Dar es Salaam 1958.

Molohan, M. J. B., Detribalization. A Study of the Areas of Tanganyika where Detribalized Persons are Living with Recommendations as to the Administrative and Other Measures Required to Meet the Problems Arising therein, Dar es Salaam 1959.

– *Diverse Publikationen, Pamphlete etc.*

International Bank for Reconstruction and Development, The Economic Development of Tanganyika, Baltimore 1961.

International Labour Office, Conventions and Recommendations, Genf 1982.

Jones, Jesse, Education in East Africa. Report of the Phelps-Stokes Commission, London 1924.

Namata, Joseph A., Huduma Serikalini na Siasa ya Kujitegemea, Dar es Salaam 1967.

c) Zeitungen

Kwetu
Mwafrika
Tanganyika Opinion
Tanganyika Standard
The Nationalist

d) Literatur

Aas, Norbert, Koloniale Entwicklung im Bezirksamt Lindi (Deutsch-Ostafrika). Deutsche Erwartungen und regionale Wirklichkeit, Bayreuth 1989.

Aas, Norbert / Harald *Sippel*, Koloniale Konflikte im Alltag. Eine rechtshistorische Untersuchung der Auseinandersetzungen des Siedlers Heinrich Langkopp mit der Kolonialverwaltung in Deutsch-Ostafrika und dem Reichsentschädigungsamt in Berlin (1910–1929), Bayreuth 1997.

Abrahamsen, Rita, African Studies and the Postcolonial Challenge, in: African Affairs 102,407 (2003), 189–210.

Adas, Michael, Machines as the Measure of Men. Science, Technology, and Ideologies of Western Dominance, Ithaca/London 1989.

Adi, Hakim. West Africans in Britain 1900-1960. Nationalism, Pan-Africanism and Communism, London 1998.

Ageron, Charles-Robert / Marc *Michel* (Hg.), L'Afrique noire française: l'heure des Indépendances, Paris 1992.

Ajayi, Jacob F. Ade, Christian Missions in Nigeria, 1841–1891. The Making of a New Elite, London 1965.

Alber, Erdmute, Im Gewand von Herrschaft. Modalitäten der Macht im Borgou (Nord-Benin) 1900–1995, Köln 2000.

Alber, Erdmute, Automobilismus und Kolonialherrschaft. Zur Bedeutung des Autoverkehrs für die Herrschaftsstrukturen in der westafrikanischen Kolonie Dahomey, in: Paideuma 46 (2000), 279–299.

Alber, Erdmute, Machttheorien, in: Sociologus 53,2 (2003), 143–165.

Albertini, Rudolf von, Dekolonisation. Die Diskussion über Verwaltung und Zukunft der Kolonien, 1919–1960, Köln/Opladen 1966.

Albertini, Rudolf von, Das Ende des Empire. Bemerkungen zur britischen Dekolonisation, in: Wolfgang J. *Mommsen* (Hg.), Das Ende der Kolonialreiche. Dekolonisation und die Politik der Großmächte, Frankfurt a.M. 1990, 25–46; 195–203.

Albrow, Martin, Abschied vom Nationalstaat, Frankfurt a.M. 1998 [engl. Orig. 1996].

Aldrich, Robert, Colonialism and Homosexuality, London/New York 2003.

Allman, Jean u. a. (Hg.), Women in African Colonial Histories, Bloomington 2002.

Allman, Jean (Hg.), Fashioning Africa. Power and Politics of Dress, Bloomington 2005.

Alpers, Edward A., Ivory and Slaves. Changing Patterns of International Trade in East Central Africa to the Later Nineteenth Century, Berkeley 1975.

Altmann, Gerhard, Abschied vom Empire. Die innere Dekolonisation Großbritanniens 1945-1985, Göttingen 2005.

Ambler, Charles H., Popular Films and Colonial Audiences. The Movies in Northern Rhodesia, in: American Historical Review 106,1 (2001), 81-105.

Aminzade, Ronald, The Politics of Race and Nation. Citizenship and Africanization in Tanganyika, in: Political Power and Social Theory 14 (2000), 53-90.

Anderson, David, Histories of the Hanged. Britain's Dirty War in Kenya and the End of the Empire, London 2005.

Anderson, David / David *Killingray*, Consent, Coercion and Colonial Control. Policing the Empire, 1830-1940, in: *dies.* (Hg.), Policing the Empire. Government, Authority and Control, 1830-1940, Manchester/New York 1991, 1-15.

Anderson, David / David *Killingray*, An Orderly Retreat? Policing the End of Empire, in: *dies.* (Hg.), Policing and Decolonisation. Politics, Nationalism and the Police, 1917-65, Manchester 1992, 1-21.

Ansprenger, Franz, Über Sinn und Unsinn von Regionalstudien unter besonderer Berücksichtigung Tansanias, in: Werner *Pfennig* / Klaus *Voll* / Helmut *Weber* (Hg.), Entwicklungsmodell Tansania. Sozialismus in Afrika. Geschichte, Ökonomie, Politik, Erziehung, Frankfurt/New York 1980, 6-10.

Ansprenger, Franz, Schulpolitik in Ostafrika, in: Peter *Heine* / Ulrich *van der Heyden* (Hg.), Studien zum deutschen Kolonialismus in Afrika, Pfaffenweiler 1995, 59-93.

Ansprenger, Franz, Politische Geschichte Afrikas im 20. Jahrhundert, München ³1999.

Anter, Andreas, Max Webers Theorie des modernen Staates. Herkunft, Struktur und Bedeutung, Berlin 1995.

Anthony III, David Henry, Culture and Society in a Town in Transition. A People's History of Dar es Salaam, 1865-1939, unveröffentl. Ph.D. Thesis, Madison/Wisc. 1983.

Appiah, Kwame Anthony, In My Father's House. Africa in the Philosophy of Culture, London/New York 1992.

Appiah, Kwame Anthony, The Ethics of Identity, Oxford/Princeton 2005.

Apter, David E., The Political Kingdom in Uganda. A Study in Bureaucratic Nationalism, Princeton/N. J. ²1967.

Apthorpe, Raymond, The Introduction of Bureaucracy into African Polities, in: Journal of African Administration 12,3 (1960), 125-134.

Arens, W. / Ivan *Karp* (Hg.), Creativity of Power. Cosmology and Action in African Societies, Washington/London 1989.

Armah, Ayi Kwei, The Beautiful Ones Are Not Yet Born, Boston 1968.

Ashby, Eric (mit Mary *Anderson*), Universities: British, Indian, African. A Study in the Ecology of Higher Education, London 1966.

Austen, Ralph A., Notes on the Pre-History of TANU, in: Makerere Journal 9 (1964), 1-6.

Austen, Ralph A., The Official Mind of Indirect Rule. British Policy in Tanganyika, 1916-1939, in: Prosser *Gifford* / Wm. Roger *Louis* (Hg.), Britain and Germany in Africa. Imperial Rivalry and Colonial Rule, New Haven/London 1967, 577-606.

Austen, Ralph A., Northwest Tanzania under German and British Rule. Colonial Policy and Tribal Politics, 1889-1939, New Haven/London 1968.

Austen, Ralph A., Varieties of Trusteeship. African Territories under British and French Mandate, 1919-1939, in: Prosser *Gifford* / Wm. Roger *Louis* (Hg.), France and Britain in Africa. Imperial Rivalry and Colonial Rule, New Haven/London 1971, 515-541.

Ayandele, Emmanuel A., Holy Johnson. Pioneer of African Nationalism, 1836-1917, London 1970.

Bâ, Amadou Hampâté, Oui, mon Commandant! In kolonialen Diensten, Wuppertal 1997 [frz. Orig. 1994].

Bade, Klaus J., Antisklavereibewegung in Deutschland und Kolonialkrieg in Deutsch-Ostafrika, 1888-1890, in: Geschichte und Gesellschaft 3,1 (1977), 31-58.

Badie, Bertrand, L'Etat Importé. Essai sur l'Occidentalisation de l'Ordre Politique, Paris 1992.

Bailey, Martin, Freedom Railway. China and the Tanzania-Zambia Link, London 1976.

Baker, William J. / James A. *Mangan* (Hg.), Sport in Africa. Essays in Social History, New York/London 1987.

Balandier, Georges, Die koloniale Situation. Ein theoretischer Ansatz [frz. Orig. 1951], in: Rudolf von *Albertini* (Hg.), Moderne Kolonialgeschichte, Köln 1970, 105-124.

Bald, Detlef, Deutsch-Ostafrika 1900-1914. Eine Studie über Verwaltung, Interessengruppen und wirtschaftliche Entwicklung, München 1970.

Bates, Darrell, A Gust of Plumes. A Biography of Lord Twining of Godalming and Tanganyika, London usw. 1972.

Bates, Margaret L., Tanganyika under British Administration, 1920-1955, unveröffentl. D. Phil. Thesis, Oxford 1957.

Bates, Margaret L., Tanganyika, in: Gwendolen M. *Carter* (Hg.), African One-Party States, Ithaca 1962, 395-483.

Bates, Margaret L., Social Engineering, Multi-racialism, and the Rise of TANU. The Trust Territory of Tanganyika 1945-1961, in: History of East Africa, Bd. 3, hg. von D. Anthony *Low* / Alison *Smith*, Oxford 1976, 157-195.

Baumhögger, Goswin, Dominanz oder Kooperation. Die Entwicklung der regionalen Integration in Ostafrika, Hamburg 1978.

Bayart, Jean-François, L'Etat en Afrique. La politique du ventre, Paris 1989.

Bayart, Jean-François, L'historicité de l'Etat importé, in: *ders.* (Hg.), La greffe de l'Etat, Paris 1996, 11–39.

Bayart, Jean-François, L'illusion identitaire, Paris 1996.

Bayart, Jean-François, Africa in the World. A History of Extraversion, in: African Affairs 99,395 (2000), 217–267.

Bayart, Jean-François, Le gouvernement du monde. Une critique politique de la globalisation, Paris 2004.

Bayart, Jean-François / Stephen *Ellis* / Béatrice *Hibou*, The Criminalization of the State in Africa, Oxford 1999.

Bayly, Christopher A., Returning the British to South Asian History: The Limits of Colonial Hegemony, in: South Asia 17,2 (1994), 1–15.

Bayly, Christopher A., Empire and Information. Intelligence Gathering and Social Communication in India, 1780-1870, Cambridge 1996.

Becher, Jürgen, Die deutsche evangelische Mission. Eine Erziehungs- und Disziplinierungsinstanz in Deutsch-Ostafrika, in: Albert *Wirz* / Andreas *Eckert* / Katrin *Bromber* (Hg.), Alles unter Kontrolle. Disziplinierungsprozesse im kolonialen Tanzania (1850-1960), Köln 2003, 141–169.

Becher, Jürgen / Katrin *Bromber* / Andreas *Eckert*, Erziehung und Disziplinierung in Tansania, in: Dietmar Rothermund (Hg.), Aneignung und Selbstbehauptung. Antworten auf die europäische Expansion, München 1999, 299–316.

Beck, Ann A., Medicine and Society in Tanganyika 1890-1930. A Historical Inquiry, Philadelphia 1977.

Behrend, Heike, Ham Mkusa wundert sich. Bemerkungen zur Englandreise eines Afrikaners, in: *dies.* / Thomas *Geider* (Hg.), Afrikaner schreiben zurück. Texte und Bilder afrikanischer Ethnographen, Köln 1998, 323–338.

Beinart, William, Soil Erosion, Conservationism and Ideas about Development. A Southern African Exploration, 1900-1960, in: Journal of Southern African Studies 11,1 (1984), 52–83.

Bennett, George, Paramountcy to Partnership. J. H. Oldham and Africa, in: Africa 30,3 (1960), 356–360.

Bennett, George, An Outline History of TANU, in: Makerere Journal 7 (1963), 15–32.

Bennett, Norman R., Arab versus European. Diplomacy and War in Nineteenth-Century East Central Africa, New York 1986.

Benzing, Brigitte / Thilo C. *Schadeberg*, Zur Interpretation politischer Begriffe in der Swahili-Version der Entschließung von Arusha, in: Gerhard *Grohs* (Hg.), Theoretische Probleme des Sozialismus in Afrika. Negritude und Arusha-Deklaration, Hamburg 1971, 245–257.

Berman, Bruce J., Control and Crisis in Colonial Kenya. The Dialectics of Control, London usw. 1990.

Berman, Bruce J., The Perils of Bula Matari. Constraint and Power in the Colonial State, in: Canadian Journal of African Studies 31,3 (1997) 556–570.

Berman, Bruce J., Ethnicity, Patronage and the African State. The Politics of Uncivil Nationalism, in: African Affairs 97 (1998), 305–341.

Bernstein, Henry, Notes on State and the Peasantry. The Tanzanian Case, in: Review of African Political Economy 21 (1981), 44–62.

Berry, Sara, No Condition is Permanent. The Social Dynamics of Agrarian Change in Sub-Saharan Africa, Madison/Wisc. 1993.

Bertoncini, Elena Z., Outline of Swahili Literature. Prose, Fiction and Drama, Leiden 1989.

Beusenkom, Monica M. van, Negotiating Development. African Farmers and Colonial Experts at the Office du Niger, 1920-1960, Oxford 2002.

Bhabha, Homi K., The Location of Culture, London 1994.

Bienen, Henry, National Security in Tanganyika after the Mutiny, in: Transition 5 (1965), 39–48.

Bienen, Henry, Tanzania. Party Transformation and Economic Development, Princeton/N. J. 1967.

Bierschenk, Thomas / Jean-Pierre *Olivier de Sardan*, Local Powers and a Distant State in Rural Central African Republic, in: Journal of Modern African Studies 35,3 (1997), 441–468.

Blommaert, Jan, Ujamaa and the Creation of the new Swahili, in: David *Parkin* (Hg.), Continuity and Autonomy in Swahili Communities. Inland Influences and Strategies of Self-Determination, Wien/London 1994, 65–81.

Blommaert, Jan, Intellectuals and Ideological Leadership in Ujamaa Tanzania, in: African Languages and Cultures 10,2 (1997), 129–144.

Blommaert, Jan, State Ideology and Language in Tanzania, Köln 1999.

Boissevain, Jeremy, Friends of Friends. Networks, Manipulators and Coalitions, New York 1974.

Bose, Sugata / Ayesha *Jalal*, Modern South Asia. History, Culture, Political Economy, London/New York 1998.

Bossert, Albrecht, Traditionelle und moderne Formen sozialer Sicherung in Tanzania. Eine Untersuchung ihrer Entwicklungsbedingungen, Berlin 1985.

Bourdieu, Pierre, Entwurf einer Theorie der Praxis auf der ethnologischen Grundlage der kabylischen Gesellschaft, Frankfurt a.M. 1979 [frz. Orig. 1972].

Bourdieu, Pierre, Die feinen Unterschiede. Kritik der gesellschaftlichen Urteilskraft. Frankfurt a.M. 1982 [frz. Orig. 1979].

Bourdieu, Pierre, Die verborgenen Mechanismen der Macht, Hamburg 1992.

Bourdieu, Pierre, De la maison du roi à la raison d'Etat. Un modèle de la genèse du champ bureaucratique, in: Actes de la Recherche en Sciences Sociales 118 (1997), 55-68.

Boyd, William, An Ice-Cream War, London 1982.

Böckmann, Ralf, Amerikanischer Antikolonialismus und Koalitionskriegsführung im Zweiten Weltkrieg, in: Jahrbuch für Amerikastudien 16 (1971), 162-188.

Boesen, Jannik / Birgit Storgaard *Madsen* / Tony *Moody*, Ujamaa. Socialism from Above, Uppsala 1977.

Bossert, Albrecht, Traditionelle und moderne Formen sozialer Sicherung in Tanzania. Eine Untersuchung ihrer Entwicklungsbedingungen, Berlin 1985.

Brennan, James, South Asian Nationalism in an East African Context: The Case of Tanganyika, in: Comparative Studies of South Asia, Africa, and the Middle East 21 (1999), 24-38.

Brennan, James, Nation, Race and Urbanization in Dar es Salaam, Tanzania, 1916-1976, unveröffentl. Ph.D. Thesis, Evanston 2002.

Brennan, James, The Short History of Political Opposition and Multi-Party Democracy in Tanganyika 1958-64, in: Gregory *Maddox* / James *Giblin* (Hg.), In Search of a Nation. Histories of Authority and Dissidence in Tanzania, Oxford 2005, 250-276.

Brett, E.A., Colonialism and Underdevelopment in East Africa. The Politics of Economic Change 1919-39, London 1973.

Breuer, Stefan, Sozialdisziplinierung. Probleme und Problemverlagerung eines Konzepts bei Max Weber, Gerhard Oestreich und Michel Foucault, in: Christoph *Sachße* / Florian *Tennstedt* (Hg.), Soziale Sicherheit und soziale Disziplinierung. Beiträge zu einer historischen Theorie der Sozialpolitik, Frankfurt a.M. 1986, 45-69.

Breuer, Stefan, Bürokratie und Charisma. Zur politischen Soziologie Max Webers, Darmstadt 1994.

Breuer, Stefan, Die Gesellschaft des Verschwindens. Von der Selbstzerstörung der technischen Zivilisation, Berlin 1995.

Britain-Tanzania Society (Hg.), The Nyerere Years. Some Personal Impressions by his Friends, London 1985.

Bromber, Katrin, Disziplinierung – eine europäische Erfindung? Das islamische Bildungswesen an der ostafrikanischen Küste des späten 19. Jahrhunderts, in: Albert *Wirz* / Andreas *Eckert* / Katrin *Bromber* (Hg.), Alles unter Kontrolle. Disziplinierungsprozesse im kolonialen Tanzania (1850-1960), Köln 2003, 37-53.

Bromber, Katrin / Andreas *Eckert*, A People's Princess? Der Besuch von Prinzessin Margaret in Tanganyika, Oktober 1956, in: Albert *Wirz* / Andreas *Eckert* / Katrin *Bromber* (Hg.), Alles unter Kontrolle. Disziplinierungsprozesse im kolonialen Tanzania (1850-1960), Köln 2003, 203-220.

Brown, Judith, Modern India. The Origins of an Asian Democracy, Oxford [2]1994.

Brown, Kevin K., The Military and Social Change in Colonial Tanganyika, 1919-1964, unveröffentl. Ph.D. Thesis, Michigan State University, 2001.

Brubaker, Rogers / Frederick *Cooper*, Beyond 'Identity', in: Theory and Society 29,1 (2000), 1-47.

Brumfit, Ann, The Rise and Development of Language Policy in German East Africa, in: Sprache und Geschichte in Afrika 2 (1980), 219-331.

Brunschwig, Henri, Noirs et Blancs dans l'Afrique Noire Française ou comment le colonisé devient colonisateur (1870-1914), Paris 1983.

Bryceson, Deborah Fahy, Household, Hoe, and Nation. Development Policies in the Nyerere Era, in: Michael *Hodd* (Hg.), Tanzania after Nyerere, London 1988, 36-48.

Bryceson, Deborah Fahy, Food Insecurity and the Social Division of Labour in Tanzania, 1919-85, London 1990.

Buchert, Lene, Education in the Development of Tanzania 1919-1990, London usw. 1994.

Bückendorf, Jutta, „Schwarz-Weiss-Rot über Ostafrika!" Deutsche Kolonialpläne und afrikanische Realität, Münster 1997.

Bujra, Janet, Serving Class. Masculinity and the Feminisation of Domestic Service in Tanzania, London 2000.

Burke, Fred G., Tanganyika: The Search for Ujamaa, in: William H. *Friedland* / Carl G. *Rosberg* (Hg.), African Socialism, Stanford 1964, 194-219, 299-300.

Burke, Timothy, Lifebuoy Men, Lux Women. Commodification, Consumption & Cleanliness in Modern Zimbabwe, Durham/New York 1996.

Burton, Andrew, Wahuni (The Undesirables). African Urbanisation, Crime and Colonial Order in Dar es Salaam, 1919-1961, unveröffentl. Ph.D. Thesis, London (SOAS) 2000.

Burton, Andrew, Urchins, Loafers and the Cult of the Cowboy. Urbanization and Delinquency in Dar es Salaam, 1919-61, in: Journal of African History 42,2 (2001), 199-216.

Burton, Andrew, Adjutants, Agents, Intermediaries. The Native Administration in Dar es Salaam township, 1919–61, in: ders. (Hg.), The Urban Experience in Eastern Africa c. 1750–2000, Nairobi 2002, 98–118.

Burton, Andrew, Townsmen in the Making. Social Engineering and Citizenship in Dar es Salaam, c. 1945–1960, in: IJAHS 36,3 (2003), 331–365.

Burton, Andrew, African Underclass. Urbanisation, Crime and Colonial Order in Dar es Salaam, Tanzania, Oxford 2005.

Cain, Peter J./Anthony G. *Hopkins*, British Imperialism, Bd. 1: Innovation and Expansion 1688–1914; Bd. 2: Crisis and Deconstruction 1914–1990, London/New York 1993.

Cairns, J. C., Bush and Boma, London 1959.

Callahan, Michael D., The Failure of ‚Closer Union‘ in British East Africa, 1929–31, in: Journal of Imperial and Commonwealth History 25,2 (1997), 267–293.

Callahan, Michael D., Mandates and Empire. The League of Nations and Africa, 1914–1931, Brighton/Portland 1999.

Cameron, Sir Donald, My Tanganyika Service and Some Nigeria, London 1939.

Cameron, John, The Integration of Education in Tanganyika, in: Comparative Education Review 11,1 (1967), 38–56.

Campbell, John, Nationalism, Ethnicity and Religion. Fundamental Conflicts and the Politics of Identity in Tanzania, in: Nations and Nationalism 5,1 (1999), 105–125.

Cannadine, David, G. M. Trevelyan. A Life in History, London 1992.

Cannadine, David, Class in Britain, London/New Haven 1998.

Cannadine, David, Ornamentalism. How the British saw their Empire, London 2001.

Cell, John W., On the Eve of Decolonization. The Colonial Office's Plans for the Transfer of Power in Africa, 1947, in: Journal of Imperial and Commonwealth History 8,3 (1980), 235–257.

Cell, John W., Lord Hailey and the Making of the African Survey, in: African Affairs 88,353 (1989), 481–505.

Cell, John W., Hailey. A Study in British Imperialism 1872–1969, Cambridge 1992.

Cell, John W., Who Ran the British Empire, in: Wm. Roger *Louis* (Hg.), More Adventures with Britannia. Personalities, Politics and Culture in Britain, Austin 1998, 303–317.

Chabal, Patrick (Hg.), Political Domination in Africa. Reflections on the Limits of Power, Cambridge 1986.

Chabal, Patrick, Power in Africa. An Essay in Political Interpretation, London 1992.

Chabal, Patrick/Jean-Pascal *Daloz*, Africa Works. Disorder as Political Instrument, Oxford 1999.

Chachage, C. S. L., British Rule and African Civilization in Tanganyika, in: Journal of Historical Sociology 1,2 (1988), 199–223.

Chagga Council/G. K. *Whitlamsmith* (Hg.), Recent Trends in Chagga Political Development, Moshi 1955.

Chatterjee, Partha, The Nation and its Fragments. Colonial and Post-Colonial Histories, Princeton 1993.

Chaturvedi, Vinayak (Hg.), Mapping Subaltern Studies and the Postcolonial, London 2000.

Chidzero, B. T. G., Tanganyika and International Trusteeship, London usw. 1961.

Clarke, Peter, Hope and Glory. Britain 1900–1990, London 1997.

Clayton, Anthony, The Zanzibar Revolution and its Aftermath, London 1981.

Clayton, Anthony/David *Killingray*, Khaki and Blue. Military and Police in British Colonial Africa, Athens/Ohio 1989.

Clemm, Michael von, People of the White Mountain. The Interdependence of Political and Economic Activity amongst the Chagga in Tanganyika with Special Reference to Recent Times, unveröffentl. D. Phil. Thesis, Oxford 1962.

Cliffe, Lionel, The Candidates, in: *ders.* (Hg.), One Party Democracy. The 1965 Tanzania General Elections, Nairobi 1967.

Cliffe, Lionel/Griffiths L. *Cunningham*, Ideology, Organization, and the Settlement Experience in Tanzania, in: Lionel *Cliffe*/John S. *Saul* (Hg.), Socialism in Tanzania. An Interdisciplinary Reader, Bd. 2: Policies, Nairobi 1973, 131–140.

Cliffe, Lionel/John *Saul* (Hg.), Socialism in Tanzania. An Interdisciplinary Reader. Bd. 1: Politics, Nairobi 1972; Bd. 2. Policies, Nairobi 1973.

Clough, Marshall S., Mau Mau Memoirs. History, Memory and Politics, Boulder/London 1998.

Cohen, Abner, The Politics of Elite Culture. Explorations in the Dramaturgy of Power in a Modern African Society, Berkeley 1981.

Cohn, Bernard S., Colonialism and its Forms of Knowledge. The British in India, Princeton/N. J. 1996.

Cole, Patrick, Modern and Traditional Elites in the Politics of Lagos, Cambridge 1975.

Colman, S. J., East Africa in the Fifties. A View of Late Imperial Life, London/New York 1998.

Comaroff, Jean/John *Comaroff*, Ethnography and the Historical Imagination, Boulder etc. 1992.

Comaroff, John, Images of Empire, Contests of Conscience. Models of Colonial Domination in South Africa, in: American Ethnologist 16,4 (1989), 661–685.

Comaroff, John, Reflections on the Colonial State, in South Africa and Elsewhere. Factions, Fragments, Facts, and Fictions, in: Social Identities 4,3 (1998), 321-361.

Comaroff, John, Governmentality, Materiality, Legality, Modernity. On the Colonial State in Africa, in: Jan-Georg *Deutsch* u. a. (Hg.), African Modernities. Entangled Meanings in Current Debates, Oxford 2002, 107-134.

Combes, Annie E., Reinventing Africa. Museums, Material Culture and Popular Imagination, New Haven/London 1994.

Conrad, Sebastian / Shalini *Randeria*, Geteilte Geschichten – Europa in einer postkolonialen Welt, in: *dies.* (Hg.), Jenseits des Eurozentrismus. Postkoloniale Perspektiven in den Geschichts- und Kulturwissenschaften, Frankfurt/New York 2002, 9-49.

Constantine, Stephen, The Making of British Colonial Development Policy 1914-1940, London 1984.

Cooper, Frederick, Plantation Slavery on the East Coast of Africa, New Haven/London 1977.

Cooper, Frederick, On the African Waterfront. Urban Disorder and the Transformation of Work in Colonial Mombasa, New Haven/London 1987.

Cooper, Frederick, Conflict and Connection. Rethinking Colonial African History, in: American Historical Review 99,4 (1994), 1516-1545.

Cooper, Frederick, Decolonization and African Society. The Labor Question in French and British Africa, Cambridge 1996.

Cooper, Frederick / Ann Laura *Stoler* (Hg.), Tensions of Empire. Colonial Cultures in a Bourgeois World, Berkeley 1997.

Cooper, Frederick, The Dialectics of Decolonization. Nationalism and Labor Movements in Postwar French Africa, in: *ders.* / Ann Laura *Stoler* (Hg.), Tensions of Empire. Colonial Cultures in a Bourgeois World, Berkeley 1997, 406-435.

Cooper, Frederick, Modernizing Bureaucrats, Backward Africans, and the Development Concept, in: *ders.* / Randall *Packard* (Hg.), International Development and the Social Sciences. Essays on the History and Politics of Knowledge, Berkeley 1997, 64-92.

Cooper, Frederick, Africa in a Capitalist World, in: Darlene Clark *Hine* / Jacqueline *McLeod* (Hg.), Crossing Boundaries. Comparative History of Black People in Diaspora, Bloomington 1999, 391-418.

Cooper, Frederick, Africa's Past and Africa's Historians, in: African Sociological Review 3,2 (1999), 1-29.

Cooper, Frederick, What is the Concept of Globalization good for? An African Historian's Perspective, in: African Affairs 100,399 (2001), 189-213.

Cooper, Frederick, Africa since 1940. The Past in the Present, Cambridge 2002.

Copans, Jean, La „Situation Coloniale" de Georges Balandier: Notion conjoncturelle ou modèle sociologique et historique, in: Cahiers Internationaux de Sociologie 110 (2001), 31-52.

Coquery-Vidrovitch, Catherine u. a. (Hg.), Pour une histoire du développement. Etats, sociétés, développement, Paris 1988.

Cory, Hans, The Indigenous Political System of the Sukuma and Proposals for Political Reform, Nairobi usw. 1954.

Coulson, Andrew, Peasants and Bureaucrats, in: Review of African Political Economy 3 (1975), 53-58.

Coulson, Andrew, Agricultural Policies in Mainland Tanzania, in: Review of African Political Economy 10 (1977), 74-100.

Coulson, Andrew, Tanzania. A Political Economy, Oxford 1982.

Cowen, Mike, Early Years of the Colonial Development Corporation: British State Enterprise Overseas during Late Colonialism, in: African Affairs 83,330 (1984), 63-75.

Cowen, Michael / Robert *Shenton*, The Origin and Course of Fabian Colonialism in Africa, in: Journal of Historical Sociology 4,2 (1991), 143-174.

Cox, Richard, Pan-Africanism in Practice. An East African Study. PAFMESCA 1958-1964, London/New York 1964.

Creech-Jones, Arthur, The Place of African Local Administration in Colonial Policy, in: Journal of African Administration 1,1 (1949), 3-6.

Creech-Jones, Arthur (Hg.), New Fabian Colonial Essays, London 1959.

Crowder, Michael, Indirect Rule. French and British style, in: Africa 34,3 (1964), 197-205.

Curtis, Kenneth R., Capitalism Fettered. State, Merchant and Peasant in Northwestern Tanzania, 1917-1960, unveröffentl. Ph.D. Thesis, Madison/Wisc. 1989.

Curtis, Kenneth R., Cooperation and Cooptation. The Struggle for Market Control in the Bukoba District of Colonial Tanganyika, in: International Journal of African Historical Studies 25,3 (1992), 505-538.

Curtis, Kenneth R., Smaller is Better. A Consensus of Peasants and Bureaucrats in Colonial Tanganyika, in: William G. *Clarence-Smith* / Steven *Topik* (Hg.), The Global Coffee Economy in Africa, Asia, and Latin America, 1500-1989, New York 2003, 312-334.

Darch, Colin, Tanzania, Oxford/Santa Barbara [2]1996.

Darwin, John, British Decolonization since 1945. A Pattern or a Puzzle?, in: Journal of Imperial and Commonwealth History 12,2 (1983), 187-209.

Darwin, John, Britain and Decolonisation. The Retreat from Empire in the Post-War World, London 1988.

Darwin, John, The End of the British Empire. The Historical Debate, Oxford 1991.

Darwin, John, What Was the Late Colonial State?, in: Itinerario 23,3 (1999), 73-82.

Darwin, John, Decolonization and the End of Empire, in: Oxford History of the British Empire, Bd. 5: Historiography, hg. von Robin W. Winks, Oxford 1999, 541-557.

Davidson, Basil, The Black Man's Burden. Africa and the Curse of the Nation-State, London 1992.

Delavignette, Robert, Les vrais chefs de l'Empire, Paris 1939.

Derrick, Jonathan, The ‚Native Clerk' in Colonial West Africa, in: African Affairs 82,326 (1983), 61-74.

Deschamps, Hubert, Et maintenant, Lord Lugard?, in: Africa 34,4 (1964), 293-305.

Deutsch, Jan-Georg, Vom Bezirksamtmann zum Mehrparteiensystem – Transformationen politischer Herrschaft im kolonialen und nachkolonialen Tansania, in: Ulrich *van der Heyden*/Achim *von Oppen* (Hg.), Tanzania. Koloniale Vergangenheit und neuer Aufbruch, Münster/Hamburg 1996, 21-46.

Deutsch, Jan-Georg, The End of Slavery in German East Africa, unveröffentl. Habil.schrift, HU Berlin 2000.

Digre, Brian, Imperialism's New Clothes – The Repartition of Tropical Africa, 1914-1919, New York 1990.

Diouf, Mamadou (Hg.), L'Historiographie indienne en débat. Colonialisme, nationalisme et sociétés postcoloniales, Paris/Amsterdam 1999.

Dippel, Horst, Die Auflösung des britischen Empire oder die Suche nach einem Rechtsersatz für formale Herrschaft, in: Richard *Lorenz* (Hg.), Das Verdämmern der Macht. Vom Untergang großer Reiche, Frankfurt a.M. 2000, 236-255.

Dirks, Nicholas B. (Hg.), Colonialism and Culture, Ann Arbor 1992.

Dombois, Rainer, Wohlfahrtsmix und kombinierte Strategien sozialer Sicherung, in: Peripherie 69/70 (1998), 7-24.

Donner-Reichle, Carola, Ujamaa-Dörfer in Tanzania, Politik und Reaktionen der Bäuerinnen, Hamburg 1988.

Doornbos, Martin, The African State in Academic Debate. Retrospect and Prospect, in: Journal of Modern African Studies 28,2 (1990), 179-198.

Dryden, Stanley, Local Administration in Tanzania, Nairobi 1968.

Dudbridge, B. J. / J. E. S. *Griffith*, The Development of Local Government in Sukumaland, in: Journal of African Administration 3,3 (1951), 141-146.

Duggan, William R. / John R. *Civille*, Tanzania and Nyerere. A Study of Ujamaa and Nationhood, New York 1976.

Dumbuya, Peter A., Tanganyika under International Mandate, 1919-1946, Lanham usw. 1995.

Dundas, Charles, Kilimanjaro and Its People. A History of the Wachagga, London ²1968 (1926).

Dundas, Charles, African Crossroads, Westport/Conn. ²1976 (1955).

Eckert, Andreas, ‚Unordnung' in den Städten. Stadtplanung, Urbanisierung und koloniale Politik in Afrika, in: Periplus. Jahrbuch für außereuropäische Geschichte 6 (1996), 1-20.

Eckert, Andreas, Koloniale und administrative Eliten in Tansania. Begriff, Konzept und methodische Probleme von Herrschaft und Alltag, in: Dietrich *Reetz* / Heike *Liebau* (Hg.), Globale Prozesse und „Akteure des Wandels". Quellen und Methoden ihrer Untersuchung, Berlin 1997, 35-60.

Eckert, Andreas, Widerstand, Protest, Nationalismus, in: Jan-Georg *Deutsch* / Albert *Wirz* (Hg.), Geschichte in Afrika. Einführung in Probleme und Debatten, Berlin 1997, 129-148.

Eckert, Andreas, Soziale Sicherung im kolonialen Afrika. Staatliche Systeme und lokale Strategien, in: Peripherie 69/70 (1998), 46-66.

Eckert, Andreas, „I do not wish to be a tale teller" – Afrikanische Eliten in British Tanganyika. Das Beispiel Thomas Marealle, in: ders. / Gesine *Krüger* (Hg.), Lesarten eines globalen Prozesses. Quellen und Interpretationen zur Geschichte der europäischen Expansion, Münster/Hamburg 1998, 172-186.

Eckert, Andreas, Grundbesitz, Landkonflikte und kolonialer Wandel. Douala 1880-1960, Stuttgart 1999.

Eckert, Andreas, Historiker, „nation building" und die Rehabilitierung der afrikanischen Vergangenheit. Aspekte der Geschichtsschreibung in Afrika nach 1945, in: Wolfgang *Küttler* / Jörn *Rüsen* / Ernst *Schulin* (Hg.), Geschichtsdiskurs V. Globale Konflikte, Erinnerungsarbeit und Neuorientierungen nach 1945, Frankfurt am Main 1999, 162-187.

Eckert, Andreas, ‚A Showcase for Experiments'. Local Government Reforms in Colonial Tanzania, 1940s and 1950s, in: Afrika Spectrum 34,2 (1999), 213-235.

Eckert, Andreas, Konflikte, Netzwerke, Interaktionen. Kolonialismus in Afrika, in: Neue Politische Literatur 44,3 (1999), 446-480.

Eckert, Andreas, Geschichte der Arbeit und Arbeitergeschichte in Afrika, in: Archiv für Sozialgeschichte 39 (1999), 502-530.

Eckert, Andreas, Zeit, Arbeit und die Konstruktion von Differenz. Über die koloniale Ordnung in Afrika, in: Comparativ 10,3 (2000), 61-73.

Eckert, Andreas, Tradition – Ethnizität – Nationsbildung. Zur Konstruktion von politischen Identitäten in Afrika im 20. Jahrhundert, in: Archiv für Sozialgeschichte 40 (2000), 1-27.

Eckert, Andreas, Kulturelle Pendler. Zwei afrikanische Bürokraten im kolonialen Tansania, in: Petra *Heidrich* / Heike *Liebau* (Hg.), Akteure des Wandels. Lebensläufe und Gruppenbilder an Schnittstellen von Kulturen, Berlin 2001, 179-201.

Eckert, Andreas, Wohlfahrtsmix, Sozialpolitik und „Entwicklung" in Afrika im 20. Jahrhundert, in: Johannes *Jäger* / Gerhard *Melinz* / Susan *Zimmermann* (Hg.), Sozialpolitik in der Peripherie. Entwicklungsmuster und Wandel in Lateinamerika, Afrika, Asien und Osteuropa, Frankfurt a.M./Wien 2001, 99-116.

Eckert, Andreas, Dekolonisierung der Geschichte? Die Institutionalisierung der Geschichtswissenschaft in Afrika nach dem Zweiten Weltkrieg, in: Matthias *Middell* / Gabriele *Lingelbach* / Frank *Hadler* (Hg.), Historische Institute im internationalen Vergleich, Leipzig 2001, 451-476.

Eckert, Andreas, An African Statesman. A Portrait of Julius Nyerere as Politician, in: Laurence *Marfaing* / Brigitte *Reinwald* (Hg.), Afrikanische Netzwerke, Beziehungen und Räume. Fs. Leonhard Harding, Hamburg 2001, 309-327.

Eckert, Andreas, Patrick Kunambi. Politiker und Chief in der Dekolonisationsperiode, in: Albert *Wirz* /Andreas *Eckert* / Katrin *Bromber* (Hg.), Alles unter Kontrolle. Disziplinierungsprozesse im kolonialen Tanzania (1850-1960), Köln 2003, 221-229.

Eckert, Andreas, Comparing Coffee Production in Cameroon and Tanzania, c. 1900 to 1960s. Land, Labour and Politics, in: William G. *Clarence-Smith* / Steven *Topik* (Hg.), The Global Coffee Economy in Africa, Asia, and Latin America, 1500-1989, New York 2003, 286-311.

Eckert, Andreas, Europäische Zeitgeschichte und der Rest der Welt, in: Zeithistorische Forschungen 1,3 (2004), 416-421.

Eckert, Andreas, Regulating the Social. Social Security, Social Welfare and the State in Late Colonial Tanzania, in: Journal of African History 45,3 (2004), 467-489.

Eckert, Andreas, Universitäten und die Politik des Exils. Afrikanische Studenten und antikoloniale Politik in Europa, 1900-1960, in: Jahrbuch für Universitätsgeschichte 7 (2004), 129-145.

Eckert, Andreas / Michael *Pesek*, Bürokratische Ordnung und koloniale Praxis. Herrschaft und Verwaltung in Preußen und Afrika, in: Sebastian *Conrad* / Jürgen *Osterhammel* (Hg.), Das Kaiserreich transnational. Deutschland in der Welt 1871-1914, Göttingen 2004, 87-106.

Eckert, Andreas, Colonial European Administrations. Comparative Survey, in: Kevin *Shillington* (Hg.), Encyclopedia of African History, Bd. 1, New York/London 2005, 256-258.

Eckert, Andreas, Sport und Kolonialismus in Afrika, in: Geschichte in Wissenschaft und Unterricht 56,10 (2005), 565-579.

Eckert, Andreas, Kolonialismus, Frankfurt a. M. 2006.

Edney, Matthew H., Mapping an Empire. The Geographical Construction of British India 1765-1843, Chicago/London 1997.

Eggert, Johanna, Missionsschule und sozialer Wandel in Ostafrika. Der Beitrag der deutschen evangelischen Missionsgesellschaften zur Entwicklung des Schulwesens in Tanganyika 1891-1939, Bielefeld 1970.

Ehrlich, Cyril, The Poor Country. The Tanganyika Economy from 1945 to Independence, in: History of East Africa, Bd. 3, hg. von D. Anthony *Low* / Alison *Smith*, Oxford 1976, 290-330.

Elwert, Georg, Gewaltmärkte. Beobachtungen zur Zweckrationalität der Gewalt, in: Trutz von *Trotha* (Hg.), Soziologie der Gewalt, Opladen 1997 (= KZSS Sonderheft 37), 86-101.

Elwert, Georg / Hans-Dieter *Evers* / Werner *Wilkens*, Die Suche nach Sicherheit. Kombinierte Produktionsformen im so genannten Informellen Sektor, in: Zeitschrift für Soziologie 12,4 (1980), 281-296.

Endruweit, Günter, Elite und Entwicklung. Theorie und Empirie zum Einfluß von Eliten auf Entwicklungsprozesse, Frankfurt a.M. 1986.

Engel, Ulf / Hans-Georg *Schleicher*, Die beiden deutschen Staaten in Afrika. Zwischen Konkurrenz und Koexistenz 1949-1990, Hamburg 1998.

Engel, Ulf / Gero *Erdmann* / Andreas *Mehler* (Hg.), Tanzania Revisited. Political Stability, Aid Dependency and Development Constraints, Hamburg 2000.

Engel, Ulf, Die Afrikapolitik der Bundesrepublik Deutschland 1949-1999. Rollen und Identitäten, Münster/Hamburg 2000.

Engels, Dagmar / Shula *Marks* (Hg.), Contesting Colonial Hegemony. State and Society in Africa and India, London/New York 1994.

Erdmann, Gero, Jenseits des Mythos. Genossenschaften zwischen Mittelklasse und Staatsverwaltung in Tanzania und Kenia, Freiburg i.Br. 1996.

Evans, Ivan, Bureaucracy and Race. Native Administration in South Africa, Berkeley 1997.

Evans, Peter / Dietrich *Rueschemeyer* / Theda *Skocpol* (Hg.), Bringing the State Back In, Cambridge 1985.

Evers, Hans-Dieter / Tilman *Schiel*, Strategische Gruppen. Vergleichende Studien zu Staat, Bürokratie und Klassenbildung in der Dritten Welt, Berlin 1988.

Eyoh, Dickson, From Economic Crisis to Political Liberalization. Pitfalls of the New Political Sociology for Africa, in: African Studies Review 39,3 (1996), 43–80.

Fallers, Lloyd, The Predicament of the Modern African Chief. An Instance from Uganda, in: American Anthropologist 57 (1955), 290–305.

Fallers, Lloyd A., Bantu Bureaucracy. A Century of Political Evolution among the Basoga of Uganda, Chicago/London ²1965.

Falola, Toyin, Development Planning and Decolonization in Nigeria, Gainesville usw. 1996.

Farrant, Leda, Tippu Tip and the East African Slave Trade, New York 1975.

Fatton, Robert, Africa in the Age of Democratization. The Civic Limitations of Civil Society, in: African Studies Review 38,2 (1995), 67–101.

Feierman, Steven, The Shambaa Kingdom. A History, Madison/Wisc. 1974.

Feierman, Steven, Peasant Intellectuals. Anthropology and History in Tanzania, Madison/Wisc. 1990.

Fengler, Wolfgang, Tanzania, in: Dieter *Nohlen* / Michael *Krennerich* / Bernhard *Thibaut* (Hg.), Elections in Africa. A Data Handbook, Oxford 1999, 871–889.

Ferguson, James, The Anti-Politics Machine: „Development", Depoliticization, and Bureaucratic Power in Lesotho, Cambridge 1990.

Fisher, Michael, Indirect Rule in India. Residents and the Residency System, 1764–1858, New Dehli 1991.

Flint, John, Planned Decolonization and Its Failure in British Africa, in: African Affairs 82 (1983), 389–411.

Förster, Stig / Wolfgang *Mommsen* / Ronald *Robinson* (Hg.), Bismarck, Europe, and Africa. The Berlin Africa Conference 1884–1885 and the Onset of Partition, Oxford 1988.

Fosbrooke, Henry A., Government Sociologists in Tanganyika. A Sociological View, in: Journal of African Administration 4,3 (1952), 103–108.

Foucault, Michel, Von der Subversion des Wissens, München 1994.

Foucault, Michel, Überwachen und Strafen. Die Geburt des Gefängnisses, Frankfurt a.M. 1976 [frz. Orig. 1975].

Foucault, Michel, Sexualität und Wahrheit, Bd. 1: Der Wille zum Wissen, Frankfurt a.M. 1977 [frz. Orig. 1976].

Frederick, S.W., The Life of Joseph Kimalando, in: Tanzania Notes and Records 70 (1969), 21–28.

Freyhold, Michaela von, The Post Colonial State and its Tanzanian Version, in: Review of African Political Economy 8 (1977), 75–89.

Freyhold, Michaela von, Ujamaa Villages in Tanzania. Analysis of a Social Experiment, London 1979.

Friedland, William H., The Evolution of Tanganyika's Political System, in: Stanley *Diamond* / Fred G. *Burke* (Hg.), The Transformation of East Africa. Studies in Political Anthropology, New York/London 1966, 241–311.

Friedland, William H., Co-operation, Conflict, and Conscription: TANU-TFL Relations, 1955–1964, in: Jeffrey *Butler* / A.A. *Castagno* (Hg.), Boston University Papers on Africa. Transition in African Politics, New York usw. 1967, 67–103.

Friedland, William H., Vuta Kamba. The Development of Trade Unions in Tanganyika, Stanford 1969.

Fuchs, Maximilian, Soziale Sicherheit in der Dritten Welt. Zugleich eine Fallstudie Kenia, Baden Baden 1985.

Fuggles-Couchman, N.R., Agricultural Change in Tanganyika. 1945–1960, Stanford 1964.

Furse, Ralph, Aucuparius: Recollections of a Recruiting Officer, London 1962.

Gailey, Harry A., Sir Donald Cameron: Colonial Governor, Stanford 1974.

Gakunzi, David / Ad' Obe *Obe*, Rencontres avec Julius K. Nyerere, Paris 1995.

Gardner, Brian, German East. The Story of the First World War in East Africa, London 1963.

Gehlen, Arnold, Moral und Hypermoral. Eine pluralistische Ethik, Frankfurt/M. 1969.

Geider, Thomas, Swahilisprachige Ethnographien (ca.1890–heute). Produktionsbedingungen und Autoreninteressen, in: *ders.* / Heike *Behrend* (Hg.), Afrikaner schreiben zurück. Texte und Bilder afrikanischer Ethnographen, Köln 1998, 41–79.

Geiger Rogers, Susan, The Search for Political Focus on Kilimanjaro. A History of Chagga Politics, 1916–1952, unveröffentl. Ph.D. Thesis, Dar es Salaam 1972.

Geiger Rogers, Susan, The Kilimanjaro Native Planters Association. Administrative Responses to Chagga Initiatives in the 1920s, in: Transafrican Journal of History 4,1–2 (1974), 94–114.

Geiger, Susan, Women in Nationalist Struggle. TANU Activists in Dar es Salaam, in: International Journal of African Historical Studies 20,1 (1987), 1–26.

Geiger, Susan, Tanganyikan Nationalism as ‚Women's Work': Life Histories, Collective Biography and Changing Historiography, in: Journal of African History 37,3 (1996), 465–478.

Geiger, Susan, TANU Women. Gender and Culture in the Making of Tanganyikan Nationalism, 1955–1965, Oxford usw. 1997.

Geiger, Susan, Engendering and Gendering African Nationalism. Rethinking the Case of Tanganyika (Tanzania), in: Gregory *Maddox*/James *Giblin* (Hg.), In Search of a Nation. Histories of Authority and Dissidence in Tanzania, Oxford 2005, 278–289.

Geiss, Imanuel, Panafrikanismus. Zur Geschichte der Dekolonisation, Frankfurt a.M. 1968.

George, Betty, Education for Africans in Tanganyika. A Preliminary Survey, Washington/D.C. 1960.

Giblin, James L., The Politics of Environmental Control in Northeastern Tanzania, 1840–1940, Philadelphia 1992.

Giblin, James L., A History of the Excluded. Making Family a Refuge from State in Twentieth-Century Tanzania, Oxford 2005.

Giddens, Anthony, Konsequenzen der Moderne, Frankfurt a.M. 1996 [engl. Orig. 1990].

Glassman, Jonathan, Feasts and Riots. Revelry, Rebellion and Popular Consciousness on the Swahili Coast, 1865–1888, London 1995.

Glickman, Harvey, Dilemmas of Political Theory in an African Context. The Ideology of Julius Nyerere, in: Jeffrey *Butler*/A. A. *Castagno* (Hg.), Boston University Papers on Africa. Transition in African Politics, New York usw. 1967, 195–223.

Glickman, Harvey, Traditional Pluralism and Democratic Processes in Mainland Tanzania, in: Lionel *Cliffe*/John S. *Saul* (Hg.), Socialism in Tanzania. An Interdisciplinary Reader, Bd. 1: Politics, Nairobi 1972, 127–144.

Glynn, F. J., Africanization and Job Analysis in Tanganyika, in: Journal of Local Administration Overseas 2,3 (1963), 149–153.

Goldsworthy, David, Colonial Issues in British Politics 1945–1961. From ‚Colonial Development‘ to ‚Wind of Change‘, Oxford 1971.

Goldsworthy, David, Ethnicity and Leadership in Africa. The ‚Untypical Case‘ of Tom Mboya, in: Journal of Modern African Studies 20,1 (1982), 107–126.

Goldsworthy, David, Tom Mboya: The Man Kenya Wanted To Forget, Nairobi 1984.

Goldthorpe, J. E., An African Elite. Makerere College Students, 1922–1960, Nairobi 1965.

Gower, R. H., An Experiment in District Training, in: Journal of African Administration 4,1 (1952), 6–9.

Graham, James D., Indirect Rule. The Establishment of „Chiefs“ and „Tribes“ in Cameron's Tanganyika, in: Tanzania Notes and Records 77/78 (1976), 1–9.

Green, Maia, Priests, Witches and Power. Popular Christianity After Mission in Southern Tanzania, Cambridge/New York 2003.

Gregory, Robert G., Sidney Webb and East Africa. Labour's Experiment with the Doctrine of Native Paramountcy, Berkeley 1962.

Gregory, Robert G., India and East Africa. A History of Race Relations within the British Empire, 1890–1939, Oxford 1971.

Gregory, Robert, Co-Operation and Collaboration in Colonial East Africa. The Asians' Political Role, 1890–1964, in: African Affairs 80,319 (1981), 259–273.

Gregory, Robert G., South Asians in East Africa. An Economic and Social History, 1890–1980, Boulder 1993.

Gregory, Robert, Quest for Equality. Asian Politics in East Africa 1900–1967, London 1993.

Grohs, Gerhard, Tanzania – Zur Soziologie der Dekolonisation, in: *ders.*/Bassam *Tibi* (Hg.), Zur Soziologie der Dekolonisation in Afrika, Frankfurt a.M. 1973, 123–145.

Grosse, Pascal, Kolonialismus, Eugenik und bürgerliche Gesellschaft in Deutschland, 1850–1918, Frankfurt am Main/New York 2000.

Gründer, Horst, Geschichte der deutschen Kolonien, Paderborn ³1995.

Guha, Ranajit/Gayatri Chakravorty *Spivak* (Hg.), Selected Subaltern Studies, New York/Oxford 1988.

Guha, Ranajit, Dominance without Hegemony. History and Power in Colonial India, Cambridge/Ma. 1997.

Gulbrandsen, Ornulf, The King is King by the Grace of the People. The Exercise and Control of Power in Subject-Ruler Relations, in: Comparative Studies in Society and History 37,3 (1995), 415–444.

Habermas, Jürgen, Die postnationale Konstellation, Frankfurt a. M. 1998.

Hai-Lee, Christopher Joon, The „Native“ Undefined. Colonial Categories, Anglo-African Status and the Politics of Kinship in British Central Africa, 1929–38, in: Journal of African History 46, 3 (2005), 455–478.

Hailey, Lord William Malcolm, Native Administration and Political Development in British Tropical Africa, hg. von Anthony H. M. Kirk-Greene, Lichtenstein 1979.

Hailey, Lord William Malcolm, An African Survey. Revised 1956. A Study of Problems Arising in Africa South of the Sahara, London 1957.

Hanke, Edith/Wolfgang J. *Mommsen* (Hg.), Max Webers Herrschaftssoziologie, Tübingen 2001.

Harbeson, John W./Donald *Rothchild*/Naomi *Chazan* (Hg.), Civil Society and the State in Africa, Boulder 1994.

Harbsmeier, Michael, Schauspiel Europa. Die außereuropäische Entdeckung Europas im 19. Jahrhundert am Beispiel afrikanischer Texte, in: Historische Anthropologie 2,3 (1994), 331–350.

Hargreaves, John, Decolonization in Africa, London 1996.

Harris, Belle, The Electoral System, in: Lionel *Cliffe* (Hg.), One Party Democracy. The 1965 Tanzania General Elections, Nairobi 1967, 21-52.

Harris, Tim, Donkey's Gratitude. Twenty Two Years in the Growth of a New African Nation – Tanzania, Edinburgh usw. 1992.

Hasu, Paivi, Desire and Death. History through Ritual Practice in Kilimanjaro, Helsinki 1999.

Hatch, John, Tanzania. A Profile, London 1972.

Hatch, John, Two African Statesmen. Kaunda of Zambia and Nyerere of Tanzania, London 1976.

Hauck, Gerhard, Staat und Gesellschaft in Afrika. Historische Kontinuitäten und Diskontinuitäten, in: Günter *Best* / Reinhard *Köfler* (Hg.), Subjekte und Systeme. Soziologische und Anthropologische Annäherungen, Frankfurt a.M. 2000, 287-299.

Hauck, Gerhard, Gesellschaft und Staat in Afrika, Frankfurt a.M. 2001.

Hauck, Gerhard, Schwache Staaten? Überlegungen zu einer fragwürdigen entwicklungspolitischen Kategorie, in: Peripherie 96 (2004), 411-427.

Havinden, Michael / David *Meredith*, Colonialism and Development. Britain and its Tropical Colonies, 1850-1960, London/New York 1993.

Hazlewood, Arthur, Economic Integration. The East African Experience, London 1975.

Headrick, Daniel, The Tentacles of Progress. Technology Transfer in the Age of Imperialism, 1850-1940, Oxford 1988.

Hegel, Georg Wilhelm Friedrich, Grundlinien der Philosophie des Rechts oder Naturrecht und Staatswissenschaft im Grundrisse, hg. von Bernard Lakebrink, Stuttgart 1970.

Hendrickson, Hildi (Hg.), Clothing and Difference. Embodied Identities in Colonial and Post-Colonial Africa, Durham/London 1996.

Herbst, Jeffrey, States and Power in Africa. Comparative Lessons in Authority and Control, Princeton/N.J. 2000.

Herzog, Jürgen, Geschichte Tansanias. Vom Beginn des 19. Jahrhunderts bis zur Gegenwart, Berlin/O. 1986.

Heussler, Robert, Yesterday's Rulers. The Making of the British Colonial Service, New York 1963.

Heussler, Robert, British Tanganyika. An Essay and Documents on District Administration, Durham 1971.

Hildermeier, Manfred / Jürgen *Kocka* / Christoph *Conrad* (Hg.), Europäische Zivilgesellschaft in Ost und West. Begriff, Geschichte, Chancen, Frankfurt/New York 2000.

Hillebrand, Ernst, Nachdenken über Zivilgesellschaft und Demokratie in Afrika, in: Internationale Politik und Gesellschaft 1,1 (1994), 57-71.

Himbara, David, The ‚Asian Question‘ in East Africa. The Continuing Controversy on the Role of Indian Capitalists in Accumulation and Development in Kenya, Uganda and Tanzania, in: African Studies 56,1 (1997), 1-18.

Hinden, Rita (Hg.), Fabian Colonial Essays, London 1945.

Hintze, Otto, Beamtentum und Bürokratie, hg. von Kersten Krüger, Göttingen 1981.

Hodgson, Dorothy L., Taking Stock. State Control, Ethnic Identity and Pastoralist Development in Tanganyika, 1948-1958, in: Journal of African History 41,1 (2000), 55-78.

Hofmeier, Rolf, Möglichkeiten und Grenzen deutscher Entwicklungspolitik gegenüber Afrika, in: Helmut *Bley* / Rainer *Tetzlaff* (Hg.), Afrika und Bonn. Versäumnisse und Zwänge deutscher Afrika-Politik, Reinbek 1978, 192-253.

Hofmeier, Rolf, Die Ostafrikanische Gemeinschaft. Eine Fallstudie, in: Volker *Matthies* (Hg.), Süd-Süd-Beziehungen. Zur Kommunikation, Kooperation und Solidarität zwischen Entwicklungsländern, München 1982, 273-310.

Hofmeier, Rolf / Volker *Matthies* (Hg.), Vergessene Kriege in Afrika, Göttingen 1992.

Hogendorn, Jan S. / K.M. *Scott* (Hg.), Very Large-Scale Agricultural Projects. The Lessons of the East African Groundnut Scheme, in: Robert I. *Rotberg* (Hg.), Imperialism, Colonialism, and Hunge. East and Central Africa, Lexington/Ma. 1983, 167-198.

Holland, Robert F., European Decolonization 1918-1981. An Introductory Survey, London 1985.

Holland, Robert F., The Pursuit of Greatness. Britain and the World Role, 1900-1970, London 1991.

Holland, Robert F., The British Experience of Decolonization, in: Itinerario 20,2 (1996), 51-63.

Hopkins, Anthony G., Innovation in a Colonial Context. African Origins of the Nigerian Cocoa-Farming Industry, 1880-1920, in: ders. / Clive *Dewey* (Hg.), The Imperial Impact. Studies in the Economic History of Africa and India, London 1978, 83-96.

Hopkins, Anthony G., MacMillan's Audit of Empire, 1957, in: Peter *Clarke* / Clive *Trebilcock* (Hg.), Understanding Decline. Perceptions and Realities of British Economic Performance, Cambridge 1997, 234-260.

Hopkins, Anthony G., Back to the Future. From National History to Imperial History, in: Past & Present 164 (1999), 198-243.

Hopkins, Anthony G., Asante and the Victorians. Transition and Partition on the Gold Coast, in: Roy *Bridges* (Hg.), Imperialism, Decolonization and Africa. Studies presented to John Hargreaves, London 1999, 25-64.

Hopkins, Anthony G. (Hg.), Globalization in World History, Cambridge 2002.

Hopkins, Raymond F., Political Roles in a New State. Tanzania's First Decade, New Haven/London 1971.

Horney, Martha, A History of Indian Merchant Capital and Class Formation in Tanganyika, c. 1840-1940, unveröffentl. Ph.D. Thesis, Dar es Salaam 1982.

Hoskyns, Catherine, Africa's Foreign Relations. The Case of Tanzania, in: International Affairs 44,3 (1968), 446-462.

Howe, Stephen, Anticolonialism in British Politics. The Left and the End of Empire, 1918-1964, Oxford 1993.

Howe, Stephen, David Fieldhouse and ,Imperialism'. Some Historiographical Revisions, in: Peter *Burroughs*/Anthony J. *Stockwell* (Hg.), Managing the Business of Empire. Essays in Honour of David Fieldhouse, London 1998, 213-232.

Howe, Stephen, Empire. A Very Short Introduction, Oxford 2002.

Hoyle, Brian S., Gillman of Tanganyika 1882-1946. The Life and Work of a Pioneer Geographer, Aldershot 1987.

Hucks, G.W.Y., Legislative Council Elections 1958, in: Tanganyika Notes and Records 54 (1960), 39-47.

Hübinger, Gangolf, Nationale Reformen in weltpolitischer Perspektive. Die britischen Fabier-Sozialisten und die amerikanischen Progressiven, in: *ders.* / Jürgen *Osterhammel* / Erich *Pelzer* (Hg.), Universalgeschichte und Nationalgeschichten, Freiburg i.Br. 1994, 249-267.

Hunt, Nancy Rose/Tessi P. *Liu*/Jean *Quataert* (Hg.), Gendered Colonialisms in African History, Oxford 1997.

Hunt, Nancy Rose, A Colonial Lexicon. Of Birth Ritual, Medicalization, and Mobility in the Congo, Durham/London 1999.

Hyam, Ronald, Africa and the Labour Government, 1945-1951, in: Journal of Imperial and Commonwealth History 16,2 (1988), 148-172.

Hyam, Ronald, Empire and Sexuality. The British Experience, Manchester 1990.

Hyden, Goran (Hg.), Co-operatives in Tanzania. Problems of Organisation, Dar es Salaam 1976.

Hyden, Goran, Beyond Ujamaa in Tanzania. Underdevelopment and an Uncaptured Peasantry, Berkeley 1980.

Iliffe, John, The Organisation of the Maji Maji Rebellion, in: Journal of African History 8,3 (1967), 495-512.

Iliffe, John, Tanganyika under German Rule 1905-1912, Cambridge 1969.

Iliffe, John, The Age of Improvement and Differentiation (1907-45), in: Isaria N. *Kimambo*/Arnold J. *Temu* (Hg.), A History of Tanzania, Nairobi 1969, 123-160.

Iliffe, John, A History of the Dockworkers of Dar es Salaam, in: Tanzania Notes and Records 71 (1970), 119-148.

Iliffe, John (Hg.), Modern Tanzanians. A Volume of Biographies, Nairobi 1973.

Iliffe, John, The Spokesman: Martin Kayamba, in: *ders.* (Hg.), Modern Tanzanians. A Volume of Biographies, Nairobi 1973, 66-94.

Iliffe, John, The Creation of Group Consciousness. A History of the Dockworkers of Dar es Salaam, in: Richard *Sandbrook*/Robin *Cohen* (Hg.), The Development of an African Working Class. Studies in Class Formation and Action, London 1975, 49-72.

Iliffe, John, A Modern History of Tanganyika, Cambridge 1979.

Iliffe, John, Wage Labour and Urbanisation, in: Martin H.Y. *Kaniki* (Hg.), Tanzania under Colonial Rule, London 1980, 276-306.

Iliffe, John, The African Poor. A History, Cambridge 1987.

Iliffe, John, TANU and Colonial Office, in: Tanzania Zamani 3,2 (1997), 1-62.

Iliffe, John, East African Doctors. A History of the Modern Profession, Cambridge 1998.

Imbusch, Peter (Hg.), Macht und Herrschaft. Sozialwissenschaftliche Konzeptionen und Theorien, Opladen 1998.

Inden, Ronald, Imagining India, Oxford 1990.

Ingle, Clyde R., The Ten-House Cell System in Tanzania. A Consideration of an Emerging Village Institution, in: Journal of Developing Areas 6 (1972), 211-226.

Jackson, Robert H./Gregory *Maddox*, The Creation of Identity. Colonial Society in Bolivia and Tanzania, in: Comparative Studies in Society and History 35,2 (1993), 263-284.

Jeffery, Keith, The Second World War, in: Oxford History of the British Empire, Bd. 4: The Twentieth Century, hg. von Judith M. *Brown*/Wm. Roger *Louis*, Oxford 1999, 306-328.

Jennings, Michael, ,Almost an Oxfam in Itself'. Oxfam, *Ujamaa* and Development in Tanzania, in: African Affairs 101, 404 (2002), 509-530.

Jennings, Michael, We Must Run While Others Walk. Popular Participation and Development Crisis in Tanzania, 1961-6, in: Journal of Modern African Studies 41,2 (2003), 163-187.

John, David H., Tanzania, in: Timothy M. *Shaw*/Olajide *Aluko* (Hg.), The Political Economy of African Foreign Policy, Aldershot 1984, 263-282.

Johnston, Peter Hope, Some Notes on Land Tenure on Kilimanjaro and the Vihamba of the Wachagga, in: Tanganyika Notes and Records 21 (1946), 1-20.

Johnston, Peter Hope, Chagga Constitutional Development, in: Journal of African Administration 5,3 (1953), 134-140.

Jones, Laird, Commercial Politics and the Overstocking Crisis in Mwanza Province, Tanganyika 1926-1935, in: African Economic History 23 (1995), 129-145.

Jones, Laird, On the Origins of Mass Nationalism in Urban Tanzania. Muslim Townspeople and Petition Protest During the Interwar Years, in: Melvin E. *Page* (Hg.), Personality and Political Culture in Modern Africa, Boston 1998, 37-47.

Jong, Albert de, Mission and Politics in Eastern Africa. Dutch Missionaries and African Nationalism in Kenya, Tanzania and Malawi 1945-1965, Nairobi 2000.

Joseph, Richard, Radical Nationalism in French Africa. The Case of Cameroon, in: Prosser *Gifford*/Wm. Roger *Louis* (Hg.), The Transfer of Power in Africa. Decolonization 1940-60, New Haven 1982, 321-345.

Kaiser, Paul J., Culture, Transnationalism, and Civil Society. Aga Khan Social Service Initiatives in Tanzania, Westport/London 1996.

Kaniki, M. H. Y. (Hg.), Tanzania under Colonial Rule, London 1980.

Katoke, I. K. / P. *Rwehumbiza*, The Administrator. Francis Lwamugira, in: John *Iliffe* (Hg.), Modern Tanzanians. A Volume of Biographies, Nairobi 1973, 43-65.

Kayamba, Martin, The Story of Martin Kayamba Mdumi, M. B. E., of the Bondei Tribe, Written by Himself, in: Margery *Perham* (Hg.), Ten Africans, London 1936, 173-272.

Kayamba, Martin, African Problems, London 1948.

Kennedy, Dane, Islands of White. Settler Society and Culture in Kenya and Southern Rhodesia, 1890-1939, Durham 1987.

Kennedy, Dane, Imperial History and Post-Colonial Theory, in: Journal of Imperial and Commonwealth History 24,3 (1996), 345-363.

Kent, John, The Internationalization of Colonialism. Britain, France, and Black Africa 1939-1956, Oxford 1992.

Kent, John, British Imperial Policy and the Origins of the Cold War, 1944-49, Leicester 1993.

Kieran, J. A., The Origins of Commercial Arabica Coffee Production in East Africa, in: African Historical Studies 2,1 (1969), 51-67.

Killingray, David, Labour Mobilisation in British Colonial Africa for the War Effort, 1939-46, in: *ders.* / Richard *Rathbone* (Hg.), Africa and the Second World War. London 1986, 68-96.

Kimambo, Isaria N., Penetration and Protest in Tanzania. The Impact of the World Economy on the Pare, 1860-1960, London 1991.

Kimambo, Isaria N. / Arnold J. *Temu* (Hg.), A History of Tanzania, Nairobi 1969.

King, Kenneth J., Pan-Africanism and Education. A Study of Race Philanthropy and Education in the Southern States of America and East Africa, Oxford 1971.

Kirk-Greene, Anthony (Hg.), The Transfer of Power. The Colonial Administrator in the Age of Decolonisation, Oxford 1979.

Kirk-Greene, Anthony, The Thin White Line. The Size of the British Colonial Service in Africa, African Affairs 79,314 (1980), 25-44.

Kirk-Greene, Anthony, ,Damnosa Hereditas'. Ethnic Ranking and the Martial Races Imperative in Africa, in: Ethnic and Racial Studies 3,4 (1980), 393-414.

Kirk-Greene, Anthony, Colonial Administration and Race Relations. Some Research Reflections and Directions, in: Ethnic and Racial Studies 9,3 (1986), 275-287.

Kirk-Greene, Anthony, A Biographical Dictionary of the British Colonial Service 1939-1966, London 1991.

Kirk-Greene, Anthony, On Crown Service. A History of HM Colonial and Overseas Civil Services, 1837-1997, London/New York 1999.

Kirk-Greene, Anthony, Britain's Imperial Administrators 1858-1966, London/New York 2000.

Kjekhus, Helge, The Tanzanian Villagization Policy. Implementation Lessons and Ecological Dimensions, in: Canadian Journal of African Studies 11,2 (1977), 269-282.

Koponen, Juhani, People and Production in Late Pre-Colonial Tanzania. History and Structures, Uppsala 1988.

Koponen, Juhani, Development for Exploitation. German Colonial Policies in Mainland Tanzania, 1884-1914, Hamburg/Helsinki 1995.

Kößler, Reinhart, Entwicklung, Münster 1998.

Kößler, Reinhart / Tilman *Schiel*, Auf dem Weg zu einer kritischen Theorie der Modernisierung, Frankfurt a.M. 1996.

Krozewski, Gerold, Sterling, the ,Minor' Territories, and the End of Formal Empire, 1939-1958, in: Economic History Review 46,2 (1993), 239-265.

Krozewski, Gerold, Finance and Empire. The Dilemma Facing Great Britain in the 1950s, in: International History Review 18,1 (1996), 48-69.

Kuklick, Henrika, The Imperial Bureaucrat. The Colonial Administrative Service in the Gold Coast, 1920-1939, Stanford 1979.

Kuklick, Henrika, Tribal Exemplars. Images of Political Authority in British Anthropology, 1885-1945, in: George W. *Stocking* (Hg.), Functionalism Historicized: Essays on British Social Anthropology, Madison/Wisc. 1984, 59-82.

Kuklick, Henrika, The Savage Within. The Social History of British Anthropology, 1885-1945, Cambridge 1991.

Kuper, Charles A. (Hg.), Nationalism and Nationalities in the New Europe, Ithaca 1995.

Kurtz, Laura S., An African Education. The Social Revolution in Tanzania, New York 1972.

Kurtz, Laura S., Historical Dictionary of Tanganyika, Metuchen 1978.

Laak, Dirk van, Weiße Elefanten. Anspruch und Scheitern technischer Großprojekte im 20. Jahrhundert, Stuttgart 1999.

Laak, Dirk van, Imperiale Infrastruktur. Deutsche Planungen für eine Erschließung Afrikas, Paderborn 2004.

Laak, Dirk van, Kolonien als „Laboratorien der Moderne"?, in: Sebastian *Conrad* / Jürgen *Osterhammel* (Hg.), Das Kaiserreich transnational. Deutschland in der Welt 1871-1914, Göttingen 2004, 257-279.

Lang, Gottfried O. / Martha B. *Lang*, Problems of Social and Economic Change in Sukumaland, Tanganyika, in: Anthropological Quarterly 35,2 (1962), 86-101.

Langewiesche, Dieter, Nation, Nationalismus, Nationalstaat in Deutschland und Europa, München 2000.

Larson, Lorne E., Problems in the Study of Witchcraft Eradication Movements in Southern Tanzania, in: Ufahamu 6 (1976), 88-100.

Lawuo, Zachary E., Education and Change in a Rural Community. A Study of Colonial Education and Local Response among the Chagga between 1925 and 1945, Dar es Salaam 1984.

Legum, Colin / Geoffrey *Mmari* (Hg.), Mwalimu. The Influence of Nyerere, London usw. 1995.

Leimgruber, Walter, Kalter Krieg um Afrika. Die amerikanische Afrikapolitik unter Präsident Kennedy, 1961-1963, Stuttgart 1990.

Lema, Anza Amen, The Lutheran Church's Contribution to Education in Kilimanjaro, in: Tanzania Notes and Records 68 (1968), 87-94.

Lemarchand, René, Uncivil States and Civil Societies. How Illusion became Reality, in: Journal of Modern African Studies 30,2 (1992), 177-191.

Lentz, Carola, „Tribalismus" und Ethnizität in Afrika – ein Forschungsüberblick, in: Leviathan 23,1 (1995), 115-145.

Lentz, Carola, Die Konstruktion von Ethnizität. Eine politische Geschichte Nord-West Ghanas 1870-1990, Köln 1998.

Lentz, Carola / Paul *Nugent* (Hg.), Ethnicity in Ghana. The Limits of Invention, New York 2000.

Lepenies, Wolf, Foreword, in: *ders.* (Hg.), Entangled Histories and Negotiated Universals. Centers and Peripheries in a Changing World, Frankfurt/New York 2003, 7-13.

Leslie, John A. K., A Survey of Dar es Salaam, London 1963.

Lewis, Joanna, Empire State-Building. War & Welfare in Kenya 1925-52, Oxford usw. 2000.

Lewis, Joanna, ,Tropical East Ends' and the Second World War. Some Contradictions in Colonial Office Welfare Initiatives, in: Journal of Imperial and Commonwealth History 28,2 (2000), 42-66.

Liebenow, J. Gus, Responses to Planned Political Change in a Tanganyika Tribal Group, in: American Political Science Review 50,2 (1956), 442-461.

Liebenow, J. Gus, Some Problems in Introducing Local Government Reform in Tanganyika, in: Journal of African Administration 8,3 (1956), 132-139.

Liebenow, J. Gus, Tribalism, Traditionalism, and Modernism in Chagga Local Government, in: Journal of African Administration 10,2 (1958), 71-82.

Liebenow, J. Gus, The Chief in Sukuma Local Government, in: Journal of African Administration 11,2 (1959), 84-92.

Liebenow, J. Gus, The Sukuma, in: Audrey I. *Richards* (Hg.), East African Chiefs. A Study of Political Development in some Uganda and Tanganyika Tribes, London 1959, 229-259.

Liebenow, J. Gus, Colonial Rule and Political Development in Tanzania. The Case of the Makonde, Evanston 1971.

Lienhardt, Peter, The Medicine Man. Swifa ya Nguvumali, Oxford 1968.

Listowel, Judith, The Making of Tanganyika, London 1965.

Little, Marilyn, Colonial Policy and Subsistence in Tanganyika 1925-1945, in: Geographical Review 81,4 (1991), 375-388.

Liviga, Athumani Juma, Local Government in Tanzania. Partner in Development or Administrative Agent of the Central Government?, in: Local Government Studies 18,3 (1992), 208-225.

Liviga, Athumani Juma, Local Government in Tanzania. 1926-1992, unveröffentl. Ph.D. Thesis, Pittsburgh 1993.

Liviga, Athumani Juma, The Over-Centralized State and its Limitations to Participation in Tanzania, in: The African Review 22 (1995), 140-159.

Lloyd, Peter (Hg.), The New Elites of Tropical Africa, New York 1966.

Lohmeier, Jochen, Tanzania. Eine politische Ökonomie der Regionalentwicklung, Hamburg 1982.

Lonsdale, John, Some Origins of Nationalism in East Africa, in: Journal of African History 9,1 (1968), 119-146.

Lonsdale, John, The Tanzanian Experiment, in: African Affairs 67,269 (1968), 330-344.

Lonsdale, John, States and Social Processes in Africa. A Historiographical Survey, in: African Studies Review 24,2-3 (1981), 139-225.

Lonsdale, John, Mau Maus of the Mind. Making Mau Mau and Remaking Kenya, in: Journal of African History 31,3 (1990), 393-421.

Lonsdale, John, The Moral Economy of Mau Mau. Wealth, Poverty and Civic Virtue in Kikuyu Political Thought, in: Bruce J. *Berman* / John *Lonsdale*, Unhappy Valley: Conflict in Kenya and Africa, Bd. 2, London 1992, 315-504.

Lonsdale, John, Agency in Tight Corners. Narrative and Initiative in African History, in: Journal of African Cultural Studies 13,1 (2000), 5-16.

Lonsdale, John / Bruce J. *Berman*, Coping with the Contradictions: The Development of the Colonial State in Kenya, 1895-1914, in: Journal of African History 20,4 (1979), 487-505.

Loomba, Ania, Colonialism / Postcolonialism, London/New York 1998.

Louis, Wm. Roger, The United States and the African Peace Settlement of 1919. The Pilgrimage of George Louis Beer, in: Journal of African History 4,4 (1963), 413-433.

Louis, Wm. Roger, Great Britain and Germany's Lost Colonies 1914-1919, Oxford 1967.

Louis, Wm. Roger, Imperialism at Bay. The United States and the Decolonization of the British Empire, Oxford 1977.

Louis, Wm. Roger, American Anti-colonialism and the Dissolution of the British Empire, in: International Affairs 61 (1985), 395-420.

Louis, Wm. Roger, The Dissolution of the British Empire, in: Oxford History of the British Empire, Bd. 4: The Twentieth Century, hg. von Judith M. *Brown* / Wm. Roger *Louis*, Oxford 1999, 329-356.

Louis, Wm. Roger / Ronald *Robinson*, The United States and the Liquidation of British Empire in Tropical Africa, 1941-1951, in: Prosser *Gifford* / Wm. Roger *Louis* (Hg.), The Transfer of Power in Africa. Decolonization 1940-1960, New Haven 1982, 31-55.

Louis, Wm. Roger / Ronald *Robinson*, The Imperialism of Decolonization, in: Journal of Imperial and Commonwealth History 22,3 (1994), 462-511.

Louis, Wm. Roger / Roger *Owen* (Hg.), Suez 1956: The Crisis and Its Consequences, Oxford 1989.

Low, D. Anthony / John *Lonsdale*, Introduction. Towards the New Order 1945-1963, in: History of East Africa, Bd. 3, hg. von D. Anthony *Low* / Alison *Smith*, Oxford 1976, 1-63.

Low, D. Anthony, Eclipse of Empire, Cambridge 1991.

Low, D. Anthony, The Egalitarian Moment. Asia and Africa 1950-1980, Cambridge 1996.

Lowe, Rodney, The Welfare State in Britain since 1945, Basingstoke/London 1993.

Ludwig, Frieder, Das Modell Tanzania. Zum Verhältnis zwischen Kirche und Staat während der Ära Nyerere, Berlin 1995.

Lüdtke, Alf, Einleitung: Herrschaft als soziale Praxis, in: *ders.* (Hg.), Herrschaft als soziale Praxis. Historische und sozial-anthropologische Studien, Göttingen 1991, 9-63.

Lumsdaine, David H., Moral Vision in International Politics. The Foreign Aid Regime, 1949-1989, Princeton 1993.

Lumley, E. K., Forgotten Mandate. A British District Officer in Tanganyika, London 1976.

Maack, Pamela A., ,We don't Want Terraces!' Protest & Identity under the Uluguru Land Usage Scheme, in: Gregory *Maddox* / James *Giblin* / Isaria N. *Kimambo* (Hg.), Custodians of the Land. Ecology & Culture in the History of Tanzania, London u. a. 1996, 152-169.

MacDonald, Alexander, Tanzania. Young Nation in a Hurry, New York 1966.

MacDonald, David A. / Eunice Njeri *Sahle* (Hg.), The Legacies of Julius Nyerere. Influences on Development Discourse and Practice in Africa, Trenton 2002.

MacKenzie, John M., The Popular Culture of Empire in Britain, in: Judith M. *Brown* / Wm. Roger *Louis* (Hg.), Oxford History of the British Empire, Bd. 4: The Twentieth Century, Oxford 1999, 212-231.

MacKenzie, William J. M., Changes in Local Government in Tanganyika, in: Journal of African Administration 6,3 (1954), 123-129.

Macleod, Roy, Passages of Imperial Science: From Empire to Commonwealth, in: Journal of World History 4,1 (1993), 117-150.

Macnicol, John, The Movement for Family Allowances, 1918-45: A Study in Social Policy Development, London 1980.

MacPherson, Margaret, They Built for the Future. A Chronicle of Makerere University College 1922-1962, Cambridge 1964.

Maddox, Gregory H., „Leave Wagogo! You Have No Food!" Famine and Survival in Ugogo, Central Tanzania, 1916-1961, unveröffentl. Ph.D. Thesis, Evanston 1988.

Maddox, Gregory H., Mtunya: Famine in Central Tanzania, 1917-1920, in: Journal of African History 31,2 (1990), 181-198.

Maddox, Gregory H., Njaa. Food Shortages and Famines in Tanzania Between the Wars, in: International Journal of African Historical Studies 19,1 (1986), 17-34.

Maddox, Gregory, The Ironies of ,Historia, Mila na Desturi za Wagogo', in: Mathias E. *Mnyampala*, The Gogo. History, Customs, and Traditions hg., eingeleitet u. übersetzt von Gregory Maddox, Armonk/London 1995, 1-34.

Maguire, Andrew, Toward ,Uhuru' in Tanzania. The Politics of Participation, Cambridge 1969.

Maguire, Andrew, The Emergence of the Tanganyika African National Union in the Lake Province, in: Robert I. *Rotberg*/ Ali A. *Mazrui* (Hg.), Protest and Power in Black Africa, New York 1970, 639-670.

Mair, Lucy P., Welfare in the British Colonies, London 1944.

Makusa, Ham, Uganda's Katikiro in England, London 1904.

Malcolm, D.W., Sukumaland. An African People and Their Country. A Study of Land Use in Tanganyika, London 1953.

Mamdani, Mahmood, Citizen and Subject. Contemporary Africa and the Legacy of Late Colonialism, Princeton/N.J. 1996.

Mandela, Nelson, Der lange Weg zur Freiheit. Autobiographie, Frankfurt/M. 1997 (engl. Orig. 1994).

Mangan, James A., Athleticism in the Victorian and Edwardian Public School. The Emergence and Consolidation of an Educational Ideology, Cambridge 1981.

Mangan, James A. (Hg.), „Benefits Bestowed"? Education and British Imperialism, Manchester/New York 1988.

Mangan, James A. (Hg.), Making Imperial Mentalities. Socialisation and British Imperialism, Manchester/New York 1990.

Mangan, James A. (Hg.), The Cultural Bond. Sport, Empire, Society, London 1992.

Mangan, James A. (Hg.), The Games Ethic and Imperialism. Aspects of the Diffusion of an Ideal, London ²1998.

Mang'enya, Erasto A.M., Discipline and Tears. Reminiscences of an African Civil Servant on Colonial Tanganyika, Dar es Salaam 1984.

Mann, Kristin, Marrying Well. Marriage, Status and Social Change among the Educated Elite in Colonial Lagos, Cambridge 1985.

Mann, Michael (Hg.), The Rise and Decline of the Nation State, Oxford 1990.

Marealle, Thomas L.M., The Wachagga of Kilimanjaro, in: Tanganyika Notes and Records 32 (1952), 57-64.

Marfaing, Laurence/ Mariam *Sow*, Les opérateurs économiques au Sénégal. Entre le formel et l'informel (1930-1990), Paris 1999.

Markmiller, Anton, „Die Erziehung des Negers zur Arbeit". Wie die koloniale Pädagogik afrikanische Gesellschaften in die Abhängigkeit führte, Berlin 1995.

Marseille, Jacques, Empire colonial et capitalisme français. Histoire d'un divorce, Paris 1984.

Martin, B.G., Muslim Brotherhoods in Nineteenth Century Africa, Cambridge 1976.

Martin, Denis-Constant, Tanzanie. L'invention d'une culture politique, Paris 1988.

Martin, Phyllis M., Leisure and Society in Colonial Brazzaville, Cambridge 1995.

Martin, Robert, Personal Freedom and the Law in Tanzania. A Study of Socialist State Administration, Nairobi 1974.

Mason, H., Progress in Pare, in: Corona 4,6 (1952), 212-219.

Mather, Keith G., A Note on African Councils in the Rungwe District of Tanganyika and their Election, in: Journal of African Administration 9,4 (1957), 182-188.

Mawhood, Philip, The Search for Participation in Tanzania, in: *ders.* (Hg.), Local Government in the Third World. The Experience of Decentralisation in Tropical Africa, Pretoria 1993, 74-108.

Max, John A.O., The Development of Local Government in Tanzania, Dar es Salaam 1991.

Mazrui, Ali A., Tanzaphilia, in: Transition 31 (1967), 20-26.

Mazrui, Ali A., Political Values and the Educated Class in Africa, London 1978.

Mazrui, Ali A., The Africans. A Triple Heritage, London 1986.

Mbembe, Achille, Désordres, résistances et productivité, in: Politique Africaine 42 (1991), 2-8.

Mbembe, Achille, De la Postcolonie. Essai sur l'imagination politique dans l'Afrique contemporaine, Paris 2000.

Mbilinyi, Marjorie J., The Arusha Declaration and Education for Self-Reliance, in: Andrew *Coulson* (Hg.), African Socialism in Practice: The Tanzanian Experience, Nottingham 1979, 217-227.

Mbilinyi, Marjorie J., African Education during the British Colonial Period 1919-61, in: Martin H.Y. *Kaniki* (Hg.), Tanzania under Colonial Rule, London 1980, 236-275.

McCarthy, Dennis M. P., Organizing Underdevelopment from the Inside. The Bureaucratic Economy in Tanganyika, 1919-1940, in: International Journal of African Historical Studies 10,3 (1977), 575-595.

McCarthy, Dennis M. P., Language Manipulation in Colonial Tanganyika, 1919-40, in: Journal of African Studies 6,1 (1979), 9-16.

McCarthy, Dennis M. P., Colonial Bureaucracy and Creating Underdevelopment. Tanganyika, 1919-1940, Ames/Iowa 1982.

McCaskie, Thomas, Accumulation, Wealth and Belief in Asante History I. To the Close of the Nineteenth Century, in: Africa 52,1 (1983), 23-43.

McClintock, Anne, Imperial Leather. Race, Gender and Sexuality in the Colonial Contest, London/New York 1995.

McGowan, Patrick J. / Patrick *Bolland*, The Political and Social Elite of Tanzania. An Analysis of Social Background Factors, New York 1971.

McGowan, Patrick J. / H. K. M. *Wacirah*, The Evolution of Tanzanian Political Leadership, in: African Studies Review 17,1 (1974), 179-204.

McHenry, Dean E., Tanzania's Ujamaa Villages: The Implementation of a Rural Development Strategy, Berkeley 1979.

McHenry, Dean E., Limited Choices: The Political Struggle for Socialism in Tanzania, Boulder 1994.

McIntyre, David, British Decolonization, 1946-1997. When, Why and How did the British Empire Fall, London 1998.

McKibbin, Ross, Classes and Cultures. England 1918-1951, Oxford/New York 1998.

McLoughlin, Stephen, Reckoning without the African. British Development Policy in Tanganyika, 1925 to 1950, unveröffentl. Ph.D. Thesis, London (ICS) 1995.

Meillassoux, Claude, Femmes, greniers et capitaux, Paris 1975.

Meissner, Jochen, Eine Elite im Umbruch. Der Stadtrat von Mexiko zwischen kolonialer Ordnung und unabhängigem Staat, Stuttgart 1993.

Melber, Henning, Erziehung zum Vertrauen in die eigene Kraft: Anspruch und Wirklichkeit, in: Werner *Pfennig*/ Klaus *Voll*/ Helmut *Weber* (Hg.), Entwicklungsmodell Tansania. Sozialismus in Afrika. Geschichte, Ökonomie, Politik, Erziehung, Frankfurt/New York 1980, 402-422.

Mesaki, Simeon, Witchcraft and Witch-Killings in Tanzania. Paradox and Dilemma, unveröffentl. Ph.D. Thesis, University of Minnesota 1993.

Metcalf, Thomas R., Ideologies of the Raj, Cambridge 1995.

Meyns, Peter, Grundsätze der Außenpolitik Tansanias, in: Werner *Pfennig*/ Klaus *Voll*/ Helmut *Weber* (Hg.), Entwicklungsmodell Tansania. Sozialismus in Afrika. Geschichte, Ökonomie, Politik, Erziehung, Frankfurt/New York 1980, 261-273.

Michel, Marc, La coopération intercoloniale en Afrique noire, 1942-1950: un néocolonialisme éclairé?, in: Relations Internationales 34 (1983), 155-171.

Michel, Marc, Décolonisations et Emergence du Tiers-Monde, Paris 1993.

Michel, Marc, Une décolonisation confisquée? Perspectives sur la décolonisation du Cameroun sous tutelle de la France 1955-1960, in: Revue Française d'Histoire d'Outre-Mer 86,324/25 (1999), 29-258.

Michel, Marc, The Decolonization of French Africa and the United States and Great Britain, 1945-58, in: Roy Bridges (Hg.), Imperialism, Decolonization and Africa. Studies presented to John Hargreaves, London 1999, 153-177.

Middleton, John, The World of the Swahili. An African Mercantile Civilization, New Haven/London 1992.

Migot-Adholla, S. E., Power Differentiation and Resource Allocation. The Cooperative Tractor Project in Maswa District, in: Goran Hyden (Hg.), Co-operatives in Tanzania. Problems of Organisation, Dar es Salaam 1976, 39-57.

Miller, Joseph C., History and Africa/Africa and History, in: American Historical Review 104 (1999), 1-32.

Miller, Norman, The Political Survival of Traditional Leadership, in: Journal of Modern African Studies 6,2 (1968), 183-201.

Mitchell, Philip, African Afterthoughts, London 1954.

Mitchell, Timothy, Colonising Egypt, Cambridge 1988.

Mitchell, Timothy, The Limits of the State. Beyond States Approaches and Their Critics, in: American Political Science Review 85,1 (1991), 77-96.

Mntambo, Petro Ch., The African and How to Promote his Welfare, in: Tanganyika Notes and Records 18 (1944), 1-10.

Moffett, John P., The Need for Anthropological Research, in: Tanganyika Notes and Records 20 (1945), 39-47.

Moffett, John P., Government Sociologists in Tanganyika. A Government View, in: Journal of African Administration 4,3 (1952), 100-103.

Monson, Jamie, The Tribal Past and the Politics of Nationalism in Mahenge District, 1940-1960, in: Gregory *Maddox*/James *Giblin* (Hg.), In Search of a Nation. Histories of Authority and Dissidence in Tanzania, Oxford 2005, 103-113.

Montague, F. A. / F. H. *Page-Jones*, Some Difficulties in the Democratisation of Native Authorities in Tanganyika, in: Journal of African Administration 3,1 (1951), 21-27.

Moore, R. J., Escape from Empire. The Atlee Government and the Indian Problem, Oxford 1983.

Moore, Sally Falk / Paul *Purritt*, The Chagga and Meru of Tanzania, London 1977.

Moore, Sally Falk, Social Facts and Fabrications. ‚Customary Law‘ on Kilimanjaro 1880-1980, Cambridge 1986.

Moore-Gilbert, Bart, Postcolonial Theory. Contexts, Practices, Politics, London/New York 1997.

Morgan, Kenneth O., Labour in Power 1945-1951, Oxford 1984.

Morgan, Kenneth O., Imperialists at Bay. British Labour and Decolonization, in: Robert D. *King*/ Robin *Kilson* (Hg.), The Statecraft of British Imperialism. Essays in Honour of Wm. Roger Louis, London 1999, 233-254.

Morris-Hale, Walter, British Administration in Tanganyika from 1920 to 1945. With Special Reference to the Preparation of Africans for Administrative Positions, Genf 1969.

Morrison, David R., Education and Politics in Africa. The Tanzanian Case, London 1976.

Motani, Nizar A., Makerere College 1922-1940. A Study in Colonial Rule and Educational Retardation, in: African Affairs 78,312 (1979), 357-369.

Mudimbe, Valentin, The Invention of Africa. Gnosis, Philosophy, and the Order of Knowledge, London 1988.

Mueller, Susanne D., The Historical Origins of Tanzania's Ruling Class, in: Canadian Journal of African Studies 15,3 (1981), 459-497.

Müller, Fritz Ferdinand, Deutschland – Zanzibar – Ostafrika. Geschichte einer deutschen Kolonialeroberung, Berlin 1959.

Müller, Fritz Ferdinand, Kolonien unter der Peitsche. Eine Dokumentation, Berlin 1962.

Mumford, William B., Malangali School, in: Africa 3,2 (1930), 265-292.

Munro, William A., Power, Peasants and Political Development. Reconsidering State Construction in Africa, in: Comparative Studies in Society and History 38,1 (1996), 112-148.

Murphy, Philip, Party Politics and Decolonization. The Conservative Party and British Colonial Policy in Tropical Africa 1951-1964, Oxford 1995.

Mustafa, Sophia, The Tanganyika Way. A Personal Story of Tanganyika's Growth to Independence, London 1962.

Mwaikusa, Jwani T., Local Government Policies in Tanzania. The Political Guinea Pig, in: Donald *Rothchild* (Hg.), Strengthening African Local Initiative. Local Self-Governance, Decentralisation and Accountability, Hamburg 1996, 59-74.

Mwakikagile, Godfrey, Nyerere and Africa: End of an Era. Biography of Julius Kambarage Nyerere (1922-1999), President of Tanzania, Atlanta/GA 2002.

Mwansasu, Bismarck U. / Cranford *Pratt*, Tanzania's Strategy for the Transition to Socialism, in: *dies*. (Hg.), Towards Socialism in Tanzania, Toronto 1979, 1-15.

Nagar, Richa, The South Asian Diaspora in Tanzania. A History Retold, in: Comparative Studies of South Asia, Africa and the Middle East 16 (1996), 62-80.

Neubert, Dieter, Von der traditionellen Solidarität zu Nicht-Regierungsorganisationen. Eine steuerungstheoretische Analyse von Formen der Solidarität in Kenya, in: Karl-Heinz *Kohl* u. a. (Hg.), Die Vielfalt der Kultur. Ethnologische Aspekte von Verwandtschaft, Kunst und Weltauffassung, Berlin 1990, 548-571.

Ngware, Suleiman / Martin *Haule*, The Forgotten Level. Village Government in Tanzania, Hamburg 1993.

Niblock, Timothy C., Aid and Foreign Policy in Tanzania, 1961-1968, unveröffentl. Ph.D. Thesis, Sussex 1971.

Niethammer, Lutz, Kollektive Identität. Heimliche Quellen einer unheimlichen Identität, Reinbek 2000.

Nimtz, August, Islam and Politics in East Africa. The Sufi Order in Tanzania, Minneapolis 1980.

Nnoli, Okwudiba, Self-Reliance and Foreign Policy in Tanzania. The Dynamics of the Diplomacy of a New State, 1961-1971, New York 1978.

Norton, I. H., An Inter-Racial Local Council in Tanganyika, in: Journal of African Administration 8,1 (1956), 26-32.

Nurse, Derek, Classification of the Chaga Dialects, Hamburg 1979.

Nursey-Bray, P. F., Tanzania. The Development Debate, in: African Affairs 79,314 (1980), 55.78.

Nuscheler, Franz, Tanzania, in: Dolf *Sternberger*/ Bernhard *Vogel*/ Dieter *Nohlen*/ Klaus *Landfried* (Hg.), Die Wahl der Parlamente und anderer Staatsorgane, Bd. II: Politische Organisation und Repräsentation in Afrika, Berlin/New York 1978, 2125-2175.

Nwauwa, Apollos, Imperialism, Academe and Nationalism. Britain and University Education for Africans 1860-1960, London 1997.

Nye, Joseph S., Pan-Africanism and East African Integration, Cambridge/Ma. 1965.

Nyerere, Julius K., Democracy and the Party System, in: Rupert *Emerson* / Martin *Kilson* (Hg.), The Political Awakening of Africa, Englewood Cliffs/N. J. 1965, 122-128.

Nyerere, Julius K., Freedom and Unity / Uhuru na Umoja. A Selection from Writings and Speeches 1952-65, Dar es Salaam usw. 1966.

Nyerere, Julius K., Freedom and Socialism / Uhuru na Ujamaa. A Selection from Writings and Speeches 1965-1967, Dar es Salaam usw. 1968.

Nyerere, Julius K., Ujamaa. Essays on Socialism, Dar es Salaam u. a. 1968.

Nyerere, Julius K., Freedom and Development / Uhuru na Maendeleo. A Selection from Writings and Speeches 1968-1973, Dar es Salaam u. a. 1973.

O'Barr, Jean F., Cell Leaders in Tanzania, in: African Studies Review 15,3 (1972), 437-465.

O'Barr, Jean F. / Joel *Samoff* (Hg.), TANU Cell Leaders in Tanzania, Nairobi 1974.

Oestreich, Gerhard, Geist und Gestalt des frühmodernen Staates, Berlin 1969.

Ogutu, Matthias A., The Cultivation of Coffee among the Chagga of Tanzania, in: Kenya Historical Review 2,2 (1974), 285-295.

Oliver, Roland, The Missionary Factor in East Africa, London [2]1965 [1952].

Ong, Aihwa, Flexible Citizenship. The Cultural Logics of Transnationality, Durham/London 1999.

Oppen, Achim von, Bauern, Boden und Bäume. Landkonflikte und ihre ökologischen Wirkungen in tanzanischen Dörfern nach Ujamaa, in: Afrika Spectrum 28,2 (1993), 227-254.

Oppen, Achim von, Village Studies. Zur Geschichte eines Genres der Sozialforschung im südlichen und östlichen Afrika, in: Paideuma 42 (1996), 17-36.

Oppen, Achim von, Dorf, Siedlung, Gemeinschaft, in: Jan-Georg *Deutsch* / Albert *Wirz* (Hg.), Geschichte in Afrika. Einführung in Probleme und Debatten, Berlin 1997, 231-260.

Oppen, Achim von, Jenseits von Ujamaa. Zur Soziologie der Dekommunalisierung, in: Anna-Maria *Brandstetter* / Dieter *Neubert* (Hg.), Post-koloniale Transformation in Afrika. Zur Neubestimmung der Soziologie der Dekolonisation, Münster/Hamburg 2002, 93-112.

Osborne, Emily, ‚Circle of Iron‘. African Colonial Employees and the Interpretation of Colonial Rule in French West Africa, in: Journal of African History 44,1 (2003), 29-50.

Osterhammel, Jürgen, Spätkolonialismus und Dekolonisation, in: Neue Politische Literatur 37,3 (1992), 404-426.

Osterhammel, Jürgen, Gentleman-Kapitalismus und Gentleman-Charakter, in: Neue Politische Literatur 39,1 (1994), 5-13.

Osterhammel, Jürgen, Außereuropäische Geschichte. Eine historische Problemskizze, in: Geschichte in Wissenschaft und Unterricht 46, 5/6 (1995), 253-276.

Osterhammel, Jürgen, Kolonialismus. Geschichte - Formen - Folgen, München 1995.

Osterhammel, Jürgen, Internationale Geschichte, Globalisierung und die Pluralität der Kulturen, in: *ders.* / Wilfried *Loth* (Hg.), Internationale Geschichte. Themen - Ergebnisse - Aussichten, München 2000, 387-408.

Osterhammel, Jürgen, Transnationale Gesellschaftsgeschichte. Erweiterung oder Alternative?, in: Geschichte und Gesellschaft 27,3 (2001), 464-479.

Osterhammel, Jürgen / Niels P. *Petersson*, Geschichte der Globalisierung. Dimensionen - Prozesse - Epochen, München 2003.

Osterhammel, Jürgen, Europamodelle und imperiale Kontexte, in: Journal of Modern European History 2,2 (2004), 157-182.

Othman, Haroub, Nyerere. Le premier Tanzanien, in: Catherine *Baroin* / François *Constantin* (Hg.), La Tanzanie contemporaine, Paris 1999, 59-66.

Ovendale, Ritchie, MacMillan and the Wind of Change in Africa, 1957-1960, in: Historical Journal 38,2 (1995), 455-477.

Owusu, Maxwell, Domesticating Democracy. Culture, Civil Society, and Constitutionalism in Africa, in: Comparative Studies in Society and History 39,1 (1997), 120-152.

Parker, Ian C., Ideological and Economic Development in Tanzania, in: African Studies Review 15,1 (1972), 43-78.

Parsons, Neil, King Khama, Emperor Joe and the Great White Queen. Victorian Britain through African Eyes, Chicago/London 1998.

Parsons, Timothy, The 1964 Army Mutinies and the Making of Modern East Africa, Athens 2003.

Patterson, K. David / G. F. *Pyle*, The Geography and Mortality of the 1918 Influenza Pandemic, in: Bulletin of the History of Medicine 65,1 (1991), 4-21.

Paul, Kathleen, „British Subjects" and „British Stock". Labour's Postwar Imperialism, in: Journal of British Studies 34 (1995), 233-276.

Pearce, Robert D., The Turning Point in Africa. British Colonial Policy, 1938-1948, London 1982.

Pearce, Robert D., The Colonial Office and Planned Decolonization in Africa, in: African Affairs 83,330 (1984), 77-93.

Pedersen, Susan, Family, Dependence and the Origins of the Welfare State. Britain and France, 1914-1945, Cambridge 1993.

Pels, Peter, The Construction of Ethnographic Occasions in Late Colonial Uluguru, in: History and Anthropology 8,1-4 (1994), 321-351.

Pels, Peter, The Pidginization of Luguru Politics. Administrative Ethnography and the Paradoxes of Indirect Rule, in: American Ethnologist 23,4 (1996), 738-761.

Pels, Peter, The Anthropology of Colonialism. Culture, History, and the Emergence of Western Governmentality, in: Annual Review of Anthropology 26 (1997), 163-183.

Pels, Peter, A Politics of Presence. Contacts between Missionaries and Waluguru in Late Colonial Tanganyika, Amsterdam usw. 1999.

Pels, Peter, Creolisation in Secret. The Birth of Nationalism in Late Colonial Uluguru, Tanzania, in: Africa 72,1 (2002), 1-28.

Pels, Peter / Oscar *Salemink*, Locating the Colonial Subjects of Anthropology, in: *dies.* (Hg.), Colonial Subjects. Essays on the Practical History of Anthropology, Ann Arbor 2000, 1-52.

Penner, R. G., Financing Local Government in Tanzania, Nairobi 1970.

Perham, Margery, East African Journey. Kenya and Tanganyika 1929-1930, London 1976.

Pesek, Michael, Islam und Politik in Deutsch-Ostafrika, in: Albert *Wirz* / Andreas *Eckert* / Katrin *Bromber* (Hg.), Alles unter Kontrolle. Disziplinierungsprozesse im kolonialen Tanzania (1850-1960), Köln 2003, 99-140.

Pesek, Michael, Koloniale Herrschaft in Deutsch-Ostafrika. Expeditionen, Militär und Verwaltung seit 1880, Frankfurt a.M./New York 2005.

Peterson, Derek R., Creative Writing. Translation, Bookkeeping, and the Work of Imagination in Colonial Kenya, Portsmouth 2004.

Pfennig, Werner, Die Beziehungen zwischen der VR China und Tansania: Eine Allianz neuen Typs?, in: *ders.* / Klaus *Voll* / Helmut *Weber* (Hg.), Entwicklungsmodell Tansania. Sozialismus in Afrika. Geschichte, Ökonomie, Politik, Erziehung, Frankfurt/New York 1980, 291-309.

Phillips, Howard / David *Killingray* (Hg.), The Spanish Influenza Pandemic of 1918-19. New Perspectives, London 2003.

Picard, Louis A., Attitudes and Development. The District Administration in Tanzania, in: African Studies Review 23,3 (1980), 49-67.

Pierson, Ruth Roach / Nupur *Chaudhuri* (Hg.), Nation, Empire, Colony. Historicizing Gender and Race, Bloomington 1998.

Pollins, Harold, The History of Ruskin College, Oxford 1984.

Popitz, Heinrich, Phänomene der Macht, Tübingen ²1992.

Popplewell, Geoffrey D., Chiefs and Politics, in: Corona 9,12 (1957), 448-450.

Porter, Andrew, Religion versus Empire? British Protestant Missionaries and Overseas Expansion, 1700-1914, Manchester/New York 2004.

Porter, Bernard, Fabians, Imperialists and the International Order, in: Ben *Pimlott* (Hg.), Fabian Essays in Socialist Thought, London 1984, 54-67.

Porter, Bernard, Die Transformation des British Empire, in: Alexander *Demandt* (Hg.), Das Ende der Weltreiche. Von den Persern bis zur Sowjetunion, München 1997, 155-173; 251-252.

Porter, Bernard, The Absent-Minded Imperialists. Empire, Society and Culture in Britain, Oxford 2004,

Potter, David C., India's Political Administrators 1919-1983, Oxford 1986.

Pouwels, Randall L., Horn and Crescent. Cultural Change and Traditional Islam on the East African Coast, 800-1900, Cambridge 1987.

Prakash, Gyan (Hg.), After Colonialism. Imperial Histories and Postcolonial Displacements, Princeton/N. J. 1995.

Pratt, Cranford, ‚Multi-Racialism' and Local Government in Tanganyika, in: Race 2,1 (1960), 33-49.

Pratt, Cranford, African Reactions to the Rhodesian Crisis, in: International Journal 21,2 (1966), 186-198.

Pratt, Cranford, The Cabinet and Presidential Leadership in Tanzania, 1960-1966, in: Michael *Lofchie* (Hg.), The State and the Nations. Constraints on Development in Independent Africa, Berkeley 1971, 93-118.

Pratt, Cranford, The Critical Phase in Tanzania 1945-1968. Nyerere and the Emergence of a Socialist Strategy, Cambridge 1976.

Pratt, Cranford, Julius Nyerere. Reflections on the Legacy of his Socialism, in: Canadian Journal of African Studies 31,1 (1999), 137-152.

Pugh, Patricia, Educate, Agitate, Organise. 100 Years of Fabian Socialism, London 1984.

Purvis, John T., Tanganyika. The Sukumaland Development Scheme, in: Corona 3,2 (1951), 67-71.

Quayson, Ato, Postcolonialism. Theory, Practice or Process?, Cambridge 2000.

Randeria, Shalini / Andreas *Eckert* (Hg.), Vom Imperialismus zum Empire. Nicht-westliche Perspektiven auf die Globalisierung, Frankfurt a. M. 2006.

Ranger, Terence O., African Attempts to Control Education in East and Central Africa, 1900–1939, in: Past & Present 32 (1965), 57–85.

Ranger, Terence O., Dance and Society in Eastern Africa. The Beni Ngoma, Berkeley 1975.

Ranger, Terence O., European Attitudes and African Realities. The Rise and Fall of the Matola Chiefs of South-East Tanzania, in: Journal of African History 20,1 (1979), 63–82.

Ranger, Terence O., The Invention of Tradition in Colonial Africa, in: Eric J. *Hobsbawm* / Terence *Ranger* (Hg.), The Invention of Tradition, Cambridge 1983, 211–262.

Ranger, Terence O., The Invention of Tradition Revisited. The Case of Colonial Africa, in: *ders.* / Olufemi *Vaughan* (Hg.), Legitimacy and the State in Twentieth-Century Africa, Basingstoke/London 1993, 62–111.

Ranger, Terence O., Europeans in Black Africa, in: Journal of World History 9,2 (1998), 255–268.

Raphael, Lutz, Recht und Ordnung. Herrschaft durch Verwaltung im 19. Jahrhundert, Frankfurt a.M. 2000.

Rathbone, Richard, Nkrumah & the Chiefs. The Politics of Chieftaincy in Ghana 1951–60, Oxford usw. 2000.

Rathbone, Richard, Kwame Nkrumah and the Chiefs. The Fate of ‚Natural Rulers‘ under Nationalist Governments, in: Transactions of the Royal Historical Society, 6th Series, 10 (2000), 45–63.

Rathbone, Richard, The Transfer of Power and Colonial Civil Servants in Ghana, in: Journal of Imperial and Commonwealth History 28,2 (2000), 67–84.

Redmond, Patrick M., The NMCMU and Tobacco Production in Songea, in: Tanzania Notes and Records 79/80 (1976), 65–98.

Reichart-Burikukiye, Christiane, Gari la Moshi. Modernität und Mobilität. Das Leben mit der Eisenbahn in Deutsch-Ostafrika, Münster 2005.

Reinhard, Wolfgang, Prolegomena zur einer Theorie des konfessionellen Zeitalters, in: Zeitschrift für Historische Forschung 10 (1983), 257–277.

Reinhard, Wolfgang, Sozialdisziplinierung – Konfessionalisierung – Modernisierung. Ein historiographischer Diskurs, in: Nada *Boskovska Leimgruber* (Hg.), Die Frühe Neuzeit in der Geschichtswissenschaft. Forschungstendenzen und Forschungsergebnisse, Paderborn 1997, 39–55.

Reinhard, Wolfgang, Geschichte der Staatsgewalt. Eine vergleichende Verfassungsgeschichte Europas von den Anfängen bis zur Gegenwart, München 1999.

Reinhard, Wolfgang (Hg.), Verstaatlichung der Welt? Europäische Staatsmodelle und außereuropäische Machtprozesse, München 1999.

Reno, William, Warlord Politics and African States, Boulder 1999.

Reynolds, David, Britannia Overruled. British Policy and World Power in the Twentieth Century, London ²2000.

Rigby, Peter, Cattle and Kinship among the Gogo. A Semi-Pastoral Society of Central Tanzania, Ithaca 1967.

Rist, Gilbert, The History of Development from Western Origin to Global Faith, London 1997 (frz. Orig. 1996).

Roberts, Andrew (Hg.), Tanzania before 1900, Nairobi 1968.

Roberts, Andrew, African Cross-Currents, in: *ders.* (Hg.), The Colonial Moment in Africa. Essays on the Movement of Minds and Materials, 1900–1940, Cambridge 1990, 223–266.

Robinson, Ronald, Sir Andrew Cohen. Proconsul of African Nationalism (1909–1968), in: Lewis H. *Gann* / Peter *Duignan* (Hg.), African Proconsuls. European Governors in Africa, New York 1978, 353–364.

Robinson, Ronald, The Moral Disarmament of African Empire 1919–1947, in: Journal of Imperial and Commonwealth History 8,1 (1979), 86–104.

Robinson, Ronald, Andrew Cohen and the Transfer of Power in Tropical Africa, 1940–1951, in: Walter H. *Morris-Hale* / Georges *Fischer* (Hg.), Decolonisation and After. The British and French Experience, London 1980, 50–72.

Robinson, Ronald / Wm. Roger *Louis*, The United States and the Liquidation of the British Empire in Tropical Africa, 1941–1951, in: Prosser *Gifford* / Wm. Roger *Louis* (Hg.), The Transfer of Power in Africa. Decolonization 1940–1960, New Haven/London 1982, 31–55.

Rodney, Walter / Kapepwa *Tambila* / Laurent *Sago*, Migrant Labour in Tanzania during the Colonial Period: Case Studies of Recruitment and Conditions of Labour in the Sisal Industry, Hamburg 1983.

Ross, Alistair, The Capricorn Africa Society and European Reactions to African Nationalism in Tanganyika, 1949–60, in: African Affairs 76,305 (1977), 519–535.

Ross, Alistair, Multiracialism and European Politics in Tanganyika, 1945–1961, unveröffentl. Ph.D. Thesis, London (ICS) 1981.

Rothermund, Dietmar, Dehli, 15. August 1947. Das Ende kolonialer Herrschaft, München 1998.

Ruthenberg, Hans, Agricultural Development in Tanganyika, Berlin 1964.

Sabean, David, Power in the Blood. Popular Culture and Village Discourse in Early Modern Germany, Cambridge 1984.

Sabot, Richard H., Economic Development and Urban Migration. Tanzania 1900–1971, Oxford 1979.

Sadleir, Randal, The Co-operative Movement in Tanganyika, Dar es Salaam 1961.

Sadleir, Randal, Tanzania. Journey to Republic, London/New York 1999.

Said, Edward, Orientalism, New York 1978.

Said, Mohamed, The Life and Times of Abdulwahid Sykes (1924–1968). The Untold Story of the Muslim Struggle against British Colonialism in Tanganyika, London 1998.

Samoff, Joel, Tanzania. Local Politics and the Structure of Power, Madison/Wisc. 1974.

Samoff, Joel, The Bureaucracy and the Bourgeoisie. Decentralization and Class Structure in Tanzania, in: Comparative Studies in Society and History 21,1 (1979), 30–62.

Samoff, Joel, Bureaucrats, Politicians, and Power in Tanzania. The Institutional Context of Class Struggle, in: Journal of African Studies 10,3 (1983), 84–96.

Samoff, Joel, Single-Party Competitive Elections in Tanzania, in: Fred *Hayward* (Hg.), Elections in Independent Africa, Boulder 1987, 149–186.

Saul, John S., Marketing Co-operatives in a Developing Country. The Tanzanian Case, in: Paul *Worsley* (Hg.), Two Blades of Grass. Rural Cooperatives in Agricultural Development, Manchester 1971, 347–370.

Saul, John S., Class and Penetration in Tanzania, in: Lionel *Cliffe*/John S. *Saul* (Hg.), Socialism in Tanzania. An Interdisciplinary Reader, Bd. 1: Politics, Nairobi 1972, 118–126.

Saul, John S., Nyerere on Socialism, in: Lionel *Cliffe*/John S. *Saul* (Hg.), Socialism in Tanzania. An Interdisciplinary Reader, Bd. 1: Politics, Nairobi 1972, 180–186.

Saul, John S., Marketing Co-operatives in a Developing Country. The Tanzanian Case, in: Lionel *Cliffe*/John S. *Saul* (Hg.), Socialism in Tanzania. An Interdisciplinary Reader, Bd. 2: Policies, Nairobi 1973, 141–152.

Saul, John S., High-level Manpower for Socialism, in: Lionel *Cliffe*/John S. *Saul* (Hg.), Socialism in Tanzania. An Interdisciplinary Reader, Bd. 2: Policies, Nairobi 1973, 275–282.

Saul, John S., From Marketing Co-operative to Producer Co-operative, in: Lionel *Cliffe* (Hg.), Rural Cooperation in Tanzania, Nairobi 1975, 287–307.

Schilling, Heinz, Sündenzucht und frühneuzeitliche Sozialdisziplinierung. Die calvinistische presbyteriale Kirchenzucht in Emden vom 16. bis zum 19. Jahrhundert, in: Georg *Schmidt* (Hg.), Stände und Gesellschaft im Alten Reich, Stuttgart 1989, 265–302.

Schluchter, Wolfgang, Aspekte bürokratischer Herrschaft. Studien zur Interpretation der fortschreitenden Industriegesellschaft, Frankfurt a.M. ²1985.

Schlichte, Klaus, Der Staat in der Weltgesellschaft. Politische Herrschaft in Asien, Afrika und Lateinamerika, Frankfurt a.M./New York 2005.

Schmidt, Gustav, Zwischen Empire und Europa: Großbritanniens internationale Position nach dem Zweiten Weltkrieg, in: Hans-Heinrich *Jansen*/Ursula *Lehmkuhl* (Hg.), Großbritannien, das Empire und die Welt. Britische Außenpolitik zwischen „Größe" und „Selbstbehauptung", 1850–1990, 201–242.

Schneider, Leander, Developmentalism and its Failing: Why Rural Development Went Wrong in 1960s and 1970s. Tanzania, unveröffentl. Ph.D. Thesis, Columbia University 2003.

Schneider, Leander, The Tanzania National Archives, in: History in Africa 30 (2003), 447–454.

Schneider, Leander, Freedom and Unfreedom in Rural Development. Julius Nyerere, Ujamaa Vijijini, and Villagization, in: CJAS 38,2 (2004), 344–393.

Scott, James C., Domination and the Arts of Resistance. Hidden Transcripts, New Haven/London 1990.

Scott, James C., Seeing Like a State. How Certain Schemes to Improve the Human Condition Have Failed, New Haven/London 1998.

Scotton, Carol M., Some Swahili Political Words, in: Journal of Modern African Studies 3,4 (1965), 527–541.

Scotton, James F., Tanganyika's African Press, 1937–1960. A Nearly Forgotten Pre-Independence Forum, in: African Studies Review 21,1 (1978), 1–18.

Shadbolt, K. E., Local Government Elections in a Tanganyika District, in: Journal of African Administration 13,3 (1961), 78–84.

Shaw, J. V., The Development of African Local Government in Sukumaland, in: Journal of African Administration 6,4 (1954), 171–178.

Shephard, Robert, Iain Macleod, London 1994.

Sheriff, Abdul, Slaves, Spices and Ivory in Zanzibar. Integration of an East African Commercial Empire into the World Economy, 1770–1873, London 1987.

Sheriff, Abdul, Race and Class in the Politics of Zanzibar, in: Africa Spectrum 36,3 (2001), 301–318.

Sherwood, Marika, „Diplomatic Platitudes". The Atlantic Charter, the United Nations and Colonial Independence, in: Immigrants and Minorities 15,2 (1996), 135–150.

Shivji, Issa G., The Silent Class Struggle, Dar es Salaam 1973.

Shivji, Issa G., Class Struggles in Tanzania, London 1976.

Shivji, Issa G., Law, State & the Working Class in Tanzania, c. 1920–1964, London usw. 1986.

Sicherman, Carol, Becoming an African University. Makerere 1922–2000, Trenton/NJ 2005.

Sieberg, Herward, Colonial Development. Die Grundlegung moderner Entwicklungspolitik durch Großbritannien 1919–1949, Stuttgart 1985.

Siegelberg, Jens / Klaus *Schlichte* (Hg.), Strukturwandel Internationaler Beziehungen. Zum Verhältnis von Staat und internationalem System seit dem Westfälischen Frieden, Wiesbaden 2000.

Sippel, Harald, Recht und Herrschaft in kolonialer Frühzeit. Die Rechtsverhältnisse in den Schutzgebieten der Deutsch-Ostafrikanischen Gesellschaft (1885-1890), in: Peter *Heine* / Ulrich *van der Heyden* (Hg.), Studien zur Geschichte des deutschen Kolonialismus in Afrika, Pfaffenweiler 1995, 466-494.

Sippel, Harald, „Wie erzieht man am besten den Neger zur Plantagen-Arbeit?" Die Ideologie der Arbeitserziehung und ihre rechtliche Umsetzung in der Kolonie Deutsch-Ostafrika, in: Kurt *Beck* / Gerd *Spittler* (Hg.), Arbeit in Afrika, Hamburg 1996, 311-333.

Sippel, Harald, Die Erforschung der Rechtsverhältnisse der autochthonen Völker in den deutschen Kolonien, in: Rabels Zeitschrift für ausländisches und internationales Privatrecht 61 (1997), 714-738.

Sivonen, Seppo, White-Collar or Hoe-Handle? African Education under British Colonial Policy 1920-1945, Helsinki 1995.

Slater, Miriam K., African Odyssey. An Anthropological Adventure, Bloomington/London 1976.

Smith, Alison / Mary *Bull* (Hg.), Margery Perham and British Rule in Africa, London 1991.

Smith, Daniel R., Independence for Tanganyika. An Analysis of the Political Developments which led to the Emancipation of the Trust Territory, 1946-1961, unveröffentl. Ph.D. Thesis, New York (St. John's University) 1974.

Smith, Daniel R., The Influence of the Fabian Colonial Bureau on the Independence Movement in Tanganyika, Athens/Ohio 1985.

Smith, William Edgett, Nyerere of Tanzania, London 1973.

Smyth, Annie / Adam *Seftel* (Hg.), Tanzania. The Story of Julius Nyerere. Through the Pages of DRUM, Dar es Salaam/Kampala 1998.

Smyth, Rosaleen, Britain's African Colonies and British Propaganda during the Second World War, in: Journal of Imperial and Commonwealth History 14,1 (1985), 65-82.

Smyth, Rosaleen, The Feature Film in Tanzania, in: African Affairs 88,351 (1989), 389-396.

Spear, Thomas, Mountain Farmers. Moral Economies of Land & Agricultural Development in Arusha & Meru, Oxford usw. 1997.

Spear, Thomas, Neo-Traditionalism and the Limits of Invention in British Colonial Africa, in: Journal of African History 44,1 (2003), 3-27.

Spear, Thomas, Indirect Rule, the Politics of Neo-Traditionalism, and the Limits of Invention in Tanzania, in: Gregory *Maddox* / James *Giblin* (Hg.), In Search of a Nation: Histories of Authority and Dissidence in Tanzania, Oxford 2005, 70-85.

Spittler, Gerd, Abstraktes Wissen als Herrschaftsbasis. Zur Entstehungsgeschichte bürokratischer Herrschaft im Bauernstaat Preußen, in: Kölner Zeitschrift für Soziologie und Sozialpsychologie 32 (1980), 574-604.

Spittler, Gerd, Verwaltung in einem afrikanischen Bauernstaat. Das koloniale Französisch-Westafrika 1919-1939, Wiesbaden 1981.

Spivak, Gayatri Chakravorty, In Other Worlds: Essays in Cultural Politics, New York 1987.

Stahl, Kathleen M., Tanganyika. Sail in the Wilderness, Den Haag 1961.

Stahl, Kathleen M., History of the Chagga People of Kilimanjaro, Den Haag usw. 1964.

Stahl, Kathleen M., The Chagga, in: P. H. *Gulliver* (Hg.), Tradition and Transition in East Africa. Studies of the Tribal Element in the Modern Era, London 1969, 209-222.

Stein, Howard, Theories of the State in Tanzania. A Critical Assessment, in: Journal of Modern African Studies 23,1 (1985), 105-123.

Stephens, Hugh W., The Political Transformation of Tanganyika. 1920-67, New York usw. 1968.

Stocking, George W., After Tylor. British Social Anthropology, 1888-1951, Madison/Wisc. 1995.

Stockwell, A. J., Examinations and Empire. The Cambridge Certificate in the Colonies, 1857-1957, in: James A. *Mangan* (Hg.), Making Imperial Mentalities. Socialisation and British Imperialism, Manchester/New York 1990, 203-220.

Stöger-Eising, Viktoria, Ujamaa Revisited. Indigenous and European Influences in Nyerere's Social and Political Thought, in: Africa 70,1 (2000), 118-143.

Stoler, Ann Laura, Rethinking Colonial Categories. European Communities and the Boundaries of Rule, in: Comparative Studies in Society and History 31,1 (1989), 134-161.

Stoler, Ann Laura, Making Empire Respectable. The Politics of Race and Sexual Morality in 20th-Century Colonial Cultures, in: American Ethnologist 16,4 (1989), 634-660.

Stoler, Ann Laura, Race and the Education of Desire. Foucault's History of Sexuality and the Colonial Order of Things, Durham/London 1995.

Stoler, Ann Laura / Frederick *Cooper,* Between Metropole and Colony. Rethinking a Research Agenda, in: *dies.* (Hg.), Tensions of Empire. Colonial Cultures in a Bourgeois World, Berkeley 1997, 1-56.

Strange, Susan, The Retreat of the State. The Diffusion of Power in the World Economy, Cambridge 1996.

Sturmer, Martin, Sprachpolitik und Pressegeschichte in Tanzania, Wien 1995.

Sunseri, Thaddeus, Peasants and the Struggle for Labor in Cotton regimes of the Rufiji Basin, Tanzania (1890–1918), in: Allen *Isaacman* / Richard *Roberts* (Hg.), Cotton, Colonialism, and Social History in Sub-Saharan Africa, London 1995, 180–199.

Sunseri, Thaddeus, Famine and Wild Pigs. Gender Struggles and the Outbreak of Majimaji War in Uzaramo (Tanzania), in: Journal of African History 38,2 (1997), 235–259.

Sunseri, Thaddeus, Vilimani. Labor Migration and Rural Change in Early Colonial Tanzania, Portsmouth 2002.

Swynnerton, R. J. M. / A. L. B. *Bennett*, All About ‚KNUC‘ Coffee, Moshi 1948.

Sykes, Daisy Buruku, The Townsman. Kleist Sykes, in: John *Iliffe* (Hg.), Modern Tanzanians. A Volume of Biographies, Nairobi 1973, 95–114.

Symonds, Richard, Oxford and Empire. The Last Lost Cause?, London 1986.

Tanner, R. E. S., Law Enforcement by Communal Action in Sukumaland, Tanganyika Territory, in: Journal of African Administration 7,4 (1955), 159–165.

Tanner, R. E. S., Local Government Elections in Ngara, Tanganyika. A Study in the Process of Social Change, in: Journal of Local Administration Overseas 1,3 (1962), 173–182.

Tanzania People's Defence Forces, Tanganyika Rifles Mutiny January 1964, Dar es Salaam 1993.

Tawney, John, Election in Tanganyika, in: Corona 4,5 (1952), 181–183.

Taylor, J. Clagnett, The Political Development of Tanganyika, Stanford 1963.

Tetzlaff, Rainer, Koloniale Entwicklung und Ausbeutung. Wirtschafts- und Sozialgeschichte Deutsch-Ostafrikas 1885–1914, Berlin 1970.

Tetzlaff, Rainer, Staat und Gesellschaft in Afrika. Ein prekäres Verhältnis im Wandel, in: Manfred *Schulz* (Hg.), Entwicklung. Die Perspektiven der Entwicklungssoziologie, Opladen 1997, 34–47.

Tetzlaff, Rainer, Ist der postkoloniale Leviathan in Afrika entbehrlich? Fragmentierte Gesellschaften zwischen Staatszerfall und sozialer Anomie, Kriegsherrentum und privater Organisation von Überlebenssicherheit, in: Laurence *Marfaing* / Brigitte *Reinwald* (Hg.), Afrikanische Beziehungen, Netzwerke und Räume. Fs. Leonhard Harding, Hamburg/Münster 2001, 201–228.

Thompson, A. R., Ideas Underlying British Colonial Education Policy in Tanganyika, in: Idrian N. *Resnick* (Hg.), Tanzania. Revolution by Education, Arusha 1968, 15–32.

Tidrick, Kathryn, Empire and the English Character, London 1990.

Tomkins, Sandra M., Colonial Administration in British Africa during the Influenza Pandemic of 1918–19, in: Canadian Journal of African Studies 28,1 (1994), 60–83.

Tomlinson, B. R., The Political Economy of the Raj, 1914–1947. The Economics of Decolonization in India, London 1979.

Tordoff, William, Government and Politics in Tanzania, Nairobi 1967.

Tripp, Aili Mari, Changing the Rules. The Politics of Liberalization and the Urban Informal Economy in Tanzania, Berkeley 1997.

Trotha, Trutz von, Koloniale Herrschaft. Zur soziologischen Theorie der Staatsentstehung am Beispiel des „Schutzgebietes Togo", Tübingen 1994.

Trotha, Trutz von, Gewalt, Staat und Basislegitimität. Notizen zum Problem der Macht in Afrika (und anderswo), in: Heidi *Willer* / Till *Förster* / Claudia *Ortner-Buchberger* (Hg.), Macht der Identität – Identität der Macht. Politische Prozesse und kultureller Wandel in Afrika, Münster 1995, 1–16.

Trotha, Trutz von, Ordnungsformen der Gewalt oder Aussichten auf ein Ende des staatlichen Gewaltmonopols, in: Birgitta *Nedelmann* (Hg.), Politische Institutionen im Wandel, Opladen 1995 (= KZSS Sonderheft 35), 129–166.

Trotha, Trutz von, Über den Erfolg und die Brüchigkeit der Utopie staatlicher Herrschaft. Herrschaftssoziologische Beobachtungen über den kolonialen und nachkolonialen Staat in Westafrika, in: Wolfgang *Reinhard* (Hg.), Verstaatlichung der Welt? Europäische Staatsmodelle und außereuropäische Machtprozesse, München 1999, 223–251.

Trotha, Trutz von, Die Zukunft liegt in Afrika. Vom Zerfall des Staates, von der Vorherrschaft der konzentrischen Ordnung und vom Aufstieg der Parastaatlichkeit, in: Leviathan 28,2 (2000), 253–279.

Trotha, Trutz von, Was war Kolonialismus? Einige zusammenfassende Befunde zur Soziologie und Geschichte des Kolonialismus und der Kolonialherrschaft, in: Saeculum 55,1 (2004), 49–95.

Twaddle, Michael, Kakungulu and the Creation of Uganda 1868–1928, London 1993.

Twining, Edward, The Situation in Tanganyika, in: African Affairs 50,201 (1951), 297–310.

Twining, Edward, The Last Nine Years in Tanganyika, in: African Affairs 58,230 (1959), 15–24.

Urfer, Sylvain, Une Afrique socialiste. La Tanzanie, Paris 1976.

Urry, James, Before Social Anthropology. Essays on the History of Social Anthropology, Chur/Reading 1993.

Vail, Leroy (Hg.), The Creation of Tribalism in Southern Africa, London/Berkeley 1989.

Vaillant, Janet G., Black, French, and African. A Life of Léopold Sédar Senghor, Cambridge/Ma. 1990.

Vale, Lawrence, Architecture, Power, and National Identity, New Haven/London 1992.

Vaughan, Megan, Colonial Discourse Theory and African History, or has Postmodernism passed us by?, in: Social Dynamics 20,2 (1994), 1–23.

Vaughan, Olufemi, Nigerian Chiefs. Traditional Power in Modern Politics, 1890s–1990s, Rochester/N.Y. 2000.

Vickers-Haviland, L.A.W., The Making of an African Historical Film, in: Tanganyika Notes and Records 6 (1938), 82–86.

Voigt, Johannes, Indien im Zweiten Weltkrieg, Stuttgart 1978.

Voigt-Graf, Carmen, Asian Communities in Tanzania. A Journey Through Past and Present Times, Hamburg 1998.

Walton, Suke, Lord Hailey, the Colonial Office and the Politics of Race and Empire in the Second World War. The Loss of White Prestige, London 2000.

Walworth, Arthur, Wilson and the Peacemakers. American Diplomacy at the Paris Peace Conference, 1919, New York 1986.

Warrell-Bowring, W.J., The Reorganization of the Administration in Tanganyika, in: Journal of Local Administration Overseas 2,4 (1963), 188–194.

Waters, Tony, The Persistence of Subsistence and the Limits to Development Studies. The Challenge of Tanzania, in: Africa 70,4 (2000), 614–652.

Weber, Max, Wirtschaft und Gesellschaft. Grundriß der verstehenden Soziologie, Tübingen [5]1976.

Wehler, Hans-Ulrich, Deutsche Gesellschaftsgeschichte Bd. 3. Von der „Deutschen Doppelrevolution" bis zum Beginn des Ersten Weltkrieges 1849–1914, München 1995.

Weiss, Brad, Sacred Trees, Bitter Harvests. Globalizing Coffee in Northwest Tanzania, Portsmouth/NH 2003.

Welskopp, Thomas, Der Mensch und die Verhältnisse. „Handeln" und „Struktur" bei Max Weber und Anthony Giddens, in: *ders.* / Thomas *Mergel* (Hg.), Geschichte zwischen Kultur und Gesellschaft. Beiträge zur Theoriedebatte, München 1997, 39–70.

Welskopp, Thomas, Die Dualität von Struktur und Handeln. Anthony Giddens' Strukturierungstheorie als „praxeologischer" Ansatz in der Geschichtswissenschaft, in: Andreas *Suter* / Manfred *Hettling* (Hg.), Struktur und Ereignis, Göttingen 2001 (= Geschichte und Gesellschaft, Sonderheft 19), 99–119.

Werbner, Richard / Terence O. *Ranger* (Hg.), Postcolonial Identities in Africa, London 1996.

Westcott, Nicholas J., Closer Union and the Future of East Africa, 1939–1948: A Case Study in the ‚Official Mind of Imperialism', in: Journal of Imperial and Commonwealth History 10,1 (1981), 67–88.

Westcott, Nicholas J., An East African Radical. The Life of Erica Fiah, in: Journal of African History 22,1 (1981), 85–101.

Westcott, Nicholas J., The Impact of the Second World War on Tanganyika, 1939–1949, unveröffentl. Ph.D. Thesis, Cambridge 1982.

Westcott, Nicholas J., The East African Sisal Industry, 1929–45. The Marketing of a Colonial Commodity during Depression and War, in: Journal of African History 25,4 (1984), 445–461.

Westcott, Nicholas J., The Impact of the Second World War on Tanganyika, 1939–49, in: David *Killingray* / Richard *Rathbone* (Hg.), Africa and the Second World War, London 1986, 143–159.

White, Luise, Speaking with Vampires. Rumor and History in Colonial Africa, Berkeley 2000.

White, Owen, Children of the French Empire. Miscegenation and Colonial Society in French West Africa, 1895–1960, Oxford 1999.

Whiteley, Wilfried, Swahili, London 1969.

Who's Who in East Africa, 1963–1964, Nairobi 1964.

Who's Who in East Africa, 1965–1966, Nairobi 1966.

Who's Who in East Africa, 1967–1968, Nairobi 1968.

Wilde, John C. de, Experiences with Agricultural Development in Tropical Africa, 2 Bde., Baltimore 1967.

Wilks, Ivor, Asante in the Nineteenth Century. The Structure and Evolution of a Political Order, Cambridge [2]1989.

Willis, Justin, The Makings of a Tribe. Bondei Identities and Histories, in: Journal of African History 33,2 (1992), 191–208.

Willis, Justin, The Administration of Bonde 1920–60. A Study of the Implementation of Indirect Rule in Tanganyika, in: African Affairs 92,366 (1993), 53–67.

Wilson, Gordon M., The African Elite, in: Stanley *Diamond* / Fred G. *Burke* (Hg.), The Transformation of East Africa. Studies in Political Anthropology, London/New York 1966, 431–461.

Winkler, Heinrich-August / Hartmut *Kaelble* (Hg.), Nationalismus – Nationalitäten – Supranationalität, Stuttgart 1993.

Winnington-Ingram, C., Reforming Local Government in a Tanganyika District, in: Journal of African Administration 2,2, (1950), 10–15.

Wirz, Albert, Die deutschen Kolonien in Afrika, in: Rudolf von *Albertini* (in Verbindung mit Albert *Wirz*), Europäische Kolonialherrschaft 1880–1940, Stuttgart [2]1985, 302–328; 468–471.

Wirz, Albert, Krieg in Afrika. Die nachkolonialen Konflikte in Nigeria, Sudan, Tschad und Kongo, Wiesbaden 1982.

Wirz, Albert, Essen und Herrschen. Zur Ethnographie der kolonialen Küche in Kamerun vor 1914, in: Genève-Afrique 22,2 (1984), 37–62.

Wirz, Albert, La décolonisation de l'Afrique noire: lorsque l'avenir paraissait ouvert, in: Relations Internationales 77 (1994), 37–51.

Wirz, Albert, Körper, Kopf und Bauch. Zum Problem des kolonialen Staates im subsaharischen Afrika, in: Wolfgang *Reinhard* (Hg.), Verstaatlichung der Welt? Europäische Staatsmodelle und außereuropäische Machtprozesse, München 1999, 253–271.

Wirz, Albert, Für eine transnationale Gesellschaftsgeschichte, in: Geschichte und Gesellschaft 27,3 (2001), 489–498.

Wirz, Albert / Andreas *Eckert* / Katrin *Bromber* (Hg.), Alles unter Kontrolle. Disziplinierungsprozesse im kolonialen Tansania (1850-1960), Köln 2003.

Wraith, R. E., A Note on Local Government Training for the Colonial Service, in: Journal of African Administration 2,2 (1950), 30–35.

Wright, A. C. A., Sociology in Sukumaland, in: Corona 5,3 (1953), 100–103.

Wright, Gwendolyn, The Politics of Design in French Colonial Urbanism, Chicago/London 1989.

Wright, Marcia, Swahili Language Policy, 1890-1940, in: Swahili 35 (1965), 40–48.

Wright, Marcia, German Missions in Tanganyika 1891-1941. Lutherans and Moravians in the Southern Highlands, Oxford 1971.

Wright, Marcia, East Africa 1870-1905, in: Cambridge History of Africa, Bd. 6: from 1870 to 1905, hg. von Roland *Oliver* / G. N. *Sanderson*, Cambridge 1985, 539–591.

Wright, Marcia, Maji Maji. Prophecy and History, in: David *Anderson* / Douglas *Johnson* (Hg.), Revealing Prophets. Prophecy in Eastern African History, London 1995, 124–142.

Wright, Marcia, Local, Regional and National. South Rukwa in the 1950s, in: Gregory *Maddox* / James Giblin (Hg.), In Search of a Nation. Histories of Authority and Dissidence in Tanzania, Oxford 2005, 149–166.

Yeager, Rodger, Tanzania. An African Experiment, Boulder ²1989.

Yearwood, Peter J., Great Britain and the Repartition of Africa, 1914-1919, in: Journal of Imperial and Commonwealth History 18,3 (1991), 314–341.

Young, Crawford, Nationalism, Ethnicity and Class in Africa: A Retrospective, in: Cahiers d'Etudes Africaines 26 (1986), 421–495.

Young, Crawford (Hg.), The Rising Tide of Cultural Pluralism. The Nation State at Bay?, Madison/Wisc. 1993.

Young, Crawford, The African Colonial State in Comparative Perspective, New Haven/London 1994.

Young, Crawford, The End of the Post-Colonial State in Africa? Reflections on Changing African Political Dynamics, in: African Affairs 103,410 (2004), 23–49.

Young, Roland / Henry *Fosbrooke*, Land and Politics Among the Luguru of Tanganyika, London 1960.

Young, Robert J. C., White Mythologies. Writing History and the West, London/New York 1990.

Young, Robert J. C., Postcolonialism. An Historical Introduction, London/New York 2001.

Young, Tom, The State and Politics in Africa, in: Journal of Southern African Studies 25,1 (1999), 149–154.

Zimmerer, Jürgen, Von der Bevormundung zur Selbstbestimmung. Die Pariser Friedenskonferenz und ihre Auswirkungen auf die britische Kolonialherrschaft im südlichen Afrika, in: Gerd *Krumeich* (Hg.), Versailles 1919. Ziele – Wirkung – Wahrnehmung, Essen 2001, 145–158.

Zirkel, Kirsten, Military Power and German Colonial Policy. The Schutztruppen and their Leaders in East and South-West Africa, 1888-1918, in: David *Killingray* / David *Omissi* (Hg.), Guardians of Empire. The Armed Forces of the Colonial Powers, c. 1700-1964, Manchester/New York 1999, 91–113.

Zürn, Michael, Regieren jenseits des Nationalstaates. Globalisierung und Denationalisierung als Chance, Frankfurt a.M. 1998.

4. Verzeichnis der Karten, Schaubilder und Tabellen

5. Verzeichnis der Abbildungen

Register[1]

Sachregister

[1] Die Anmerkungen werden im Register nicht erfasst.

Personenregister

Ortsregister

Studien zur Internationalen Geschichte

Herausgegeben von Wilfried Loth
und Eckart Conze, Anselm Doering-Manteuffel, Jost Dülffer und Jürgen Osterhammel

„Internationale Geschichte" stellt eine zentrale Dimension der Geschichte des 19. und 20. Jahrhunderts dar. Sie umfasst Beziehungen zwischen den Staaten und Gesellschaften ebenso wie Prozesse ihrer Vernetzung und wechselseitigen Durchdringung im Zeichen beschleunigter Kommunikation und wachsender Interdependenz. Die „Studien zur Internationalen Geschichte" wollen das Verständnis der internationalen Dimension von Geschichte fördern. Sie greifen auf, was die systematischen Sozialwissenschaften zur Erklärung der internationalen Beziehungen bereitstellen, und tragen mit empirisch dichten Untersuchungen zur Präzisierung theoretischer Einsichten bei.

Bisher erschienen:

Band 1
Gerhard Th. Mollin
Die USA und der Kolonialismus
Amerika als Partner und Nachfolger der belgischen Macht
in Afrika 1939–1965
1996. 544 S. 24 Abb. 2 Karten, € 79,80
ISBN 3-05-002735-5

Band 2
Wolfram Kaiser
Großbritannien und die Europäische Wirtschaftsgemeinschaft
1955–1961
Von Messina nach Canossa
1996. 233 S., € 64,80
ISBN 3-05-002736-3

Band 3
Konrad Canis
Von Bismarck zur Weltpolitik
Deutsche Außenpolitik 1890–1902
1997. 430 S., € 64,80
ISBN 3-05-002758-4

Band 4
Gabriele Metzler
Großbritannien – Weltmacht in Europa
Handelspolitik im Wandel des europäischen Staatensystems 1856 bis 1871
1997. 353 S., € 64,80
ISBN 3-05-003083-6

Band 5
Marc Frey
Der Erste Weltkrieg und die Niederlande
Ein neutrales Land im politischen und wirtschaftlichen Kalkül der Kriegsgegner
1998. 412 S., € 79,80
ISBN 3-05-003265-0

Band 6
Guido Thiemeyer
Vom „Pool Vert" zur Europäischen Wirtschaftsgemeinschaft
Europäische Integration, Kalter Krieg und die Anfänge der Gemeinsamen
Europäischen Agrarpolitik 1950–1957
1999. X, 299 S., € 79,80
ISBN 3-486-56427-7

Band 7
Ursula Lehmkuhl
Pax Anglo-Americana
Machtstrukturelle Grundlagen anglo-amerikanischer Asien- und Fernostpolitik
in den 1950er Jahren
1999. 304 S., € 79,80
ISBN 3-486-56430-7

Band 8
Klaus Mühlhahn
Herrschaft und Widerstand in der „Musterkolonie" Kiautschou
Interaktionen zwischen China und Deutschland, 1897–1914
2000. 474 S., € 79,80
ISBN 3-486-56465-X

Band 9
Madeleine Herren
Hintertüren zur Macht
Internationalismus und modernisierungsorientierte Außenpolitik in Belgien,
der Schweiz und den USA 1865–1914
2000. VIII, 551 S., € 89,90
ISBN 3-486-56431-5

Band 10
Internationale Geschichte
Themen – Ergebnisse – Aussichten
Herausgegeben von Wilfried Loth und Jürgen Osterhammel
2000. XIV, 415 S., € 69,80
ISBN 3-486-56487-0

Band 11
Niels P. Petersson
Imperialismus und Modernisierung
Siam, China und die europäischen Mächte 1895–1914
2000. 492 S., € 79,80
ISBN 3-486-56506-0

Band 12
Friedrich Kießling
Gegen den „großen" Krieg?
Entspannung in den internationalen Beziehungen 1911–1914
2002. VIII, 351 S., € 49,80
ISBN 3-486-56635-0

Band 13
Günther Kronenbitter
„Krieg im Frieden"
Die Führung der k. u. k. Armee und die Großmachtpolitik Österreich-Ungarns
1906–1914
2003. VIII, 579 S., € 79,80
ISBN 3-486-56700-4

Band 14
Henning Hoff
Großbritannien und die DDR 1955–1973
Diplomatie auf Umwegen
2003. 492 S., € 59,80
ISBN 3-486-56737-3

Band 15
Guido Müller
Europäische Gesellschaftsbeziehungen nach dem Ersten Weltkrieg
Das Deutsch-Französische Studienkomitee und der Europäische Kulturbund
2005. XII, 525 S., € 54,80
ISBN 3-486-57736-0

Band 16
Andreas Eckert
Herrschen und Verwalten
Afrikanische Bürokraten, staatliche Ordnung und Politik in Tanzania, 1920–1970
2007. VIII, 313 Seiten, 5 Abb., 1 Karte, ca. € 49,80
ISBN 3-486-57906-1

Band 17
Marc Frey
Dekolonisierung in Südostasien
Die Vereinigten Staaten und die Auflösung der europäischen Kolonialreiche
2006. VIII, 351 S., 1 Karte, ca. € 44,80
ISBN 3-486-58035-3